AF536529

Bernhard Streck

# Sterbendes Heidentum

Bernhard Streck

# Sterbendes Heidentum

## Die Rekonstruktion der ersten Weltreligion

Eudora-Verlag Leipzig

Mit 23 Abbildungen.

Bibliographische Information der Deutschen Nationalbibliothek

Die Deutsche Nationalbibliothek verzeichnet dieses Buch in der Deutschen Nationalbibliographie; detaillierte bibliographische Daten sind im Internet über http://dnb.d-nb.de abrufbar.

ISBN: 978-3-938533-38-3



www.eudora-verlag.de
Satz: Ralf Müller
Umschlagmotiv: Tribute to the Dead, Blackfoot, 2000

# Danksagung

an den Evangelischen Verein für Innere Mission A.B. Karlsruhe, an die Pilgermission St. Chrischona bei Basel und an die Mennoniten-Gemeinde Weierhof/Pfalz (gegr. 1682) für ihre Verdienste um die Weckung meiner religiösen Sensibilität schon im Elternhaus;

an das humanistische Hebel-Gymnasium in Lörrach/Baden, das mich mit den Göttern Griechenlands so vertraut machte, dass ich dem Monotheismus verlorenging;

an verschiedene Gesprächspartner und Ritualisten aus den Stammesgesellschaften der Kamba/Kenia, Maassai/Kenia, Ingessana/Sudan, Masakin Quisar/Sudan, Kau-Nuba/Sudan, Bor-Dinka/Sudan, Azande/Sudan, Gurage/Äthiopien, Tzotzil/Mexiko, Lacandonen/Mexiko, Tamang/Nepal, Bhil/Indien, Badui/Indonesien und Maori/Neuseeland für die entscheidenden Augenöffnungen in Sachen Vielfalt der Kräfte, der Seelen und Wege;

an viele Studierende in Berlin, Mainz, Heidelberg und vor allem in Leipzig, wo ich 16 Jahre in die Religionsethnologie einführen durfte, für die kritische Begleitung der sich langsam entwickelnden Rekonstruktionsaufgabe;

an die Kolleginnen und Kollegen der Ethnologie, deren eigene Forschungen und Interpretationen mir Bereicherung meines Wissensfundus und Prüfstein meiner Schlüsse bedeuteten;

an meine Frau Martina, die viele Reisen mit mir zusammen unternommen hat, deren Einwände mir fast immer guttaten und die mir nicht nur in technischer Hinsicht eine unverzichtbare Stütze war und ist;

an meine Kinder Sophie und Philipp, die mit ihrem Heranwachsen mir das Leben verdeutlicht und auf vielen Wanderungen und Reisen mich immer wieder neu das Staunen gelehrt haben;

an die lieben Menschen, die das ganze Manuskript in einem fortgeschritteneren Stadium durchgelesen und kommentiert haben, namentlich Kerstin Kilian, Olaf Günther und Anett C. Oelschlägel;

an den Eudora-Verlag von Ralf C. Müller, der das Wagnis auf sich genommen hat, die vorliegende unorthodoxe Gesamtschau trotz ihrer Lücken als Buch herauszubringen.

Niederofleiden, im Herbst 2012 Der Verfasser.

# Inhalt

**Inhalt** 7
**Vorrede** 11
**Einleitung** 31

**A Die Welt außer Kontrolle** 49

**I. Wasser** 51
Wasserlehren 53
Wasserreligionen 55
Wasser der Anden 58
Das Ein- und Untertauchen 61
Die ewige Wiederkehr 63

**II. Erde** 73
Der feste Grund 75
Mutter und Grab 77
Übersetzungsprobleme 80
Afrikanische Erdreligion 82
Mutter und Sohn 83
Handsymbolik 84
Die Geburt des Tempels aus dem Grab 86
Die Welt als Totenberg 88

**III. Himmel** 99
Dienst der Ferne 101
Himmel-Erde-Trennung 103
Die Wettergötter 106
Der Kult der unbesiegten Sonne 109
Mondkulte 111
Andere Himmelsgötter 113
Das Kleine im Großen und umgekehrt 114

**IV. Feuer** 127
Der Feuerbringer 129
Die Nachschöpfung 131

„Teufelsanbeter“ 133
Der Teufelsbund 134
Eschu der Yoruba 135
Das heilige Herd-, Haus- und Hoffeuer 137

**B. Natur im Spiegel der Kultur** **145**

**V. Pflanze** **147**
Baumgeburten 149
Baumfrevel 150
Baumopfer 152
Der Mythos von Hainuwele 154
Dema-Götter 157
Pflanzliche Wirkkräfte 158

**VI. Tier** **167**
Das Tier als Rächer 170
Todes- und Lebenskreis 174
Das Tier als Lehrmeister 175
Bedeutungsträger Tier 176
Quelle der Verrückung 184

**VII. Mensch** **195**
Hexen 197
Besessenheit 203
Geisterglaube 206
Geistheilung 207
Besessenheitskulte 209
Kultur als fruchtbares Mißverständnis 212

**VIII. Sexualität** **219**
Sexualreligion 221
Urzwittertum 224
Das Doppelgeschlecht 227
Transvestition 229

**IX. Tod** **237**
Gräberkult 239
Todesgötter 241

Der Töterkomplex 242
Tötungsübungen 244
Der weibliche Tod 245
Schlimmer Tod und sein Gegenteil 248
Seelenträger und Lebensbünde 251
Vom Sinn des Todes 253

**X. Traum 263**
Die Traumkoordinaten 265
Die Rationalitätsdebatte 270
Traumforschung 272
Traumgesellschaften 274
Heidnischer Surrealismus 276
Traum und Dividuum 277

**XI. Zeit 285**
Die Zeit als Kreis 287
Darstellung im Kultspiel 290
Das agonale Prinzip 292
Nichts Neues unter der Sonne 294
Zeitlosigkeit 295
Maßlosigkeit 297
Zeitmarken 299

**XII. Kunst 307**
Die Macht der Werke 309
Ornament des Lebens 311
Abgebildete Hierophanien 312
Mimesis 314
Der getanzte Schrecken 317
Kunst als Gestaltswandel 319
Die Kunst der Mami Wata 321

**C. Verfügungen über Geister und den Geist 331**

**XIII. Magie 333**
Der bekennende Aberglaube 335
Magie als Untersuchungsgegenstand 338

Der Zauber von Bild und Zahl 343
Die Wahrnehmung von Qualitäten 346

**XIV. Schamanismus** **353**
Zwischen Charisma und Betrug 355
Die doppelte Initiation 359
Schamaninnen 360
Meisterschaft der Ekstase 361
Schamanismus und Moderne 362
Der erste Künstler 363

**XV. Mission** **369**
Die Revolution der Religion 371
Sonderfall Islam 373
Ethnozid und Genozid 374
Umwidmungen 375
Der Geist der Mission 377
Islamische Mission 380
Mission im Dienste der Vernunft 382
Theologie der Befreiung 384

**XVI. Rückkehr der Götter und Geister?** **391**
Götterfahrt über den Atlantik 393
Der Glaube an Kräfte 397
Tanz in den Tod und zurück 397

**Epilog** **403**
Religiöses Urgestein 405
Die Macht der Wiederholung 407

**Literatur** **413**
**Glossare und Register** **473**
I. Religionsethnologische Fachausdrücke 473
II. Im Text erwähnte Stammesgesellschaften/Ethnien oder Gruppen 478
III. Gottheiten, Geister und Dämonen 483
IV. Personen-Index 487
**Bildnachweise** 493

# Vorrede

*Was verstehst du noch von der Zeit,*
*in der die lodernde Seele des Menschen*
*Religionen wie aus Vulkanen spie?*
Leo Frobenius

1928, als der Afrikaforscher Leo Frobenius (1873–1938) diese Frage[1] an den deutschen Leser richtete, war es erst zehn Jahre her, dass auch Europa wie ein Höllenschlund speien musste, und elf Jahre nur dauerte es, bevor es erneut losging. Die Massaker des 20. Jahrhunderts werden heute selten mit Religion in Verbindung gebracht und wenn, dann mit der „falschen", der „falsch verstandenen" oder der „missbrauchten" Religion. Im Krieg regiert nach heutigem Verständnis Satan, oder derselbe wird im Krieg bekämpft wie Adolf Hitler 1939 bis 1945 oder Sadam Hussein am Ende des 20. Jahrhunderts zweimal. Religionen, die Frieden und Liebe predigen, segnen allerdings Kanonen und Gefallene und zwar auf beiden Seiten. Die Gläubigen im ersten Dreißigjährigen Krieg 1618–1648 beteten zum selben Gott, gleich ob sie auf katholischer oder protestantischer Seite kämpften, wüteten oder litten. Im zweiten Dreißigjährigen Krieg 1914–1945 war es wieder der in der Bibel geoffenbarte Gott, dem die Soldaten in den Gräben, die Gefangenen vor der Vernichtung oder die Städter in den Bombennächten zuschrien. Wenn der Trost für die industriell und maschinell Hingerichteten und ihre Hinterbliebenen trotzdem wirkte, müssen wir über die jeweilige Ethik und Frohbotschaft hinaus blicken. Der Gott der Juden, der Christen und der Muslime trägt zwar Gewänder und Masken, die ihm die Rabbiner, Pfarrer und Mullas anziehen, darunter findet sich aber möglicherweise wenig mehr als Knochen und Skelett wie beim Totengott der Heiden – ist das der schaudern machende Urgrund der langen Religionsgeschichte?

Das Sterben des Heidentums, das seit dem Basler Rechtshistoriker Johann Jakob Bachofen (1815–1877)[2] Zentralthema der Ethnologie ist, hat sicher viele Gründe. Der Nietzscheaner Ludwig Klages (1872–1956) hat dafür den „Geist" verantwortlich gemacht, der die Seele der Welt, der Völker und der Menschen zerstöre[3]. Gemeint war damit die Weltvernunft, die in jener merkwürdigen Zeitenwende um die Mitte des letzten vorchristlichen Jahrtausends im Babylonischen Exil geboren wurde. Der Heidelberger Philosoph Karl Jaspers (1883–1969)[4] sprach wegen vergleichbarer Wenden in Griechenland, Indien und China von einer „Achsenzeit"; seither hat die Weltvernunft sich immer größere Teile der bewohnten Erde erschlossen. Lange trug sie allein das Gewand der Theologie, der Gottesgelehrsamkeit; im 16. Jahrhundert, als man sich traute, Leichen zu sezieren, kam die Anthropologie, die Menschenkunde dazu; im 18. Jahrhundert schließlich entstand die Ethnologie, die Völkerkunde, und sie war ein Rückfall in dem immer rasanter werdenden Aufstieg zur Weltzivilisation.

Seit jener „monotheistischen Wende“[5] blickte nämlich *das Volk* der Mitte auf *die Völker* ringsherum herab und nannte sie „Heiden“, weil sie im Busch oder im Wald lebten[6]. Bei der russischen Eroberung Sibiriens kam dann deutschen Expeditionsteilnehmern wie Gerhard Friedrich Müller (1705–1783) oder Georg Wilhelm Steller (1709–1746) zum ersten Mal der Gedanke, dass man sich mit den dortigen Heidenvölkern, also den im griechischen Neuen Testament *„έθνοι“* (*ethnoi*) genannten Bewohnern der Peripherie, auch ernsthaft auseinandersetzen könnte. Damit waren *Ethnographie* als sachliche Beschreibung und *Ethnologie* als Reflexion über fremde Völker und Vergleich heidnischer Kulturen geboren[7].

Ethnologie ist die wissenschaftliche Rehabilitation der Heidenvölker[8], ihre Befreiung vom Ruch der Gottlosigkeit seitens der Theologieen, vom Makel der Wildheit seitens der Zivilisatoren, vom Defizit der Rückständigkeit seitens der Entwicklungsgläubigen. Das Sterben und Verschwinden der „Völker“ zugunsten des einen Volkes konnte aber dadurch nicht aufgehalten werden. Der Begründer der akademischen Ethnologie in Deutschland, Adolf Bastian (1826–1905), hat 1881 über die „Naturvölker“ geschrieben: *„Mit dem Augenblick, der sie uns kennenlernen lehrt, weht der Todesengel sie an.“*[9] Das Heidentum scheint schicksalshaft zum Sterben verurteilt zu sein; doch es ist ein langsames, vielleicht auch beständiges Sterben, aus dem man viel lernen kann. Ethnologen lauschen auf die letzten Worte am Totenbett oder sie hören hin, wenn, wie die griechische Mythologie zu berichten weiß, der abgeschnittene Kopf des berühmten Orpheus weiter singt[10]. Ethnologie ist Thanatologie, Todeslehre fürs Leben, für die Hinterbliebenen. Worte von Sterbenden zu übersetzen, ist nicht leicht, und der moderne Mensch, der mit der Eroberung des Kosmos weiterfährt, läßt sich von „Kosmopathen“, wie der Kulturphilosoph Hermann Graf Keyserling (1880–1946) Ethnologen vom Schlage eines Leo Frobenius genannt hat[11], nicht gerne dreinreden. Trotzdem musste das Buch vom sterbenden Heidentum geschrieben werden[12] – als Versuch, aus drei Jahrhunderten religionsethnologischer[13], mythologischer und altertumskundlicher Datensammlungen eine Quintessenz zu gewinnen.

*

Die „erste Weltreligion“ ist das Heidentum eher im negativen Sinne. Es hat nämlich der Welt nichts zu sagen, allenfalls zu erzählen und vorzusingen. Der Berliner Literatursoziologe Richard Faber hat seiner Gegenüberstellung von volkstümlichen Geschichten und intellektuellem Räsonnement das schöne Zitat vorangestellt: *Sagen lassen sich die Menschen nichts, aber erzählen lassen sie sich alles.*"[14] Ethnologen hören sich Geschichten an, während Historiker sich um *die Geschichte* bemühen. Ethnologie ist zu einem großen Teil Mythologie, und große Ethnologen von Herder über Frobenius bis zu Eliade oder Campbell sind Sammler von Geschichten, Liedern, Märchen, Mythen. Bei aller Vergleichbarkeit der Motive - darauf hat der Philosoph Hans Blumenberg (1920–1996) hingewiesen[15] - gibt es aber nicht *den Weltmythos*. Auch das sterbende Heidentum ergibt in der Quintessenz der letzten Worte keine Botschaft, die mit solchen anerkannter Weltreligionen konkurrenzfähig wäre. Das muß der Leser im Auge behalten, wenn die Rekonstruktionsarbeit der folgenden Kapitel ab und zu den Eindruck eines Lehrgebäudes zu erwecken scheint. Heidentum ist Religion ohne Theologen, und auch der Ethnologe, der als einziger den Heiden zuhört, darf sich nicht zum Religionslehrer oder gar -stifter aufschwingen. Was er den mythologischen Kulturen entnimmt und in der modernen Sprache weitergeben möchte, ist nichts mehr als „zitathaftes Leben" (Kerenyi).

Johann Gottfried Herder (1744–1803), dessen eine Herzkammer theologisch, die andere aber ethnologisch schlug, hat vielleicht als erster vor einer Verkennung der Mythologie als Lehrbuch gewarnt: *„Überhaupt kann man nicht zu viel tun, um das bloß Fabelhafte in der Mythologie zu zerstören; unter solchem Schein, als Aberglaube, Lüge, Vorurteil hergebetet, ist sie unerträglich. Aber als Poesie, als Kunst, als Nationaldenkart, als Phänomen des Menschlichen Geistes, in ihren Gründen und Folgen studiert: da ist sie groß, Göttlich, lehrend!*"[16]
Der Pastor verdammt, was der Schöngeist preist. Aesthetik und Ethik klaffen seit jener achsenzeitlichen Wende vor zweieinhalb Jahrtausenden auseinander und verhalten sich zueinander umgekehrt proportional. Die Wilden pflegen barbarische Sitten, verzieren aber jeden Gegenstand. *Die Völker* haben schauende Religionen, *das Volk* aber hört die Stimme Gottes. Der Wahrheitsbringer Jesus war nach der Interpretation des Berliner Judaisten Jacob Taubes (1923–1987) im judenchristlichen Kontext noch häßlich, erst heidnischer Unverstand und Rückfall in den alten Aesthetizismus hätten die christliche Tradition vom Abbild „des Schönsten" eingeleitet[17].

Die Verachtung, mit der die späteren Weltreligionen auf ihren Vorläufer blicken, hat in diesem ethischen Defizit ihren Grund. Wenn wir dann, wie vom Wortsinn her geboten, Religion als „Rückbindung"[18] begreifen, greift der Heide ins sittliche Nichts. Dafür aber haben die Weltreligionen leibhaftige Begriffe; im vorletzten Kapitel dieses Buches (XV) werden wir den monotheistischen Missionaren folgen, wenn sie den „Satanismus" der Heiden austreiben. Als solcher müssen in den Augen der herrschenden Kirchen alle Religionen erscheinen, bei denen Schönheit vor Wahrheit geht und die sich lieber zum Sterben hinlegen, als für ihre Überzeugung zu kämpfen. Schließlich kommt noch ein ebenso entscheidender Mangel hinzu: Heiden haben kein Buch, allenfalls Bücher, die aber keine heiligen Texte enthalten[19]. Die Heiden, denen Ethnologen zuhören, sind in der Regel Analphabeten, und ihre Religion lebt von der Mündlichkeit. Frobenius hat sie gerade deswegen geschätzt, weil ihre elementare Schöpferkraft noch nicht durchs Niederschreiben gebrochen sei[20], und der Heidelberger Ethnologe Hans Peter Duerr hat den Spieß umgedreht und die verschriftlichten Religionen solche „aus zweiter Hand" genannt, weil man dort religiöse Urerlebnisse erst nachlesen müsse.[21]

Religionsethnologie beschäftigt sich mit Religionen „aus erster Hand", die uns eben wegen dieser Unmittelbarkeit fremd sind. Während die Religionswissenschaft in ihrer schwierigen Emanzipation von der Theologie fremde Religionen mit heiligen Schriften bevorzugt (um dann deren hohe Sittlichkeit nachweisen zu müssen), kann sich die Ethnologie ohne Auflagen um den großen Rest kümmern, da sie in theologischen Augen ohnehin nicht satisfaktionsfähig ist. Zu diesem großen Rest gehören aber so erhabene Gebilde wie die antiken Pantheone ebenso wie die Geister- und Dämonenkulte der schriftlosen Ethnien in ihren heutigen Rückzugsgebieten. Denn beide fallen unter die genannte Kategorie der *ethnoi* und beide ermangeln der heiligen Schriften, die es mit Bibel, Talmud oder Koran aufnehmen könnten. Diesen doppelten Quellenbereich der antiken wie der primitiven Völker hat als erster der Breslauer Geistliche Friedrich E. D. Schleiermacher (1778–1834) zusammen gesehen – bei seinen antiaufklärerischen Bemühungen, „den Geist der Religionen zu entdecken."[22]

*

Die heidnische Antike unterschied noch nicht zwischen Religion und „Aberglaube"[23], ebensowenig kann die Religionsethnologie mit diesem Gegensatz arbeiten. Wo das Verhältnis zwischen Mensch und Welt qualitativ[24], also beseelt und kraftgeladen, erlebt wird, gibt es Rücksichtnahmen und Furcht vor allem und jedem und zu jederzeit. Erst wenn der von Klages angeprangerte „Geist als Widersacher der Seele" sich der Dinge bemächtigt, verlieren sie ihren Zauber und werden zum entseelten Objekt und zur messbaren Quantität. Die Gebundenheit und Scheu des religiösen Lebens wird dann, wie bei dem französischen Soziologen Emile Durkheim (1858–1917)[25], auf den Sabbat und die Synagoge oder was immer in „primitiveren" Kulturen diesen beiden „Sacren" entsprechen mag, begrenzt. Heiden dagegen wissen sich immer gebunden und kennen nicht den Gegensatz zwischen religiöser Sammlung und weltlicher Zerstreuung, ebenso wenig wie den Unterschied zwischen höherer Religion und primitivem Aberglaube. Zwar findet sich beim römischen Aufklärer Marcus Tullius Cicero (-106–43) schon die Gleichsetzung von *superstitio* (Aberglaube) mit Überängstlichkeit[26], noch früher aber war der *superstitiosus* der Wahrsager oder Hellseher, ganz besonders der im Wahnzustand Wahrheit Erkennende. Dem Altphilologen Walter F. Otto (1874–1958) zufolge ist das lateinische *superstitio* mit dem griechischen *έκστασις* (*ekstasis*) verwandt[27]: Beide Wörter bezeichnen seelische Ausnahmezustände, wörtlich Austritte oder Übertritte, die den Kern der archaischen Religion ausmachen.

Rationalisierung, der Vormarsch des menschlichen Geistes auf Kosten der göttlichen Seele, hat also schon im Altertum den höchsten Erregungszustand zur „übertriebenen Furchtsamkeit alter Frauen" (Cicero) verkommen lassen. Aus dem religiösen Wahn, der „Gottesvollheit" (*Enthusiasmus*), ist dann nochmals zweitausend Jahre später die Geisteskrankheit geworden, der die Moderne nun auch den letzten Zug von Religiosität abspricht. Hier wird die gewaltige Distanz offenbar zwischen der heute allseits für gültig erachteten „Religion der Vernunft aus den Quellen des Judentums", wie das im Ersten Weltkrieg geschriebene Spätwerk des Neukantianers Hermann Cohen (1842–1918) betitelt ist[28], und den vielen „unvernünftigen" Religionen des Heidentums. Wie der Tübinger Religionswissenschaftler Jakob Wilhelm Hauer (1881–1962) 1923 schrieb, *„sind bei den Primitiven große Verbrecher ebenso wie Verrückte tabu, weil die Gottheit in ihnen tobt."*[29]

Tobende Götter – oben waren es schöne Götter – die Heiden scheinen sich nicht festlegen zu lassen. Das ist das Gütekriterium undogmatischer Religionen, die aus „zusammenhanglosen Zitaten" bestehen. Der Leipziger Religionswissenschaftler Friedrich Rudolf Lehmann (1887–1969) schrieb 1935 einen Aufsatz über „Dei Incerti",[30] die ungewissen Götter der Heiden. Insbesondere die Kronzeugen der religionsethnologischen Theoriebildung wie z. B. die Marind-anim auf Neuguinea, die der Basler Ethnograph Paul Wirz (1892–1955)[31] studiert hat und die der erste Assistent von Frobenius Adolf Ellegard Jensen (1899–1965)[32] zu seiner Konstruktion der Dema-Gottheit[33] (s. Kapitel V) angeregt haben, „verehren" solche *dei incerti* mit offensichtlich „zwiespältigen" Gefühlen. Die Parallelstudie für das Altertum stammt vom Heidelberger Religionswissenschaftler Alfred von Domaszewski (1856–1927)[34], der jene numinose Unbestimmtheit in vielen römischen Göttervorstellungen herausarbeitete. Das scheint ein Charakteristikum polytheistischer Religionen zu sein, dass ihre Göttergestalten vieldeutig und vielgesichtig sind. Zwar können sie in ihrer Gewaltenteilung – etwa als „Funktionsgötter"[35] – durchaus bestimmten Lebensbereichen zugeordnet werden, andrerseits zeigt ihre „Generationenfolge", die in ausgereiften Pantheonen unterschiedenen „älteren" und „jüngeren" Götter, wie unbefriedigend im Heidentum jegliche Eingrenzung und Festlegung ausfallen muß.

Der Vergleich zwischen den antiken und den ethnographischen Quellen lässt keinen anderen Schluß zu, als dass theologiefreie Religionen entsprechend ungeordnete Gottesvorstellungen besitzen. Der Tiefenpsychologe Carl Gustav Jung (1875–1961) und der Altertumswissenschaftler Karl Kerenyi (1897–1973) sprechen in ihrer gemeinsam verfaßten „Einführung in das Wesen der Mythologie"[36] von der „Paradoxie der mythologischen Idee". Dass sich Götter meist im selben Zug offenbaren, in dem sie sich auch verbergen, ist offensichtlich das Besondere an dieser Art von Glauben, den die Religionsethnologie verstehen muss. Wenn sich Schriftreligionen regelmäßig in *Orthodoxie* (Rechtgläubigkeit) und *Heterodoxie* (Ketzertum) zu spalten pflegen, eignet mündlichen Religionen die *Paradoxie*, der widersprüchliche Glaube oder der Glaube an Widersprüche[37]. Der Philosoph und Psychologe Jean Gebser (1905–1973) nennt „die paradoxale Aussage die religiöse *par excellence*"[38]. Die Götter der Heiden sind schillernd und zerrissen – Walter F. Otto hat das ganz besonders für die griechische Gottheit Dionysos herausgearbeitet[39], die für Lust und Mord gleichermaßen steht und in deren Gefolge Mütter im Wahne ihre eigenen Kinder zerreißen.

Die Altorientalistin Margarete Riemschneider (1899–1985) führte die Verworrenheit der Mythen und Gottesvorstellungen auf die Kreuzungen unterschiedlicher Kulturen zurück. Wenn etwa ein antiker Wettergott „im gleichen Mythos sowohl Mensch wie Schlange, Feind wie Freund, Untier wie Erlöser" sei[40], könnte dafür die Überlagerung von Religionen der Schweinezüchter, der Hornviehzüchter und der Reittierzüchter verantwortlich gemacht werden. Für andere Mythologen aber ist es eben das Mysterium des Heidentums, dass ihre Götter „das Janusantlitz täuschenden Doppelsinns"[41] tragen, und viele erhaltene

Götterbilder haben drei Gesichter[42], so z. B. Shango und seine Frau Oya bei den westafrikanischen Yoruba[43], dann der slawische Triglav, oder Svantevit von Arkona auf Rügen gar vier Köpfe[44] wie die indische Gottheit Shiva, die in alle Himmelsrichtungen schaut[45], und die Nentzen Westsibiriens (früher Samojeden genannt) kennen siebengesichtige Gottheiten[46]. Der indische Polytheismus schließlich bildet Götter mit mehrfach übereinandergeschichteten Gesichtern ab, die sicher auch die Flexibilität und Anbaufähigkeit des Heidentums zum Ausdruck bringen, mehr aber noch die Mehrseitigkeit polytheistischer Ideen. Sie mussten sich keinem Rationalitätszwang beugen, sondern konnten frei wuchern, wie das Wechselspiel aus Tradition und Vision[47], aus *Orthopraxie*, d. h. religiöser Rechtschaffenheit, und phantastischem bis rauschhaftem Gestaltungsdrang es erlaubte.

Ganz sicher aber lässt sich der Mangel an Systematik in heidnischen Religionen auf die Fragen von Erfahrung und Autorität zurückführen. Die Ethnologie betrachtet mündliche Religionen, wo „Gott" nur vom „Hören-Sagen" her bekannt ist und jeder bei den letzten Dingen mitredet. Der Ethnograph im Felde versteht nicht nur infolge seiner immer mangelhaften Sprachkompetenz, sondern auch deswegen wenig, weil man durcheinander redet, und die Menschen, um die er sich bemüht, nicht in Hirten (*pastores*) und Schafe (*grex*) sortiert sind. Zwar kennen archaische Gesellschaften und marginalisierte Ethnien durchaus Autoritäten und Prioritäten, insbesondere des Alters, und was religiöse Erfahrungen betrifft, können die Alten ihre Nähe zu den Ahnen ausspielen. Aber auch die sind unberechenbar[48] und müssen sich oft die Weltregierung oder Wunderwirkung mit anderen Mächten teilen, zu denen Kinder, Frauen, Kranke oder auch Tiere eher Zugang finden als die lokalen Machthaber. Beim Thema Traum (Kapitel X) wird diese Problematik von Erfahrung und Autorität in der heidnischen Welterklärung und Alltagsreligion besonders deutlich werden.

Seit dem vorsokratischen Philosophen Xenophanes (ca. -576–480) steht die Vermutung im Raum, die Menschen machten sich ihre Götter nach eigenem Bilde[49]. Zwischen Mittelalter und Neuzeit, als viele Gelehrte sich wieder an der heidnischen Antike orientieren wollten, wiederholte Nikolaus von Cusa (1401–1464) diese Ansicht: *„O Gott, wie unbegreiflich ist dein Antlitz, das dem Jüngling jünglingshaft erscheint, dem Manne männlich, und dem Greise als das eines Greises."*[50] Selbst der Reformator Johannes Calvin (1509–1564) seufzte: *„Hominis ingenium perpetua idolorum fabrica."* – „Des Menschen Geist ist eine fortdauernde Fabrik von Götzenbildern"[51]. Der Philosoph Ludwig Feuerbach (1804–1872)[52] schließlich leitete mit seinen Ausführungen über die menschengestaltige Gottheit die sozialwissenschaftliche Behandlung des Themas ein, die zur heute gängigen Formulierung von Gott als „sozialer Konstruktion" geführt hat[53]. In der Religionsethnologie scheint aber häufiger der umgekehrte Vorgang belegbar zu sein, dass nämlich die Menschen sich nach ihren Göttern richten: „*Wir müssen das tun, was die Götter am Anfang taten*", steht in einem altindischen Text[54], und der Satz könnte den gesamten heidnischen Ritualismus, diese zwar ungeschriebene, aber um nichts weniger obligatorische **Dienstverpflichtung** überschreiben. Religiöses Handeln ist immer *imitatio dei* oder *adaequatio dei*, Nachahmen oder Gleichziehen mit der Gottheit – so gut es eben geht.

Damit hätten wir aber eine doppelte Antwort auf das Problem der schillernden Gottheiten: Einerseits bilden die Menschen ihre eigene Widersprüchlichkeit in ihren Götterbildern ab, als Überhöhung und Heiligung ihrer selbst empfundenen Unzulänglichkeit. Andrerseits bemühen sie sich, diesen vielgestaltigen Wesen gleichzukommen, in dem sie deren Uneindeutigkeit für ein Gebot nehmen. Für Monotheisten mit ihren klaren Gesetzestexten bewegen sich die Heiden in einem Teufelskreis, so wie das der Apostel Paulus von Tarsos (10–67) in dem ihm zugeschriebenen Epheserbrief angeprangert hat[55]. Auch ist der Umzug und der Umgang ihr liebstes Ritual, zu dem sie Kerenyi[56] zufolge auch ihre Götter als Statuen herumtragen, häufig auch ihre Toten einladen. Damit wird die „Wiederkehr des Immergleichen" dargestellt und zelebriert, die der deutsche Philosoph Friedrich Nietzsche (1844–1900)[57] wie der rumänischen Religionswissenschaftler Mircea Eliade (1907–1986)[58] an zentralen Stellen ihrer Versuche, das Heidentum zu rehabilitieren, thematisiert haben. Diese archaische *Konfession* durch *Prozession*, besser *Circumzession* (Kreisprozession), die oft ohne Worterklärung auskommt, führt ihre Kosmologie choreographisch vor; nach Nietzsche wird dabei Nihilismus[59], der Verzicht auf Sinn, nach Eliade Ontologie[60], das Einverständnis mit dem Sosein, inszeniert.

Die Heiden drehen sich im Kreise, weil ihre Götter das vormachen. Sie toben in ihren Rauschkulten, weil ihre Götter tobsüchtig sind. Sie handeln ohne Plan, weil ihnen ein göttlicher Heilsplan fehlt. Sie geben sich widersprüchlich, weil ihre Vorbilder vielgesichtig sind. Unter dieser Perspektive erscheinen die vielfältigen Kult- und Ritualformen, die die Menschen in Zeit und Raum hervorgebracht haben, wie eine einzige Religion. Der Orientalist Julius Wellhausen

(1844–1918), der der vorbiblischen Religion auf der Spur war, nannte sie „kosmopolitisch“[61]. Es war jedenfalls die erste Weltreligion, lange bevor es diesen Begriff gab, lange bevor eine solche mit entsprechendem Anspruch und Missionsauftrag die Bühne betrat. Sie hat sich mit *homo sapiens* über den Erdball verbreitet, überallhin, wo der Mensch mit Feuer sein Leben erkämpfte, um es dann aber doch zu verlieren. Heidnische Religionen sind Antworten auf diese Tragik; deswegen sind sie allesamt untereinander vergleichbar und nur mit den sogenannten Offenbarungsreligionen unvergleichbar, weil diese *eschatologisch*, aufs Ende der Welt und Erlösung von dem endlosen Leben-Tod-Rhythmus ausgerichtet sind.

*

Nun haben Heilsversprechungen immer eine gute Konjunktur, und Hoffnungen können sich rasend schnell über große Flächen verbreiten[62]; doch erweist sich das versprochene Heil häufig als ebenso launisch wie die abgesetzten, weil heillosen Götter. Vielleicht zieht sich auch deswegen das Sterben des Heidentums derart in die Länge, weil die Nahverheißungen der Propheten und Apostel doch auf sich warten ließen und die Menschen bald wieder allein mit dem Tod des Lebens fertig werden mussten. Schon Ludwig Feuerbach wusste, dass *„überall, wo der Mensch vom sogenannten Glauben zum Aberglauben abfällt, dieser Abfall nur eine Rückkehr zum Glauben der Urväter ist.“*[63] Die Ethnologie als Heidenkunde braucht deswegen nicht immer in abseits gelegene Weltwinkel zu reisen, um das Pendant zu den antiken Quellen zu finden; auch im religiösen Untergrund[64] der offiziell von der Heilsgeschichte längst erfaßten Zeiten und Räume finden sich ontologische Vorstellungen und magische Praktiken, Zauberglaube und die Priorität der Schönheit vor der Wahrheit.[65] Deswegen interessiert sich die Religionsethnologie auch für die Verliererkulte, die wie erratische Blöcke den Hauptströmungen des expansiven Geistes widerstanden, oder für Kinderspiele, in denen die Reigenreligionen in den Wartezustand der Unschuld zurückgesunken sind.[66]

Die bewusste Erfahrung der Sterblichkeit ist der Anfang der Religionsgeschichte[67], und der Tod der Menschen ist wohl der Grund, weshalb es in Glaubensfragen keine rechten Fortschritte geben kann. Auch Bachofen musste hier seinen Entwicklungsglauben einschränken, wenn er in der „Unsterblichkeitslehre“ 1867 schreibt, *„während auf andern Entwicklungsgebieten ein Fortschritt von dem Unvollkommenen zu dem Vollkommenen sich bemerken läßt, ist in der Religion der Anfang* *stets das Reinste.*"[68] Das wird von manchen Religionsphilosophen, Religionswissenschaftlern und auch Religionsethnologen anders gesehen. Der machtvolle Fortschrittsglaube, der die Moderne technisch bis zum Mond und zum Mars gebracht hat, konnte nur schwerlich am Eingang der Religion haltmachen. Außerdem gebot die im 20. Jahrhundert sich immer mehr verbreitende Verehrung des Gesellschaftlichen, bzw. der auf den genannten Emile Durkheim zurückgehende Funktionalismus, auch die Religion soziologisch zu interpretieren und den Menschen am Grab nicht aus den „sozio-historischen" Zusammenhängen herauszunehmen. Schließlich hatte der Gedanke, dass sich die Menschheit vom unlogischen Denken über das „prälogische" zum logischen Denken emporarbeitete[69], eine solche Attraktion, dass auch Ethnologen sich immer wieder aufs Neue mit ihm auseinandersetzen müssen[70].

Dass sich Religion historisch wandelt, ist eine Binsenweisheit. Die Mänaden im Gefolge des Dionysos lassen sich mit einer heutigen Frauenwallfahrt nach Altötting kaum noch vergleichen. Und solche Gegenüberstellungen sind ja das Material, aus dem sich der Glaube an die Höherentwicklung der Menschheit speist. Norbert Elias' (1897–1990) Generalthese von der zunehmenden Affektkontrolle im Prozess der Zivilisation[71] hat die heutigen Sozialwissenschaften und die ihr folgende Politik tief durchtränkt, lieferte sie doch das Fundament für die Verheißung der Moderne, das Zusammenleben der Menschheit immer vernünftiger und humaner regeln zu können. Auch in der Ethnologie wirkt diese Überlegung verführerisch und läßt die verbreitete Klage über den Verlust elementarer Kreativität durch den Rationalisierungsprozess oft halbherzig erscheinen.

Ganz sicher gibt es in der Religionsgeschichte Abfolgen und Gleichläufe; meist steht am Anfang die sinnliche, affektive, „komplex-qualitative" (Felix Krueger) Lösung eines Problems, in der Regel durch einen Mythos geheiligt und im Ritus verstetigt. Später setzt aber fast zwangsläufig die „Arbeit am Mythos" (Blumenberg) ein, und die Menschen versuchen, die traditionale Lösung zu verbessern oder zu korrigieren. Damit ergeben sich schließlich auch Analysen und Theorien[72], der zunächst nur Schaudern verbreitende Kult wird „erklärbar", sowohl den Mitgliedern wie auch den Außenstehenden, auch wenn oft noch ein Restbestand an Geheimnisvollem bleibt wie etwa die den Teilnehmer am christlichen Abendmahl wirklich überfordernde „Transsubstantiation" (Verwandlung) von Brot in Fleisch und Wein in Blut. Nun scheint es eher eine Geschmacksfrage zu sein, welchem Stadium einer religiösen Entwicklungskurve der Betrachter oder Wissenschaftler den Vorzug gibt, dem Zauber der Frühe, wo der Mensch ergriffen wird von der Gottheit als Hierophanie und ohne langes Räsonnieren in ihren Dienst tritt, oder der Spätphase, in der der Verstand das Gefühl in seine Schranken weist und der Kult funktional gerechtfertigt wird. Am liebsten schließlich ist dem Aufklärer das Endstadium der „Zivilreligion"[73], die individualistische Glaubensgemeinschaft der modernen Gesellschaft, die in den USA schon weit entwickelt ist und zur Zeit den Menschen in Osteuropa und Mittelasien als Vorbild und Ersatz für den zerbrochenen Kommunismus angepriesen wird[74]. Einerseits ist hier Religion gänzlich Privatsache und kaum noch von den Angeboten der Freizeitindustrie oder des Therapienmarktes zu unterscheiden, andrerseits haben alle zugelassenen Religionsgemeinschaften eine bestimmte Prüfstelle durchlaufen, vor der keiner der in der Religionsethnologie thematisierten Kulte Bestand hätte.

Vielleicht liegt das an den „bitteren Wahrheiten", die der Ethnologe Thomas Hauschild im religiösen Untergrund Süditaliens gefunden hat, wo „das Böse" nicht konsequent bekämpft, sondern „hin- und hergeschoben wird" wie in einer heidnischen Gesellschaft[75]. Solche Wahrheiten machen nicht „frei", sie sind asozial oder gesellschaftslästerlich. Vielleicht liegt es an der „Grundstimmung des Überwältigtseins", die ein anderer Ethnologe, nämlich Joachim Sterly (1926–2000) auf Neuguinea angetroffen hat, wo Hexen von Tieren ergriffen werden und sich dann auch so benehmen[76]. Wenn kein Menschenfleisch zu bekommen ist, nimmt man mit Kot vorlieb. Heidentum, ob zur Koexistenz mit einer Missionskirche gezwungen oder über Jahrhunderte in den Souterrain klerikal geleiteter Schriftreligion verbannt, vermag eine unheimliche Kraft zu bewahren, die die Pläne der Menschen durchkreuzt, die Götter unsicher (*incertus*) macht und Einzelne außer sich bringt. Hans Blumenberg hat das *mana*, die alle heidnischen Religionen vereinende Zauberkraft, „Restbestände der ursprünglich die Erscheinungen der Welt umgebenden Aura von Übermacht und Unzugänglichkeit"[77] genannt. Hier werden tatsächlich „Berge versetzt", so wie es die Schriftreligionen für ihren eigenen Glauben auch noch einfordern. Wer aber wirklich daran glaubt, taugt schwerlich für die Zivilgesellschaft mit ihren rationalen Machbarkeitsphantasien und ihren schon lange vor Levinas[78] für ihre Taten verantwortlich gemachten Subjekten. Im Angesicht dieser welthistorischen Siegerstraße beschäftigt sich die Ethnologie ausschließlich mit Verlierern, deren Religionen dem Menschen kein persönliches Schuldkonto aufrechnen oder ein entsprechendes Sündenbewusstsein abfordern[79],– vor allem deswegen weint die Moderne dem sterbenden Heidentum keine Träne nach.

1 *„Was verstehst du noch von der Zeit, in der die lodernde Seele des Menschen Religionen wie aus Vulkanen spie?"* (Frobenius 1928:100).

2 Der erste Titel von Bachofens „Die Unsterblichkeitslehre der orphischen Theologie" von 1867 hieß: „Ein Beitrag zur Gräbersymbolik des sinkenden Heidenthums" (s. Karl Meuli im Nachwort des VII. Bandes von Johann Jakob Bachofens gesammelten Werke 1958:533).

3 Siehe Klages 1929–32/1960.

4 Jaspers 1953/63:97–99.

5 Dazu Assmann 2003.

6 Siehe Colpe 1986.

7 Siehe Vermeulen 1994, 2008.

8 Siehe Streck 1997.

9 Bastian 1881:64, dazu Fabian 1983:122.

10 *„Die Mythologie singt wie der abgeschnittene Kopf des Orpheus auch noch in ihrer Todeszeit, auch noch in der Ferne weiter"* (Kerenyi 1941:13).

11 Keyserling 1947/73:126.

12 Ein US-Soldat indianischer Abstammung wurde nach Kanada fahnenflüchtig, weil er sich von den Geistern der im Irak-Krieg erschossenen Gegnern verfolgt fühlte (ARD-Weltspiegel vom 14.3.2004). Wie dicht hält die seit Luther für die Moderne versprochene Immunisierung gegen Totengeister, wenn diese zu Millionen auf den Schlachtfeldern und in den Lagern produziert wurden? Der „schlimme" Tod beunruhigt Menschen auf Neuguinea oder in Zentralafrika, in Amazonien wie in Südsibirien. Ist dem Industriemenschen wirklich dagegen eine Hornhaut gewachsen? Oder kann diese vielleicht reißen? (s. Kapitel IX).

13 Neuere Zusammenfassungen dieses Forschungsstrangs geben Weiß 1987, Schulz 1993, Goodman 1994, Quack 2004 oder Wernhardt 2004, letztere unter eingestandener katholischer Perspektive.

14 Faber 2002.

15 Blumenberg 1979/96:110.

16 Herder 1769 (Reisejournal), zit. nach Blumenberg 1979/96:291.

17 Taubes 1996.

18 Assmann 1992:227.

19 Vgl. Assmann 1992:267.

20 Siehe dazu Streck 2003a.

21 Duerr 1984/90; der Autor der „Traumzeit" (1978), dem Auftakt zur dritten Romantik nach den freudomarxistischen Anstrengungen in Richtung *reeducation* (vgl. dazu Spöttel 1995:237f., Streck 1997:154f.), steht auch hiermit in der Tradition Schleiermachers: *„Nicht der hat Religion, der an eine*

*heilige Schrift glaubt, sondern welcher keiner bedarf und wohl selbst eine machen könnte"* (zit. nach Schmidt, H. 1934:579).

22 Schleiermacher 1799/1958:159.

23 Vgl. Otto, W. F. 1909; dem Aufklärer Thomas Hobbes (1588–1679) zufolge führt die Furcht vor unsichtbaren Mächten, so sie vom Staat gelenkt wird, zur Religion, fehlt diese Lenkung, zum Aberglauben (Sußnitzki in Hume 1755/1911:36).

24 Die quantifizierende Weltdeutung ist eine Errungenschaft des monotheistischen Entzauberungsprogramms und Voraussetzung der modernen Wissenschaft. Ethnologische Quellen berichten immer wieder von einer Scheu beim Zählen oder Ausmessen in der Umwelt. Archaischen Menschen ist nichts „quantitativ", noch das zerlegte Opfertier zerfällt in Qualitäten, die nicht austauschbar sind. Die Wirtschaftsethnologie hat die Widerstände gegen den allgemeinen Wertmesser Geld gut erforscht, und die Verkehrswirtschaft, die dieses Geld voraussetzt, wird lange Zeit nur im Außenverkehr, im Umgang mit Fremden zugelassen, während man intern, mit den eigenen Leuten, nur Gleiches tauscht (vgl. Schmidt, M. 1920/21, Barth 1967, Streck 2001a).

25 Durkheim 1912/1981.

26 Es gibt noch andere Indizien dafür, dass die Entzauberung der Welt im mediterranen Heidentum sich in der damaligen Endzeit fast von selbst ankündigte: *„Einst wird aus Überdruß der Menschen der Kosmos weder bewundert noch anbetungswürdig erscheinen. Dieses größte Gut in seiner Gesamtheit, das beste, was jemals gewesen ist, und ist, und zu schauen sein wird, es wird in Gefahr geraten ..."* (Fragment aus dem 1. oder 2. Jahrhundert, zit. nach Habermas 1971:118).

27 Otto, W. F. 1909:552; zur üblichen Herleitung von *superstes* als *survival* (Relikt, Überlebsel wie Händeklatschen oder Hutabnehmen) s. Tylor 1871, Roskoff 1880:16/17; auch der französische Neugnostiker Alphonse-Louis Constant, alias Eliphas Levi (1810–1875) folgt dieser Spur (Levi 1926:165).

28 Cohen 1919/1988.

29 Hauer 1923:64.

30 Lehmann 1935; die Ungewissheit der antiken Götter findet nach dem schottischen Aufklärer und „Deist" David Hume (1711–1776) ihre Entsprechung im göttlichen Einfluss, der in ungewissen Lagen, z. B. im Krieg, am größten sei (Hume 1755/1911:58). Über Scheidewege und Wasserscheiden als Geistersitze und Kraftorte wird noch zu sprechen sein (Kapitel I).

31 Wirz 1922–25, siehe unten Kapitel V (Pflanze).

32 Jensen 1948, 1951.

33 Siehe Kapitel V (Pflanze).

34 Domaszewski 1907.

35 Vgl. Heiler 1959:88.

36 Jung/Kerenyi 1941:149.

37 Heraklit (-535–475), der einen besonders widersprüchlichen Gottesbegriff gepflegt haben soll („*Gott ist Tag, Nacht, Winter, Sommer, Krieg, Frieden, Sattheit, Hunger*"), identifizierte den Geist mit Gegensätzlichkeit und Wandelbarkeit; vgl. Gladigow 1992, 1999. Noch deutlicher formulierte es der „Cherubinische Wandersmann" Angelus Silesius, alias Johannes Scheffler (1624–1677): „*Gott ist ein lauter Nichts, ihm rührt kein Nun noch Hier: Je mehr du nach ihm greifst, je mehr entwird er dir*" (zit. nachWehr 1977:44). Vgl. dazu auch Welte 1980 oder Eliade: „*Dieses paradoxale Zusammenfallen des Heiligen und des Profanen, des Seins und des Nichtseins, des Absoluten und des Relativen, zeigt sich in jeder Hierophanie, auch in der elementarsten*" (1949/98:55). Umgekehrt glaubte die Aufklärung in der Widerspruchsfreiheit ein Gütesiegel auch für Religion erblicken zu dürfen: „*Nichts könnte tatsächlich den göttlichen Ursprung einer Religion nachdrücklicher beweisen als die Feststellung (und zum Glücke ist dies beim Christentum der Fall), dass sie von Widersprüchen, wie sie der menschlichen Natur so leicht widerfahren, frei ist*" (Hume 1755/1911:79).

38 Gebser 1949/53:415; zum Beleg wird ein apokryphes Christus-Wort angeführt: „*Wenn ihr nicht unten zu oben und links zu rechts und hinten zu vorne macht, so kommt ihr nicht in mein Reich*" (Gebser 1949/53:417).

39 Otto, W. F. 1933.

40 Riemschneider 1956:119.

41 Klages 1944:397; Karutz 1927 – solchen doppelgesichtigen Göttern nachzueifern, führt dann zum religiös kultivierten Wahn, wie beim indischen *aghori* (Zotter 2004).

42 Kirfel 1948. Der hinduistische Gott Dattâtreya wird häufig mit drei Köpfen (*trimukhi mûrti*) dargestellt, die Brahma, Vishnu und Shiva bedeuten (Rigopoulos 2000). Auch die Zeus übergeordnete Hekate in den Mithras-Mysterien wurde dreiköpfig dargestellt, „mit drei sich am Rücken berührenden Leibern oder mit einem Leib mit drei Köpfen. In der Göttin Hekate, eine Triasform, finden sich Parallelen zu dem indogermanischen Drei-Frauen-Kult"(Kaminski 1995/97:172); dazu FN I 22, II 42 und II 83.

43 Bonin 1979:300.

44 Herrmann 1986.

45 Kölver 2003.

46 Vgl. Eliade 1983/93 III/1:33.

47 Vgl. dazu Münzel 1993.

48 Vgl. Fortes 1959/83.

[49] *„Doch die Sterblichen wähnen, die Götter würden geboren und hätten Gewand, Stimme und Gestalt ähnlich wie sie selber. Die Äthiopen stellen sich ihre Götter schwarz und stumpfnasig vor, die Thraker dagegen blauäugig und rothaarig. Wenn Kühe, Pferde oder Löwen Hände hätten und damit malen und Werke wie die Menschen schaffen könnten, dann würden die Pferde pferde-, die Kühe kuhähnliche Götterbilder malen und solche Gestalten schaffen, wie sie selber haben"* (zit. nach Capelle 1968:121).

[50] Nach Peuckert 1942:12.

[51] Zit. nach Stählin 1934:10.

[52] Feuerbach 1848/49.

[53] Der Jenenser Naturphilosoph und „Monist" Ernst Haeckel (1834–1919) sprach in diesem Zusammenhang von „Anthropismen": *„Die Vermenschlichung Gottes ist dabei in den mannigfachsten Formen ausgebildet. Den meisten monotheistischen Religionen liegt dabei die Vorstellung eines orientalischen Monarchen zugrunde (Jehovah im Mosaismus, Gott-Vater im Christentum, Allah im Islam)"* (Haeckel 1922:38).

[54] Satapatha-Brâhmana VII, 2, I, 4, zit. nach Eliade 1957/87:87.

[55] *„Kai τά έθνη περιπατεί ... (kai ta ethnä peripathei)"* – wörtl: *„und die Heiden gehen im Kreise ..."* (Eph. 4, 17).

[56] Kerenyi 1938.

[57] *„Denken wir diesen Gedanken in seiner furchtbarsten Form: das Dasein, so wie es ist, ohne Sinn und Ziel, aber unvermeidlich wiederkehrend, ohne ein Finale ins Nichts: <die ewige Wiederkehr>. Das ist die extremste Form des Nihilismus: das Nichts (das <Sinnlose>) ewig!"* (Nietzsche, Ges. Werke IV:445).

[58] Eliade 1949/1986.

[59] Bei Martin Heidegger (1889–1976) wird das Nichts zum Urprinzip – *„Das Nichts nichtet unausgesetzt, ohne dass wir mit dem Wissen, darin wir uns alltäglich bewegen, um dieses Geschehen eigentlich wissen"* (1929/86:36) – bei dem Dramaturgen Heiner Müller (1929–1995) zur Quintessenz bewussten Daseins: *„Aus der Geschichte lernen heißt das Nichts lernen."(1998)*

[60] Als Beispiel führt Eliade die australische Totemgruppe der Achilpa an, die – um stets im Mittelpunkt der Welt zu sein – einen heiligen Pfahl als *axis mundi* oder Weltachse mit sich führten. Darin offenbare sich „ontologischer Durst" oder „ontologische Besessenheit", die der schriftreligiösen, abrahamitischen *Soteriologie* (Heilslehre) mit ihrem Glaube an die Welt, nicht wie sie ist, sondern wie sie sein soll, diametral entgegenstünde (1957/87:42).

[61] Wellhausen 1927:147.

[62] Vgl. Seiwert 1999:6.

[63] Feuerbach 1857/1985:202.

[64] Dazu Bäumler 1926/1965:363.

65 Panreligöse Vorstellungen, die wie Goethe das Wahre, Schöne und Gute zusammensehen und also das Paulinische Gebot, die Geister voneinander zu scheiden (1. Korintherbrief 12,10), missachten, können dazu ebenso gezählt werden wie die vielfachen Versuche, schriftreligiöse Praktiken heidnisch zu lesen. Das tat z. B. die Mutter der Theosophie Helena Petrowna Blavatsky (1832–1891) mit der jüdisch-christlichen Preisformel „Halleluja", das heute auf der ganzen Welt in anschwellender Lautstärke erschallt: *„Das Wunderbare liegt nicht darin, dass ein Wort, welches die Israeliten wahrscheinlich von den Babyloniern während ihrer Gefangenschaft entlehnt hatten, zu den Christen übergegangen ist, sondern darin, dass sich Wort für Wort dieselben chaldäischen Beschwörungen, auf den ersten Blick sinnlose Tiraden, nicht nur bei unseren Wahrsagerinnen in Rußland, sondern auch bei den rothäutigen Indianern Amerikas, bei den Peruanern und endlich bei den Kurumbas und den Todas der <Blauen Berge> Indiens finden. Das Wort <Hallelu, Hallelu!> habe ich öfters bei den Beschwörungen eines Mullu-Kurumbas gehört"* (1908:191).

66 Vgl. Tylor 1879, Winkler 1907, Bett 1929, Huizinga 1938/56, Nijhuis 1979/81.

67 Vgl. dazu Howells 1949:23.

68 Zit. nach Bäumler 1926/1965:218. Lange vor Bachofen hatte schon Franz Joseph Mone (1796–1871), der Nachfolger Carl Friedrich Creuzers (1771–1858) in Heidelberg, in seiner Geschichte des Heidentums im nördlichen Europa geschrieben: *„Dass ferner die Religionen vom schlechtern zum bessern fortgehen und der Anfang unserer Erkenntnis nicht unmittelbare Offenbarung, sondern gänzliche Unwissenheit sey* [...], *ist eine Ansicht, die nur der Unbilligkeit unserer Aufklärung einfallen kann und aller Sage und Geschichte widerstreitet"* (1823:38). Erst in der späteren Religionsphänomenologie ist dieser antievolutionistische Standpunkt dann erneut gefunden worden: *„Von einer historischen ‚Entwicklung' der Religion weiß die Religionsphänomenologie nichts; von einem ‚Ursprung' der Religion noch weniger"* (van der Leeuw 1933/56:787).

69 So bei Baege 1929:41, oder bei dem Leningrader Religionsethnologen Anisimov (1910–1968): *„Je weiter man in die Geschichte zurückgeht, desto mehr Irrtümern und erkenntnismäßigen Fehlschlüssen begegnet man"* (1959/91:116). Die wissenschaftliche Korrektion der Religionsgeschichte begann wohl mit Charles De Brosses' Reihung *Fetischismus – Polytheismus – Monotheismus* (1760) und generierte im ausgehenden 19. Jahrhundert unzählige Varianten. In den heutigen Geschichts-, Gesellschafts- und Kulturwissenschaften außerhalb der Ethnologie dominiert das religiöse Entwicklungsdenken nahezu ungebrochen (vgl. Cassirer 1944/90).

70 Auch Bachofen, der oben als Archaist zitiert wurde, hatte noch eine andere, eine fortschrittlich evolutionsgläubige Seite, die bei ihm, dem Entdecker des Mutterrechts, ja auch viel bekannter ist. In der „Gräbersymbolik" schreibt er über den „Unterschied der stofflich-tellurischen und der unstofflich-solarischen Religionsstufe": *„Jene gehört der niederen, diese einer reinen Auffassung der im Naturleben geoffenbarten Gottheitsnatur, jene einem ursprünglicheren, diese einem entwickelten Bildungs-*

*grade an. Die religiöse Entwicklung des Menschengeschlechts folgt demselben Gesetze, das sich in der Ausbildung des einzelnen Individuums offenbart. Sie schreitet von unten nach oben, von dem Stofflichen zum Seelischen und Geistigen, von dem Formlosen zur Form, von dem Unreinen zum Reinen, von der Finsternis zum Lichte fort"*(1859/1954:480).

71 Elias 1939, kritisch dazu Duerr 1988/94, affirmativ Spöttel 1995, Heinz 2002.

72 Vgl. dazu Preuß 1923:15.

73 Vgl. dazu Hase 1999, u. Graf 2004, der die „zivilisierte" Religion der Moderne eher als „Schlachtfeld" alter und neuer Götter sieht.

74 Siehe Hann 2000.

75 Hauschild 2002:210; einen Beleg für diese bedeutsame Überlebenstechnik aus einem nur schwach überlagerten Heidentum bekam der Münchener Ethnologe Josef Drexler von dem kolumbianischen Schamanen Inocencio Ramos geliefert: *„Die Arbeit des Schamanen besteht kulturell keinesfalls darin, das Schlechte zu vernichten. Der Schamane gebraucht seine Macht* [...], *um den Schmutz nicht auszumerzen, sondern an einen anderen Raum zu verorten, wo er nicht affiziert."* (2004:151).

76 Sterly 1987:102.

77 Blumenberg 1979/96:20.

78 Zur Frage der Verantwortlichkeit bei dem Rabbi-Lehrer und Starphilosophen Emmanuel Levinas s. Visker 2003.

79 Eliade hat die Moderne „Stufe des gequälten Bewußtseins" genannt (1957/87:183), und Max Weber hatte aus diesem, dem Heidentum fremden jüdisch-christlichen Sündenkomplex die Konsequenz der „innerweltlichen Askese" abgeleitet (1916/1973:458). Abweichungen von dieser Norm wurden immer mit Amoralität und Ressourcenvergeudung gleichgesetzt; deswegen war die Kolonisierung der Welt auf Umerziehung durch Mission angewiesen (s. Kapitel XV).

# Einleitung

*... niemand hütet das Geheimnis seiner Religion mit tieferem Schweigen als der Primitive.*
Jakob Wilhelm Hauer

Die Gründe für die genannte Auskunftsverweigerung[1] sind in der Vorrede angegeben worden: Geringer Status gegenüber den tonangebenden Religionen, Defizite in Logik und Ethik, keine argumentativen Abwehrmittel gegen Missionseifer. Weitere Gründe werden die nächsten Kapitel nachreichen. Zunächst aber muss die Frage behandelt werden, wie die Religionsethnologie an ihre Daten trotz des „Schweigens der Primitiven“ gelangen kann. Nun wurde oben angedeutet, dass heidnische Ritualisten eigentlich ohnehin nichts mitzuteilen haben. Es gibt keine besondere Botschaft beim Reigentanz oder beim Schlachtopfer. Trommeln dröhnen, Rituale laufen ab, Ritualisten schauen verzückt oder jauchzen[2], Zuschauer staunen und Ethnologen stellen Fragen, auf die es keine Antworten gibt, zumindest keine verbalen oder besser „diskursiven“, also solche, über die eine rationale Debatte zu führen sich lohnte. Rituale haben keine Bedeutung in sich, man trägt Deutungen an sie heran, sagen die englischen Ritualforscher Caroline Humphrey und James Laidlaw.[3]

Wie wird man nun heidnische Rituale von außen deuten, wenn man hinter sie wie hinter den Schleier der Isis nicht sehen darf? Diese über Tausende von Jahren im Mittelmeerraum verehrte Allmutter sagt selbst – nach dem Zeugnis des spätgriechischen Geschichtsphilosophen Plutarch (46–120) – nichts weiter als: *„Ich bin alles was war, was ist und was sein wird, und kein Sterblicher hat mein Gewand gelüpft.“*[4] Oder ist der Schleier des Heidentums mit seinen Masqueraden und Reigentänzen nicht schon spannend genug und ebenso wunderbar wie schaurig anzuschauen? Ethnographie, die Umsetzung des Geschauten und Erlauschten in Worte, in Fotographien, schon seit 100 Jahren auch auf Filmen, ist in der Tat eine prall gefüllte Schatzkammer zur neuzeitlichen Heidenkunde. Dann liegen aber auch Mythentexte vor und zwar seit der Erfindung der Schrift vor 5000 Jahren, lange bevor in Jerusalem und Alexandria „Schriftreligionen“ zusammengestellt wurden. Das ist die zweite Schatztruhe, aus der sich die Ethnologie bedienen darf. Zwar muss sie diese mit Philologie, Archäologie und Geschichtswissenschaft teilen, die sie in der Regel erst zutage gefördert und übersetzt haben; doch sind diese Schriftgelehrten manchmal froh, wenn der Ethnologe Vergleichsmaterial aus der heutigen Ritualpraxis beisteuern kann. Heidentum ist Weltkulturerbe und verlangt nach interdisziplinären Anstrengungen.

Häufig bescheiden sich Ethnologen aber nicht mit der bloßen Deskription oder sie misstrauen ihr, weil das berühmte Goethe-Wort „Man sieht nur, was man weiß" eben auch in der Wissenschaft gilt. Das ist dann die Stunde der „Meisterdenker", wie der Franzose André Glucksmann die philosophischen Meinungsführer der modernen Wissenschaft genannt hat[5]: Die Vordenker oder - französisch - *les maîtres penseurs* legen dann die Verrückten oder *les maîtres fous* aus - letztere sind die vom französischen Filmemacher Jean Rouch (1917-2004) festgehaltenen Besessenen des westafrikanischen Hauka-Kultes[6], die mit ihren Verrenkungen, Exkretionen und Verkleidungen das Heidentum aller Zeiten und Räume vertreten könnten. Welchen Autoritäten aber werden diese Verrückten zur Beurteilung vorgeführt? Es sind Karl Marx (1818-1883), Emile Durkheim (1858-1917) oder Sigmund Freud (1856-1939). Entweder widerspiegelt die fremde Religion dann die ökonomische Basis, oder sie zelebriert den gesellschaftlichen Zusammenhalt oder sie steht im Dienste der Triebunterdrückung. Manche Theoretiker bringen die drei Erklärungsansätze auch unter einen gemeinsamen Hut, denn Ideologiekritik, Gesellschaftsmoral und Psychoanalyse brauchen sich nicht zu widersprechen. Alle drei sind rationale Zugänge zu einem irrationalen Geschehen, das damit entzaubert erscheint und ausgewertet werden kann[7].

Jakob Wilhelm Hauer (1881-1962) hält dagegen, dass es zur fremden Religion „keinen anderen Zugang als den eines verwandten Erlebens" gebe[8]. Damit freilich gerät die Ethnologie als Wissenschaftsdisziplin in eine entscheidende Krise. Ihre Vertreter sind Ungläubige (Agnostiker), kritische Rationalisten oder heimlich Praktizierende, die selbst im günstigsten Falle noch nie einem Tier die Kehle durchgeschnitten haben oder noch nie von etwas anderem besessen waren als von ihrer Arbeit. Es gibt kein „verwandtes Erleben" in der Religionsethnologie, weil das Leben in einer modernen Gesellschaft sich substantiell und qualitativ von jenen Verhältnissen unterscheidet, in dem früher und heute Heidentum praktiziert wird. Aber gibt es in den zivilisatorischen Zentren keine Rituale mehr, keine Bewegungen und Massenspektakel, keine kollektive Ergriffenheit, keine Lust an Gewalt und Blut, kein Tanzen und Toben ganze Nächte hindurch? Noch ein Gedanke von Hauer ist hier wichtig: *„Für den Primitiven liegt der Wahrheitsbeweis nicht in der Schlüssigkeit, sondern in der Wucht der Anschauung."*[9]

Wir wollen für die Rekonstruktion des Heidentums diese Wucht zum Leitstern machen und sie als „das Heilige"[10] bezeichnen, das dem Menschen erscheint - als *Hierophanie* (Erscheinung des Heiligen)[11] -, ihn überwältigt - als *Kratophanie*

(Erscheinung der Gewalt) – und ihm als einem *homo religiosus* ein bestimmtes Handeln aufzwingt, d. h. ihn in seinen Dienst nimmt. Damit sind wesentliche Teile der Religion der menschlichen Kontrolle entzogen: Macht und Wucht der Manifestation des Heiligen, Ergriffenheit und Besessenheit des Gläubigen, rituelle Bewältigung des Ungeheuerlichen. Einzig in der Gestaltung des letzten Aktes sind das kulturelle Potential, die gesellschaftliche Verfassung und die menschliche Kreativität aufgerufen, alles andere, auch und gerade die „Gottheit im Menschen“, die Religion erst ermöglicht, gehören zum Unkontrollierbaren[12], Unverfügbaren[13] und „Unsozialen“ des Lebens wie ganz paradigmatisch der individuelle Tod. Damit soll nicht geleugnet werden, dass das gemeinsam Getroffenwerden oder das Reden darüber eine der ältesten und bis heute wirksamsten Grundlagen der Vergemeinschaftung darstellt. Die Gemeinde um den Schamanen, um den Priester, um den Propheten oder um einen weltlich auftretenden Charismatiker ist aber „nur“ die soziale Konsequenz jenes unsozialen religiösen Urerlebnisses, von der Wucht einer Hierophanie getroffen zu sein und damit fertig zu werden.

Religion kann somit als Vergesellschaftungsprozess verstanden werden, dem ein Ausnahmezustand unterzogen wird. Der Marburger Theologe Rudolf Otto (1869–1937) hat in seiner Deutung des *Numinosen*[14] ausgeführt, dass die Stufen der Gotterkenntnis auch die Stufen des Gottesverlustes sind, weil ein schlußendlich „begriffener Gott“ keiner mehr sein kann. Solange die Wucht wirkt, hat das *numen* (das „Göttliche“) keinen Namen[15]: Der *homo religiosus* wird gepackt und niedergeworfen. Noch als Besessener gelangt er nicht zur Artikulation des Erlebnisses, auch wenn in vielen Besessenheitskulten das Herausfinden des Dämonennamens eine erste Lösung darstellt (s. Kapitel VII und XVI). Das aber ist schon eine Leistung der Gruppe, wobei die erfahrenen „Pferde“, wie die Besessenen gegenüber ihrem Geist, dem Reiter, genannt werden[16], vorangehen. Die dritte und letzte Stufe des religiösen Prozesses stellt das Begreifen der Gottheit dar; nach Otto hat diese damit ihre Substanz verloren, sie ist von der Gesellschaft vereinnahmt und stellt einen Teil ihres einsetzbaren und manipulierbaren Wissens dar.

Um nun aber die Macht der Wucht nicht gänzlich der Auflösung zu überlassen, wird sie zum Geheimnis erklärt. Alle Religion, mit der es die Ethnologie zu tun hat, ist **Mysterienreligion**; sie bewahrt vom Unaussprechlichen soviel, wie die Gemeinde gerade noch ertragen kann. Erst die Theologen, erst recht die Aufklärer und Säkularisten sind über das Geheimnis hinausgegangen und haben den Preis - meist recht begeistert - dafür bezahlt: Die Religion verlor an Bedeutung oder die Gemeinde spaltete sich in Betrüger und Betrogene. Diese halten am Geheimnis fest, weil es Quelle ihres Lebens zu sein scheint; jenen, den Priestern, die Nietzsche „fromme Falschmünzer" genannt hat[17], ist das Geheimnis, an das sie nicht glauben, Quelle ihrer Deutungsmacht. Noch in der durchrationalisierten und durchsäkularisierten Gesellschaft der Moderne bleibt ihnen ein Wurzelstrang des Numinosen, wenn Tod und Begräbnis die längst zerstreute Gemeinde erneut zusammentreiben. In ländlichen Regionen kommt die für eine Versammlung notwendige Erregung auch zustande, wenn die Kinder erwachsen werden oder Ehen geschlossen werden müssen. Im Allgemeinen braucht es heute aber Katastrophen, um den religiös abgestumpften Menschen der Moderne an das Numinose zu erinnern. Jedoch bleiben seine Auslegung und die Bewertung von zunächst irritierenden und aufwühlenden Ereignissen wie Karambolagen, Massaker oder Überflutungen[18], Erdbeben, Vulkanausbrüche oder Wunderheilungen, Kriege und Genozide in der Regel vorgeschrieben und in amtlicher Hand.

Die Religionsethnologie studiert dagegen nichtentzauberte Welten mit Mysterienreligionen ohne Theologen und Zensoren. Und doch sollten diese Welten, um in der modernen Gesellschaft begriffen werden zu können, entzaubert werden. Die Versuchung, dieselben Mittel wie beim eigenen, westlichen Rationalisierungsprozess anzuwenden, ist groß. Deswegen spielt die schon erwähnte Psychoanalyse in der modernen Ethnologie eine lautstarke Rolle, erlaubt sie doch, das Heidentum wie eine Geistes- oder eine Kinderkrankheit zu verstehen. Tiefenpsychologen wie C.G. Jung, der mit wesentlich breiterer interkultureller Erfahrung als S. Freud entsprechend vorsichtiger zu Werke ging, erzielten nicht dieselbe Wirkung. Jungs Modellbegriff des Archetypus[19] fand zwar bei Eliade[20] eine annähernde Entsprechung, das Modell selbst ist aber noch viel zu geheimnisumwittert und in der Übersetzung als „Urgefühl" im ideologiekritischen Sinne zu anrüchig, als dass es den mechanistischen, positivistischen, materialistischen und rationalistischen Standards der modernen Wissenschaft genügen könnte.[21]

Angesichts dieses Dilemmas, Zauberwelten in entzauberten Begriffen vorstellen zu müssen, werden hier einige lokale Namen für die alles regierende und hinter allem steckende Kraft aufgelistet, bevor die Gliederung der Gesamtrekonstruktion in diesem Buch vorgestellt wird. Auch hier gilt es festzuhalten: Das Heilige, Numinose oder auch Archetypische erscheint dem Menschen paradox, als Erhabenes wie „eine Mischung aus Lust und Schmerz"[22], als Angst und Freude zugleich, als helles Licht und düsterer Schatten, Heil und Unheil in einem. Der schon einmal zitierte Philosoph Jean Gebser hat Sprachen auf ihre „Wurzelwörter" hin untersucht[23], die fast alle derart widersprüchliche Qualitäten bewahren wie im Deutschen „Muß/Muße", „Höhle/Helle", „Stimme/Stumme" „Tat/Tot" oder auch – näher an unserem Thema – „verwünscht" und „verwunschen"; ihm entsprechen im Lateinischen *sacer* als heilig und verrucht oder im Arabischen *ḥarâm* als heilig und verboten. Von dieser Art sind die hier aufgelisteten Begriffe, die Ethnologen bei ihren Untersuchungen immer wieder hörten, wenn es um die letzten Dinge ging, um das Schicksal, um die Fremdbestimmung des Menschen, um Glück und Unglück, Fruchtbarkeit und Verderben. Es sind sprachliche Hülsen für die Zauberkraft, die sie nur notdürftig verpacken. Manche konnten ihre Wirkkraft noch behalten, als sie längst mit der kolonialen Beute nach Europa deportiert waren wie das polynesische *tabu*,[24] ansatzweise auch das oben schon erwähnte melanesische *mana*.[25]

**Einige Mana-Begriffe**

| Wort | Herkunft | Quelle |
|---|---|---|
| *Aren* | Naga/Indien | Fürer-Haimendorf 1939 |
| *Arum* | Uduk/Nordostafrika | James 1979 |
| *Ashe* | Yoruba/Westafrika | Beier 1980 |
| *Huaca* | Inka/Altperu | Preuß 1926 |
| *Imana* | Barundi/Ostafrika | Meyer, H. 1916 |
| *Imunu* | Papua-Golf/Neuguinea | Wirz 1922/5 |
| *Kugi* | Hochland Neuguinea | Wirz 1924 |
| *Lera-Wulan* | Flores | Vatter 1932 |
| *Maira* | Abelam/Neuguinea | Hauser-Schäublin 1989 |
| *Megbe* | Mbuti/Kongo | Schebesta 1950 |
| *Nhialic* | Dinka/Nordostafrika | Lienhardt 1961/78 |
| *Ntela* | Makonde/Ostafrika | Dias 1967 |
| *Orenda* | Irokesen/Nordamerika | Hewitt 1902 |
| *Ptans* | Paez/Kolumbien | Faust 1998 |
| *Sem* | Ingessana/Nordostafrika | Jędrej 1995 |
| *Sheta* | Altägypten | Assmann 2004 |
| *Teotl* | Azteken/Mittelamerika | Carrasco 1991 |
| *Tjurunga* | Aranda/Australien | Wanninger 1927 |
| *Wakan* | Sioux/Nordamerika | Moore 1939 |

Die Liste könnte viele Seiten lang werden, denn wo immer Ethnographen in den Kern der von ihnen studierten Religion vordringen wollten, erfuhren sie von einem solchen rätselhaften Schlüsselbegriff – ein Schlüssel, der an keiner der bekannten Schubladen paßte. Das Tor zur Mysterienreligion (und zum Mysterium der Religion) lässt sich begrifflich nicht öffnen[26]. So ging es auch schon der Altorientalistik mit ihrem *dingir*[27] oder der Ägyptologie mit ihrem *ntr*[28], obschon die Übersetzung Gottheit verständlicherweise immer sehr nahe ist und man den schriftlich beglaubigten „Alten" die „Religionshöhe" der Kreation von Göttern nie absprechen wollte. Anders verhält es sich bei „Primitiven", denen der Glaube an das Unaussprechliche auch schon zum Vorwurf gemacht wurde, sie wären nie über einen diffusen Kraftglauben (*Dynamismus*)[29] hinaus gelangt.

Wieder stecken wir mitten im unausweichlichen Dilemma der Religionsethnologie: Allgegenwart, Übermacht und Prägekraft der abrahamitischen Denktradition setzt die Maßstäbe auch für das Unermeßliche. Entweder bleiben die anderen Traditionen zurück, weil sie die Höhe der schriftlich geoffenbarten Wahrheit mit ihren vagen und widersprüchlichen Äußerungen nie erreichen, oder sie werden nur deswegen vergleichbar, weil sie in den theologisch eingefahrenen Begriffen interpretiert werden. Ethnologie ist Übersetzung[30] von Differenzen, ohne dieselben aufzulösen; bei den letzten Dingen scheinen diese besonders unüberbrückbar zu sein.[31] Als Behelf für die hier versuchte Rekonstruktionsarbeit an einer nichttheologischen, nichtrationalistischen Kosmologie bieten sich damit Erscheinungen an, die in allen Kulturen und Gesellschaften Gewicht haben, aber nicht von ihnen kontrolliert werden können. Sie können als Quellen angesehen werden, aus denen jene heilige Gewalt oder der „Gottesschrecken" (Rudolf Otto) entspringt und das in einer unberechenbaren Weise.

Insgesamt zwölf Kraftquellen werden in diesem Buch vorgestellt. Sie sind einander weder hierarchisch noch systematisch zugeordnet; ihre Zahl gehört auf eine nicht nachvollziehbare Weise der Sechserzählung (Sexagesimalsystem) an, das lange vor dem neuzeitlichen Rechnen in Zehnereinheiten (Dezimalsystem) das Denken der Spezialisten in vielen Kulturen geordnet hat und das sich interessanterweise noch in der Moderne bei Zeit- und Gradeinteilungen erhalten konnte. Diese ehrwürdige und qualitativ anregende Zahl zwölf, die nach dem Leipziger Mythologen Georg Schuppener[32] in den germanischen Sprachen die Vollkommenheit und Vollständigkeit zum Ausdruck bringt, hat sich ungeplant ergeben[33], als die vier „Elemente", die nun mal in jeder nichtwissenschaftlichen

Welterklärung das Fundament ausmachen, weil sie sich außerhalb der menschlichen Kontrolle bewegen, mit acht anderen Zentralthemen des Lebens aneinandergereiht wurden, in denen Natur und Kultur in erschütternder Weise ineinandergreifen. Was diese elementaren „Probleme" mit den Elementen verbindet, ist die letztliche Unverfügbarkeit selbst in einer Maschinenzivilisation. Damit sind sie prädestiniert als Versteck der Geister, Sitz der Götter, Orte des Ausströmens (*Emanation*) unheimlicher Kräfte, mit denen die Menschen ganz unterschiedlicher Verhältnisse - Jäger, Sammler, Pflanzer, Hirten, Handwerker, Händler, Krieger, Könige und Bettler - in einem asymmetrischen oder schiefen Verhältnis stehen.

Wer die Liste der hier behandelten Hierophanien bloße Natur nennen möchte, sollte bedenken, dass auch dieses schöne Wort uns allein in moderner Gestaltung vertraut ist, als toter Mutterstoff (*Materie*), den es zu erobern, zu beherrschen, zu analysieren und zu gebrauchen gilt, und am Sonntag als Ort der Sehnsucht, um uns von der Substanzlosigkeit der eigenen Zivilisation zu entlasten. Aus ersterem Blickwinkel heraus wurden nichtindustrialisierte Menschen früher den „Naturvölkern" zugeordnet, weil sie sich noch nicht gänzlich vom Naturreich emanzipiert hatten, weil sie nur über geringe Mittel der Naturbeherrschung verfügten oder - und das wäre hier die einzig akzeptable Begründung - weil sie jene Abhängigkeit von der Natur zur Grundlage ihres Denkens und Fühlens machten. Natur tritt dann nicht in einen systematischen Gegensatz zur Gesellschaft, wie es häufig - z. B. besonders in der strukturalistischen Ethnologie[34] - modellhaft gedacht wird, sondern wird zur Summe der nichtkontrollierbaren Wirkkräfte, die eben nicht nur draußen im Busch und Wald zu Hause sind, sondern auch in der eigenen Gesellschaft, im Nebenmenschen und in einem selbst.

Natur als „Ort der Geburt"[35], des Todes, der Verwandlung und der Überlegenheit verbindet in der Tat alle Hierophanien; dasselbe kann auch von Mana, der geheimnisvollen Zauberkraft gesagt werden, die als Wunder die Menschen aller Zeiten und Räume angelockt hat, auch wenn sie ihnen oft genug das blanke Entsetzen oder wenigstens die Sprachlosigkeit lehren musste. Wegen dieser unsäglichen Spannung und Widersprüchlichkeit sind die Hierophanien nicht mit Glaubensinhalten oder „heidnischen Dogmen" zu verwechseln. Eher noch dürften sie Gottheiten genannt werden, weil sie wie diese überlegen, launisch und wandelbar sind. Doch liegt ihr Vergleichsgrund vor jeder Benennung und

Erzählung, auch wenn dies ihr unausweichliches Schicksal in der „mythopoetischen“ Kultur der dichtenden und singenden Menschen ist. Bevor Kultur als Arbeit an der Natur beginnt, hat letztere den Menschen bearbeitet, und der unberechenbaren *ira deorum,* dem Götterzorn, ist er sich solange eingedenk, bis sich die Vernunft das bekannte Erlösungsprogramm anmaßt und die wütenden Gewalten sinnhaft auslegt.

Die hier aufgelisteten Hierophanien sind allesamt Abhängigkeiten ohne Aussicht auf Emanzipation; Blendungen, die keinen Klartext kennen; Zauberkräfte, die sich ihrer Entzauberung widersetzen; Aspekte der menschlichen Passion voller Duldsamkeit und Leidenschaft, die das nichtwissenschaftliche Denken beherrschen und beflügeln. Es ist die erwähnte Wucht der Anschauung, der starre Schauder, Rudolf Ottos *stupor* (staunende Betroffenheit), der sie über die Zeiten und Kontinente hinweg vergleichbar macht, auch wenn die einzelnen Kulturen eine eigene Auswahl treffen und eigene Schwerpunkte setzen. Damit spiegeln sie fast die Launenhaftigkeit der Hierophanien, die in höchst unterschiedlicher Intensität, Dauer und Rhythmik die Menschen packen. Doch fehlt in keiner heidnischen Gesellschaft eine der zwölf Hierophanien ganz, auch wenn ihre Antworten auf die Ergriffenheit, das was die Kulturmorphologen Frobenius und Jensen „Ausdruck“ genannt haben[36], sehr verschieden ausfallen und im Laufe der Zeit recht verschiedene Pflegen erfahren können.

### Heidnische Hierophanien

| | |
|---|---|
| I. **Wasser** | als Ort des Anfangs und des Endes, der Katastrophe und der Erneuerung, des Auftauchens und des Zurücksinkens ins Ungestaltete, anschaulich gemacht in Drache, Schlange, Fisch, Spirale oder konzentrischen Kreisen |
| II. **Erde** | als Heimstatt der Toten und Ort der Geburt, verkörpert als *terra mater,* Ur- und Allmutter, verortet als Holle und Hölle im Totenberg und im Wechselkleid der Jahreszeiten |
| III. **Himmel** | als Leere, Weite und Ferne, als unsichtbarer Wind, luftiger Geist, regelmäßiger Atem, launisches Wetter einschließlich Wirbelsturm und Orkan, ersehnter Regen, wärmende Sonne, rätselhafter Mond, zeugende Kraft des Vaters, Donnerschrecken und Blitzschleuder, schließlich als Schicksalsstern oder Sternenkonstellation |

IV. **Feuer** als Reinigungs- und Vernichtungskraft, als Anschauung der Verwandlung, die aus Wildnis Kulturland schafft und aus Kultur Wüste, die noch die stärksten Tiere schreckt, die Kälte erwärmt und wohnbar macht sowie schließlich das Leben samt Haus, Hab und Gut verbrennt

V. **Pflanze** als Nahrungsspender durch den eigenen Tod, massenhaftes Ernte-(selbst)opfer, Leben aus Leiden, Heilmittel, Prinzip des Nachwachsens und der Wiederkehr, aber auch des in den Himmel Wachsens, verdichtet in Vegetationsgottheiten, die sich immer neu selbst opfern

VI. **Tier** als Gefährte, Helfer, Schlachtopfer und *Alter Ego* der Menschen und der Götter, Orakelkraft, Sündenbock, vertraute Fremdheit, Quelle von Angst und Schrecken, andrerseits Liebesobjekt und Kuschelwesen

VII. **Mensch** die Unheimlichkeit des Mitmenschen (Hexe, Hexer), seine Fremdsteuerung (*Heteronomie*) und Besessenheit, Verkleidung und Maskierung, Schadenszauber und Schutzmagie, Bösartigkeit und Rätselhaftigkeit

VIII. **Sexualität** Attraktion und Ergänzung, Macht der Lust, Fruchtbarkeit des Exzesses, Heilige Hochzeit, Sexualreligion, Orgie und Askese, Erfüllung im Doppelgeschlecht als ewigem Orgasmus

IX. **Tod** als Tor zur Anderswelt, große Metamorphose, Trennung und Vereinigung, Urtötung, Lustmord, Kopfjagd, schlimmer Tod und Totendienst

X. **Traum** als Fenster zur Anderswelt, Quelle von Phantasie, Traumaufgaben und Traumwirklichkeit, Offenbarungen der Nacht, vertrauter Widersinn

XI. **Zeit** als Werden und Vergehen, Frist und Wiederkehr, Raumzeit und Traumzeit, Ziel und Rhythmus

XII. **Kunst** als Ausdruck von Ergriffenheit, Nachbildung von Hierophanien im Erzählen, Tanzen, Musik und Bildnerei, Macht der Wiederholung

Die hier untereinandergeschriebenen Hierophanien bilden das Kraftfeld, in dem sich Menschen vor ihrer Bekehrung und Belehrung durch Konfession und Wissenschaft Tag für Tag bewegen. Ihre Wahrnehmung von sich selbst wie von ihrer Umwelt ist - um es in anderen Worten zu wiederholen - nicht quantifizierend oder messend, sondern *qualitativ*, d. h. Zeit und Raum stecken voller Geister, die man am Werktag wie am Feiertag berücksichtigen sollte. Wer von Kraftorten und Kraftzeiten umgeben ist, bewegt sich anders als der vom französischen Philosophen der Aufklärung René Descartes (1596–1650) definierte Neumensch[37]; zwar ist er aktiv, er versteht sich aber nicht als Aktivist[38], und so spielt in seiner Lebenswelt oder Kultur auch nicht die Aktion für oder gegen etwas die Hauptrolle, sondern ein Lebensgefühl der *passio*[39], der leidenschaftlichen Leidensbereitschaft. Ein anderes Dasein lassen Überzahl und Übermacht all der Qualitäten, die sich seiner Kontrolle und Verfügbarkeit entziehen, nicht zu.

Zu dieser Anpassung und Einpassung des archaischen Menschen in die ihn beherrschende Welt der Naturgewalten gehört ganz besonders auch die Unterwerfung unter deren Rhythmus[40], deren Hin und Her, deren Metamorphosen. Kultur und ganz besonders Religion ist Dienst für und an solchen Wechselmächten[41]. Was dem durch die Schriftreligionen geschulten eschatologischen wie dem der Aufklärung geschuldeten rationalistischen Denken banal erscheint, steht im Zentrum der archaischen **qualitativen Kosmologie** oder Weltwahrnehmung: Tag und Nacht, Winter und Sommer, Ebbe und Flut, Aufblühen und Verwelken, Tod und Leben - lauter oppositionelle Mächte, die sich ewig bekämpfen ohne Aussicht auf einen endgültigen Triumph, die sich gegenseitig abwechseln müssen, ohne jemals zur Ruhe zu kommen. Ihre Arbeit ist wie die von Sisyphos in der griechischen Antike ohne Ende, eine Kette aus Hoffnungen und Enttäuschungen und damit zentraler Gegenstand der Mythologie, die voller Rhythmen und Metamorphosen, d. h. wechselseitigen Entlastungen steckt. Offensichtlich macht die Natur dieses Wechselspiel vor[42], und weil es ohne den Menschen läuft, beschäftigt es das Dichten und Denken aller Völker bis zur Stunde ihrer Be- und Umkehrung. Davor malen sich die Menschen das Wechselspiel der Gewalten als Götterkämpfe (*Theomachien*) aus, und dieses Geschehen ergreift sie so sehr, dass sie daran teilnehmen möchten, indem der Ritus den Mythos nachspielt. Manchmal scheint es, als glaubten sie - wie es Ewald Volhard (1900–1945), der am Ende des Zweiten Weltkriegs gefallene Mitarbeiter und vorgesehene Nachfolger von Leo Frobenius formuliert hatte -, das kosmische Geschehen in die eigene Verantwortung nehmen zu müssen[43]. Hier beginnt das religionsethnologische Verständnis der Kultspiele, der Wettkämpfe – und wohl auch der verblüffenden Attraktivität des modernen Sports.

In der früheren Ethnologie und bis heute in den Nachbarwissenschaften wird gerne der Begriff „magisches Weltbild" für das Heidentum verwendet. Die Unterscheidung zwischen Religion als der höheren Form transzendentaler Bindung und Magie als der niederen Religion wie Aberglaube, Fetischismus und Götzendienst erfreut sich in Kirchen und Wissenschaften großer Beliebtheit. Für eine Rekonstruktion des Heidentums trägt sie nichts bei. Deswegen müssen an die Kapitel, die die Hierophanien nacheinander behandeln, noch einige weiterführende Abschnitte angefügt werden, die die Besonderheit heidnischer Religiosität in Mythos und Kult, in Praxis und Ritualwesen herausarbeiten – auch in Richtung deutender Zugriffe unter gesellschaftlicher Bevormundung. Das führt fast zwangsläufig zum universalen Prozess monotheistischer Verbreitung auf Kosten lokaler Frömmigkeit. Doch ist damit die Endstation erreicht? Nach dem Missionskapitel soll noch ein Blick auf eines der heidnischen Ventile gewagt werden, die sich nach der mehr oder weniger gewaltsamen Beendigung der archaischen Religion in überraschender Weise und Häufigkeit öffnen. Im Lichte der heute expandierenden Besessenheitskulte verbleibt dem Sterben des Heidentums ein offenes Ende; der Kampf der Weltvernunft, der Zivilreligion[44] und der organisierten Gläubigkeit gegen die *Elementarreligionen*[45] könnte noch nicht ganz entschieden sein.

1 *„... niemand hütet das Geheimnis seiner Religion mit tieferem Schweigen als der Primitive"* (Hauer 1923:6). Der italienische Nias-Ethnograph Modigliani sagte dazu Ende des 19. Jahrhunderts: *„Es bedeutet immer ein äußerst schwieriges Unternehmen, die metaphysischen Vorstellungen von primitiven Stämmen zu erforschen, da alle Vorschriften und Befehle immer sorgfältig verborgen werden vor dem Eindringling, der sie kennenlernen möchte. – Töricht ist ein Mensch, der leichtgläubig der erstbesten Antwort Glauben schenkt. Er geht das Risiko ein, Erklärungen zu sammeln, die sich alle widersprechen, oder schnell produzierte Antworten, die nur den Fragenden zufriedenstellen sollen."* (nach Hämmerle 1999:283).

2 Walter Burkert (1971/97:66) hat das „animalische" Schreien weiblicher Ritualisten betont, im Griechischen *ολολυγή* (*ololügä*), womit wohl das von Frau Blavatsky (s. Vorrede FN 65) anders gedeutete biblische Halleluja zusammenhängt und auch das heute noch in Afrika und dem Vorderen Orient geübte Trillern der Frauen zu heiligen oder erhebenden Anlässen (s. Epilog).

3 Humphrey/Laidlaw 1994:7. Zu den Grenzen der Erfragbarkeit heidnischer Religionen sagt die österreichisch-nigerianische Künstlerin Susanne Wenger am Ende ihrer Ausführungen über den Yoruba-Glauben: *„Obwohl der Yoruba diese Zusammenhänge weiß – nicht nur die weisen Alten, sondern in archaischer Tiefe jeder Yoruba –, wird man sie niemals in seinem Forschungsprogramm vom Dolmetsch erfahren können."* (1980:171).

4 Zit. nach Gladigow 1999; zum entsprechenden Schiller-Gedicht s. Assmann 2001. Eine andere Aretalogie (hymnische Ankündigung) der großen Isis mit ausgesprochenem Weltmachtanspruch lautet: *„Εισις εγώ ειμι ή τΰρανος πάσης χώρας (Eisis egô eimi hä tyrannos pasäs chôras)"* – *„Isis bin ich, die Herrin allen Landes"* (Bergman 1968, Donner 1995). Als Panthea (Allgöttin) und Magna Mater wurde Isis vom 1. bis 3. Jh. auch in der Hauptstadt von Germania Superior *Mogontiacum* (Mainz) verehrt, wie Ausgrabungen 1999 freilegen konnten (s. Witteyer 2004).

5 Glucksmann 1977/78.

6 Rouch 1953/54.

7 Vgl. Krader 1973/76, Durkheim 1912/81, Freud 1913/61.

8 Hauer 1923:V.

9 Hauer 1923:44.

10 Im Sinne von R. Otto 1917/87.

11 Im Sinne von Eliade 1957/87:14.

12 Dazu vgl. Faust 1998.

13 Dazu vgl. Schäfer 1999.

14 Otto 1917/87.

15 Dass in der naturmythologischen Schule des 19. Jahrhunderts der Prozess auch anders herum verlaufend gedacht werden konnte, wenn etwa bei Friedrich Max Müller das Nomen für Blitz

schließlich zum Numen Blitzgottheit (z.B. Zeus) wird (z.B. Müller, F. M. 1869:311), bewegt sich auf der Ebene evolutionstheoretischer Spekulation und hat nichts mit dem hier gemeinten demiurgischen Akt der Benennung als Bannung zu tun.

16 Vgl. Kramer 1987, Wendl 1991, Krings 1997; s. Kapitel XVI.

17 Nietzsche Ges. Werke IV:407.

18 Ein eigentümliches Phänomen ist in diesem Zusammenhang der weit verbreitete Schlachtfeldtourismus, z.B. in Nordfrankreich, wo die beiden Zwillingsnationen (Streck 1997:1990) vier Jahre lang ihre Jünglinge opferten, oder auch südlich von Leipzig, wo zu Füßen des der Welt größten Totenmahls die Völkerschlacht von 1813 alljährlich nachgestellt wird. Es ist, als forderten die Massen der Gefallenen (s. „Schlimmer Tod" in Kapitel IX) die theatralische Fortsetzung ihres Sterbens - ganz unbekümmert um die nach Kriegen besonders gepflegte Friedensrhetorik des öffentlichen Diskurses.

19 *„Die Grundprinzipien, die archetypoi des Unbewußten sind wegen ihres Beziehungsreichtums unbeschreibbar, trotz ihrer Erkennbarkeit. Das intellektuelle Urteil sucht natürlich immer ihre Eindeutigkeit festzustellen und gerät damit am Wesentlichen vorbei, denn, was vor allem als das einzige ihrer Natur Entsprechende festzustellen ist, das ist ihre Vieldeutigkeit, ihre fast unabsehbare Beziehungsfülle, welche jede eindeutige Formulierung verunmöglicht"* (Jung, Ges. Werke 9/1, § 80).

20 Vgl. Eliade 1949/86:19f.

21 In der Religionswissenschaft kann deswegen auch der umgekehrte Tatbestand beklagt werden: *„Noch heute wird freilich in der Religionsforschung der remythologisierenden Revision der Psychoanalyse durch C.G. Jung (1875–1961) weit größere Aufmerksamkeit entgegengebracht als den Theorien und Methoden ihres eigentlichen Begründers"*(Kohl 1988:253).

22 Lyotard 1988/9:81.

23 *„Es ist eine Silbe, eine Wurzel oder ein Stamm, die gegensatzlos etwas, das einheitlich ist, zum Ausdruck bringen, etwas Einheitliches, das sich erst später polt und noch später durch unser Denken eine Gegensätzlichung erleidet* [...]. *Anfänglich jedoch waren die Urworte von genau der richtungslosen, ja <sinnlosen> Ununterschiedlichkeit, die wir als für die magische Ebene charakteristisch feststellen konnten"* (Gebser 1949/53:196f.). Einen früheren Versuch, zum irrationalen, affektiven und paradoxen Grund der Sprache zu gelangen, unternahm der Berliner Linguist Carl Abel (1837–1906) im Jahre 1884.

24 Vgl. Lehmann, F. R. 1930, Steiner 1956.

25 Vgl. Codrington 1880, Lehmann, F. R. 1921, zum Mana-Begriff der Mandäer s. Rudolph 1970:417. Warum die Melanesier im westlichen Pazifik und die Mandäer im unteren Zweistromland denselben Begriff für den Zaubergrund des Lebens benutzen, muss hier als weiteres Geheimnis stehen bleiben, vielleicht auch als Ansporn für weitere Forschung.

[26] *„Wer das nicht nachvollziehen kann, dem muß alle Religion und die Faszination, die sie auf Millionen Menschen ausübt, als ‚reiner Irrsinn' erscheinen"* (R. Otto 1917/87:35).

[27] Vgl. Zgoll 2000:457.

[28] Vgl. Hornung 1971:28.

[29] Die u.a. von Tempels (1935/59) und auch von Van der Leeuw (1941) vertretene, aber auf Arnold van Gennep zurückgehende Dynamismustheorie hat Vanbaaren (1964) z.B. mit dem Argument widerlegt, eine unpersönliche, abstrakte Macht sei vielen Primitiven schon aus rein sprachlichen Gründen nicht vorstellbar. Der afrikanische Schriftsteller Taban Lo Liyong hat umgekehrt dem Pater Tempels den Vorwurf gemacht, mit seinem namenlosen Kraftbegriff die afrikanischen Götter getötet zu haben (vgl. Streck 2003a:114 f.).

[30] Siehe Maranhao/Streck 2003, Streck 2004a.

[31] *„Entgegen der These des Urmonotheismus von W. Schmidt sind die Urzeit- und Schöpferwesen nicht als Gottheiten anzusprechen. Man sollte mit N. Söderblom und A.E. Jensen in ihrem Wesen eine eigene Kategorie von überirdischen Mächten sehen, aber nicht Gottheiten. Was wir heute im Judentum, Christentum oder Islam unter <Gott> verstehen, dem entsprechen sie in keiner Weise"* (Thiel 1997:560).

[32] Siehe Schuppener 1996.

[33] Der arabische Ethnograph Ibn-Fadlân erzählt von türkischen Stämmen, die an „12 Herren" glaubten, als da seien Winter, Sommer, Regen, Wind, Baum, Wasser etc. Der zeitgenössische arabische Ethnologe Ar-Rabâyi'a deutete diesen Glauben 1983 als Totemismus (*tûtimîya*) (näheres s. Lange, Katharina 2002:235/6 und 359).

[34] Lévi-Strauss 1958/67; 1962/68.

[35] Dazu Kramer 1991 (s. Kapitel II).

[36] Frobenius 1921, Jensen, A. E. 1951.

[37] Zur Unterscheidung zwischen *res cogitans* als der denkenden Instanz (Subjekt) und *res extensa* als dem Ding mit Ausdehnung (Objekt) s. Descartes 1637/1960.

[38] Deswegen sollte sich eine Religionsethnologie auch schwer tun mit dem Begriff „Weltbild", weil dies einen *homo faber* voraussetzt, der seine Welt erschafft. In der für die Ethnologie wesentlichen „emischen" Perspektive, also der Binnensicht, ist in der maschinenlosen Gesellschaft die „Welt" das Agens und der Mensch das Produkt, oder wie Heidegger für die Antike formulierte, ist der Heide „ein vom Seienden Angeschauter" (1938/1972).

[39] Zum *passio*-Begriff in der Ethnologie s. Kramer 1984, Streck 2003b.

[40] Zu diesem Zentralthema der Religionsethnologie s. Klages 1934, 1944 und Leach 1961/66.

[41] Bevor der Mensch in der Moderne seinen eigenen Produkten wie etwa der „Weltwirtschaft" dient, stand er Frobenius zufolge im Dienste der Sterne, der Pflanze oder des Tieres – was wir hier mit

Eliade Hierophanien nennen. Der *homo pathicus* (Schuler) zeichnet sich für Frobenius weniger durch seine passive Leuchtkraft aus als durch eine aktive Dienstwilligkeit: „Die Menschheit muß dienen" (Frobenius 1931b:83). Für den aus einer Offiziersfamilie stammenden Frobenius (s. Heinrichs 1998) war hierfür die militärische Dienstpflicht, die in den Nationalstaaten der Weltkriegszeiten die aufblühenden Männergenerationen ebenso formte wie lichtete, das Anschauungsmodell.

[42] Auf die sog. Naturmythologische Schule im Gefolge von Friedrich Max Müller (1823-1900) ist oben schon hingewiesen worden. Einerseits leuchtet die Grundannahme von der empirischen Fundierung kosmologischer Spekulationen ein und ebenso auch die antitheologische, fast materialistische Begründung von Religion. Andrerseits wurden die vielen Naturmythologen auch Opfer ihres eigenen Musters, wenn sich etwa das astrale und das lunare Lager bekämpften oder wenn um die Hierarchie der Erscheinungen gestritten wurde. Dass diese gesamte Thematik aber nur noch wissenschaftshistorische Relevanz besitze (vgl. Pöge-Alder 1999:1086–1092), läßt sich bezweifeln und soll mit den Ausführungen in diesem Buch auch widerlegt werden.

[43] Volhard 1939:486.

[44] Zum oben schon einmal erwähnten Begriff vgl. Hase 1999, zur politischen Konsequenz s. Jewett/Lawrence 2003.

[45] Der Terminus wurde wohl zuerst von Gabriele Weiß 1987 gebraucht.

# A. Die Welt außer Kontrolle

# I. Wasser

*Wasser ist Leben,*
*in der hohlen Hand behältst Du es,*
*in der Faust verlierst Du es.*
Volksmund

Wasser[1] wird auf der ganzen Welt verehrt, als ersehnter oder verdammter Regen, als Quelle und Brunnen, als Bach, Fluss oder Strom, als Meer, das alles aufnimmt, als Himmelsozean, der alles umschließt. Auch die moderne Zivilisation, die das Wasser auf die chemische Formel $H_2O$ abstrahiert und instrumentalisiert und über es zu verfügen gelernt hat bis hin zu Edward Tellers und Andrej Sacharows Wasserstoffbombe, wird mit jeder Dürre und jedem Flutregen daran erinnert, dass das Wasser auf den Menschen nicht angewiesen ist, wohl aber umgekehrt. Im Menschheitsgedächtnis ist massenhaftes Ertrinken ebenso gespeichert wie der Ursprung des Lebens aus dem Wasser. In seinem Weg vom Himmel auf die Erde, von der Quelle bis zur Mündung, vom Getränk bis zur Ausscheidung scheint das Wasser mit dem Leben übereinzustimmen, auch mit seinem Ende, über das es aber immer auch hinauszuweisen pflegt. Auf der ostindonesischen Insel Ceram verbinden die Ströme das Land der Lebenden mit dem Totenreich[2], und für die Mandäer im Mündungsgebiet von Euphrat und Tigris fließt der Jordan aus den „lichten Höhen" des Hermon in die „schwarzen Wasser" des tiefgelegenen Toten Meeres[3]. Lebenswasser wie Todeswasser sind die zentralen Themen der Volksüberlieferung, weil Wasser das „Reservoir aller Möglichkeiten der Existenz"[4] darstellt und in seiner Zwitterform[5] die Widersprüchlichkeit jeder Hierophanie exemplarisch vormacht.

### *Wasserlehren*

Die Ethnologie des heiligen oder qualitativ wahrgenommenen Wassers beginnt mit dem hier schon eingeführten Basler Kulturgeschichtler und Mythologen Johann Jakob Bachofen und seinen Überlegungen zur **Selbstzeugung im Sumpf**, den heidnischen Überlieferungen über die Geburt aus dem Wasser und den Verwandlungen zwischen Lebens- und Todesstrom. Die alten Flusskulturen am Euphrat, Tigris und Nil haben als erste aufgezeichnet, was die Menschen des Ufers beeindruckte: „Selbstbegattung des feuchten Stoffs"[6], vom in die Höhe sprießenden Schilf - das Haar der Isis wächst aus ihren eigenen Tränen[7] - über das angespülte Wassergetier - vielleicht die älteste Nahrung der an Ufern großgewordenen Menschheit[8] - bis zur Zunge in der immer feuchten Mundhöhle, der biologischen Grundlage des Sprechens und der gesprochenen Kultur. Die Ufer als schwingende Wassergrenzen erlaubten Leben und nahmen es wieder weg. In dieser ältesten Schule der Menschheit, im Rhythmus von Ebbe und Flut, von Hoch- und Niedrigwasser, von Trockenbett und Überschwemmung entstanden die Wasserreligionen mit ihrem Wasserdienst, dem Kern heidnischer

Frömmigkeit, die keine leblosen Stoffe kennt und noch die gewaltigen Steinsäulen an den Ufern des Nil wie Papyrusstengel gestaltete.

Der schottische Orientalist und Bibelkritiker William Robertson-Smith (1846–1894) hat die Wasserreligion auch für die semitischen Völker nachgewiesen, die sonst eher für ihren Monotheismus und ihre Schriftreligionen bekannt sind. Das „fließende oder lebende Wasser"[9] war überall ihre entscheidende Kraftquelle – und oberste Autorität. Das Ordal, in dem das Wasser Schuldige abstieß und Unschuldige aufnahm[10], war möglicherweise vor dem – etymologisch von ihm abgeleiteten[11] – „Urteil" des Richters, vor allem war es unbestechlich. Wasser hat in vielen Kulturen das erste und das letzte Wort, dazwischen sucht man seine Labung und Heilung regelmäßig und ritualisiert, für innere wie äußere Reinigungen. Noch im extremen Wasch- und Duschzwang des modernen US-Amerikaners[12] manifestiert sich diese anthropologische Wasserbindung, auch wenn keine Wassergötter mehr bekannt werden können und heute eher zu Sparsamkeit und „sorgfältigerem Umgang mit dem Lebenselexier" aufgerufen wird[13].

Wer nach einer allen Kulturen gemeinsamen Symbolisierung des vieldeutigen Wassers sucht, stößt unweigerlich auf die **Schlange** als Verkörperung der Flüsse, die sich in allen bewohnten Gebieten durch das Land winden[14]; in kultischen Darstellungen nimmt die Schlange oft ihren Schwanz in den Mund als Gleichsetzung von Anfang und Ende. In vielen Mythologien freilich bekommt die Schlange die Gestalt des Drachens, der nach dem romantischen Altertumsforscher Franz Joseph Mone (1765–1840) nicht nur von gotischen Kirchen das Himmelswasser herunterspeit[15]: „Er tötet sich selbst, heiratet sich selbst und befruchtet sich selbst."[16] Im alten Babylon hieß er Tiamat, in Ägypten Uroboros[17], bei den Phöniziern Leviathan[18], Okeanos bei den Griechen, Mandala in Indien, Quetzalcoatl im Alten Amerika – die die Welt umschlingende Schlange ist ihr Embryonalzustand wie ihr Ende. Dazwischen liegen die Differenzen und Gestaltungen, Erhöhungen und Einbrüche, Aufbauten und Ausschachtungen, bis das Wasser wieder für Nivellierung sorgt. Für die Tiefenpsychologen C. G. Jung und Erich Neumann (1905–1960) ist die Erfahrung des Wassers der Archetyp des Gestaltlosen, des Ortlosen, des Unendlichen, das Ziel der Auflösung (noch nicht Er-lösung!) und des Wiederversinkens in die ewige Seligkeit des Chaos. Im buddhistischen Ideal der Entleerung von aller Substanz[19] hat die Wasserreligion eine philosophische Höhe erreicht, in der *unio mystica* (mystische

Vereinigung mit der Gottheit) hat sie weit in die Schrift- und Erlösungsreligionen hinein Bestand gezeigt.

Die Hierophanie Wasser gehört, wie die prähistorischen Fundstellen lehren, zu den frühesten Abbildungen: **Wellenkreise**, konzentrisch oder als Spirale, schmücken megalithische Steinmäler auf der ganzen Welt[20], im indogermanischen, so z. B. im keltischen Raum oft zum *triskeles*, der Dreifachspirale, erweitert[21], worauf sich so leicht Geburt, Tod, Wiedergeburt oder die Aufgaben der drei Schicksalsgöttinnen[22] assoziieren lassen. Im Wasser, das nach unten abfließt und von oben nachkommt, manifestiert sich die ewige Wiederkehr, das Fundament heidnischen Glaubens und der alten Religion, die *ontologisch* (seinskonform), nicht *eschatologisch* (auf das Ende hoffend) war. Bevor die Erlösung vom Tod gepredigt wurde, erwartete man die Auflösung in ihm, bisweilen auch eine Wiedergeburt aus ihm. Man trank Wasser bis zum Ertrinken. Der französische Kulturphilosoph George Bataille (1897–1962) versuchte nachzuweisen, dass Verschwendung das Hauptcharakteristikum heidnischer Kultur ist[23]; ihr Vorbild ist aber nicht nur die maßlos vergeudende Sonne, sondern auch das überfließende Wasser, das die Babylonier in der Gottheit Ea (sumerisch Enki) verehrten und das in Eleusis mit dem Dreiruf: „Regne, befruchte, schäume über" gefeiert wurde[24]. Schwimmen im **Über-Fluss** lautet das älteste Menschheitsideal. Vielleicht wollen die rätselhaften „Schwimmer" auf manchen Felsbildern der Sahara[25], wo heute allenfalls „Trugwasser" (Fata Morgana) den Reisenden narren, auf dieses Fülleerlebnis hinweisen. Noch deutlicher wird das in der Übersetzung des Bibelfluchs „Im Schweiße Deines Angesichts sollst Du Dein Brot essen" durch den südafrikanischen Missionsschüler: „Du sollst Brot essen, bis Du schwitzt."[26]

### *Wasserreligionen*

Kultische Wasserdienste finden sich nun in den ethnographischen Quellen in einer überwältigenden Fülle, am bekanntesten wurde die Wassergottheit der westafrikanischen Dogon, die der französische Ethnologe Marcel Griaule (1898-1956) von dem alten Ogotemmêli erklärt bekam und die am Anfang der Welt zerstückelt wurde und als Wassergeister (*nommo*) im täglichen Bier, erst recht aber im großartigen Schlangentanz des Sigi (Sirius) wiederkehrt, bei dem die Tänzer Fischkopfmützen tragen, auf Nachbildungen des Geschlechts der Wassergeister sitzen und Trommeln schlagen, die aus ihren zertrümmerten Schädeln gefertigt sind[27]. Damit schließen die Altafrikaner nahtlos an die entsprechenden

Gottheiten der Orientalen an, etwa den schon genannten Ea der Babylonier[28], in dessen Heiligtümer überfließende Gefäße – die Vorbilder unserer „Römischen Brunnen" – standen[29] und aus dessen Tiefe wohl auch Tammuz, der erste Sterbegott (s. Kapitel V) entstiegen ist[30]. Die Gottheit Wasser hat in der Mythologie auch der späteren heidnischen Völker ihren festen Ort vor allem als ungeschaffene Qualität und Reservoir, aus dem sich die „sekundären" Schöpfergottheiten bedienen, z. B. beim **kosmogonischen Tauchvorgang**, bei dem Urmaterie, also Schlamm an die Wasseroberfläche geholt wird[31], oder als Flut, die der ins Verderben geratenen Schöpfung ein einheitliches Ende bereitet. Schon die Kulturgeographen Richard Andree (1835–1912) und Georg Gerland (1833–1919)[32] konnten belegen, dass Sintflutberichte zum mythologischen Allgemeingut gehören, ebenso die Rettung einzelner herausragender Personen, damit das Menschengeschlecht eine Fortsetzung erfahre. **Flutmythen** gehören zum kosmologischen Auf und Ab (*Kataklysmos*) des heidnischen Geschichtsbildes, in dem die Welt immer wieder sterben muss, um dann aber auch wiedergeboren zu werden. Der Stoff, in den alles versinkt, und aus dem alles wieder auftaucht, ist Wasser, die Gestalt gewordene Ewigkeit.

Die Babylonier haben diese uralte und weltweit verbreitete Geschichte vom Weltuntergang als erste niedergeschrieben; als Teil des Gilgamesch-Epos wurde der Keilschrifttext in der Bibliothek des Königs Assurbanipal von Ninive (-668–629) gefunden[33]. Darin erzählt Utanapischti, der Dank der Gnade der Wassergottheit Ea davongekommene weise Alte, dem Helden Gilgamesch die Geschichte seiner Rettung in der Arche mit den Tieren – und allen anderen Einzelheiten, die der moderne Mensch – wenn überhaupt – nur noch aus der Bibel kennt. Es gibt aber einen entscheidenden Unterschied, der die babylonische Version und alle ihre Parallelen in den ethnographischen Quellen von der Genesis-Version trennt. Diese nämlich legt die Weltflut als Teil des göttlichen Heilsplanes aus, als Strafe für die sündig gewordene Menschheit und Neuanfang eines Gott-Menschen-Bundes. Die heidnischen Versionen dagegen, weder die aus dem Altertum noch die aus den ethnographischen Aufzeichnungen, kennen keine Sünde und keine Massenvernichtung als Strafe oder Sühne. Die Überflutung der Erde geschieht einfach, als eine Naturkatastophe – für die unser Sprachgebrauch die treffende Formel „Höhere Gewalt" besitzt – oder als Laune der Götter wie in Babylon, wo die Unsterblichen in Streit geraten, als sie sehen, was sie aus Langeweile angerichtet haben.

Der universelle Mythos von Überflutung und Wiederaufstieg der Menschenwelt erfuhr in den Schreibstuben Jerusalems und Alexandrias eine gezielte Bearbeitung, die ihn in den Dienst einer gottgemachten Geschichte zu stellen erlaubte. Eine ähnliche Umdeutung erfuhr das universelle Wassertier, der **Drache**, der in der heidnischen Mythologie die Welt zusammenhält, in der Bibel aber zum Satan wird, zum Pharao, zum Erzfeind Israels und der ihm nachfolgenden Welt[34]. Die Chinesen aber feiern – abgesehen von wenigen Missionsinseln – noch heute ihren göttlichen Drachen, und sein Name findet sich allenthalben in Bergen, Flüssen und Seen[35]. So hängen in Hinterindien von den Dächern der heiligen Häuser geschnitzte Drachenschwänze (*Naga*) herab ebenso wie ihre Firste schlangenartig gestaltet sind. Ähnliches gilt für Indonesien „unterhalb" von Islam und Christentum, ganz deutlich auf Bali[36]. Am Sepik auf Neuguinea verehrten Dorfbewohner wie die Iatmul riesige Holzkrokodile. In Afrika spielt die Drachenrolle die Schlange[37], wie schon im alten Ägypten, wo die Schlange Kematef aus dem Urwasser entstieg und den Himmel schuf. In den Nordanden kehrt die kosmische Urschlange Amaru in den Sturzbächen und Hochwasserfluten wieder[38]. Erst im Alten Orient scheint sich die Vorstellung vom Drachenkampf herausgebildet zu haben, zumindest ist er dort zuerst aufgeschrieben worden: Es treten Wetter-, Schöpfer- und Heldengötter auf, die das Urwelttier besiegen, gefangen nehmen, zähmen oder töten, um aus ihrem Leib die bewohnbare Erde zu schaffen. Damit ist die Drachenschlange aber noch nicht „böse", sie ist unverzichtbarer Teil der heidnischen Wechselherrschaft, Partner des dualistischen Spiels namens **Chaoskampf**, das sich täglich wiederholt, wenn der Tau der Nacht in der Sonne trocknet oder die aus dem endlosen Meer heranstürmenden Brandungswellen immer aufs Neue im Sand versickern; noch die Griechen verehrten zu Delphi in ihrer Orakelsprecherin Pythia die Pythonschlange, die den Nabel der Welt bewachte, auch nachdem Apoll sie bezwungen hatte.[39]

Vom Vorderen Orient scheint das Drachenkampfmotiv auch nach Afrika gelangt zu sein[40], zusammen mit Neujahrsfest und Sakralkönigtum, obwohl im bäuerlichen Afrika die Schlange bis heute Verehrung genießt und mehr den Ursprung – z. B. im Yongo Seru der Dogon[41] – als das Chaos verkörpert, wie es auch in Resten für die baltischen Länder bezeugt ist[42]. Es scheint eine typische Reichsidee zu sein, erfunden und entwickelt von Hofgelehrten, dass der Held und König sich gewaltsam gegen die allgemeine Unordnung durchsetzen muss. Interessanterweise verschwindet der herrschaftliche Drache im Chaoskampf nie völlig, wie auch das monotheistisch zum Gegenpol des Heiligen Georg stilisierte Untier immer wieder gebraucht wird, als Ausgangspunkt des Weltgeschehens, als Grundlage der Rettungstat, als Sockel der Siegergeste. Schließlich konnte der Hamburger Ethnologe Bernd Schmelz in seiner materialreichen Zusammenstellung[43] aufzeigen, dass noch die moderne Zeit vom Drachenmotiv angezogen wird: Fantasy-Figuren und -Filme, Tatauierungen, die Kinderkultur, der Saurier-Komplex und manche Symbole in Jugend- und Subkultur erinnern stets aufs Neue an die Personifizierung des Urlebens und der Urgewalt, die vor den Göttern und Menschen da war und – in der heidnischen Mythologie – sie oft überlebte.

### *Wasser der Anden*

Die ethnographisch ermittelten Wasserkulte und Wasserdienste finden oft an Gebirgsseen oder an Quellen statt, die bevorzugten Orte von Wassergeistern, die Parallelwelten bewohnen, aber trotzdem mit den Sterblichen ständig in Berührung kommen, vorzugsweise in Wasserritualen, die der Abkühlung, Temperierung oder Reinigung dienen[44]. „Eine Philosophie im Spiegel des Wassers" hat der in Kolumbien lebende Ethnologe Franz Xaver Faust[45] den **nordandischen Indianern** abgelauscht und übersetzt; es scheint eine Welt- und Lebensauffassung zu sein, die sich nicht weit vom Ursprung weg entfernen möchte und in der die Rückkehr, der Ausgleich, die Temperierung ganz im Zentrum des rituellen Bemühens steht. Obwohl die Menschen in den Tälern der Nordanden auch andere Anschauungen kennen und anderen Gewalten – natürlichen, staatlichen, kirchlichen, kriminellen etc. – ausgesetzt sind, scheint sie die Lehre des Wassers als Ort der Geburt („Natur") am meisten zu überzeugen.

Das Wasser ist in den Anden der Ort, wo sich Geister offensichtlich am wohlsten fühlen. Entsprechend aufmerksam begegnet man den Flüssen, Bächen und Zauberseen (span. *lagunas incantatas*); auch weiß man, dass die gewaltigen Berge im Innern voller Wasser sind und in den Gipfelregionen das Wasser weiß und am stärksten und wildesten ist. Nur besondere Medizinmänner oder Schamanen (s. Kapitel XIV) gehen da hinauf, weil nur sie „die dortige Kraft aushalten und auftanken können."[46] Gletscherwasser gilt als besonders krafthaltig und ebenso Eis. Wenn dort oben auf den Schneebergen (*nevado*) als Kraftorten (*incanto*) Menschen – oft Kinder – geopfert wurden, wollte man keine Geister besänftigen, wie die populären Übersetzungen heidnischer Unverständlichkeiten oft meinen, sondern sich ihnen angleichen. Man leistet dort oben zur Wildheit, Barbarei und Ungeheuerlichkeit der Hochgebirgsnatur seinen eigenen Beitrag (wie - unfreiwilligerweise - auch die verunglückten Bergsteiger).

In wasserdurchtobten Schluchten lebt die Schlangenfrau und Mutter der Wassergeister. Heute stehen manchmal an solchen Stellen Marienfiguren: Die Schlange musste sich tarnen; im offiziell verordneten Kleid kann sie weiter verehrt werden. Nur in Blitz und Donner zeigt sich die Kraft der Urschlange unverhüllt und wie eine zurückschlagende Natur, die sich für ihre Verdrängung durch Zivilisation und Kultivation rächt. Andrerseits brauchen die Menschen diese unverbrauchte Wildheit der Geisterwelt, um sich zu erneuern und Kraft zu tanken. Aus den Brüsten der Wassermutter saugt man „Gletschermilch" als Leben und erleidet den Tod durch Überschwemmung, Bergrutsch, Lawinen und Erdbeben. Die Menschen an den Hängen des Vulkans Puracé nennen sich direkt „Leute der Wassermutter"[47]. Aus ihr strömt *mana*, das in den Nordanden *auca* oder *ptans* heißt. Man sieht es an hohen Bergen, tiefen Seen, reißenden Flüssen, großen Wäldern, gewaltigen Erdbeben, wilden Wettern, fernen Gestirnen, schweren Geburten, sexuellen Ausschweifungen, starken Leidenschaften, Blutorgien, Kriegen, rauschenden Festen und dem Tod. Die Indianer dieser Region sind keine Gleichgewichtskünstler mit stoischer Unerschütterlichkeit. Sie haben das Ungleichgewicht ihrer Lehrmeisterin akzeptiert und beteiligen sich am Übermaß der Wildheit - z. B. bei Dorffesten, aber auch in Gewaltexzessen. Ihre Religion orientiert sich am Wasser, das in seinem Vorkommen wechselt und unberechenbar sein kann wie Vulkan und Wetter.

Südlich des Äquators, in den Zentralanden und dort in der **Kallawaya-Region**, hat die Ulmer Ethnologin Ina Rösing[48] über Jahrzehnte erforscht, wie die dortigen Indios über und mit dem Wasser sprechen. Das nasse Element ist ihr Leben, das sie aber auch überschütten oder sich ihnen verweigern kann. Wegen dieser existentiellen Bindung ist andauernde Kommunikation notwendig, aber nicht auf Augenhöhe, sondern durch Gebet, durch Rituale und Opfer. Letztere finden oft hoch oben an den Bergseen statt. Einem lebenden schwarzen Meerschweinchen wird ein Stein umgebunden; dann wird es ins Wasser geworfen.[49] Bei einem anderen Opferritual muss der Regenpriester bis zur Brust in den See steigen, um dann einen Lamafötus unter Wasser zu begraben[50]. Die Götter des Wassers und des Windes scheinen wieder nicht um Versöhnung angefleht zu werden, sondern sie sollen sich ärgern: Nur wenn sie toben, regnet es[51].

Ist *Ira deorum* (*Götterzorn*) das Lebenselexier der Heiden? Hier jedenfalls besteht ihre Religion aus Belästigung der Götter durch das Ritual. Das lebensspendende Wasser muss in Wallung gebracht werden, sonst bewegt sich überhaupt nichts. Wasser kommt nach Meinung der Kallawaya erst ins Fließen, wenn Blut fließt. Die Götter müssen vor Zorn Blitze schleudern, dann regnet es und die Pflanzen wachsen. Die Indianer benutzen für ihre Blitz-Götter die vorgeschriebenen Tarnnamen: Santiago, der heilige Jakob, einst Stammvater Israels, dann Haupt der Christen Jerusalems, in Spanien bedeutendster Wallfahrtsort, Name verschiedener Kolonialstädte Lateinamerikas, hier oben in den Hochanden verhüllt er Blitzgottheiten, ebenso wie Santa Barbara, San Pedro, San Ireno und weitere Heilige der katholischen Lehre entsprechend andere Dämonen maskieren.

Die Wasserrituale der Kallawaya-Indios offenbaren einen überaus behutsamen Umgang mit den unkontrollierbaren, aber kontaktierbaren Mächten. Zwar muss Ankari, die Windgottheit, mit Opfern oder mit Tränen bewegt werden, dass sie die Regenwolken herbeibläst. Doch darf dieses Blasen auch nicht zu heftig geschehen, da sonst die Regenwolken weggepustet werden[52]. In dieser Situation allgemeiner Unsicherheit werden immer wieder Zeichen befragt, die den Willen der Götter verraten. Zum Beispiel lesen die Kallawaya-Spezialisten in den Herzen der geöffneten Meerschweinchen. In Rösings Übersetzung lautet diese Botschaft z. B.: „*Regnen wird es, regnen! Jedenfalls später wird es regnen* [...] *es wird Regen geben* [...] *du bist ein wenig vom Blitz bedroht* [...] *es gibt keinen Regen* [...] *aber später wird es regnen* [...] *Frost und Hagel werden aufkommen* [...] *später wird's regnen, unheimlich regnen* [...] *später wird es jedenfalls Regen geben* [...] *zu späterem Zeitpunkt wird es sicher regnen.*“[53]

Die Herzen der Meerschweinchen äußern sich nicht klar, aber ihre Sprache ist die des Wetters, um das es geht. Die Indio trauern, wenn es nichts zu essen gibt, weil es nicht regnet. Im Vorgriff auf ihre eigenen Tränen lassen sie Frösche und Meerschweinchen leiden und weinen. Wenn dann auch die Geister und Götter sich erregen, ist der Kreis geschlossen: Es regnet und die Felder werden grün. Doch darf die Beziehung zwischen Menschen und Göttern nicht mit der zwischenmenschlichen, auf Ausgleich bedachten Gegenseitigkeit (*Reziprozität*) gleichgesetzt werden. Wohl werden Opfer dargebracht, um dafür Wasser zu erhalten. Und wenn der Regen ausbleibt, wird die Gottheit an ihre Bringschuld erinnert. Doch kann ihr Einlösen nicht erzwungen werden. Die Kallawaya-Indianer stehen wie alle anderen Heiden in keinem Vertragsverhältnis mit ihren

Gottheiten. Keine der beiden Seiten hält die andere für vertragswürdig; das nicht greifbare Wasser eignet sich wohl auch kaum als verlässlicher Partner. Trotzdem ist es Leben und wird gebraucht und gerufen wie keine andere Hierophanie.

### *Das Ein- und Untertauchen*

Wasser bringt Leben zurück, indem es reinigt. Das wissen Frauen auf der ganzen Welt, wenn sie an den Fluss hinunter zum Waschen gehen[54]. Die Flüsse, die das Land durchziehen, bringen sauberes Lebenswasser und nehmen den Schmutz mit sich fort. Was sich zwischen dieser Entsorgung und der Neuversorgung abspielt, ist der Tod als Ort der Reinigung oder **Purgatorium**. Dieses Mysterium des Rückfalls ins Ungestaltete und der anschließenden Neugeburt wird in vielen Ritualen weltweit nachgestellt. Als erster hat diesen Zusammenhang der französische Ethnologe Arnold van Gennep (1873–1957) beschrieben[55]: Bei jedem kulturell gestalteten Übergang, sei es ein Initiationsritual, das Geburtszeremoniell, eine Hochzeitsfeier oder die Bestattung, separiert das Ritual die Betroffenen von der Gesellschaft (*séparation*), sie erleiden einen Ausnahmezustand (*marge*) und werden dann in neuer Gestalt wieder eingegliedert (*agrégation*). Damit bildet der Ritus den Naturprozess von Sterben, Tod und Wiederauferstehen nach, der im Kern aller Wasserkulte und Reinigungsrituale steckt.

Die bekannteste Version der Wasserreligion ist die **Taufe**, die im Zweistromland und im Einstromland des Nils sowie in Syrien und Kanaan lange bekannt war, bevor sie als Konkurrenzritual zur Beschneidung, möglicherweise auch zur Bekämpfung der weitverbreiteten Wasserkulte[56] – z. B. bei Johannes Baptista oder Paulus von Tarsos – eine bis heute weiter gepflegte Symbolik erhielt. Kindstäufer geben das Neugeborene erst einmal der Natur wieder zurück, um es dann mit den entsprechenden Zauberformeln erneut in die Lebensgemeinschaft einzugliedern. Nur diese zweite, künstliche Geburt zählt – etwa bei entschiedenen Christen, die deswegen auch nur den „Namenstag", nicht den Geburtstag alljährlich feiern. Erwachsenentäufer warten, bis der gereifte Entschluß vorliegt, in den „Jordan" zu steigen, dort den „alten Adam" abzulegen oder abzuwaschen, und als Wiedergeborener ins Leben zurückzukehren.

Es erscheint unwesentlich, ob der Täufling sich dem Wasser gänzlich hingibt (*Immersionstaufe*) wie in der Ostkirche oder er nur an der Stirn „symbolisch" benetzt wird, wesentlich ist das Wasser als Tod-Leben-Hierophanie, die aus zugefallener Natur bewusste Kultur zu machen erlaubt und diese Verwandlung über eine eben nur dem Wasser eignende Kraft der (vorübergehenden) Nivellierung ermöglicht. Im Bibelglauben ist der Wasserdrache zum Satan geworden, der christliche Täufling entsagt beim Taufgelübde in harschen Worten ein für allemal Satan[57]. Georg und seine Jünger stoßen im Grunde genommen ihrer eigenen Mutter die Lanze in den Rachen, doch diese fließt weiter, vielleicht weil - heidnisch gedacht - ihr die Gedanken der kurzfristig Lebenden gleichgültig sind.

Täufergemeinden hatten im alten Jordanland einen schweren Stand, da das Judentum am Bundeszeichen Beschneidung festhielt. Manche Wasserverehrer sind in die Marschen des unteren Euphrat und Tigris geflohen, wo bis heute das „Religionsvolk" der **Mandäer** (Sabier, Subba, „Johanneschristen") wohnt. Sie besitzen heilige Schriften in Ostaramäisch. In der *Ginzâ* (Schatz), Buch I, ist zu lesen: *„... ich gelangte bis zu den Wasserbächen. Als ich an die Wasserbäche gelangt war, strahlte auf mich der Glanz im Überfluß ..."*[58] Hier hat sich Wasserglaube mit Lichtglaube verbunden. Die Sonne spiegelt sich auf der Wasseroberfläche. Wer untertaucht, taucht ins Licht. Weil die Mandäer ihre Visionen niedergeschrieben haben, wurden sie vom Koran unter die - mit minderen Rechten ausgestatteten - „Leute des Buches" gezählt[59].

Im 19. Jahrhundert wurde die Orientalistik[60] auf diese heidnische Insel im Meer der Monotheismen aufmerksam; Wilhelm Brandt (1855–1915) vermutete in ihrem Wasserkult eine altsemitische Naturreligion[61]. Wegen der zentralen Bedeutung des Taufrituals dachten andere Religionswissenschaftler an christliche Verbindungen[62], auch gnostische Wurzeln wurden schon geltend gemacht[63], für den Schweden Geo Widengren (1907–1996) steht die Nähe zur sumerisch-akkadischen Religion des alten Zweistromlandes fest[64]: Hat der Wasserkult des Ea von Eridu, an den Ufern des Jordan weitergepflegt, in den Marschen des Südiraks Zuflucht gefunden? Auch Altägypten hat in der Religion der Mandäer Spuren hinterlassen: Ihr Schöpfergott Ptahil erinnert stark an den Ptah, der aus dem Nilschlamm aufragte, zu dem die Handwerker beteten und den die Griechen mit ihrem Hephaistos verglichen[65]. Die Mandäer gelten im Irak als geschickte Zimmerleute, Schlosser, Gold- und Silberschmiede.[66]

Wasser entspringt für die Mandäer immer in den lichten Höhen und fließt zu Tal, bis es in dunklen Meeren endigt. Wer fließendes Wasser berührt, bekommt

Licht zuteil, ganz besonders, wenn es beim Untertauchen um ihn dunkel wird[67]. Das Wasser wäscht den Schmutz ab, sowohl innerlich wie äußerlich. Dazu stehen vor den Kulthäusern (*mandi*) Wasserbecken zur Verfügung, die über einen Zu- und Abfluss mit dem Euphrat oder einem Kanal verbunden sind und „Jordan" (*jardna*) genannt werden. Die Mandäer kennen drei Typen ritueller Waschungen bzw. Taufen: Die *rishama* kann von jedermann an sich vollzogen werden; der ideale Zeitpunkt ist das Morgengrauen. Die *tamasha* wäscht durch Untertauchen Verunreinigungen der Menstruation, der Geburt, des Geschlechtsaktes, des Leichenkontakts etc. weg. Für die *masbûtâ* , die eigentliche Volltaufe, wird dann ein Priester (*malka*) benötigt, der die vorgeschriebenen Gebete und Handgriffe kennt, das Wasser zum Trinken reicht, die folgende Ölung – vom rechten zum linken Ohr[68] – vornimmt und das abschließende Brot-Wasser-Mahl teilt.

Die Mandäer haben in ihrem Taufkult die Essenz der heidnischen Wasserreligion bewahrt: Wasser ist Licht und Finsternis zugleich. Häufiges Ein- und Untertauchen übt den Tod ein, der mit dem Leben rhythmisch wechselt. *„Die ‚Wasser des Todes' sind"*, so Eliade, *„ein Leitmotiv der altorientalischen, asiatischen und ozeanischen Mythologie."*[69] Zu ergänzen sind die indianischen Kosmologien, die oben angeführt wurden. Auf den Höhen der Anden wie im Becken des Zweistromlandes gehört der Glaube an das Wasser in seiner widersprüchlichen Wirkkraft zum religiösen Erbe, ist Kernstück heidnischer Religiosität, lange bevor Schriftgelehrte, Religionsstifter und Propheten ihre Weltsicht entwickelten und ihre Vorschriften verbreiteten. Auch nach Einführung von Offizialreligionen hat sich die heidnische Einstellung zum Wasser halten können bzw. wurde überformt und funktionalisiert in die neuen Lehrgebäude aufgenommen.

### *Ewige Wiederkehr*

Überall auf der Welt leben die Menschen in existentiellem Bezug zu Wasserstellen, Uferlinien und Flussläufen. Die ältesten Ortsnamen bezeichnen **Wasserorte**; Täler und Flusssysteme bildeten die ersten Heiratskreise, gesellschaftlichen Ordnungszusammenhänge und Sprachgemeinschaften. Die Wasserscheiden dazwischen waren immer Niemandsländer, Kulturgrenzen und Horizontlinien, die andrerseits im religiösen Denken aber auch stets mit besonderer Kraft verbunden geglaubt wurden. Die „lichten Höhen" sind zwar unbewohnbar, dort aber scheiden sich die (Wasser-)Geister und von dort rinnen sie als Lebenssaft zu Tal,

Pflanzen, Tiere und Menschen befruchtend. Danach spült das Wasser aber das Leben auch wieder weg, weshalb der Lauf der Flüsse immer auch mit der Seelenwanderung in Verbindung gebracht wurde[70]: Von den Bergen kommen die Geister, die sich verkörpern wollen; sie tun das im Mittellauf mit Erfolg und im Unterlauf richten sie sich darauf ein, über die Flussmündung ins „Meer der Seele" (Hellmut Ritter) ergossen und wieder aufgelöst zu werden.

Flusssysteme sind wie schräg liegende Weltenbäume (s. Kapitel V), die ihre Geburten in den Wipfeln der Gletscherregionen einfangen, in Ästen und Stamm des Mittellaufs ihre Kraft entfalten und in den Wurzeln des vielarmigen Deltas ihr Leben wieder in die Erde, bzw. ins Meer verlieren. Das Bild lässt sich auch umkehren, weil die Wurzeln aus dem Erdreich ihre Energie saugen, über Stamm und Äste sie weitergeben und in den Blättern, die im Herbst abfallen, ausleben. Im Schamanismus (s. Kapitel XIV) bringt der Besessenheitspriester die Seelen vom einen Ende zurück ans andere. Sicher älter ist die Vorstellung, dass der Kreislauf von selbst sich erhalte und keiner Nachhilfe bedürfe. In der geographischen Namensgebung hat sich das erhalten, wo Flüsse wie *Eder* und *Oder* als *Adern* durch die Landschaft fließen, schlangengleich sich durch Wiesen und Wälder „schlängeln", wo *Rhein* und *Rhone* aus den Alpen *rinnen* oder *Donau*, *Don*, *Donez*, *Dnjepr* und *Dnjestr*[71] sich ins Schwarze Meer ergießen, dessen Wasser so dunkel wie die des *Niger* oder der *Themse* (lat. *Tamesa*, nach der keltischen Erdgöttin Temair, die „Dunkle" benannt)[72], des *Karasu* (türk. „Schwarzwasser", Quellfluss des Euphrat) und *Karakul* („Schwarzsee") im türkischen Sprachraum, des *Amur* (*har mörön*) der Mongolen, des *Bahr el azraq* (Blauer Nil) und des *Rio Tinto* in Spanien sind. Wie ins Meer schoben die Menschen auch in die Flüsse ihre Toten; vielerorts kennen die Lebensmüden Fluss und Teich als Fluchtweg; der Leipziger Missionar Bruno Gutmann (1876–1966) erfuhr von den Dschagga am Kilimandjaro: *„Teiche sind die natürlichen Eingangspforten ins Totenreich."*[73] Wo das Leben sich im Frühjahr immer zum ersten Mal regt, geht es auch zurück ins kosmische Fließsystem, den Aufbewahrungsort des Lebens.

Wasser, so lässt sich resümierend festhalten, ist weltweit der entscheidende Ort der **Regeneration**, in den das Leben hineinfällt und aus dem es wieder herauskommt. Das Element gilt damit gleichbedeutend mit dem Urchaos, dem Ungeschiedenen, der Verfassung der Dinge vor dem Gestaltetwerden und Geschaffenwerden. Dazu gehört auch geschlechtliches Zwittertum (s. Kapitel VIII)[74], was aber die Voraussetzung für die Differenzierung in Mann und Frau zu sein scheint. Wasser ist die Vorbedingung des Daseins und sein Ende, eine notwendige Zäsur im Strom des Lebens, die aber auch die Nacht des Todes durchbricht.

Wasser ist immer in Bewegung und sucht Gelegenheiten zum Abfließen. Und doch verschwindet es selten ganz - wie möglicherweise auf dem Mars nach neuesten Erkenntnissen der quantitativen Allerschließung -, sondern kehrt regelhaft wieder. Diese **ewige Wiederkehr** ist die Grundeinsicht des Heidentums, und auch nach der Implantation von eschatologischen, gerichteten Religionen bleibt der zyklische Glaube im Volksbewusstsein, im Jahreskalender, im Ritualleben. Noch das Kirchenjahr verkörpert diesen Widerspruch, dass endzeitlich gedachtes Heilsgeschehen nach den Bedingungen des Mühlrads und des hydrologischen Kreislaufs veranschaulicht werden muss. Im berühmten Glücksrad (*Rota Fortunae*) über der Galluspforte des Basler Münsters (s. Kapitel XI) hat das heidnische Denken die alemannische Christianisierung überdauert, nur dass die Bekehrten diesen allgemeinen Wiederkehrprozess nun - wie den auf die „Hoffart“ folgenden Fall - als Strafe erdulden müssen. Heidentum aber heißt Einverständnis mit dem Sosein, nicht Kritik daran oder Flucht vor ihm.

Die häufigste Form des Einverständnisses mit dem Gehen und Kommen des Lebens, das vom Wasser vorgemacht wird, ist - wie oben von den Kallawaya-Indianern zu lernen war - das **blutige Opfer**, das Ritual des fließenden Blutes, das im Heidentum wie ein Allzweckmittel erscheint oder - wenn man es psychologisch formulieren möchte - wie ein Wiederholungszwang. Die Religionsethnologie, Religionswissenschaft und Theologie haben verschiedene Theorien zum Verständnis des blutigen Opfers entwickelt[75]. Im Rahmen einer Wasserreligion wäre der Gleichlauf fließenden Blutes zu bemühen und die Tötung als inszeniertes Chaos. Wahrscheinlich wurde ursprünglich auch das „Regenmädchen“, das heute noch in manchen Gegenden des Balkan und des Kaukasus Wasser herbeizaubern soll, anschließend an seinen in Blattgrün gekleideten Umzug getötet[76]. Das gehört zur archaischen Auffassung der Wiederkehr, wie es die sich immer wieder häutende Schlange lehrt. Nur der Zusammenbruch garantiert den Neuanfang. Gerade bei einer so komplizierten Ordnung wie dem weltweit verbreiteten Sakralkönigtum[77] scheint die Erinnerung an sein Gegenteil in der rituellen Anarchie ein Bedürfnis gewesen zu sein. Auch andere Gesellschaften und Kulturen kennen solche Tendenzen zur „Entspannung“ in Umkehrriten wie den römischen Lupercalien oder den überall beliebten Karnevalsfeiern, wo Orgien und Promiskuität das Urchaos zurückzuholen scheinen.[78] Die Lehre des Wassers und der periodischen Überflutung des Kulturlandes hat sich so tief eingraviert, dass sich der Mensch nur über Wiederholungshandlungen damit abfinden konnte. Bei anderen Hierophanien werden wir weitere Aspekte des blutigen Opfers kennenlernen, läßt sich doch ein so weitverbreitetes und offensichtlich unüberwindbares Ritual, das mit dem Islam heute auch in die westlichen Industrieländer zurückkehrt, – wo es interessanterweiser von den ansonsten die Ratio vorantragenden Juden über die Jahrhunderte hindurch bewahrt worden ist, – nur vieldeutig interpretieren.

Die Initianden, die heranwachsende Generation und Blüte einer Gesellschaft, werden in heidnischen Kulturen oft als Ganzes einem Ungeheuer geopfert, das deutliche Züge eines Wasserdrachens trägt. Nach der Seklusion, der oben schon angeführten Ausnahmezeit, werden die Jungen und Mädchen mit großer Freude als Wiedergeborene in Empfang genommen, auch wenn ihre schmerzhaft zugefügten Narben noch von den Qualen im Schlund des **Verschlingerwesens** Zeugnis ablegen. Analog zu dieser kultischen Inszenierung von Trennung und Massentod in den weltweit dokumentierten Initiationsritualen (Reifefeiern) verzichtet der vorindustrielle Pflanzer periodisch auf die Bestellung seines Feldes. Er überlässt die Kultur der Wildnis, die Ordnung sinkt zurück in die ungestaltete Unordnung – hier liegt der Zweck freilich auf der Hand: Die Brache bringt dem Feld tatsächlich die Fruchtbarkeit zurück.[79]

Wasserkulte beinhalten im Kern eine Art kontrollierter Rückkehr zum Chaos. In materieller, gesellschaftlicher und in spiritueller Hinsicht möchten die Heiden sich mit dem ungeschmälerten Vorrat an Lebenskraft ausstatten, die allein im Gegenteil zum Leben, dem Tod zu liegen scheint. Deswegen ist der „Sinn" der Wasserverehrung, ihre „Botschaft", wenn es das bei einer Religion ohne Rabbiner, Priester und Hodschas überhaupt gibt, der **Wechsel**, den die Menschen auf der ganzen Welt mit einem „Wässerchen" (russ. *wodka*) begießen, und das Einverständnis mit der Wechsel- bzw. Wellennatur allen Seins, so wie es viele Sprachen in der Wassermetaphorik aufbewahren. Der Berliner Ethnologe Richard Thurnwald (1869–1954) hat auch den „Strom" der Kulturbewegungen durch die Zeiten nach diesem Vorbild begriffen:

*„Es gibt Wellen der Ablehnung, der Selbstbehauptung alter Traditionen, die abgelöst werden von Wellen der Nachgiebigkeit und der fast freiwilligen Unterwerfung unter*

*den fremden Einfluß. Eine solche Woge mag fast unverändert über Jahrhunderte andauern und dem Beobachter als etwas Beständiges erscheinen."*[80]

[1] *„Wasser ist Leben, in der hohlen Hand behältst Du es, in der Faust verlierst Du es"* (Volksmund, korsisches Sprichwort, zit. nach Walter 2003)

[2] Jensen 1948:284.

[3] Brandt 1982:24.

[4] Eliade 1957/87:114.

[5] Dazu Tenigl 1997:118/9. Geschlechtliche Mehrdeutigkeit der Gewässer offenbart sich auch grammatisch in den deutschen Flußnamen, die bald mit „die" (z. B. Donau), bald mit „der" (z. B. Rhein) angesprochen werden. Für die Yoruba sind aber die Flüsse wie Oyá (Niger) oder Oshún (der Fluß, an dem Oshogbo liegt) eindeutig Göttinnen (Chesi 1980:248), ebenso wie Ganga, die Vergöttlichung des Ganges für die Inder.

[6] Bachofen 1859/1954:390.

[7] Der Zusammenhang zwischen Wasser, Tränen, Frauen und Fruchtbarkeit ist auch durch die Forschungen Ina Rösings bei den Kallawaya der südamerikanischen Anden bestens belegt: *„Die Frauen lassen wir (das Wasser vom See) versprühen. Die Frauen, wenn man (der Mann) sie nur mal kurz schimpft, weinen dann leicht. Und genauso bringen wir (sie oder es) zum Weinen, damit der Regen kommt."* (Rösing 1993:433). Dann legen Mühlichs Forschung bei den Sherpa in Nepal für das ansonsten zweigeschlechtlich gedachte Wasser doch eine Verbindung zwischen Wassergeistern im fließenden Element und weiblichem Prinzip nahe (Mühlich 1996). Auch der Balkanforscher Eckert spricht von einer „alten, weiblichen Regengottheit" (Eckert 1951:99).

[8] Zu dieser Hypothese s. Faust 2002.

[9] Robertson-Smith 1899:95.

[10] *„Der Chalif Valid I liess die Hexen von Kufa ins Wasser werfen; die oben schwammen, wurden getötet, die untergingen, wurden herausgezogen und am Leben gelassen"* (Wellhausen 1927:160). Einen anderen Typus von Wasserproben überliefert Mone: *„Das Neugeborene wurde nämlich auf einem Schilde auf den Rhein gelegt, sank es unter, so war es unehelich gezeugt, blieb es oben, ehelich"* (1825:26).

[11] Siehe Howells 1949:79.

[12] Siehe Miner 1989.

[13] Siehe dazu Schenkel/Lembert 2008.

[14] Vgl. Ritter 1945, Neumann 1949/74, Eggli 1982/94, Narby 1998, Warburg 1999.

[15] Mone 1823:57.

[16] Neumann 1949/74:21.

[17] D. h. „Schwanz im Maul" (Hornung 1991:94, 112).

[18] Der Prophet Jesaja ersetzte den Gegenspieler der Urschlange Leviathan – auch Yam, Rahab, Tannîn oder Lôtan genannt (Egli 1982/94:199) –, den Sonnengott Baal durch Jahwe, der damit – etwas

inkonsequent – in die Kategorie der Chaoskämpfer aufgenommen (Jes. 27,1) und entsprechend in Psalm 74,13 besungen wurde: *„... und zerbrichst die Köpfe der Drachen im Wasser."*

19 Vgl. Reiner o. J.

20 Siehe Biedermann 1977.

21 Vgl. Lengyel 1969/94.

22 Die bei den alten Griechen *Moiren* (Klotho, Lachesis und Atropos), in Rom *Parzen* und in der nordischen Mythologie *Nornen* (Wurd, Werdandi und Skuld) genannten Urgöttinnen leben im europäischen Volksglauben – z. B. in den bayrischen Wilbetta, Walbetta und Ainbetta oder den slawischen Swetice, Rucka und Keltna (Bächtold-Stäubli/Hoffmann-Krayer 1935/2000 VI:1123) –, in den Kinderreimen der „Beten" (Beyer 1998/2007) sowie in den Überlieferungen der Rom-Zigeuner (Maximoff 1954) weiter. Zu den drei Namen der Berchta-Gottheit s. u. FN II 42, II 83.

23 Bataille 1967/85.

24 Das *λεγόμενον: ὕε – κΰε – ὑπερχΰε (legomenon: hüe, küe, hyperchüe)* gehört zu den wenigen Inhalten, die über die eleusinische Mysterienreligion überliefert sind (Kerenyi 1941:206).

25 Rhotert 1952:93, 97.

26 Der deutsche Missionar Heinrich Vedder (1876–1972) von der Rheinischen Mission in Südwestafrika hat diese souveräne Translation von Gen. 3,19 aus dem Munde eines Bergdama überliefert (1923).

27 Griaule 1948/66; vielleicht ähnelt Amma, der aus sich den Wassergott Nommo als seinen Zwilling schafft, aber doch auch dem wesentlich verbreiterten Typus von Wassergottheit wie etwa der Maye im *Bori*-Kult, die überall anwesend ist, wo Wasser fließt (Lange 1999a:118). Schließlich läßt auch das profilierteste Pantheon Afrikas, das der Yoruba, alle Götter aus dem Wasser kommen (Ellis 1894:48).

28 Siehe Riemschneider 1953:140.

29 Siehe Klengel-Brandt 1982:119.

30 Riemschneider 1956:122.

31 Siehe Eliade 1983/93 III,1:34.

32 Andree 1891, Gerland 1912, Riem 1925, eine neuere Zusammenfassung gibt Leitner 1994/95.

33 Gaster 1952/83:41.

34 Vgl. Burkolter-Trachsel 1981, Steffen 1989, Uelinger 1995.

35 Vgl. Zhao 1992, Hofmann 1995, Schmelz 1996/97.

36 Vgl. Lommel 1939, Wilpert 1995, für die Kleinen Sundainseln Vatter 1934, Rodemeier 2008 – selbst der Aal (*lut*) als Wasserschlange kann den Urdrachen vertreten wie bei den indonesischen Seezigeunern Orang Suku Laut (Lenhart 2002:564).

[37] Ute Ritz-Müller hat bei den westafrikanischen Mosi das entsprechende Uroboros-Mythologem aufzeichnen können: „*Gut, dann soll sich ein Python um die Welt legen. Wenn die Schlange ihr Ende (den Schwanz) in ihren Anfang (das Maul) steckt, wird sich die Erde in einem geschlossenen Kreislauf bewegen*" (2004:116 f.).

[38] Drexler 2004:162.

[39] Siehe Schmelz 1996/97.

[40] Siehe Lange 1997, 1999, 2004.

[41] Siehe Rouch 1998, I. Teil, für die Schlangenverehrung im übrigen Afrika s. Hambley 1931.

[42] Siehe Luven 2001.

[43] Schmelz 1996/97.

[44] Für Mitteleuropa hat diesbezügliches Material der Volkskundler Karl Weinhold (1898/1999) zusammengestellt.

[45] Faust 1998:139.

[46] Faust 1998:90.

[47] Faust 1998:139.

[48] Rösing 1987, 1988, 1990, 1991, 1993, Rösing/Apaza et al. 1994.

[49] Rösing 1993:157.

[50] Rösing 1993:170.

[51] Erklärung eines Regenpriesters: „*Mit der Schleuder schleudern wir das schwarze Meerschweinchen [in den See], damit es regnet, damit [der See] uns Regen gibt. Die Farbe Schwarz bringt Regen, das Weiß bringt Hitze. Das Schwarz – die Wolken decken [den Himmel] wie mit einem Tuch zu, nicht wahr, in das Dunkel blickend, sieht man nicht einmal den Himmel, ja, dafür [machen wir das]. Und damit ärgern wir den machula [Gottheit des Sees], der will kein schwarzes Meerschweinchen* [...]. *Der See wird böse. Und dann kommt der Regen. Wenn er sich nicht ärgern würde, dann würde es auch nicht regnen* [...]. *Das Schwarz ist nicht für gute Dinge. Das Schwarz ist, um Zorn zu wecken. Und wenn [der See] zornig wird, dann schickt er uns als Strafe Regen, ja*" (Rösing 1993:234).

[52] Rösing 1993:395.

[53] Rösing 1993:423.

[54] Zum Beispiel rumänische Waschfrauen, nach Engebrigsten 2000:277.

[55] Van Gennep 1909.

[56] Siehe Eliade 1949/98:234. Nach Schuppener (1999:115) ist eine „Wasserweihe" wohl für den nordgermanischen Bereich, weniger für den südgermanischen Bereich belegt.

[57] Berger 1987:140.

[58] Ginza I, 89f. (nach Said Karoui: *Die Mandäer und ihre Schriften*. Heidelberg: Ruprecht-Karls-Universität, Südasien-Institut, unveröffentlichtes Manuskript WS 1992/93, S. 7).

[59] Der Koran (2:63, 5:70, 22:18) erwähnt die Sabier (*sâbi'ûn*) neben Juden und Christen, die letztere Stelle auch neben „Magiern" und „Götzendiener". – Heute, nach dem irakisch-iranischen Krieg und nach den zwei Kriegen der USA gegen den Irak sollen die Mandäer in ihrer angestammten Heimat gerade noch 5000 Seelen zählen (Pogrom 3/2008, S. 41).

[60] Zum Beispiel Nöldeke 1875/1964, Lidzbarski 1927.

[61] Brandt 1915/67.

[62] Zum Beispiel Drower 1937.

[63] Vgl. Jonas 1934/64, Müller, K. E. 1967.

[64] Widengren 1946.

[65] Siehe Hornung 1971:277, Tetzner/Schenkel 2010:28.

[66] Rudolph 1960/61; zur heutigen Mandäerforschung s. Voigt 2003.

[67] Dieses Lichterlebnis in der Umnachtung findet sich in der Umkehrung auch im altägyptischen Totenbuch: „*Wer den Blick auf die Sonne richtet, dem erschließt sich das Wesen der Finsternis*" (Hornung 1991:11).

[68] Der Täufling blickt dabei nach Norden, so dass die Ölung von Ost nach West erfolgt, dem Lauf der Sonne nach. „*Jede mandäische Taufe ist eine Wiederholung der in der Urzeit erstmalig an Adam vollzogenen gleichen Handlung, die zugleich ihr himmlisches Vorbild ist*" (Rudolph 1970:437).

[69] Eliade 1957/87:118. Eliade meint, die ersten Kirchenväter hätten diese alte Taufkonzeption noch gekannt und zitiert Johannes Chrysostomos: „*Sie* [die Taufe] *stellt den Tod und die Bestattung dar, das Leben und die Auferstehung* [...]. *Wenn wir unser Haupt in das Wasser tauchen, wie in ein Grab, wird der alte Mensch ganz und gar untergetaucht und begraben; wenn wir aus dem Wasser herauskommen, so erscheint zugleich der neue Mensch*" (Eliade 1957/87:116).

[70] Vgl. Friedrich 1955.

[71] Hinter diesen ähnlich klingenden Flussnamen verbirgt sich das iranisch-sarmatische Wort *danu* für Fluss (Urmes 2003:18).

[72] Urmes 2003:38.

[73] Gutmann 1909:129.

[74] Zum Beispiel die Wassergeister der Dogon (Griaule 1948/66), der Koma (Theis 1994) oder der Sherpa (Mühlich 1996).

[75] Vgl. Drexler 1993.

[76] Eckert 1951.

[77] Dazu Frazer 1911, Frobenius 1931a, zusammenfassend Streck in Erkens 2002.

[78] *„Auch hier ist die Orgie ein Zurücktauchen in die kosmische Nacht, ins noch nicht Gestaltete, in die ‚Wasser'; sie ist dazu bestimmt, die totale Regeneration des Lebens und damit der Fruchtbarkeit der Erde und eine reiche Ernte zu gewährleisten"* (Eliade 1957/87:129).

[79] Theis erfuhr von den Koma an der Grenze zwischen Sudan und Äthiopien, dass diese die periodische Brache als Leihgabe an die wilde Natur verstanden. Im Gegenzug erhielten die Bergbauern ein ertragreicheres Feld zurück (1995:140 ff.).

[80] Thurnwald 1932/1966:325.

# II. Erde

*Die Schwere, die mich an die Erde bindet,*
*ist nichts anderes als die Erscheinung*
*von meinem Zusammenhang mit der Erde,*
*von meiner Unzertrennlichkeit von ihr.*
Ludwig Feuerbach

Zur menschlichen Grunderfahrung auf der ganzen Welt gehören an erster Stelle die eigene Schwere und die Kraft, die alle Dinge nach unten zieht[1]. Dort aber wirkt die Erde, die noch den Wassern und den Weltmeeren Grund gibt, die Bäche und Ströme in Bewegung hält und sich Regen aus den Wolken holt. Wenn die Schöpfergottheiten der heidnischen Kosmologien ins Wasser tauchen, holen sie Urmaterie nach oben: Schlamm, feuchte Erde, die sie trocknen, feststampfen und formen. Die Abdrücke ihrer Hände und Füsse werden mancherorts noch gezeigt und schaudernd verehrt[2]. Das sinnfälligste Produkt der göttlichen Erdbearbeitung aber ist der Stein, der in vielen Mythologien mit dem Ewigen, Unwandelbaren und Unsterblichen gleichgesetzt wird. Die Leute von Ahiolo auf West-Ceram in Inselindien kennen eine Erzählung, nach der die ersten Menschen entscheiden konnten, ob sie sterblich oder „unsterblich wie die Steine" werden sollten[3]. Auch die Sterblichen halten sich an Steinen fest und enden schließlich unter dem Grabstein. Eliade sagt zu den über die ganze Welt verstreut stehenden Megalithgrabmale und *Menhire* (Langsteine): *„Ein steinerner ‚Stellvertreter' war im Grunde nichts anderes als ein Leib für die Ewigkeit."*[4]

### *Der feste Grund*

1892 traf Frobenius in Hamburg einen Yoruba, der ihm erzählte: *„In meinem Lande ist jeder Mann aus alter Zeit ein großer Stein."*[5] Es sollte noch zwölf Jahre dauern, bis sich der neuromantische Ethnologe zu den Mondbergen in Afrika begeben konnte, um die kulturelle Versteinerung des Lebens mit eigenen Augen zu schauen. Was Alt-Ägypten von der doppelgeschlechtlichen Erdgottheit Ptah gewusst hatte, die aus dem Wasser aufragte und alle Götter und Menschen schuf[6], hatten die anderen Afrikaner noch heute in buntesten Variationen zu bieten, die sie erneut mit den heidnischen Kosmologien der übrigen außereuropäischen Welt verbanden. Die Religionswissenschaft hat für diese weltweit anzutreffende Bindung an eine als heilig empfundene Erde den Begriff **Chthonismus** (von griech. *χϑών/chtôn* Erde) kreiert und in ihm gerne eine ältere und primitivere Vorform des *Uranismus* (Himmelskult) gesehen, als ob der Mensch zuerst nach unten und dann nach oben zu blicken gelernt hätte. Im Grunde gibt es hier keinen Gegensatz, weil außerhalb des ethischen Monotheismus unten wie oben und oben wie unten sein kann. Wenn der biblische Psalmist seine *„Augen aufhebt zu den Bergen, von welchen mir Hilfe kommt"*[7], steht er damit in der Nachfolge der altorientalischen Hethiter und Hurriter mit ihren gut dokumentierten göttlichen Felsen[8]. Wo sich die Steinverehrung bis in den expansiven

Monotheismus gehalten hat, z. B. in der islamischen Pilgerfahrt zur Ka'aba in Mekka mit ihrem heidnisch anmutenden Umlauf (*ṭawâf*), wiederholt sie die Anbetung eines himmlischen Meteoriten, die schon die alten Araber[9] ebenso wie die kleinasiatischen Phryger[10] kannten.

Die Steine sind verdichtete Erde und verstorbene Menschen – Leben im Endstadium, das im archaischen Denken immer auch Anfangsstadium ist. In der aztekischen Mythologie überlebte ein Menschenpaar das katastrophale Ende der „Zweiten Sonne" in einem Stein eingeschlossen[11], weshalb bei den kolumbianischen Naza[12] auch der erste Mensch (oder Gott) aus Stein war: *Kwetwe'sx* trug schon immer die Erde und verursacht auch heute Erdbeben[13]. Solches Wissen führt zum Steinkult, zur Verehrung markanter Steine, die in der Landschaft stehen oder hingestellt wurden, oder mobiler, kunstvoll behandelter Steine. Dazu gehören die von den Klassikern der Australienethnographie C. Strehlow[14], W. B. Spencer und F. J. Gillen[15] beschriebenen *tjurunga* der Aranda – heute Arrernte genannt[16]. Auch wo sie aus Holz gefertigt wurden, bewahrte man sie in Steinhöhlen auf; sie galten als Leiber der Ahnen und wurden bei Geburten rituell aktiviert. Tod und Sexualität begegnen sich im Stein, wie auch bloßer Fels als nackte Erde vielerorts der Förderung von Fruchtbarkeit wegen aufgesucht wurde. Dies gilt für das alte Europa[17] wie für andere Weltteile. Initianden der ostafrikanischen Maassai, die neben ihrem Himmelsgott Ngai auch eine Erdgottheit Namens Naiterukop verehren – die allerdings auch tricksterhafte Züge (s. Kapitel IV) trägt –, verkehren zur Stärkung der Manneskraft mit dieser Erde an unbewachsenen Stellen[18]. Auf dem heiligen Berg Zequala südlich von Addis Abeba reiben unfruchtbare Pilgerinnen ihre Brüste am *„sida"* genannten Kultstein[19].

Der heilige Stein, außen schwarz vom Fett der Opfer, innen glühend von Kraft und Licht, ist Zentrum vieler heidnischer Religionen, gegenwärtiger wie vergangener. Im antiken Rom galt der Grabstein des Stadtgründers Romulus als *λίθος εμπσυχός* (*lithos empsychos*), d. h. „Seelenstein"[20], und der wegen seiner orientalischen Herkunft, mehr noch wegen seiner exzessiven Amtsführung auffällige Kaiser Elgabal importierte im Jahre +218 einen dem Baal geweihten Kultstein aus Syrien[21] nach Rom. Den Mythos von Deukalion und Pyrrha, die nach der Flutkatastrophe (s. o.) aus Steinen – den „Knochen der Erdmutter" – Menschen machten, deutete Bachofen im Sinne einer mutterrechtlichen Steinzeit: *„An dem mütterlichen Erdstoff gehen der Reihe nach alle Geschlechter der Männer be-*

*fruchtend vorüber. Der Sohn wird Gatte und Vater, dasselbe Urweib heute vom Ahn, morgen vom Enkel begattet.* [...] *Männer und Weiber sind die Gebeine des Pyrrha-Körpers; dem Stoffe nach stammen alle aus ihr wie das formlose Gestein aus der Erde. Steinvolk und Muttervolk ist identisch. Das Steingeschlecht hat keinen Vater, sondern nur eine Mutter* [...], *denn jede Frau dieses Steinvolkes ist Pyrrha selbst, ein weiblicher Stein, von der Urmutter geworfen, diese nun vertretend und an ihrer Stelle das erste Werk fortsetzend."*[22]

Archaische Menschen verstehen sich als **Steingeburten**, als Kinder der Steinmutter (*petra genetrix*); noch Anfang des 20. Jahrhunderts wurden entsprechende Überlieferungen im Nordkaukasus gesammelt[23]: Tschetschenen und Osseten kennen Helden, die aus mit Samen befruchteten Steinen hervortraten - ganz wie der persische Tötergott Mithras, der in vorchristlicher Zeit auch nördlich der Alpen verehrt wurde[24] und jeden Morgen aufs neue als Sonne von der Erde sich löst. Steingeborene Heroen kommen im Nordkaukasus glühend wie Feuer auf die Welt, ihre Steinhülle zerbirst, wo sie neun Monate zuvor den Samen empfangen hat - durch Pollution[25] oder auch Anspucken. Im Judentum wird dieser Vorgang dann satanisch: „Unzucht mit Steinen" bringt den Armillus, den aus einer steinernen Jungfrau in Rom entstandenen Antimessias oder Widersacher Israels[26] hervor. Hier schließt sich auch die Tradition der Lilith an[27], der „gefährlichsten der jüdischen Hauptteufel" und *„mangeuse d'hommes"*[28], die als „Nachtgespenst" Adam verführte und die Geister gebar. Sowohl der Prophet Jesaja als auch Jeremias warnen vor der aus der akkadischen Liltu hervorgegangenen „falschen Himmelskönigin"[29]. Im Heidentum aber waren die meisten Götter von vorneherein polygam oder promiskuös, auch „Papa", die Erdmutter der Maori, bekam Kinder vom Himmel (Rangi) wie vom Ozean (Tangaroa)[30] - schließlich verkehrt sie bis heute mit beiden, mit diesem am Strand, mit jenem am Horizont.

### *Mutter und Grab*

Trotzdem scheint die Vorstellung einer stabilen Beziehung der „Welteltern" den Kern vieler Mythologien auszumachen, wobei die Kontinuität hauptsächlich bei der **Erdmutter** zu Hause ist. Der Bremer Missionar Jakob Spieth (1856–1914) schrieb über die westafrikanischen Ewe:

*„An der Spitze der ältesten Götter steht die Erde, die im ganzen nördlichen Teil des Ewelandes unter dem Namen mia no, ‚unsere Mutter', verehrt wird. Sie ist die Frau des*

*Himmels und hat im Bunde mit ihm Menschen, Tiere und Pflanzen, ja sogar die Erdengötter erzeugt. Sie ist die große Ernährerin alles Lebendigen, die ‚nicht einbricht, auch wenn ihr Feind auf ihr geht'."*[31]

Die Thompson-Indianer westlich des nordamerikanischen Felsengebirges kennen folgende Überlieferung:
*„Erd-Frau wurde zum festen Land: Ihr Haar wurde zu Bäumen und Gras, ihr Fleisch zu Lehm, ihre Knochen zu Felsen, ihr Blut zu Wasserbrunnen. ‚Du wirst die Mutter des Volkes sein, denn aus dir werden ihre Körper entstehen, und zu dir werden sie zurückkehren. Die Leute werden an deinem Busen leben und in deinem Schoß schlafen. Sie werden aus dir Nahrung ziehen und alle Teile deines Körpers nutzen'."*[32]

Die weltweit anzutreffenden Vorstellungen von der Erd- und Allmutter sind nicht immer mit der Figur eines Gatten gepaart, oft gebiert die *magna mater* aus sich selbst heraus, gleichsam *parthenogenetisch*[33], als Jungfrauengeburt oder durch „Selbstumarmung" (Bachofen) wie der oben angesprochene Sumpf, schließlich auch einfach, indem die Urzeitwesen die Erdkruste durchbrachen. Die zurückbleibenden „Narben" sind für die Altaustralier die heiligen Orte schlechthin[34]. Die Erde als Urgottheit kann wegen ihrer Übergeschlechtlichkeit auch mit Bart erscheinen, wie es aus dem Mittelmeerraum überliefert ist, wie ihn die große *ìyánlá* der westafrikanischen Yoruba im *èfè/gèlèdè*-Kult trägt[35] oder wie die paradoxe Erscheinung in der Heiligen Kümmernis ins mittelalterliche Christentum hineinragt[36]. Der zuletzt in München lehrende Hermann Baumann (1902–1972) nannte die im Heidentum häufig gepriesene Doppelgeschlechtlichkeit einen Ausdruck „höheren Seins"[37], weil hier die Bedürftigkeit des eindeutigen Geschlechts überwunden sei – oder sich noch nicht zeigt wie beim doppelgeschlechtlichen Riesen Ymir[38] der germanischen Überlieferung. Dieser nordische „Dema" (s. Kapitel V) kroch aus der Erdgöttin Nerthus[39] hervor, nährte sich von der Urkuh Audumbla und wurde von den nun eindeutig männlichen Göttern Wotan, Wile und We erschlagen, bevor diese drei Brüder aus seinen Körperteilen die Welt und das erste Menschenpaar Ask und Embla, das mit den Bäumen Esche und Ulme gleichzusetzen ist, erschufen.[40]

Der Glaube an die Zauberkraft der Erde ist sicher so alt und so universell wie die oben umrissene Wasserreligion. Das liegt nicht nur an der Nahrung, die die Erde den Jägern, Sammlern, Bauern und Hirten spendet, sondern ganz gewiss auch an der erwähnten Schwerkraft, die den Tag des Menschen gestaltet, an der

Nacht, wo der Mensch auf der Erde liegend schläft und aus ihr bzw. von den in ihr ruhenden Toten die Träume empfängt (s. Kapitel X), und am Tod selbst, der die Menschen allesamt unter die Erde bringt und aus ihr ein einziges riesiges Gräberfeld macht. Es war im christlich gewordenen Abendland wohl eine Jahrhunderte dauernde Herkules-Arbeit, diese fest begründete und in sinnlicher Anschauung wurzelnde Mutter-Religion zum „Aberglauben" zu degradieren, damit der „Vater im Himmel" sichtbar werde. Nicht nur die englische Publizistin Margaret Alice Murray (1863–1963)[41], die mit ihrer Rehabilitation des frühneuzeitlichen Hexenwesens neuheidnische Strömungen wie den Wicca-Kult befruchtet hat, geht von erheblichen Restbeständen des alten Glaubens aus, die auch die als Reinigung gedachten Scheiterhaufen der Hexenprozesse überlebt haben[42].

Der Heidelberger Religionshistoriker Albrecht Dieterich (1866–1908)[43] hatte schon vor hundert Jahren solche „Survivals" oder Überreste des alten **Erdglaubens** in Europa zusammengetragen, z. B. die Sitte, das Kind kurz nach der Geburt auf die Erde zu legen, den pommerschen Volksglauben, der Storch hole die Kinder aus Felsen, oder den für verschiedene Gegenden Deutschlands belegten Brauch, einen Todkranken vor seinem Ende aus dem Bett zu nehmen und direkt auf die Erde zu legen. Es sind z. T. sinnentleerte Fragmente eines früher vielleicht bewussten Zusammenhangs, den Dieterich in die dreifache Formel fasst: *„… aus der Erde kommt die Menschenseele, in die Erde kehrt sie zurück und die Erde gebiert sie wieder zu neuer menschlicher Geburt."*[44] Die *tellus mater* oder Erdmutter selbst aber konnte nach dem Urteil vieler Volkskundler und Mythologen als „des Teufels Großmutter" weiterleben, auch wenn sie bald „Trollmutter", „Huldren" oder „altes Riesenweib" im deutschen Sprachraum genannt wird[45].

Außerhalb des durch Radikalmissionierung, Reformation und Aufklärung seines Erdglaubens weitgehend beraubten Europas und seiner Tochterkulturen in den Neuen Welten gibt es die Steingeburten noch, ebenso wie den umgekehrte Prozess, die Versteinerungen[46], der Glaube, dass sich Menschen und Tiere in Steine (zurück-)verwandeln können. Was den Bibellesern als das Motiv von Lots Frau bekannt sein mag, ist außerhalb des Komplexes aus Sünde und Strafe fester Bestandteil des Glaubens an den lebendigen **Mutterstoff** (Materie), der voller Potenziale steckt und gleichzeitig als allzeit bereiter Ruhestand den verschiedensten Lebewesen zur Verfügung steht[47]. Darüber hinaus gilt die Erde als Meisterin und Vorbild; den mittelamerikanischen Kariben, wie Tylor anführt[48], zeigt die Erde mit ihrem Beben, sie sollten nun ebenfalls tanzen. Damit sind wir beim schillernden Charakter dieser Urgestalt angelangt, der das bestätigt, was oben zur ungebundenen Eindeutigkeit des Heidentums gesagt wurde. Auch die *magna mater* der archaischen Religionen hat viele Gesichter, und sie läßt sich keinesfalls auf den Mutteraspekt reduzieren; oft hat sie nicht einmal einen Namen, weil sie alles und nichts bedeutet.

Der Frankfurter Religionsethnologe Josef F. Thiel hat die Muttergottheiten Zentralafrikas mit den altorientalischen Göttinnen verglichen, in denen häufig der behütende Aspekt ganz hinter den **sexuellen** wie auch den **kriegerischen** zurücktritt[49]. Von 'Anat, der Fruchtbarkeitsgöttin von Ugarit und Schwestergattin des Vegetationsgottes Baal, ist überliefert, dass sie voll Freude im Blut ihrer erschlagenen Feinde watete. Dieser für das moderne Denken schwer nachvollziehbare Zug findet sich auch bei der Inana von Sumer und wiederholt sich bei den indischen Göttinnen Kali und Durga. Letztere fällt durch Lachen und Schreien auf dem Schlachtfeld auf, wo sie nicht nur im Blut watet, sondern dasselbe auch trinkt. Ihre Gläubigen versuchen, sich hier anzupassen: *„Kulte und Mythen der Großen Göttin sind in Indien durch die Ströme von Blut ausgezeichnet, die zu ihrer Ehre vergossen werden* [...] *Die Mutter Erde wird hier als Durgâ, die ‚Unnahbare' und ‚Gefahrvolle' oder als Pârvatî, ‚Tochter des Berges' d.i. des Himâlaya verehrt."*[50] Auch die Griechen kannten in Athena Promachos eine Kriegsgöttin, der als Kopfgeburt freilich der sexuelle Aspekt zu fehlen scheint. Bei den afrikanischen Heiden fallen Blutdurst und Geschlechtslust aber ebenso häufig zusammen wie im Alten Orient. Der britische Afrikapionier Richard Burton (1821–1890) stellte bei den Amazonen von Dahomey fest: *„Das Blutvergießen macht diese Frauen die Liebe nicht vergessen, sondern erinnert sie daran."*[51]

### *Übersetzungsprobleme*

Bei einer derartigen Breite von Lebensaspekten, die die Große Mutter in heidnischen Kontexten abdeckt, stellt sich das Übersetzungsproblem in besonderer Schärfe. Der Sudanforscher und Kunstethnologe Fritz W. Kramer hat sich seiner am Beispiel von Masala, der Muttergöttin in den **Nuba**-Bergen Kordofans, angenommen[52]. Wie in vergleichbaren Ethnographien stößt die Datenermittlung bei diesem Thema auf das Problem des lokalen Desinteresses. Selbst beim höchsten aller Wesen werden Heiden nicht zu Theologen, auch nicht zu Enthusiasten, denen erst das Herz, dann der Mund „übergeht". Die Große Mutter scheint zu den oben angesprochenen „bitteren Wahrheiten“ (Hauschild) zu gehören, über die man besser schweigt. Denn mit der hehren Dame ist nicht zu rechnen oder zu rechten, auch wenn sie die Macht des Bösen Blicks verleihen soll[53]. Was mit Nebenmenschen, auch noch mit Ahnen oder Geistern gelingen mag, trifft bei Masala ins Leere; ihre mann-weibliche Erhabenheit entzieht sie jeder Ansprechbarkeit; auch hat sie keinen Ort, sie ist Plural und Singular zugleich, ein einziges Rätsel, wie auch ihre Orakel und Zeichen. Dabei kann sie heilen und helfen, aber eben nur, solange es ihr in ihrer Launenhaftigkeit gefällt. Die Krongo in den südlichen Nuba-Bergen beten nicht zu Masala, aber sie „trinken“ oder „inhalieren“ sie - vielleicht wie Säuglinge, solange ihnen die Brust gereicht wird.

Kramer meint, Masala und mit ihr andere erst in jüngerer Zeit entdeckte Vorstellungen weiblicher „Höchster Wesen“ passen nicht in das Bild, das sich patriarchale Romantiker oder moderne Feministen von einer Muttergottheit ausmalen: *„Masala ist keine Gottheit der Rache und der Strafe, sie gewährt und verweigert; sie ist nicht nur nicht eifersüchtig, sie verlangt nicht einmal Gehorsam, schon gar keine Opfer; sie kann willkürlich handeln, und sie heilt den Schaden, den sie verursacht.“*[54] Hier sind wir mitten in der sinnlichen Weite und sittlichen Leere des Heidentums angelangt, deren Götter sich nicht um die Menschen kümmern, schon gar nicht sie (um-)erziehen wollen, eher mit ihnen spielen, und sie lieben wie die Veranstalter eines Hahnenkampfes ihre Hähne oder der Direktor eines Flohzirkus seine springenden Insekten. Im Aufsatz von 1991 meinte Kramer noch, das moderne Konzept von „Natur“ käme der heidnischen Gotteskonzeption am nächsten - im Sinne von *φΰσις* (*physis*), „das, was wachsen läßt“ oder *natura,* dem Ort der Geburt. In einer zweiten Betrachtung hebt er die Anbaufähigkeit des Masala-Gedankens hervor: Die christianisierten Krongo sprechen von Masala-Allah, bitten aber nicht um dessen Nähe und Beistand, sondern erwarten eher von seiner Entfernung aus einem Kranken dessen Heilung.

Andrerseits heißt die ***magna mater*** in anderen Zusammenhängen wieder „Kornmutter“ oder „Maismutter“[55] und gilt als Personifizierung des täglichen Brotes, wie der lateinische Name *Ceres* vom sabinischen Wort für Brot abstammen soll[56]. Im antiken Demeterkult wurde dieser nährende Aspekt gefeiert, vor allem in Athen bei den Thesmophorien und Eleusinien. Aber gerade auch die Bindung an die erhaltende Mutter war immer auch mit der Todesverfallenheit zusammen gedacht, schließlich wurde das Korn geschnitten und das Brot gegessen: Tote wurden im alten Griechenland *Δημητρείους* (*demetreious*), also der Erdmutter

Demeter Gehörende genannt. Dieterich, der hierfür Plutarch als Quelle angibt, sieht im Tod-Leben-Zusammenhang auch den Kern jener über Tausend Jahre lebendigen Mysterienreligion: *„In dem Dienste von Eleusis war der unmittelbar gegebene Gedanke der beherrschende, dass nur die Mutter alles Lebens drunten ein neues Leben geben kann.“*[57] Das eleusinische Heiligtum bestand aus einer Höhle (*plutonium*), in der ein Omphalos-Stein aufbewahrt wurde als „Nabel“ und Verkörperung chthonischer Kräfte.

### *Afrikanische Erdreligion*

Neuzeitliche Erdkulte sind vor allem durch die Afrika-Ethnographie bekannt geworden. Der Hamburger Ethnologe Jürgen Zwernemann, die Autorität auf dem Forschungsfeld **westafrikanische Erdverehrung**[58] mit Erdpriester und Feldritualen hat in seiner Moba-Monographie[59] aber auch ein Beispiel für den Rückgang oder das Fehlen eines ausgesprochenen Erdkultes geliefert. Wie für alle hier behandelten Hierophanien bereits angemerkt, handelt es sich bei unseren Themen nie um in sich geschlossene Religionswelten, weshalb hier auch der von manchen Ethnologen bevorzugte Begriff „Glaubenssystem“[60] wenig hilfreich erscheint. Erdverehrung ist kaum mehr als eine „Sinnprovinz“, wie der Begründer der phänomenologischen Soziologie Alfred Schütz (1899–1959)[61] die selbständigen und begrenzten Bestandteile menschlicher Alltagserfahrung und -bewältigung nannte. Sie wird von den existentiellen Erfahrungen der Schwerkraft, der abzuschneidenden Bodenfrucht und des unvermeidlichen Todes gespeist. Nur unter bestimmten Umständen kann sie eine herausragende Stellung erreichen – wie z. B. im antiken Eleusis, im indianischen Maiskult oder in der westafrikanischen Erdverehrung. In der Regel ist sie mit anderen „Sinnprovinzen“, sprich Kulten vergesellschaftet, die sie auch an den Rand oder nahezu zum Verschwinden bringen können.

Ein Bollwerk gegen das Vergessen des Erdaspekts und der Daseinsdeutung als Aufleben und Zurücksinken stellt die westafrikanische Institution des **Erdherren** dar, der bald als Besitzer des Bodens, bald als Besessener durch die Erde definiert wird[62]; oft ist der „Gearch“, wie sein Titel wissenschaftlich genannt werden könnte[63], Haupt des Gründerklans und Nachkomme der Erstsiedler. Die Wiener Ethnologin Annemarie Schweeger-Hefel (1916–1991) hat in Sarma (im heutigen Burkina Faso) ein solches Amt studiert, das abwechselnd ein Mann und eine Frau innehaben. Das geheime Wissen erwirbt der Nachfolger, indem er das Wasser trinkt, mit dem seine Amtsvorgänger als Leiche gewaschen wurden.[64] Die amtierende Erdherrin, bzw. der Erdherr bemüht sich um Fruchtbarkeit der Felder mittels blutiger Opfer und Regenhol-Zeremonien, sie oder er sorgt sich um gute Geburten, schützt die Gemeinschaft vor Verbrechern, wahrt die Tradition und hat wichtige Aufgaben im Maskenwesen zu erfüllen. Vor allem aber ist die Erdherrin oder der Erdherr „Diener der weiblich gedachten Erde“[65], der den Bauern das Land zuteilt und die Agrar-Riten durchführt. Anderswo im alten Afrika ist das Aufgabe des Königs, und in der Tat gilt das Amt des Erdherrn in Sarma als das höchste und mächtigste.

Ein anderes Bollwerk gegen das Erdvergessen ist das Ritual. Die *magna mater* scheint wegen ihrer Omnipräsenz auf diesem Gebiet weniger kreativ gewesen zu sein als andere Hierophanien. Doch konnte der heute in Halle lehrende Ethnologe Richard Rottenburg Anfang der 1980er Jahre ein solches Fest für die „Steinmutter“ bei den **Lemwareng-Nuba** in Kordofan/Sudan miterleben[66]. Alle vier Jahre wird diese Gründerfigur und Lebensgarantin aufwändig neben einer verlassenen Gehöftruine gefeiert, wozu ein mehrtägiger „Gottesfrieden“ ausgerufen wird, obwohl Kriegstänze dazugehören. Es werden Unmengen von Schweinen geschlachtet, Hirsebier getrunken, und die Klane rühmen ihren Reichtum und ihre Stärke. Die Erdmutter, verkörpert in einem tragbaren Stein, wird enthüllt und mit archaischen Liedern besungen, deren Texte unverständlich sind. Dazu werden Steine zum Klingen gebracht[67], schließlich wird sie gezielt beopfert, damit – wie man sagt – sie auch in Zukunft Regen, Fruchtbarkeit, Gesundheit und Frieden bringe.

### *Mutter und Sohn*

Erdherr und Erdfest sind die verbreitetsten Manifestationen der Erdreligion auch außerhalb Afrikas. Hinzu kommen weltweit Mythologien, in der die *tellus mater* in verschiedenen Rollen auftreten kann, am bekanntesten in der der Mutter von Kindern. Sie bringt alles Leben hervor, aber auch ganz konkrete Gestalten, die vom oben erwähnten Riesen Ymir bis zu INRI (*Jesus Nazarenus Rex Iudaeorum*) reichen. Zu dieser in allen großen Mythologien zentralen **Urdyade** aus Mutter und Kind gehören Inana/Ischtar und Thamuz (Sumer), Astarte und Marduk (Babylon), Isis und Osiris (Ägypten), Kybele und Attis (Phrygien), Bendis und Sabazios (Thrakien), Axiokersa und Axieros (Samothrake)[68], Demeter und Iakchos/Dionysos, Persephone und Adonis, Aphrodite und Eros (Griechenland), Venus und Amor (Rom), Alitat und Orotalt (Altaraber)[69], Ala und Amadi-Oha (Ibo)[70], Papa und Tane (Maori)[71] etc. Diese mythologische Grundkonstellation enthält zugleich die beiden Hauptkategorien polytheistischer Gottesvorstellungen: die unsterblichen Gestalten, zu denen an erster Stelle die *magna mater* zählt, und die sterblichen, in der Regel Sohnesgeliebte, die in den Armen ihrer geliebten und liebenden Mütter sterben und damit auch die ikonographische Tradition der christlichen *Pietá* einleiten, bei der die weinende Maria ihren Sohn Jesus als Leiche trägt.[72] Wenn ihr eigenes Blut in den Schoss zurücktropft, der das Kind geboren hat, erfüllt sich der heidnische Kreis als Rhythmus der Ewigkeit.

Nun erscheinen bedeutende Gestalten in Mythos und Ritus oft verdoppelt[73]. Tatsächlich kennen viele Traditionen statt der Urdyade eine **Urtriade**, weil *tellus mater* – wie z. B. die Buruku der Ewe[74] – gleich zwei Kinder auf die Welt gesetzt hat, die als mythische Zwillinge die Kulturentwicklung begründen[75]. Dieses Heroenpaar stellt aber oft das genaue Gegenteil des wissenschaftlich erforschten *Monozygotentums* (der eineiigen Zwillinge) dar: Es sind recht ungleiche Partner, sie bekämpfen sich. Häufig überlebt nur einer – von den Söhnen der Aeneastochter Ilia der Romulus seinen Bruder Remus oder der biblische Kain seinen Bruder Abel oder Seth den Osiris. Manchmal teilen sie sich aber auch die Herrschaft, wie sie von Baal und Mot, den Söhnen der ugaritischen Aschera überliefert ist[76], wie sie als Dualismus von Apollo und Dionysos die ganze ostmediterrane Antike prägte oder wie sich Sonne und Mond mit ihren irdischen Materialisierungen Gold und Silber[77] das Weltregime teilen. Manchmal bilden die Zwillinge ein Paar wie Amma (Fuchs) und Yasigine (Zwillingsschwester) bei den Dogon, die von vier Zwillingspaaren abstammen wollen[78]. Auch bei anderen Afrikanern gelten Zwillinge bisweilen als heilig, weil sie an das mythische Paar erinnern; bisweilen müssen sie aber auch als Unglücksboten beseitigt werden – aus eben demselben Grund wie z. B. im Falle der Amagdala und Akawuruk, den frevelhaften Zwillingen der Bulsa in Ghana[79]. Auf diesen zwiespältigen Charakter der Doppelheroen kommen wir weiter unten beim Thema Feuer (Kapitel IV) zu sprechen.

### *Handsymbolik*

Die aus Litauen stammende amerikanische Frühgeschichtlerin Marija Gimbutas (1921–1994) glaubt, dass auch die Handabdrücke in Höhlen und Heiligtümern auf die Große Göttin verweisen: *„als pars pro toto symbolisieren die Hände und Füße die Berührung der Göttin und übertragen deren Energie."*[80] Die Häufigkeit der Handdarstellungen in der frühen Kunst war schon Bachofen aufgefallen und er hat sie mit den Votivhänden im Orient und im Katholizismus (s. Kapitel XIII) zusammengebracht. **Hand** bedeute Handlung wie Heilung. *„Wir finden alle großen Naturmütter als webende Gottheiten aufgefaßt."*[81] Persephone selbst habe den Beinamen *Χειρογονια* (*Cheirogonia*), die Handgeborene oder Handgebärende, getragen, und die Mutter der Laren, der Totenseelen in Rom, habe *Mania* geheißen, abgeleitet von der lateinischen Entsprechung für *χείρ* (*cheir*), nämlich *manus* (Hand). Die Berta oder Berchta, die die Langobarden nach Italien mitbrachten, wachte über Spinnen und Nähen[82] wie ihre Entsprechung nördlich der Alpen, die Holle und Herrin der Spinnstuben[83]. Für Klages schließlich war die Hand der Isis, die im Festzug herumgeführt wurde, Zeichen der Gerechtigkeit (und wurde in dieser Qualität dann von den Juden „Hand Gottes", von den Christen „Hand der Maria" und von den Muslimen „Hand der Fatima" genannt). Andrerseits soll Isis dem Kind der phönizischen Konkurrenz Astarte und Malkander (Melkart) den Finger statt ihrer Brust in den Mund gelegt[84] haben - steht die Hand mit den ausgespreizten Fingern auch für Beruhigung, modern gesprochen Ersatzbefriedigung? Im Orient heben die Frauen ihre Hände durch Ornamente hervor, die mit Henna - im Türkischen mit Kina - aufgetragen werden, einer Substanz, die als „paradiesische Erde" bezeichnet wird[85].

Die Hand ist nicht zuletzt auch das umschließende Organ und verweist damit auf die Höhlen und Hüllen, die die Erde dem schutzsuchenden Menschen bietet. Über viele tausend Jahre kannten menschliche Gruppen keine andere Zuflucht als die natürlichen Felsnischen und Erdeingänge; erst in der jüngeren Geschichte baute man sich die Höhlen selbst. Die Wege ins Innere der Erde waren darum die entscheidenden Tore zur chthonistischen Einsicht und Weltauffassung. Vermutlich wurde diese Grundhaltung den Initianden beigebracht, wenn sie bäuchlings in dunkle Erdgänge krochen und das Ankommen als Sterben erlernten[86]. Danach war jedes Grab, jedes Haus, jeder Tempel einfach Nachbildung des großen Mutterhauses Erde. In den ältesten Siedlungen wie Çatal Hüyük in der heutigen Türkei schliefen die Lebenden auf den Toten, an den Wänden hingen Stierköpfe mit mondsichelförmigen Hörnern, darunter sah man Handabdrücke[87].

### *Die Geburt des Tempels aus dem Grab*

Die Tiere, die die Steinzeitmenschen in **Höhlen** wie Lascaux[88] malten, waren nach Hans Peter Duerrs Interpretation[89] die Tiere der Großen Mutter, die sie um sich scharte, wenn sie tot waren, um sie für ein neues Leben zu präparieren. In den Höhlen und Felsklüften herrschte damit ein ständiges Kommen und Gehen, und die Steinzeitkünstler beteiligten sich mit ihren ausdrucksstarken Bildern am erdgöttlich gelenkten Regenerationsprozess – teils aus Zweckdenken, teils aus Ergriffenheit. Die Höhlen waren aber auch Fundorte für Heilmittel und Heilwasser. Der Erdglaube implizierte auch reales Wissen um Heilkräfte, die aus dem Berg kommen, und Medizin, die aus Steinpulver gewonnen wurde, aus Kreide, Lehm oder Mergel. Entsprechende Schabstellen finden sich in Höhlen, an Tempelwänden und an Kirchenpfeilern[90]. Der schwedische Ethnologe Sture Lagercrantz (1910–2001) hat auf dem gesamten Erdball Belege für „Geophagie" gefunden, das Sicheinverleiben der heiligen Erde im Ritual und im Heilkult[91] – insbesondere durch Kleinkinder und schwangere Frauen.

Zuletzt sei auf den Erdmagnetismus und anderes „Geheimwissen" verwiesen, deren Kenntnisse sich z. B. in der Geomantik Chinas bis zur Gegenwart gehalten haben[92] und in der noch in den Anfängen steckenden Bauethnologie auch anderswo untersucht werden. Die Ausbeutung der Erde wurde im Laufe des „zivilisatorischen Prozesses" (Norbert Elias) zweifellos immer effektiver und materieller, die gewonnenen Bodenschätze nahmen aber nur in dem Maße an Gebrauchs- und Tauschwert zu, wie sich der Glaube an die Erdqualität verflüchtigte. Vor und neben dieser Geschichte des effektiven Bergbaus und seiner alljährlich in die Hunderte, in China auch in die Tausende gehenden Grubenopfer war das Erdinnere aber hauptsächlich deswegen interessant, weil sich dort Leben und Tod ineinanderhakten. Die Sensibilität für diese Erdqualität behielt die archaische Gesellschaft stellenweise bis in die Gegenwart bei, weshalb ihr Denken auch schon *pansakral*, d. h. allheilig genannt wurde. Die für die Moderne typische Trennung von Sakralität und Profanität, wie sie Durkheim 1912 für die ganze Welt generalisieren wollte, bedeutet in der Religionsethnologie Blickverstellung. Der Münchener „Kosmiker" Alfred Schuler (1865–1923) hielt dagegen: *„Im offenen Leben ist keine Religion, denn das Leben als solches ist die religiöse Tatsache."*[93]

Die folgerichtige Umkehr der oben erläuterten Steingeburt ist das **Steingrab**, die Rückkehr in den Stein, in den Totenberg[94], unter den Dolmentisch, in den *Sarkophag*, der – von seiner griechischen Wortbedeutung her – das Fleisch vom Knochen isst. Alle Gräber sind Kammern im großen Haus der Terra Mater, in denen in alter Zeit die Menschen zusammenlagen[95], bis sie einzeln bestattet wurden und erst später in Beinhäusern wieder zusammengelegt wurden. Entweder hielt man die Ergebnisse des Skelettierungsprozesses der Erdmutter adäquat genug oder man bot ihr die Asche der Kremierten als vorbereitete Nullmaterie an. Auf jeden Fall blieben die Gräber als Orte der entscheidenden *Transsubstantiation* (Wesensverwandlung) und Rückkehr in den Mutterstoff immer heilige Orte, bis weit in die Kirchengeschichte und die hinzutretende Moderne hinein[96].

Auf **Malta** sind die Tempel wie riesige Leibeshöhlen gestaltet; entsprechend proportionierte Steinfiguren, die in ihrer Morphologie an die üppigen „Venusstatuetten" des Jungpaläolithikums anschließen, haben bewahrt, wie sich die Mediterranen vor 6000 Jahren die Magna Mater vorstellten. Aber die Anlagen der Großgräber und Tempel bergen noch weitere Geheimnisse, die mit ihrer Ausrichtung zusammenhängen und mit der sich die noch junge Archäoastronomie beschäftigt[97]. Es ging möglicherweise um die Beobachtung von Steingeburten (Sonnen- und Mondaufgänge) zu bestimmten Tagen, an denen dann neue Abschnitte des Agrarkalenders anfangen durften, an denen bestimmte Feste zu feiern waren oder Opfer gebracht werden mussten. Wahrscheinlich sind Kultbauten mit ihrer bewussten religionstopologischen Positionierung – und die Tempel, Kirchen, Synagogen und Moscheen führten das oft fort[98] – auch Begegnungsstätten zwischen Mutter Erde und dem Himmel als in sie eindringendem Lichtstrahl – der Hierophanie des nächsten Kapitels.

Es war wohl die Doppelgesichtigkeit von Geburtskraft und Todessog, die die Feinde der Erdreligion und monotheistischen Pioniere nicht aushielten. Folgerichtig brachte die neue Religion eine Diskriminierung der Frau ebenso wie des Todes, und die in Umlauf gesetzten Entwürfe halluzinierten ein Leben, das auf beides verzichten kann, weil „ewige Seligkeit" keinen Rhythmus mehr braucht. Viele einschlägige Autoren lassen auch die Verehrung des weiblich gedachten Steins mit dem Megalithikum zu Ende gehen, weil sie sich durch die schriftlich belegte Religionsgeschichte blenden lassen[99]. Infolge jener Dominanz der durch die „Erzväter" entsprechend „patristisch" und ihre „Bücher" biblisch geprägten Forscher wurde auch in der Ethnologie relativ spät und keineswegs überall akzeptiert, dass unter den schriftlosen Völkern der Erd- und Steinkult relevanter ist als die Frage nach dem Höchsten Wesen oder nach der rituellen Festigung der Gesellschaft. Weder die moderne *Soziotheologie,* die den Glauben auf die Gesellschaft zurückführt, noch die (nicht nur) katholische Missionsethnologie dürfen eingestehen, dass die chthonistische und matristische Thanatologie in den Begräbnissitten weltweit – auch in modernen Gesellschaften – das unzerstörbare Réduit des Kults der Großen Göttin darstellt.

### *Die Welt als Totenberg*

So dürfen wir auch im **Gräberkult** aller Zeiten und Räume, am markantesten in den alt- und neuweltlichen Pyramiden, aber auch in den großen Kurganen der eurasischen Steppe[100] oder den künstlichen Erdhügeln im Nilbecken jeweils eine Nachbildung der Erde als bleibende Heimstatt des Lebens sehen. Erst die Degradierung des irdischen Lebensstoffs zum „Staub“ hat die Heiligkeit der Totenberge verblassen lassen – z. B. im christlich gewordenen Abendland. Interessanterweise haben in Skandinavien die Samen (Lappen) Steine und Berge als Totenwohnung noch bis ins 17. und 18. Jahrhundert verehrt[101], während ihre als „mutig“ geltenden germanischen Nachbarn schon viele Jahrhunderte früher vor der biblischen Eschatologie in die Knie gingen und ihrem Glauben an *Valhöll* (Walhalla) abschwörten. Dann wurde die Höhle und das Erdinnere zum Kerker der Verdammten – *„Das Herz der Erde als Hölle der Christen“*[102] – während die Rechtschaffenen dem Klerus in den Himmel zu folgen versuchten. Doch kennt die europäische Volksüberlieferung noch Geschichten, nach denen die alte *Hel* aus ihrem *Helheim* ausbricht und als *Holle* das wilde Heer der Toten durch die Rauhnächte zwischen den Jahren anführt[103], so wie einst Kybele im heidnischen Phrygien sich im orgiastischen Wirbeltanz ihrer *Korybanten* oder *Kureten* genannten Anhänger offenbarte[104].

Die Religionsethnologie hat dieses Leben auf dem **Totenberg,** als welcher die Erde in der heidnischen „Ökosophie“[105] ebenso wie der Waldboden oder der Tiefseeschlamm erscheint, immer aufs Neue angetroffen. Die Erde öffnet sich wie ein riesiger Seelentopf, und solche, in lebenden Kulturen wie in archäologischen Funden[106] sich zeigenden Gefäße wiederholen im Kleinen ihrerseits die Aufgabe der großen Erde. Überall auf der Welt stehen Felsen, Bergspitzen, Steinhaufen als Zeugen des Ablebens, und archaische Menschen nähern sich – anders als im sportlichen Alpinismus – ihren heiligen Bergen[107] mit Scheu und

Ehrfurcht. Auf Pässen und markanten Stellen der Landschaft werden Steine aufgeschichtet, die in Spanisch-Amerika *apacetta*, im arabischen Orient *'alâma* und in Südsibirien *ovaa*[108] genannt werden. Sie gelten als Wohnung für die Berg- und Weggeister, die der Vorbeikommende grüßen muß. Oft vergießt man dort Blut, um die Wirksamkeit der Kraftorte zu steigern. Menschenblut scheint dabei am effektivsten zu sein, weil es den Tod-Lebens-Verkehr direkt anstößt.

Der Archäologe Günther Behm-Blancke (1912–1994) hat in den 1950er Jahren die Felsspalten und Höhlen des Kyffhäuser in Thüringen untersucht[109] und sie randvoll mit Knochen gefunden, die auf ein gewaltsames Ende hinweisen. Der Mittelberg Zentraleuropas war möglicherweise auch Zentrum eines blutigen Mutterkultes, der mit der Verehrung von Rehtia in Venetien[110] oder von Orthia (Artemis)[111] in Griechenland zusammenhängen dürfte. Zu Zeiten des postchristlichen Germanismus konnten solche Funde nicht gedeutet werden, und die heutigen Sucher fliegen lieber nach Zentralaustralien, wo die Anangu den Ayers Rock immer noch *Uluru*, Ort der Schatten, nennen und die Touristen bitten, nicht gedankenlos auf der erhabenen Stelle, der ihre Toten überwölbt, herumzutrampeln[112].

Die Ur- und Frühgeschichte hat sich lange gesträubt, Erdkult und Menschenopfer[113] der alten Europäer zu akzeptieren, obwohl Gräber und Grabfunde ihr Quellenmaterial *par excellence* darstellen. Erst mit dem großen Werk der erwähnten Marija Gimbutas[114] scheint hier ein entscheidender Durchbruch erzielt worden zu sein, der aber erwartungsgemäß nicht ohne Einspruch blieb. Trotzdem bietet die Theorie von der vielgestaltigen Vogelgöttin, die zugleich Leben spendet wie sie den Tod bringt, für die Interpretation der vielen Ornamente, Symbole und Bilder vergangener Zeiten einen *matristischen* und *chthonistischen* Rahmen an, der von den angesprochenen Neuentdeckungen der Religionsethnologie und europäischen Volkskunde[115] gestützt wird. Kein Gegenargument bedeutet die durch *Feminismus* und *New Age* immens angewachsene Flut halbwissenschaftlicher und populärer Veröffentlichungen zu diesem Thema[116]. Bei allem Verständnis für die Entzugserscheinungen einer durchrationalisierten und materialistischen Weltsicht sollte aber nicht vergessen werden, dass Hirschkuh und Bärin, Raubvogel und Henne, Widder und Schlange[117] auf eine Göttergestalt verweisen, die zwar zu den ältesten Manifestationen menschlicher Kultur gehört und weltweit nachweisbar ist, aber eben deswegen wenig mit dem gemein hat, was die Moderne unter Religion oder Gott versteht. Gleich ob diese sich dabei vom Intellekt oder von der Sehnsucht nach verlorener Ganzheit leiten lässt, die Grabeswelt des Heidentums, sein thanatologischer Kern und der Glaube an die Balance von Tod und Leben müssen ihr unverständlich bleiben.

1 *„Die Schwere, die mich an die Erde bindet, ist nichts anderes als die Erscheinung von meinem Zusammenhang mit der Erde, von meiner Unzertrennlichkeit von ihr"* (Feuerbach 1848/49/1985:141).

2 Vgl. Baumann 1936:187.

3 Jensen 1939:39.

4 Eliade 1983/93 I:115.

5 Frobenius 1926:II.

6 Die Schöpfungsmythen 1959/64/91:85, 87.

7 Psalm 121,1.

8 Haas 1982.

9 Ali Dashti 1997:78.

10 Klages 1944:393; auch der berühmte Pergamon-Altar soll der Verehrung eines schwarzen Meteoriten gedient haben, der mit Kybele in Verbindung stand (Kloft 1999/2003:57).

11 Riese 2007:38.

12 Siehe Drexler 2004:143.

13 Erdbeben und Vulkanausbrüche erschüttern auch heute schriftreligiös seit langem befriedete Gegenden; die Freiburger Ethnologin Judith Schlehe hörte auf dem offiziell muslimischen Java, dass in den sich dortigen Naturkatastrophen Erdgeister ihren Unmut äußerten (Schlehe 2006:218).

14 Strehlow, C. 1907–11.

15 Spencer/Gillen 1899.

16 Scheps 2002.

17 So schreibt der Frühgeschichtler Horst Kirchner in seiner Abhandlung über Menhire in Europa: *„In Frankreich praktizierten junge Frauen, um Kinder zu bekommen, das ‚Gleiten' (sie ließen sich einen Stein hinuntergleiten) und das ‚Reiben' (sie setzten sich auf einen Monolith oder rieben den Leib an einem bestimmten Felsen)."* (1955:650). Von mittelrheinischen Monolithen ist überliefert, dass man Kinder mit dem Kopf an sie stieß, *„damit sie die im Stein sitzende (goldene) Glucke (mit ihren sieben Küchlein) gackern oder die in ihm eingeschlossene Fee (Muttergottes) spinnen oder die in (unter) ihm hausenden ungeborenen Kindlein schreien hörten"* (Kirchner 1955:659). Auch in Indien suchen unfruchtbare Frauen phallische Steinskulpturen auf, sog. Mahalinga (Großes Glied), die dem Shiva zugeordnet sind (Herrmann 1962:294), und noch in christlichen Kirchen mussten heilige Steine geduldet werden wie in der Basilika von Le Puy in Zentralfrankreich, zu dem Fieberkranke pilgerten (Thiel 1981:32).

18 Koenig 1956.

19 Petros 1994:39.

20 Schuler 1922/40:220.

[21] Der ausgeschriebene Name des Kaisers (218–222): Elagabalus ist die latinisierte Form von aramäisch *Ilaha Gabal* (Berggott). Da er die Sonne (*sol invictus*) höher als Jupiter achtete, wurde er auch Heliogabalus genannt. Offiziell hieß der im Alter von 17 Jahren ermordete ehemalige Baalspriester aus Emesa/Syrien Marcus Aurelius Antoninus Varius Avitus Bassianus (s. Hafner 1981:133, Schuler 1922/40:226).

[22] Bachofen, Mutterrecht, zit. nach Klages 1929–32/81:1339.

[23] Von Löwis of Menar 1910.

[24] Vgl. Huld-Zetsche 1986, Merkelbach 1998, Kloft 1999/2003.

[25] Über den hurritischen Gott Kumarbi berichtet der Gesang von Ullikummi: *„Seine Lust regte sich und er schlief mit der F[elsenspitze]. In sie* [...] *seine Mannheit. Er nahm sie sich fünfmal, er nahm sie sich zehnmal“* (Die Schöpfungsmythen, S. 163).

[26] Vollmer 1874:67.

[27] Vgl. Ebersbach 2000.

[28] Fischer o. J.:25.

[29] Jes. 34,14; Jer. 44,17–23 – vgl. Hurwitz 1998; *„Dem Mythos zufolge wollte Adam Lilith dazu zwingen, in* der *‚Missionarsstellung‘ die Ehe zu vollziehen, weil er der spendende Himmel sein und sie zur empfangenden Erde machen wollte. Lilith entzog sich ihm und floh ans Rote Meer. Gott sandte drei Engel aus, um sie zur Rückkehr zu bewegen, doch Lilith blieb. Stattdessen paarte sie sich unentwegt und gebar täglich 100 dämonische Kinder“* (Fartacek 2004:5).

[30] Reed 1963/2004:8. Einen vergleichbaren „Ehebruch“ kennen die westafrikanischen Moba: Nachdem sich der Himmelsvater nach der Zeugung von drei Zwillingspaaren nicht mehr um die Erdmutter kümmerte, wandte diese sich dem „Wesen von unten“ zu, verschlang dasselbe aber gleich nach der Kopulation nach Art der *Mantis religiosa* (Gottesanbeterin), womit sie auch zur Herrin der Unterwelt wurde, ihr neuer Sohn Yendu aber den Himmelsgott ersetzte (Zwernemann 1998:208, 212).

[31] Spieth 1906:65.

[32] Eliade 1977/93 IV:104 f.

[33] Preuß nimmt das für die Allmutter der indianischen Kágaba und Cora an (1926:43, 49).

[34] Strehlow, T. G. H. 1978.

[35] Siehe Rumpf 1979, Drewal 1983.

[36] Nach der Überlieferung bat diese nichtkanonisierte, aber in ganz Europa bis Südamerika verbreitete Volksheilige Christus um einen Bart, der sie vor der Zwangsheirat mit einem heidnischen Portugiesenkönig bewahren sollte. Ihr wütender Vater band sie dann an ein Kreuz, und in diesem Martyrium ist sie in die Ikonographie eingegangen (siehe http://www.sagen.at/texte/sagen/

deutschland/thueringen/jungfraumitdembart.html oder http://www.religioeses-brauchtum.de/sommer/heilige_kuemmernis.html, abgerufen am 5.1.2005 durch Maria Elisabeth Thiele).

37 Baumann 1955, passim - zum Hermaphroditismus der archaischen Gottheiten s. auch Schuler: *„Wie die Mutter hermaphroditisch ist, ist es selbstverständlich auch die Frucht. Adonis ist es, der aus Venus kommt, Attis, der aus Magna Mater kommt“* (1922/40:216). Nach Thiel kommt in afrikanischen Kosmologien die Vollkommenheit in der Zahl 7 oder 9 zum Ausdruck, weil sie sich zusammensetzt aus der weiblichen 4 und der männlichen 3 bzw. 5 (2002b:385).

38 Der Name soll Zwitter bedeuten und mit dem arisch-iranischen Yima zusammenhängen. Tacitus nennt den erdentsprossenen Stammvater der Germanen Tuisto, dessen Name ebenfalls auf ein Zwitterwesen verweist (Verhagen 1999:84 f., Schuppener 1999:109).

39 In Tacitus' Germania steht über die suebischen Völker: *„Zu den einzelnen Stämmen ist nichts Besonderes zu bemerken, außer dass sie gemeinsam die Nerthus, d. h. die Mutter Erde, verehren und glauben, sie nehme am Leben der Menschen teil und komme zu den Stämmen gefahren. In einem heiligen Haine auf einer Insel der Ostsee steht ein geweihter Wagen, der mit einem Tuche zugedeckt ist und den allein der Priester berühren darf. Er merkt es, wenn sich die Gottheit in ihrem Heiligtume eingefunden hat, und gibt ihr dann in tiefer Verehrung das Geleit, wenn sie in dem von Kühen gezogenen Wagen durch das Land fährt.“* Die Prozession, während der Gottesfrieden herrscht, schließt mit einem Submersionsopfer: *„Darauf werden Wagen und Tuch und - wenn man es glauben will - die Gottheit selbst in einem einsamen See abgewaschen. Die Sklaven, die dabei helfen, verschlingt alsbald der gleiche See. Daher das geheime Grauen und die heilige Scheu, zu erkunden, was das wohl sein mag, was nur Todgeweihte schauen dürfen“* (1959:35/36). Zum manchmal auch mit Hertha (z. B. bei Hume 1755/1911:73) verglichenen Namen der german. Erdgöttin meinte der Danziger Mythologe Wilh. Mannhardt (1831–1880): *„Nerthus ist sprachlich das nordische Njördr, des Njördr Kinder waren Freyr und Freyja“* (1875/2002:588). Zum Kult s. Classen 1914; für Anton Mayer gibt es eine „Gleichung Nerthus - Frija - Isis - Kybele - Magna mater - Dea Dia usw.“ (1936:21); zum Matronenkult in der „germanisch-keltisch-römischen Mischkultur“ s. Hauptmann 1999, zur Kontinuität der Verehrung weiblicher Gottheiten Armanski 2011.

40 Vollmer 1874:448; Schuppener erwähnt die Trias Odin, Hönir und Lodur, die das noch unbelebte Menschenpaar mit Atem, Seele und Wärme/Farbe ausstattete (1999:112).

41 Murray 1921, 1931.

42 Noch vor Murray hat der französische Historiker Jules Michelet (1798-1874) das Hexenwesen als Nachhall der vorchristlichen Religion gedeutet (1862/63). Hans Blumenberg glaubte ein solches Aufleben des Mutterglaubens in Herders Cura-Figur, der Sorge als Schöpferin und Herrin der Menschen - freilich ohne mythischen Hintergrund - entdecken zu können (1979/96:548). Wie gezielt die Reformation gegen den Mutterglauben und der ihm inhärenten Naturbindung vorging, zeigt das von Will-Erich Peuckert wiedergegebene Luther-Zitat: *„Hie tritt fraw Hulde herfür mit der*

*potznasen, die natur, und darf irem gott widerspellen und in lügen strafen, hängt umb sich iren alten trewdelmarkt, den stroharns* [Strohharnisch], *hebt an und scharret daher mit irer geigen"* (Peuckert 1942: 100). Hulde, Holde, Holla etc. in anderen Gegenden Berchta etc. hat man sich mit rot-goldenem Haar vorgestellt, das dann konsequenterweise von der Geistlichkeit dämonisiert, bzw. satanisiert wurde, wie der alemannische Kinderreim belegt: *„Roti Haar und spitzig Chin, wohnt der Teufel mitte drin"* (Rüttner-Cova 1986/8:102). Zur Tradition der „dreifaltigen" Muttergottheit in Mitteleuropa s. Göttner-Abendroth, die die katholisch besetzten Initialen C + M + B als Catharina, Margaretha und Barbara liest (1999:288), oder Storl (2005:128), für den sie in Schneeweißchen (Frühling), Rosenrot (Ernte) und alte Mutter (Wintertod) weiterlebt (s. Kapitel XIII und FN I 22, II 83).

[43] Dieterich 1905, 1912.

[44] Dieterich 1912:27. Das Sterben in direktem Erdkontakt wird auch in anderen Weltgegenden für ideal angesehen, z. B. bei den zentralindischen Bhil, die dazu den Sterbenden aus dem Bett heben und den Fluch kennen: „Möge bei deinem Tod niemand zugegen sein, der dich auf die Erde legt!" (Jungblut 1945:208).

[45] Lehmann, E. 1905:428, weitere Namen für Muttergottheiten in Mitteleuropa bei Grimm 1875–78/1992:I 207 ff. oder Weinhold 1898/1999, ebenso Göttner-Abendroth 1999; zur in der Heiligen Brigit weiterlebenden Frühlingsgöttin desselben Namens auf Irland s. Lehmacher 1951.

[46] Vgl. Lagercrantz 1973.

[47] „Er/sie riecht nach Erde (*a'rasa buttami*), sagt man z. B. von Personen, von denen man meint, dass sie dem Tode nahe sind" (Röttger-Rössler 2004:139). Nicht nur die Geruchsqualität, die die indonesischen Makassar mit der Tod-Lebensmutter verbinden, weist weit über das hinaus, was in der christlich geleiteten Forschung unter heidnischem Fetischglaube verstanden wurde. Als einer der ersten hatte das der Jenenser Geograph Eduard Peschuel-Lösche (1840–1913) in seiner Volkskunde von Loango (1907) ausgesprochen: *„Fasst man alles zusammen, was zu beobachten und von den Eingeborenen zu erlauschen ist, so hat es seine Berechtigung, das verehrte Wesen nicht als einen Fetisch, auch nicht als einen Erdgeist, sondern in seiner ursprünglichen Bedeutung als den Inbegriff der Erdkraft, der alles durchdringenden Schaffenskraft, des Allwaltenden, des Werdens, der Fruchtbarkeit aufzufassen"* (1907:277).

[48] Tylor 1873 I:321.

[49] Thiel 2002a, Thiele 2005.

[50] Zimmer 1939:179, zit. nach Thiel 2002a:388.

[51] Zit. nach Thiel 2002a:386.

[52] Kramer 1991:63–74; 1997:95–108.

[53] Kramer 2001:20.

[54] Kramer 1997:104.

[55] Für die indianischen Cora ist „unsere Mutter" zugleich mit Erde, Mond und Mais verbunden. Dazu Preuß: *„Indem z. B. das Dunkel des Erdinnern und das Dunkel des Nachthimmels identifiziert wird, kommen die Blüten und die Feld- und Baumfrüchte nicht nur aus dem Schoße der Erde, sondern auch vom Himmel herab, wo die Sterne ihr Symbol bzw. ihre Erscheinungsform sind"* (1926:49).

[56] Vollmer 1874:130.

[57] Dieterich 1905:46.

[58] Zwernemann 1968; zur Steinverehrung in Afrika s. auch Sydow 1941.

[59] Zwernemann 1998:212.

[60] Zum Beispiel in Schlee 1979. *„La description d'une religion comme un système de croyance unifié, comme un philosophie des croyances ne correspond pas à la réalité traditionelle"* (Vansina 1968:105, zit. nach Thiel 1974:641).

[61] Schütz 1932/74.

[62] Siehe Schweger-Hefels Übersetzung des Kurumba-Wortes für Erdherr *a-sendesa* (1980:181).

[63] K. E. Müller in Müller/Ritz-Müller 2004:86.

[64] Schweeger-Hefel 1970:100.

[65] Schweeger-Hefel 1970:103.

[66] Rottenburg 1991, Streck 1997:125 f.

[67] Steinmusik scheint eine der ältesten akustischen Kunstrichtungen zu sein. Archäologen der University of Cambridge haben Trommelsteine in einer Bergregion Südindiens entdeckt, an denen Ritzzeichnungen auf einen archaischen Gebrauch schließen lassen (DER SPIEGEL 14/2004). Jean Rouch hat bei den Dogon im Nigerbogen ganze Steinkonzerte aufgenommen und gefilmt (1964/98). Diese archaische Kunstrichtung, die den Körper der Magna Mater zum Klingen bringt, berührt sich mit Gedanken, die Christina von Braun in „Das Weib als Klang – Die Frauengestalten im Werk Richard Wagners" geäußert hat (Sendung des SWR2 vom 20.VII. 2003).

[68] Siehe Fol 2004:180.

[69] Entsprechen Urania und Dionysos, nach Herodot III 8, übers. von Th. Braun, Berlin 1956, zit. nach Klengel 1972:105.

[70] Bonin 1979:80.

[71] Reed 1963/2004:51 ff.

[72] Trauer und Schmerz der Mutter über die Trennung vom Liebsten – man denke an die berühmten Tränen der Isis, von denen ganz Ägypten lebte, – scheinen auch die mythologische Vorlage für Liebesleid im Volkslied zu sein (s. Erdélyi 1993), andrerseits dürfte selbst das Mythologem vom an den Felsen geketteten Helden (z. B. Prometheus, s. Kapitel IV) in diesen chthonischen Vorstel-

lungskreis gehören, als Wiedervereinigung, aber auch zur Strafe (vgl. Abrahamian 2006). – Die beiden Götterkategorien, die unsterblichen und die sterblichen, wurden in Herodots Schilderung der „unsträflichen Äthiopen", also der sudan. Bergbauern, Zeus und Dionysos/Osiris genannt (vgl. Frobenius 1913:54). Sie werden uns im Kap. IV als „erster" und „zweiter Schöpfer" wiederbegegnen und beim Thema Tod (Kap. IX) in ihrer Heterosexualität noch einmal gegenübertreten.

73 Vgl. Schnepel 1995.

74 Bonin 1979:210.

75 Vgl. Lagercrantz 1941, Sternberg 1920, Witte 1929 – Höltker verweist auf das Beispiel der Murik auf Neuguinea, wo die „Geisterfrau" Namint die zwei Heldensöhne Kaoko und Gemboarö gebiert, die eine menschenmordende Blutschlange töten (1970:146). Auf einem thrakischen Grabfries erscheint die Vogelgöttin, die zwei Hunde hält. Wer sich schon recht früh mit der Zwillingsfigur kulturvergleichend auseinandergesetzt hat, war der Berliner Amerikanist Paul Ehrenreich (1855–1914), der in Joskeha und Tawiskaron der Irokesen, in Menabozho und Chokanipok der Algonkin, in Ahaiyuta und Matsailema der Zuni und vielen anderen Zwillingspaaren nichts anderes als wechselnde Chiffren für die gleichbleibende Anschauung der ungleichen Hauptgestirne Sonne und Mond sehen wollte (Ehrenreich 1905). Leenhardt schließlich schreibt über Neukaledonien, „dass das Paar, die Dualität, in allen geistigen Konstruktionen des Kanaken die Rolle der Grundeinheit spielt" (1947/84:144).

76 Lange, D. 1998:15. Im islamischen Orient wird die Triade von Fatima, Hassan und Hussein weitergeführt. Zur Zwillingshaftigkeit im Ostchristentum, z. B. zwischen Athanasius und Antonius oder zwischen dem den Winter bringenden Dimitâr und den den Sommer öffnenden Georg, s. Popov 2007:156 ff.

77 Siehe Penkova 2004:212. Der germanische Sonnengott Freyr, dessen Geburt im Julfest zur Wintersonnenwende gefeiert wurde, soll von einem „goldborstigen" Eber begleitet worden sein (Schwaner 1918:XV), der „Gullinborsti" genannt wurde (Quast 1997:436); s. Kapitel VI.

78 Griaule 1966.

79 Schott 1970.

80 Gimbutas 1989/95:305.

81 Bachofen 1859/1954:209. In Mitteleuropa war es wohl das Spinnen, das der Muttergöttin zugeordnet war. Sie wachte auch über die Spinnstuben und die Frauenhände, „die nie ruhen dürfen" (Rüttner-Cova 1986/88:103, 106).

82 Nach Herrmann 1938:64.

83 Siehe Henkhaus 1991. Heide Göttner-Abendroth (1999) sieht in Holle-Hulda-Hel eine archaische „Dreifaltigkeit", der die „Urfarben" weiß, rot und schwarz zugeordnet waren, die auch am Storch,

ihrem „Seelenvogel", zu sehen sind (s. FN I 22 und II 42). Zur weiblichen Göttertrias des europäischen Archaicums mit seinen Auswirkungen auf die christliche Ikonographie hat auch Heinz Kaminski reichhaltiges Material versammelt, z. B. zu den drei Jungfrauen Borbede (Worbede), Ambede und Wilbede im Dom zu Worms, Irmina, Adela und Klottildia in der Marienkriche von Auw an der Kyll oder Einbett, Warbett und Willbett in Frauweiler westl. Köln. Die drei heidnischen Jungfrauen bzw. Matronen sollen in der christlichen Glaubenstrias Fides, Spes und Caritas (Glaube, Hoffnung, Liebe) weiterleben (Kaminski 1995/97:145, 160).

84 Klages 1929–32/81:1346, 1377.

85 Strasser 1995:119.

86 *„Through the vaginal gateways of the temples one enters into her body to die and to be reborn"* (Sjöö, M. in Hodder 1996:148).

87 Vgl. die Rekonstruktionszeichnung in Gimbutas 1989/95:307. – Zur zweimaligen Ausgrabung von Çatal Hüyük s. Mellaart 1967 und Hodder 1996.

88 Siehe Lorblanchet 1995/97, Nougier 1984/92.

89 Duerr 1985/90.

90 Siehe Teichmann 1983. *„Aus dem Gemäuer mittelalterlicher Kirchen gebohrtes Steinpulver oder Ziegelmehl hat auf deutschem wie Schweizer Boden noch bis vor kurzem in der Volksmedizin Verwendung gefunden"* (Kirchner 1955/99:113).

91 Lagercrantz 1958.

92 Vgl. Pennik 1979/82.

93 Schuler 1922/40:163, 1997:222.

94 Vgl. von Unwerth 1911/77.

95 Berühmt wurden die immer wieder geöffneten Gemeinschaftsgräber der nordamerikanischen Huronen, in denen Leichen und Skelette aufeinanderlagen, zusammen mit Grabbeigaben und das Ganze mit Erde und Rinde überwölbt (s. Quack 2004:127).

96 Siehe Ariès 1978/82.

97 Siehe Drössler 1990, Albrecht 1998, 2000.

98 Siehe Dimde 1998.

99 *„Die Religionsgeschichte hat die Göttin entweder verleugnet, verschwiegen oder dämonisiert"* (Rüttner-Cova 1986/8:95); zum Ende der *Mater*-Religion mit dem Megalithikum s. Uhlig 1992:174 – dabei hat die Ethnologie hinreichend Belege für das Weiterwirken des Megalithikums angehäuft, z. B. auf Madagaskar (Röder 1944), auf Nias (Wirz 1929, Hämmerle 1999), auf Borneo bei den Dusun, Murut und Kelabit (Stöhr 1976) oder auf Flores (Arndt 1932).

100 Siehe Radloff 1884, Parzinger 2004.

101 Siehe Unwerth 1911/77.

102 Schuler 1896/1940:151.

103 Henkhaus 1991:124 f.

104 Schuler 1922/40:270.

105 Der Begriff im Sinne einer Art Lebensweltweisheit scheint von Kaj Århem (1990) zum ersten Mal verwendet worden zu sein.

106 Vgl. Steffensen 2007.

107 Die jüngste Entdeckung eines Heiligen Berges als Zentrum der Welt gelang im Norden des „Fruchtbaren Halbmondes": der Göbekli Tepe (Nabelberg), der vor 11 000 Jahren verehrt wurde und möglicherweise mit dem Übergang zur Sesshaftigkeit zusammenhing (nach Schmidt, K. 2006). Die Bewohner schufen massive Steinbauten mit markanten Rundplastiken, in denen ihre Toten mitwohnen konnten (Schmidt, K. 2007).

108 Oelschlägel 2004a:61.

109 Behm-Blancke 1958.

110 Siehe Barb 1952; Whatmough 1922.

111 Siehe Conway 1929.

112 Siehe Cordell 1993.

113 Dazu Rind 1996, Green 2002/03.

114 Gimbutas 1989/95.

115 Zum Beispiel Katičić 2003, John 2004.

116 Vielen derartigen Veröffentlichungen sind *ira et studium*, also ihre Absicht und Eifer zu verzeihen, kämpfen sie doch gegen eine 2 500 Jahre alte Dogmatik an, die zwar Altersschwäche zeigt, aber so schnell das Feld nicht räumen wird (vgl. Zingsem 1995, Rüttner-Cova 1988, Monaghan 1991/97 etc., zusammenfassend distanziert Weißmann 2002).

117 Gimbutas mit reichem Anschauungsmaterial unterfütterte Argumentation in Richtung Vogelgöttin ist nicht immer leicht nachzuvollziehen, so beispielsweise beim Bukranion, das der chirurgisch freigelegten Gebärmutter gleiche und deswegen zur präferierten Grabbeigabe über Jahrtausende geworden sein soll (1989/95:265). Darauf weist auch Cynthia Eller in ihrer Fundamentalkritik an Gimbutas hin (2000:146 f.).

# III. Himmel

*Die Heiden kommen als blinde Passagiere in den Himmel, ohne dass die theologischen Postmeister etwas davon wissen.*
Jean Paul

Etwas entfernt von der romantischen Sympathie mit den Heidenvölkern bei Jean Paul[1] gibt es in der Ethnologie auch die gut begründete Ansicht, Heiden bräuchten nicht erst in den Himmel zu kommen, weil sie dort schon immer seien oder sich wähnen: „Living on earth in the sky" hat der Schweizer Forscher Conradin Perner seine mehrbändige Ethnographie über den – wie wir übersetzen können – „Himmel auf Erden" der sudanesischen Anuak überschrieben[2]. Die Füße dieser dunkelschwarzen Menschen im Nilbecken treten auf die bald schlammige, bald hart gebackene Erde, ihre Häupter aber gehören zur Himmelssphäre, deren Winde sie atmen und mit deren Erscheinungen sie sprechen. Die Anuak verbinden mit ihrer Leiblichkeit die im letzten Kapitel behandelte schwere Erde mit der nun zu deutenden luftigen Oberwelt. *Contemplatio coeli*[3] – Anschauung des Himmels – ist nämlich die Religion aller Menschen auf der Welt, die das biblische Himmelsverbot im Fünften Buch Moses noch nicht erreicht hat:

*„Das du auch nicht deine augen auffhebest gen Himel/ vnd sehest die Sonne vnd den Mond/vnd die Sterne/das gantze Heer des Himels/vnd fallest ab/vnd bettest sie an vnd dienest jnen/welche der HERR dein Gott verordent hat/allen Völckern vnter dem gantzen Himel."*[4]

### *Dienst der Ferne*

Das Volk der Bibel schaut zum Herrn auf, die Völker aber achten den **Gestirnsdienst**, die *imitatio stellarum*, Nachahmung, ja Nacheiferung der Himmelskörper in ihren Umgängen, in ihren Ballspielen (s. u.), in ihrer Rede vom Wetter oder nur noch in ihren Kinderreimen[5]. War die Erde das Nahe, Warme, Bergende für Lebende und Tote, steht der Himmel in vielen Mythologien für das Ferne, die Sehnsucht und den Verlust. Hier hin ziehen sich verlorene oder vergessene Gottheiten zurück, manchmal aus Enttäuschung über ihr eigenes Werk oder aus Erschöpfung nach der Schöpfung. Es gibt viele Lieder, die dem sich versteckenden Gott (*deus absconditus*) oder dem göttlichen Müssiggänger (*deus otiosus*) hinterhersingen. So weinten die Azteken ihrem Hochgott Ipalnemoa nach:

*„Keinen Augenblick mehr ist der Gott auf seiner Matte. Er ist fortgegangen und hat euch als Waisen zurückgelassen. Wir leben hier auf Erden in Trauer und Tränen. Schmücke dich mit Blumen der Trauer, mit Blumen der Tränen. Lass deine Seufzer anschwellen! Blumen und Stöhnen sollst du Ipalnemoa als Opfer darbringen."*[6]

Heiden scheinen von Gott verlassen zu sein. Das war die Chance für die Propheten, Apostel und Missionare, die zwar nicht Gott selbst, aber doch die Hoffnung auf ihn mitbrachten. Vorher aber hatten sich die Menschen über Jahrzehntausende eher an eine Art Hoffnungslosigkeit gewöhnt und eigene Formen des Umgangs mit ihr entwickelt. Ludwig Klages nannte diese Grundstimmung seines modellhaften Heidenvolkes „Eros der Ferne“: Die Pelasger lebten in einem permanenten Gefühl der Verlassenheit und einer Entfernung, die nur *ekstatisch*, also durch Sprengung der Raum-Zeit-Koordinaten (s. u.) zu überwinden sei. Die Rituale des Gestirnsdienstes erreichten durch Taumel und Rausch die ersehnte Verschmelzung. Erst die messende Vernunft bezeichnet diesen Glauben als Wahn. Astronomie und Astronautik sind die aufeinanderfolgenden Stufen der entsprechenden Himmels-Entzauberung, der „Tilgung ihres Gehalts an Ferne“.[7]

Im Zentrum fast aller großen Mythologien finden sich Geschichten, wie Erde und Himmel gewaltsam auseinandergerissen wurden und ihre Trennung den heidnischen „Weltschmerz“ begründete. Im Mythos findet er seinen Ausdruck, im Ritus wird die Trennung nachgestellt – etwa im Zerreißen des Opfertieres[8]. Oder die Trennung wird aufgehoben als veranstaltete Wiedervereinigung. Schließlich kann ein Artefakt sie als technische Lösung thematisieren, als Himmelsstütze und Weltenpfahl, der zusammenhält, was in Urzeiten geborsten ist. Noch die alten Hebräer errichteten Steinmale und Kultpfähle, wenn ihnen ihre neu gebotene Hoffnung wieder einmal abhanden gekommen war[9]. Die ältesten Schriftzeugnisse des von dem Tübinger Altphilologen und Bibliothekar Willibald Staudacher (1881–1973) nach Hesiod (um -700) und den Orphikern bekannt gemachten **Himmel-Erde-Trennungsmythos**[10] finden sich aber im Zweistromland, der in Tontafeln beglaubigten Wiege und Sarg des Weltheidentums[11]. Ob sich die Vorstellung vom Schnitt durch die Welteltern von diesem „göttlichen Tor“ (*bâb ilâni*) aus in alle Winde ausgebreitet hat, wie Panbabylonisten vom Schlage eines Hermann Baumann[12] glaubten, oder ob diese Anschauung dem sehenden Auge alltäglich genährt wurde in der *„sich wiederholenden Spaltung der Nacht durch die Sonne, deren Licht die Erde niedersinken, den Himmel aufsteigen läßt“*[13], braucht hier nicht entschieden zu werden. Das kosmische Drama stand sicher schon lange vor der Erfindung der Schrift im Zentrum des religiösen Denkens und zieht infolge seiner unerschütterlichen Wiederkehr das Sterben des Heidentums in die Länge.

### *Der Himmel-Erde-Trennungsmythos*

Die Maori Neuseelands überliefern folgende Version: Nachdem die Kinder von Himmel (*rangi*) und Erde (*papa*) der Dunkelheit zwischen ihren dicht aufeinanderliegenden Eltern überdrüssig geworden waren, ratschlagten sie über eine Lösung, eine Trennung, die Licht und Luft brächte. Drei Söhne versuchten nacheinander, die eng Umschlungenen zu teilen, vergebens. Der spätere Kriegsgott Tumatauenga immerhin verletzte Rangi so sehr, dass dessen Blut noch heute als heiliges Rot verehrt wird, mit dem Säulen und Skulpturen bestrichen werden. Erst Tane, dem vierten Sohn, gelang es unter gewaltigster Anstrengung, Himmel und Erde in oben und unten zu teilen und Ordnung statt Chaos zu schaffen.[14] Tane wurde Gott der Bäume, die mit Wurzeln und Geäst den kosmischen Trennungsakt sowohl zu vollziehen wie auch aufzuhalten scheinen. Auch die Berge und Felsen zeugen noch von jener Gewalttat und dienen jetzt als „Himmelsstützen"[15]; Vögel fliegen zwischen den separierten Sphären erschrocken hin und her; schließlich gehen Menschen wie die Anuak erhobenen Hauptes zwischen den Sphären hindurch oder hüpfen im Tanz dem Himmel nach und machen sich - wie die indianischen Apapocúva-Guaraní ihrem Ethnographen Curt Nimuendajú-Unckel (1883–1945) erzählten - durch Fasten so leicht, dass sie bis zum Himmel springen können[16].

Die Geschichten, die Ethnographen zu diesem Thema aufnehmen konnten, beinhalten die mannigfachsten Varianten; immer war es eine **Katastrophe**, die die heutige Welt entstehen ließ und die die Menschen zu anhaltender Bemühung um Schadensbegrenzung veranlaßte. Kultur, im engeren Sinne Religion, ist Flickwerk am aus den Fugen geratenen Kosmos. Um die zerbrochene Himmelssäule (*axis mundi*) zu ersetzen, werden Langsteine (bretonisch: *menhir*) aufgerichtet; um die Welteltern wenigstens stellvertretend wieder zusammenzubringen, wird die **Heilige Hochzeit** (*ἱερός γάμος/hieros gamos*) im Frühlingsritual abgehalten. Auch wo der Himmel als Kuh oder als Göttin wie im alten Ägypten gedeutet wird, brachte ihr Aufstehen bzw. ihr Überwölben der Erde eine gewaltige Erschütterung mit sich, die nach Stabilisierung verlangte. Und dem kam in der Regel der Himmel-Erde-Trenner selbst nach, der - wie der Tane der Maori - Zerstörer und Erneuerer des Kosmos in einer Person war (s. Kapitel IV).

Wer Himmel und Erde auseinander gebracht hat, schuf zwar einen Freiraum zum Leben. Zugleich bekamen die ihn nutzenden Menschen aber auch Angst vor seinem Ende, wenn sich der Himmel wieder auf die Erde fallen lässt. Als Vorbeugung gegen die Wiederholung der Urkatastrophe richteten die Altägypter ihre gewaltigen Steinsäulen auf[17] und die Altbabylonier ihre Zikkurat genannten Ziegelpyramiden, von denen die berühmteste, der „Turm von Babylon", *Etekemani* („Fundament von Himmel und Erde") genannt wurde[18]. Aus dem gleichen Grund nahm die oben genannte zentralaustralische Totemgruppe Achilpa (Wildkatze) auf ihren Wanderzügen stets einen Gummibaum als Himmelsstütze (*nurtunja*) mit[19]. Leben *après le déluge* – für der Sintflut Entronnene – macht einerseits furchtbar ängstlich, und die archaischen Religionen sind voller Vorsichtsmaßnahmen, dass die einmal erreichte Stabilität der Elemente nicht erneut aus dem Gleichgewicht gerät. Andrerseits macht das Wissen, das Schlimmste bereits überstanden zu haben, auch gelassen. Deswegen konnte der surrealistische Ethnograph Antonin Artaud (1896–1948) von den Tarahumara in Nordmexiko sagen, sie lebten *„als ob sie schon gestorben wären"*.[20] Tote Lebende oder lebende Tote stehen wieder auf und richten sich zwischen Himmel und Erde notdürftig ein, so wie der Stuttgarter Ethnologe Thomas Michel die Eipomek im Hochland von Neuguinea nach einem furchtbaren Erdbeben erleben konnte[21] – oder wie unsere eigenen Vorfahren in Mitteleuropa nach einem der verheerenden Kriege.

So sicher das Wissen um die überstandene Katastrophe ist, so sicher erwartet man die kommende. Die angesprochenen Vorsichtsmaßnahmen sind damit eher provisorisch. Der nächste Himmelssturz wird auf jeden Fall kommen. Denn die Himmelskörper werden in Streit geraten und den unter Schmerzen erreichten *status quo* wieder durcheinanderbringen. Der Himmel wird also nicht, wie in den Erlösungsreligionen, als Friedensbringer willkommen geheißen, sondern als Neuauflage der Urkatastrophe gefürchtet. Ihr Schrecken, wenn Himmel und Erde erneut aufeinanderprallen, wird – so die Folgerung aus Hermann Baumanns Mythenvergleich von 1936 – möglicherweise größer sein als der schon erlebte furchtbare Riss. Als das Weltei auseinanderbarst oder gespalten wurde in zwei Hälften, entstand immerhin Lebensraum, und der aus dem Ei fallende Dotter Sonne erwärmte und erleuchtete ihn[22]. Klappen die Eihälften aber wieder zusammen, folgt erneut Finsternis und Chaos.

Andrerseits kann das Wiedersehen von Himmel und Erde aber auch als notwendige Befruchtung der Welt verstanden werden; insbesondere in der Vorstellung des Regens als des **Himmelssamens** findet sich dieser Gedanke weltweit.[23]

Friedrich Max Müller, der oben bereits vorgestellte große Interpret heiliger Schriften außerhalb der abrahamitischen Linie, schreibt dazu:
*„In allen primitiven Mythologien wird der Regen als die Frucht der Umarmungen des Himmels und der Erde dargestellt. In einer Stelle, die den Vedas entnommen sein könnte, sagt Aeschylus: Der heitere Himmel liebt es, die Erde zu durchdringen, und die Erde strebt ihrerseits nach der himmlischen Ehe; der Regen, der von dem liebenden Himmel herabströmt, schwängert die Erde, und sie bringt für die Sterblichen Weiden für ihre Herden und Gaben der Ceres hervor."*[24]

Die Welteltern können im archaischen Denken auch Zwillingsgeschwister sein[25], die zum Paar werden und dann gewaltsam getrennt werden. Dafür sind bei den burkinischen Nyonyosi die Menschen, die Geister und die Tiere gleichermaßen verantwortlich gewesen, und im Schrei des Maskenrituals wird eine Wiedervereinigung der Urgeschwister inszeniert. Die Himmelskörper Sonne und Mond gelten wie im alten Babylon auch bei Feuerländern, bei den südostasiatischen Semang oder den sibirischen Nentzen (Samojeden)[26] als **Zwillinge** und Augen des Himmelsgottes. Ebenso verkörperten die mythischen Zwillinge vieler Kosmologien zunächst einfach einen Dualismus als archaisches Ordnungsprinzip[27], bevor sie eine Ehe eingingen oder wie Horus und Seth sich verfeindeten[28] oder, wie im altmexikanischen Teotihuacan, durch den „Totenweg" zwischen ihren Pyramiden verbunden waren[29]. Auch in den Maya-Mythen treten Sonne und Mond in der Nachfolge der Heldenzwillinge Hunahpu und Xbalanque auf[30], und auf Nias (Indonesien) bekommt der eine Zwilling den Himmel, der andere die Erde[31].

Je mehr man über die vergangene Urkatastrophe nachdenkt und je öfter sie erzählt wird, umso leichter schleichen sich Rationalisierungen und Funktionalisierungen in den Mythos ein. In Afrika werden für die Himmel-Erde-Trennung gerne die Frauen beschuldigt – z. B. bei den Ashanti –, sie hätten mit ihren Kornstößeln nicht achtgegeben und damit den Himmel nach oben gestoßen[32]. Oder die Vorfahren hätten es sich mit dem Himmelsgott verscherzt, als sie ihn zu rösten versuchten, erzählen die Mosi[33]. Die Maassai schließlich beschuldigen die im Busch wohnenden Jäger, sie hätten aus Nachlässigkeit das Seil zwischen Himmel und Erde durchschnitten[34]. Solche Geschichten, die beliebig ergänzt werden könnten, zeigen vor allem eines: Heiden sind mit ihrer Kosmologie ziemlich alleingelassen; jedenfalls können sie sich nicht auf einen Gott berufen, der von Anbeginn der Dinge einen Heilsplan entwirft, offenbart und verfolgt –

ohne Rücksicht auf Verluste, allein das Endziel im Auge, die Geschichte zu einem Abschluß zu bringen.

Auch wenn es im Heidentum **Himmelsgötter** gibt, die zugleich Schöpfergötter sind, sind sie eben nie allein mit ihrem Werk und vielleicht auch deshalb nicht in der Weise auf einen Heilsplan fixiert, wie man das aus der Bibel und ihren Auslegungen kennt. Auch im Alten Ägypten haben sich die Götter gleichsam „gegenseitig geschaffen", und Isis behauptet von sich, sie sei „älter als ihre Mutter"[35]. Die „Allmacht Gottes" scheint eine Erfindung der Jahwe-Allein-Bewegung unter den Hebräern der Jahrhunderte vor der Zeitenwende gewesen zu sein; den hier verglichenen Religionen ist diese Vorstellung jedenfalls fremd. Folgerichtig reagierten die Missionare mit Skepsis auf die Entdeckung afrikanischer Himmelsgötter. Der in „Südwest" tätig gewesene Heinrich Vedder räumte zwar ein, dass der Ndjambi der Herero „gut" sei, da er aber keine moralischen Forderungen stelle, besitze „der Glaube an Ndjambi keine sittliche Kraft"[36]. Nach dem schon erwähnten Kenner Zentralafrikas Josef Franz Thiel[37] ist der „Hochgott" der Bantu bald oben und Sonne, bald unten und Mond, manchmal männlich, manchmal weiblich, er summiert sich aus drei oder fünf (männlich) und vier (weiblich) zu sieben oder neun, den Zahlen der Vollkommenheit, und *„verhält sich jedenfalls nicht nach Menschenart: er lässt sich nicht durch Opfer oder Geschenke beeinflussen und umstimmen"*.[38] Schließlich ist er kein sprechender Gott, der ein „hörendes Volk" braucht. Er hat die gleichen Eigenschaften wie die schon beschriebene Terra Mater: Himmel und Erde sind bei den Heiden aus ein- und demselben Stoff: stumm, gewalttätig, unerbittlich, aber auch wechselhaft und vor allem ewig.

### *Die Wettergötter*

Heidnische Geschichten kennen kein Ende. Die Kette der Katastrophen aus Trennung und Wiedervereinigung der Welteltern lässt sich unendlich fortsetzen, sie ist identisch mit dem Rhythmus der Natur und des Alls. Die Menschen sind dabei nicht Objekte einer Verheißung oder einer Selektion in Erlöste und Verdammte, sie spielen eher die Rolle von Rohmaterial im Kampf der Elemente: Bald werden sie überflutet und weggeschwemmt, bald trocknen sie an der Sonne und erwachen wieder zum Leben. Die Heiden sind als Kinder der Erde wie diese **Wind und Wetter** ausgesetzt, solange sie sich draußen, außerhalb der Höhlen und Gräber aufhalten. Deswegen sagen die Bara auf Madagaskar, die

Toten verkörpern die Ordnung, die Lebenden aber leben im Chaos, ihre Vitalität ist voller Sturm und Drang, und das allgemeine Rauschleben kommt erst im Tod wieder zur Ruhe.[39] Tote sind nicht mehr dem Wetter ausgesetzt, auch wenn dieses zur rascheren Skelettierung genutzt werden kann (s. Kapitel IX).

In Wind und Sturm manifestiert sich die unsichtbare Himmelsgottheit am deutlichsten. Noch die Schriftgelehrten wissen vom *πνεύμα θεού* (*pneuma theou*), was der jüdische Philosoph Franz Rosenzweig (1886–1929) mit „Braus Gottes" übersetzte[40]. Bei den Heiden ist seine Kraft aber ungerichtet und unheimlich. Die Kallawaya-Indianer machen Ankari, den Wind dafür verantwortlich, wenn es nicht regnet, weil er die Wolken vertrieben hat[41]. Bei den Yoruba ist der Wind eine weibliche Gottheit[42], aber ebenso unsichtbar, ungreifbar und unberechenbar. Andrerseits ist auf das Wetter Verlass, es findet immer statt, ob schön oder schlecht, ob als kühlende Brise oder zerstörender Hurrikan. Auf dem Sumatra vorgelagerten Nias erscheint „der Wind, der ohne Anfang ist", in verschiedenen Farben und Qualitäten; er ist Urheber aller guten und bösen Erscheinungen; am Anfang der Zeiten „spielten" 30 Winde miteinander und schufen die zwei (Stamm-)Bäume der Niasser[43]. Bei den Naza (Páez) der Nordanden gelten die *wejxa* genannten Winde als Wesen aus der Urzeit[44], und die Altägypter glaubten von ihrem Wind- und Luftgott Schu, dass er den Himmel trage, damit er nicht wieder auf die Erde falle[45].

Die Himmels- und Wettergötter sind buchstäblich in aller Munde; die Lebewesen atmen ihre Kraft ein und aus; mit dem letzten Atemzug verlässt, wie Tylor[46] sich den Ursprung der Religion im „Animismus" erklärte, der Geist den Körper, um eine andere Wohnung zu beziehen. Aber auch in den den Mund verlassenden Worten ist das Wetter anwesend, und in der immer wiederkehrenden Rede über das Wetter demonstriert noch der moderne Mensch, dass das Heidentum mit seinem Sterben nicht fertig werden kann. Vielleicht sind die meteorologischen Prognosen durch den technischen Fortschritt sicherer geworden, die Abhängigkeit vom Wetter ist geblieben, und dem zollt auch der industriegesellschaftliche Mensch Respekt, indem er seinen Nachbarn damit unterhält. Überall auf der Welt tauschen die Menschen Bemerkungen über das nicht beeinflussbare Wetter wie Grußformeln aus; selbst in den Rundfunk- und Fernsehnachrichten hat das Wetter das letzte Wort. Sein Auf und Ab trifft die Menschheit unerbittlich, gleich ob man Außenarbeiten darauf einstellen muss, wie das Landwirte ungeachtet ihres Technisierungsgrades tun müssen, oder in anderer

Weise sich danach richtet. Das Wetter ist die Hierophanie *par excellence*, auto-

gelehrten zum Heilsplaner erhoben, Wettergott wie der hurritische Anu, dem der Weltenspalter Kumarbi die Hoden ausriß[47], oder wie Leza bei den Ila in Sambia, die täglich seiner gedenken: Hat es lange nicht geregnet, sagen die Ila, Leza ist wütend und kommt nicht. Regnet es dann zu heftig, schimpfen die Ila: Leza kommt zu sehr herunter. Ist die Luft kalt, wird Leza dafür verantwortlich gemacht, und wenn die Hitze drückt, wirft man Leza vor, dass er keine Wolken schickt.[48]

Die spektakulärste Erscheinung einer Himmelsgottheit ist auf der ganzen Welt der **Blitz**, gar wenn er „aus heiterem Himmel" kommt; darauf hat in der Neuzeit als erster der Greifswalder Philosoph Peter Ahlwardt (1710-1791) in seiner „Bronto-Theologie" von 1747 aufmerksam gemacht[49]. Im deutschen Sprachgebrauch hat sich der Donner-Gott einen Wochentag reserviert, der keltische Donnerer Taranis verlangte Menschenopfer[50], der Donnerkeil (*vajra*) ist die auffälligste Waffe des hinduistischen „Götterkönigs" Indra[51] und die germanische wie die baltische Mythologie kennt den Blitzeschleuderer, der in der griechisch-römischen Mythologie auch Göttervater ist, als kräftigen Rotbart, dem die Eiche heilig ist und der mit einem Ziegengespann umherrast[52]. Die Bibelausleger haben ihn gespalten in den Teufel mit Ziegenbart oder Bocksfuß einerseits, in den schriftmäßig beglaubigten Heiligen Elias andererseits, der ebenfalls mit feurigem Wagen durch den Himmel braust. Der Wettergott ist damit zum Wetterheiligen geworden, wird auf dem Balkan aber immer noch neben dem Nothelfer, Drachentöter und Schlachtenlenker St. Georg und dem volksislamischen „grünen" Khiḍr, dem „Bestatter Adams", als Frühlingsbote gefeiert.[53]

Die Andenindianer müssen – wie oben angedeutet – ihren Blitz- und Donnergott als Santiago (Hl. Jakobus) oder Santa Barbara tarnen[54], und in den afroamerikanischen Kulten ist der yorubische Feuergott Xango (s. Kapitel IV) ebenfalls oft mit der Heiligen Barbara verschmolzen, wohl weil diese vor ihrer Enthauptung durch den eigenen Vater um 300 mit Feuer gemartert wurde[55]. Im heidnischen Afrika aber zeigt sich der Himmelsgott häufig als Donnerer selbst, der seine Gelenke krachen lässt, etwa der stürmische Ngai der kriegerischen Maassai. Der Ethnograph und Politiker Jomo Kenyatta (1893–1978) berichtet über die den kenianischen Maassai benachbarten Kikuyu, wer bei solchen Übungen Ngais zusehe, werde in Stücke gehauen.[56]

*„Alle reden vom Wetter, nur wir nicht"*, meinte ein Werbespruch der Deutschen Bundesbahn vor wenigen Jahrzehnten. Er wiederholte die Botschaft der Religionsrevolutionäre vor 2500 Jahren. Die Propheten Jesaja und Jeremia setzten an die Stelle des Wetters die „Wahrheit" des Gotteswortes, und der Rabbinersohn Paulus wiederholte die Lehre von der „Wahrheit", die freimache - vom Wetter und der Welt. Judentum und seine Generalisierung im Christentum sind Aussteigerreligionen[57], sie weisen einen Ausweg aus dem immergleichen Zyklus von Tag und Nacht, Sommer und Winter, Leben und Tod - ein Zyklus, der die Sprache des Wetters ist. Wenn diese endlose Wechsel-Litanei aus Sonne und Regen oder Hitze und Kälte bildhaft umgesetzt wird, sind wir bei der originären „Schrift" des Heidentums, den Flechtbändern und Schlingornamenten, die die Tongefäße oder die Schlusssteine, die Festgewänder oder die Tempelfriese zieren und die sich noch in die Kapitelle romanischer Säulen eingraviert haben, obwohl es vom Altarraum her schon anders schallte.

### *Der Kult der „unbesiegten Sonne"*

Der Himmelsgott kann in den hier ernst genommenen Religionen aus Myriaden von Sternen bestehen; die Mongolen benennen 99 *tengri*[58], einer davon bewegt sich nicht und hält die Zeltstange des Himmelszeltes im Norden[59]. Auch Meteoriten - der berühmteste liegt im islamischen Wallfahrtszentrum Mekka (s.o.) - haben Löcher im Himmel zurückgelassen, in die die Weltachse hineinpasst[60]. In anderen Überlieferungen besteht der Himmelsgott aus Abertausenden von **Vögeln**, die Luft ist voll von Flügelwesen, auch die Toten schwirren wie Fledermäuse durch die Nacht. Die Venda in Südafrika verehren einen Adlergott namens Raluvhimba, der als Sternschnuppe herumreist, als Donner spricht oder sich als Komet, Blitz, Erdbeben, Dürre, Überschwemmung, Pest und Cholera bemerkbar macht. Es sind die nichtalltäglichen Erscheinungen, mit denen der Adlergott die Menschen heimsucht, so dass sie ihn fürchten[61], obwohl er als Sonne „auf ewig unbesiegt" wiederkehrt. Doch auch wenn diese im Götterhimmel für Ordnung sorgt, den Menschen gegenüber verhält sie sich in der Regel indifferent. Die Azteken sagen von ihrem **Sonnengott**:

*„Die Sonne ist der Adler mit den feurigen Pfeilen, des Jahres Herr und Gott. Sie scheint, glänzt und strahlt. Sie ist gar heiß, brennt einen, brennt einen heftig, macht einen*

*schwitzen; sie bräunt einen, dunkelt einem das Gesicht, schwärzt einen, verbrennt und hebt einem die Haut ab.*"[62]

Es versteht sich von selbst, dass einem solchen Menschenschinder wenig Gotteslob zuteil wird. In den Tropen lehrt die gnadenlose Sonne einen unzugänglichen Himmelsgott ohne Erbarmen. Aus der nördlichen Halbkugel, wo die Sonne als Wärmer willkommen geheißen wird, und ganz im Norden, wo sie in den Wintermonaten gänzlich verschwindet, finden wir darum einen ganz anderen Sonnenkult. In der gemäßigten Mitte feierte man den *sol invictus* - den unbesiegten Sonnengott - dessen Kult Kaiser Aurelian (214–275) in Rom verbindlich machte und auf den 25. Dezember, die spätere „Weihnacht" als Tod und Wiedergeburt des Lichts, festlegte[63]. Nördlich der Alpen erscheint dieselbe Gottheit dann weiblich; noch weiter im Norden wird die Sonne während der Polarnacht beweint. Die baltische Sonnengöttin Saule kommt als Mutter wie als Mädchen daher und verkörpert Fürsorge wie Liebreiz. In Lettland gilt die verlässliche Sonne als Frau des kriegerischen Mondes, der oft beschädigt oder überhaupt nicht mehr nach Hause kommt.[64]

Der bereits vorgestellte Neugnostiker Alfred Schuler ließ sich vom passiven Aspekt der Sonne als Leuchtkörper ergreifen und sah in ihr ein Urbild des Lichtknaben, der im Arm der Magna Mater sitzt und ohne jede Gegenleistung spendet. Als „Pathiker" (Dulder) gehört er zur Urdyade, wie die alteuropäische Berchta die Mutter des Sonnenkindes war und später die christliche Kirche dieses Weltmuster zu übernehmen sich gezwungen sah[65]. George Bataille griff den aktiven Aspekt der Sonne auf und machte ihn zur Vorlage seiner „Sonnenökonomie": Alle nichtmodernen Gesellschaften folgen dem Prinzip der unökonomischen Verausgabung. Ihr Wirtschaften ist Gottesdienst, *imitatio solis*, des Himmelskörpers, der „sich verliert ohne Berechnung, ohne Gegenleistung".[66]

Was diese beiden unangepassten Denker aus der Sonne herauslasen, trifft sich mit dem archaischen Sonnenkonzept, das weltweit verbreitet ist. Anstatt über die zeitliche Priorität von Sonnen-, bzw. Mondkult zu spekulieren, hätte die alte Ethnologie sich besser auf die Inhalte konzentriert, auf das Licht als Hierophanie und Lebenselexier, wie es Paul Ehrenreich (1855–1914)[67] und wenige andere „Naturmythologen" vormachten. Indianer sehen in der Sonne den Wanderer, den Pendler mit zwei Wohnsitzen; während des viertägigen Sonnentanzes, der sich von den nordamerikanischen Plains in alle Richtungen verbreitet hat, fasten die Teilnehmer, um noch wildere Visionen zu bekommen[68]. Für die Abelam auf Neuguinea, die ihre spektakulären Kulthäuser nach der Sonne ausrichten, bringt das Tagesgestirn in der Nacht den Dämonen und Toten das Licht[69]. Die Alt-Ägypter konzentrierten sich auf die „Nachtfahrt der Sonne"[70], die die gesamte Jenseitswelt durchmaß, um an ihren morgendlichen Ausgangspunkt zu gelangen. Ihr Sonnengott Re verband sich mit dem Widder, der noch heute von Berber-Hirten bei Sonnenaufgang besungen wird[71].

Das stärkste Faszinans der Sonne nach ihrer Leucht- und Wärmkraft ist sicher ihre Wandelbarkeit, ihr allabendliches Verschwinden und ihre Wiederkehr am Morgen. Doch auch dieses Alltagswunder ist wandelbar und verschiebt sich von Tag zu Tag. Die Aufgangs- und Untergangspunkte lernte der Mensch wohl schon früh als Kalenderhilfe kennen, und die Extreme sowie die Tag-und-Nachtgleichen (*Äquinoktien*) am 21. März bzw. September dürften die frühesten Jahresfeste gewesen sein. Die oben erwähnten „Steinkreise", die lange in Holz ausgeführt waren und darum - im Gegensatz zum weltberühmten *Stonehenge* – selten erhalten sind[72], dürften die wichtigsten Kultzentren der archaischen Welt gewesen sein; die dort tätigen Himmelsexperten genossen Autorität unter sonst verfeindeten Gruppen, und die neolithischen Bauern waren auf entsprechende Himmelsweisungen angewiesen. Der spektakuläre Fund der bronzezeitlichen Himmelsscheibe von Nebra an der Unstrut belegt die auf *observatio coeli* beruhende Himmelsreligion auch für einen Raum, der frühgeschichtlich bislang für nicht sehr religionskreativ gehalten wurde. Doch Nebra liegt nicht weit weg vom oben erwähnten Kyffhäuser; Himmelspunkte und die von Behm-Blancke (1958, s.o.) vermuteten Massenopfer gehörten vielleicht zusammen, weil die Menschen sich damals verantwortlich wähnten für den Himmelslauf und für den Gleichklang mit ihm keine Opfer scheuten.

### *Mondkulte*

Die Sonne ist nicht die einzige Dauererscheinung des heiligen oder qualitativ wahrgenommenen Himmels; ihr Zwilling[73], Partner[74] und Gegner, der lichtschwächere **Mond**, steht ebenso wie sie im Blickpunkt heidnischer Religionen. Mondkult und Sonnenkult setzen unterschiedliche Erfahrungen um; trotzdem kommen sie parallel vor, wie eben die beiden ungleichen Himmelskörper auch zusammengesehen werden können. Der Mond verändert periodisch seine Gestalt und verschwindet zeitweise gänzlich. Diese Performanz faszinierte

Archaiker möglicherweise mehr als das schon genannte Alltagsdrama aus Tag und Nacht. In Sibirien gibt es die Vorstellung, dass mit einem „Urmondmenschen“ die Geschichte begonnen habe[75]; Frobenius und Jensen glaubten an einen vieltausendjährigen Mondkult, bevor die Sonnenanbetung mit Schichtung und Monarchie sich durchsetzte. Doch gibt es für eine solche Sequenz auch Einsprüche, selbst im ansonsten recht „lunaren“ Afrika, wo auch in islamisierten Regionen Mondfinsternisse als seelische Katastrophen gelten[76]. Die Ethnien, die am ehesten den Glanz der ägyptischen Sonnenreligion bewahrt haben, etwa die Gamk (Ingessana) am Blauen Nil mit ihrem *tel*[77] oder die Isanzu im abflusslosen Gebiet Ostafrikas mit ihrem *dyiowa*,[78] sind königslos (*akephal*) und ungeschichtet.

Auf jeden Fall eignet sich der wechselhafte Mond, der nach seinem allmählichen Abnehmen und Sterben aus dem dunklen Nichts regelmäßig neu geboren wird, hervorragend als Garant für die Wiedergeburt aus dem Tod. In vielen Teilen der Welt glaubt man – am bekanntesten ist die altiranische Version[79] –, der anschwellende Mond nehme die Totenseelen sukzessive in sich auf und gebe sie beim Abnehmen wieder frei. Seine streng limitierte Erscheinung liefert das Muster für die Amtszeit von Priestern und „Mondkönigen“. So wie der Himmelskörper nach einer vollen Phase wieder verschwindet, so haben die Amtsträger sich zurückzuziehen; entweder werden sie im auch für das heidnische Europa gut belegten Königsmord (*Regicid*) beseitigt oder sie opfern sich selbst.[80] Ihr Nachfolger wird als Wiedergeburt des ersten Amtsträgers willkommen geheißen, nach dem Vorbild der sterbenden Götter von Dumuzi[81] über Osiris, Dionysos, Baldr bis Jesus, die alle einen „schlimmen Tod“ (s. Kapitel IX) erleiden und deswegen immer wiederkehren.

Der Mond kann aber auch ein Himmelsflüchtling sein, der die Gesellschaft der Menschen nicht mehr ausgehalten hat. Die Marind-Anim auf Neu-Guinea erzählten ihrem Ethnographen Paul Wirz (1892–1955), der Mond sei von Mädchen am Strand gefunden worden, man habe ihn sehr schmerzhaft von seinen Pockennarben zu befreien versucht. Dann hätten ihn die Männer regelmäßig vergewaltigt. Er habe trotzdem den Menschen die Banane geschenkt, sei aber schließlich in den Himmel entflohen, wo heute noch die Wunden seines Martyriums zu sehen seien[82]. Für die Matsigenka in Südostperu ist der Mond einerseits Wohltäter, der die Nutzpflanzen gebracht hat, andrerseits ein Menschenfresser[83].

Das Geschlecht des Mondes ist wie bei allen großen Erscheinungen nicht eindeutig. Manchmal gilt er als kosmischer Begatter der Frauen, manchmal lebt er den weiblichen Menstruationszyklus vor. Bei den kolumbianischen Naza zeugen Sonne und Mond den mythischen Kondor oder die Schwarze Wolke, die die Welt in Schmutz versinken lässt[84]. Die Buschleute (San) im südlichen Afrika nennen den „großen Mond" Vater und den „kleinen Mond" Mutter[85]. Er scheint zwischen den Geschlechtern hin und her zu pendeln wie zwischen Leben und Tod, Wachstum und Niedergang, Helle und Finsternis. Frobenius fand in Afrika Überlieferungen, in denen Mond und Venus das geschwisterliche Herrscherpaar selbst darstellen, wobei Venus als unsterbliche Mutter-Gattin-Geliebte den hinfälligen Mond - der wie die „Mondkönige" periodisch abzutreten hat - immer wieder zu neuem Leben erweckt.[86] Für den Missionar und Ozeanisten Josef Winthuis (1876–1956) war der Mond schließlich die Verkörperung des Urzwitters, der sich immer wieder neu zeugt und sich selbst schwängert (s. Kapitel VIII).[87]

### *Andere Himmelsgötter und ihre Nachahmung*

Sicher eignen sich neben der Licht-Dunkel-Sonne und dem Phasenmond auch andere Gestirne für die Anschauung von Dauerhaftigkeit, Wandelbarkeit und Rhythmik allen Lebens. In vielen heidnischen Kulturen spielt das Sternbild des **Orion**, das wegen seiner Lage auf dem Himmelsäquator sowohl auf der nördlichen als auch auf der südlichen Erdhälfte erscheint, eine überragende Rolle. In der griechischen Mythologie wird dieser große Jäger und strahlende Held, der auf wundersame Weise geboren wurde, auf dem Wasser gehen konnte, aber zwischenzeitlich geblendet war, von der Erde (oder Artemis) selbst getötet, weil er sie leerzujagen drohte. Auch am Himmel verschwindet sein imposantes Bild alljährlich für viele Monate - herrliches Anschauungsmaterial für eine sterbende und wiederkehrende Gottheit. Deswegen wurde er auch als Dionysos angeschaut[88] und im alten Mesopotamien mit dem oben erwähnten Dumuzi oder Tammuz, im alten Ägypten mit Osiris gleichgesetzt[89]. Im aus Persien stammenden römischen Mithras-Kult ist Orion auch der Stiertöter[90]. Bei den Maori heißt der Orion *Tautoru* und gilt ebenfalls als großer Jäger, der das Wohlgefallen Tanes (s. o.) genoss und in der Nacht die Gunst der Göttin Rauroha. Als er diese überirdische Schönheit aber einmal bei Tageslicht sehen wollte, wurden sie getrennt. Tautoru starb über den Verlust vor Gram, doch Tane besorgte ihm einen Platz im Himmel, wo er sein Waidwerk fortsetzen konnte[91].

Astronomie und Astrologie der schriftlosen Heiden sind nicht gut erforscht, wahrscheinlich weil die Ethnographen mit der qualitativen Himmelsdeutung des alten Europa radikal gebrochen haben. Selten hat sich jemand so eingehend wie Enno Littmann in Eritrea[92] nach den mündlichen Überlieferungen zum Firmament erkundigt oder wie Renate Schukies[93] mit ihrem „weltweit herrschenden Morgensternkult" interkontinentale Vergleiche der Sternensymbolik gewagt. Von den Dogon weiß man, dass sie ihr alle 60 Jahre stattfindendes großes Schlangenfest *sigi* nach dem Sirius und seinem wenig bekannten Begleitstern ausrichten[94]; auch andere Bauernvölker besitzen wahrscheinlich genaue Kenntnis bestimmter Gestirnskonstellationen, weil der Agrarkalender davon abhängt[95]. Auf dem indonesischen Nias zeigt sich in der Milchstraße der Weltenbaum[96], der aber auch als „Himmelsfluss" gelten kann. Dann können Sterne mit der Jagd verbunden sein, wie bei den Huichol Mexicos, für die die Sonne die „Stern-Hirsche" jagt[97], oder mit den Ahnen, die vom Himmel herunter die Menschen behüten[98] oder bedrohen, wie es vom unaufhörlich seinen Kreis ziehenden Großen Bär (*ursa major*) aus dem keltischen Europa überliefert ist[99]. Noch stärker siderisch, d. h. in Sternbeobachtung geschult waren die seefahrenden Völker, z. B. die Polynesier, deren Navigationskunst ohne Karten und Kompaß allgemein Staunen erregte[100]. Doch was die irdischen Himmelsbewohner aus den Sternen für ihr eigenes Schicksal für Schlußfolgerungen zogen, ist kaum gefragt worden. Eine **Ethnoastrologie** gibt es noch nicht[101].

Was aber andrerseits recht früh die Ethnologie fasziniert hat, ist die kultische Imitation des göttlichen Umgangs mit Himmelskörpern. Insbesondere Altamerikaner scheinen Ballspiele als Teil großer Gottesdienste gekannt zu haben, bei denen Mannschaften die polaren Kräfte des Kosmos wie Tag und Nacht verkörperten und als Bälle die abgeschlagenen Köpfe der Verlierer verwendet wurden. Wenn „Adler" und „Jaguare" zu einem Kampfspiel auf Leben und Tod antraten (s. Kapitel XI), war das nicht mehr und nicht weniger als irdischer „Widerhall" des kosmischen Krieges, der in vielen heidnischen Religionen das Wesen des Himmels ausmacht.[102]

## *Das Kleine im Großen und umgekehrt*

Es sind wiederum durch und durch ambivalente Beziehungen, die die Heiden mit dem Himmel, den Himmelskörpern und den Himmelserscheinungen verbinden. Trotzdem stellt der Himmel einen ganz wesentlichen Bestandteil des irdischen Lebens dar; das „In-der-Welt-Sein" der Heiden, ihre Ontologie (nach Eliade) oder ihr „Einverständnis mit dem So-sein der Welt" (nach Jensen) schließt den Himmel auf Erden ein. Nirgends wird das deutlicher als an den vielen Belegen der Ethnologie, dass außerhalb des modernen, wissenschaftlichen Denkens das Große sich im Kleinen abbildet und die konkrete Lebenswelt des Menschen genauso wie der riesige Kosmos aufgebaut ist. Der **Makrokosmos wiederholt sich im Mikrokosmos** – dieser Lehrsatz der *scientia perennis*, jener „ewigen Weisheitslehre", die der modernen Wissenchaft vorausging, kann in fast allen religionsethnologisch untersuchten Kontexten bestätigt werden[103].

Das Alltagshandeln der Heiden ist deswegen nicht deutlich vom Festtag, vom Ritual oder religiösen Zeremoniell zu trennen, auch wenn es sicher unterschiedliche Grade der Aufmerksamkeit, Ergriffenheit oder Bewusstheit gibt. Im Atem, der dem kosmischen Rhythmus des Ein- und Ausströmens der Geister gleicht, gelingt wohl nur dem „Religionsvirtuosen", wie Max Weber entsprechende Hochbegabungen nannte, die entsprechende Bewusstheit, auch wenn im Gespräch mit anderen Atmenden – z. B. in einer modernen Atemtherapie – eine entsprechende Aufmerksamkeit geweckt und verlebendigt werden kann. Ähnlich verhält es sich mit der religionsethnologisch gut fundierten Aussage, dass jeder Neubeginn den Schöpfungsakt wiederholt, dass jeder Hausbau die Weltfundamente neu auslegt, dass jeder Abend und jeder Winter die Welt untergehen lässt, so wie der Morgen und der Frühling sie wiedererstehen lassen. Qualitative Wahrnehmung von Zeit und Raum öffnet Herz und Hirn für solche Bezüge und gewöhnt durch die Alltagserfahrung an den immer wiederkehrenden Untergang (*Kataklysmus*) des Lichts im 24-Stunden-Rhythmus, des Naturlebens im Halbjahres-Rhythmus und der Geschichtswellen und Abfolge der Zeitalter, für die indische Überlieferungen Jahrmillionen ansetzen[104].

Das gleichzeitige Leben im Himmel wie auf Erden, das wie eingangs bemerkt z. B. die sudanesischen Anuak ihrem Ethnographen Perner vorgeführt haben, manifestiert sich in prachtvoller Sinnlichkeit in der **Symbolik des traditionellen Hauses,** das immer als „Welthaus"[105] konzipiert ist. Nehmen wir dafür den Fall, den der Kölner Ethnologe Waldemar Stöhr (1925–1999) aus dem indonesischen Sulawesi (Celebes) mitgebracht hat:

*„Die Oberwelt des Kosmos wird durch den Dachraum des Pfahlhauses repräsentiert. Das erweist sich nicht nur aus seiner kultischen Funktion, sondern auch in den zahlreichen, auf die Oberwelt bezogenen Zierelementen der hochgezogenen Giebelfronten.*

*Für die Unterwelt steht dementsprechend der Raum der Pfahlkonstruktion.* [...] *Der Raum zwischen den Pfählen eines Hauses dient als Viehstall; vielleicht sind deshalb die Haustiere häufig auf die Unterwelt bezogen. Bezeichnend ist eine Erklärung der Minahasa für das Erdbeben: Diese entsteht, wenn sich ein riesiges Schwein in der Unterwelt am Stützpfeiler scheuert.* [...] *Im Bild des Pfahlhauses wird auch das Verhältnis zwischen Ober- und Unterwelt und deren göttlichen Repräsentanten einsichtig. So wie das mächtige Dachgeschoss mit seinem reich verzierten Giebel über den unansehnlichen, als Viehstall und Kloake dienenden Raum zwischen der massiven Pfahlkonstruktion dominiert, so stellt auch die Oberwelt die Unterwelt in den Schatten. Doch wie das Dach zusammenfällt, wenn die Pfähle brechen, so würde auch die Oberwelt zerstört, wenn die Unterwelt zerfiele. Obliegt dem Gott der Oberwelt auch die Weltherrschaft, bleibt er doch abhängig vom Welterhalter in der Unterwelt."*[106]

Im Haus, in seinem eigenen „Welthaus" (Bargatzky) veranstaltet der Heide die Wiedervereinigung von Himmel und Erde - aber „sozialverträglich", so dass ein einigermaßen bequemes Leben möglich ist, dass das Licht reinkommen kann, der Wind aber draußen bleiben muss - oder wie im orientalischen Haus per Gitter (arab. *mashrabiya*) eingefangen wird, weil er die Hitze mildert[107]. Nichts ist in der heidnischen Welt von sich aus böse oder schlecht, alles wird dosiert und sortiert, nach bewährten Rezepten. Wie beim Thema Erde schon angesprochen lebt der archaische Mensch nicht allein, sondern immer mit Toten, die unter dem Hausboden begraben sind wie in Teilen Afrikas oder als Büsten aufgestellt sind wie im alten Rom oder als Bilder an der Wand hängen wie in der Gegenwart. Eine weitere Kategorie von Mitbewohnern sind die Geister, die mit dem Baumaterial von draußen hereingekommen sind[108], sich in dunklen Ecken verbergen und entsprechende Aufmerksamkeit verlangen. Unter den Haustieren verdienen beim Thema Himmel besonders die Vögel Erwähnung. Noch im Käfig oder auf dem Teller repräsentieren sie den Freiraum der Winde und Wesen, für den der Himmel bürgt.

Auch wenn das riesige Zelt des Tages mit seinen Wolken oder seinem Lichtblau, und das der Nacht mit seinen funkelnden Punkten oder dem totalen Dunkel den Menschen oft als Gottheit erscheint - und zwar als ebenso ferne wie wandelbare -, wimmelt es in der wissenschaftlich nicht ergründeten Himmelsluft von Wesen, die als **Geister** oder Dämonen kategorisiert werden und immer mit Toten und Jenseitskräften verbunden werden. Da sie unsichtbar sind und trotzdem wirken, ist die bewegte Luft ihre favorisierte Metapher. Wo Wind sichtbar gemacht wird wie in der Fahne, oder wo er hörbar gemacht wird wie mit dem Schwirrholz (oder der Äolsharfe), sind die Geister auch sinnlich wahrnehmbar anwesend. Die Berliner Ethnologin Sabine Strasser bekam dieses Wahrnehmungsproblem von einem türkischen *Hodscha* in modernen Begriffen erklärt: *„Man muss sich DämonInnen wie Radio- oder Fernsehwellen vorstellen. Sie sind nicht sichtbar und nicht hörbar, aber wenn du den Fernseher einschaltest, kannst du alles hören und sehen. Auch wenn du die Cin nicht siehst, sind sie aber immer vorhanden. Nur wenn du weißt, wie man mit ihnen umgeht, kannst du sie einschalten.“*[109]

Der Weg, wie man Plagegeister „in den Griff bekommt“, wird uns in den Kapiteln Mensch (VII) und Schamanismus (XIV) beschäftigen. Hier gilt es festzuhalten, dass der Glaube an die Allbeseeltheit (*Animismus*) zur Erfahrung der Himmel-Erde-Trennung gehört. Die Bindekräfte der geteilten Sphären füllen den gewonnenen Freiraum in einer Weise, die das schon mehrfach genannte Attribut „pansakral“ rechtfertigt. Das darf freilich nicht in einem Sinne verstanden werden, als würde der Heide sich so bewegen, wie der Christ sich den Aufenthalt im Himmel vorstellt. Heidnische Götter und Geister erlauben selten weiße Gewänder, eher solche mit Tarnfärbung; wer qualitativ sieht und mit dämonischem Wirken überall und zu jederzeit rechnet, muss sich vorsehen. Auf diese Weise ist das Haus, das die Minahasa zwischen Erde und Himmel aufstemmen, auch eine Schutz- und Trutzburg, die den chaotischen Verkehr der Wesen zwischen Himmel und Erde vernünftig zu regulieren versucht.

Was für das Haus gilt, wiederholt sich in der Dorfanlage. Der Ortsmittelpunkt ist auch Mittelpunkt der Welt; hier schneiden sich die vertikale Achse zwischen Ober- und Unterwelt mit den horizontalen Achsen der Himmelsrichtungen[110]. Es handelt sich bei jeder Siedlung um eine Kopie des Urdorfes und um eine Wiederholung der ersten Menschenwelt. Die Bewohner eines solchen „Kirchturmhorizontes“ sind immer Kosmopoliten. Sie leben in einer Welt, deren Ordnung zu katastrophalen Zeiten gefunden wurde und die deswegen unter allen Umständen und mit allen Mitteln beibehalten werden muss – bis zur nächsten Katastrophe. Heiden sind permanent mit dem Reparieren ihrer Hilfskonstruktion beschäftigt, die Erde und Himmel ebenso auseinanderhält wie verbindet[111]. Sie sind dafür selbst verantwortlich, da die getrennten Welteltern, insbesondere aber der häufig als müßig (*otiosus*) geltende Himmelsgott sich um sein Werk nicht mehr zu kümmern scheint.

1 *„Die Heiden kommen als blinde Passagiere in den Himmel, ohne dass die theologischen Postmeister was davon wissen“* (Jean Paul 1996:201).

2 Perner 1994.

3 Dazu Blumenberg 1966:116.

4 Luther 1545/1972:342 f.

5 Vgl. die Entsprechung zu Kants berühmtem Wort vom „Gestirnten Himmel über mir und dem Sittengesetz in mir“ („Kritik der praktischen Vernunft“ von 1788, Akademieausgabe, Bd. V, S. 161) in dem weit verbreiteten Kinderlied: „Ich geh mit meiner Laterne und meine Laterne mit mir. Am Himmel leuchten die Sterne und unten da leuchten wir“ (Antje Vogel: *Kinderliederbuch.* Münster 1982:37)

6 Eliade 1977/93 IV:27.

7 Klages 1922/51:202.

8 Das von Walter F. Otto thematisierte Gottzerreißen (1933:98), - griech. *νεβρίζειν (nebrizein)* - das er dem orphischen Zagreus-Ritual entnahm - der Stier, der für Dionysos zerrissen wird und dabei den dröhnenden Schrei des Donners ausstößt (Penkova 2004:209) - findet in vielen heidnischen Opferpraktiken seine Entsprechung, z. B. bei den Ingessana (Streck/Wilz 1981, Streck 2003c) oder den Maassai (Böhmer-Bauer 1990:114). Entweder wird das noch lebende Opfertier dabei in vier Teile (Ingessana) oder in zwei Teile (Maassai) zerrissen. Die Maassai nennen das explizit Gottesdienst: „Laßt uns (ein Rind) für Gott zerreißen (*maape apolosaki nkai*)“ (Jacobs 1965:163). Der von Strabo überlieferte *locus classicus* über das Zerreißen einer Priesterin bei den Galliern lautet: *„Einmal im Jahr ist es ihr Brauch, das Dach des Tempels abzudecken und am selben Tag vor Sonnenuntergang wieder zuzudecken; jede Frau bringt ihre Last, um das Dach zu füllen; aber die Frau, deren Last aus ihren Armen fällt, wird durch die anderen in Stücke gerissen, und sie tragen die Stücke um den Tempel, <Ev-ah> schreiend, und hören nicht auf, bis ihre Raserei aufhört; und es trägt sich immer zu, das jemand die Frau stößt, die dieses Schicksal erleiden wird“* (Geographia IV, 4,6, zit. nach Green 2002/03:204). Nach Kloft besteht die mythische Vorlage im Dionysos-Kind, das von den Titanen zerrissen wird; doch auch Orpheus soll von rasenden Thrakerinnen zerrissen worden sein (1999/2003:28, 39). - Den (vielleicht nur noch metaphorischen) Zusammenhang von Zerreißen mit Lust und Lachen in der arabischen Frauenkultur belegt Reichenbach: *„Jedes Mal, wenn wir das gespielt haben, rannte 'Umar nach der Geburt weg, und wir rannten hinterher. Sie haben ihn geschlagen, sie haben ihn in Stücke gerissen* (ḍarabûh wa natafûh)“ (Reichenbach 2006:309).

9 Siehe II. Könige 17, 7-18.

10 Staudacher 1942. Im orphischen Kreis lautet die entsprechende Kosmogonie z. B.: *„... aus dem Urwasser entstand ein Drache, welcher ein Ei erzeugte, das in zwei Hälften zerriss; aus der oberen wurde der Himmel, aus der unteren die Erde. Ähnliches kehrt im finnischen Epos Kalevala und in Japan wieder“*

(Nilsson 1908:543). Im altindischen Rigveda ist Indra der Trenner, bei den Hethitern Kummarbi, in der altgriechischen Kosmologie „der Schnitter" Kronos (vgl. Janda 2011:100).

11 *„Als der Himmel von der Erde entfernt wurde, als die Erde vom Himmel getrennt wurde, als die Menschheit gesät ward ...",* so wird die Ankunft des Lebensschöpfers Enki in Sumer eingeleitet (Schöpfungsmythen 1964/91:107). – Der Himmel-Erde-Trennungsmythos ist auch in der für Evolutionisten altertümlichsten Kultur der australischen Aranda (Arrernte) bekannt (Strehlow, T.G.H. 1978:12).

12 Baumann 1936, 1955.

13 Frobenius 1928:450.

14 Reed 1963/2004:11–15. Bei Bastian lautet die polynesische Überlieferung wie folgt: *„Die Himmel, die über uns sind, und die Erde, die unter uns liegt, sind die Erzeuger der Menschen und der Ursprung aller Dinge. Denn früher lagen die Himmel auf der Erde und alles war Finsternis.* [...] *So ratschlagten die Söhne Rangis, des Himmels, und Papas, der Erde, miteinander und sprachen: ‚Lasset uns Mittel suchen, um Himmel und Erde zu vernichten oder sie voneinander zu scheiden.'* [...] *So suchten sie durch die Vernichtung ihrer Eltern die Menschen zu vermehren und gedeihen zu machen.* [Vier Söhne versuchten sich vergebens.] *Zuletzt erhob sich Tane-Mahuta, der Waldgott, um gegen Himmel und Erde zu kämpfen. Seine Arme erwiesen sich als zu schwach, so beugte er sein Haupt nieder, stieß mit den Füssen nach oben und riss sie auseinander. Da wehklagte der Himmel und rief die Erde:* [...] *‚Warum willst du uns vernichten? Warum willst Du uns trennen?' Aber was kümmerte dies Tane? Aufwärts sandte er den Einen, abwärts die Andere; und daher spricht man: ‚Tane stieß, und Himmel und Erde wurden geschieden.' Er ist's, der die Nacht von dem Tage getrennt hat"* (Bastian 1881, zit. bei Neumann 1949/74:91).

15 Vgl. Weyersberg 1961.

16 Nimuendajú-Unckel 1914.

17 Weyersberg 1961:137.

18 Klengel-Brandt 1982:172.

19 Spencer/Gillen 1899:122.

20 Artaud 1964/75:80.

21 Siehe Michel 1983.

22 Diese weltweit (u.a. in China) anzutreffende Vorstellung findet sich innerhalb Europas z.B. im finnischen Nationalepos *Kalevala* (1835/1989).

23 Die Überlieferung vom Vater Himmel und Mutter Erde, die zusammen die Menschen zeugen und gebären und die Lebenswelt immer neu befruchten, ist eine universale, in Sibirien ist sie teilweise bis heute lebendig (vgl. Oelschlägel 2004a:40).

24 Friedrich Max Müller 1869:312.

[25] Zum Beispiel bei den Nyonyosi in Burkina Faso nach Annemarie Schweeger-Hefel 1986:75, 287.

[26] Die Sonne ist das gute, der Mond das schlechte Auge des samojedischen (nenzischen) Himmelsgottes Num ( Eliade 1949/98:68, 154).

[27] Vgl. K. E. Müller 1984, Thiel 2002b.

[28] Siehe Riemschneider 1953:27.

[29] Siehe Taube 1993/94:12; von Schuler 1971:013a.

[30] Nach dem Popul Vuh (Jordan 1993:78 ff.). – Xbalanqué oder Ixbalanqué ist der nächtliche Jaguar, Hunahpu ist im Yukatekischen der letzte Tag eines 20er Zyklus' (Schmidt, P. et al. 1998:671).

[31] Hämmerle 1999:160.

[32] Baumann 1936/64:141.

[33] Baumann 1936/64:149.

[34] Baumann 1936/64:207.

[35] Hornung 1971:142 f.

[36] Vedder 1928:164. Wenn der Himmelsgott zum Bibelgott „umerzogen" wurde, musste seine weibliche Seite erneut abgespalten werden. Der Déwa bei den Ngada auf dem indonesischen Flores wurde von den Missionaren zu Tuhan Allah umgetauft, die ihn liebende Erdgöttin Nitu aber wurde, wohl weil sie mit Wassergeistern zu tun hat, zum *Setan* (Teufel); s. Schröter 1998.

[37] *„Ich selbst habe relativ lange gebraucht, bis mir klar wurde, dass ich mit meinen christlich geprägten Kategorien die Gottesvorstellungen der Bantu Zentralafrikas nicht befriedigend erfassen und erklären kann."* (2002:357).

[38] Thiel 2002b:362.

[39] Nach Huntington/Metcalf 1979:114.

[40] Die „expressionistische" Übersetzung der hebräischen Bibel durch Franz Rosenzweig (1886-1929) wurde von Martin Buber (1878–1965) vollendet und ab 1926 sukzessive herausgegeben.

[41] Siehe Rösing 1993.

[42] Gleason 1987/92.

[43] Nach Hämmerle 1999:111, 203, 277, 284.

[44] Drexler 2004:147.

[45] Hornung 1991:188.

[46] Tylor 1871.

[47] Riemschneider 1956:141, Haas 1982:132.

[48] Smith/Dale 1920 II:199.

[49] Ahlwardt 1747.

[50] Haywood 2001/05:19, 52.

[51] Und wird im Vajrayâna-Buddhismus z. B. der Newar in Nepal zum Symbol der Einheit weiblicher und männlicher Energie (Mühlich 2004).

[52] Im Litauischen wird er Perkunas, im Slavischen Peruns genannt (Gumiljow 2005:59); die baltischen Quellen bei Eliade 1983/93 III, 1:40 f.

[53] Zur frühjahrlichen Festdyade St. Georg und Hidrelez (letzteres ein Doppelname aus Khidr und Elias/Ilyâs, die auch in anderen Versionen des Volksislam zusammen den Heiligen übergeordnet sind und z. B. in ihrer Zuständigkeitsaufteilung – Ilyâs für das Land, Khidr für die Meere – an die oben genannten Mythischen Zwillinge erinnern), s. Marushiakova et al. 2008:96 (und die dort zitierte Literatur).

[54] Siehe Rösing 1993:368.

[55] Steimer 2003:193.

[56] Kenyatta 1937:308.

[57] Vgl. Ebach 1986.

[58] Siehe Eliade 1983/93 III,1:22.

[59] Harva 1938:38, 46.

[60] Siehe Eliade 1949/98:263.

[61] Stayt 1931:236.

[62] Schultze-Jena 1950:31.

[63] Siehe Hafner 1981:84.

[64] Quellen in Eliade 1983/93 III,1:37. Der mythologische Außenseiter Ernst Krause (Carus Sterne) (1839–1903) lieferte vor über hundert Jahren eine Konstruktion, nach der die indogermanischen Völker aus Nordeuropa stammen müssten, wo die Sonne zeitweise gänzlich verschwindet. Von dort hätten sie auch den Mythos vom entführten Sonnenmädchen mitgebracht, das in einer labyrinthartigen Burg versteckt werde, bis es im Frühjahr von Donar, Siegfried, Indra oder einem anderen Helden befreit und gefreit werde. Das totale Erlöschen des Sonnenlichts und die lange bittere Winternacht seien die entscheidenden Hierophanien gewesen, die die germanischen Völker geprägt hätten und die diese auf ihren Wanderungen in wärmere Gegenden mitgenommen hätten, bis etwa im alten Griechenland das Epos Ilias daraus geworden sei. Helena in der Burg Troja sei aber niemand anderes als die germanische Sonnengöttin, die auf ihre Befreiung und Beglückung warte (Krause 1893).

[65] Schuler 1922/40:216. Die kreative Passivität war ein zentraler Gedanke der „Kosmiker" genannten Neuromantiker im München der Jahrhundertwende. Roderich Huch (1880-1944) erinnerte sich, wie er große Aktive wie Napoleon, Alexander, Friedrich d. Gr., Luther oder Bismarck in die Debatte geworfen hat: *„Da belehrte mich Klages, dass die Passivität, die in enormen Menschen walte,*

*eine schicksalsmäßige Passivität sei, neben der persönlichen Aktivität wohl bestehen könne, wenn sie nur nicht die passive Seele verdränge. Hingegen müsse das geschaffene Werk ganz aus einer passiven Seele kommen; denn der Schaffende gebäre sein Werk in unbewusstem Zwang"* (zit. nach Wegener 2003:124).

66 Bataille 1967/85:290.

67 Ehrenreich 1915.

68 Jorgensen, 1972; Müller, W. 1970.

69 Hauser-Schäublin 1989.

70 Hornung 1991. Dass die Sonne nachts auf einem Schiff wieder zum Aufgangspunkt gebracht wird, war auch in der europäischen Bronzezeit allgemeines Wissen, zumindest lassen sich die zahlreichen Schiffsdarstellungen in Skandinavien und Norddeutschland in dieser Weise interpretieren (Ellmers 1981). Als Sonnenbeweger wurde im alten Ägypten bekanntlich auch der Skarabäus (Pillendreher, *scarabaeus sacer*) verehrt, der als Käfer darüber hinaus auch Flügel besitzt und damit ideal zu den vorengelischen Himmelsgeistern passt (s. Matthäus 2000:98).

71 Knappert 1997:348.

72 Die um die Jahrtausendwende erst per Luftbildarchäologie entdeckte Ringanlage von Goseck bei Weißenfels an der Saale ist rekonstruiert und zur Wintersonnenwende 2005 eingeweiht worden. Sie gehört wie die spektakuläre Himmelsscheibe von Nebra zum neuen Bewusstsein über die auch in Zentraleuropa heimisch gewesene Himmelsreligion.

73 In Siebenbürgen erzählten Zigeuner, von den beiden Söhnen von Mutter Erde fresse der eine seine eigenen Kinder (Sonne), der andere aber nicht; deswegen gelte der Mond als Kinderfreund (Wlislocki 1892:67).

74 Bei den Naza (Páez) begehen Sonne und Mond die Heilige Hochzeit (Drexler 2004:145).

75 Gass 1928/29.

76 Enno Littmann erfuhr von den Tigrinya (Tigre) in Eritrea: *„Aber zur Zeit, da der Mond tot ist, bleibt sogar der, der auf dem Weg zum König ist, stehen und unterbricht seine Reise, bis der Mond wieder auflebt, und betet mit seinen Gefährten"* (1908:314).

77 Jędrej 1995.

78 Liesegang etc. 1979:57.

79 Vgl. Lommel 1944, Benjamin 1990.

80 Frazer 1911, Hocart 1927/69, Frobenius 1931, Girard 1972, Streck 2002; für Europa s. Tetzner 2011:76.

81 In einem Brief aus Mari steht über Dumuzi: *„Unzählige Jahre bringt man ihn um und er kehrt jedes Mal [im Frühling] wieder in den Tempel der Anunîtum zurück."* Zit. nach Wilcke 2003:258.

82 Wirz 1922:32–34.

83 Baer 1984:167 f.
84 Drexler 2004:145.
85 Baumann 1955/80:245.
86 Nach Friedrich 1939:14.
87 Winthuis 1931 – s. Kapitel VIII.
88 Campbell 1959/91 IV:37.
89 In jüngerer Zeit ist der in Ägypten geborene Journalist Robert Bauval mit der kühnen These an die Öffentlichkeit getreten, die Pyramiden von Gizeh seien so plaziert, dass sie das Sternbild des Orion, bzw. seine Gürtelsterne abbildeten. Auch die geheimnisvollen Schächte in den Pyramiden sollen auf Orion gerichtet sein, so dass die toten Pharaonen ihrem Vorgänger Osiris in das Sternbild des Orion hätten folgen können (Bauval, Robert/Gilbert, Adrian: *The Orion Mystery: Unlocking the Secrets oft he Pyramids*. Arrow Books 1994).
90 Merkelbach 1998:131.
91 Nach Reed 1908/2004:408 f.
92 Littmann 1908.
93 Schukies 1996/97.
94 Griaule 1948/66.
95 Vgl. Gingrich in Dostal 2006:60 ff.
96 Hämmerle 1999:251.
97 Preuß 1926:37.
98 So nennen z. B. die Tyva Südsibiriens das Sternbild des Wagens „Die sieben Khane" (*chedi khan*) und beten zu ihnen: *„Behüte, behüte (uns)! Meine Sterne, die ihr immerzu über meiner Jurte strahlt. Von allen Sternen ist mir Chedi Khan am teuersten. Ihr seht alles, ihr kennt alles, ihr kennt alles mit Namen, ihr seid ruhmreich und stark. Gewährt meinen Segen und mein Glück, gewährt Segen und Glück für alle. Ihr, unsere Ahnen – Chedi Khan"* (Kenin-Lopsan 1993:12, Oelschlägel 2004b:78).
99 Siehe Storl 2005:103.
100 Vgl. Best 1922.
101 Berthold Riese schreibt in seiner Besprechung von Köhler 2009: „Köhler bedauert, dass die Forschung noch immer nicht Carl Lumholtz' vor 100 Jahren geäußerte Aufforderung, ethnographisch mehr über die indianische Himmelskunde zu forschen, nachgekommen sei" (2010:342).
102 Vgl. Krickeberg 1948; Velikovsky 1950, Knaust 1994, Peter 1995, Streck 2001b, 2011.
103 *„Gehöft und Siedlung verhalten sich zueinander wie Mikrokosmos und Makrokosmos"*, sagt z. B. die Göttinger Ethnologin Brigitta Hauser-Schäublin (2003:66) über Bali.
104 Vgl. Kölver 2002.

[105] Vgl. Müller, W. 1970, Bargatzky 2007.

[106] Stöhr 1993:114.

[107] Der libanesische Poet Khalil Gibran (1883–1931) preist in dieser Weise auch den Wind in der Ehe: *„Aber lasst Raum zwischen euch. Und lasst die Winde des Himmels zwischen euch tanzen. Liebt einander, aber macht die Liebe nicht zur Fessel"* (1923/2005:17).

[108] Vgl. Nippa 1991:86.

[109] Strasser 1996:94.

[110] Zur archaischen Raumordnung s. Müller, W. 1938, Müller, K. E. 1999.

[111] Zum Aspekt der Reparatur als Kulturinhalt (am Beispiel der „Alltagsphilosophie" der Ingessana) s. Okazaki 1997, Streck 2003c.

# IV. Feuer

*Wahr ist's und geschrieben auch:*
*Glück, das ist wie Feuer.*
*Heute wärmt es Dir den Bauch –*
*Morgen brennt die Scheuer.*
Gassenhauer

Im Gegensatz zu den bisher behandelten drei Hierophanien mutet dieses vierte Element recht flüchtig[1] an, auch wenn im Innern der Erde ebenso wie auf der Sonne und noch entfernteren Himmelskörpern ewiges Feuer in gigantischen Ausmaßen flackert. Für den vorindustriellen Menschen aber bedeuten Feuer Anstrengung und deren Nachlassen das Erlöschen. Wind, Blitz und Vulkane vermögen es zu einem verheerenden Brand zu steigern, doch auch der Mensch kann es wieder anfachen und sich seiner bedienen. Mit der Beherrschung des Feuers beginnt die menschliche Kultur; mag dem Australopithecus vor zwei Millionen Jahren auch manches andere zur Menschenähnlichkeit gefehlt haben, mit der Handhabung des Feuers hob er sich aus dem Tierreich heraus, indem er dasselbe in Schrecken versetzen konnte. Kultur ist das Spiel mit dem Feuer; der Mensch hat es bald gewonnen, bald verloren. Sein Motto „Feuer frei“ schafft Leben und vernichtet es; diese Doppelwertigkeit war bislang das Gütesiegel jeder Hierophanie - das Feuer kann sie am eindrucksvollsten bestätigen.

Unter den vergotteten Elementen ist das Feuer das menschenähnlichste. Wasser, Erde, Luft erscheinen als so unendlich überlegen, dass wir bei ihrer Darstellung in den letzten Kapiteln fast Mitleid mit den alleingelassenen Heidenvölkern empfinden mussten. Jetzt erfahren wir, dass sie zum Ausgleich das Feuer bekommen haben. Dieselbe Kraft, die Himmel und Erde auseinandergerissen hat, steht nun den Opfern der Urkatastrophe zur Verfügung. Das Feuer in der Hand der Feuerköpfe - damit beginnt die Menschheitsgeschichte als flackernde Vermittlung zwischen den gespaltenen Sphären. Leiden und Leidenschaft wechseln sich dabei ab; besonders die leidenschaftliche Vereinigung der Menschen und Geschlechter wurde immer mit dem Feuer gleichgesetzt[2] - auch Sprache, das andere „Anthropinon“ oder Menschenmerkmal, scheint mit den „züngelnden“ Flammen in symbolischem Kontakt zu stehen[3].

### *Der Feuerbringer*

Das Feuer als Notbehelf gegen die Kälte nach der Trennung der Welteltern und als Küchenhilfe gegen den Hunger nach der Abnabelung von der Erdmutter machte die Menschen fast göttergleich oder zumindest ähnlich derjenigen Gottheit, die ihnen das Feuer brachte. Das ist der Kulturbringer und der Zwietrachtbringer[4] in einem. Vor der Satanerfindung im althebräischen Monotheismus, die später von Christen und Muslimen weiterentwickelt wurde, war der **Diabolos** derjenige, der sich zwischen Wasser und Luft, Erde und Himmel schob, wie es in der Antike am längsten der Dionysos-Kult gepflegt hat[5]. Dort stand die Reinigungskraft des Feuers im Zentrum, was im „Fegefeuer" des Christentums umgedeutet wurde als Strafe[6]. Dionysos und Wein wurden Feuergeburt genannt[7], sie waren die Kräfte des Neuanfangs, aber auch des Taumels und des Untergangs.

Wie in der Hierophanie Wasser das Lebenselexier mit dem Fluttod zusammenfiel, brennt das Feuer für warmes Leben wie für Leichenbrand. Das altnordische *ragna rök*, der Götter letztes Geschick[8], ist Endschlacht und Weltenbrand, den der Feuerriese „Surtr und die Muspelsöhne" über das Reich der Asen entfachen. Im Waldbrand, im Steppenbrand, im Hausbrand oder im Bombenbrand werden die Anschauungen dieser Weltauflösung als Wiederholungen geliefert. Zurück bleibt **Asche**, das Ergebnis solcher Radikalverwandlungen[9]. Diese Vernichtungsenergie hat sich der Mensch zunutze gemacht und hat in der Altsteinzeit damit begonnen, das Wild mit Feuer vor sich herzutreiben. In der Jungsteinzeit rodete er mit Feuer den Wald, brannte Erde zu Geschirr und kochte auf dem Feuer sein Essen. Später wurden die Feuertechniken Spezialhandwerk, und die Experten entwickelten immer raffiniertere Methoden, die tödliche Gewalt in lebensverlängernde Kraft zu verwandeln. Mit der Wasser-Feuer-Verbindung Dampfmaschine begann das Industriezeitalter; die vorläufig letzte Stufe dieser entfesselten Ambivalenz ist in der Kernspaltung zu sehen, die „saubere" Energie liefert, aber auch zur Erdspaltung, zu nachhaltiger Verstrahlung und zum Verglühen allen Lebens führen kann. Wer im Besitz solcher Waffen ist, kann sich weltpolitisch durchsetzen.

Die Moderne und ihre geisteswissenschaftlichen Voraussetzungen, wozu eine schrittweise Verdrängung der qualitativen Wahrnehmung elementarer Gewalten zugunsten ihrer quantitativen Instrumentalisierung gehört, vermag nun Feuer aus allen Rohren zu speien. Maschinelle Kriege gleichen in ihren Feuerwerken vorweggenommenen Siegesfeiern. Dagegen erlauben die Entwicklungslinien, mit denen sich die Ethnologie beschäftigt, am Feuer als Kultgegenstand festzuhalten. Verkörpert ist das Feuer als Hierophanie im genannten **Feuerbringer**, der oft auch der Trenner von Himmel und Erde war wie in der Mythologie der Maori der im letzten Kapitel vorgestellte Tane[10]. Während dieser Gewaltige der neuen Zeit dann aber zum Baumgott wurde und eher an einer Wiedervereinigung der Welteltern arbeitete, erwuchs ihm in Maui[11] ein echt luziferischer Nachfolger. Für solche Gestalten hat die Ethnologie den englischen Namen *Trickster* (Gauner) gewählt, weil diese die alleingelassenen Menschen mit Tag und Nacht zugleich beglücken wollen. Die Ambivalenz des Feuers verdoppelt sich im Wechselcharakter des Feuerbringers, der profiliertesten Gottheit im Heidentum, in der sich darüber hinaus Mensch und Gott in beklemmender Weise nahekommen.

Die Literatur über Götternarren und Tricksterfiguren rund um den Erdball ist überaus reich[12]. Es scheint, dass die Gottheit, die nach der katastrophalen Urtrennung von Himmel und Erde den Menschen geblieben ist, ihnen auch zum Vorbild geworden ist. Zumindest hat sie die Phantasie der dichtenden, erzählenden und singenden Geister in einem ganz anderen Maße beflügelt als das von Hochgöttern oder kosmischen Erhabenheiten bekannt ist. Trickstermächte sind so etwas wie Hierophanien in Augenhöhe. Die Menschen erkennen sich in dem göttlichen Narren wieder, der seiner eigenen Tollpatschigkeiten nicht überdrüssig wird, sondern sie fortsetzt. Wer mit dem Feuer spielt, verbrennt sich leicht. Das gilt für die Feuerschenker wie die damit Beschenkten.

### *Die Nachschöpfung*

Der Religionsphilosoph Ugo Bianchi (1922–1995)[13], der in der italienischen Kulturmorphologie - wie in dem deutschen Gegenstück von Frobenius - antike und ethnographische Quellen zusammenbrachte, hat die beiden widersprüchlichen Aspekte der Feuerschenkung und Weltverderbnis, wie sie ja im Blitzschlag von der Natur vorgegeben wird, in seiner Gestalt des **„Zweiten Schöpfers"** verdichtet. Am bekanntesten in Europa ist Prometheus, der Gott, der die Fronten wechselt, den Göttern Feuer und Licht stiehlt, um sie den Menschen zu schenken. In echt heidnischer Tradition tritt er – wie im vorigen Kapitel schon angekündigt[14] – gedoppelt auf; sein Zwilling Epimetheus ist aber von gegenteiligem Charakter. Der „Schnelldenker" und der „Spätzünder" zerlegen gewissermaßen die zwiespältige Figur der Trickstergottheit. Epimetheus gerät, wie die Griechen überlieferten, auch ganz unter die Herrschaft der schönen Pandora, die in ihrer Neugier die Büchse mit den Weltübeln öffnet, ihrem Gatten aber Pyrrha schenkte, die Frau des in der Arche die Weltflut überlebenden Deucalion. Dieser, mit allen Attributen eines echten Kulturheroen ausgestattet, war aber der Sohn des Prometheus, des bekanntesten Tragikers der Antike, den der Fluch des Zeus seine Eigenwilligkeit an den Felsen des Kaukasus geschmiedet büßen ließ[15].

Diese die ganze europäische Geschichte seither durchleutende Figur des leidenden Helden ist für Bianchi nur eine Version der weltweit verbreiteten Gestalt des kulturschaffenden oder **„demiurgischen Tricksters"**, der die vorausgehende und vollkommene Welt des Ersten Schöpfers auf eine recht eigenwillige Weise ergänzt, um nicht zu sagen verpfuscht. Während der erste und große Schöpfergott erhaben und zielsicher zu Werke geht, kennzeichnet seinen Nachfolger eine bisweilen lächerliche Umtriebigkeit, ein Eifer, der oft das Gegenteil des Beabsichtigten bewirkt, und eine fast kriminelle Energie, wie das verbreitete Motiv des kulturbringenden Diebstahls[16] zeigt. Der originären Schöpferkraft folgt die „epigonale", also die nachahmende, die aber mit List und Findigkeit, Durchtriebenheit und Ausdauer, ja auch Bosheit aufgewogen wird. Hermes, Zeus' geschicktester Sohn und Ur-Pyromane, war auch der Gott der Lüge und der Diebe. Einem solchen Charakter vertrauten die Götter ihre Botschaften an und die Menschen - ihm als *Psychopompos* (Totengeleiter) - die Seelen der Toten[17].

Bianchis Stilisierung des zweiten Schöpfergottes mit seinen Fehlern und Misserfolgen, seiner Unvollkommenheit und seinem Tatendrang, seinem Egoismus mit altruistischen Auswirkungen und seinem mephistophelischen Charakter, der „stets das Böse will und stets das Gute schafft" (Goethe), zehrt stark von der abendländischen Teufelstradition. Und dieser Satanismus als Dunkelseite des Monotheismus[18] hat ja seinerseits über die katholische Ethnologie mit ihrer Fixierung auf das „Höchste Wesen" und den als gesichert angenommenen „Urmonotheismus"[19] den Vergleich der Religionen über viele Jahrzehnte stark beeinflusst. Andrerseits bietet Bianchis Doppelkonzeption aber einen Schlüssel zur weltweit verbreiteten Vorstellung einer müßigen (*otiosen*) Himmelsgottheit, die ihr Interesse am Weltgeschehen verloren hat. In dieses Vakuum springt der zweite und trickreiche Schöpfer; vielleicht hat er aber den erfolgreichen und erhabenen Vorgänger einfach verdrängt. Oder er war schon immer als *„zweites Ich"* eines großen Erschaffers am Weltgeschehen beteiligt, wie es ein anderer italienischer Kulturhistoriker, Raffaele Pettazzoni (1883–1959), hält, der die Trickstergottheiten aus der uralten Jägerkultur herleitet[20]. Der Paläolithiker, der sich mit zum Teil genialen Tricks[21], zum Teil mit rohester Gewalt, oft ohne Erfolg, dann aber auch wieder nahe dem Blutrausch an die gewaltigen Mammuts, die schnellen Hirsche und die riesigen Rentierherden macht, habe sich in diesen Göttergestalten selbst vergottet.

So sehr auch Bianchis Schöpfungsdualismus an den jüdisch-christlichen-islamischen Gottvater und seinen ungerufenen Widersacher erinnern mag, im Heidentum gerinnt das Verhältnis zwischen erstem und zweitem Schöpfer selten zu einem Antagonismus oder zur heilsgeschichtlichen Auseinandersetzung. Auch im Urdualismus der altiranischen Ahura-Mazda-Religion bekämpften sich zwar Licht und Finsternis mit voller Leidenschaft und allen Konsequenzen, doch blieb es den alttestamentlichen Unheilspropheten vorbehalten, daraus eine die Gläubigen disziplinierende Verheißung des letztlichen Sieges der richtigen Seite zu formulieren. Bei den nichttheologischen Völkern vervollständigen sich erster und zweiter Schöpfer auf paradoxe Weise, und die Gläubigen scheinen gewissermaßen beide in ihrem Widerspruch zu benötigen. Sie sind die zwei Grundkategorien der heidnischen Götterwelten, so wie ein altägyptischer Sargtext den Rückfall der Welt ins Urchaos ausmalt, wo nur noch Atum der Ewige und Osiris, der ewig Sterbende, übrig bleiben[22] oder Herodot den „unsträflichen Äthiopen" in Afrika nur zwei Götter zutraut: Zeus, der Erhabene, und Dionysos, der Leidende.[23]

### *„Teufelsanbeter"*

Im Nordirak, mitten im Meer orthodoxer Allah-Gläubigkeit, gibt es eine Religionsinsel, in der sich diese altheidnische Versöhnlichkeit zwischen den beiden Schöpfergottheiten erhalten hat. Es handelt sich um die **Yeziden**[24], die von ihrer monotheistischen Umgebung mit einigem Recht als „Teufelsanbeter" bezeichnet werden und die auch in Deutschland dieses Klischee zu korrigieren versuchen, seit sie im letzten Irak-Krieg häufig hier ihr Exil wählten. Die kurdisch sprachigen Yeziden verehren einen Engel namens Pfau (arab. *melek ṭâ'ûs*), einen typischen Assistenten des Schöpfergottes ganz nach der Vorstellung von Bianchi. Zwar trägt er viele Züge des aus der Bibel bekannten „gefallenen Engels", doch hat er sich mit Gott nicht auf alle Zeiten hin verkracht, wie es die abrahamitische Lehre vorschreibt, sondern konnte sich mit ihm versöhnen.

Nach dem „Schwarzen Buch" der Yeziden masturbiert der Creator „aus seinem geliebten Schoße" eine weiße Perle und legt sie dem Pfau auf den Rücken. Dort zerbricht dieses Weltei; der Pfau macht aus der oberen Schale den Himmel, aus der unteren die Erde – ein klassisches Himmel-Erde-Trennungsszenarium, bei dem der Pfau – in der christlichen Tradition wegen seiner Verbindung mit Juno und den römischen Kaiserinnen eher Sinnbild der „Hoffart"[25] – die Rolle des

Trenners und Tricksters übernimmt. Er wird auch Gabriel (*Jibrâ'îl*) genannt oder als Sheikh 'Adi verehrt. Dahinter hat man schon den nestorianischen Heiligen Thaddäus (syr. *Addai*) vermutet; andere führen 'Adi direkt auf den Kybele-Sohn Attis zurück, wie auch Ṭâ'ûs nach Tamûz, dem phönizischen Sterbegott klingen kann. Vielleicht war das zentrale Heiligtum, das Grabmahl des Sheikhs 'Adi, auch einmal eine christliche Kapelle. Davor aber pilgerten Heiden dorthin und verehrten die Große Mutter in einem Stein und einer Heilquelle. Diese sind Hauptattraktion des Ortes geblieben, auch wenn sich seine Verpackungen mehrfach gewandelt haben[26].

Die Yeziden haben wie die beim Thema Wasser vorgestellten Mandäer und wie viele andere *heterodoxe* Gruppen des Orients[27] die Tarnung zur Perfektion entwickelt. Die für Monotheismen typische Unduldsamkeit zwang die Erben der altorientalischen Religion zu raffinierten Anpassungsleistungen, die aber dennoch die wenigen westlichen Besucher und Forscher zu verblüffen vermochten: Die Yeziden beten noch wie die alten Babylonier nach Norden, sie kennen heilige Berge, heilige Bäume und heilige Quellen, sie glauben an die Seelenwanderung und halten an dem oben beschriebenen Motiv der Versöhnung zwischen den Schöpfern fest. Nach einer Legende füllte Melek Ṭâ'ûs mit seinen Tränen der Reue sieben Krüge und löschte damit das Höllenfeuer.

Der Pfauengott der Yeziden ist ein Überwinder der Hölle, wird aber auch „Herr des Mondes und der Finsternis“ genannt. Zugleich preist man ihn als „Herren der Sonne und des Lichts“. Wie alle Trickstergötter hat er zwei sich widersprechende Seiten, weil er zugleich Himmel und Erde getrennt hat und sich trotzdem um ihre Wiedervereinigung bemüht. In solchen Widersprüchen zu denken, ist typisch für Heiden und Religionen ohne Theologie. Für die Anhänger der geklärten und gereinigten Glaubensinhalte sind die Yeziden unheimlich; man kann ihnen nicht trauen, da sie dem Feuer ähnlich erscheinen, flackernd, wärmend und verzehrend – vor allem aber ohne eindeutiges Bekenntnis und Entscheidung zwischen Gut und Böse.

### *Der Teufelsbund*

Für die Sunniten und Shiiten im Irak beten die Yeziden den **Teufel** an – wegen ihrer über alles geliebten Trickstergottheit Pfau. Die christlichen Missionare verdächtigten viele Heidenvölker des Teufelspaktes, weil sie Trickstergötter verehren, statt verteufeln. Das haben die Gottesmänner dann selbst getan; wir werden weiter unten (Kapitel XV) noch auf diese Umpolung der Völker in der Heidenmission zu sprechen kommen. Hier sei lediglich daran erinnert, dass es neben dem schon angesprochenen Satanismus als Schatten der monotheistischen Geschichte auch immer wieder Feuerköpfe gab, die sich offen als Teufelsbündler bekannten. Möglicherweise ist dieser Hang zum religiös Abgründigen gar ein versteckter Zug eines deutschen „Nationalcharakters", wurde die sinistre Botschaft des Doktor Faustus doch hauptsächlich in Mitteleuropa und zwar schon 1587 als Buch verbreitet[28].

Die bekannteste Behandlung des Stoffes durch Goethe in den Jahren 1808 und 1832 ging in die Weltliteratur ein. Die historische Figur des Georg oder Johann Faust (1480–1540) scheint jedenfalls nicht nur der Urtyp des frühneuzeitlichen Gelehrten[29] gewesen zu sein, sondern auch kein Hehl aus seinem Pakt mit dem „Leibhaftigen" gemacht zu haben. Solche Spätauflagen der uralten Tricksterverehrung haben dann die Katastrophengeschichte Mitteleuropas begleitet, bis schließlich im 20. Jahrhundert ein ins Wuchern geratener Wiedergänger und Ungeist mit industriellem Feuer ausgebrannt werden musste – und doch in den stets wiederauferstehenden „Achsen des Bösen" zu immer neuen Kreuzzügen Anlass gibt.

Die Moderne duldet keine Rückkehr zur heidnischen Teufelsreligion; sie hat dem Teufel das Feuer aus der Hand genommen, um es selbst einzusetzen. Und den Heidenvölkern wurde der Umgang mit ihren Feuergottheiten verboten, weil man den Teufel im Monotheismus steinigt[30] und nicht anbetet. Es geht der neuzeitlichen Vernunft gegen den Strich, dass die lichte Sonne, die Himmel und Erde auseinandergebracht hat und das jeden Morgen wiederholt, auch Zwielicht und Zwietracht in die Welt gestreut haben soll. Der heidnische *Diabolos* – aus dem griechischen Wort für den Zwietrachtstifter wurde auch der arabische *'iblîs* – ist aber immer auch Lichtbringer (*Lucifer*); Leben und Streiten werden hier im Doppelpack geliefert.

### *Der Eschu der Yoruba*

Die Yoruba im heutigen Nigeria kannten einen berühmten Feuerteufel, der unter den konkurrierenden Botschaften des Christentums und des Islams gleichermaßen zum Satan etikettiert wurde. Frobenius hat 1910 den Eschu-Glauben noch in alter Kraft angetroffen, als man ihm erzählte: „*Ja, Edschu, der hat viele Streiche begangen; Edschu hat den Mond versetzt und die Sonne weggetragen; Edschu hat alle Götter zum Krieg untereinander veranlaßt. Aber Edschu ist nicht schlecht. Edschu hat das beste gebracht, was es gibt: Edschu brachte das Ifaorakel; Edschu brachte die Sonne.*“[31]

Den heidnischen Yoruba und ihren afroamerikanischen Tochterkulten (s. Kapitel XVI) ist Eschu der Hauptbrandstifter und Schicksalswegweiser. Er wohnt in der Erde beim ewigen Feuer und sitzt an jedem Kreuzweg. An den Sonnenwenden wird er besonders gefeiert; denn er ist die Gottheit des Wechsels und der Wenden, vor allem des Widerspruchs. Er gilt als Sklave des Himmelsgottes Obatálá und hat diesen aber zerschmettert, um die Geister (*orisha*) freizusetzen[32].

Frobenius hat viele Geschichten über **Eschu** aufgeschrieben, die wegen ihres hohen Unterhaltungswertes so beliebt waren wie Trickstergeschichten in anderen Weltteilen. Ein berühmtes Preislied (*oríkì*) auf Eschu lautet:
*Einmal schlief Eshu im Haus – Es war ihm zu klein.*
*Er legte sich auf die Veranda – Sie war ihm zu klein.*
*Er legte sich in eine Nuß – Jetzt konnte er sich ausstrecken.*
*Er wirft heute einen Stein, der gestern trifft.*
*Wenn er liegt, stößt sein Kopf ans Dach.*
*Wenn er steht, kann er nicht in den Topf auf dem Feuer sehen.*
*Eshu verdreht richtig zu falsch, falsch zu recht.*[33]

In der mosaischen Genesis lehrt Satan die Ureltern, was gut und böse sei: *Eritis sicut deus scientes bonum et malum*[34], hat Hieronymos aus dem griechischen Urtext, der Septuaginta übersetzt: „vnd werdet sein wie Gott/vnd wissen was gut vnd böse ist“, machte Luther 1545 daraus. Im Heidentum wird überliefert, das darauf nichts zu geben ist. Die Diabolos-Götter selbst vertauschen die Wahrheiten, und mit ihnen begann die Menschheitsgeschichte. Die Anhänger von Trickstergottheiten leben in göttlicher Verwirrung, seit Himmel und Erde getrennt worden sind. Oben ist wie unten und heiß ist wie kalt. Deswegen haben Evolutionisten, Psychologen und Völkerpsychologen den Geisteszustand der Primitiven gerne mit dem von Kindern oder Irren verglichen. Selbst C.G. Jung hat in seinem Kommentar zu Paul Radins berühmter Sammlung von Trickstergeschichten der nordamerikamischen Winnebago[35] angemerkt, der Narr besitze „noch“ kein Bewusstsein von Gut und Böse[36]. Karl Kerenyi, von Nietzsche und der Kulturmorphologie herkommend, hat ihn im selben Band[37] korrigiert: Der Narr hat kein Bewusstsein von gut und böse „mehr". Er hat es verloren oder überwunden.

Narren stehen in der Gefolgschaft der diabolischen Gottheiten. Diese haben die Welt zerrissen in Himmel und Erde, jene ihr Bewusstsein. Der Philosoph des deutschen Idealismus Georg Wilhelm Friedrich Hegel (1770–1831) hat in der Phänomenologie des Geistes von 1807[38] das „zerrissene Bewusstsein" dem „naiven" gegenübergestellt, dem Gut und Böse noch nicht austauschbar seien. Diese „unmoralische" Entwicklungspsychologie erinnert an den iranischen Mystiker Fariduddin Attar (1136–1221)[39], der den Narren über den Frommen und den Ketzer setzt, weil er gleich ins „Meer der Seele" gefallen sei und seine Taten von Gott auf dem Schuldenkonto nicht abgebucht würden. Im shiitischen Islam arbeitet sich der Mensch mühsam durch die Tore des Gesetzes (*sharî'a*), der Gefolgschaft (*tarîqa*), des Wissens (*ma'rifa*) bis zur Wahrheit (*haqîqa*)[40]. Die aber scheint aus jener seligen Verwirrung zu bestehen, die der Narr durch seine Abkürzung schon viel früher erreicht hat. Was die Mystiker gegen die monotheistische Klarheit und Rechtschaffenheit aufbewahrt haben und das abendländische Theater als Kult der *follia*[41] bis in die Moderne retten konnte, ist aber die altheidnische Lehre vom brennenden Feuer und Irrlicht.

### *Das Heilige Herd-, Haus- und Hoffeuer*

Feuerreligionen haben auch ihre Heiligen; die aber sehen von der Warte der Vernunft wie Verrückte aus. In heidnischen Kulturen stehen sie im Zentrum des Kultlebens, entweder als – häufig miteinander konkurrierende – Besessenheitspriester oder als institutionalisierte Gruppe ritueller Clowns[42]. Wir werden beim Thema Schamanismus (Kapitel XIV) als der heilsamen Anschauung der Verrücktheit auf diese menschliche Verfassung im Ausnahmezustand näher eingehen. Hier interessiert vor allem der Trickster als „Überschamane"[43] und Vorbild, ja Urbild des Menschen, das alle Bastler, Schmiede, Alchimisten, Dunkelmänner, Hexer und Zauberer vor Augen haben. Der Mensch ist in der Weiterführung der Gedanken Bianchis der dritte Schöpfer, noch unvollkommener und erfolgloser als der zweite und trotzdem ein begnadeter Verwandler, der aus Holz Asche macht und die unheimliche Kraft der Metamorphose, der Travestie[44] und des Tabubruchs[45] beherrscht. Wenn die drei oben behandelten Hierophanien mit dem Feuer sich mischen, brennt die Erde, und mit dieser *terra cotta* gelangt der Mensch zu Topf und Urne als Quintessenz, dem fünften Element[46].

Die Hierophanie Feuer, die Ergriffenheit und Besessenheit durch die lodernde Flamme, steht im Zentrum jeder heidnischen Religion. Im christlichen Ritual ist sie geschrumpft zum Ewigen Licht und zur Opferkerze; die Religionsethnologie dagegen stieß auf die weltweite Verbreitung des Feuerkultes, der auch in Europa dominiert haben muss, wie die Untersuchungen Wilhelm Mannhardts (1831–1880)[47] und James George Frazers (1854–1929)[48] nahelegen und die alten Zauberbücher wie „Splendor Solis"[49] beurkunden. Es sind Feste der Verwandlung mit Sprüngen über oder in die Lohe[50], bei den Germanen im Namen Lokis, der noch als Bestrafter für den Lichtmord sich in Erdbeben und Vulkanausbrüchen aufbäumt[51] und immer wieder den Logos als Lüge verbraucht. Der französische Mythologe George Dumézil (1898–1986) hat die flackernde Feuerreligion Alteuropas an seinen Rändern wiedererkannt: im isländischen *lokalygi* und im ossetischen Syrdon[52]. In den zentralen Regionen werden aber noch lange bis in die Neuzeit Substitute des Vegetationsgeistes (s. Kapitel V) verbrannt, der zu früheren Zeiten wohl von einem jungen Paar dargestellt wurde[53]. Auf Neuguinea erfuhr Paul Wirz, dass die Marind-Anim in ihrem Rapa(=Feuer)-Kult ein Mädchen vergewaltigten und dann verbrannten[54].

Verbrennen und Vernichten stehen im Zentrum der heidnischen Verwandlungsreligionen mit ihrer Orientierung auf Wiederkehr; das Mittel dafür ist immer das Feuer. Was in den Flammen umkommt, speist die Götter. Der zum Himmel steigende Rauch verbindet das Getrennte wieder. Was die Griechen Holokaust (*Ὁλοκαύτωμα*/Holokautôma) nannten, durfte kein Fleisch für Priester oder Laien zurücklassen. Bei anderen Opfern wurden wenigstens die nichtessbaren Teile verbrannt. Diese Feuerverwandlung wird in vielen Kulturen der natürlichen Verwesung vorgezogen; nur der Feuertod scheint den heiligen und geweihten Wesen angemessen zu sein[55]. Im vorchristlichen Europa wechselten sich Leichenbrand und Körperbestattung gegenseitig ab, bis Karl der Große 782 ersteres verbot.

Bekannt sind unter den indogermanischen Feuerkulten ganz besonders die altiranischen mit ihren „Türmen des Schweigens" (*dokhma*), in denen die Leichen im Angesicht heiliger Feuer verwesen[56], und die hinduistische Leichenverbrennung mit Witwenbeteiligung, der sich Sati, die erste Frau Shivas, freiwillig aus

Gattenliebe unterzog[57]. Universal verbreitet sind aber Vorstellungen vom **heiligen Herd- oder Hoffeuer**, das nicht verlöschen darf. Die rinderhaltenden Herero[58] im heutigen Namibia unterhielten vor ihrer Kolonisierung, Dezimierung, Urbanisierung und Christianisierung das Heilige Feuer in der Mitte des Kraals unter der Obhut der ältesten Tochter des Klanherren, die dazu unverheiratet bleiben musste. Das Urfeuer war vom Kulturheros Mukuru mittels eines Feuerquirls - einem männlichen Holz, das sich in ein weibliches Holz bohrte[59] - erzeugt worden und durfte deswegen nicht ausgehen. Sollte es aus Unachtsamkeit doch vorgekommen sein, musste es nach archaischem Ritus neu entfacht werden[60].

Die Feuerpriesterin brachte das Feuer nachts ins Ahnenhaus und morgens zum Opferplatz, damit das Melken beginnen konnte und der Gehöftherr - als Nachfolger des Kulturheros - die frische Milch kosten konnte. Wurde der Kraal verlegt, trug die Hüterin das Feuer dem Umzug voraus. Nur wenn ein jährlicher Weidezyklus vollendet war oder wenn das Klanoberhaupt starb, wurde das heilige Feuer absichtlich gelöscht. Die Neuentzündung erfolgte nach der beschriebenen Weise und möglichst am Grab eines Häuptlings (s. Kapitel VI). Denselben Brauch - das absichtliche Löschen des heiligen Feuers und feierliche Wiederentzünden - kannten die Sakralkönigtümer im alten Afrika beim Tod des Herrschers. Die feuerlose Zeit fiel damit zusammen mit der rituellen Anarchie, und die neue Zeit begann, indem der siegreiche Nachfolger in Wiederholung jener kulturstiftenden Tat des Tricksterheros das Staatsfeuer neu entzündete[61].

So dürfen wir in allen heidnischen Religionen der Vergangenheit wie der Gegenwart den jeder Dogmatisierung standhaltenden Feuerkult als Wesenskern ansehen. Mit ihm schließt sich der Kreis der Elementarsymbolik, die in allen alten Kosmologien zu finden ist[62] und die - in der „vorvernüftigen" Philosophie der Griechen - Heraklit (-535–475) nachweislich in die Schriftform gebracht hat: *„Das Feuer lebt auf in der Luft Tod, die Luft lebt auf in des Feuers Tod; das Wasser lebt auf in der Erde Tod, die Erde in dem des Wassers."*[63] Klages zufolge wurde diese bleibende Einsicht in den alten Feuersymbolen von *Rota* (Kreis) und *Swastika* (Hakenkreuz) dargestellt, in denen Heil und Unheil im Wechsel durch die Zeiten rotieren. Das Sterben des Heidentums bedeutet nicht ihr Ende, sondern das Erlöschen der Einsicht in ihre Dauer.

1 *„Wahr ist's und geschrieben auch: Glück, das ist wie Feuer. Heute wärmt es Dir den Bauch - morgen brennt die Scheuer"* - aus dem Mittelalter stammender Gassenhauer (vertont von Elster Silbenflug [U. Freise], Herdwangen 1992).

2 Josef Winthuis (1928:31) und Paul Wirz (1922:58) haben aus Melanesien die deutlichsten Erklärungen für den Zusammenhang von Geschlechtsakt und Feuer erhalten; s. Kapitel VIII.

3 Siehe Steiner 1975/94:239.

4 Siehe Kuper 1999.

5 Bachofen 1859/1954:128.

6 Bekanntlich führte diese Vorstellung zu einer Art unfreiwilligen Weiterführung des Totendienstes. Totenmessen konnten die Fegefeuerzeit des Verstorbenen verkürzen - eine unerschöpfliche Einnahmequelle für die Kirche (Deschner 1987). Erst Luther schnitt mit seiner 13. These dieses letzte Tod-Leben-Band durch. Damit war der jahrzehntausendealte Ahnenkult trockengelegt, und die Neuzeitler konnten sich der bis dahin eher unbekannten Zukunft zuwenden. Anleitung dazu gab u. a. das Buch Jesaja: *„Die prophetische Grammatik bei Jesaja bringt ein metaphysisches Skandalon in Gang - die Durchsetzung des Futurums, die Ausweitung der Sprache über die Zeit"* (Steiner 1975/92:13).

7 Otto, W. F. 1933:133. *„Wie aus brauenden Dünsten der elektrische Funke springt, so wird Dionysos unter Donner und Blitz geboren. Was pelasgischer Stufe das feuergeronnene Erz und das metallähnliche Wasser, das ist dionysischer der erregendere Wein: Symbol der Synthese aus Flamme und Fluß"* (Klages 1944:409).

8 Siehe Kahle 1905:444.

9 Zur Aschesymbolik vgl. Jędrej 1989.

10 Bastian 1881, Reed 1963/2004.

11 Vgl. Graebner 1919/20.

12 Vgl. Makarius 1969a, Kuper 1999, Seiffert 1992, Radin/Kerenyi/Jung 1979, Huber 1991.

13 Bianchi 1961a und b.

14 Vgl. dazu Makarius 1969b. Bei den westafrikanischen Nyonyosi sind schon die aufeinanderliegenden Welteltern Zwillinge, die dann von ihren Kindern, den *kinkirsi*, getrennt werden, um Raum für die Menschen zu schaffen (Schweeger-Hefel 1986:287).

15 Vollmer 1874.

16 Vgl. Schmitz 1960.

17 Siehe Kerenyi 1951:159 ff.

18 Siehe Fischer o. J., Peuckert 1936, Zacharias 1964/70.

19 Vgl. Schmidt, P. W. 1910. Die katholische Lehre vom Urmonotheismus als ältester Religion geht auf die britischen Aufklärer Edward Herbert Lord of Cherbury (1581–1648) und Matthews Tindal zurück, nach denen *„Christianity as old as the creation"* sei (Sußnitzki in Hume 1911:22).

[20] Pettazzoni 1950.
[21] Siehe Lips 1927.
[22] Hornung 1971:157.
[23] Dazu Frobenius 1913:54.
[24] Siehe Drower 1914, Empson 1928, Klippel 1932, Museum für Völkerkunde Wien 1998, Dulz 2001. Die Yeziden sollen im heutigen Irak noch 550 000 Seelen zählen (Pogrom 3/2008, S. 41).
[25] Siehe Erkes 1952, Schwabe 1960.
[26] Zur Kontinuität der Heiligkeit von Orten über ihre wechselnden Widmungen hinweg s. auch Stauth 2008.
[27] Siehe Müller, K. E. 1967.
[28] Spies 1587. Eine Übersicht zu dieser ebenso unheimlichen wie kryptoheidnischen Tradition gibt Kretzenbacher 1968.
[29] Wesentlich deutlicher wird das „missing link" zwischen heidnischer Philosophie und neuzeitlicher Wissenschaft, die vor nichts zurückschreckt, in dem Frühnihilisten Agrippa von Nettesheim (1486–1535), s. Bergmann 1926:117–133.
[30] Zur Teufelssteinigung als Teil der Pilgerfahrt nach Mekka, am 10. Tag des Pilgermonats im Tal Mina s. Leder 2005:31.
[31] Frobenius 1926:168.
[32] Ellis 1894, Beier 1980.
[33] Bonin 1979:93.
[34] *Kai έσεσθε ώς θεοί γινώσκοντες καλόν καi πονηρόν* (*kai esesthe hôs theoi ginôskontes kalon kai ponäron*). Gen. 3,6. (Septuaginta, ed. A. Rahlfs o. J.:4).
[35] Radin 1979; dazu kritisch Stein 1993.
[36] Jung 1979:183–207.
[37] Kerenyi 1979:155–181.
[38] Hegel 1807/1980. Den hier entwickelten Gedanken zur philosophischen Verortung der Narretei verdanke ich Fritz W. Kramer und seinen Abendseminaren an der FU Berlin in den 1980er Jahren.
[39] Vgl. Ritter 1955/78.
[40] Siehe Schimmel 1975/95.
[41] Vgl. Baumbach 1995.
[42] Dazu Makarius 1969 für den indianischen Bereich oder Jędrej 1995 und Okazaki 1984 für Nordostafrika.
[43] Campbell 1959/91 I:309.
[44] Vgl. Mühlmanns Travestie der Lebensformen in ders. 1984:45 ff.

[45] Ein schönes Beispiel für den weltweit verbreiteten Glauben an die Kraft der Abweichung hat Vajda 1989 untersucht; ansonsten steht die Überschreitung von Grenzen, Verboten und Tabus im Zentrum von Batailles Begriff der Souveränität (1956/78), dem eigentlichen *Anthropinon* (Alleinstellungsmerkmal des Menschen) in der nihilistischen und surrealistischen Denktradition.

[46] Dazu Bachofen (1859/1954:69): „*Die gebrannte Erde zeigt die Verbindung der beiden großen Potenzen, in welchen alle Naturzeugung ihren Grund hat, der Wasser- und der Feuerkraft, mit dem tellurischen Stoffe.*"

[47] Mannhardt 1875/7.

[48] Frazer 1922/89; dazu auch Freudenthal 1931.

[49] Siehe Völlnagel 2004.

[50] „*Das Überspringen des Feuers hat in seiner läuternden Wirkung wie auch in der außergewöhnlichen Kraft, der man durch die Berührung mit ihm teilhaftig werden möchte, seinen Ursprung. Bei den verschiedenen Feuern war es* [...] *üblich, dass die Jugend über die lodernden Flammen sprang, während meistens von den Kirchtürmen die Glocken läuteten. Deutung der Zukunft, auch des Wetters, aus der Art des Feuers, vornehmlich aus der Richtung der Flammen, ist ebenfalls verbreitet. Ebenso nimmt man Stücke davon mit, um das häusliche Feuer damit wieder zu entzünden, auch bewahrt man sie als Schutzmittel gegen die verschiedenartigen bösen Mächte auf*" (Hermann 1938:24). Zum Feuersprung am Hidrelez-Tag auf dem Balkan und im Schwarzmeergebiet s. Marushiakova et al. 2008:98.

[51] Dazu Tetzner/Schenkel 2010:26.

[52] Dumézil 1948/59.

[53] Dazu Mone: „... *sowol das Verbrennen unbelebter Dinge, als das Schlachten der Thiere geht auf die Lehre vom gewaltsamen Tode zurück, und wie in diesem allein die Wiedergeburt und Unsterblichkeit gegründet ist, so ist auch das Opfer einestheils eine Weihe zum höheren Leben für die geopferten Dinge, anderntheils eine Vorspiegelung und Anmahnung der Lebens- und Todespflicht des Menschen*" (1825:209f.).

[54] Wirz 1922:58-61.

[55] Vgl. Robertson-Smith 1889/99:298.

[56] Nach Hinnels o.J.:47. „*Bei der mühsamen Eroberung Persiens durch die arabisch-islamischen Heere ab 638 n.Chr. wurden ganze Ortschaften, die sich zum Islam nicht bekehren ließen, als >Anbeter des Feuers<, als >Magus< und als >Satan-Anhänger< kurzerhand liquidiert*" (El-Rahdi 1999:105).

[57] Siehe Doniger O'Flaherty o.J.:32.

[58] Nach Brauer 1925.

[59] Die Sexualsymbolik der Feuererzeugung ist ethnographisch reich belegt. Brauer zitiert dazu ein Lied aus dem Rigveda: „*Das ist das Drehholz, der Zeuger (penis) ist bereitet, bringt herbei die Herrin des Stammes, den Agni laßt uns quirlen nach altem Brauch. In den beiden Hölzern liegt der Jatavedas, wie in den Schwangeren die wohlverwahrte Leibesfrucht; tagtäglich ist Agni zu preisen von den sorgsamen, opfer-*

*spendenden Menschen. In die Dahingestreckte laß hinein (den Stab), der du deß kundig bist; sogleich empfängt sie, hat den befruchtenden geboren; mit rötlicher Spitze, leuchtend seine Bahn, ward der Ilásohn in dem trefflichen (Holze) geboren"* (1925:77).

60 Bei den Tyva in Südsibirien wohnt im Jurtenfeuer der sog. „Herrengeist des Feuers" (*suugu eezi*), der von jeder Nahrung den ersten Teil bekommt und für den jährlich im Herbst - vor dem Wintereinbruch - eine besondere Weihezeremonie abgehalten wird (Oelschlägel 2004a:86, 2004b:91).

61 Zum Sakralkönigtum s. Erkens 2002. Bei den Azteken wurde das Neufeuer alle 52 Jahre feierlich entzündet und zwar mittels Feuerbohrung durch die Oberpriester, während sich die übrige Bevölkerung ängstlich in den Häusern versteckte; s. Riese 2007:48 f.

62 So auch in der Mithras-Religion, wo *„die Mystengrade gleichzeitig die Elemente darstellten, Rabe und Heliodromus die Luft, Schlange (nymphus) die Erde, ‚Perser' das Wasser, Löwe (bzw. Hund) das Feuer. Schon die Perser haben die Elemente verehrt: Anahita ist Göttin des Wassers, Atar Gott des Feuers, Vayu Gott des Windes"* (Merkelbach 1998:206). Nach Kloft (1999/2003:77) wiederholen die sieben Einweihungsgrade des Mithras-Kultes: Corax, Nymphus, Miles, Leo, Perses, Heliodromus und Pater die Planetengötter (s. Kapitel XI) Mercur, Venus, Mars, Jupiter, Luna, Sol und Saturn. Die Elemente scheinen aber ungleich verteilt gewesen zu sein: Luft für Rabe und Heliodromus/Cautes, Erde für Schlange und Venus, Feuer für Hund und Pater/Mithras, schliesslich Wasser für Perses/Cautopates. Der dritte Grad Miles/Mars/Skorpion geht hier leer aus; auch eine „Quintessenz" mag man ihm nicht zubilligen, es sei denn, dass der mit Helm oder persischer Mütze ausgestattete „Soldat" auch die Lanze führt, die zum Fließen des „ewigen Blutes" unverzichtbar erscheint.

63 Nach Klages 1929-32/81:856.

# B. Natur im Spiegel der Kultur

# V. Pflanze

*Suchst Du das Höchste, das Größte?*
*Die Pflanze kann es dich lehren!*
*Was sie willenlos ist –*
*sei Du es wollend! Das ist's.*
Friedrich Schiller

Was Friedrich Schiller[1] dem modernen Menschen auf den Weg mitgeben wollte, gleicht der heidnischen Glaubensvorstellung von der wesensmäßigen Einheit zwischen Pflanze und Mensch. Beide kommen aus der Erde und strecken sich nach dem Himmel, um schließlich wieder in die Erde zurückzusinken - es ist der Lauf der Dinge nach der in den vorigen Kapiteln nachgezeichneten Kosmosspaltung. Leben und Sterben heißt jetzt das Gesetz und ist zu befolgen von allen Kreaturen. Die Anschauung dieses Vorgangs führt im nichtwissenschaftlichen Menschen zur Ergriffenheit, in einer nichtabrahamitischen Kultur verlangt sie nach *Mimesis* oder Nachahmung als Dienst. Heiden ahmen Bäume nach; sie wurzeln in der Erde und leben im Himmel[2]. Baum der Erkenntnis fällt hier mit Baum des Lebens zusammen. Die heidnische Religion dreht sich um den Lebensbaum[3], der für Jägervölker und Bauernkulturen bis hin zu Zeitgenossen, die den Weihnachtsbaum besingen oder um den Maibaum tanzen, die Weltachse darstellt. Sie verbindet die getrennten Sphären von Oben und Unten.

### Baumgeburten

Die Baumbindung heidnischer Völker kann soweit gehen, dass sie sich - im Sinne einer *totemistischen* (s. u.) Verortung - als Baumkinder verstehen[4]. Die alten Sachsen leiteten sich von ihrem „König" *Aschau* (=Esche) ab; Esche (*Fraxinus*) und Erle (*Alnus*) galten als erstes Menschenpaar[5], und die Eibe (*Taxus baccata*) gehörte mit ihren Giften[6] der Erdmutter und ihrem Totenreich an. Die Feinde der Sachsen, die christianisierten Franken, hatten dagegen schon den Propheten Jeremias im Sturmgepäck, wo - nach Luthers Übersetzung von 1545 - geschrieben steht: *„Wie ein Dieb zu schanden wird/wenn er begriffen wird/Also wird das haus Jsrael zu schanden werden sampt jren Königen/Fürsten/Priestern vnd Propheten/Die zum Holtz sagen/Du bist mein Vater/vnd zum Stein/Du hast mich gezeuget."*[7] Doch das evangelische „Wort vom Kreuz" hatte die heiligen Hölzer auf eine versteckte Weise zurückgebracht, und der Gekreuzigte erinnerte vermutlich auch an das Selbstopfer Wotans an der Weltesche[8]. Baumkult ist nicht ohne Baumopfer denkbar, und die verspürte Wesensgleichheit von Baum und Mensch erlaubt den Austausch in Ritual und Schlachtopfer bis hin zur *Hieromanie*, dem rauschhaften Verschmelzen zwischen Täter und Opfer[9], wie es der Mythos des Piniengottes Dionysos lehrt[10].

Oben wurden heilige Berge als feste Punkte in der *Religionstopographie* angesprochen. Sie sind erhaben und für vorindustrielle Menschen nicht begehbar. Die festen Punkte „zum Anfassen" sind dagegen die auffälligen Bäume in den heiligen Hainen auf den Kammlagen über den Siedlungen, wo die Toten wohnen und die Opfer dargebracht werden. Die **Bäume auf den Wasserscheiden** tragen weithin sichtbar den Himmel, und sie sind die ersten Tempel, denen die weitere Geschichte des Sakralbaus folgt. Bei umherziehenden oder bodenvagen Gruppen wie den schon erwähnten australischen Achilpa kann die *axis mundi* aber auch transportabel sein und die Gestalt eines tragbaren Pfahls haben. Hirtenvölker denken sich die Himmel-Erde-Verbindung als Seil, Liane oder Leiter, und Sesshafte unterschiedlichster Kulturen halten sich an Pfählen fest, die für Ordnung und Rechtsfrieden stehen[11]. Die Vorstellung, dass die getrennten Sphären weiter Verbindung halten müssen, ist universell, und nichts bringt das besser zur Anschauung als die Bäume, die ganz besonders in den periodischen Krisenzeiten der Kälte oder Dürre sich mit ihren Ästen ebenso in den Himmel krallen wie ihre Wurzeln das Erdreich umfassen.

Diese Gleichheit von Oben und Unten kann sogar zur Vorstellung des *arbor inversa* oder verkehrten Baums werden wie in der indischen Mythologie[12]; gemeinsam ist aber der universalen Religion vom Weltenbaum die Dreigliederung: An den Wurzeln liegen die Toten, um den Stamm herum tanzen die Lebenden und im Geäst sitzen die Geister der Ungeborenen[13]. Reflexionen über die Notwendigkeit, von den Toten über die Ungeborenen zu den Lebenden zu gelangen, führen zur später noch zu beleuchtenden Anschauung, der Schamane müsse den Verkehr zwischen den Sphären aufrechterhalten (Kapitel XIV). Dazu reitet er auf seiner Rahmentrommel, die aus dem Holz des Weltenbaums geschnitzt ist. Dieser Gedanke vom Kreislauf des Lebens ähnelt in gewisser Weise der modernen Botanik, die dem Austausch von Energien zwischen Atmosphäre, Pflanzenphysiologie und Bodenbeschaffenheit messend auf den Grund ging. Für nicht von der Wissenschaft geleitete Heiden muss der Stamm die Lebenssubstanz von den Toten zu den Ungeborenen bringen, d. h. der Baum vermittelt auch zwischen Leben und Tod.

### *Baumfrevel*

Nach der verbreiteten Hagiographie des Heiligen Bonifatius (alias Winfried, 672–754) hatten die heidnischen Chatten ihren Baumglauben schon fast eingebüßt, als die dem Donar geweihte Eiche beim hessischen Geismar im Jahre 723 gefällt wurde. So ließen sie den nach alter Anschauung ungeheuren Frevel geschehen und wurden mit der aus dem gewonnenen Holze errichteten Petruskirche von Fritzlar entschädigt[14]. Der neue Glaube, der die Natur entgeisterte, materialisierte, bisweilen sogar verteufelte, hatte sich als der stärkere erwiesen. Die mittelalterliche Landwirtschaft, die große Flächen, gerade in den Gebirgstälern rodete, konnte sich ungestört von *dendrolatrischen*, d. h. baumkultischen Einsprüchen ausbreiten und der industriellen Landnutzung, die ab dem 19. Jahrhundert einsetzte, den Weg bahnen. Nur in den Gegenströmungen, der romantischen Naturverklärung, dem modernen Naturschutz oder der postmodernen Ökologiebewegung, konnten sich Momente von Ehrfurcht vor dem Jahrzehntausende alten Gefährtentum zwischen Mensch und Baum halten. Heute gibt es Baumpatenschaften, Baumlehrpfade und Baumkalender, die den der Natur gänzlich entwöhnten Stadtmenschen mit dem versöhnen sollen, was ihm der fromme Baumfrevler vor bald dreizehn Jahrhunderten angetan hat.

Es gibt heute weltweit nur noch wenige Regionen, die vom längst säkularisierten **Bonifatius-Syndrom**[15] freigeblieben sind. Überall wird „der Gottheit lebendiges Kleid"[16], in dem sich die uralte Natur alljährlich erneuert und verjüngt, dem Menschen dienstbar gemacht, und für die Wälder und Bäume bedeutet das in der Regel Vernichtung und Verwandlung in Bau- und Brennholz. Zurück bleiben im besten Falle Baumplantagen wie der „deutsche Wald"[17], öfters aber baumlose Viehweiden, vom Regen abgewaschene Hänge, der Desertifikation anheimfallende Steppen und zersiedelte Flächen. Dieser globalen Entwicklung gegenzuhalten, hat sich der internationale Umweltschutz[18] vorgenommen. Aufgabe der Ethnologie bleibt es, die Umweltwahrnehmung und Umweltdeutung zu verstehen, die vor der Einführung von I. Mose 1,28[19] galt. Im heidnischen Kontext hat die biblisch gebotene Unterjochung der Natur nicht nur keinen Sinn, sie ist geradezu widersinnig und frevelhaft. Natur, Erde, Bäume können allenfalls „interaktiv" (Spittler) - unter Beachtung des Gebots von „wie Du mir, so ich Dir" (*Reziprozität*) - bearbeitet werden, weil auch in den scheinbar toten Gewächsen Kräfte sitzen, die ihrerseits zum Handeln fähig sind.

Zur hier immer wieder thematisierten und erläuterten „qualitativen Umweltwahrnehmung" in nichtwissenschaftlichen Kulturen gehört - wie im Kapitel „Himmel" (III.) ausgeführt - die Entsprechung von Mikrowelt und Makrowelt; der Mensch ist Teil dieser Entsprechungen zwischen Samen, Blättern, Früchten, Wäldern, Berge, Gestirne und Weltalter, aber nicht ihr Herr. Er reift selbst wie ein Baum, bringt Früchte und stirbt schließlich ab. Die Baumfrüchte sind in den

Überlieferungen sehr häufig das Symbol der Fülle und der Erfüllung. Das Aufsuchen von Zauberbäumen mit goldenen Äpfeln gehört zu den vielerorts erzählten „Initiationsprüfungen des heroischen Typs“[20]. Als Lohn kann selbst die Unsterblichkeit winken, und aus einer solchen „Mutprobengeschichte“ ist möglicherweise auch die jüdisch-christlich kanonisierte Version von der verbotenen Frucht im Buch Genesis hervorgegangen.

### *Baumopfer*

Die schon angesprochene Aufgabe des Baumes, zwischen den getrennten Sphären des Himmels und der Erde wieder eine Brücke zu schlagen, wurde im vorigen Kapitel auch dem Feuer und seinem Rauch zugeordnet. Feuer und Holz haben für das archaische Weltverständnis in der Tat sehr viel gemeinsam. Die erste Methode des Feuerentfachens war, zwei Hölzer solange aneinanderzureiben, bis sie qualmten. Mittels dieser ehrwürdigen Technik des Feuerbohrens oder -quirlens wird vielerorts das oben genannten heilige Hof-, Herd- oder Staatsfeuer rituell entfacht, auch wenn längst leichtere Methoden gefunden sind. Frazer hat sich mit der Rolle des Holzes im arischen Feuerkult beschäftigt und herausgefunden, dass Kelten, Germanen und Slaven immer die Eiche als Feuerholz favorisiert hätten[21], weil dieser Baum der wichtigsten Gottheit geweiht war. Sie war das Feuer selbst, das sich in dem entsprechenden Holz verbirgt und als Verwandlung sich im flackernden Licht selbst opfert. Das ewige Staatsfeuer im alten Rom mussten die Vestalinnen mit Eichenholz unterhalten, das galt ebenso für das lettische Feuerheiligtum Romove oder für die Julfeuer (später Johannisfeuer) mit dem Julklotz aus Eichenholz[22].

Baumverehrung und Baumtod sind damit wieder die zusammengehörenden Seiten einer auf Paradoxien aufbauenden Ur-Religion, die Leben nur aus dem Tod heraus begreifen kann und ganz auf die Wechselzustände der Erscheinungen fixiert ist. Heidentum ist ein Rhythmusglaube; die entsprechenden Mythologien beinhalten hauptsächlich den Tod im Leben und das Leben im Tod. Wachstum, in den Schriftreligionen Verheißung und in der modernen Welt unanzweifelbare Überlebensnotwendigkeit, lässt sich im archaischen Vegetationsglauben nur als die eine Seite denken, deren andere aus Vergehen und Sterben besteht. Diesen Rhythmus macht die Pflanzenwelt vor; nach der Reifung bietet sich die Nutzpflanze selbst zum Ernte genannten Massentod an, und es sind die Erntehelfer, die das Massaker anrichten in der Gefolgschaft des „Schnitters Tod". Ein Leben nur mit Wachtum, ohne Sterben und Vernichtung, hat im archaischen Denken keinen Sinn. Es führte zum Erstickungstod und zum Ende des Rhythmus der Wechselzustände.

Die Mythologien haben überall vor ihrer theologischen Bearbeitung in diese Lehre eingeführt. Frazer hat sich eingehend mit der germanischen Version von der Tötung des schönsten Gottes, der Lichtgestalt Baldr, durch den diabolischen (s. Kapitel IV) Loki beschäftigt[23]. Von Wilhelm Mannhardt hatte er erfahren, dass die Tötung des Lichtgottes noch im 19. Jahrhundert von europäischen und längst für christianisiert gehaltenen Bauern alljährlich im „Johannisfeuer" nachgestellt wurde. Die Tage werden am 21. Juni wieder kürzer; Baldr stirbt und für oder mit ihm ein Darsteller, ein junges Paar, ein dazu verurteilter Gefangener, ein weißer Hahn[24], Katzen und Füchse, ein Hund oder nur eine Strohpuppe[25]. Archaische Kultur lebt von der Anschauung. Wenn der Mythos nach Joseph Campbell (1904–1987) „Bestätigung des Bekannten [...] als etwas Ungeheuerliches"[26] ist, dann braucht der Ritus eine drastische Theatralik zu dessen Verdeutlichung. Die alten Schnitterkulturen bekannten sich zum tödlichen Handwerk – denn Ernte war Gottesdienst (*imitatio dei)* – wie die Knollenpflanzer des Tropengürtels im Yams das „Fleisch der Ahnen" erblicken[27].

Es hat kluge Einwände gegen **Menschenopfer** und kannibalische Bräuche in der modernen Ethnologie gegeben[28]; sie zeigen vor allem eines: die Unvereinbarkeit des archaischen mit dem neuzeitlichen Denken. Letzteres hat kein Verständnis für die Opferung eines Lebewesens zur Verehrung einer Gottheit. Das archaische Ritual aber verlangt nach echter Dramatik, die den Menschen ebenso packt wie die Hierophanie selbst. *„Die heilige Eiche wurde demnach doppelt verbrannt. Das Holz des Baumes wurde vom Feuer verzehrt und damit auch ein lebendiger Mensch als Verkörperung des Eichengeistes."*[29] Heiden möchten sich in den kosmischen Rhythmus aktiv einbringen; Ewald Volhard mutmaßte, wie in der Einleitung schon erwähnt, sie fühlten sich verantwortlich für den Lauf der Dinge[30] – bis zur Selbstaufopferung.

Baldr wurde durch einen Pfeil aus Mistelholz getötet. Diese Pflanze (*Viscum album*) hat keine Wurzeln in der Erde, sie wurzelt im Holz des sie tragenden Baumes. Darüberhinaus behält sie auch über den Winter ihre grünen Blätter und verheißt damit in den Kronen wintertoter Bäume die Wiederkehr des Frühlings. Mit derart außerordentlichen Eigenschaften war die Mistel schon früh als Zauberpflanze auserwählt. Überall, wo sie vorkommt, werden ihr Kräfte und Heilwirkungen nachgesagt, weil sie mit besonderen Göttern und Geistern im Bunde zu stehen scheint. Die Edlen der Kelten schmückten sich mit der Mistelkrone ebenso, wie eine namentlich nicht bekannte Gottheit mit Haaren aus Mistelblättern dargestellt wurde. Plinius der Ältere (23–79) schreibt: *„Nichts ist den Druiden heiliger als die Mistel und der Baum, auf dem sie wächst, unter der Bedingung, dass es eine Eiche ist."*[31] Die Ainu im nördlichen Japan schätzen die Mistel wegen ihrer Heilkraft, in Teilen Afrikas gilt sie als Talisman, Schweizer Bauern hängten Mistelzweige in die Stube als Schutz vor Feuer und auch in Böhmen galt der „Donnerbesen" als Zauber gegen Blitzeinschlag[32]. Weil sie am 21. Juni zur Sommersonnenwende den Lichtgott Baldr getötet hat, hat sie zu diesem Zeitpunkt auch ihre größte Kraft und wird in jener kürzesten Nacht rituell geerntet, die erst viel später Johannisnacht oder „Sommerweihnachten" für den „Wegbereiter des Herrn" Johannes Baptista genannt wurde.

### *Der Mythos von Hainuwele*

Der moderne Religiosität Gewohnte hat schwerlich Verständnis dafür, wenn Heiden nicht nur den Tod ihres schönsten und liebsten Gottes erzählen, sondern dieses schreckliche Ereignis auch noch alljährlich nachstellen. Adolf Ellegard Jensen hat darauf hingewiesen, dass das Christentum, vor allem der Protestantismus mit seiner inbrünstigen Verehrung des Karfreitagsgeschehens, in denselben Fußstapfen tritt. Für Jensen ist der Gedanke an die **getötete Gottheit**[33] ein universales Phänomen, auch wenn es sich heute nur noch in Resten oder in der genannten Umdeutung vorfinden lässt. Einst aber soll dieses „lunare Denken" die gesamte Menschheit ergriffen haben – zu einer Zeit, da das Wesen der Pflanze als die Bestimmung für das Getötetwerden erkannt worden war. Jensen bekam dafür vor allem während seiner Forschung auf der ostindonesischen Insel Ceram die Augen geöffnet. Dort erzählte man ihm die Geschichte der *Mulua Hainuwele,* des Mädchens „Kokospalmzweig", einer weiblichen Vegetationsgottheit, deren unschuldiges Sterben das Leben der Menschen erlaubt[34].

Die wichtigsten Bestandteile des Mythos sind folgende: Der „Nachtmensch" *Ameta* verliert sein Schwein in einem Teich. Als er das ertrunkene Tier herauszieht, findet er in seinem Maul die erste Kokosnuss. Er begräbt sie, und eine Kokospalme wächst. Als er ihre Blüten abschneiden will, verletzt er sich am Finger. Aus dem herabtropfenden Blut und dem Saft der Blüten entsteht das

Mädchen „Kokospalmzweig". Statt Kot scheidet es Reichtümer aus: Chinesische Porzellanteller, bronzene Gongs und andere Luxusgüter. Ameta und seine Leute werden so reich, dass es ihnen unheimlich wird. Sie tanzen ihren großen neunfachen Spiraltanz[35] und Hainuwele steht in der Mitte. Sie reicht den Tänzern Betelnüsse, in der zweiten Nacht Korallen, in der dritten Porzellanteller, dann Buschmesser, Kupferdosen, goldene Ohrringe, Bronzegongs. Schließlich können die Menschen nicht mehr anders, als Hainuwele zu töten. Sie treiben das Mädchen in eine Grube, schütten sie zu und stampfen tanzend die Erde fest.

Der Vater Ameta erfährt durch Holzorakel vom Grab, holt die Leiche heraus und zerschneidet sie. Die Körperteile werden an verschiedenen Stellen erneut vergraben, und es wachsen aus ihnen die wichtigsten Nutzpflanzen. Die Arme von Hainuwele aber bringt er der Bananengöttin *Satene*. Sie richtet aus Zorn über die ruchlose Tat ein Spiralentor. Wer es nicht passieren kann, wird zum Tier. Wer durchkommt, wird mit den Armen der Toten geschlagen. Satene verabschiedet sich von den Menschen und wird Göttin des Totenbergs. Wer stirbt, darf sie wiedersehen.

In einer weiteren Variante des Mythos gehen die Eltern der ermordeten Hainuwele mit der Leiche von Haus zu Haus und sagen: Ihr habt sie getötet; nun müsst ihr sie auch essen[36]. Hier zeigt sich nach Jensen der Kern dieser Überlieferung: Essen heißt Töten und umgekehrt. Beide Tätigkeiten verbinden Leben und Tod. Knospende Jugend und blutiger Mord vereinen sich in dieser Pflanzerreligion, die auch noch den antiken Griechen mit ihren Mädchengöttinnen bekannt war. Sterben auf der Höhe des Lebens hat auch Karl Kerenyi im Mythos von der Erdmutter *Demeter* und ihrer vom Hades geraubten Tochter *Persephone* gefunden; hier soll auch das nun schon öfters erwähnte Mysterium von Eleusis seinen Ausgang gehabt haben, jener über Jahrhunderte lebendige Agrarkultus, den alle zeitgenössischen Schriftsteller geheim gehalten haben[37].

Die Geschichten vom göttlichen Mädchen Hainuwele werden auch in heute transformierten, missionierten und modernisierten Gegenden weitererzählt. Auf den Philippinen kennt man die Erzählung von einer Tochter, die von der Mutter ungeduldig eine Kokosnuss verlangte, bis diese ärgerlich ausrief: „Werd' doch selber zur Kokosnuss!"

*„Da verzauberte sich das Mädchen und verschwand vor den Augen der Mutter. An der Stelle aber wuchs eine Kokospalme, die die trauernden Eltern im Gedenken an ihre Toch-*

*ter hegten und pflegten. Seitdem tuscheln die Leute, wenn sie eine Kokosnuß oder Lubi, wie sie im lokalen Dialekt heißt, in der Hand halten, dass dies wohl die verzauberte kleine Lubidina sei: Das Nußfleisch sei ihr Körper, das Wasser in der Nuß seien ihre Tränen und die dunklen narbenartigen Punkte an der Seite, wo später ein neues Palmenbäumchen herauswächst, aber seien ihr Mund und ihre Augen. So wird sie mit jeder neuen Kokosnuß immer unter uns weilen, und wir werden sie nie vergessen."*[38]

Auf Ceram wird Hainuwele auch oft mit dem Mondmädchen *Rabie* gleichgesetzt. Sie wird vom Sonnenmann geraubt und in der Hochzeitsnacht umgebracht. Das **Brautbett als Totenlade**[39] bringt jenen Kerngedanken von der Geburt im Tod nochmals zum Ausdruck, und er kehrt wieder in den unterschiedlichen Gestaltungen der Heiligen Hochzeit, der wir oben schon begegnet sind und die uns weiter unten erneut beschäftigen wird. Das Hainuwele-Motiv, das Mythologem von der zerstückelten Gottheit als Ursprung des frühen Bauernlebens, war eine bedeutsame Entdeckung der Religionsethnologie. Jensen sah dazu Parallelen bei den durch den finnischen Ethnologen Gunnar Landtmann (1878–1927) erforschten Kiwai am Fly-River-Delta Neu-Guineas, bei den weiter westlich wohnenden Marind-Anim, die der schon erwähnte Paul Wirz aus Basel studierte, bei den von dem Berliner Amerikanisten Konrad Theodor Preuß (1869-1938) beschriebenen Uitoto in Südkolumbien sowie bei den kalifornischen Indianern, die die amerikanischen Kulturanthropologen Cora Dubois (1903–1991) und Alfred Louis Kroeber (1876–1960) bekannt gemacht haben[40].

Frobenius zeichnete eine vergleichbare Version aus dem heutigen Zimbabwe auf: Die unverheirateten Töchter der alten Mondkönige hatten dort die Aufgabe, mit ihrer Liebesgunst Regen und Wachstum zu fördern. Zog sich allerdings eine Trockenzeit zu sehr in die Länge, musste eine Mondprinzessin geopfert werden, die aber noch Jungfrau zu sein hatte. Das Mädchen wurde in einer Grube zwischen den Wurzeln eines heiligen Baumes begraben. Die Erzählung endet mit dessen Aufblühen, einem Wind, der aus den Blättern Wolken machte, und mit dem ersehnten Regen.[41] Menschenopfer hängt auch in anderen Überlieferungen mit Pflanzenwachstum zusammen; in der Regel steht es als Ersatz für das Gottesopfer, welches ein **Selbstopfer** war und oft von der Schöpfergottheit an sich selbst vollzogen wurde[42].

## *Dema-Götter*

Die sich selbst tötende Gottheit, aus der die Menschen und das Leben hervorgehen, steht überall im Zentrum des archaischen Vegetationsglaubens. Dieser Vorstellungskomplex besitzt offensichtlich eine so ungeheure Kraft, dass er weltweit und durch alle Zeiten zur Ausgestaltung drängte – ganz prägnant in der von Kelten in Europa[43] oder Geheimbünden in Westafrika oder von Naga in Indien[44] gepflegten **Kopfjagd**, ganz universal in den zum Teil grausamen Initiationsritualen[45] sowie dem wiederum ubiquitär anzutreffenden Ritual des förderlichen Auspeitschens[46]. Was dem anderen guttut, möchte man selbst nicht missen. Hier schließen sich die Flagellanten-Bräuche an, die über die islamisch-schiitischen Aschura-Festlichkeiten mit ihren blutigen Geißelungen oder die immer auch mit Nachstellungen des göttlichen Leidens verbundene christliche Karfreitagsverehrung weit in die Moderne hineinragen.

Die von jenem Urgeschehen Ergriffenen versuchen, durch Erleiden der Initiationsqualen oder durch Selbstmarterungen der getöteten Gottheit nahe zu kommen. Iatmul-Initianden auf Neuguinea etwa nähern sich mit ihren Narbentatauierungen der Haut des mythischen Krokodils an. Religion wird hier zum sich unaufhörlich wiederholenden Passionsspiel, in dem das Leiden und Sterben der Gottheit mit großer Inbrunst reinszeniert wird. Hussein, Jesus, Dionysos[47] sind nur die letzten Namen der ewigen Leidensgestalt, für die Jensen den Gattungsbegriff *Dema* einführte. Er stammt aus der Wirzschen Ethnographie der Marind-Anim, die verschiedene **Dema** verehrten, so für den Mond, das Feuer, die einzelnen Nutzpflanzen etc. Ihr gemeinsamer Zug ist, dass sie leiden und sterben und dadurch die Menschen beschenken.[48]

In gewisser Weise setzen die Menschen diese selbstlose Selbstschenkung der Gottheiten fort, zumindest gilt die Aufopferung für die Gemeinschaft überall als hoher Wert. Die für ihre grausamen Rituale bekannten Azteken nannten den Tod in der Schlacht den „Blumenweg“[49], und die Blume, als schönste aller Pflanzen, geht auch zu allen Zeiten und in allen Räumen den Opfergang voran[50]. Indem sie abgeschnitten, d. h. getötet wird, leuchtet sie in die Herzen von Geber und Nehmer. Jede gepflückte Blume – als Geschenk an die Geliebte, als Ornament bei Übergangsriten, als Weihgabe am Altar oder als letzter Gruss auf dem Grab – wiederholt das Opfer Hainuweles. Im Zentrum der heidnischen Lebensreligion steht der Knochenmann, der in die weichen Formen des blühenden

Lebens greift. „Der Tod und das Mädchen", sagt Jensen[51], ist ein Leitmotiv auch des Abendlandes, selbst wenn andere Melodien lauter geworden sind.

### *Pflanzliche Wirkkräfte*

Die Hierophanie Pflanze ist mit den beiden großen Themen Weltenbaum und Gottestod noch nicht vollständig ausgeleuchtet. Neben und mit der Vorstellung vom Baum als Himmelssäule und von der Nutzpflanze als zu tötender und zu essender Gottheit verfügt die archaische Kultur über ein außerhalb nur in Bruchstücken bekanntes Wissen über die **Wirkkraft** von Pflanzen. Sie geht weit über die bloße Versorgung mit Nährstoffen oder den verfeinerten Bedarf an Ingredienzien[52] hinaus, aber wie beim Essen, Trinken und Würzen muss die Pflanze, die für die Substanz sorgt, sterben. Als Extrakt, als Rauch oder sonstwie gibt sie ihre spezifische Wirkung an ihren Mörder weiter, sofern dieser um die richtige Dosierung weiß und die Grenze zwischen Gift und Gabe kennt, die Theophrast von Hohenheim, genannt Paracelsus (1493–1541) an der Schwelle zur neuzeitlichen Medizin herüberretten wollte[53]. Dieses raffiniertere „Verbraucherverhalten" ähnelt einerseits immer noch dem Hainuwele-Komplex, weil wiederum aus dem Pflanzentod das Leben und das Glück hervorgehen. Andrerseits geht es hier aber nicht um das Essen, sondern um das Heilen oder Stillen von mehr als nur Hunger, was besondere Kenntnisse voraussetzt.

In maschinenlosen Kulturen, wo darüber hinaus der Gesundheitsdienst von der pharmakologischen Industrie nicht oder nur partiell bestimmt ist, eignet den Menschen eine besondere Sensibilität für die Wirkkraft von Pflanzen. Der moderne Mensch erscheint auf diesem Gebiet abgestumpft; die Apotheke ersetzt ihm die Wildnis, in der *Herbalisten* auf der ganzen Welt ihre Heilpflanzen suchen. Lange galt ihr Wissen als von der modernen Forschung überholt, und sicher ist – nicht zuletzt auch durch das geringe Interesse der Ethnographen für ethnomedizinische Zusammenhänge – hier viel Wissen längst verloren gegangen. Andrerseits sind Ethnobotaniker, die sich nicht nur für lokale Klassifikationen, sondern auch für einheimische Kräuterkunde[54] interessieren, schon von der Pharmaindustrie kontaktiert worden oder sie konnten skrupellosen Kommerz wie im Falle der „Wunderfrucht" Noni (*Morinda citrifolia*) mit ethnographischen Argumenten aufdecken[55]. Die Fragen, die sich dann stellen, betreffen einmal die „objektive" Wirksamkeit, die auch außerhalb des kulturell geprägten Heiler-Patient-Verhältnisses nachweisbar sein muß, zum anderen die ethische oder urheberrechtliche Frage, ob mit dem überlieferten Wissen des lokalen Pflanzengläubigen die Pharma-Industrie Gewinne einfahren darf.

Eng verwandt mit dem Verständnis des nichtwissenschaftlichen *Herbalismus* ist die Nutzung bestimmter Pflanzen zur körperlichen Luststeigerung[56] und dann vor allem das Wissen um die bewusstseinsverändernde Wirkkraft vieler Gewächse. Qualitative Umweltwahrnehmung beinhaltet nicht nur Respekt oder gar Angst vor der belebten und beseelten Pflanzenwelt, es geht oft auch um bewusste Einverleibung dieser Art von „Seelen". Jede Weltregion kennt eine Reihe halluzinogener Pflanzen, auch wenn eine bestimmte in der Regel favorisiert wird wie Peyote (*Lophophora williamsii*) in Nordamerika, Coca (*Athroxylon coca*) und Ayahuasca (*Banisteriopsis caapi, rusbyana* oder *inebrians*) in Südamerika, Hanf[57] (*Cannabis sativa*) im altweltlichen Trockengürtel, Qat (*Catha edulis*) in Ostafrika und Arabien, Betel (*Areca catechu*) um den indischen Ozean herum, Schlafmohn (*Papaver somniferum, Papaver orientale*) oder Opium in ganz Eurasien, besonders Ostasien etc.[58] Die amerikanische Ethnologin Felicitas Goodman meint, in der Neuen Welt gebe es mehr „psychoaktive Pflanzen" als in der Alten; möglicherweise liegt das aber auch an der unterschiedlich akzentuierten Beforschung[59]. Auf jeden Fall steht es den Lokalkulturen frei, aus dem reichlichen Angebot der Natur auszuwählen – so wie sie es ja auch bei der Selektion von Essbarem (s. Kapitel VI) halten.

Der mit Pflanzen kommunizierende Heide weiß die Hilfe zu schätzen, die manche Gewächse bei dem Wunsch nach Austritt oder Verwandlung leisten. Ekstase, das Verlassen des durch Raum und Zeit strukturierten Wahrnehmungsgehäuses – oft einfach als Trennung von Geist/Seele und Körper verstanden –, kann durch unterschiedliche Weisen ermöglicht werden. Weltweit und wohl von Anfang an wird der Taumel durch den Genuss vergorener Getränke (Met, Bier, Wein) herbeigezaubert, ihr Brennen, bzw. Destillieren setzt höhere Technik voraus, sehr häufig dient aber auch die Einnahme bestimmter Pflanzen als Transportmittel. Manchmal geht es bloß um einen Rausch, den die Einnahme von „Rauschkraut" vermittelt, manchmal soll der Rausch sich zur Trance steigern. Vom Schamanen werden solche „Fernreisen" erwartet, auch von den Initiierten im Besessenheitskult, an deren Austritten die übrige Gemeinde zwar regen Anteil nimmt, ohne aber in jeder Hinsicht folgen zu wollen oder zu können. Doch gilt in allen nichtwissenschaftlichen Kulturen der „Übergang" – die Trance von lat. *transitus* – in eine andere Wirklichkeit als – wenn auch etwas irritierende - Chance der Beglückung und Entlastung, der Heilung der Vorbereitung zu aussergewöhnlichen Leistungen. Die legendären Assassinen des Alten vom Berge im Iran des 12. Jahrhunderts sollen sich mit Haschisch - daher ihr arabischer Name *hashîshîyûn* - auf die Auftragsmorde konzentriert haben[60]. Ebenso dürften die Elitetruppen der skandinavischen Könige, die „Berserker" (=Bärenhäuter)[61], sich ihre sprichwörtliche Wut (norw. *Berserkergang*) mit Psychopilzen angetrunken haben. Die Geschichte der nichtdogmatisierten Religionen - auch und gerade in den „Hochkulturen" - kann nicht ohne den Beitrag psychoaktiver Pflanzen verstanden werden. Die „Rauschkulte" (Max Weber) vereinen erneut die Arbeitsfelder von Alter Geschichte und Ethnologie.

Halluzinogene Pflanzen leiten den Konsumenten in die Welt der Toten, der Nachtwesen, der Geister[62] und aller Mächte außerhalb vernünftiger Kontrolle. Hier zeigt sich die Kraft der Hierophanie Pflanze ganz ungebrochen, die eben unterschiedliche Grade annehmen kann, und ihre mildere Variante ist wohl auch anzusprechen bei der Erklärung der Massensucht Tabak. Die einst von Indianern entwickelte Technik des Inhalierens bzw. Paffens von brennendem *Nicotiana tabacum* hat sich in den letzten Jahrhunderten zu einer globalen Leidenschaft entwickelt[63], die sowohl mit industriellen und medialen Methoden gefördert wie auch im Zeichen des Nichtraucherschutzes seit kurzem bekämpft wird. Religionsethnologisch handelt es sich um die Verwandlung eines pflanzlichen Krauts zu Asche, wobei die freiwerdende Wirkkraft über den Rauch in den Körper eingesogen wird, um dort eine „trockene Trunckenheit" hervorzurufen[64]. Feuer und Pflanze, Tod und Lebenskraft, Verbindung von Erde und Himmel - all diese zentralen Aspekte einer hierophanischen Lebensauffassung schließt der banale Ablauf einer Zigarettenlänge ein. Auch wenn der heutige Kettenraucher sich des Zusammenhangs von Vernichten und Beglücken nicht gerne bewusst wird, den die von Johann Sebastian Bach vertonten „Erbaulichen Gedanken eines Tabakrauchers" von 1725[65] durchaus noch enthielten, so erinnert ihn doch das Gesundheitsministerium mit großen Lettern auf der Packung daran, dass „Rauchen tötet". Das Opfer wird zum Selbstopfer. Die Pflanze - das meinte Schiller oben - geht dem Menschen voran.

1 *„Suchst Du das Höchste, das Größte? Die Pflanze kann es dich lehren! Was sie willenlos ist – sei Du es wollend! Das ist's"* (Friedrich Schiller: Das Höchste [Gedichte, Dritte Periode 3] 1859/2000).

2 Vgl. das im Kapitel III bereits erwähnte Selbstgefühl der sudanesischen Anuak: *„Living on earth in the sky"* (Perner 1994). Der seinerzeit in München tätige Indianerforscher und Kulturmophologie Otto Zerries (1914–1999) schloss aus der Betrachtung anthropomorpher Holzschnitzereien: *„Es gab offenbar eine bestimmte Bewußtseinslage, in welcher der Mensch vom Wesen des Baumes in Hinblick auf seine eigene Existenz ergriffen war und er sich mit ihm identifizierte, da er eine wesensmäßige Verwandtschaft zwischen Mensch und Baum erkannte"* (1973/74:366). Einhundert Jahre zuvor war Wilhelm Mannhardt beim Studium europäischer Agrarbräuche deutlicher geworden. Er sprach von der *„Gleichartigkeit des Menschen und des Baumes"* (1875:603).

3 Die Forschung über Baumreligionen begleitet die gesamte Ethnologiegeschichte, s. Bastian 1868, Mannhardt 1875, vor allem F.R. Lehmann 1957, dann Abweichler wie Ernst Fuhrmann 1930, bis hin zu neuesten Bearbeitungen wie Bimmer 1998 oder Demandt 2002.

4 So z.B. die Kanaken Melanesiens (Leenhardt 1947/84:49); auch in der Mithras-Religion galten die Menschen als Baumgeburten (Merkelbach 1998:99 f.).

5 Nach Mone 1823:41 f.

6 Das Alkaloid Taxin der Eibe kann beim Menschen Herz und Zentralnervensystem lähmen. Das Zellgift Taxol wird aber seit Jahren auch in der Krebsbehandlung verwendet – der Tod wird auch in der modernen Medizin mit Tod bekämpft (Golowin 1991:52).

7 In Luthers Übersetzung Jeremia 2,26–27

8 *„Odin singt im Hávamál, wo er neun Nächte in einem winddurchsausten Baume hängend, durch einen Speer verwundet, Runen aus der Tiefe aufnahm, und durch neun alte Lieder des weisen Sohnes Bölthorn (Bostlas Vater) Weisheit erlangte, um durch Gesänge Krankheiten zu heilen, feindliche Schwerter abzustumpfen, Fesseln zu lösen, einen Pfeil im Fluge aufzuhalten, bei Verwundungen mit der Wurzel eines wilden Baumes das Böse auf den Gegner zu wenden, Feuer zu löschen, das Meer zu beschwichtigen, unter dem Schilde singend die Freunde im Kampfe zu schützen, einen am Galgen Erhängten zu beleben und zu sich zu rufen, Mädchengunst zu erlangen"* (Bastian 1868:190).

9 Siehe Klages 1929–32/81:1405.

10 Dionysos trug im alten Griechenland die Beinamen „Bäumler" (*Δενδριτης – Dendritäs*) oder „Eingebaumter" (*Ενδενδρος – Endendros*) (Otto, W.F. 1933:98).

11 Siehe Fischer o.J., Haekel 1958/59.

12 Siehe Gerlitz 1992:76, – *„Das ewige Asvattha, dessen Wurzeln sich in die Höhe strecken und dessen Zweige nach unten wachsen, ist das Reine, der Brahman, der Nicht-Tod genannt wird. Alle Welten ruhen darin"* (Katha Upanishaden [-900–500], nach Caldecott 1993/2001:16).

[13] Siehe Eliade 1983/93 III, 1:19. Dass „schlimme" Tote (s. Kapitel IX) und außergewöhnliche Menschen statt im Wurzelbereich, am Stamm oder gar im Geäst beigesetzt werden können, hat Lagercrantz (1991) für Afrika untersucht.

[14] Diederichs/Hinze 1986:64 f. Etwas glaubwürdiger ist der Bericht von Enea Silvio de Piccolomini, dem späteren Papst Pius II. (1458–1464) über die Bekehrung der litauischen Zemaiten, bei der immerhin die Frauen um Erhaltung der baumbestandenen Göttersitze gebeten haben sollen (Gerlitz 1992:67 f.). Knapp 50 Jahre nach dem Fall der Donareiche fiel ein anderes Heiligtum des heidnischen Innergermaniens, die Irminsäule zu Eresburg an der Diemel, nach Mone (1823:51) ein Standbild des fränkischen Stammvaters Irmin und Vorbild aller Rolandssäulen.

[15] Stüben 1994:188.

[16] Gothein 1906:337 ff.

[17] Dazu Gronemeyer 1992:55 ff.

[18] Als Beispiel für viele sei Phyllodrom e.V., „Gesellschaft zur Gründung eines Instituts und Museums für Regenwaldökologie" in Leipzig genannt (http://www.phyllodrom.de. Datum: 12.12.12).

[19] „… VND FÜLLET DIE ERDEN/vnd macht sie euch vnterthan" (Luthers Übersetzung von 1. Mose 1,28; in der Septuaginta: *καὶ πληρώσατε τὴν γῆν καὶ κατακυριεύσατε αὐτῆς – kai plärôsate tän gän kai kataküríeusate autäs*).

[20] Eliade 1957/58:131.

[21] Frazer 1922/89:244. Zur Symbolik anderer Bäume im archaischen Europa s. De Cleene/Lejeune 2004.

[22] Frazer 1922/89:966.

[23] Frazer 1922/89:967 ff.

[24] *„Hier ist auf das deutlichste die Anschauung ausgedrückt, dass der in der letzten Garbe immanente dämonische Getreidehahn bei dem Kornschnitt getödtet, in den aufspriesenden Körnern der neuen Aussaat wieder auflebe"* (Mannhardt 1884/1998:30). Eine Fundgrube für das Studium der alten Agrarreligion Europas ist auch die große Arbeit des Finnen Rantasalo (1919–1925).

[25] Brauer 1925:86. *„In vielen Gegenden unserer Heimat wird heute noch der Pfingstkönig, in Laub gehüllt, umhergeführt, um anschliessend ins Wasser geworfen zu werden"* (Braun 1979:43).

[26] Campbell 1968/96 I:207.

[27] Leenhardt 1947/84:99.

[28] Zusammengefasst in Burkert 1997:349; zur Zeit der Aufklärung wagte man allerdings auch einen Vergleich mit christlichen Verbrechen: *„Die Menschenopfer der Karthager, Mexikaner und soundsoviel anderer Barbarenvölker übertreffen kaum die Inquisition und die Verfolgungen von Rom und Madrid"* (Hume 1755/1911:88).

[29] Frazer 1922/89:967.

[30] Volhard 1939:486, Jensen 1948:193, Eliade 1949/98:395–400. Volhard veröffentlichte zum Beginn des Zweiten Weltkriegs das Standardwerk über Kannibalismus (Volhard 1939), Schoch (1953) beleuchtete ihn für Polynesien, eine kurze Übersicht über den damaligen Forschungsstand gibt Bühler 1961. Substantielle Beiträge verschiedener Fachleute haben Brown und Tuzin 1983 zusammengetragen. Von Seiten der Archäologie gibt Rind 1996 einen Überblick. Vgl. auch den dem Thema Menschenopfer gewidmeten ersten Band des *Archivs für Religionsgeschicht*e (Stuttgart/ Leipzig 1999) und das Begleitbuch zur Mannheimer Ausstellung „Schädelkult" (Wieczorek/ Rosendahl 2011).

[31] Aus Naturgeschichte 16, 95, 249, nach Perrin 2002:15.

[32] Nach Frazer 1922/89:962.

[33] Jensen 1966, sekundär Streck 1998, Fuchs 1999. Als erster neuzeitlicher Gelehrter hat Franz Joseph Mone die heidnische Töterreligion ernst genommen: *„... sowol das Verbrennen unbelebter Dinge, als das Schlachten der Thiere geht auf die Lehre vom gewaltsamen Tod zurück, und wie in diesem allein die Widergeburt und Unsterblichkeit gegründet ist, so ist auch das Opfer einestheils eine Weihe zum höheren Leben für die geopferten Dinge, anderntheils eine Vorspiegelung und Anmahnung der Lebens- und Todespflicht des Menschen"* (1823:209 f.).

[34] Jensen 1939, 1948, 1951. Für Jensen musste der Tod des göttlichen Mädchens mit dem Anbau von Knollenfrüchten verbunden sein, den er für älter als den Körneranbau hielt. Dass es vergleichbare Mythen über Reismädchen gibt (s. Vatter 1932, Kohl 1998), musste er verdrängen. Knollenpflanzen einschließlich des Flachses (Weber-Kellermann 1974) sind übrigens auch in der europäischen Volksüberlieferung weiblich im Gegensatz zum männlichen Korn (Peuckert 1951:251). In der Antike mit ihrer von Creuzer zum ersten Mal beschriebenen „cerealischen Religion" (Bäumler 1926/65:112) scheint aber das Korn der „Getreidemutter" Demeter gehört zu haben: *„Es ist immer ‚das Getreide', das in der Erde versinkt und wiederkehrt, das in seiner goldenen Fülle abgemäht wird und als volles, gesundes Korn doch heil bleibt, Mutter und Tochter in einem"* (Jung/Kerenyi 1941:167).

[35] Der Spiralentanz als heidnische Urchoreographie ist auch aus anderen Weltgegenden belegt, z. B. tanzen ihn die Naza in den Nordanden unter Leitung ihres Schamanen angeblich zur Weckung der Pflanzensamen (Drexler 2004:15) - s. auch Kapitel XII.

[36] Jensen 1966:51.

[37] Kerenyi 1959.

[38] Groeschke 1990:33.

[39] *„Das Band zwischen Ahnen, Ernte und erotischem Leben ist so eng, dass die Toten-, die Ackerbau- und Zeugungskulte einander durchdringen, manchmal bis zur vollständigen Verschmelzung“* (Eliade 1949/98:406).

[40] Vgl. Landtman 1917, 1927; Wirz 1922–25; Preuß 1923; Dubois 1904/06, 1908; Kroeber 1906.

[41] Frobenius 1931:204 f.

[42] Die von Berossos überlieferte Version in dem Epos *Enûma elis* findet sich bei Meissner 1925:106.

[43] Siehe Clarus 1991:58, Meyer-Sickendiek 2000:32.

[44] Siehe Schlothauer 2011, Fürer-Haimendorf 1939, Schäffler 2004.

[45] Vgl. Hermann 1961, Popp 1969.

[46] Siehe Mannhardt 1884/1998:113 ff., Ries 2004:32 ff.

[47] *„Dionysos ist gleichsam die Seele der Natur* [...] *Sein Kind mit der Liebesgöttin Aphrodite ist der bäurische Priapos, der mit ständig aufgerichtetem Glied die Gärten und Felder segnet, ein ehrwürdiger Vorfahr der grundanständigen Gartenzwerge“* (Ebersbach 2000b:59).

[48] Eine typische Dema-Gottheit ist die Eiche des Helden Väinämoinen im finnisch-ugrischen Nationalepos *Kalevala*, die wegen ihres Schattens umgehauen wird, in alle vier Himmelsrichtungen zerfällt und fortan Zauberkräfte vergibt (Gerlitz 1992:71).

[49] Nach Carrasco 1983.

[50] Vgl. Goody 1993/94.

[51] Jensen 1966:151.

[52] Zur Kulturgeschichte der Würzpflanzen s. Beck et al. 2002.

[53] Siehe Paracelsus 1926; sekundär Vogt 1956.

[54] Vgl. Loth 1984.

[55] Zum Beispiel Melk-Koch 2003.

[56] Siehe Rätsch 1990/2001.

[57] *„Als Rauschmittel heißt Cannabis oder Hanf in Amerika Marihuana, Sope oder Grass, in Asien und Afrika Haschisch oder Khif und in den islamischen Ländern Bhang oder Majoun“* (Möller o. J.:18)

[58] Den lateinischen Namen *papaver* könnte man mit „wahre Speise“ übersetzen. In der Antike wurde Schlafmohn selbst dem Kinderbrei beigemischt, und die herrliche Blüte war auch Vorbild für optische Beruhigung: als bevorzugtes Ornament in Steinfriesen. Einen guten Überblick über die qualitative Pflanzenwahrnehmung aus ethnologischer Sicht gibt Völger 1981, ebenso – mit Verbreitungskarte – Schultes/Hofmann 1979/98.

[59] *„In der Neuen Welt werden mehr Pflanzen als Halluzinogene verwendet als in der Alten. Fast 130 Arten sind es erwiesenermaßen in der westlichen Hemisphäre, während es in der östlichen etwa 50 sind. Für die Botaniker gibt es allerdings keinen Grund zur Annahme, die Flora der Neuen Welt sei reicher oder ärmer an*

*Pflanzen mit halluzinogenen Eigenschaften als diejenige der Alten Welt"* (Schultes/Hoffmann 1979/98:30).

60 Siehe Daftary 1998.

61 Knecht 1964.

62 In Nordasien ist es vor allem der Fliegenpilz (*Amanita muscaria*), populär auch „Narrenschwamm" genannt, der den Kontakt mit der Geisterwelt erleichtert (Schultes 1981:35) und der nach den Forschungen Gordon Wassons (1968) auch für die Zauberwirkung des altarischen Soma vor 3500 Jahren verantwortlich war. Er gehört neben Tollkirsche (*Atropa belladonna*), Stechapfel (*Datura metel*), Engelstrompete (*Brugmansia*) und Schwarzes Bilsenkraut (*Hyoscyamus niger*) zu den bei Ökologisten besonders beachteten „Bio-Drogen" (s. Frey 1989, Bauer et al. 1991).

63 Siehe Walther 1981, Baer 1986. Schon im Dreißigjährigen Krieg scheint der Tabakkonsum in seinen verschiedenen Spielarten allgemein verbreitet gewesen zu sein. Grimmelshausen lässt Simplicissimus sagen: *„Teils saufen sie den Tabak, andere fressen ihn und von etlichen wird er geschnupft, also dass mich wundert, warum ich noch keinen gefunden, der ihn auch in die Ohren steckt"* (nach Knauss 1999:90).

64 Knauss 1999; Golowin 1982.

65 *„Wenn man die Pfeife angezündet/So sieht man, wie im Augenblick/Der Rauch in freier Luft verschwindet/Nichts als die Asche bleibt zurück/So wird des Menschen Ruhm verzehrt/Und dessen Leib in Staub verkehrt"* (vierte von sechs Strophen des von Johann Sebastian Bach vertonten und als Eingabe in den Leipziger Sperontenkreis eingereichten Liedes, das im Notenbüchlein der Anna Magdalena Bach von 1725 überliefert ist).

# VI. Tier

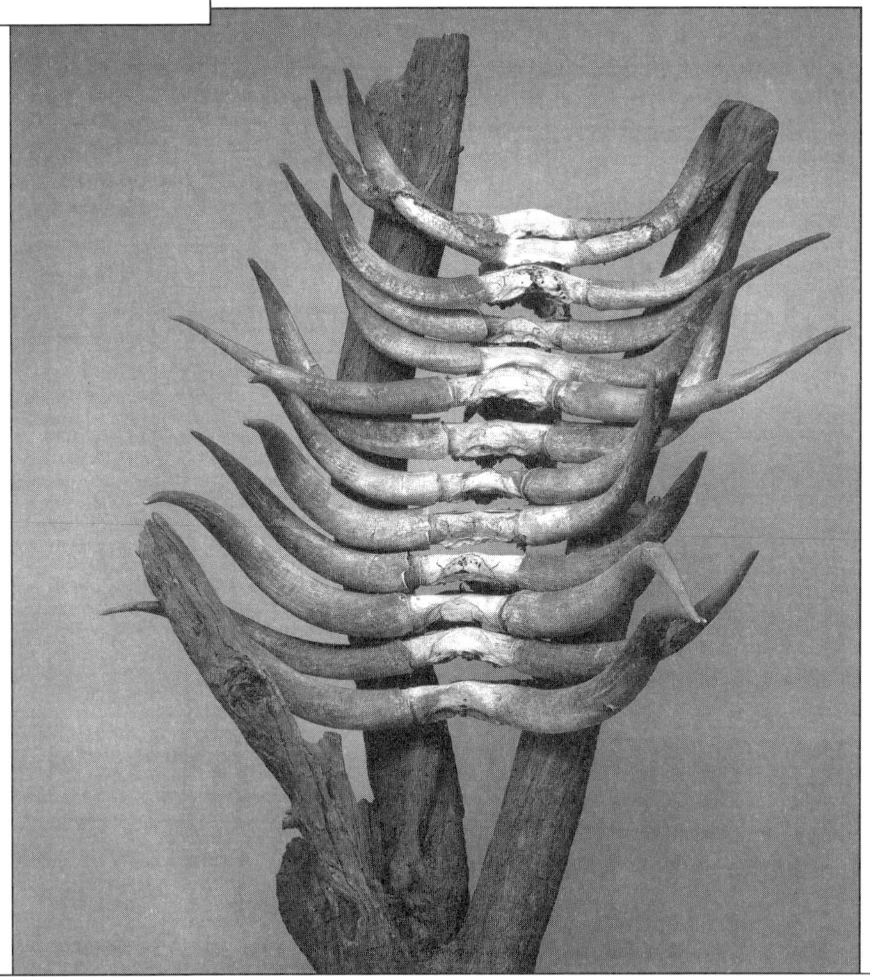

*... denn durch Unwissenheit getrieben und ohne Gott zu kennen,*
*haben sie das, was der Existenz dienen sollte,*
*(als Götter) aufgestellt und verehren es; ebenso auch das,*
*was Gott ihnen zur Nahrung gegeben hat,*
*die vierfüßigen Tiere des Feldes,*
*Wiesel und Mäuse, Katzen, Hunde und Affen,*
*und das, was ihnen zur Speise dienen sollte,*
*opfern sie den Verspeisbaren (Tieren).*
Petrus

Zwar geht in dem wiedergegebenen Zitat der Apostel Petrus[1] vor allem mit der altägyptischen **Tierverehrung** ins Gericht, die die 3000 Jahre Hochkultur am unteren Nil ganz wesentlich geprägt hat[2], das monotheistische Unverständnis für die Vergottung einer Kreatur betrifft aber jedes Heidentum. Seine tiefe Verwurzelung in der „Jägerreligion", der am längsten entwickelten und gepflegten Glaubenswelt des Menschen, hat Vorstellungen wie Schicksalsparallelismus, tierliches *alter ego*, vor allem aber beseeltes Tier auch in anderen Kulturkontexten erhalten und sie weiter entfalten lassen. Nicht nur der Jäger kann von der Mobilität seines Jagdwildes ergriffen werden, auch wenn dieses Jahrzehntausende während Hintereinanderherrennen sicher eine der fundamentalsten Erfahrungen der Kulturgeschichte war. Auch Bauern, Hirten, Krieger, Bürger und Könige können im Tier ihr Spiegelbild begrüßen. Jagen und Gejagtwerden, ebenso der rasche Wechsel zwischen Täter und Opfer, sind die Grundelemente der Tierreligion, die Frobenius **„Animalismus"** genannt hat. Dessen Schüler Adolf Friedrich (1914–1956) sprach von der „tiermenschlichen Zwiefältigkeit des Wurzelzustandes"[3], der das Tier für alle Zeiten zum festen Bestandteil menschlicher Selbsterfahrung, gemeinschaftlicher Ausdruckshandlungen und symbolischer Festschreibungen gemacht hat. Noch den vier Hauptaposteln des Evangeliums mussten drei Tiere (Löwe, Stier und Adler) zugeordnet werden, und auch der Erlöser brauchte das zur Schlachtbank geführte Lamm, um seine Rolle verständlich zu machen. Schließlich feiert die Hierophanie Tier in der säkularisierten Moderne fröhliche Urständ, wenn die Rentnerin mit ihrem Hund[4] oder ihrer Katze[5], der Teenager mit seinem Pferd und das Kleinkind mit dem Teddybären spricht.

Trotzdem muss hier ein tiefreichender Graben zwischen der modernen Tierhaltung in der Industriegesellschaft und der archaischen Tierbeziehung in allen anderen Gesellschaften beachtet werden. Für letztere gilt Frazers berühmter Satz: „Der frühe Mensch tötete, was er verehrte." Nach der Beschäftigung mit der Hierophanie Pflanze im vorigen Kapitel wissen wir die Gründe. Dieselbe Identifizierung, dieselbe **Selbstopferung im anderen** gilt für die heidnische Mensch-Tier-Beziehung. Moderne Rationalität muss hier passen. Verehrung und Tötung sind in der Industriegesellschaft auseinandergerissen. Die Tiere werden massenhaft gehalten und fabrikmäßig umgebracht und verwertet – das geschieht in den abgesperrten Hinterhöfen der Moderne, in Großställen und Schlachthöfen. Im Vorderhaus gibt es Spielzeug, Friseursalons und psychiatrische Beratung für Haustiere, bis sie in die Tierklinik kommen oder zuletzt auf dem Tierfriedhof bestattet werden. Zwar gehen die Meinungen über die serielle Verwertung von Tierleben in der pharmazeutischen und kosmetischen Forschung auseinander, offiziell ist der moderne Diskurs aber ganz auf Erhaltung jedes Lebens von einer nicht näher festgelegten Stufe der Zelldifferenzierung an ausgerichtet. Auch die heutigen Jäger müssen sich als Heger und Pfleger legitimieren und ihren Blutrausch unter sich behalten.

### *Das Tier als Rächer*

In der alten und die Menschheit nachhaltig prägendenden Jägerkultur gab es ein anderes Legitimationsproblem: Je größer, mächtiger und heiliger das Jagdwild erschien, umso begehrter war es als Fleischberg, der viele satt macht. Andrerseits stand ein heute erlegtes Wild morgen nicht mehr zur Verfügung. Aber nicht nur die Frage nach dem Ersatz musste den archaischen Jäger plagen, sondern auch das Problem der **Rache**. Denn Tiere galten lange Zeit wie Menschen, und sie wirkten wie diese über ihren Tod hinaus. Diese verwickelten Fragen machten schon den Altpaläolithiker zum Religionsphilosophen. Die Früchte seiner Reflexionen sind die schon genannte, von der Ethnologie mittels zeitgenössischer Aufzeichnungen rekonstruierte *Jägerreligion*. Manchmal wehren sich die Ur- und Frühgeschichtler gegen die Übertragung von Auskünften heutiger Sibirier auf die Altsteinzeit. In der Tat standen deren Bewohner nicht im Austausch mit Hirten, Bauern und Staaten, sondern waren auf sich selbst angewiesen. Dieser Unterschied verblasst aber vor der Kluft zwischen der quantitativen Tierwahrnehmung im modernen Denken und der qualitativen im Heidentum, die im Tier den Mitmenschen und die Gottheit sieht[6].

Nicht nur Denker, die nach dem Herkommen und Hingehen der Tiere fragten, auch Künstler waren die alten Jäger, wie die per Zufall gefundenen Höhlen in Südfrankreich und Nordspanien noch verraten konnten. Hans Peter Duerr hat, wie oben im Kapitel Erde (II.) angedeutet, die Höhlen als Uterus der Großen Mutter erklärt, in denen die toten Tiere wieder lebendig gemacht wurden. Die paläolithischen Künstler halfen ihr dabei[7], ebenso wie die Opfer in den **Kulthöhlen** und Höhlenkulte[8] als Vermehrungshandlungen gelesen werden können. Was wir schon bei der Pflanzerphilosophie lernen durften, gilt auch für die Jägerphilosophie: Man tötet, damit es noch mehr zum Töten gibt.

Der Tod - wir werden weiter unten (Kapitel IX) ihn ausführlicher befragen - ist im Heidentum nicht „der Sünden Sold“[9], sondern ein Teil des Lebensrhythmus, ein Übergangsstadium, eine Phase der Ruhe und Regeneration. Das ist die Lehre aus den Pflanzen und Tieren, die massenhaft sterben und das häufig unter Mithilfe des Menschen. Jensen glaubte, die Jäger hätten ein anderes Verhältnis zum Tod gehabt als die frühen Pflanzer. Während diese sich in tiefer Einsicht zum Töten bekannten, hätten die Altpaläolithiker ihr Töten verdrängt oder geleugnet. „Nicht wir haben Dich getötet, Bär, sondern die Russen“[10], logen sibirische Jäger sich und ihrem Opfer etwas vor. Die Forschungen von Helmut Straube (1923–1984) und Adolf Friedrich haben aber gezeigt, dass auch Jäger die Urtötung kennen und sie bekennen. Gerade ihr sehnlichster Wunsch nach Wild in großer Fülle verführte sie immer wieder zum Töten im Blutrausch. Knochen und Skelett der im Jagdmassaker umgekommenen Tiere sind ihnen Garantie, dass das Leben wieder zusammengesetzt werden kann und das Jagdglück von vorne beginnen wird.

Der Massenmord an einer die Klippen hinunter gejagten Herde sicherte die Ernährung aller auf Wochen hinaus, er bedeutete aber dennoch nicht nur körperliche, sondern auch geistige Anstrengung. Denn im archaischen Jägertum wird kein seelenloses Wild oder „unvernünftige“ Kreatur gar noch maschinell umgebracht, sondern Mitwesen, die selbst Quelle von Erfahrung und Handlung sind oder höheren Mächten wie der **Herrin der Tiere** oder - wie bei den Tyva Südsibiriens - den „Herrengeistern“[11] zugehörig gelten. Weit mehr als domestizierten Tieren eignet den Wildtieren eine Heiligkeit, die sich auch im Tötungsakt nicht verflüchtigt. So kann es zur begeisterten Vereinigung im Tötungsakt kommen, etwa wenn Fischer auf den Salomonen den ersten gefangenen Bonito, eine Tunfischart, so an ihren Leib pressen, dass sich das dunkle Blut über sie ergießt[12]. Oder zur Begeisterung über den Fang oder den Treffer gesellt sich der Schrecken über die Tat. Wohl sind maschinenlose Menschen Meister im handgemachten Töten - ihre raffinierten Fallensysteme hat Julius Lips (1895–1950) bekannt gemacht[13] –, und ein Tier durch einen Griff zum Herzen (Tyva), durch Verschließen von Nase und Mund (Maassai) oder durch einen Stich in den Nacken (Dinka) umbringen können, ist eine Kunst. Immer bleibt das Töten von Hand ein existentieller Akt, eine außergewöhnliche Anstrengung und ein hohes Risiko, das keine Gleichgültigkeit zulässt und in schriftreligiösen Kontexten oft zur gesellschaftlichen Diskriminierung des Metzgerhandwerks geführt hat.

Hermann Baumann hat in den 30er Jahren ethnographisches Material zusammengetragen, das die Angst des Töters vor dem Getöteten belegt. 1950 kam der Aufsatz „Nyama, die Rachemacht"[14], heraus und rundete das Bild ab, dass im Tötungsakt zwei existentielle Ängste aufeinanderprallen. Zum einen hat das Jagdwild schreckliche Angst vor dem Todesstoß, den der Jäger im nächsten Augenblick ihm versetzen wird. Zum anderen wird der Jäger selbst von einer panischen Angst gepackt, dass das waidwunde oder getötete Tier sich an ihm rächen werde. Hier zeigt sich wieder die Kluft zwischen modernem und archaischem Denken. Der Metzger im Schlachthaus braucht keine Angst zu haben, dass die fließbandmäßig getöteten Tiere ihn verfolgen[15]. Die angelernte Vernunft sagt ihm, die Tiere lösten sich nach dem Elektroschock auf und das Fleisch harre allein als Nährstoff und Eiweißträger seiner Weiterverarbeitung. Heidnische Töter dagegen leisten „interaktive Arbeit" (Spittler), ihr Gegenstand ist kein Objekt, sondern ein Subjekt, das zurückschlagen kann - auch und gerade nach dem Tod.

Oben war schon einmal die Rede von der **Macht der Übergänge**. Ein Wild im Todeskampf muß über diese Macht verfügen, wie archaische Denker glauben. Deswegen ist ihre Tötungshandlung in jedem Fall heilig. Denn sie setzt unkontrollierbare Kräfte frei, und der Töter muss sich vorsehen. Alle nichtindustriellen Gesellschaften kennen Vorkehrungen gegen das Zurückschlagen des getöteten Tieres, gegen die Rachemacht, die sich ganz besonders konzentriert im brechenden Blick des sterbenden Tieres[16]. Im archaischen Verständnis ist das Auge bekanntlich kein bloßer Rezeptor, sondern eine Strahlenquelle. Der weltweit verbreitete Glaube an den „Bösen Blick"[17] bringt das zum Ausdruck. Nichtwissenschaftliche Menschen sehen sich vor, vom neidischen Blick des Anderen getroffen zu werden. Beim getöteten Tier ist es nicht Neid, sondern Vergeltung am Verursacher seines Erlöschens. Der Jäger hat nun nicht nur alle Hände voll zu tun, das Tier körperlich fertig zu machen, er muss zugleich dafür sorgen, dass der Geist des Tieres ihn nicht packt und niederwirft.

Es „folgt jeder Besitzergreifung eine Ergriffenheit durch den Besitz!", sagt Frobenius[18]. In diesem Sinne aber hat der Jäger überhaupt keine Möglichkeit, der Rache des getöteten Wildes zu entkommen. Totenseelen nisten sich im Töter ein. Vielleicht geht es im archaischen Denken aber auch nur darum, dies ohne gravierende Gefahren zu überstehen und den nach Vergeltung dürstenden Tiergeist entsprechend zu empfangen oder zu akzeptieren. Bei den Mandevölkern in

Westafrika bezeichnet *nyama*, das Wort, das in den Bantu-Sprachen oft Fleisch oder Tier bedeutet, die Seele oder den Geist des Tieres, also die Macht, die die Tötung überlebt, bzw. dabei freigesetzt wird. Dieser Dämon kann den Töter davon abhalten, vom Fleisch des Tieres zu essen, oder bestimmte Teile zu essen. Er kann ihn zwingen, ihm Opfer zu bringen oder bestimmte Reinigungsrituale durchzuführen. Es ist gerade das tote Tier, das zur Quelle von Racheakten wird[19]. Heidnische Gesellschaften, denen durchweg das blutige Opfer die vornehmste Ritualhandlung ist, wenden große Energien auf, mit diesem Erbe fertigzuwerden, auch wenn es nach außen wie Routine aussehen mag. Der Glaube an die Subjektivität auch der Mitlebewesen und an den Tod als Verwandlung – statt als Ende – zwingt zu den diversen Vorsichtmaßnahmen.

Oft gibt es für die notwendige Aussöhnung zwischen Töter und getötetem Tier Spezialisten, wie etwa der sogenannte Bluthäuptling der Bobo im heutigen Burkina Faso. Wann immer ein Mord geschieht – gleich ob an Mensch oder Tier – wird der Töter mit Asche und Blut gereinigt und in den **Mörderbund** aufgenommen. Es handelt sich um eine Schutzgemeinschaft gegen Racheaktionen seitens der Gemordeten[20] – die Komplizenschaft als eine der ältesten Vergemeinschaftungen. Manchmal scheinen allerdings nur bestimmte Tiere eine Rachemacht freizusetzen, wie es z. B. die südafrikanischen Tonga von *nuru*, das in den Töter eindringt, annehmen[21]. Die Totenseele des Opfers vermag jedenfalls den Täter zum Wahnsinn zu treiben; der Geist des geschlachteten Tieres ergreift den Töter oder Opferer und treibt ihn in die Irre. Deswegen ist dieser seinerseits bestrebt, dem dem toten Körper entfliehenden Geist einen falschen Weg zu weisen oder ihn auf Ersatzobjekte abzulenken.

Manche heidnischen Afrikaner bestatten die Körperteile, aus denen Totenseelen auszutreten scheinen, gleich unter der Erde. Andere afrikanische Töter verschließen sich ihre eigenen Körperöffnungen sorgfältig, damit das furchtbare *Nyama* nicht in sie eindringen kann. Bisweilen lässt sich die unheimliche Rachemacht aber auch bannen – z. B. mit einer exzessiven Tat. Die Nilpferdjäger der Tonga erzählten dem Neuenburger Missionar Henri Junod (1863–1934), der Inzest mit der eigenen Tochter könne das Nyama eines getöteten Nilpferds in Schach halten. Ein Exzess begegnet hier einem Exzess. Die Macht des Tabubruchs muss herhalten, um eine solch gewaltige Tat wie den Mord an einem mächtigen Nilpferd bewältigen zu können. Hermann Baumann hat dafür den Satz geprägt: *„Die perfekte Perversion ist die einzige Antwort auf das Grauen."*[22]

Damit ist der Kern des Glaubens an Hierophanien getroffen. Wie eingangs ausgeführt, bricht das Heilige gewaltsam und ohne Rücksicht über den Heiden herein, und oft genug findet er keine andere Antwort auf die als „Kratophanie" erlebte Hierophanie als wiederum die Gewalt. Es ist eine Art gegenseitiges Anschaudern, wie Menschen mit Göttern und Geistern kommunizieren, und am deutlichsten wird dieser schreckhafte Umgang miteinander im Angesicht des Todes.

### *Todes- und Lebenskreis*

Archaische Fremdwahrnehmung macht keinen großen Unterschied zwischen Mensch und Tier, weil diese auswechselbar sind und dieselben Geister bald in dieser, bald in jener Gestalt wohnen können. Dazu gehören auch, wie das letzte Kapitel zeigte, die Pflanzen. Da das Heidentum auch keine deutliche Grenze zwischen Geistern, Dämonen und Göttern zieht, können wir die vier Zuständlichkeiten relevanten Lebens, also Götter, Pflanzen, Tiere und Menschen auf einem Kreis anordnen, in dessen Zentrum der Tod als Vermittler sitzt.

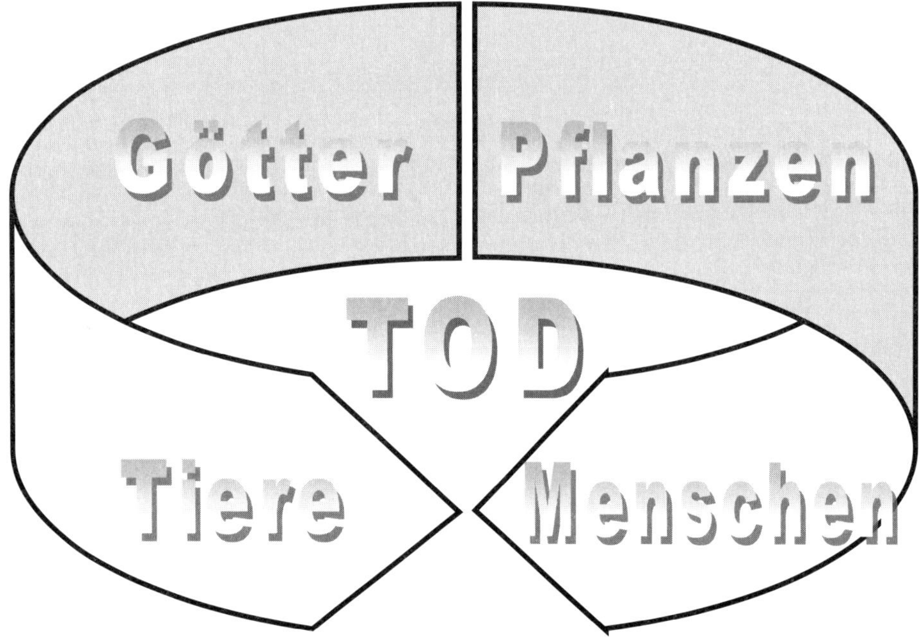

Der Tod sorgt, wie wir weiter unten (Kapitel IX) noch näher erörtern wollen, für den Wechsel, für die Rhythmik, für den Austausch und Ausgleich. Es darf offenbar kein längeres Verweilen in einer einzigen Zuständlichkeit geben. Der archaische Mensch, dessen Denken wir uns in solchen Modellen begreifbar machen, hilft dem Tod bei diesem Koordinierungsamt, indem er selbst tötet. Er kann das aber nicht leichtfertig, gleichgültig oder seriell - wie es Massenmörder in der modernen Gesellschaft zuwege bringen -, sondern er wird dabei immer aufs Neue erschüttert und muss - eben weil er ins existentielle Rad selbst hineingreift - peinliche Vorsichtsmaßnahmen beachten.

### *Das Tier als Lehrmeister*

Die Hierophanie Tier umschließt einen großen Komplex unterschiedlicher Erfahrungen und Begehrlichkeiten. Nicht nur das Fleisch der Mitwesen, auch ihr Geist übt, obwohl oder gerade weil Tiere nicht sprechen, auf den archaischen Menschen eine unheimliche Anziehungskraft aus und führte zu einer weltweit variierenden aber auch vergleichbaren Tiersymbolik[23]. Alle Mythologien kennen Tiere als Akteure der Urzeit; viele Gründungssagen sprechen einem Tier die divinatorische Fähigkeit zu, bestimmte Orte auszuwählen; im alten Amerika gab es tiergestaltige Städte, z. B. das peruanische Cusco als Puma[24]. Die **Orakelkunst**, aus den Eingeweiden oder den Schulterblättern geschlachteter Tiere die Wahrheit und Zukunft herauszulesen[25], gründet in dem Glauben an eine Überlegenheit der stummen Mitwesen. Der Mensch möchte an ihr teilhaben, wenigstens ein Stück der hierophanischen Unverfügbarkeit durch *Divination* oder Wahrsagerei unter seine Kontrolle bringen. Entweder steckt das Numinose im Tier selbst oder eine Gottheit bedient sich des Tieres zu - wohl immer rätselhaften - Mitteilungen[26].

Es sind sicher auch bestimmte Eigenschaften, die Tiere mit besonderen Menschen in Verbindung bringen und die letztere zwingen, sich entsprechende **Tierverkleidungen**[27] zuzulegen, die weit über den jagdtechnischen Aspekt der Tarnung oder über die genealogische Begründung der sich von einer Spezies herleitenden *Totemgruppe* hinausweisen. Viele Schamanen (s. Kapitel XIV) halten sich mit der Vogelwelt[28] verwandt, weil auch diese zwischen Himmel und Erde verkehrt. Priesterinnen identifizieren sich mit Muttertieren, die in der Nachfolge der Tierherrin stehen. Könige behaupten, von majestätisch oder räuberisch erscheinenden Tieren wie Löwen, Leoparden oder Tiger abzustammen. Aus solchen Wesensähnlichkeiten reifen unter bestimmten historischen Bedingungen tiergestaltige (*theriomorphe*) Götter heran, wie sie die altägyptische Religion in einer eindrucksvollen Vielfalt überliefert hat[29] und wie sie der Hinduismus mit seinem populären Elefantengott Ganesch, seinem Affengott Hanuman, aber auch mit Löwen-, Eber- und anderen Tiergöttern bis zum heutigen Tag bewahrt. Ihre Voraussetzung, der Glaube an die erwähnte Austauschbarkeit der Gestalt, findet sich aber in allen heidnischen Religionen. Es sind diese nicht denkbar ohne Tierverehrung und Tierkulte – schon allein wegen der außerordentlichen Bedeutung des blutigen Opfers. Mit dem Wunsch, allezeit Opfertiere zur Verfügung zu haben, begann nach dem Wirtschaftshistoriker Eduard Hahn (1856–1928) die Tierdomestikation[30].

### *Bedeutungsträger Tier*

Sehen wir uns besondere Tierarten an, die mit den bisher behandelten Hierophanien in engem Verbund stehen, müssen wir bei den **Schlangen**, Drachen und Würmern beginnen, die als Verkörperungen von Urkraft und Wasser gelten und im Standbild der Glykon-Schlange vom Schwarzmeerhafen Tomis (Constanza) aus dem 2. Jahrhundert nach der Zeitenwende ihre für die Antike schönsten Ausdruck gefunden haben[31]. Zwar ist damals auch der „Sieg über die Schlange" religionsgeschichtlich zum Leitmotiv geworden, doch findet sie sich nirgends als Opfertier. Wohl füttern die Dinka und andere Afrikaner Schlangen unter ihren Kegelhausdächern – sie gelten als Ahnen und ihre Präsenz ist willkommen[32] – und einzelne Berufsgruppen von *Dienstleistungsnomaden* verdienen im Orient mit vorgeführten Schlangen ihr Brot. Trotzdem kann diese Spezies nicht gut als Haustier im strikten Wortsinn verstanden werden. Schlangen schmücken zwar die Kronen der Pharaonen, ihr Häutungsrhythmus kann als Metapher für heidnische Unsterblichkeit dienen und sie verbinden als Ornamentbänder viele Beispiele archaischer Sakralkunst – am berühmtesten sicher als Federschlange (*Quetzalcoatl*) im Alten Amerika[33] –, sie entwinden sich aber der hier im Zentrum der Betrachtung stehenden Funktionalisierung als Fleischlieferant, Opfertier und Protagonist im Stirb-und-Werde-Drama.

Anders steht es mit dem Sinnbild der Urmutter, dem **Schwein**. Es gehört zu den fruchtbarsten Tierarten, und seit seiner Erstdomestikation vor ca. 8500 Jahren steht es im Zentrum der altweltlichen Bauernkulturen. Die spätere Verabscheuung des Schweinefleischs im *Abrahamismus* – die sich wohlweislich in der christlichen Variante nicht durchsetzen konnte - muss im Zusammenhang mit der Bekämpfung der Muttergottheit durch den Vatergott und des Polytheismus durch den Monotheismus gesehen werden. Im heutigen Sudan steht die Schweinehaltung der Bergbauern westlich und östlich des Nils wie Bollwerke gegen den überlegen auftretenden Islam mit seinem aus den Alten Testament ererbten Schweinetabu. Die Lemwareng-Nuba feiern ihre oben vorgestellte Steingöttin mit einer Schweinefleischorgie[34], und das Brautpaar der Ingessana (Gamk) muss über ein Schwein ins Haus des Bräutigams treten. Dieses Tier wird anschließend getötet und von den an der Heirat beteiligten vier Abstammungsgruppen buchstäblich in vier Teile zerrissen[35].

Jensen hielt das Schwein für einen tierlichen Stellvertreter des göttlichen Mädchens[36]. Seine Tötung war der Motor vieler alter Kulturen, und per Hausschlachtung wie per Fließbandzerfleischung trägt das Schwein weltweit auch die Moderne mit. Der amerikanische Ethnologe Andrew Strathern hat mit „Onka's Big Moka" der urtümlichen Schweineakkumulation mit anschließender Fleischorgie zu einem filmischen Dokument verholfen[37]. Auf Neuguinea sind viele Hackbauern vom Schwein derart besessen, dass sie diese „Ergriffenheit durch den Besitz" bis zum Exzess steigern wollen und den in der Literatur vielfach belegten *Schweine-Komplex* entwickelt haben. In den von dem Basler Ethnologen Milan Stanek gesammelten Geschichten der Iatmul verwandeln sich Menschen in Schweine und umgekehrt[38]. Schweine sind die Seele der Kopfjäger, die sich Eberhauern durch die Nasenscheidewand stecken[39]. Bei den Polynesiern war das Schwein sogar Königstier und von großer Bedeutung im Geheimbund der Arioi[40]. In der griechischen Antike warf man Ferkel in Schluchten und Höhlen, also direkt in die Terra Mater oder Demeter hinein, um ihr für den Reichtum zu danken und sie um Fortsetzung des Glücks zu bitten[41]. „Schwein haben" mit „Glücksschweinen", auch wenn der Einsatz „schweinisch teuer" wird - in der deutschen Sprache hat sich das Erbe der Hierophanie „Schwein", die zuletzt noch im Eber Gullinborsti des Fruchtbarkeitsgottes Freyr einen Namen hatte[42], über Tausend Jahre Christianisierung gehalten.

Schweineschlachtung ist der „fruchtbare Tod" schlechthin, und das Schwein, das mit seinem Rüssel die feuchte Erde aufwühlt und sich in Schlammpfützen suhlt, ist Erdtier wie der Delphin Wassertier[43]. Trotzdem bildeten die alten Ägypter auch ihre Himmelsgöttin Nut als Mutterschwein ab, weil sie die Sternengötter allnächtlich gebiert und wieder verschlingt[44]. Erst mit der monotheistischen Umwertung aller Werte wird das Schwein entsakralisiert, ja unsauber und unanständig, sein Fleisch wird verboten[45] und sein Name zum Schimpfwort. Das christliche Abendland blieb hier auf halber Strecke liegen; es kennt sowohl das genannte „Schweineglück" als auch die zu bekämpfende Schweinerei. Vor allem aber hat sich dieser Widerspruch im mittelalterlichen Imago der „Judensau" ein Ventil geschaffen, das die Lehrer der Schweineüberwindung auf ein solches Tier zwingt und zum allgemeinen Gespött an seinen Körperöffnungen lecken lässt[46].

Im archaischen Schweineopfer, das den oben behandelten Zusammenhang von Massenmord und Fruchtbarkeit wieder aufgreift, durchdringen sich die Hierophanien Erde, Pflanze und Tier. Beide Mitlebewesen bieten sich an zur Darstellung der Lehre von Mutter Natur, die sich mit Toten selbst düngt und deren Atem das Werden aus- und das Sterben einhaucht. Tiere, die sich vermehren, damit man sie schlachtet, sakralisieren sich damit. Der Schweizer Ernährungswissenschaftler Al Imfeld zitiert zum verhängnisvollen Verlust des Schweinekomplexes den indonesischen Kollegen Juni Thamrin:
*„Wir als Wissenschaftler haben festgestellt, dass mit der Degradierung des Schweins auch immer eine Degradierung der Frau einhergeht. Wer das Schwein bannt, nimmt der Frau Macht. Wer das Schwein als unrein erklärt, greift gleichzeitig die Frau an. Schwein und Matriarchat gehören zusammen"*(1998:60).

Es gibt aber auch noch andere tierliche Charakterzüge, die das hierfür sensible Archaikum zum Tierkult anregten oder zwangen. So verfügt z. B. der **Hirsch** über eine außerordentlich komplexe Symbolik[47], wie seine überall auf der nördlichen Hemisphäre verehrte Gestalt zeigt. Einmal verliert er jedes Jahr sein Geweih und gebiert es – größer und schöner – neu. Damit führt er – wie die Schlange oder die Himmelskörper (s. Kapitel III) – das heidnische Verständnis von Unsterblichkeit im Gedanken der ewigen Wiederkehr vor. Bei Kelten und Germanen war der Hirsch Gott und Vorfahre[48]. Sein Kleid besaß schamanistische Bedeutung. Im orphischen Kult verkörperte er Dionysos und wurde wie dieser beim blutigen Opfer zerrissen[49]. Die indianischen Huichol sehen die Sterne als Hirsche, die der Sonnengott jeden Morgen abschießt[50]. Noch in der christlichen Zeit blieb der Hirsch Lieblingstier der Aristokratie, die sich – nunmehr gedankenlos und in bisweilen monströser Inszenierung – der Jagd auf den weißen Hirsch verschrieb und sich in dem von Hunden gehetzten und endlich erschöpft zusammenbrechenden Tier wohl selbst opferte.

Nach dem oben mit Frobenius erinnerten Prinzip der Ergriffenheit durch den Besitz ersteht der getötete Hirsch im Jäger aufs Neue, strahlender und majestätischer als zuvor. Es könnte fast als die Suche nach *Heteronomie* ausgelegt werden, nach Fremdbestimmung durch das geopferte Tier, so wie der Kopfjäger geradezu von einer Sucht nach Köpfen besessen ist, nach Köpfen hinterrücks Erschlagener, weil es - wie Jensen ausgeführt hat - hier (noch) nicht um Heldentum geht, sondern einzig um das Töten, das Geister freisetzt. Die aber nisten sich im Töter ein; seine Trophäen oder - in Ostafrika - seine Töternarben machen seinen inneren Reichtum sichtbar. In großen Tötern tummeln sich gleichsam die Geister von Getöteten, bis der ganze Haufe mit dem Ende des „Wirtes" sich neue Wohnstätten suchen muss. Kopfjagd und Jagdleidenschaft werden von der Sucht nach Besessenheit durch Tote gelenkt - durch fremde Wesen, die sich mittels Besitzergreifung rächen.

Nicht nur der mächtige Hirsch, auch das sanfte Reh kann Kulttier werden, wie es sowohl aus Venezuela als auch aus dem heidnischen Sudan bezeugt ist. Bei den Turafesten im venezolanischen Falcon/Lara verkörpert ein Reh die Vegetationsgottheit, das dazu an der Flucht gehindert wird[51]. Ebenso brechen die Krongo-Nuba einer kleinen Antilope die Beine, damit sie ihnen als Korngeist rituell zu Diensten sei[52]. Solche sanften Tiere sind wie die Pflanzen passiv und erleiden den Tod stumm wie Schafe, und trotzdem ist ihre Verwandlung vom Lebewesen zum toten Körper eine ungeheure Kraft, von der das Heidentum gebannt ist, aus der es lebt und die es kosten will sooft wie möglich. Deswegen sind große Männer („*big men*") wie Onka auf Neuguinea besessen vom Schwein, das sie aber nicht nur akkkumulieren und tauschen, sondern eben auch massenhaft töten. Und nilotische Granden feiern sich noch über den Tod hinaus durch die Vielzahl der Gehörne bei ihrem Begräbnis geschlachteter Opfertiere. Sicher rühmen die Nachkommen besonders das Fleisch, das bei Totenfesten und Erinnerungsfeiern verteilt wird. Der Genuss dieser Fülle ist aber mit dem Wissen verbunden, dass in großer Zahl Verwandlungen geschehen sind und Geister frei wurden und der Betrauerte eingebettet ist in diese Metamorphosen der „Tod-Leben-Gemeinschaft" (Frobenius).

Die Gehörnbeigaben (*Bukranien*) aus den „Pfannengräbern" des antiken Unternubien[53] zeugen von Ziegen-[54] wie von Rinderopfern. Dieselben ineinandergelegten Hörner finden sich auch auf Gräbern großer Herero[55] oder Dinka der Jetztzeit (s. Abbildung oben). Sie belegen das hohe Alter des von dem amerikanischen Ethnologen Melville Herskovits (1895–1963) „Cattle Complex" genannten Verehrung des göttlichen **Rindes** – die den Schriftgläubigen als „Tanz ums goldene Kalb" vergällt wurde – und der unökonomischen Viehhaltung, wie die Wirtschaftsethnologie feststellte[56]. In der Metapher „Heilige Kuh" ist die sakrale Haltung zum Hornvieh, wie sie in Indien auch heute als Selbstverständlichkeit gilt, als unversöhnlicher und zu beseitigender Gegensatz zur wirtschaftlichen Nutzung Teil des Programms der Moderne geworden. Die Vernunft gebietet, alte Zöpfe abzuschneiden und heilige Kühe zu schlachten. In Europa scheint das gelungen zu sein, obwohl über sechs Jahrtausende hindurch ein Rinderkult gepflegt wurde, dessen berühmteste Form die auch im römischen Mitteleuropa verbreitete Mithrasreligion[57] war. Nach dem Vorbild des „wilden Jägers" und Sonnengottes Mithras töteten die Anhänger dieses oben schon einmal erwähnten Höhlenkultes einen Stier, um vielleicht in seinem Blut zu baden oder zumindest sein Fleisch zu essen und sich damit als Tätergruppe im engen Kultgewölbe (*spelaeum*) zu vergemeinschaften. Der Tod des göttlichen Tieres wiederholt den Beginn der Welt. Seine Macht geht als verwandelte fortan in die Welt ein[58].

Aus dem zusammenbrechenden Tier quellen Blut, Samen, Pflanzen und Tiere. Alles, was schon die getötete Hainuwele (s. Kapitel V) hervorgebracht hat, gebiert auch der sterbende Stier. Seine weibliche Entsprechung, die Himmelskuh, ernährt die Welt mit ihrer Milch, nachdem sie selbst aus dem Urwasser entstiegen ist[59]. In der Antike wurde der „Kornstier" erst mit Getreide und Kuchen gelabt, bevor er in die Knie gezwungen wurde[60]. Die überall in den Rinderreligionen vorzufindende Vorstellung vom Zusammenfallen von Sterben und Ernähren bringt das Tier auch in die Nähe des Mondes, der, wie oben (Kapitel III) erwähnt, im altiranischen Kult ein Becher war, der sich allmonatlich mit dem von der Erde zurückkehrenden Leben auffüllt, um es dann wieder nach und nach abzugeben[61]. Deswegen ähneln die Stierhörner als *cornua lunae* der Mondsichel, dem Zaubersymbol der alten Kulturen, das jetzt von den neu errichteten Moscheen auch in die moderne Welt des Westens wieder hineinstrahlt. Ansonsten kennt Europa den alten Kult nur noch in der mit dem Tierschutz konfligierenden *Tauromachie*, den verschiedenen Varianten des mediterranen Stierkampfes als offiziell entsakralisierten Versionen. Weil sie dennoch Erregung erzeugt, wurde ihre Heiligkeit auch schon subversiv genannt[62] und gehört zu dem reichlich gedüngten Mutterboden, in den die Moderne ihre rationalistischen Stahlbetonpfeiler treibt.

Im alten Ägypten galt die Himmelskuh auch als Mutter der Sonne. Sie trägt die strahlende Scheibe zwischen ihren Hörnern[63]. Der Stier war wie Löwe und Falke ein Königstier[64]; hier hatte das Niltal die zweitausend Jahre ältere Rinderhaltung und -verehrung aus den Steppen und Wüstenrändern inkorporiert. Verschiedene Götter konnten Stier des Himmels genannt werden; der sterbende Osiris aber „Stier des Westens"[65] – dort, woher die Rinderhirten einst zur Flussoase kamen und die Sonne untergeht. Das andere Rinderzentrum war Altindien, wo Buckelrind und Wasserbüffel schon im 3. Jahrtausend modelliert wurden[66] und von wo der archaische Blutrausch der Massenschlachtung, nachdem er im Hinduismus und dem Indra-Kult einer anderen Form von Rinderverehrung weichen musste, nach Hinter- und Inselindien auswich[67]. Doch gilt das Schlachten des mächtigen Tieres in heidnischen Gesellschaften weniger als Triumph denn als sorgenschwere Pflicht. Schon der Urtöter Mithras wendet sein bekümmertes Gesicht nach hinten, wo ihm der Sonnengott und der Rabe Mut zur schöpferischen *Tauroktonie* (Stiertötung) zusprechen[68], und im heutigen Nordostafrika gibt es Pastoralisten, die sich beim sterbenden Stier für die Tötung entschuldigen – mit dem Hinweis auf das „Gesetz".[69]

Im orphischen Kult Nordgriechenlands und Thrakiens wurde der Zagreus-Stier, eine Verkörperung des Dionysos[70], lebendig zerrissen[71], so dass sich Blut, Fleisch und Eingeweide sichtbar über die Erde ergossen. Die Stücke des heiligen Gott-Tieres wurden auf die Felder gebracht, um diese fruchtbar zu machen. Dies wird heute auch von den erwähnten Ahnengräbern mit dem reichen Hörnerschmuck erwartet. Die Dinka im Nilbecken führen die alte Rinderreligion weiter. Die Knaben bekommen einen Ochsen, den sie schmücken, verhätscheln und besingen. Die Männer identifizieren sich mit den Bullen, in denen sie sich selbst opfern, um noch fruchtbarer und stärker zu werden. Die Berliner Ethnologin Irene Leverenz (1942–2006) hat in den 1980er Jahren den Abriss und Wiederaufbau des „göttlichen Kuhstalles" der Agar-Dinka miterleben können und die dabei aufgezeichneten Lieder, Gebete und Ansprachen zu einer Art heidnischem Erbauungsbuch zusammengefasst[72]. Es dokumentiert das blutige Opfer als Allheilmittel auch unserer Tage – trotz schärfster Konkurrenz seitens der beiden Monotheismen, die im Südsudan zumindest bis zu dessen Unabhängigkeit 2011 um Einflusszonen rivalisierten, und bitteren Leiden unter der sich im

Nahostkonflikt beteiligenden Regierung in Khartum, die in den Jahrzehnte dauernden Bürgerkriegen Rinderherden gerne aus der Luft bombardierte[73].

Die Sudanaraber, die gegen die heidnisch gebliebenen Ureinwohner des Nilbeckens teilweise um Weide und Wasser konkurrieren und traditionell oft mit Gewalt vorgingen, kommen - wenn möglich - auf dem **Pferd** daher. Auch ihre Rinder haben sie zum Reittier funktionalisiert[74], und in der Tat deutet diese Instrumentalisierung des Mitlebewesens Tier stellenweise in Richtung Abschied vom Heidentum. Trotzdem kannten auch die klassischen Reitervölker einen Pferdekult, und es gibt Anzeichen, dass das Pferd, das ab -4000 im eurasischen Steppengürtel domestiziert wurde[75], der Großen Mutter heilig war. Kelten und Germanen waren glühende Pferdeverehrer, berühmt war die weit ins Römische hinein verehrte keltische Pferdegöttin Epona[76]. Der alteuropäische Pferdegott war aber vor allem Wettergott[77], und nach Mannhardt stand das reich geschmückte „Oktoberross" auch im Zentrum des alten Agrarkultes in Europa[78]. Auch für die heidnische Mediterraneis sind Pferdekulte bezeugt - einschließlich Rituale, bei denen der neu gekürte König mit einer Stute als Verkörperung der Pferdegöttin Epona die Heilige Hochzeit (*hieros gamos*) vollzog[79]. Auch ein indisches Pferdeopfer ist überliefert, wonach ein brünstig gemachter Hengst erst mit der Hauptfrau des Königs kopulierte und dann erstickt wurde[80]. Tötung und Begattung waren in der heidnischen Welt wie Täter und Opfer austauschbar; das wichtigste war die Wiederholung der Urtötung, die sowohl Urschmerz wie auch Urlust bedeutete.

Ganz deutlich ist der sexuelle Bezug der archaischen Tierreligion auch in der Verehrung des **Esels** zu sehen. Bachofen stieß auf eine antike Quelle, in der das Grautier sich mit dem Phallusgott Priapus maß und ihn besiegte[81]. Dem Esel, der auch in der Wüste Wasser findet und so lange vor dem Kamel die transsaharischen Wege ermöglichte[82], wurde eine „tellurische", also erdverbundene Zeugungsbedeutung zugesprochen, die ihn aber später zum Gespött der neueren Religionen machte[83]. Sobald Jahwismus und Monotheismus das Sexuelle aus der Religion ausgewaschen und die Gleichheit von heilig und geil in ihr Gegenteil verkehrt hatten, sank der Esel unter die Anstandsmarke. Es ging ihm wie dem Hasen, der noch der germanischen Fruchtbarkeitsgöttin Ostara[84] wegen seiner Kopulationsfreude dienen durfte, im christlich überformten „Osterfest" aber allenfalls noch durch die Menge der - freilich nicht von ihm stammenden - Eier an seine Potenz erinnert. Früher ließ die Kirche auch noch das

„Osterlachen“ (*risus paschalis*) zu – als Erholung vom Karfreitagsschmerz, sicher aber auch ein Zugeständnis an den wohl nie ganz auszulöschenden „Heidenspaß“, der sich beim Verzehren des zarten Osterlamms zum Frühlingsbeginn automatisch ergab. Nach Mannhardt trugen die massenhaft zu den Jahresfesten geschlachteten Lämmer und Zicklein noch „die Kräfte des Wachsthums in sich“[85]; somit war ihre Verwandlung doppelt wirksam: Von der Geburt direkt in den Tod und aus dem Leben auf den Teller.

Tiere konnten allerdings auch schon in den alten Religionen mit negativen Kräften identifiziert werden wie z. B. das Nilpferd mit dem Osiris-Töter Seth in Ägypten[86]. Doch entpuppen sich bei näherem Hinsehen solche Dunkelseiten im Heidentum immer als Ambivalenzen, und die kultische Einheit von Verehren und Quälen trifft alle heiligen Tiere – vom bewegungsunfähig verschnürten Schwein in Melanesien bis zum lebend gerupften Hahn, der bei den Khasi Hinterindiens als Sohn der Göttin mit seinem Opfer zwischen Gottheit und Mensch vermittelt[87]. Ganz besonders deutlich lässt sich die tierreligiöse Leidensverklärung am Bärenkult zeigen, der vielleicht ältesten Tierreligion der nördlichen Hemisphäre[88]. Der **Bär** war (und ist bei manchen Sibiriern) Ahnherr der Jägervölker, mächtigstes Raubtier, Herr aller Lebewesen. Am bekanntesten wurde der Bärenkult der Ainu[89], die wie ihre sibirischen Nachbarn mehrtägige Rituale begingen, bei denen ein gefangenes Tier langsam zu Tode gequält wurde. Die Gemeinde besang dabei die leidende Gottheit – z. T. in deren eigenen Worten – wie sie sich befindet vor und nach dem schrecklichen Martertod[90]. Ansatzweise lässt sich das in den Domestikationstechniken der Bärenführer nachvollziehen, die vom modernen Tierschutz in die Randgebiete Europas verdrängt wurden. Ein bulgarischer Bärenhalter verglich die Leiden seines Tieres, das zwecks Brechung des Eigensinns über glühende Holzkohlen laufen musste, mit der Passion Christi[91]. In der Bärenverehrung, die in den zeitgenössischen Bräuchen des Strohbären[92] auch aus Zentraleuropa nachhallt, ist das Drama der leidenden und sterbenden Kreatur von Anfang an das Kernthema, so dass die oben behandelten Versionen der Dema-Religionen eher als Kopie, denn als Vorbild – wie Jensen glaubte – erscheinen[93].

Die Ambivalenz der Tiergottheiten zeigt sich selbstverständlich am ausgeprägtesten bei den **Trickster-Tieren**, also der Spinne (*ture*) der Azande auf der Nil-Kongo-Wasserscheide, die anderen Fallen stellt[94], oder der *Mantis* (Gottesanbeterin) bei den südwestafrikanischen Buschleuten (San), die ihren Begatter auffrisst[95]. In Sibirien ist der Trickster der Rabe, im alten Europa, bei den westafrikanischen Dogon und in Japan[96] der Fuchs, bei den nordamerikanischen Indianern der Präriehund oder Coyote. Noch länger ist die Liste der Hexentiere, also Tiergeister, von denen Hexen besessen sind. Sterly notierte sich bei den Simbu auf Neuguinea: Schwarzer Hund, Ferkel, Kuh, Katze, Flughund, Fledermaus, Ratte, Maus, Kasuar, Wachtel, Eule, Schwalbe, Honigfresser, eine bestimmte ungiftige Schlange, Eidechse, Heupferd, Wespe und Rüsselkäfer[97]. Sie machen die Menschen verrückt, weil Geister keine Vernunftwesen sind und solche auch nicht schaffen.

### *Die Quelle der Verrücktheit*

Heiden kommen in ihrem Ritualleben tierischen Geistern und Wahngöttern entgegen. Rituelle Clowns stellen verrückte Gottheiten in prächtigen Zeremonialtänzen dar. Auch hier liegt der Vergleich zum oben schon erwähnten Dionysos-Kult nahe, in dem heilige Raserei - *Paroxysmos* oder **Hieromanie** genannt[98] wie im Falle der dem Gott folgenden Mänaden - ausgestellt wurde: Zerreißen und Zerstückeln der Opfertiere, Verschlingen rohen Fleisches, Laufen bis zur Erschöpfung, Ermordung des Sohnes durch die eigene Mutter[99]. Im Tierkult „vertieren" die Menschen oder sie fallen in die Verfassung des Ursprungs zurück, weil die geopferten Lebewesen aus ihnen sprechen. Die Vernunftreligionen haben daher das blutige Opfer stark reglementiert - wie im Judentum, dem Islam und dem Orientchristentum, die sich dabei auf Abraham berufen -, oder sie konnten es gänzlich abschaffen wie im Okzidentchristentum, für das Jesus Christus schon genug Blut vergossen hat.

Heidentum verehrt dagegen das „unvernünftige" Tier, und der Heide sieht im Tier sein *alter ego*, Spiegelbild oder Seelenträger. Der sogenannte Werglaube, die Annahme, dass sich Menschen zeitweilig in Tiere verwandeln und umgekehrt, wurde von Frazer *Individualtotemismus*[100] genannt. Wegen dieser spezifischen Auswechselbarkeit besteht auch ein striktes Tötungs- und Verspeisungsverbot innerhalb der tierkultischen Totemgruppe. Hermann Baumann sprach in diesem Zusammenhang von einem Schicksalsgleichlauf: Mensch und Tier leben zusammen und sterben zusammen. Das tierliche *alter ego* kann erwählt werden oder es wird ererbt wie im Klantotemismus, wo die gesamte Abstammungsgruppe ein Tier verehrt, oder im Geschlechtstotemismus, wo Männer und Frauen sich in ihrem Tierbezug unterscheiden. Zweifelsohne sind die Wurzeln für derartige

Vorstellungen in der langen Jägerzeit zu suchen, wo Mensch und Tier schicksalhaft miteinander verwoben wurden und wo Bündnisse zwischen den ungleichen Gegnern möglich oder ratsam waren: *„Das Bündnis selbst wird geschlossen auf Grund bestimmter innerer und äußerer Erfahrungen, Traumgesichte, Visionen, Idiosynkrasien, Erfahrungen des Jägers mit dem Wild, das sich auffällig stellt oder entzieht usw.* [...].*"*[101] Die Annahme der frühen Ethnologie, *Totemismus* sei die erste und älteste Religionsform gewesen[102], war also gut begründet. Leider konnte das Fundamentale der Tierverehrung entwicklungslogisch nicht verarbeitet werden, und wenn Versuche unternommen wurden, arbeitete man mit dem Begriff des kulturellen Restbestands (*survival*). Im Hubertus-Erlebnis, wo der Hirsch mit seinem Kreuz zwischen dem Geweih den Jäger schachmatt setzt, haben wir z. B. eine Kopie des tierhierophanischen Musters mitten im christlichen Kontext[103].

Der Werglaube ist in der heidnischen Welt und im christlichen Volksglauben[104] – in Mitteleuropa insbesondere die Erzählungen über **Lykanthropie** (Werwolfswesen als krankhafte Raserei) oder Berserker (Bärenhäuter)[105] – weit verbreitet. Ein besonders aufschlußreiches Beispiel wurde im Zusammenhang mit dem weiblichen Kannibalismus der Gimi im östlichen Hochland von Neuguinea beschrieben. Nach der Trauerfeier für einen verstorbenen Mann holen sich die Frauen den Leichnam aus dem Männerhaus, zerteilen, kochen und verspeisen ihn. Danach bringen ihnen die Männer noch ein zubereitetes Schwein. Die Frauen müssen nun davon genau dieselben Teile essen, die sie vorher von dem Leichnam genossen haben. Das Schwein vertritt hier ganz deutlich den toten Menschen; jedes Schweineteil gibt das entsprechende Menschenteil wieder frei.[106] Heidentum fußt auf direkter Anschaulichkeit. Das Tier als Gefährte des Menschen trägt sein Schicksal mit. Insbesondere nimmt sein Tod den Tod des Töters vorweg oder bereitet ihn vor. Mensch und Tier leben vom gleichen *mana*, das sie erfüllt, über das sie aber nicht verfügen[107].

1 *„... denn durch Unwissenheit getrieben und ohne Gott zu kennen, haben sie das, was der Existenz dienen sollte, (als Götter) aufgestellt und verehren es; ebenso auch das, was Gott ihnen zur Nahrung gegeben hat, die vierfüßigen Tiere des Feldes, Wiesel und Mäuse, Katzen, Hunde und Affen, und das, was ihnen zur Speise dienen sollte, opfern sie den Verspeisbaren (Tieren)"* – sogenannte Verkündigung des Apostels Petrus (nach Blumenthal 1998:13).

2 Vgl. Lorenz 2000.

3 Friedrich 1943.

4 Zur deutschen Hundehaltung aus afrikanisch-wissenschaftlicher Sicht s. Ndenko 2002.

5 Siehe Kampling 2007.

6 Vgl. Findeisen 1956.

7 Duerr 1984/90:351, 402.

8 Auch wenn nicht jede Form des mindestens 70 000 Jahre alten Bärenkultes (Storl 2005:36) in einer Höhle stattfand, dürften Höhlenkulte einer der frühesten Institutionalisierungen von Religion gewesen sein, die auch Chiffrenwechsel vertrugen und weit in die sog. Offenbarungsreligionen hineinreichen. Zur Persistenz der Höhlenkulte z. B. von Lourdes oder den islamischen Siebenschläferhöhlen s. Kandler 1994.

9 Paulus an die Römer 6,23.

10 Friedrich 1941.

11 Siehe Taube, E. 1977, Oelschlägel 2004a.

12 Stöhr 1983, 1991/93:163.

13 Lips, J. 1927.

14 Baumann 1950.

15 Vgl. Mohrmann 1991.

16 Als Vorkehrung gegen die Macht des sterbenden Auges mag auch die Sitte gedeutet werden, einem dem Tod Geweihten die Augen zu verbinden (Bertholet 1942:13).

17 Siehe Seligmann 1910, Hauschild 1979.

18 Frobenius 1931c:113; in einer mittelasiatischen Überlieferung ißt Adam auf Geheiß Gabriels das Fleisch eines getöteten Hammels: „In dem Maße, wie er es sich einverleibt, nimmt die Kraft des Tieres von ihm Besitz"(Dayeli 2009:106).

19 *„Jedes Tier hat der Meinung der Eingeborenen nach eine Seele, vor der sich der Mensch in acht nehmen muß. Das lebende Huhn ist harmlos, die Seele eines toten Huhns jedoch ist imstande, auch einem Menschen zu schaden. Die Tierseele wird in ein anderes Tier übergehen und es rächen. Selten wird daher der Eigentümer selbst das Tier schlachten, und wenn doch, dann nur mit der Entschuldigung, dass ein anderer ihm den*

*Auftrag gegeben habe. Das erste getötete Tier wird auch nie selbst verzehrt, sondern an die Freunde verteilt"* (Becker-Donner 1939:200).

20 Cremer 1924:125, Baumann 1950:199.

21 *„Das Nuru ist eine besondere Macht, welche der Mensch und gewisse wilde Tiere besitzen und mit der sie sich rächen, wenn sie jemand tötete. Diese Macht sitzt im Körper und scheint durch die Nasenlöcher aus ihm mit dem letzten Atemzug zu entweichen. Mensch oder Tier mit Nuru getötet zu haben, versetzt den Mörder in einen Zustand gefährlicher Unreinheit. Es scheint bisweilen, als ob das Nuru in ihn eingedrungen sei und wie eingeschläfert in ihm wohne, immer bereit, unter gewissen Umständen zu erwachen. Die mit Nuru verbundene Gefahr muß durch Sonderbehandlung umgangen werden ..."* (Junod 1936, übers. v. Baumann 1950:209).

22 Baumann 1955:48.

23 Siehe Duchaussoy 1958.

24 Auch der Machupicchu gegenüberliegende Berg Waynapicchu galt als Puma; s. Elorietta Salazar 2004:35, 131.

25 Siehe Hopf 1888, Schilde 1940, Oelschlägel 2004a.

26 Eliade 1957/87:28, Oelschlägel 2004a und b.

27 Siehe Hentze 1960, Straube 1955.

28 Vögel, insbesondere Raubvögel, sind auch verbreitete Initiationssymbole. Baumann (1963) ging davon aus, dass die Urvogel-Idee mit Weltei und Himmel-Erde-Trennung bzw. Chaoskampf Vogel gegen Schlange sich vom Zweistromland (vgl. *Etana*-Mythos) und vom Nil (*Mut* als Geier-Göttin) sowohl nach Eurasien wie nach Afrika hin ausgebreitet habe. Doch sind auch die alten Völker der Neuen Welt berühmte Vogelverehrer, und den Indianern sind die Federn ebenso zur Nationaltracht wie ihre Vogelidentifizierung zum Augenöffner für die Ethnologie geworden (vgl. Münzel 2000). Einem besonders rätselhaften, weltweit verbreiteten Vogelthema ist der Archäologe Heinz Lucas im „Tanz der Kraniche" (1971) nachgegangen, der ebenfalls mit der Initiation, mit Tod und Geburt zusammenhängt und im kinderbringenden Storch sich im deutschen Volksmund erhalten hat.

29 Kayser 1951. Auch für andere Polytheismen gibt es möglicherweise theriomorphe Frühstadien, zumindest nahm Hans Naumann für die frühen Germanen an, dass sie Thor als Ziegenbock, Heimdall als Widder, Nerthus als Kuh und die Zwillinge als Elche angesehen hätten (Naumann 1940, Closs 1966).

30 Hahn 1896.

31 Im Museum für Nationalgeschichte und Archäologie in Constanza/Rumänien; s. Titelbild Epilog.

32 Lienhardt 1961/78:110.

[33] Siehe Schmidt et al. 1998.

[34] Siehe Rottenburg 1987 und oben Kapitel II.

[35] Oben wurde dazu schon auf Otto 1933 verwiesen, die ethnographischen Belege finden sich bei Streck/Wilz 1981, Jędrej 1995, Okazaki 1997.

[36] Jung/Kerenyi 1941:168/9, Jensen 1948:286.

[37] Siehe Nairn 1974/94, der bei seinem Film von Andrew Strathern (1971) beraten wurde; vgl. auch Vicedom 1938.

[38] Stanek 1982:192, 202, 218.

[39] Stanek 1982:170.

[40] Mühlmann 1955:92.

[41] Jensen 1948:283.

[42] Siehe Quast 1997:436.

[43] Jung/Kerenyi 1941:168, Riemschneider 1956:121.

[44] Hornung 1971:138.

[45] Siehe Simoons 1994:13 ff. und Streck 1997a. Zur Verwertungsgeschichte, bei der das „unreine" Schwein bzw. seine Borsten „neutral" werden konnte, so dass auch jüdische Händler im lukrativen Borsten- und Bürstenhandel reüssierten, s. Bellwinkel-Schempp 2003. Nach Rüttner-Cova teilten das Schweine-Schicksal der symbolischen Diskriminierung auch andere Tiere der Frau Holle wie die Maus oder die Kröte (1986/8:88); letztere, die vielerorts als Hüter von Wasser und Quellen, bisweilen sogar als Künder von Regen (Elorrietta Salazar 2004:59) gilt, belebt als Frosch, Froschkönig etc. auch einen guten Teil der europäischen Märchenwelt (s. Albrecht 2002).

[46] Vgl, Fischer o. J.: 80. In Wittenberg wurde 1995 unterhalb des alten „Judensau"-Reliefs an der Marktkirche folgende Inschrift angebracht: *„Gottes eigentlicher Name, der geschmähte SCHEM HA MPHORAS, den die Juden vor den Christen fast unsagbar heilig hielten, starb in sechs Millionen Juden unter einem Kreuzeszeichen"* (s. Schulze 1995:6). Zur Entzifferung des Geheimwortes Schemhamphoras über 72 Silben der Verse 19–21 von Exodus 14, ebensoviele Engel oder Attribute Gottes s. Peuckert 1936:498 / 99.

[47] Siehe Sicard 1971, für den der Hirsch oft von der Ziege vertreten wird, in Afrika aber auch von der Giraffengazelle (Cervícek 1988).

[48] Nach Meyer-Sickendiek erbten besonders die Alemannen den keltischen Glaube an Esus-Cerunnos und behielten ihn noch nach ihrer Christianisierung, so dass der Taufapostel Pirmin (gest. um 750) mahnen musste: *„Am ersten Tag des Monats sollt ihr nicht Felle von Hirschen oder Pferden anziehen ..."* (2000:35). Eine der wenigen Runeninschriften Süddeutschlands (auf einer 1991 gefundenen silbernen Schnalle im Männergrab 239 in Pforzen) enthält eine entsprechende *abrenuntiatio diaboli,*

wie sie von den Bekehrten verlangt wurde: *aigil andi ailrun lthu gasokun* (Aigil und Ailrun verurteilten die Hirsche) (nach Düwel 1997:495).

49 Penkova 2004:209.

50 Preuß 1926:37.

51 Siehe Pollak-Eltz 1967.

52 Siehe Kramer/Marx 1993:126 ff.

53 Siehe Williams 1983.

54 Die Ziege kann in vielen Kontexten als kleinere Ausgabe das Rind vertreten (vgl. „Kuh des kleinen Mannes", s. Bächtold-Stäubli/Hoffmann-Krayer 1941/2000 Bd. IX:898 ff.); das gilt ganz besonders für den Ziegenbock, griech. *τράγος* (*tragos*), mit dessen Brunftgesang oder Todesschrei die Tragödie beginnt (Merkelbach 1998:199).

55 Abbildungen von Herero-Häuptlingsgräbern mit über ein Dutzend Rinderhörnern finden sich in Förster et al. 2004:24, 58 (s. Titelbild Tier), eine nilotische Entsprechung (als Regenheiligtum bezeichnet) ist in Seligman 1932/65:199 wiedergegeben. Interessanterweise halten sich die Rinderhörner in der heutigen Kopf-Tracht der Herero-Frau in Namibia wie in der „Hörnerchappe" der südwestdeutschen Markgräflerin. Selbst in Zentralafrika, wo Rinderhaltung unmöglich ist, tanzen die Yaka unter der Hörnermaske.

56 Zur Debatte um den *Cattle-Complex* s. Herskovits 1926, Schneider, H. 1957, Sahlins 1972.

57 Huld-Zetsche 1986, Merkelbach 1998, Kloft 1999/2003. Eliade glaubte aufgrund der Wortverwandtschaft an eine Einheit des altweltlichen Rinderkultes: assyr. *shûru*, hebr. *shôr*, phön. *thôr*, griech. *tauros*, lat. *taurus* etc. (Eliade 1949/98:120). Nach Gumiljow hat sich der Mithraismus im Osten in der Bon-Religion Tibets gehalten (2005:128).

58 Herman Lommel hat darauf hingewiesen, dass der getötete Stier niemand anders sei als der altarische Vegetations- und Regengott Soma oder Haoma (1944:212). – Hubert Fichte und Leonore Mau konnten im Senegal ein sehr verwandtes Ritual zur Heilung einer Kranken beobachten: Die Verwirrte ritt auf einem Stier ins Meer, bis beide untertauchten. Dann wurde das Tier getötet und die Patientin mit dem warmen Blut übergossen, in die Gedärme eingewickelt und mit Heilkräutern versorgt (Fichte 2005).

59 Zu dieser bei den Pastoralisten der afrikanischen Sahelzone verbreiteten Vorstellung s. Braukämper 1997.

60 Mannhardt 1884/1998:70.

61 Lommel 1944:213, Merkelbach 1998:203.

62 Zum Beispiel von Leiris 1938; eine erneute mythologische Ableitung des spanischen Stierkampfes versuchte der Musiker Rainer Bischof 2005.

[63] Schöpfungsmythen 1959/91:93.

[64] Raubtiere und Raubvögel wie Löwen, Adler oder Bären beherrschen weit über ihre physische Ausrottung hinaus die Symbolik der Macht und der Gemeinwesen in Wappen, Siegeln, Emblemen etc. Die Zivilisation hat sie ergriffen und beseitigt; darauf haben die toten Räuber der Zivilisation ihren Siegel aufgeprägt – wieder ein Beispiel für Frobenius' in diesem Buch mehrfach zitierten Satz: Es *„folgt jeder Besitzergreifung eine Ergriffenheit durch den Besitz!"* (1931:113).

[65] Hornung 1991:22.

[66] Mode 1959/65:251.

[67] Fürer-Haimendorf konnte bei seinen kopfjägerischen Naga-Gruppen in Ost-Assam noch eine diesbezügliche Verehrung des Mithan (*Bos frontalis*) feststellen (1939:45).

[68] Vgl. Huld-Zetsche 1986, Merkelbach 1998, Kloft 1999/2003.

[69] Haberland 1983:178.

[70] Otto, W. F. 1933:150; die bekanntere Verkörperung von Dionysos ist der Ziegenbock, s. Otto 1933: 152 f., von dem dann eine direkte Verbindung zu den Vegetationsböcken (*fauni*) führt (Mannhardt 1884/1998:98).

[71] Fol 2004:177.

[72] Leverenz 1994.

[73] Siehe Streck 2007.

[74] Siehe Cunnison 1966.

[75] Cinquini 2003.

[76] Eine Abbildung der reitenden Epona mit Fruchtschale in der Hand (aus dem Provinzial-Museum Trier) findet sich in Heiler 1959:545. Das Pferdeopfer als Kern der ansonsten vage überlieferten Germanenreligion erwähnt auch der alemannische Heimatdichter und Pfarrer Johann Peter Hebel (1760–1826): „In die Kirche gingen sie [die Alemannen] nach Schaffhausen an den Rheinfall oder in die dichtesten Wälder oder auf den Belchen. Denn sie beteten unsichtbare Götter an, wenn nicht Sonne und Mond oder den Rhein, und opferten ihnen Pferde" (Die Alemannen am Rheinstrom 1814, zit. nach Fingerlin 1997:45).

[77] Siehe Riemschneider 1956:115 f.

[78] Mannhardt 1884/1998:163 f. Freilich muss der Ritus unter klerikaler Aufsicht schon stark gelitten haben, wurde der Genuss von Pferdefleisch doch schon unter Karl dem Großen und dann erneuert im Jahre 1272 zum *crimen capitalis* erklärt (Gerlitz 1992:130).

[79] Siehe Eliade 1978/92 II:133, Meyer-Sickendiek 2000:24, Burkert 1971/97:82.

[80] Siehe Deschner 1974/92:39, Burkert 1971/97:82.

[81] Bachofen 1859/1954:440; Burkert 1971/97:81.

82 Siehe Vogel 2002.

83 Sicher hat das Bild vom auf einem Esel in Jerusalem einreitenden Erlöser das geduldige Tier auch wieder nobilitiert, dann aber nicht aus phallistischen Motiven, sondern weil seine Fellfärbung das Kreuz auf dem Rücken zeigt: Der Esel geht auf dem Kreuzweg voran (s. Wyss 1986); manchmal spielt er auf der Leier (Vogel o. J.). Auch der mysteriöse „Baphomet" (Palimdrom von abgekürzt *templum omnium hominum pacis abbas* oder: Der Tempel ist der Vater des Friedens aller Menschen – Tem Ohp Ab) der Satanisten, der auf die Symbolik des Templerordens zurückgeht, wurde bisweilen – z. B. von dem in FN 27 der Vorrede vorgestellten französischen Okkultisten Eliphas Levi – mit einem Eselskopf dargestellt (s. Affeldt/Heinrich 2000:133), mehr Details zum Eselskult der Alten Welt bei Ritz-Müller 2005.

84 Die Belege für diese, vielleicht mit der indischen Uschas, der griechischen Eos, der römischen Aurora oder anderen Gottheiten zusammenhängende Gestalt sind vage; s. Braun 1979:26 f.

85 Mannhardt 1884/1998:178 f.

86 Siehe Behrmann 1989/96.

87 Stegmiller 1921/22:408, Mohr 1954:177.

88 Vgl. Wüst 1956.

89 Für die reichhaltige Literatur zu diesem Thema vgl. Hallowell 1926, Kitagawa 1961, Paulson 1965, Paproth 1976.

90 Der deutsche Sibirienethnograph Hans Findeisen (1903-1968) gibt ein solches Lied von den Ostjaken (Chanten) am Ob wieder, das das Mitgefühl mit dem geschundenen Gott und Ahnen seitens seiner Kinder auf ergreifende Weise zum Ausdruck bringt (1956:39-42).

91 Siehe das bulgarische Video über Bären vorführende Zigeuner (*Ursari, Metschkari*), das Elena Marushiakova/Sofia 1999 dem Archiv des *Forum Tsiganologische Forschung* am Institut für Ethnologie der Universität Leipzig zur Verfügung gestellt hat (s. Marushiakova et al. 2008:18/19).

92 Auch hierzu hatte Frazer (1922/89:446) Informationen aus Mitteleuropa. – Die heidnische Bärenverehrung kann aber auch noch andere Schlagschatten in die Gegenwart werfen: Als im Leipziger Zoo zwei Braunbären wegen Unterbringungsschwierigkeiten getötet werden mussten, versammelten sich 250 Protestierende in der Nikolai-Kirche zu einem Gedenkgottesdienst (*Leipziger Volkszeitung* 3.3.1998). Zur Bärengottheit als Herrin der Tiere, die im Göttinnenname Ursula und damit auch im thüringischen Hörselberg weiterlebt, s. Göttner-Abendroth 1999; zum Absinken des Bären in die Volks- und Kinderkultur s. Köhle-Hezinger 2000 oder in der Süßwarenindustrie s. Traxler 1994; zum Bär als Symbol sinkender Börsenkurse s. Goldinger 2002; zum Bär als Symboltier eines weltweiten Schamanismus s. Storl 2005 oder Gegenstand einer eigenen Subdisziplin „Ursologie" s. Simon 2008.

93 Von sich freiwillig opfernden Tieren ist auch in vielen sibirischen und zentralasiatischen Überlieferungen die Rede (Uray-Köhalmi 2005), so dass der Dema-Gedanke sicher – wie Friedrich (1951) gegen Jensen geltend machte – älter als das Frühpflanzertum ist.

94 Siehe Evans-Pritchard 1967.

95 Siehe Guenther 2001.

96 Mailahn 2006, Kraatz 2008. In Japan gibt es eine erbliche Veranlagung zur Fuchsbesessenheit (*kitsune-tsuki*), einen populären Fuchskult mit Schreinen und Toren sowie die Vorstellung eines „Fuchsfeuers" im Bergesinnern (mdl. Mitteilung von Toshiaki Kobayashi/Institut für Japanologie der Universität Leipzig).

97 Sterly 1987:103 f.

98 Auch die Mänaden leiten sich von griech. *μαινάς* (*mainas*) = „verrückt" ab (s. Eliade 1976/92 I: 334). Die kultische Konsequenz: *„Aelian (var. III.42) berichtet von der Insel Chios, dass zu Ehren des Dionysos Omadios ein Mensch zerrissen wird, was auch Porphyrios (de abstin. II. 55) von Tenedos überliefert"* (Wittmeyer 1999:75).

99 Siehe Auffahrt 2004.

100 Frazer 1922/89:1000; Van der Leeuw benutzte dafür den Begriff Nagualismus (1933:60) nach einer zentralamerikanischen Vorstellung von „Aneignung von, Verbindung mit der Kraft eines Tieres". – Ein anschauliches Beispiel liefert Zerries (1962) über die Harpye (*Thrasaetus harpyia*) als Zweites Ich bei südamerikanischen Indianern. Einen interkontinentalen Vergleich des Wer-Glaubens bietet W. Neumann 1981.

101 Baumann 1951:188.

102 Siehe Frazer 1910, Clemen 1911, Durkheim 1912, Van Gennep 1920, Lévi-Strauss 1962, Franz 1980.

103 Hubertus (655–727), Bischoff von Lüttich, soll nach dem Vorbild des antiken Märtyrers Eustachius durch diese Erscheinung bekehrt worden sein. Als dem Schutzpatron der Jäger werden ihm zu Ehren am 3. November (Hubertustag) Jagden durchgeführt (Steimer 2003 I:694).

104 Findeisen führt ein Beispiel aus der Romantik an, die – wie schon mehrfach gezeigt werden konnte – manches von einem heidnischen Wetterleuchten an sich hatte. Der Arzt und Dichter Justinus Kerner (1786–1862) schrieb am 12. Mai 1836: *„Es gibt Geister, die ganz Tiere sind, die in Hundsgestalten etc. erscheinen* [...]. *Es gibt Menschen, deren Geistiges durchaus das einer Sau ist. Fällt ihr Körper weg, so kommt die Sau, der Saugeist heraus, der sich dann auch als Sau figuriert und auch so für einen, der Geister sehen kann, sichtbar wird. Es laufen viel mehr Tiere in Wäldern und Feldern, die ehemals sogenannte Menschen waren, als Tiere, die wirklich Tiere sind, darin laufen. Erstere uns unsichtbar, letztere uns natürlich sichtbar. – Das sind reine Wahrheiten"* (Findeisen 1956:6). Ein halbes Jahrhundert früher, zur Zeit der Aufklärung, regten sich Gebildete über Werwölfe wie über Hexen auf. In der

Hessen-Darmstädtischen Land-Zeitung stand 1778: „*Ich habe an keinem Ort in der ganzen Gegend so abergläubische Leute angetroffen als hier, die Leute haben ihre Köpfe noch voll von Hexen und Werwölfen, so dass man verstaunen muss*" (Oberhessische Zeitung 19.5.1998, S. 30).

105 Siehe Storl 2005:143.

106 Siehe Gillison 1983.

107 Godula Kosack gibt ein Beispiel für Werglauben aus Nordkamerun: „*Einer der Lehrerkollegen war mit einer Frau verheiratet, die sich in einen Vogel verwandeln konnte und in dieser Gestalt viel Unfug stiftete. Um sie daran zu hindern, fing der Mann den Vogel ein und sperrte ihn in einen Tontopf, den er hinter seinem Speicher versteckt hielt. Eines Abends nun ging das Ehepaar gemeinsam zu einem Fest, um zu tanzen. Ihr Sohn, ein etwa zehnjähriger Junge, war zu Hause geblieben und entdeckte diesen Vogel. Nichtsahnend nahm er ihn aus dem Topf und tötete ihn – aus reinem Unfug, wie es hieß. Der Lehrer unterwegs sah plötzlich seine Frau an seiner Seite tot zusammenbrechen. Er rannte nach Hause und sah das Unglück: Der Junge hatte seine Mutter getötet! <Wie soll ich mir das vorstellen, dass sich die Frau in einen Vogel verwandelte?> Fragte ich. <Es ist>, so erläuterte der Freund, <"die ‚Kraft', die in dem Vogel davonfliegt. Die Frau als Körper lebte wie zuvor. Wenn der Vogel aber getötet wird, dann ist dem Körper die Lebenskraft entzogen. Er wird krank und stirbt*" (1993:9).

# VII. Mensch

*Kein Mensch ist gut.*
*Das Böse will sein Recht.*
*Und wer's nicht beimischt tropfenweis' dem Guten,*
*den wird's gesamt in einem überfluten.*
Franz Grillparzer

Sowohl wegen seiner widersprüchlichen Gemischtheit vermag der Mensch dem Menschen heilig werden als auch wegen der im Eingangszitat angesprochenen Überflutung[1]. Die Hierophanie Mensch rührt aus seiner Selbstentfremdung – eine Qualität, die die neuzeitliche Anthropologie, die ihren Gegenstand bis auf Zellen und Erbgut zu analysieren gelernt hat, im selben Maße aus den Augen verlieren musste. Die moderne Gesellschaft rühmt sich unter anderem auch wegen ihres aufgeklärten Menschenbildes, in dem besessen machende Geister, erst recht Hexengeister, keinen Platz mehr haben. Alle anderen Anthropologien, die der heidnischen Antike wie die vielen „Ethno-Anthropologien" neuzeitlicher Stammesgesellschaften, berücksichtigen aber jene Dunkelseiten des Menschen, auf denen „man" oft nicht „bei sich" ist, sondern wie fremdgesteuert erscheint. Der Mitmensch als unheimliches Rätsel soll in den folgenden drei anthropologischen Kapiteln den Anfang machen, gefolgt vom Mitmenschen in sexueller Anziehung und schließlich in der dritten Erregungsqualität, der Mitmensch als Toter.

### *Hexen*

Hexerei ist zum einen Thema der abendländischen Geschichte, die zwischen 1430 und 1780 grausame Verfolgungen, Folterungen und Hinrichtungen durch Staat und Kirche kannte[2]. Zum anderen hat Hexerei die Ethnologie zeitgenössischer Stammesgesellschaften beschäftigt, wobei insbesondere die britischen Strukturfunktionalisten mit ihrem Modell der vernünftigen Gesellschaft ihr auf den Grund gekommen zu sein glaubten. Nach dem Credo ihres französischen Begründers, Emile Durkheim, musste der Hexerei eine positive Funktion zukommen, andernfalls wäre sie schon längst ausgestorben. Der in dieser Tradition geschulte Philipp Mayer[3] hat nach umfangreichen Untersuchungen im südlichen Afrika folgende Charakteristika der Hexerei zusammengefasst:

- In jeder Kultur besteht ein typisches Bild einer Hexe: erwachsen, oft weiblich, mit charakteristischen Gesichtszügen, Kleidung und Gebärden.
- Die Wirkung der Hexen besteht aus Unglück, von leichten Unfällen über schwere Krankheiten bis zu großen Katastrophen.
- Die Opfer der Hexen sind meistens die nächsten Verwandten, Nachbarn, Freunde. Selten werden Fremde von Hexerei erfasst.
- Das Motiv der Hexen kann mit Neid, Konkurrenz, Zurücksetzung etc. erklärt werden; es kann sich aber auch um pure Böswilligkeit handeln.

- Hexen wirken immer im Geheimen, bei Dunkelheit, hinter dem Rücken, unter anderem Vorwand.
- Hexen verfügen über außermenschliche Kräfte, die sie aus dem Kontakt mit Geistern beziehen, von denen sie auch als besessen gelten.
- Dieses enge Bündnis mit Geistern führt zu „verkehrtem" Verhalten: Inzest, Kindstötung, Nekrophagie, Sammeln und Essen von Exkrementen, Nacktheit, Fliegen, Rückwärtsgehen, verbotene Sexualpraktiken.
- Hexerei steht immer im Gegensatz zur öffentlichen Moral. Es gibt keine Gesellschaft, die Hexerei billigt. Überall, wo Hexerei auftritt, wird sie zugleich verurteilt und bekämpft.

Damit gelangte diese Forschungstradition zur Deutung der Hexerei als verschlüsselnder „Code", wie über Unglück, Neid, Rachsucht, üble Zufälle oder Tabuthemen gesprochen wird. Es handelt sich, um nochmals daran zu erinnern, immer um Kulturen ohne Wissenschaft und ohne Psychologie – aber auch um seßhafte Gesellschaften ohne Fluchtmöglichkeiten. Wenn mich der Vetter nicht ausstehen kann, zieht er nicht einfach weg. In nichtmodernen Verhältnissen besteht keine Freizügigkeit; man hat nur die Wahl zwischen der vorgeordneten Gemeinschaft oder dem sicheren Tod beim Verlassen derselben. In solchen Zusammenhängen entsteht Hexerei. Mayer fasst seine Forschungsergebnisse in folgendem Satz zusammen: *„Hexen und ihre Ankläger sind Menschen, die sich mögen sollen, dies aber in Wahrheit nicht tun."*[4]

Die größte Autorität auf dem Gebiet der ethnologischen Hexereiforschung genießt der britische Ethnologe Edward Evans-Pritchard (1902–1973), der viele Jahre bei und über die Azande auf der Nil-Kongo-Wasserscheide geforscht hat[5] – einer zauberisch außerordentlich begabten Völkerfamilie mit außerdem einem dynamischen Königtum[6]. Dort lernte der fleißige Feldforscher den Unterschied zwischen einer Art **Erbhexerei** (*witchcraft*), die nur besonders begabte oder belastete Personen ausüben, und der alltäglichen **Zaubertechnik** (*sorcery*), die jedermann anwendet, wenn er entsprechende Riten durchführt, Zaubersprüche aufsagt oder Arznei verwendet zur Erreichung seines Ziels. Dazu kann es ratsam sein, einen Erbhexer oder eine Erbhexe einzuschalten, da diese, ob sie will oder nicht, über außermenschliche Fähigkeiten verfügt.

Erbhexerei gehört in Afrika zu den Sonderbegabungen bestimmter Abstammungsgruppen, so wie andere Familien die Gabe haben, Regen zu machen,

Lepra zu heilen oder mit der Aussaat zum richtigen Zeitpunkt zu beginnen. Die meist „unilinearen" Abstammungsgruppen oder Klane, in denen Eingeheiratete lange fremd bleiben, ergänzen sich in einer Stammesgesellschaft gegenseitig. Und das „Erbcharisma" der Hexenleute ist auch nicht einfach verzichtbar, weil diese Kräfte ebenso verabscheut wie sie gebraucht werden. Außerdem lassen sich von Geistern vermittelte Kräfte nicht so ohne weiteres von den als positiv empfundenen Heilkräften der Hellseher, Wahrsager, Orakeldeuter und Krankheitsheiler trennen.

Die Leipziger Ethnologin Godula Kosack, die seit Jahrzehnten über die Mafa in Nordkamerun forscht[7], schätzt den Anteil der Hexenbegabungen bei diesen Bergbauern auf 6 zu 4 und von den sechs Erbhexen würden drei tatsächlich Schaden hervorzaubern. Der Geschlechterproporz aber betrage drei Männer zu sieben Frauen. Anders ausgedrückt: Das Potential zerstörerischer Kräfte in einer solchen Stammesgesellschaft umfasst zwei Drittel aller Mitglieder, während nur ein Drittel wirklich davon Gebrauch macht. Diese aktiven Hexen verlassen nachts ihre schlafenden Körper und dringen - manchmal auf Hexentieren reitend - als Lichter in das Haus ihrer Opfer ein oder suchen deren Felder heim.

Als Auslöser für aktive oder manifeste Hexerei gilt der Genuss von Menschenfleisch. Er wecke unheimliche Kräfte und Begierden, die zur Wiederholung zwängen. Die Hexe ist selbst Opfer ihrer Hexerei, weil sie sich nicht dagegen sträuben kann. Andere Hexen scheinen sich mit ihrer Sonderbegabung voll zu identifizieren und sie zum eigenen Vorteil einzusetzen. Es gibt in allen Gesellschaften Menschen, die von der allgemeinen Angst, die sie verbreiten, leben. Doch ist auch diesen die Hexerei selten direkt nachzuweisen. Deswegen gibt es hoch angesehene „Hexenriecher" oder - wie bei den erwähnten Azande - ein kompliziertes Orakelwesen, um solchen heimlichen Menschenhassern auf die Spur zu kommen. Schließlich sorgt der gesamte Komplex der „Weißen Magie" für Gegenmittel, Schutzamulette oder Arzneien, wenn der Schaden schon eingetreten ist.

Wenn alle Gegenzauber des „weißen Magiers" nichts genutzt haben, gibt es eine letzte Möglichkeit: Er nimmt den direkten Kampf gegen die Hexe oder den Hexer auf. Er verlangt dafür ein reichliches Entgelt, bringt er sich doch selbst in große Gefahr. Wenn Zauber und Gegenzauber den „offenen" Kampf miteinander aufgenommen haben, schaut das Viertel wie gebannt zu und wartet mit gespannter Anteilnahme, welche Seite sich als die stärkere erweisen wird. Der in einem solchen Magie-Kampf unterlegene wird rasch sterben. Oft entlarvt überhaupt erst ein rascher Tod die Hexerei. Denn zur Verstellungskunst der Hexen gehört, dass man freundlich ist zu jedermann und sich ganz besonders um das Wohlergehen seines Opfers kümmert. Das wirkliche Ziel aber, das eine Hexe oder ein Hexer verfolgt, ist das Aufessen des Opfers. Nach dem ersten Biss wird dieses krank, und die unerkannte Hexe macht Krankenbesuche. Stirbt die unglückliche Person schließlich, ist der Hexer unter den ersten Kondolenten und streut Hexereiverdächtigungen gegen andere aus.

Wem eine solche Welt zu fremd oder zu bizarr ist, um sich hineinzudenken, dem kann z. B. der „ethnologische Roman" von Elisabeth Bowen[8] empfohlen werden. Die Hexerei in afrikanischen Gesellschaften lässt sich schwer analysieren, sie muss empathisch, d. h. einfühlsam geschildert werden, am besten mit literarischen Mitteln. Erst dann wird deutlich, warum diese Art von Kommunikation der Angst, der Verdächtigungen, der Verheimlichungen und des intriganten Machterwerbs nicht einfach mit einer sozialen Funktion wie der Durchsetzung von Gleichheitsnormen[9] oder der Öffnung von Ventilen gegen Überdruck[10] erklärt werden kann. Hexerei ist heidnische Praxis in engen Sozialverbänden, wo die Dichte der Beziehungen zur Mehrbödigkeit zwingt und die Normativität von „Sitte und Anstand" ihre eigenen Unterströme hervorbringt. Solche Gesellschaften müssten nach dem Vater der Soziologie in volkspädagogischer Absicht, dem hier schon mehrfach gewürdigten Emile Durkheim, „anomisch" (regellos) genannt werden und zum Untergang verurteilt sein. Die Ethnologie aber hat erfahren, dass von Hexerei zerfressene Dörfer und Vorstädte höchst vital sind und die koloniale Rationalisierung und Disziplinierung ebenso überstehen wie die Umpolung auf den ethischen Monotheismus durch Christentum oder Islam.

Die Moderne hat die Hexerei Afrikas nicht beseitigt, sondern die Hexerei hat sich ihrerseits modernisiert – vor allem in technischer Hinsicht. Heiler und Hexer arbeiten längst lieber mit Fotos als mit Fingernägeln, und heute erleichtern Mobiltelefon, Internet, SMS, E-Mail und andere kommunikative Errungenschaften die Telepathie auf substanzielle Weise[11]. Andrerseits klagen die Afrikaner schon seit Beginn der Kolonialzeit darüber, dass die modernen Verbote der Hexenverfolgung dieses Übel haben ausufern lassen. Hexereibeschuldigungen werden vor modernen Gerichten nicht ernst genommen bzw. führen zur Bestrafung des Anklägers wegen übler Nachrede[12]. Die rationale Normativität steht im Widerspruch zur alten Umgangsweise, zu der das Wissen gehört, dass es bösartige Menschen gibt und dass diese wie Lustmörder voller Leidenschaft an der Verfolgung ihrer Opfer festhalten. Solche Menschen sind, wie Elisabeth Bowen sehr überzeugend nachgezeichnet hat, mächtig und einsam, sie werden gefürchtet und gehasst, aber man kommt ihnen mit „normalen" Mitteln nicht bei. Deswegen kennen heidnische Gesellschaften Gegenmittel und verwenden viel Energie darauf, die nicht abschaffbare Hexerei sozialverträglich zu gestalten.

*„Hexen, wie die Zande sie sich vorstellen, kann es offensichtlich nicht geben"*, sagte Evans-Pritchard nach seiner Rückkehr in die Welt der rationalistischen Akademien des modernen England[13]. Das moderne Denken hat für diese Erscheinungen, die im Denken der Heiden so viel Raum einnehmen, keinen Platz. Die analytische Sozialwissenschaft erklärt Hexerei als Notbehelf, wie Menschen ohne empirischen Rationalismus mit dem Schicksal fertig werden. Hexereibeschuldigungen dienen zu vielerlei Zwecken: sie erklären zufälliges Unglück, wirken als „Sündenbock"-Mechanismus, formulieren zwischenmenschliche Konflikte und helfen in Krisensituationen, Entscheidungen zu finden. Ein anderer britischer Funktionalist, Edward Winter, hat bei seinen Forschungen unter den Amba Westugandas[14] noch eine weitere „Funktionalität" entdeckt: Hexen sind Darsteller der „verkehrten Welt" und verkörpern physisch wie moralisch ein Gegenbild: Sie stehen auf dem Kopf, löschen ihren Durst mit Salz und vernichten ihre eigenen Angehörigen. Damit kann der Hexerei dieselbe Funktion zugesprochen werden wie anderen Umkehrritualen und Fasnachtsbräuchen: Sie festigen die herrschende Moral durch die Darstellung ihrer Abwesenheit.

*„Materialismus ist Welterklärung ohne die Hypothese Gott"*, sagte der zuletzt in Berlin tätig gewesene Ethnologe Lawrence Krader (1919–1998)[15]. Ebenso muß eine rationalistische Ethnologie das universale Phänomen der Hexerei erklären können, ohne auf Götter und Geister Bezug nehmen zu müssen. Für Gesellschaften mit zugegebener Hexerei hängt dieses Übel aber untrennbar mit Dämonen und ihren menschlichen Verbündeten zusammen. Eine Ethnographie der Hexerei kann diese treibenden Kräfte nicht einfach abtrennen und zu einem kontextgebundenen Irrtum erklären. Andrerseits möchte der Ethnologe seine Reputation als kritischer Rationalist behalten und nicht als geistergläubige Randfigur abgestempelt werden[16]. Diese schwierige Gratwanderung ist bislang

nur wenigen gelungen; zu ihnen gehört auf jeden Fall der oben schon genannte Joachim Sterly[17], der seine einschlägigen Erfahrungen während der fünf Jahre im Hochland von Papua-Neuguinea in einer Weise zu Papier brachte, die den unbeirrbaren Glauben der dortigen Simbu an Hexen und Hexengeister nicht korrigieren möchte.

Eine phänomenologische Religionsethnologie, der sich unsere Darstellung verpflichtet fühlt, versucht, mit hexengläubigen Informanten so lange wie möglich mitzugehen. Die immer notwendige Übersetzung des Mitgeteilten in eine Wissenschaftssprache verlangt dabei neue Begriffe und Metaphern, wie es die bisherige Behandlung der Hierophanien deutlich gemacht hat. Das Problem der Hexerei zwingt dabei vor allem zu zwei Erweiterungen des Gesichtsfeldes: Zum einen braucht es eine Problematisierung der seit Descartes das wissenschaftliche Denken dominierenden „Monosubjektivität" (*cogito, ergo sum – ich denke, also bin ich*). Nichtwissenschaftliche Gesellschaften scheinen häufig Vorstellungen einer **Multisubjektivität** zu pflegen, bei der verschiedene Instanzen sich im handelnden Subjekt eingerichtet haben[18]. Zwar verfolgt ein solches Subjekt durchaus seine Ziele zweckrational, trotzdem sind noch andere Erfahrungen und Handlungen möglich, die nur durch *Heteronomie,* also Fremdbestimmung durch andere „Instanzen", erklärt werden können. Die zweite Erweiterung betrifft die Kausalität, das logische Schema von Ursache und Wirkung. Im nichtwissenschaftlichen Denken gibt es häufig mehrere Ursachen für eine Wirkung. Der Zufall hingegen, dem der moderne Mensch um die Hälfte aller Ereignisse zuschiebt[19], befriedigt in wissenschaftslosen Gesellschaften als Erklärung in den seltensten Fällen.

Dem Glauben an den Zufall – die *Kontingenz*[20] – im modernen Weltverständnis steht der Glaube an die **Multikausalität** in archaischen Gesellschaften gegenüber. Für ihre Mitglieder, die in vielen Lebenslagen mehr qualitativ als quantitativ wahrnehmen – d.h. die Dinge sind für sie eher voller Wirkkräfte als nur leblose, aber meßbare Gegenstände – quillen Welt und Umwelt über vor Bedeutungen. Alles kann Zeichen und Anzeichen sein, Luft wie Erde sind prall gefüllt mit Geistwesen, die Toten aller vorangegangenen Generationen sind irgendwo anwesend und handeln. Heiden leben in der „Pansemie" ihrer nur teilweise vertrauten Umgebung, in einer Lebenstotalität, die größte Aufmerksamkeit erfordert, weil sie freundliche wie feindliche Kräfte umfasst. Letztere sind die bösen Geister, und die Mitmenschen, in denen sie agieren, werden Hexen genannt.

### *Besessenheit*

Im Zentrum fast jeder archaischen (also unwissenschaftlichen) Anthropologie steht die Grundannahme, dass der Mitmensch auch ein anderer ist als derjenige, der einem gegenübertritt. Die zwischenmenschliche Kommunikation erfolgt auf jeden Fall maskiert, und unter der **Maske**, die wir oben (Kapitel IV) schon als Verkleidung der Trickstergötter wie Dionysos[21] kennengelernt haben und die uns unten (Kapitel IX) erneut als Totengesicht[22] beschäftigen wird, verstecken sich viele unterschiedliche Instanzen, die meist als Geister übersetzt werden. Sie sind Bestandteil einer multisubjektiven Persönlichkeit und wirken im vielstimmigen Chor der inneren und äußeren Handlungen mit. Die deutlichste Form einer solchen Heteronomie ist die **Besessenheit**, die es im modernen Denken nur noch als Metapher gibt - etwa wenn der sogenannte *Workoholic* „von seiner Arbeit besessen" ist oder eine entsprechende Sammelwut einen Menschen zum „Waffennarren" macht, vom „Kindernarren", der sich dann als Päderast entpuppt, ganz zu schweigen.

Die katholische Kirche als Brücke aus der vormodernen Welt hält aber an der Vorstellung der Geisterbesessenheit fest, die nach ihren Kategorien dem Teufel zugeordnet ist und eine seelsorgerliche Herausforderung darstellt. Es gibt mehrfach revidierte Anleitungen für Exorzisten[23]; doch auch bei genauer Befolgung der Vorschriften ist der Erfolg unsicher. Die Studentin Anneliese Michel, in der sich neben Lucifer auch Nero und Adolf Hitler als Geister eingenistet hatten[24], durfte die Klingenberger Teufelsaustreibung von 1974 nicht überleben. Dem stehen wesentlich sanftere Umgangsweisen mit besessen machenden Geistern im Heidentum gegenüber. Voraussetzung dafür ist die dämonologische Akzeptanz, die eben nur im Polytheismus gegeben ist, während der Glaube an den einzigen Heiligen Geist nichts anderes neben sich duldet. Der belgische Ethnologe Luc De Heusch[25] hat den Terminus **„Adorzismus"** vorgeschlagen, wenn eher auf eine Versöhnung mit dem fremden Geistwesen innerhalb eines Menschen hingearbeitet wird als auf seine Austreibung oder gar Vernichtung wie im monotheistischen **Exorzismus**.

Es scheint, dass religionspsychologisch der Glaube an den Eingott mit der Vorstellung des für sein Denken und Tun voll verantwortlichen Individuums einhergeht, während polytheistische Religionen jene pluralistische Anthropologie begünstigen, die Besessenheit und Hexerei als existentielle Möglichkeit miteinkalkuliert. Multisubjektivität ist dann die psychologische Entsprechung für den Glauben an die Vielzahl von Geistern und Göttern, während die Bibelpropheten den Menschen als integrales Subjekt vor den planenden und zielgerichtet (*teleologisch*) handelnden Gott gestellt haben. Das aber bildet die Voraussetzung für die moderne Gesellschaft und ihre Verantwortlichkeiten. Ihre Mitglieder geben Geistern keine Wohnung – wenn aber doch, werden sie für krank erklärt und weggeschlossen.

Alle heidnischen Religionen kennen komplizierte **Dämonologien**. Überall, wo nicht Stadtkulturen, Hofsänger und Priesterkasten das religiöse Denken dominieren, wissen die Menschen besser über Geister als über Götter Bescheid. Es sind Geister und Dämonen, die Alltag und Festtag mit ihnen teilen, die in dunklen Winkeln des Hauses sich verstecken oder für Glück wie Unglück direkt verantwortlich gelten. Die Zaramo in Ostafrika kannten vor ihrer Islamisierung und Christianisierung zwei Kategorien von bösen Geistern. Die eine hieß *kungu* und war relativ harmlos. Wer sich in der Verwandtschaft darauf verstand, konnte mit *kungu*-Geistern allein fertig werden. Die andere dagegen bestand aus *kinyamkela,* die den *jini* der Swaheli und Muslimen entsprachen. Mit ihnen konnten nur Spezialisten umgehen, die die Geisteraustreibung mittels Dampf und Rauch beherrschten. Das bedurfte eines großen Aufwandes, und die krankmachenden Geister wurden zuletzt mit Musik und Tanz aus dem Patienten herausgelockt. Dann tanzte der Geist mit den Versammelten und verlangte Geschenke und Opfer. Ein solches Fest des Exorzismus – oder besser Adorzismus – konnte sieben Tage dauern und war von den Angehörigen des Patienten zu bezahlen. Erst wenn der Geist seinen Namen verriet, war seine Kraft gebrochen und die Krankheit besiegt[26].

Dass die Welt, die Erde und der Himmel voll von Geistern sind, scheint für Heiden selbstverständlich zu sein. Erst in der Nähe zum Monotheismus treten Rechtfertigungsprobleme auf. In bestimmten „apokryphen", also nichtkanonisierten Schriften[27] ist zu lesen, dass Stammmutter Eva vor ihrer Monogamie mit Adam entweder mit verschiedenen Göttern verkehrte oder als Magna Mater – wie in Kapitel II zu sehen war – aus sich selbst heraus gebar. Diese vom monotheistischen Verständnis her illegitimen Kinder mussten unter dem Regime Jahwes und Allahs geheimgehalten werden. Das sind die Geister – Halbgeschwister der Menschen, engste Verwandte, die aber unsichtbar bleiben müssen.

Sie versuchen immer wieder, sich bei den Lebenden bemerkbar zu machen. Wer nicht auf sie achtet, wird von ihnen krank gemacht oder muss sterben[28].

Wie jede Hierophanie sind auch Geister ambivalent; sie können Glück wie Unglück bringen, sie können einen „begeistern", einen krank machen, zum Wahnsinn treiben oder vernichten. Menschen, in denen sie Wohnung genommen haben, gelten für ihre Umwelt als besessen oder als verhext. Solche „Individuen" sind keine „Unteilbarkeiten", wie das eingefahrene Fremdwort zu übersetzen ist, sondern sind deutlich auseinanderdividiert; zum einen sind sie die bekannte Person mit ihren „individuellen", also unverwechselbaren Eigenschaften, zum anderen agieren sie wie jemand fremdes. Das können unverständliche Worte sein, überraschende Gebärden, aggressive Handlungen oder „Amokläufe" mit katastrophalen Folgen. Geister, die sich eines Menschen bemächtigt haben, machen diesen unberechenbar, unheimlich. Sie entfremden ihn seiner Umgebung. Diese muss dann – wie die Zaramo zeigten – einen großen Aufwand treiben, um zur Normalität zurückzufinden.

Es gibt bei Heidenvölkern zwei Metaphern oder Redeweisen zur Bestimmung des schwierigen Verhältnisses zwischen Geist und besessener Person. Die eine ist „Ross und Reiter"[29], weil der Geist im Sattel zu sitzen scheint und der Mensch mehr oder weniger gezwungen überall dort hingeht, wohin ihn die Zügel lenken. Das war oben mit Heteronomie gemeint: Der zum Pferd gewordene Mensch ist nicht mehr Herr seiner selbst, nicht mehr Herr „im eigenen Hause". Eine andere Instanz hat das Kommando übernommen und benutzt ihn als Vehikel. Die andere Metapher ist die des Liebesaktes. Der Geist hat sich mit seinem Opfer sexuell vereinigt, ist in ihn eingedrungen, füllt ihn aus. In den vornehmlich von Frauen frequentierten afrikanischen Kulten der Fremdgeistbesessenheit[30] spricht man von „Geistbräuten", die sich öffnen und die heteronomische Durchdringung als beglückend erleben.

Die erschrockene Umgebung wird – egal ob es sich um einen **Geisterreiter** oder um einen **Jenseitsgeliebten** handelt – sich nun bemühen, herauszufinden, welcher Fremdling sich der bekannten und vertrauten Person bemächtigt hat. Dazu gibt es aufwändige Verfahren in den einschlägig bekannten Besessenheitskulten. Geisterseher und Kenner der Materie beginnen, an den Bewegungen der besessenen Person Hinweise herauszulesen, um welch einen Geist es sich handeln könnte, welchen Geschlechts er sei, aus welchem Land er komme, welche Vorlieben er habe und mit was man ihn beruhigen oder zufrieden stimmen könnte. Diese Geisterdiagnose kann viele Tage und Nächte dauern. Wie am oben genannten Beispiel der Zaramo steht am Ende eine Art „Entlarvung“ des Geistes, aber nicht seine Austreibung. Vielmehr wird die ausgewählte Braut künftig souveräner mit ihrem Geist Umgang pflegen, vielleicht ihn sogar als *alter ego* oder „zweites Ich“ anerkennen. Die in einen Besessenheitskult Initiierten sind solche Geistergeliebten mit Erfahrung. Sie müssen nicht mehr krank werden, weil sie ihren Geist kennen und wissen, nach welchen Melodien er tanzen möchte und welche Gaben, d. h. Konsumgüter ihn erfreuen.

### *Geisterglaube*

Die heidnischen Dämonologien kennen neben den besessen machenden Kräften auch Geister, die nicht in Menschen eindringen, sondern an ihren Orten bleiben, als da sind Termiten- oder Ameisenhügel, Feigen- oder Tamarindenbäume, Höhlen, Quellen, Felsen und andere markante Stellen in der Natur. Aber auch mit den Naturgeistern ist die Dämonologie noch nicht erschöpft. Die heidnisch gebliebenen Hausa in Nigeria erzählen von Geisterstädten, die wie die dieseitigen Gemeinwesen von einem *sarki* (Fürst) und einem Rat regiert würden[31]. Auch andere Völker kennen die Geisterwelt als Spiegelbild zur Menschenwelt, als **Verdoppelung** der bekannten Verhältnisse in den Bereich des Unsichtbaren hinein. Oben haben wir die Formel „wie auf Erden, so im Himmel“ als Motto heidnischer Gotteserfahrung genannt. Das gilt auch für die „niedere“ Dämonologie. Die Geister sind wie Menschen, gut und böse zugleich, Mischwesen, die um Aufmerksamkeit bitten, aber letztlich unberechenbar sind, auch wenn man die guten zu Verbündeten haben und sich vor den bösen in Acht nehmen sollte.

Geister sind Götter in Augenhöhe. Während diese wegen ihrer Erhabenheit mit keinem Vertrag zu erreichen sind, vor allem mit des Schicksals Mächten „kein ewger Bund zu flechten“ (Schiller) ist, scheinen die Geister für *reziproke*, also auf Gegenseitigkeit zielende Angebote zugänglich zu sein. Zumindest kommen sie nicht wie die Schriftgötter gleich mit moralischen Appellen oder blicken, wie der Bibelgott, „bis tief ins Herz hinein“. Geister sind zwar verschlagen, können aber auch auf verschlagene Weise angesprochen, ja getäuscht werden. Deswegen gehen Heiden ihren Geistern unter der Maske entgegen. Beim Maskentanz werden sie selbst zu Geistern, beziehungsweise verschmelzen Menschen und Geister. Beide Seiten lieben die Verhüllung, die Drapierung und Täuschung als

Lebensgesetz[32]. In den aufwändig gestalteten Metamorphosen der heidnischen Feste werden die Zäune zwischen dem Diesseits der Menschen und dem Jenseits der Geister niedergetanzt.

Der Geisterglaube findet sich weltweit; er ist sicher Kernstück der ältesten Religion und hat sich in mannigfachen Formen weit in die Phasen monotheistischer Überformung hinein gehalten. Darüberhinaus expandiert er, straft somit das Wort vom sterbenden Heidentum Lüge. Im letzten Kapitel (XVI.) wollen wir uns dem Beispiel der für alle Religionswissenschaftler und Religionsethnologen überraschenden Dynamik der sogenannten afroamerikanischen Kulte zuwenden. In der Neuen Welt, die von den anglophonen und latinophonen Varianten der europäischen Kultur mit ihren jeweiligen Christentümern so gründlich in Besitz genommen wurde, dass die Urbewohner sich demographisch wie kulturell zurückziehen mussten, dort erfuhr in den Köpfen der zwangsweise importierten Afrikaner der Geisterglaube eine ungeahnte Renaissance. In diesem Sinne lässt sich heute von einer transatlantischen Dämonologie sprechen, die den Göttern und Geistern des alten Afrika neue Stimmen leiht und alle Phrasen von einer gerichteten Religionsevolution Lügen straft.

### *Geistheilung*

Fremdgeistbesessenheiten in Afrika und in Amerika gehören zur zeitgenössischen und weltumspannenden Heilerszene, die selbst in den Hochburgen der Schul- und Apparatemedizin immer neue Anhänger findet. „Mediales Heilen"[33] meint die Anrufung von Geistern, von Totengeistern oder anderen Geistwesen, zum Zwecke der „Wunderheilung". Oben wurde der Herbalismus, die Nutzung der Pflanzenkräfte für Erhaltung oder Wiederherstellung von Gesundheit angesprochen. Offensichtlich lassen sich auch die unheimlichen Geister, die in Hexerei und Schadenszauber zu den schrecklichsten Zügen der Kulturgeschichte geführt haben, zur Heilung von Krankheiten funktionalisieren. In den von der Ethnologie besonders studierten Räumen ist **Geistheilung** aber heute die teuerste Methode, die erst probiert wird, wenn andere Therapien – mittels lokaler Medizin oder mittels industrieller Pharmaka – versagt haben. Es sind häufig auch die als „unheilbar" bekannten Krankheiten, die diesen letzten Schritt geraten sein lassen.

Geistheilung außerhalb oder am Rande der Industriewelt ist deswegen so kostspielig, weil sie von Gruppen, Schreinen (Kulthäuser) oder Kultvereinen durchgeführt wird. Der Kranke muss sich hier initiieren lassen, und die dafür nötigen Mittel und Opfertiere müssen von ihm oder seinen Angehörigen aufgebracht werden. Es gibt wenig Informationen über individuelle Geisterkontakte mit Heileffekten. Der Umgang mit Geistern ist eine soziale Angelegenheit, auch wenn er meist in Subgruppen oder marginalisierten Gesellschaftsteilen[34] begehrt wird. In höheren Schichten muss der Verkehr mit Geistern geheim gehalten werden, und im offiziellen Diskurs einer auch nur oberflächlich modernisierten Gesellschaft haben Themen wie Geistheilung keinen Platz. Dort dominieren fast überall die sogenannten Weltreligionen, die Geister nur satanisch begreifen können und den Umgang mit ihnen – auch und gerade zu therapeutischen Zwecken – strengstens verbieten.

„Mediales Heilen" nennt die religionsethnologische und ethnomedizinische Forschung diese Kehrseite der Hexerei, weil im Mittelpunkt fast jeder Geistheilersitzung das Medium steht – eine Person, die in der oben genannten Terminologie als „bewährtes Pferd" gelten darf. Oft bieten sich in einer Kultgruppe verschiedene Medien, d. h. Personen, die verschiedenen Geistern dienen, an und erweitern so das Spektrum der Heilmöglichkeiten. Für den Patienten ist Heilung und Initiation dasselbe. Hat man den die Krankheit verursachenden Geist gefunden, ist damit auch eine Sonderbeziehung zwischen dem betreffenden Menschen und dem ihn heimsuchenden Geist aufgedeckt. Fortan gilt es, diese Beziehung in eine gedeihliche Richtung zu entwickeln. Ist dies gelungen, wird aus dem ehemaligen Patienten ein Heiler; aus dem einstigen **Plagegeist** ist ein **Hilfs- und Schutzgeist** geworden[35], vorausgesetzt, die Rituale werden richtig durchgeführt.

Für Außenstehende haben die Sitzungen afrikanischer, asiatischer oder amerikanischer Besessenheitskulte wenig mit dem gemeinsam, was man unter Andacht oder gar protestantischem Gemeindeleben versteht. Herbeirufung und Anwesenheit von Geistern macht den Schrein oft zum Tollhaus; tropische Hitze, große Menschenmassen in engen Räumen, ohrenbetäubende Trommelmusik – all das macht auch die teilnehmende Beobachtung zum Risikounternehmen. Dann aber gibt es bald keine Unterscheidung mehr zwischen Gesunden und Kranken, zwischen Besessenen und Zuschauern, zwischen Initiierten und Neulingen. Auch der Unterschied zwischen einer Versammlung von Gläubigen und einem Spektakulum voller Exzesse und theatralischen Übertreibungen wird hinfällig. Die Ethnographie etwa von Zar-Sitzungen am Nil[36] lässt diese als **Welttheater** erscheinen, in der verschiedene Kulturen, verdichtet in den jeweiligen Fremdgeistern und inszeniert von den jeweiligen Zar-Bräuten, buchstäblich vorgeführt werden. Diese Tänze sind Unterhaltung, Schocktherapie, religiöses Gemeindeleben, politische Karikatur und Geschäft in einem.

### *Besessenheitskulte*

Anhänger von Besessenheitskulten versammeln sich wie zum Gottesdienst, dann zu besonderen Anlässen, im islamisierten Afrika finden Seancen auch an offiziellen Feiertagen statt. Selbst ein Hausa-Emir im offiziell islamischen Nordnigeria kann zwecks Unterhaltung und Hommage an seine heidnischen Untertanen ein Geister-Drama anordnen. Sollten die Schriftgelehrten in seinem Gefolge dagegen protestieren, wird er das Spektakel in den Hof seiner Mutter verlegen[37]. Frauen sind überall im monotheisierten Afrika die „Gläubigen von gestern", die an der Macht der Geister festhalten und diese religiöse Subkultur zum Bollwerk gegen die neuen Männerreligionen ausbauen[38]. Am Nil schütteln die Rechtgläubigen den Kopf über die Geistesverwirrung, die die meist dem ehemaligen Sklavenstand entstammenden Kultdienerinnen (*sheikha*) über die Frauen bringen. Häufig stützen diese konfessionellen Geschlechterschranken auch das Überlegenheitsgefühl der männlichen Koranleser. Die *jinn* (Geister), die ja mehrfach im Koran erwähnt werden, gehören trotzdem einer niederen Religionsstufe an[39], und bezeichnenderweise sind es gerade die Frauen, die sich von ihnen nicht lösen können. Sie verlangen Blut, und Blutkonsum ist im Islam verboten. Auf der ostafrikanischen Insel Mafia entschuldigt man sich mit der Formel, nicht die Besessene trinke Blut, sondern der Geist in ihr[40].

Die Ankunft der Geister im Schrein kündigt sich durch Trance, Muskelstarre oder epilepsieartige Anfälle der Initiierten an. Doch sie sind auf diese Begegnung vorbereitet, sie haben die entscheidende Verwandlung bereits mehrfach durchgemacht und legen bald die für ihren Geist typischen Kostümteile oder Erkennungszeichen an, dann treten sie auf und singen und tanzen ganz so, als wären sie der betreffende Geist selbst. Fremont Besmer, der amerikanische Erforscher des nigerianischen Bori-Kultes, hat ein Preislied auf einen Europäergeist aufgezeichnet:

*„Weißer Mann, Löwe, Führer, großer böser Geist, der Furcht verursacht.*
*Besitzer des Motors und des Autos.*
*Er gewann den Krieg vollständig,*
*Er gewann den Krieg mit List,*
*Er gewann den Krieg vollständig.*
*Weißer Mann, du übertriffst die Schwarzen in Bildung.*
*Weißer Mann, du übertriffst die Schwarzen im Planen.*
*Weißer Mann, du übertriffst die Schwarzen in Schlauheit.“*[41]

Gleichzeitig können die mächtigen Fremdgeister aber auch karikiert werden. Der so überschwänglich gepriesene Weiße kann dann seine Zigarette verkehrt herum rauchen. Wie in jedem Volksschauspiel werden die Ausdrucksmittel der Übertreibung und der Groteske eingesetzt, um die Geister der Zeit in ihrem widersprüchlichen Wesen sichtbar zu machen.

Der Glaube an Geister und der rituelle Umgang mit ihnen ist immer ein Stück Domestikationsarbeit. Die unheimlichen Kräfte der Wildnis, der Nacht, der Fremde, der dunklen Winkel, die ja noch viel unheimlicher wirken, wenn sie im vertrauten Mitmenschen aufscheinen, können ihren Schrecken verlieren, wenn sie in ein Ritual eingebunden werden. Das ist der Sinn der vielen Besessenheitskulte über die - zweifelsohne zentrale - Therapiefunktion hinaus. Die Heilung geschieht durch **Verwandlung**, verwandelt wird ein Mensch in einen Dämon und wieder zurück. Eine solche Veranstaltung verlangt hohe Kunstfertigkeit und lebenslängliche Übung. Zugleich bringt sie das oben schon angesprochene heidnische Prinzip der Verdoppelung zum Ausdruck - jenen merkwürdigen Bestandteil vieler Ethno-Anthropologien, die von der **Zwillingshaftigkeit** jedes Lebewesens überzeugt sind. Sie hat in der Paarigkeit vieler Organe ihren Anschauungsgrund[42], setzt sich im weit verbreiteten Doppelgängerglauben (s. Kapitel VI) ebenso fort wie im Plazenta-Kult der ägyptischen und afrikanischen Königtümer[43] und reicht über Gnosis und Mystik weit in die Schriftreligionen hinein[44]. In alten Heidenkulturen verdoppelt man sich gerne mit Schädeln, solchen der Ahnen oder solchen von Tötungsopfern[45]. Möglicherweise kehrt die Lebensverdoppelung, der wir schon beim Thema mythische Zwillinge (Kapitel II), Trickstergottheiten (Kapitel IV) und tierlichem *alter ego* (Kapitel VI) begegnet sind, in den beiden kulturhistorischen Gegensätzen von *homo faber* und *homo divinans*[46] , dem quantitativ und dem qualitativ wahrnehmenden Menschensubjekt wieder - jetzt aber inmitten der Wissenschaftsdisziplin Ethnologie.

Wenn eine Sheikha im Zar-Kult zur virtuosen Dirigentin eines Geisterensembles geworden ist, erscheinen die ehemaligen „Pferde“ selbst als Reiter; sie haben ihre Krankheitsgeister bezwungen und können sie benutzen. Eliade hat diesen Prozess als **„Ekstase-Technik“** gedeutet und ihn seiner Schamanismus-Theorie[47] zugrunde gelegt. Während in der in Kapitel XIV noch zu behandelnden Schamanenreligion dieses Kunststück nur einem einzigen gelingt, der den Ertrag dann der „Gesellschaft“, d. h. denen, die an ihn glauben, zugute kommen lässt, üben sich im Besessenheitskult mehrere Mitglieder im erfolgreichen Umgang mit Geistern. Die Sheikha und ihre Kolleginnen, die auf eine langjährige Initiation zurückblicken, sind routinierte Geisterbräute. Sie kennen ihren Jenseitsgeliebten in- und auswendig, und er gehorcht ihnen. Besessenheitskulte bestehen aus vielen Ratsuchenden und wenigen „Medien“, den Vermittlern zwischen Geister und Kranken. Vermitteln kann nur, wer nach beiden Seiten Sensoren besitzt oder wie der antike Gott Janus in zwei entgegengesetzte Richtungen blickt. Die Besessenen sehen aus wie Menschen und lassen sich auch so ansprechen. Aus ihnen spricht aber ein Geist, der aus einer anderen Welt stammt. Deswegen verkündet er auch keine vernünftig klingende Botschaft, sondern plappert unverständlich.

Damit bedarf der erfolgreiche Umgang mit Geistern noch einer zweiten Domestikation: der **Übersetzung** der Worte des Mediums in eine allgemeinverständliche Sprache. In Äthiopien, wo der italienische Ethnologe Antonio Palmisano mehrere Jahre Trance-Kulte studiert hat[48], gehören zu einer Therapie-Gruppe mindestens drei Personen: der Patient, das Medium und der Interpret. Da Geister keine verständliche Sprache sprechen[49], braucht es diesen Experten, der häufig zugleich Besitzer des Schreins und Manager des Mediums ist. Zweifelsohne erliegt er in dieser Rolle auch der Versuchung zur Manipulation. Doch er ist auch an weiterer Patientennachfrage interessiert und wird deswegen seine Therapieanweisungen optimal der Situation anpassen. Vor allem wird er aus dem Gemurmel und Raunen des Mediums eine gesundheitsförderliche Empfehlung zusammenstellen. Auch er ist nach zwei Seiten hin sensibilisiert: Er versteht die Geistersprache und er versteht sich auf menschliche Gebrechen.

Die Medieninterpreten der Besessenheitskulte kann man sicher der „weißen Magie“ zuordnen, da sie nicht Destruktion, sondern Heilung im Sinne haben. Das rätselhafte „Sprudeln“ der Geister in ihren Bräuten ließe sich aber auch rätselhaft auslegen, so wie es die Orakelpriester – z. B. die im berühmten Delphi

– hielten, weil sie vorsichtig waren. Die unberechenbare Zukunft konnte sonst ihren Ruf beschädigen. Wenn die Helden nach dem Orakelspruch dann doch scheiterten, waren sie selbst es, die den Rätselspruch falsch auslegten. So lässt sich das Kulturgeschehen in nichtwissenschaftlichen Kontexten als Ketten von mehr oder weniger ungenauen bzw. willkürlichen Übersetzungen verstehen, an deren einem Ende der Geist lallt und an deren anderem Ende die faktische und tragische Handlung als Resultat der Missverständnisse steht.

### *Kultur als fruchtbares Missverständnis*

Vielleicht sind Hexerei und Besessenheit insgesamt hauptsächlich intrakulturelle Missverständnisse. Oben haben wir mit Philipp Mayer festgestellt, dass keine Gesellschaft Hexerei dulden darf. Hexen werden überall beschuldigt, verfolgt und nach Möglichkeit unschädlich gemacht. Trotzdem gibt es kaum eine wissenschaftsfreie bzw. nichtmoderne Gesellschaft, in der nicht Hexerei eine große Rolle spielt. Die Ethnographie Afrikas kennt sogar Beispiele, wo Hexen in die Nähe von Göttern gerückt werden. Freilich sind das dann Götter, die den oben geschilderten Trickstern nahestehen oder die, wie Obatálá bei den Yoruba, infolge Trunkenheit ihrem Schöpfungsauftrag nicht nachkommen können[50]. Die Yoruba nennen die Hexen „unsere Mütter" und schreiben ihnen einen besonderes Quantum von *ashe*, der dortigen Mana-Kraft, zu. Haupt aller Hexen, die die schon jeder Frau eigene Zauber- und Gebärkraft für andere Dinge gebrauchen, ist bei den Yoruba aber Oya, die Frau des Donner- und Kriegsgottes Shango, die den Nigerstrom, Sturm, Feuer und Tod verkörpert, aber auch das Marktgeschehen in der Hand hält.[51]

In dieser Perspektive, die sich von der offiziellen Verdammung der Hexerei unterscheidet, aber dennoch häufig mit ihr koexistiert[52], erscheint die unheimliche Macht der Frauen wie ein Ableger des Magna-Mater-Regimes, das, wie in Kapitel II ausgeführt wurde, sowohl Leben schenken wie Leben wegnehmen heißt[53]. In Evans-Pritchards Unterscheidung zwischen Erbhexerei und erlernbarem Zauberhandwerk sind dann Frauen eher Naturbegabungen. Es ist ihre Gebärkraft als alles überstrahlender Lebensgrund der Menschheit, die nach der anderen Seite tief ins Dunkel reicht, wo Schadens- und Vernichtungswille sich stauen. Nur so lässt sich die schwierige Frage verständlich formulieren, warum weit mehr Frauen als Männer Hexengeister beherbergen und destruktiven Neigungen nachgeben. Zumindest erscheint es plausibel in heidnischer Logik, für die das Licht mit Schatten erkauft wird und allem Großen zugleich das Abgründige anhaftet.

Unsere Annäherung an die Hexerei als Besessenheit mit asozialen Konsequenzen[54] widerspricht nicht der oben angeführten funktionalistischen Erklärung, sondern eröffnet zusätzliche Einsichten. Religionsethnologie muss sich auf „Offenbarungen der Nacht“ (Eliade)[55] einlassen, ansonsten werden ihre Beschreibungen „dünn“ statt „dicht“ (Geertz) und entfernen sich von der lokalen Exegese oder Binnensicht - dem obersten Wahrheitskriterium der Ethnologie. Das, was die Praktikanten und Ritualisten über ihr missverständliches Tun preisgeben, ist aber bei vielen Themen der Religionsethnologie nicht eindeutig, ganz besonders doppelzüngig erscheinen die Informationen über Hexerei. Es darf dabei auch nicht vergessen werden, dass Hexen und Hexer ganz normale Menschen sind, die möglicherweise nur phasenweise von ihren Hexengeistern gesteuert werden und unter Umständen, wie Besessene nach überstandener Trance, von ihren „Nachtfahrten“ überhaupt nichts mehr wissen. Das Geheimnis der Hexerei ist - wie bei anderen Hierophanien - die Verwandlung der Zustände, die eine radikale ist und deren Deutung in den sich abwechselnden Gegensätzen der kosmischen Erfahrung ihr anschauliches Vorbild hat. Der auf diese Weise ver-rückte Mitmensch hat - vergleichbar mit Gewaltherrschern, Virtuosen und Akrobaten - die Reziprozitätsbande zerrissen. Es gibt mit ihm keinen Ausgleich, und es bleibt für die „Normalen“ einzig sprachloses Staunen oder Entsetzen.

1 *„Kein Mensch ist gut. Das Böse will sein Recht. Und wer's nicht beimischt tropfenweis' dem Guten, den wird's gesamt in einem überfluten“* (F. Grillparzer (1791–1872), zit. n. Ringel/Kirchmayr 1985/86:56).

2 Siehe Diefenbach 1886, Hammes 1977/95. Dass Hexerei in Europa nicht nur ein Thema der Frühen Neuzeit war, zeigen einmal so genaue Gegenwartsstudien wie die von Jeanne Favret-Saada (1979) über eine westfranzösische Region, zum anderen auch etwa das Jahr 1951, in dem Johann Kruse sein aufklärerisches Werk „Hexen unter uns?“ verfasste und in England das bis dahin geltende Gesetz gegen Hexerei (*Witchcraft Act*) aufgehoben wurde (Kokott/Schmelz 2003:17, 59). Zur Problematik des Zauberglaubens in der Moderne s. Harmening 1991.

3 Mayer, Ph. 1954/70.

4 *„Witches and their accusers are individuals who ought to like each other but in fact do not“* (Mayer, Ph. 1954/70:55).

5 Evans-Pritchard 1937/78.

6 Siehe Evans-Pritchard 1971.

7 Kosack 1993, 2001, 2002.

8 Alias Laura Bohannan 1954/1988.

9 Siehe Sigrist 1967.

10 Siehe Winter, E. 1956.

11 Vgl. Schmidt, A. 2001, Heckl 2001 für Südafrika; zur Allgegenwart der Hexerei in Westafrika s. Signer 2004.

12 *„Unter britischer Verwaltung* [Südostneuguineas, BS] *wurde 1893 auf Anweisung des damaligen Chief Judical Officer, Sir Francis Pratt Winter, Schadenszauber und Hexerei im Papua-Territorium mit Gefängnis bis zu sechs Monaten bestraft. 'The witch and the sorcerer have in some districts caused much mishief', heißt es in der Regulation No. II von 1893* [...]. *Die australische Verwaltung scheint sich später an diese Verordnung nicht mehr gehalten zu haben, ja sie ging dazu über, den zu bestrafen, der jemanden als Hexe bezeichnete. Der Missionar John Nilles* [...] *gibt den Grund für dieses Verhalten an: Wenn der Beamte eine Person nach der Verordnung von 1893 bestrafte, erweckte er den Eindruck, selbst an Zauberei zu glauben“* (Sterly 1987:304).

13 *„Witches, as Azande conceive them, cannot exist“* (Evans-Pritchard 1937/78:60). Die Gegenmeinung unter den oft länger mit der außereuropäischen Gesellschaft vertrauten Missionaren formulierte z. B. der Missionar Carl Hoffmann für die Shona südliche des Sambesi-Flusses: *„Dass es wirkliche baloi [Pl. von moloi – Hexen] gibt, kann man indes nicht leugnen“* (1927:15).

14 Winter, E. 1956.

15 Vorlesungsmitschrift Sommersemester 1986. Zu Krader vgl. Schorkowitz 1995.

[16] Diese Problematik hat Hans Peter Duerr (1985) in „Der Wissenschaftler und das Irrationale" (vier Bde.) behandelt, in denen sich mehrere Autoren dem Phänomen Hexerei zugewandt haben.

[17] Sterly 1987.

[18] Die entscheidenden Untersuchungen dazu betreffen den *Manismus* in Westafrika (Schott 1966/67, Fortes 1973, Kröger 1978), aber auch ostafrikanische Seelenkonzeptionen z. B. der Nuer (Evans-Pritchard 1956:154 ff.) oder der Ingessana (Okazaki 1986) oder der Batemi/Sonjo (Schäfer 1999) wurden als Kompositionen unterschiedlicher Instanzen beschrieben. Zur nichtwissenschaftlichen Psychologie allgemein s. Heelas/Lock 1981 oder Krasberg/Kosack 2009.

[19] Vgl. Jung 1931/59.

[20] Dazu Schäfer/Wimmer 2004.

[21] Siehe Otto, W. F. 1933:83.

[22] Siehe Rind 1996:19.

[23] Siehe Rodewyk 1975. Auch heute bietet die päpstl. Universität *Regina Apostulorum* in Rom viermonatige Kurse in Exorzismus an, und nahe Szczecin entsteht ein Exorzismus-Zentrum, wohl auf Initiative von Papst Johannes Paul II., der sagte: *„Der Teufel macht mit seinen hinterlistigen Taten weiter, und wir müssen wachsam bleiben, um der Versuchung zu widerstehen"* (Majer 2008:3).

[24] Goodman 1993:135.

[25] De Heusch 1962.

[26] Nach Damman 1963:113 f.

[27] Zum Beispiel Berdyczewski (Micha Josef Bin Gorion) 1913–27. Die Parallelen zur Lilith-Überlieferung (s. Kapitel II) sind evident.

[28] Vgl. Harnecker 1993:34.

[29] Siehe Métraux 1994:160, Krings 1997:36.

[30] Dazu Kramer 1987, 2005.

[31] Siehe Reuke 1969.

[32] *„In die Werkstätte des Lebens dringt kein menschlicher Blick, sie schafft verhüllt, die Hülle ist das Nothwendige, ob sie nun als Schürze, Schrank, Hafen, Urne, Gewand u. dgl. vorkommt, das ist einerlei"* (Mone 1823:160).

[33] Siehe Obrecht 1999, besser Voss 2011.

[34] Siehe Lewis, I. M. 1971.

[35] Siehe Wendl 1990.

[36] Vgl. Leiris 1934, Young 1950, Lewis 1971b, Constantinides 1972, Saunders 1977, Kennedy 1978, Boddy 1989, Böhringer-Thärigen 1996.

[37] Harnecker 1993:53, zum Bori-Kult s. Onwuejeogwu 1969, Besmer 1983, Krings 1997.

[38] Siehe Luig 1992.

[39] Zur Subkultur des *Jinn*-Glaubens im islamischen Kernland Syrien s. Fartacek 2002, 2004.

[40] Caplan 1979:44.

[41] Besmer 1983, Übersetzung von Harnecker 1993:57.

[42] Dazu König 1973/96:177 ff., Riemschneider 1953.

[43] Vgl. Rice 1991:109, Ray 1991:126 oder Parrinder 1961:180.

[44] Siehe Rudolph 1977:352. Zum Doppelgängerglaube unter dem Islam s. Fahd 1997:407 (*"There is no descendant of Adam who does not have a šayṭân attached to him"* (Fartacek 2004:14)).

[45] *„Der im Kampfe gefallene Krieger umschwebt als Geist noch das Haus der Männer, er beansprucht seinen Platz am Feuer und seinen Teil an der Mahlzeit wie bisher; es ist eine Hauptaufgabe der lebenden Genossen, sich mit dem Toten abzufinden, seinen Leichnam oder mit Vorliebe den Schädel, aufzubewahren"* (Schurtz 1902, zit. nach Thiel 2000:32).

[46] Zum Begriff s. Danzel 1928, zur kulturhistorischen Bedeutung Bäumler 1926/65:349; ein jüngst erforschtes ethnographisches Beispiel aus Sibirien liefert Oelschlägel 2010.

[47] Eliade 1951/75.

[48] Palmisano 2000.

[49] Es gibt aber auch Gegenbeispiele, z. B. Interviews mit Geistern, die aus ihren Medien wohl artikuliert sprechen (s. Thiele 2005). Auch die Geister in Anneliese Michel scheinen ihre, von den anwesenden Klerikern und Exorzisten als unflätig empfundenen Äußerungen in verständlichem Deutsch hervorgebracht zu haben (Goodman 1993:135).

[50] Siehe Witte 1993:217.

[51] Zur Yoruba-Mythologie s. Ellis 1894, Frobenius 1926, Beier 1980; zu Oya s. Gleason 1987/92.

[52] Zum Parallelismus von Repräsentations- und Operationsmodell s. Holy/Stuchlik 1983.

[53] Hier muß auch erneut an die „Macht des Übergangs" erinnert werden, die sich eben auch in der Gebärenden offenbart und in vielen Lokalkulten nach Bannung verlangt. In der „Hessischen Volkskunde" von Hessler ist zu lesen: *„Wie das Kind vor Empfangnahme der Taufe, so stand auch die Mutter unter dem Einfluße der Geisterwelt, solange sie nicht ausgesegnet ist. Die Aussegnung erfolgt nach sechs Wochen in feierlicher Weise vor dem Altar der Kirche. Bis zur heutigen Stunde noch macht sie den ersten Ausgang in das Gotteshaus. Bevor dieses geschehen, hat die ‚Wöchnerin' die Fähigkeit zum Hexen, wird deshalb möglichst gemieden und darf nicht aus dem Fenster schauen."* Den Beschränkungen entsprachen aber auch Privilegien: *„Kein Bedürfnis der Frau durfte versagt werden, wenn auch der Mann augenblicklich unvermögend war, dasselbe zu bezahlen"* (1904:607).

[54] Siehe auch Hauschild 2002:348.

[55] *„Der gesunde Menschenverstand vermag wenig gegen eine afrikanische Nacht"* (Bowen 1954/88:107 f.).

# VIII. Sexualität

*Es ist überall im Zustande der Extase,*
*dass der Mensch mit dem Göttlichen zu*
*communiciren glaubt.*
Adolf Bastian

Im Heidentum gibt es keine Grenze zwischen Religion und Sexualität[1]. Darin unterscheiden sich die hier behandelten Glaubensvorstellungen allesamt radikal von dem abrahamitischen Religionstypus, der im Abendland mit der paulinischen Verdammung des „Fleisches" kulturprägend wurde. Dieser Topos und die Weise, wie der „Stachel des Fleisches" aus dem Judentum sich herleiten lässt und die sexuelle Askese wie das priesterliche Zölibat des Christentums begründet hat, ist von vielen Kirchenkritikern ausgeführt worden[2]. Es muß hier nicht noch einmal die intellektuelle Purifikation des Götterhimmels und die Entwicklung der Religion zur Anleitung für die Vergeistigung des Lebens in Erinnerung gerufen werden, obwohl sie den Rahmen für die landläufigen Assoziationen zu diesem Thema liefern. Was Psychologie und Psychoanalyse, Theologie und Sexualwissenschaft, Soziologie und Genderforschung hier freigelegt haben, bestätigt den ethnologischen und kulturvergleichenden Eindruck, dass es sich bei der westlichen Auffassung von Sexualität – gleich ob vor oder nach der in die 60er und 70er Jahre des 20. Jahrhunderts datierten „Sexuellen Revolution" – um eine ganz einmalige Sonderentwicklung in der Menschheitsgeschichte handelt und dass „die Religion im allgemeinen" im Gegensatz dazu eine Sexualreligion ist. Der **Geschlechtstrieb** gehört wie die bisher behandelte Destruktion, das Feuer oder der Gewittersturm zu den Mächten, die die weder von Bibel noch von Wissenschaft angeleiteten Menschen überrumpeln, packen und schütteln. Wir nennen sie mit Eliade Hierophanie, weil alles Unverfügbare als heilig erfahren werden kann und dann zu religiösen Antworten führt. Die Sexualität ist eine solche außermenschliche Gewalt; in ihr bricht – wie beim im nächsten Kapitel behandelten Tod – Natur in die Kultur ein[3]. Doch was sie überwältigt, verjüngt sie auch. Das Liebesleben und die Geschlechtslust bestimmen einen Großteil der sozialen Beziehungen in allen Gesellschaften und zwingen zu möglichst vielen Wiederholungen.

### *Sexualreligion*

Schon die Mythologen des frühen 19. Jahrhunderts wie Carl Friedrich Creuzer oder Johann Jakob Bachofen hatten im Archaikum den **Phalluskult** entdeckt, der zusammen mit dem Mutterglauben und der Einsicht in den Tod-Lebens-Rhythmus über viele Jahrtausende die Menschheitsgeschichte dominierte. Der Sumpfreiher, im Urwasser stehend, verkörperte für Bachofen in seinem 1859 erschienenen „Versuch über die Gräbersymbolik der Alten"[4] die Selbstbefruchtung der ewigen Erde. Dieses Elementarvorgangs eingedenk pflanzten Heiden auf der ganzen Welt Steinsäulen und Holzpfähle[5] in den Mutterboden und verstanden den analogen Geschlechtsakt als Gottesdienst[6], den es – am bekanntesten im indischen Tantra[7] – kulturell zu verfeinern gilt. Darüberhinaus entwickelte sich wohl schon früh der Gedanke *„Doch alle Lust will Ewigkeit"* (Nietzsche)[8], womit die Vorstellung verbunden war, die Defizite der Eingeschlechtlichkeit und des Geschlechtsdualismus durch Doppelgeschlechtlichkeit zu überwinden. Wer keiner sexuellen Ergänzung bedarf, hat den ewigen Orgasmus, den Zustand von Göttern und Toten, erreicht.

**Bisexualität** und **Inzest**, die „familiäre Selbstumarmung"[9], stellen im heidnischen Denken den Idealzustand dar[10] – die heilige Überwindung der alltäglichen Scheidung in Mann, rechte Seite, ungerade Zahl, Tag, Osten und Himmel einerseits und Weib, linke Seite, gerade Zahl, Nacht, Westen und Erde andrerseits[11]. Der heidnische Kult blickt bei aller heterosexuellen Symbolik, bei allem weltweit gültigen „Leben-in-Paaren-Denken"[12] auf dieses transsexuelle Ziel hin und bringt das in vielfältiger Weise zum Ausdruck. Die frühen Priester sonderten sich durch entsprechende bisexuelle Attribute von den Gewöhnlichen ab; noch der Wiedererwecker des religiösen Archaismus im heidnischen Rom, der oben schon einmal erwähnte Kaiser Elagabal (205–222), trat bevorzugt in weiblicher Kleidung auf und verblüffte seine Umgebung durch „das große, zwiegeschlechtliche, vibrierende Telesma", wie der „letzte Katharer" Alfred Schuler das kosmische Mana nannte[13]. Der Inzest, die Paarung von Schwester und Bruder, Mutter und Sohn, Vater und Tochter mit ihrer „höheren Ursprünglichkeit, schicksalsvolleren Innigkeit"[14] wurde kulturgeschichtlich usurpiert von den Zauberern, den Mächtigen und Dynasten.[15] Wo diese Privilegien (noch) fehlen, erscheint das „Geschlechtsleben der Wilden" promiskuös[16]; zumindest haben die frühen Ethnologen es so beschrieben und damit – unfreiwillig – die weite Kluft zur bürgerlichen Sexualmoral einigermaßen genau getroffen. Die im 20. Jahrhundert einsetzende empirische Ethnologie hat die vorschnellen Urteile über Urpromiskuität und Gruppenehe korrigiert und zum Teil sehr komplizierte Regelsysteme für das Zusammenleben der Geschlechter studieren müssen.

Das Verdienst der empirischen Ethnologie bei der Erforschung des „fremden" Sexuallebens geht aber noch weiter und widerlegt die bis heute in Soziologie und Volkskunde beliebte Vorstellung vom historischen Wachstum der Schamschranken[17]. Egal wie komplex oder einfach eine Sexualordnung präsentiert wird oder wie locker bzw. streng sie gehandhabt wird, nirgendswo hat die

Ethnographie „Schamlosigkeit“ gefunden. *„Scham ist die Maske, deren Verlust droht“*, sagt der Leipziger Theaterwissenschaftler Günther Heeg.[18] Der Geschlechtsverkehr und alles, was dazugehört, sind in allen Kulturen der Welt mit Metaphern, Symbolen, Regeln und Mystifizierungen umkleidet. Die Idee von „freier Liebe“ oder „natürlicher Sexualität“, wie sie die berühmte Kulturanthropologin Margeret Mead (1901–1978)[19] auf Samoa gefunden zu haben behauptete, gehört der Moderne an und der ihr eigenen Tendenz zu – eben auch exotistischen – Heilsversprechungen im Sinne eines „Lernens von den Samoanern“. Diese, in den USA schon in der Zwischenkriegszeit vorbereitete „sexuelle Revolution“ arbeitet aber gegen die Vorstellung des schon genannten Norbert Elias, dass es mit Zunahme von Schamschranken und Affektkontrollen immer gesitteter in der Welt zugehen müsse – auch der moderne Rationalismus produziert seine Widersprüche.

Neben der US-Amerikanerin Mead gilt der polnisch-britische Ethnologe Bronislaw Malinowski (1884–1942) als Autorität für „wilde“ Sexualität. In seinen beiden Abhandlungen über das Geschlechtsleben der melanesischen Massim[20] erscheinen diese, ihren Leidenschaften bewusst ergebenen Bewohner der Trobriand-Inseln als überaus vernünftig und zweckrational denkend wie handelnd. Sowohl ihre Theorie als auch ihre Praxis ist von den Leitmotiven „Gleichheit“ und „Gegenseitigkeit“ durchdrungen, eine Konzeption, die das Schulhaupt der britischen Sozialanthropologie vor allem in seiner politischen Lehre von der „Protodemokratie“ verwerten konnte. Für Fragen nach der religiösen Bedeutung von Sexualität geben diese „funktionalistischen“ Studien wenig her, vielleicht auch infolge von Malinowskis Bindung an Freud, dem es – wie der Heidelberge Ethnologe Ferdinand Herrmann (1904–1974) es ausdrückte – an der „Anschauung von Äußerungen echter Religiosität“ mangelte[21]. Zwar verfügte Malinowski über solche Anschauungen in Sachen Sexualreligion reichlich, und in seinen posthum veröffentlichten Tagebüchern[22] offenbarte er auch widerwillig, wie ihn das „Geschlechtsleben der Wilden“ in seiner affektiven Wucht ergriff. In den offiziellen Abhandlungen aber bleibt der Beobachter ausgeklammert, und die Beobachteten bleiben Herr ihrer Sinne.

Die Hierophanie Sexualität erschließt sich nur aus Quellen, die sich entsprechend offen halten konnten. Dies war in der Forschungstradition von Durkheim mit ihrem rationalen Moralismus ebenso wenig der Fall wie in der katholischen Schule von P. W. Schmidt mit ihrem leibfeindlichen Erbe. Interessanterweise war es ein Dissident der großen Missionarsethnologie, der sich in den späten 1920er Jahren an das Wesen der heidnischen Sexualreligion erstaunlich nahe heranwagen konnte: Pater Josef Winthuis (1876–1956) entdeckte nach zwölf Jahren Missionsarbeit unter den melanesischen Gunantuna auf Neubrittanien, dass der dortige *homo divinans* hauptsächlich an die „Kopula" (Geschlechtsverkehr) denkt und dies in den verschiedensten Verpackungen auch zum Ausdruck bringt. Dabei geht es aber nicht, wie beim genannten Malinowski, um eine ethnologische Absicherung von Freuds „Pansexualismus"[23] und der dazugehörigen Verdrängungsmechanik. Winthuis ist kein Psychologe, der in Kategorien von Trieb und Triebunterdrückung denkt, sondern Übersetzer der „Vorstellungswelt primitiver Völker"[24]. Warum aber ist die Sexualität als Kern der heidnischen Religion nicht schon früher erkannt worden? Winthuis' Antwort lautet: Weil der Primitive nicht über sein Allerheiligstes offen redet[25], auch wenn es sein Denken und Sprechen beherrscht.

Es sind also religiöse, d. h. zur Maskierung zwingende Gründe, wenn der Gunantuna vom Speer, dem Feuerstock, dem Arm oder Bein, dem Schwirrholz, der Schnur oder der Feder spricht und den Penis meint. Ebenso wird die Vagina als Auge, Zahnlücke, Mulde, Ring oder Kanu umschrieben. Kommen Vertreter der beiden Polaritäten zueinander, entsteht Feuer – wir haben in Kapitel IV von der Sexualsymbolik des Feuerbohrens gehört. Dieses Geheimnis wird den Heranwachsenden bei der Initiation offenbart, in der man sie es in aller Deutlichkeit spüren lässt. Im Gegensatz zur Ansicht anderer Ethnologen und Interpreten der Reifefeiern, die die damit verbundenen Sexualoperationen als Klärung bzw. Steigerung der polaren Geschlechtszugehörigkeit deuten[26], sieht Winthuis darin eine Verwischung der Gegensätze: Mit der Subinzision, also dem partiellen Aufschlitzen der Unterseite des Penis, bekommen die männlichen Kandidaten eine „Vagina", durch das Zahnausschlagen ein Loch, sie legen Frauenkleider an oder werden von den Alten rituell penetriert.

### *Urzwittertum*

Die heidnischen Initiationsbräuche waren in den 20er Jahren des vergangenen Jahrhunderts schon weit über die Grenzen der Ethnologie hinaus diskutiert worden, insbesondere hatten sich die Psychoanalytiker dieses anregenden Themas angenommen[27]. Gegen deren triebmechanistische Hypothesen, aber auch gegen die soziologischen Bemühungen, den z. T. absurd wirkenden Gebräuchen einen gesellschaftsstabilisierenden Sinn abzufiltern, behauptete Winthuis, die Körperverstümmelungen sollten die Jugendlichen dem göttlichen Zweigeschlechterwesen angleichen. Zwar seien die Operationen schmerzhaft, ihr Ziel aber sei ewige Lust, so wie sie Götter und Tote genössen. Körperliche Einschnitte, Ausschnitte, auch das Peitschen und Quälen der Initianden diene einzig dem Ziel der immerwährenden Geilheit und Befriedigung, welche nun einmal nur in der sexuellen Ungeschiedenheit und Nichtzugehörigkeit zu erreichen sei.

Für Winthuis gehören die Initiationsrituale zum das gesamte Heidentum überstrahlenden „Kult der Androgynität" und Verehrung des **Urzwitters**, in der das geschlechtliche Denken sich zur Fixierung auf Doppelgeschlechtlichkeit steigere. Himmlisches Vorbild in dieser Religion sei der Mond, der sich immer wieder aufs Neue selbst schwängert. Wir haben ihn in Kapitel III schon von verschiedenen Seiten beleuchtet, die sexuelle fehlte noch. Doppelgeschlechtlich sind nach Winthuis aber auch irdische Heiligtümer wie Menhire und Kultsteine, die mit männlichem Ocker und weiblichem Fett eingerieben würden, oder Urzeitbilder, wie sie die Altaustralier immer wieder auffrischten. Alle archaischen Gottesvorstellungen – also auch in unserer Diktion die Hierophanien – seien zweigeschlechtlich: die Urschlange, die – wie in Kapitel I ausgeführt – ihren Schwanz im Mund hält, die Urriesen wie Ymir[28] oder der ägyptische Atun, viele Tricksterfiguren und alle ihre Nachahmer. Alle Mythologien kennen ungeschlechtliche Zeugungen wie Eva aus Adam, Athene aus Zeus, Aphrodite aus Uranos, und solche Schöpfungen, die nach der Urzeit noch in Bäumen und Felsen weiterleben, sind in ihrer Sexualität, weil dem Urzwitter verwandt, allen Polaritäten überlegen.

Das bisher schon mehrfach erklärte Grundmotiv religiösen Handelns, die *imitatio deorum* oder Nachspielen der Götter, legt nun für Winthuis hauptsächlich Anstrengungen in Richtung Doppelgeschlechtlichkeit fest. Wenn die von Paul Wirz beschriebenen Marind-Anim auf Neuguinea ein kopulierendes Paar *in actu* töten und aufessen, wollen sie der Doppelgeschlechtlichkeit teilhaftig werden. Jeder Ahnenkult hat den Weg vom einfachgeschlechtlichen Menschen zum doppelgeschlechtlichen Ahnenbild vor Augen. Die berühmten Schnabelstil-Figuren auf Neuguinea haben Vogelaugen, Sinnbild der Vagina, und Schnabelnasen, die für den Penis stehen, zugleich[29]. Die Ahnenfiguren sind allesamt Sexualprotze, sie brauchen aber zur Befriedigung kein anderes Geschlecht, sondern können alles selbst leisten. Es sind Gottheiten der ewigen Lust, die in den Kult- und Männerhäusern stehen und ihre androgyne Botschaft verkörpern (s. Abbildung oben).

Es versteht sich von selbst, dass Winthuis These von der heidnischen Sexualreligion in den verschiedensten Lagern der Ethnologie Entrüstung hervorrief. Insbesondere die katholische Schmidt-Schule bemühte sich, ihre eigene Hypothese vom „Urmonotheismus" gegen Winthuis Argumente für eine Religion „unter der Gürtellinie" zu verteidigen: Das sei ein „Hohn auf den gesunden Menschenverstand"; Winthuis habe eine „Skandalchronik sexueller Verirrungen" veröffentlicht bzw. sei von Informanten mit „krankhaft übersteigertem Geschlechtstrieb in die Irre geführt" worden. So z. B. argumentierte Konfrater Joseph Meier, der ebenfalls im Bismarck-Archipel stationiert war, im Schulorgan „Anthropos"[30].

Wer die Bücher von Winthuis bis zum Ende liest, muss feststellen, dass es ihm nicht um Sympathie oder Empathie mit den sexbesessenen Heiden ging, vielmehr teilte er – wie die meisten Missionare – den heiligen Zorn der Entrüstung mit dem Apostel Paulus, der im Römer-Brief den göttlichen Fluch über das Heidentum in die von Luther wie folgt übersetzten Worte fasste:
*„Vnd gleich wie sie nicht geacht haben/das sie Gott erkenneten/*
*hat sie Gott auch da hin gegeben in verkereten sinn/zu thun/das nicht taug."*[31]

Winthuis wiederholt immer wieder, dass nur die „sittlich stählende Kraft des Christentums" das „Gift des Lasters" bekämpfen könne[32], das sich im Glauben an das Urzwitterwesen offenbare. Seine ganze Ethnographie diene einzig dem Zwecke, die heidnische Verworfenheit beim Namen zu nennen, um sie zu beseitigen: *„Nach dieser restlosen Klarheit des unsittlichen Zweckes der Kulte und Geheimbünde sind diese vom christlichen Standpunkte aus den Primitivvölkern unbedingt zu verbieten."*[33]

Wie wir in Kapitel XV noch genauer sehen werden, hat die weltweite Heidenmission nicht die Hierophanie Sexualität beseitigt, sondern die christliche Heuchelei eingeführt, die aus der von Thora und Propheten eingeleiteten Verdammung des Fleisches die notwendige Folge ist. Anziehung der Geschlechter und Ausübung des Geschlechtsverkehrs wurden in die Niederungen der höheren Religion gedrückt; Geschlechtswandel und Transsexualität als Steigerung und Verzauberung des Menschseins verschwanden völlig aus dem hochreligiösen Diskurs. Trotzdem treten katholische Priester bekanntlich auch heute noch in Frauenkleidern auf, behaupten, jenseits von Ehe[34] und Sexualität zu stehen, und sind doch neugierig auf die Geheimnisse des Beichtstuhls oder die Körper der jungen Ministranten. Wir kehren zurück zu den Grundlagen des Heidentums in der Macht des Sexus, wie sie - vor Hans Peter Duerr - in der deutschsprachigen Ethnologie vor allem von Hermann Baumann (1955) und Gisela Bleibtreu-Ehrenberg (1984) behandelt wurde.

### *Das Doppelgeschlecht*

Baumann hat mit seiner gewaltigen Materialsammlung „Das doppelte Geschlecht"[35] die Hauptthese Winthuis bestätigt: Heiden glauben an die **heilige Doppelgeschlechtlichkeit** und versuchen, ihr rituell nahezukommen. Die Ethnologie beschäftigt sich mit Religionen, in denen der Geschlechtswandel und die Zweigeschlechtlichkeit eine Steigerung des profanen, normalen Lebens bedeuten. Und welches Ziel verfolgt diese Steigerung? Man geht damit dem Tod entgegen:

*„In aller betonten Erotik und Ekstatik wirkt sich aber ein völkerpsychologisch so wichtiges Moment aus: Die sexuelle Erregtheit, das Über-den-Strang-Schlagen der weiblichen Teilnehmer* [der auf der Jagd oder im Krieg befindlichen Männer, B.S.] *ist wie die kultische Nacktheit, die rituelle Prostitution und Promiskuität nur durch das Umkehren aller geordneten, maßvollen Lebensführung, eben durch die betonte Perversion, die allein dem Gefährlichen, dem Tod begegnen kann, erklärlich."*[36]

Dem Maximum an Angst, der Todesangst, wird mit einem Maximum an Lust, der Geschlechtslust, begegnet. Hier verschlingen sich Tod und Leben gegenseitig, zumindest in ihren zeitlich begrenzten Stellvertretern Schmerz und Lust. Was die Ethnographen an unglaublichen Sexualoperationen notiert haben, lässt sich nicht anders deuten, als dass im „rituell richtigen Blut" die sexuelle Polarität verwischt wird, bzw. dass die Menschwerdenden in eine sexuelle Mischsituation hinein ausbluten. *„In Australien, wo Mütter und andere weibliche Verwandte das Beschneidungsblut der Jungmänner trinken, verzehren andere Frauen die Vorhäute, berühren sie oder tragen sie wenigstens am Leib."*[37] Pietà, Lustmord und Schmerzenslust - die Themen, die protestantische, katholische und orthodoxe Christen z.T. aus dem Karfreitagsgeschehen z.T. aus der europäischen Kunstgeschichte kennen, machen den Kern des heidnischen Rituals aus. Es handelt sich um gewaltige und gewaltsame Verwandlungen oder Umkleidungen (*Transvestitionen*), die ebenso Kräfte zur Erneuerung des Lebens freisetzen, wie sie den unerbittlichen Tod vorwegnehmen und damit auffangen.

Beim Thema Pflanze (Kapitel V) war dieses Mysterium der Verwandlung vom Tod zum Leben und umgekehrt schon einmal gelüftet worden. Es ist mit dem Rhythmus der Sexualität identisch, wie es alle Religionen, die dem Osiris-Typus angehören, zelebrieren: *„In dem Glied, das bald als* membrum mortuum, *bald als* membrum vivum *erscheint, stellt sich das Sterben und Wiedererstehen des Gottes dar."*[38] Dieser Wechsel aus Erregung und Entspannung bedeutet im heidnischen Denken gleichsam den Ist-Zustand. Der Soll-Zustand, das Ideal, das Ziel gemäß dem göttlichen Vorbild ist aber die immerwährende Vereinigung, die Einheit als aufgehobene Polarität, das Zusammenlegen von männlichen und weiblichen Lebenskräften. Auch wenn die Darstellung der bisexuellen Heiligkeit auf nachhaltige Weise nicht gelingen kann, zwingt die Hierophanie zu immer neuen Thematisierungen und Präsentationen, z. B. im rituellen Koitus, in orgiastischer Promiskuität an hohen Festtagen, im kultischen Geschlechtswandel der Ritualführer oder in anderen sexuellen „Perversionen". Alle diese Exzesse stehen im Dienste des Glaubens an die Verlängerung sexueller Lust, wie sie dann wohl erst der Tod erfüllen kann. Denn Sinn aller heidnischen Thanatologien oder Todeslehren ist die *ejaculatio perennis*, wie sie speiende Vulkane, sprudelnde Quellen und aufschießende Springbrunnen vormachen[39].

Auch bei der Hierophanie Sexualität gilt, was bei den anderen religionsstiftenden Erscheinungen festgestellt wurde: Aus dem universalen Muster auszubrechen, gelingt historisch als ersten den Juden bzw. ihren Propheten, die von den herrschenden Kulten Kanaans und Babylons in den heiligen Zorn der Gerechten gestürzt wurden. Was immer die Schriftgelehrten dann für die Zusammenstellung von Thora und anderen kanonischen Schriften aus den umfangreichen Keilschriftbibliotheken übernahmen, wurde weitgehend entsexualisiert; ganz besonders wurden alle Hinweise auf Bisexualität gestrichen. Nur bei Häretikern und Mystikern taucht in der folgenden Religionsentwicklung der Gedanke an die bisexuelle Gottheit bisweilen wieder an die Oberfläche auf, etwa in Jakob Böhmes Schwärmerei von *„kein Mann, kein Weib, sondern beydes mit beyden Tincturen in der Temperatur, als nehmlich die himmlische Matrix, im gebährenden Liebe-Feuer* [...]"[40], wie der Schuster aus Görlitz an der Wende zum 17. Jahrhundert schrieb.

Baumann sah in der diesseitigen Spaltung der Menschheit in Mann und Frau eine mikrokosmische Entsprechung zur – oben behandelten – makrokosmischen Trennung von Himmel und Erde. Wie die heidnischen Religionen sich um die szenische Aufhebung dieser Katastrophe bemühen, so trachten sie auch nach der Wiedervereinigung der Menschenhälften zum göttlichen „Kugelwesen"[41]. Zwar hat sich die Gesellschaft mit ihren Heiratsregeln und Benimmvorschriften auch redlich um die Behebung der Trennungsschäden verdient gemacht, die Idee einer bleibenden Überwindung wurde aber in der heidnischen Religion geboren und spiegelt sich seither in der Überfülle bisexueller Gottheiten, die die immerwährende Lust verkörpern, selbst wenn sie getötet werden.

### *Transvestition*

In der Vorrede war auf Jakob Wilhelm Hauers „Wucht der Anschauung" als dem Wahrheitskriterium heidnischer Religionen hingewiesen worden. In den vielfältigen Sexualkulten steht selbstverständlich die sinnliche Wahrnehmung über allen intellektuellen Akten, wie sie die nachprophetische Theologie dann zum Inhalt der monotheistischen Botschaften machte. Da diese mit ihrer Fleischabkehr meist auch eine Weibabkehr predigten, mischen sich bei den ethnologischen Versuchen, primitive Religion zu rehabilitieren, vermehrt weibliche Stimmen ein. Die in manchen Feminimusfraktionen[42] betonten sanften Übergänge und Uneindeutigkeiten, die unsystematischen Religionen besser gerecht würden als die männliche Logik aus Klarheiten und Polaritäten, betreffen ganz besonders das weite Feld der Sexualität. In diesem Sinne hat sich die Bonner Ethnologin Gisela Bleibtreu-Ehrenberg mit der **heiligen Androgynie** beschäftigt, wie sie im Anschluß an die Forschungen von Winthuis und Baumann, aber auch nach den Arbeiten der Indologin und Eliade-Nachfolgerin Wendy Doniger O'Flaherty[43] in Chicago, im Zentrum nichtmonotheistischer Religionen steht.

Zu den androgynen Riten gehören in dieser Perspektive auch die oben schon behandelten Besessenheitskulte und die weiter unten noch zu beleuchtenden Formen des Schamanismus. Sowohl der Besessenheitspriester – oder die -priesterin – wie auch der initiierte Anhänger eines Besessenheitskultes kennt die Fusion mit einem Geist, der oft als gegengeschlechtlich vorgestellt wird. Besessenheit ist damit gleich Geschlechtsverkehr zwischen einer irdischen Person und einem himmlischen Dämonen. Der „Jenseitsgeliebte" stellt – wie die österreichisch-amerikanische Ethnologin Erika Bourguignon[44] herausgearbeitet hat – jeden Diesseitsgeliebten in den Schatten. Die Vereinigung mit ihm übertrifft den sexuellen Orgasmus, auch wenn sie diesen als Vorbild oder besser als Metapher benutzt. Besessenheit ist von längerer Dauer als der Geschlechtsakt und er greift ungleich tiefer in die Persönlichkeit ein. Personen nach der Trance brauchen lange Erholungsphasen; der Verkehr mit Geistern nimmt wesentlich mehr mit als der körperliche Geschlechtsverkehr.

Noch deutlicher zeigt der berufsmäßig Besessene, also der Schamane, seine sexuelle Rückkehr (*Regression*) ins Ungeschiedene durch die Kleidung, in dem der Tod, der Geist eines Tieres, aber auch das andere Geschlecht zum Ausdruck gebracht werden kann (s. Abbildung Kapitel XIV). Bleibtreu-Ehrenberg nennt es „transvestitischen Schamanismus", wenn der Geschlechtswandel zur theatralischen Außendarstellung des Heilkultes gehört. Für den Schamanen, für den Patienten wie für die zuschauende Gemeinde bedeuten Verkleidung und Verwandlung eine Überhöhung, eine Angleichung an das dämonische oder göttliche Vorbild bzw. eine Vereinigung mit ihr.

Wie alles in „ungeprüften" Kulturen scheinen auch die Übergänge zwischen **Transvestition** und **Transsexualität** fließend zu sein. Es ist nach Bleibtreu-Ehrenberg von sekundärer Bedeutung, ob der Schamane sich nur verkleidet oder ob er sexuell anders empfindet, bi- oder homosexuell genannt werden muss. Es geht in allen diesen Fällen um eine Ausweitung des Erlebnisraumes im Spannungsfeld zwischen Ergriffenheit, Besessenheit, Lust und Ekstase. Homosexualität oder Geschlechtswandel scheinen insbesondere im Verhältnis Schüler-Lehrer eine Rolle zu spielen – dieser strukturellen Asymmetrie, bei der zur Reifung auch das Erlernen weiblicher Fähigkeiten gehören kann und die ja auch beim schon angesprochenen Messbubenthema weiterwirkt. Während diese „Liebe" aber von der kirchlichen Öffentlichkeit als Fehltritt verurteilt werden muss, verläuft im heidnischen Bereich die Weitergabe von Kultur an die nachfolgende Generation sehr häufig auch begründet in sexuellen Bahnen. Ganz berühmt in der Literatur wurde die Umgewöhnung der Knaben von Muttermilch auf „Männermilch" in den Kulthäusern Papua-Neuguineas[45].

Ob die Vereinigung tatsächlich oder imaginiert, metaphorisch, symbolisch etc. erfolgt, beide Wirklichkeiten bringen die Erhöhung zum Ausdruck, die der Geschlechtsakt den Beteiligten angedeihen lässt. Und hier scheint der Geschlechtswandel eine weitere Steigerung zu versprechen, so dass in bestimmten Kulturen

Sibiriens Mächtige mit geschlechtsverwandelten Personen sich verheiraten können, um an deren Zauberkraft zu partizipieren[46]. Transvestiten und Transsexuelle stehen dem Urzwitter nahe und verkörpern einen Vorsprung vor dem normal Gepolten. Jede sexuelle Abweichung von der Norm scheint kultisch verwertbar zu sein. In den Tempeln der antiken Muttergottheiten taten Kastraten Dienst ebenso wie Hierodulen - Mädchen und Knaben, die sich für die Gottheit hingaben und dabei den Tempelschatz füllten. Bleibtreu-Ehrenberg nennt den Grund, weshalb in allen „Hierarchien" die Männer - vor allem die feminisierten - überwiegen: Sie fallen durch keine Regelblutung aus, bekommen keine Kinder und bleiben von Frauenkrankheiten verschont.

Damit ergibt sich durchaus ein gewisser gesellschaftlicher Bedarf an sexuellen Aberranten oder Abweichlern. Ethnographen konnten beobachten, wie weiblich erscheinende Knaben bewusst auf die Rolle des „dritten Geschlechts" hin erzogen wurden. In der Literatur wurde vor allem die Figur des *Berdachen*[47] in der betont männlichen Kriegergesellschaft nordamerikanischer Indianer hervorgehoben, der zwar als Feigling und Taugenichts galt, dies aber mittels Zauberkraft kompensieren konnte. Es lag am Berdachen selbst, wie er aus dem Stigma ein Charisma machen konnte und dann die Rolle der Frau besser als die normalen Frauen spielte und die Identität mit seinem Schutzgeist, der ihn verkleidet, zum eigenen Vorteil wendete.

Zu den Privilegien des Transvestiten in heidnischen Gesellschaften kann auch der ungehinderte Zugang zu den Frauen gehören - Hans Peter Duerr hat den don-juanesken Zug des Schamanen betont[48], der sich im von der Weiblichkeit umschwärmten Jung-Kaplan der christlichen Geschichte wiederholt. Der „Priester im Bett" besitzt in der katholischen Welt wegen seines propagierten Geschlechtswandels und tatsächlichen Tabubruchs eine unheimliche Zauberkraft, auch wenn die ihr erlegenen Frauen dabei oft leer ausgehen oder betrogen werden - zumindest in der bürgerlichen Vorstellung. Nun hat diese infolge von Missionierung und Zivilisierung ohnehin nur noch ein gebrochenes Verhältnis zur Hierophanie der Sexualität; doch darf bei aller Kritik an Kommerzialisierung und Motologisierung, besser Technisierung, aber auch Psychologisierung nach Freud, Kinsey und Kolle, nicht übersehen werden, dass auch noch in der modernen Gesellschaft rote Lichter brennen, Transvestiten ihre Rätselkraft demonstrieren, Ehemänner sich heimlich verwandeln und Lustmörder unterwegs sind. George Bataille[49] hat die Heiligkeit der Überschreitung von Verboten gerade in diesem Bereich zum Richtmaß seines Kulturvergleichs gemacht. Die bürgerliche Gesellschaft mit ihrer langen Formation auf christlicher Grundlage fällt gegenüber der archaischen und heidnischen hier weniger quantitativ ab als qualitativ; sie darf sich zum sexuellen Exzess nicht öffentlich bekennen.

1 *„Es ist überall im Zustande der Extase, dass der Mensch mit dem Göttlichen zu communiciren glaubt"* (Bastian 1859/1988:347). Frobenius (1898:219) machte, Bastian zitierend, aus Extase „Errection".

2 Siehe Deschner 1974/92, 1987, Herrmann, H. 1992.

3 *„In zwei Bereichen wirkt die Allmacht der Natur auf den Menschen: Sexualität und Tod"* (Ariès 1978/82: 500).

4 Bachofen 1859/1954:420.

5 In der reichhaltigen Literatur über Menhire (z. B. Kirchner 1955, Kauffmann 1972) wird die phallische Bedeutung der Steinsetzungen manchmal auch in Zweifel gezogen oder der Phallos wird „als Endpunkt, aber nicht als Ausgangspunkt einer Entwicklung der religiösen Ideen" verstanden (Kirchner 1955:674). Hinter dieser Interpretation darf der immense Einfluß der katholischen „Wiener Schule" vermutet werden, während die kulturmorphologisch geprägten Autoren wie Guido v. Kaschnitz-Weinberg (1944) am „phallischen Urwesen der Pfeiler- und Säulengestalt" festhalten konnten.

6 Noch nach einem Jahrtausend Christianisierung fand Mannhardt in europäischen Erntebräuchen wie dem „Ackerwälzen" Reste des Sexualritualismus. Aus Mecklenburg wurde z. B. überliefert: *„Der älteste Knecht und die älteste Magd stellen nämlich unverkennbar den Alten und die Alte, d. h. die Dämonen des alt gewordenen Getreides (Kornmann und Kornmutter) dar, wie sie nach vollbrachter Ernte auf dem Acker sofort zu einer neuen Zeugung schreiten"* (Mannhardt 1884/1998:340).

7 Vgl. Rawson 1973/74; auf dem indischen Subkontinent ist der universale Phalluskult in dem allerorts verehrten Linga des Shiwa zur hochreligiösen Dauerblüte gereift (s. Zimmer 1993).

8 Nietzsche 1887/1979 II:473.

9 Bachofen 1861/1984:166.

10 *„Die Götter oder die mythischen Ahnen der Menschheit sind androgyn, und viele der Riten verfolgen die symbolische Androgynisation des Menschen"* (Eliade 1959/91:22).

11 Zur symbolischen Geschlechterpolarität in Afrika s. Grau 1955, der bei der Zuordnung mehrheitliche und minderheitliche Verhältnisse aufzählt und den Mangel der lokalen Exegesen beklagt. Es ist in der Tat schwierig, für die vielen Entsprechungen, aus denen sich nichtwissenschaftliche Ordnungsmuster zusammensetzen, immer einleuchtende Erklärungen zu finden. Für unseren Zusammenhang mag es genügen, dass es bei den nilotischen Kuku Aussagen darüber gibt, dass Mann und Frau so ins Grab gelegt werden, wie sie auch beim Geschlechtsakt zu liegen pflegten (Grau 1955:169). Grau selbst kann dieser Lokalinterpretation keine große Bedeutung beimessen, da sie ihm zu „sekundär" klingt. Befangenheiten in der Ethnologie finden sich auch außerhalb der kirchlich gebundenen Forschung (s. u.).

[12] Siehe Drexler 2004:150; die offensichtlich zur *conditio humana* gehörende geschlechtliche Zuweisung der Erscheinungen wird aber wie die Trennung von rechts/links, heiß/kalt, gut/schlecht, geordnet/wild etc. selten ohne Aufhebung, Wiedervereinigung oder Durchmischung gedacht, selbst wenn die Mischung theoretisch nur als Frevel vorstellbar ist wie im Reinheitskomplex mancher Roma-Zigeuner (s. Ries 2007). Drexler, der in den Nordanden auch den Mythos vom Versinken des männlichen Sterns im weiblichen Bergsee erzählt bekam, nennt das „dialektische Wechselwirkung" (2004:151), phänomenologisch fällt es mit dem Heiligen zusammen.

[13] Schuler 1923/40:226, 262. Zur Charakterisierung Schulers als Katharer s. Wegener 2003.

[14] Klages 1929–32/1981:1352.

[15] Die Anthropologisierung der „Inzestscheu" durch Freud und Lévi-Strauss blickt in Richtung Sozialordnung und wiederholt deren vernünftiges bzw. „natürliches" Exogamiegebot. Die hier vertretene Religionsethnologie versucht, sich am Exzess (Bataille) zu orientieren, da alle Heiligkeit „außerordentlich" ist und einer zweckmäßigen Organisierung des Lebens oft quer liegt. Gegen das psychoanalytisch geprägte „Inzesttabu" hatte schon Preuß argumentiert: *„Denn es existiert kein natürlicher Abscheu vor der geschlechtlichen Vereinigung etwa zwischen Bruder und Schwester, weder bei Tieren noch bei Menschen. Kommen doch sowohl reguläre Heiraten zwischen solchen vor, wie auch in Zeremonien geschlechtliche Vereinigung zwischen Brüdern und Schwestern stattfindet, selbst wenn sie sich sonst strikt meiden müssen und sich nicht heiraten dürfen. Ferner ist es auch unmöglich anzunehmen, dass die Naturvölker eine instinktive Ahnung von der üblen Einwirkung von Heiraten unter nahen Verwandten auf die Nachkommenschaft gehabt haben können"* (1923:70 f.).

[16] *„Demgegenüber ist offenbar bei der magischen Weltanschauung Heirat und Geschlechtsverkehr zwischen nächsten Blutsverwandten gestattet"* (Mohr 1954:175).

[17] Die Autorität auf diesem Gebiet, Norbert Elias (1939/76), der die historische Metamorphose des derben französischen Rittertums zum raffinierten Versailler Hofadel zum universalen Gesetz erhoben hat, wurde von Hans Peter Dürr in vier dicken Materialbänden (1988, 1990, 1993 und 1997) widerlegt. Der Streit findet sich - wenn auch universalistisch getönt - zusammengefasst in Hinz 2002.

[18] Heeg 2007:71.

[19] Mead 1928. Die im Progressisten-Lager begeistert aufgenommene sexualhedonistische Studie der von Boas und Freud beeindruckten Margaret Mead (1901–1978) kann durchaus Entsprechungen bei eher konservativen Autoren finden wie z. B. bei dem Freud-Kritiker Ferdinand Herrmann: *„Es ist nicht zu übersehen, dass im ganzen auf dieser Stufe zu den geschlechtlichen Dingen ein natürliches, undifferenziertes und unreflektiertes Verhältnis besteht und das Geschlechtliche hier noch völlig und lückenlos Teil eines Lebensganzen ist, wo Lüsternheit und bloße Wollust noch keinen Platz haben"* (1953:312).

[20] Malinowski 1927, 1932.

[21] Hermann 1953:307.

[22] Malinowski 1967.

[23] *„Mit der Freudschen Theorie und Pansexualismus haben meine Forschungen nichts zu tun"* (Winthuis 1931:87).

[24] So der Titel des 2. Hauptwerks „Einführung in die Vorstellungswelt primitiver Völker" (1931).

[25] 1931:7.

[26] Zum Beispiel Griaule über die Dogon (1948:24).

[27] Vgl. Freud 1904, Reik 1919, Rank 1922.

[28] Die Doppelgeschlechtlichkeit im Ursprung ist auch für den „rechten" Feminismus wichtig: *„Zweigeschlechtig wie Tuisto sind auch Njördr-Nerthus und, nach den Fabeleien der Snorra-Edda, der Urriese Ymir, der aus sich das Riesengeschlecht erzeugt, einen Knaben und ein Mädchen"* (Hunke 1955:86).

[29] Siehe die Abbildung einer solchen Schnitzerei am Eingang des Kapitels (aus Kussmaul 1982 I:197)

[30] Meier, P. J. 1930.

[31] Paulus nach Luther (1545), Röm. 1,28. In der *Koiné*, der griechischen Urfassung des Neuen Testaments, heißt der „verkehrte Sinn" *αδόκιμος νοὺς* (*adokimos nous* - wörtl. „ungeprüfter Sinn") und das Untaugliche *τά μή καθήκοντα* (*ta mä kathäkonta* - eher „das Ungebührliche"). Damit fehlt den Heiden die Verstandeskontrolle, so dass sie der Unsittlichkeit anheimfallen.

[32] Winthuis 1931:102.

[33] Winthuis 1931:202.

[34] Der Kirchenvater Johannes Chrysostomos lehrte schon im 4. Jh.: *„Denn wo der Tod ist, da ist die Ehe; und wo keine Ehe ist, da auch kein Tod"* (Hermann 1992:173).

[35] Baumann 1955.

[36] Baumann 1955:73.

[37] Baumann 1955:65. Das ruft den von Deschner (1974/92:121) geschilderten Kult um die Vorhaut Christi in Erinnerung, der für verschiedene Frauenklöster bezeugt ist. Auch Hermann (1992) erwähnt die Antwerpener Vorhaut Christi: *„Einmal pro Woche zelebrierten Hirten ein Hochamt zu Ehren dieser Vorhaut, und einmal im Jahr trugen sie das hochheilige Teilchen ‚im Triumph' durch die Straßen"* (1992:308).

[38] Bonnet 1952:580. Über der Tür des Campanischen Kolumbariums bei der Porta Latina in Rom stand geschrieben: *„Priapus ego sum, mortis et vitai locus"* - *„Ich bin Priapus, der Ort des Todes wie des Lebens"* (Herrmann 1962:295).

[39] Um dieser Kraft der Toten teilhaftig zu werden, pressen die Trauernden im Fayu-Gebiet des westlichen Neuguinea die Flüssigkeit aus dem Leichnam und reiben sich damit ein (Kuegler 2005:77).

[40] Böhme 1682, zit. nach Baumann 1955:174.

[41] Baumann 1955:179.

[42] Andere Fraktionen betonen den mythisch beglaubigten Schrecken weiblicher Sexualität, wie er z. B. im Bild der *vagina dentata* sich verfestigt hat (s. Ross 1994). Diese Idee nun hält Frau Bleibtreu-Ehrenberg für typisch männlich und jenseits weiblicher Vorstellungskraft liegend (1984:48).

[43] Doniger O'Flaherty 1980.

[44] Bourguignon 1973; von 1963 bis 1968 führte die als Erika Eichhorn in Wien geborene Anthropologin eine statistische Erhebung über psychische Ausnahmezustände (*dissociational states*) durch, die zeigte, dass Besessenheit und Trance in heidnischen Gesellschaften zur „Normalität" gehören (dazu Becker, R. M. 2001).

[45] *„Ein Volk, in dem jener Glaube lebt, die Seele liege im Samen, kann leicht auf die Folgerung verfallen, das des Mannes Seele, seine Zauberkraft, seine Tüchtigkeit durch seinen Samen mittels des der Begattung ähnlichen Aktes auch auf Genossen des gleichen Geschlechtes übertragen werden könne"* (Bethe 1907, zit. nach Bleibtreu-Ehrenberg 1980:79; zum Thema primär Berkhout 1919, Wirz 1922, sekundär Schlesier 1953, Bosse 1994).

[46] Bleibtreu-Ehrenberg stützt sich dabei vor allem auf Czaplicka 1914; für die antike Formen weiterführende Knabenliebe im mittelasiatischen Raum s. Baldauf 1988.

[47] Von span. *Bardaxa* = passiver Homosexueller, s. Lowie 1935.

[48] Duerr 1984/90.

[49] Bataille 1957/94.

# IX. Tod

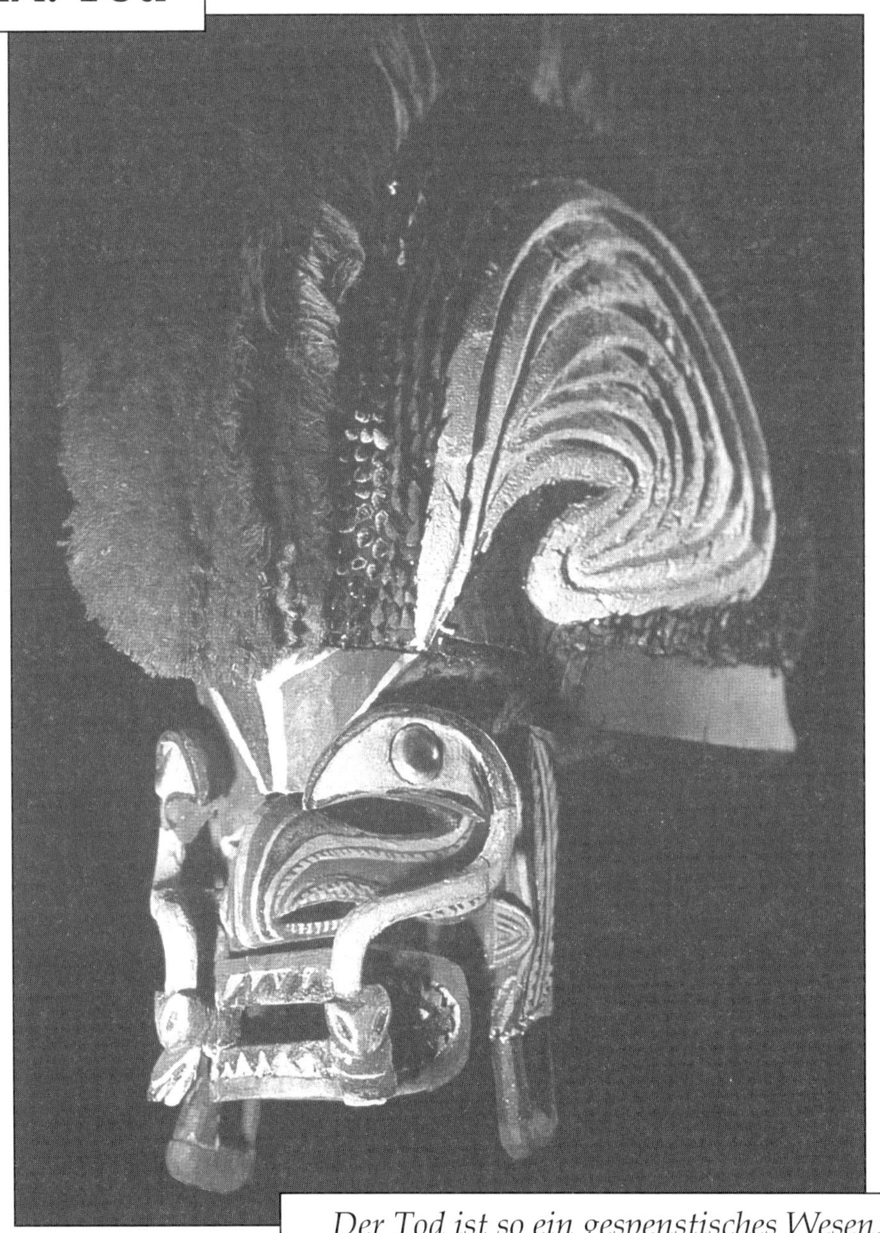

*Der Tod ist so ein gespenstisches Wesen,*
*dass er nur ist, wenn er nicht ist,*
*und nicht ist, wenn er ist.*
Ludwig Feuerbach

In den Tod als paradoxe Erfahrung der Lebenden hat der große Religionsphilosoph Ludwig Feuerbach[1] auch den Ursprung der Religion gelegt: Aus den Gräbern, so lehrte er 1848 in Heidelberg, steigen die Götter[2]. Die evolutionistische Ethnologie des 19. Jahrhunderts versuchte nachzuzeichnen, wie aus dem letzten Atemzug und undeutlichen Gespenstern gestalthafte Gottheiten wurden - als Fortschritt der menschlichen Einbildungskraft[3]. Doch blieb der Tod ein Rätsel - sowohl den Forschern, die sich wie Frobenius zu ihm als Ursprung der Kultur bekannten[4], als auch den Beforschten, die sich zu dem Thema nicht deutlich äußern wollten, obwohl es ihre Gedanken zu beherrschen schien. *„Die Tarahumara-Indianer leben, als ob sie schon gestorben sind"*, wurde oben der surrealistische Ethnograph Antonin Artaud[5] zitiert, der damit die heidnische *ars moriendi*, die Kunst zu sterben, auf den Begriff brachte. Die Surrealisten, Kulturmorphologen und Mythologen haben sich redlich bemüht, die Auswirkungen der Hierophanie Tod zu begreifen, auch wenn sie wiederum nur verschlüsselt wahrzunehmen waren.

### *Gräberkult*

Bachofen, der Vater der thanatologischen Ethnologie, konzentrierte seine Forschungen vor allem auf die **Gräbersymbolik** und die *Nekropolen* (Totenstädte). Wie in Kapitel II bereits angesprochen, erblickte er in der Großen Mutter, die ihre toten Kinder wieder zurücknimmt, den Leitgedanken des Heidentums. Er sei so stark, dass er jeder späteren Überformung trotzte. Wer am Bleibenden in der menschlichen Kultur interessiert sei, müsse sich den Gräbern zuwenden: *„Die ältesten Symbole und Anschauungen der Menschheit finden hier ihre letzte, aber sichere Zufluchtstätte."*[6] Für die Nekropolen wurde dauerhaftes Material verwendet, auch wenn die Lebenden in flüchtigen Behausungen wohnten[7]. Dieses Gefälle zwischen Lebenden und Toten, ihre so unterschiedliche Ausstattung und Unterbringung, ist nicht nur den Altertumswissenschaften aufgefallen, die Ethnographie hat es auch in gegenwärtigen Kulturen angetroffen, z. B. auf Madagaskar.[8]

Es ist ein Charakteristikum heidnischer Gesellschaften, dass sie mehr am Tod als am Leben interessiert zu sein scheinen. Oder dieser Eindruck entsteht nur im Vergleich zur Moderne, die mit dem Tod nichts mehr anfangen kann und ihn mit gewaltigem finanziellem und technischem Aufwand bekämpft. Ohne Zweifel war die neue Problematisierung des Todes in den Schriftreligionen eingeleitet worden, die ihn als Tor zu Feuer und Gericht umdeuteten und seine endgültige Vernichtung verhießen. Trotzdem hatte sich der mittelalterliche Mensch an die Anwesenheit des skelettierten „Gevatters" gewöhnt, und in der Barockzeit fand die allgemeine Todessehnsucht einen lyrischen Ausdruck von einsamer Qualität. In der Mystik der Buchreligionen hielt sich das Wissen um den erleuchtenden Tod[9], die antike Formel vom „Tod als Bruder des Schlafes" wird 1731 von Johann Sebastian Bach vertont[10] und noch im 19. Jahrhundert konnte der Psychologe Gustav Theodor Fechner (1801–1887) den Tod als „Entfesselung des Bewusstseins" preisen[11]. Es war der Aufschwung der Medizin und der sog. Lebenswissenschaften am Ende der Romantik, der den Tod als einen tatsächlich bekämpfbaren Gegner erscheinen und innerhalb kürzester Zeit die Weltbevölkerung über die heute erreichte kritische Marke anschwellen ließ. Damit war auch das beschleunigte Sterben des Heidentums besiegelt, denn es hat nichts zur allgemein propagierten und idealisierten Lebensverlängerung beizutragen.

Bachofen schwärmte 1854: *„Ich liebe die Völker und Zeiten, die nicht für den Tag arbeiten, sondern in all ihrem Schaffen die Ewigkeit vor Augen haben."*[12] Diese Völker der „Allnacht" nannte sein geistiger Nachfolger, Alfred Schuler, ein halbes Jahrhundert später „offene Kulturen"[13], weil sie sich dem Jenseits gegenüber offen hielten und weil die Toten und Lebenden sich ständig gegenseitig austauschten. Zuletzt konnten sie das in der römischen **Totenkommunion**, bei der das *sperma majorum* oder der Samen der Ahnen als Salzfass herumgereicht wurde und die Laren, die Toten selbst, die Bedienung übernahmen, oder im antiken Theater, dem „Guckkasten ins Jenseits", wo die Toten maskiert auftraten. Kultur erscheint in der Philosophie der „Kosmiker", wie der Münchener Jugendstilkreis von Schuler und Klages genannt wird[14], als Inszenierung der Wiedervereinigung und Aufhebung der Trennung. Es handelt sich um die heidnische Antwort auf die Hierophanie Tod: Die Verstorbenen und die Lebenden gehen aufeinander zu[15] und treffen sich im Ritual am Grabtempel oder in der Hauptkammer des Mausoleums[16].

Eine solche Kultur, die sich nicht die Bekämpfung, sondern die Pflege des Todes zum Ziel gesetzt hat, ist zu wesentlichen Teilen Totenkult, Totenkommunion, ja Totentanz. Sie beginnt in der Zeit, als der Neandertal-Mensch sich erste Gedanken über seinen leblos daliegenden Gefährten machte und ihn in Ost-West-Richtung, d. h. in den Sonnenlauf hinein bestattete[17], und endet – langsam – an den zeitgenössischen Schaltpulten, wo die Ernährung von Wach-Koma-Patienten gesteuert wird, oder in den Labors, wo man die Frostlagerung von Noch-Nicht-Gestorbenen vorbereitet. An die Stelle gedanklicher Verarbeitung des Todes ist seine technische Manipulation getreten. Wie der andere Natureinbruch, den wir unter der Überschrift Sexualität behandelt haben, in der Imagination des heutigen *homo faber* über In-Vitro-Fertilisation und „Leihmütter" steuerbar zu werden verspricht, so wird auch dem seit der Monotheisierung zum Hauptfeind erklärten Tod sein Schrecken „lebenswissenschaftlich", d. h. durch Labor-Apparate genommen.

### Todesgötter

Ethnologie beschäftigt sich durch die Räume und Zeiten hindurch mit dem *homo divinans,* und der ist gebannt vom Tod. Insbesondere seine Religion steht im Zeichen des akzeptierten Todes - und nicht des Kreuzes, das den Tod zu überwinden verheißt. Heidnische Götter sind zum Teil unsterblich, zum Teil aber sterblich, wie wir oben an mehreren Beispielen gesehen haben. Die sterblichen stehen begreiflicherweise den Menschen näher und werden im Kult viel häufiger bedacht als die unsterblichen. Frobenius hat die Herodotsche Kategorisierung afrikanischer Götter in Zeus (unsterblich) und Dionysos (sterblich) seiner Beschreibung der Sudanvölker[18] vorangestellt, weil nicht ersterer in seiner Erhabenheit, sondern letzterer in seiner Hinfälligkeit Vorbild der Menschen und ihrer Könige ist. Der sakrale Königsmord gleicht den Herrscher der Gottheit an, in dem er sein Leben mit seinem Tod verwebt.

Im Gegensatz zu Herodots Benennung der Unsterblichkeit mit Zeus kennt aber das alte Heidentum, wie wir in Kapitel II gesehen haben, hauptsächlich weibliche Götter in dieser Rolle, während die sterblichen männlich gedacht werden. Es ist der Sohn oder es sind die Zwillinge, die die Magna Mater gebiert und als Leichname wieder an sich nimmt. In der *Mater dolorosa* oder der „schmerzensreichen Maria" zieht sich diese trauernde Göttergestalt noch weit ins Christentum hinein und treibt in der darstellenden Kunst die schönsten Blüten aus. Klages hat darauf hingeweisen, dass Maria und Jesus nur am Ende eines langen Reigens von Müttern stehen, die ihre Söhne beweinen wie Thetis und Peleus, Demeter und Jasion, Selene und Endymion, Aphrodite und Adonis, Kybele und Attis, Ischtar und Tammuz, Astonoé und Eshmun, Isis und Osiris[19]. Die Namen und Chiffren wechseln, die Substanz der Trennung als Trauergrund bleibt - aber es ist ein ungleiches Verhältnis zwischen dem *numen,* das immer wieder gebiert, und dem *numen*, das immer wieder stirbt, ungleicher als Himmel und Erde, deren Spaltung wir in Kapitel III betrachtet haben.

Die Mutter beweint den toten Sohn, obwohl sie weiter – wenn auch sterbliche – Söhne gebären wird. Diese strukturelle Ungleichheit der Geschlechter geht im modernen Diskurs um Reziprozität und Equilibrium, Chancengleichheit und Emanzipation leicht verloren. Bachofen hatte hier deutliche Worte gefunden:
*„Das Weib geht voran, der Mann folgt* [...] *das Weib ist das Gegebene, der Mann das aus ihr erst Gewordene* [...] *er kömmt nur in sterblicher Gestalt zum Dasein* [...]*.Von Anfang an vorhanden, gegeben, unwandelbar ist nur das Weib; geworden, und darum stetem Untergang verfallen, der Mann."*[20]

Romantik und Neuromantik haben das antike Geschlechterprinzip wiederentdeckt, das in den beiden Gotteskategorien aufgehoben ist. Die eine lebt Unsterblichkeit vor und wird als Muttergestalt verehrt; die andere lebt den Tod vor und ist im sterbenden Sohn verkörpert. Tod und Leben sind eng miteinander verwandt und sich gegenseitig verantwortlich. *„Mortui viventes obligant"* – die Toten verpflichten die Lebenden – steht auf vielen Kriegerdenkmalen, die manchmal sogar trauernde Frauen abbilden. Heutige Gedenkredner lesen hier das Friedensgebot heraus, frühere sahen sie als Mahnung, die Toten zu rächen. Im archaischen Denken lautet die Verpflichtung hingegen, neue Kinder zu gebären, damit das Wechselspiel von Tod und Leben nicht erlahmt.

### *Der Töterkomplex*

*Memento mori* – denke an Deine Vergänglichkeit –, das war die christliche Mahnung, die dem Parallelgebot des Akkumulierens zuwiderläuft bzw. für eine Entlastung von Mühe und Arbeit zu sorgen scheint. Im Heidentum gibt es ein anderes Gegengewicht zum Sterben und das heißt **Töten**. Wie oben von verschiedenen Seiten beleuchtet, gibt der Mensch ohne moralischen Universalismus sein Einverständnis mit dem Tod-Lebens-Rhythmus dadurch, dass er sich in ihn einklinkt. Er ahmt beide Götter nach, die sterbenden und die unsterblichen, die immer auch die tötenden sind. Subjektiv hilft er ihnen bei ihrer kosmischen Aufgabe. Da er beide sich widersprechende Akte zu seinem ureigensten Anliegen macht, vertauschen sich die Rollen von Täter und Opfer leicht. Jedes Opfer wird zum Selbstopfer, jede Tötung zum eigenen Tod. Wir haben das in den Kapiteln Pflanze (V), Tier (VI) und Mensch (VII) gesehen, und die Hierophanie der vier Elemente hat uns die Gottheiten gezeigt, die diese Selbstopferungen vorgemacht haben. Im germanischen Raum war es Baldr, mit dem das Licht kam und erlosch. Sein Leichnam wurde in ein Schiff gelegt und auf dem Wasser verbrannt, was - nach Mone[21] - in jedem Totenbrand wiederholt wurde.

Jensen und Eliade haben sich um die Rekonstruktion von Kosmologien verdient gemacht, in deren Mittelpunkt der „schöpferische Mord" steht[22]. Da für die kultische Wiederholung der göttlichen Urtötung in der Regel keine Gottheit zur Verfügung steht, müssen heidnische Ritualisten nach Ersatz suchen. Das kann prinzipiell jeder Träger von Lebenskraft sein. Jede Form von Leben taugt für diese Verwandlung. Alles, was blutet, kann das oben genannte Ausbluten in einen anderen Zustand vorführen. Damit besitzt die archaische Kultur eine Fülle von Anschauungsmaterial, um ihre zentrale Erinnerungskultur zu pflegen. Doch scheint es, dass Menschendarsteller lange bevorzugt wurden. Einfache Gesellschaften nahmen dazu Angehörige von Nachbargruppen; der weit verbreitete Komplex **Kopfjagd**[23] wurde im Kapitel V schon angesprochen. Es geht hier, wie oben angedeutet, nicht um Heldenkult, der eine Kriegerkaste voraussetzt, sondern um nichts anderes als das Töten, das zweckmäßigerweise von hinten und bei wehrlosen Opfern erfolgt. Vorbild ist nicht nur die Gottheit, die sich - oben nach Wirz und Jensen „Dema" genannt - ohne Widerstand umbringen lässt, sondern auch das Raubtier, das das immer schwächere Opfer - und oft „von hinten" - schlägt.

Trotzdem gilt das Töten in Töterkulturen als Männlichkeitsbeweis. Auch jemanden von hinten umbringen, von dem keine Gegenwehr zu erwarten ist, bedarf einer gewaltigen Selbstüberwindung. Deswegen zeigen Kopfjäger gerne ihre Trophäen, und die holländische Kolonialmacht, die diesen heidnischen Brauch in Inselindien rigoros bekämpfte, hat die konfiszierten Schädel manchmal zu hohen Festtagen wieder zur Verfügung gestellt - bevor sie dann endgültig europäischen Museen zugute kamen. Kopfjäger haben aber für die Schädel ihrer Opfer genauso liebevoll gesorgt wie für die ihrer eigenen Toten, deren Reliquien ebenfalls im Kulthaus ausgestellt wurden[24]. Der oben schon vorgestellte Fachmann für Inselindien, Waldemar Stöhr, hat dagegen die Ansicht vertreten, dass die Reduktion des Opfers auf seinen Kopf eher transporttechnische Gründe habe, wie auch auf der Sumatra vorgelagerten Insel Nias der abgeschlagene Kopf oft mit einem nicht abgetrennten Arm aus pragmatischen Gründen zusammen getragen wurde[25]. In anderen Töterkulturen, z. B. in Nordostafrika, hat man die Geschlechtsteile der Getöteten abgeschnitten und als Trophäen gesammelt[26].

Die nächste Entwicklungsstufe ist das Töten von Sklaven und Gefangenen. Der Schusswaffenexperte Hans Staden aus Homberg an der Efze (1525–1576), der erste deutschsprachige „Indianerethnograph" und unfreiwillig „teilnehmende Beobachter", konnte eine solche Opferung gleichsam aus der Perspektive des Betroffenen schildern[27]. Auch andere Darstellungen belegen den religiösen Charakter der Menschenopfer – vor allem dadurch, dass der Auserwählte oft reichlich bewirtet und allseitig versorgt wird und damit für alle sichtbar einen göttlichen Status einnimmt, bevor man dem festlich Geschmückten auf mehr oder weniger grausame Weise das Leben nimmt. Wir erinnern uns an die Torturen der verehrten Bärengottheit (Kapitel VI) und an Frazers Wort von der archaischen Verehrung durch Tötung. Auch in diesen, über den gesamten Erdball belegten Menschenopfern[28], deren Berichte für moderne Ohren unglaubwürdig klingen, muss die Selbstopferung bzw. die Identifizierung der Töter mit ihrem Opfer mitgesehen werden.

### *Tötungsübungen*

Töten und Getötetwerden fallen in heidnischen Kulturen deswegen fast zusammen, weil Leben und Tod das Generalthema ihrer Religion ist und damit auch der wichtigste Lehrsatz für die heranwachsende Generation. Wie beim Thema Taufe (Kapitel I) schon erwähnt, hat Arnold van Gennep in seiner berühmten Studie von 1909[29] einen Großteil des heidnischen Rituallebens als Einübung in den Tod gedeutet. Alle wichtigen Abläufe und Übergänge lassen sich in die Phasen der Trennung (*séparation*) als dem symbolischen Sterben, in die der Abwesenheit in der Anderswelt (*marge*) und in die der Wiedereingliederung (*agrégation*) oder Wiedergeburt – meist auf einer anderen Stufe oder in einem anderen Kontext – gliedern. Heidnisches Denken nimmt jeden Zustandswechsel wie ein Ableben wahr oder gestaltet ihn wie einen kleinen Tod. Ob die Person erwachsen wird, sich verheiratet, ins Wochenbett geht, inthronisiert wird oder ins Grab gelegt werden muss – immer lassen sich die Gestaltungselemente der **Übergangsriten** diesen drei Phasen zuordnen, die den Gesamtablauf zu einem inszenierten Tod mit anschließender Auferstehung erklärbar machen.

Damit ist der Tod ein essentieller Baustein des kulturellen Lebens, das im Heidentum offensichtlich nicht als kontinuierliche Entwicklung gedacht werden kann. Da sich aber – schon durch die Gesetze des biologischen Lebens – alles in ständiger und stetiger Veränderung befindet, organisiert die archaische Gesellschaft künstliche Schwellen. Wie ein Flusslauf, der zwecks zivilisatorischer Kontrolle des Wasserhaushalts begradigt und in Staustufen eingeteilt wird, so kanalisiert Kultur das aufblühende und verwelkende Leben in abgegrenzte Zustände der Stagnation. Sie leiten erst in dramatisch gestalteten Bruchzonen ineinander über, wo dann die Kraft der Metamorphose gleichsam mehrfach „abgeschöpft" werden kann, wie es die großartig gestalteten Übergangsriten in den ostafrikanischen Kulturen mit Altersklassen vormachen[30]. Das Muster für diese im Kollektiv erfahrenen Radikalübergänge liefert aber das heidnische Verständnis vom Tod, der eben nichts mehr als eine weitere Zustandsänderung ist und mit schriftreligiösen Ausdeutungen, die mit Moral, Strafe und Ende des Wechselflusses arbeiten, sehr wenig zu tun hat.

Es ist also in besonderem Maße das Todesverständnis, das theologisch geformte Welterklärungen von den laienhaften des Heidentums scheidet. Die christliche Mission, der wir uns in Kapitel XV noch intensiver zuwenden wollen, weiß das und arbeitet mit dem Mut der Verzweiflung an ihrer Aufgabe über die Jahrhunderte hindurch. Nachdem der Katholizismus weitgehende Zugeständnisse an Ahnenkult und Reliquienverehrung machen musste, so dass er fast in einen neuen Gräberkult zurückmutierte[31], versuchte Luther mit seiner jede Kommunikation mit Toten verbietenden 13. These[32] den entscheidenden Durchbruch zu erzielen. Wie der oben zitierte Bachofen feststellte, blieb der Gräberkult weiter Rückzugsstellung des sterbenden Heidentums. Auch wo der Austausch zwischen Lebenden und Toten offiziell nicht mehr gedacht oder praktiziert werden darf, in der Zwiesprache zwischen Trauernden und Bestatteten hält sich das alte Menschheitserbe jedem theologischen Verdikt zum Trotz.

### *Der weibliche Tod*

In heidnischen Tod-Lebensgemeinschaften wechseln die Seelen leicht von einem Ufer zum anderen. Tod und Geburt heißen die sich entgegenstehenden Richtungen; Richtungsänderungen geschehen häufig; Männer werden erschlagen und Frauen sterben im Kindbett. Die Frankfurter Ethnologin Ute Ritz-Müller hat entsprechende Verhältnisse bei den westafrikanischen Mosi studieren können.

Die Frauen sagen: „*Die Gebärende steht mit einem Fuß in dieser Welt, mit dem anderen steht sie im Totenreich.*“[33] Wegen dieses Grenzzustandes wird das Wochenbett isoliert gehalten. Ist die Entscheidung gefallen, auf welche Seite die Frau zieht, beginnen die Wiedereingliederungsriten – entweder ins Reich der Lebenden, wozu mehrfache Reinigungen erforderlich sind, oder ins Reich der Toten, womit die entsprechenden Bestattungszeremonien gemeint sind. Frauen sind dem Tode besonders nah; dazu passt auch das in allen heidnischen Kulturen **weibliche Geschlecht des Todes**, das in den romanischen Kulturen, z. B. im Kult der *Santa Muerte* Mexicos, fortdauern konnte. Der afrikanische Theologe John Mbiti zitiert in diesem Zusammenhang ein ruandesisches Sprichwort: „*Solange der Tod sich im Busen der Frau befindet, werden sie* [die Menschen] *mit dem Siegel des Todes geboren werden.*“[34]

Dass die Frau am Tod in der Welt Schuld trägt, wird in vielen späteren Mythologien behauptet – mit entsprechenden diskriminierenden Konsequenzen, wie es der abrahamitische Religionsstamm seit zweieinhalb Jahrtausenden transportiert. In den archaischen Mythologien wird der Tod aber der Frau zugeordnet wegen ihrer Gebärkraft. Es muss dieselbe Instanz sein, die für das Geben wie für das Nehmen von Leben verantwortlich ist. Es ist die hier immer wieder zu nennende *magna mater*, die Leben ausatmet und Tod einatmet. Bei den Wemale auf dem inselindischen Ceram heißt sie Satene, bei den Germanen im vorchristlichen Europa Hel. Auf der ganzen Welt werden **Oger-Geschichten** erzählt, in denen weibliche Wesen Menschen aufessen[35]. Diese Gewalt über Leben und Tod können Frauen in rezenten Heidenkulturen noch bewahren. Nach Ute Ritz-Müller beweist sie „*ersteres, indem sie ihrer Familie Nachkommen schenkt, letzteres, wenn sie abtreibt, Fehl-, Miß- oder Totgeburten hat.*“[36] Es sind überall Frauen unter sich, die entscheiden, ob eine Neugeburt am Leben bleibt und Kind werden darf, oder ob sie gleich wieder der Erde zurückgegeben werden muss[37]. Erst in der modernen Gesellschaft hat ein männlicher Chor aus Klerikern, Richtern, Medizinern und Politikern diese Aufgabe usurpiert und entscheidet, ob das „Kindserdrücken“[38] Absicht oder Nachlässigkeit war und welche Strafe die Mutter zu erwarten hat.

Weil Leben nehmen und Leben geben im archaischen Denken so eng zusammengehören, ähneln sich auch die entsprechenden Riten. Wir haben oben schon auf die Zusammenschau von Totenbahre und Brautbett im Mythos hingewiesen; Eliade spricht von einer „rituellen Gleichheit von Hochzeit und Tod“[39] in den

Volksbräuchen des Balkan. Im ganzen Alteuropa hat man den Toten Eier ins Grab mitgegeben[40], weil ihr Tod auch neues Leben bedeutet. Der Schamanismus (s. Kapitel XIV) kennt die Vorstellung der Jenseitsreise als Hochzeit mit der Todesgöttin oder einem anders geschlechtlichen Schutzgeist. Nach Winthuis' Gunantuna-Informanten auf Neubritannien (Kapitel VIII) muss der Tod als Rückkehr in die Zweigeschlechtlichkeit und immer währende Lust gedeutet werden. Die Vergleichbarkeit der beiden elementaren Vorgänge liegt in der Lebensproduktion. Wie auf dem Brautlager wird auch auf dem Totenlager Leben freigegeben, da im heidnischen Denken mit seinem unerbittlichen Zwang zum Ausgleich (*Reziprozität*) für das Leben auch Platz geschaffen werden muss, vor allem indem gestorben wird. In manchen Kosmologien sind es die Toten selbst, die beim Zeugungsakt mithelfen, oder die eingeheirateten Frauen werden einem tieferen Wirklichkeitsverständnis zufolge von den Ahnen geschwängert. Am berühmtesten unter den Tod-Leben-Verknüpfungen ist die Vorstellung der Aranda/Arrernte in Australien[41] von der Konzeption von Geistkindern an heiligen Orten, aus der die frühe Ethnologie auf Unkenntnis des biologischen Zeugungsvorgangs bei den so argumentierenden „Wilden" geschlossen hat.

Für die Mina im westafrikanischen Benin verhalten sich Lebenswelt und Totenwelt wie kommunizierende Röhren: *„Einer Geburt in dieser Welt entspricht ein Tod in der Jenseitswelt; sobald die irdische Mutter empfängt, wird das Kind einer Geistermutter krank und bald sterben"*, zeichnete Ute Ritz-Müller auf[42]. Jeder Mensch hat bei den Mina eine sichtbare und eine unsichtbare Mutter, die sich das Leben abwechselnd zuschieben oder wegnehmen. Die Gesellschaft begleitet den Prozess durch Rituale und versucht, ihn zu stabilisieren. Nach dem glücklich überstandenen Wochenbett findet das Fest der Namensgebung statt. Es ist die zweite, die soziale Geburt. Umgekehrt wird nach überstandenem Todeskampf die Leiche gewaschen und begraben – wieder folgt der soziale Tod dem biologischen. Die Gesellschaft hinkt dem wilden Fluss der Natur hinterher und will ihn kulturell bändigen. Die sogenannte „Freiseele" lässt sich aber nicht auf Dauer einfangen, sie pendelt zwischen den Welten – das ist ihre Autonomie und Unsterblichkeit. Neugeborene schlafen viel, weil ihre „Seele" noch häufig in die alte Heimat zurückkehrt. Ebenso ruhen alte Menschen wieder mehr, weil ihr Innerstes zum „Äußersten" wird und sich auf die künftige Heimat vorbereitet[43].

### *Schlimmer Tod und sein Gegenteil*

Wenn die rituelle Stabilisierung des Wechselspiels zwischen Tod und Leben versagt, können die Seele, bzw. ihre Teile aber auch zwischen den Welten hängenbleiben. Das sind die in allen archaischen Kulturen beachteten Fälle des **„schlimmen Tods“**, der unvorbereitet eintrifft. Ertrunkene, vom Blitz Erschlagene, in der Schlacht Gefallene, aber auch Ermordete, Hingerichtete und Verhexte stehen außerhalb des gewöhnlichen Rhythmus von Leben und Tod. Besonders bedenklich sind die Fälle, wo ein ordentliches Begräbnis nicht möglich war. Die Geister solcher Todesfälle „gehen um“, finden keine Ruhe, leben in Tieren und belästigen die Lebenden. Sie sind nicht auf den Weg der Ahnenwerdung gelangt, sondern bleiben Gespenster, die immer aufs Neue vertrieben werden müssen. Viele heidnische Bestattungsbräuche enthalten Vorkehrungen gegen die „Wiederkehrer“; dabei können die Leichen gefesselt werden, oder der Grabstein gilt als Beschwerstein und Gewicht gegen die „Auferstehung“. Wenn diese dann doch in der christlichen Grabinschrift gepriesen wird, halten sich eschatologisches und archaisches Todesverständnis buchstäblich die Waage. Auch die Einfriedung von Totenmälern kann als Schutz der Lebenden vor den Gefahren gedeutet werden, die vom ungewöhnlichen Tod ausgehen[44]. Besondere Vorkehrungen sind schließlich auch bei dem in manchen subsistenten Gesellschaften angezeigten Brauch der Altentötung nowendig, selbst wenn die Quellen häufig vom Einverständnis der „Euthanasierten“ sprechen[45].

In manistischen, d. h. Tod und Tote verehrenden Gesellschaften – und das sind mehr oder weniger alle Heidenvölker[46] – unterscheidet man genau zwischen Toten, die unterwegs sind und u. U. hängen bleiben und dann z. B. in Hunden (s. u.) umherirren, und Ahnen, die den Weg ins Totenreich geschafft haben und dort – wie bei den schon vorgestellten Lemwareng in den sudanesischen Nuba-Bergen[47] – auch die vorgeschriebenen Beförderungsrituale mitmachen. Solche erfolgreiche Tote sind auf dem Weg der **Deifizierung** oder Vergöttlichung; den Göttern gleich vermögen sie ins Leben der Menschen einzugreifen und es mit ihren, oft verschlüsselten oder unverständlichen Botschaften zu lenken. In den Maskentänzen, die vielleicht ursprünglich mit Totengesichtern durchgeführt wurden[48], werden sie vergegenwärtigt und weilen dann handgreiflich unter den Lebenden. Wie die Götter werden sie mit Opfern gespeist und versöhnt. Den Zeitpunkt, wann ein unheimlicher Toter zum gefürchteten Ahnherrn geworden ist, lesen viele Heiden am Zustand der Leiche ab: Sind die Weichteile verwest und die Knochen trocken[49], kann es so weit sein. Die südsudanesischen Lotuho graben dann die Knochen aus und verteilen sie auf die Felder[50]. Im frühen Neolithikum - z. B. in Çatal Hüyük, der ältesten bislang ausgegrabenen festen Siedlung - hat man wohl bei der „Sekundärbestattung" die Knochen ins Haus geholt und unters Bett gelegt[51]. Der Reliquienkult ist auf der ganzen Welt mit der Ahnenverehrung verbunden, denn die Knochen sind das ertastbare Substrat, das die Dahingeschiedenen hinterlassen haben und in denen ihre Kraft für die Hinterbliebenen sichtbar aufbewahrt zu sein scheint.

Der Umgang mit den zu Ahnen gewordenen Toten bedarf trotzdem immer noch großer Vorsicht und obliegt in den *gerontokratisch*, also über Altersautorität organisierten Stammesgesellschaften verständlicherweise den Ältesten. Sie sind den Ahnen am nächsten, haben sie noch zu Lebzeiten gekannt und werden demnächst mit ihnen wieder vereint sein. Niemand eignet sich mehr als diese Noch-nicht-Toten, den Willen der Vorfahren zu interpretieren und ihre Eingriffe richtig zu deuten. Der englische Ethnologe Meyer Fortes (1906–1983), der den Ahnenkult bei den westafrikanischen Tallensi studiert hat[52], erfuhr, dass man den Willen der Verstorbenen gewöhnlich erst erfährt, wenn es schon zu spät ist, wenn sie bereits zugeschlagen haben. Dann kann man nur noch Reparaturarbeit leisten (s. Kapitel III), Versöhnungsbemühungen einleiten, Sühneopfer darbringen, Leidensrituale abhalten, um den Zorn der Verblichenen durch sich selbst auferlegte Schmerzen zu besänftigen. Die Ahnengeister haben sich dann zu richtigen Göttern entwickelt: unerforschlich, schwer beeinflussbar, Respekt beziehungsweise Furcht einfordernd und sowohl nah wie auch fern seiend. Fortes noch berühmterer Kollege E. E. Evans-Pritchard, der uns oben als Autorität für das Thema Hexerei begegnet ist, hat bei beiden sudanesischen Ethnien, die er gründlich erforschen konnte - den Azande wie den Nuer –, trotz größter Differenzen in fast allen anderen Kulturaspekten dasselbe *manistische* Denkmuster gefunden: Die Ahnen lassen sich genealogisch zurückführen bis auf die Schöpfergottheit[53].

Der schwierige Weg der Toten vom Gespenst, dessen Umgang man fürchtet, über den Geist, der auf dem richtigen Weg ist, zum Ahnen, der über die Ordnung wacht, und zur Gottheit, die in der Urzeit tätig war, lässt die einst individuellen Züge des Verschiedenen immer mehr verblassen. Schon die Leiche blickt stumm, Geistergesichter wirken wie Masken, Ahnen sehen nur noch typisch aus und Götter sind schwer vorstellbar, auch wenn das mosaische und islamische Bilderverbot im Heidentum mit seinem Glauben an die Anschaulichkeit keinen Sinn ergibt. Der eben beschriebene Weg der *Deifizierung* und Idealisierung verstorbener Menschen ist aber nur eine Variante der manistischen Thanatologie. Die andere zeigt auf **Reinkarnation**, auf Rückkehr des Totengeistes zu den Lebenden, entweder als Beseelung eines Neugeborenen oder als Doppelgänger – z. B. „Schatten"[54] – eines Lebenden, als „Reiter" eines Besessenen oder als Schutzgeist einer aus verschiedenen Instanzen zusammengesetzten Person. Dabei spielt nicht das Verblassen individueller Züge des Verstorbenen die Hauptrolle, sondern umgekehrt, man erkennt die Rückkehr des Toten an charakteristischen Eigenschaften. Die *Egungun*-Geister der Yoruba[55], die die Verstorbenen hinausgeleiten ebenso wie sie sie verkörpern, können dargestellt werden. Es sind aber unwirkliche und unheimliche Aufführungen; denn die reinkarnierten Toten bleiben in ihrer Gestalthaftigkeit weiter unsichtbar, und nur über Teile ihrer früheren Existenz deuten sie auf ihre Identität hin. Der Bund von Kräften, die das reale Leben ausgemacht hat, bleibt gelöst.

Binden und lösen sind die Glieder der Ketten von Metamorphosen, in denen sich Heiden die miteinander verquickten Zustände Leben und Tod vorstellen. *„Kein Tod ist in der Schöpfung, sondern Verwandlung"*, wusste schon Herder[56] – noch bevor Richard Lepsius das ägyptische Totenbuch 1842 herausgab, in dem alle möglichen Wandlungen des toten Menschen in phantastischer Breite geschildert werden[57]. Wenn die Menschen nach ihrem Leben nicht versteinern, bzw. verknöchern, tanzen sie unter endlosem Kostümwechsel. Die Übergänge aber gestalten sich immer wieder, wie Van Gennep erkannte, als Tod, als Auflösung, als Zurücksinken ins Ungestaltete – z. B. ins Wasser oder in den Morgentau wie bei den Iban auf Borneo[58]. Zu den Verwandlungen der Toten gehört auch die Rückkehr zu den Lebenden oder die phantastische Idee der Allgegenwart, wie sie der französische Missionar Maurice Leenhardt (1878–1954) in Neukaledonien als Motiv für den Freitod erfuhr[59]; die oben angesprochenen Besessenheitskulte schließen einen ähnlichen Gedanken ein, dass die Kranken und die Initiierten mit Totengeistern Kontakt haben[60] und mit ihnen den Totentanz mitten im Leben tanzen. Zu dieser fast heiteren Todeskonzeption gehören dann auch die Ideen vom „verspielten Tod"[61] oder von den Totenfesten, die im alten Griechenland *Γενεσια* (*Genesia*)[62], also Geburtsfeiern hießen und wohl ähnlich ausgelassen gefeiert wurden wie heute der *Día de los Muertos* am 31. Oktober oder 1. November in Mexiko. Die Surára und Pakidái-Indianer in Nordbrasilien trinken bei solchen Festen die Asche des auf einem Gestell verbrannten Skeletts in der Bananensuppe vermischt[63]. Auch die indischen Aghori, die hauptsächlich bei den Krematorien meditieren, rühmen den Genuß von Menschenfleisch als Kraftquelle[64].

### *Seelenträger und Lebensbünde*

Zu den Zustandsformen, die ein weiterlebender Toter annehmen kann, bieten sich aus naheliegenden Gründen die oben beschriebenen Tiere an, die ja mit dem Menschen viel gemeinsam haben trotz ihrer substantiellen Andersheit. Im indogermanischen Kulturraum bestens belegt ist der **Hund** als Träger der Totenseele[65] – eine Vorstellung, die dem altägyptischen Glauben an den Totengott Anubis sehr verwandt erscheint. Beide Komplexe erwuchsen wohl aus der Anschauung leichenfressender Hunde auf dem Schlachtfeld oder stammen von einer der ältesten Bestattungsform, der Leichenaussetzung, und stehen auch mit der in Kapitel VI genannten *Lykanthropie* – oder besser *Kynanthropie* –, also dem Werglauben oder dem angenommenen Gestaltwechsel zwischen Mensch und Wolf oder Mensch und Hund, in Zusammenhang. Auch im wilden Gefolge der unter der Überschrift Erde behandelten Frau Holle sollen sich Hunde als Träger der Seelen schlimmer Toter befinden. Hunde gehören in vielen Mythologien dem Zwischenreich der flüchtigen „Blumenfelder" an; sie bringen die Seelen von der Lebenswelt bis an die Pforte des Totenreiches, aber nicht hinein. Auch der Vogel und die Schlange können als Seelengeleiter angesehen werden, aber der Hund ist in vielen Kontexten das profilierteste Totentier, wovon „vieräugige" Hunde in Indien, Hundepaare (Zwillinge) in Persien, Sonne und Mond als Hunde im alten Armenien und die Hundeopfer im heidnischen Rom Zeugnis ablegen[66].

Insgesamt vermischen sich im heidnischen Denken und Handeln Leben und Tod immer wieder aufs Neue – Leben als gebündeltes Ensemble von Kräften unterschiedlicher Herkunft, Tod als Auflösung, als **Chaos**, das immer auch Regeneration bedeutet. In der keltischen Religion hieß dieser Ruhezustand *cythraw*, und aus ihm ballte sich die Lebensenergie *annwn* immer wieder neu zusammen[67]. Leben und Tod stehen sich also nicht in Augenhöhe gegenüber, wie die obigen Ausführungen über das Hin-und-Herwechseln der Seelen hätte glauben machen können. Es handelt sich wohl eher um ein Pulsieren, das die verstreuten Kräfte aus dem Chaos versammelt, bündelt und im Tode wieder entlässt – oder „entfesselt" nach dem bereits zitierten Gustav Fechner. Als Sinnbild für diesen Rhythmus mag die oben angesprochene geozentrische Welterklärung weiterhelfen, in der das feste Land aus dem Ur-Ozean auftaucht und in den *Kataklysmen* – den periodisch wiederkehrenden Katastrophen – wieder dorthinein untergeht. Versammlung und Zerstreuung der Geister – um es animistisch auszudrücken – heißt dann das rhythmische Zusammenspiel von Leben und Tod, wie es die weltweit verbreiteten Spiralornamente[68] vorzeichnen – eine Figur, die wir z. B. nach dem oben wiedererzählten Hainuwele-Mythos (Kapitel V) auch als archaische Choreographie *par excellence* bezeichnen können: Die von außen kommenden Linien werden enger und enger. Der Mittelpunkt ist Höhe und Wende zugleich, nach der die Linien sich wieder nach außen verflüchtigen.

Gespräche mit Toten richten sich darum ans schweigende All als Ort der Seelenzerstreuung, auch wenn die Erinnerung an die einstmalige Bündelung Motiv und Vorstellung prägen. Aber die Allmacht des Toten rührt ja nicht aus seiner vergangenen Konzentration her, wo er ein Mensch wie jeder andere war, sondern aus der gegenwärtigen Auflösung und Wesensgleichheit mit unsichtbaren Geistern und Göttern. Auch diese können nur dank der menschlichen Einbildungskraft aus ihrem Alles und Nichtssein – *„Gott ist lauter Nichts"* (Angelus Silesius)[69] – herausgenommen werden. Durch angestrengten Glaubenseifer erreichen sie u. U. dann durchaus manifeste Qualität – z. B. im monotheistischen Glauben an den Einen (*credo in unum deum*) –, müssen aber doch früher oder später wieder der Erosion anheimfallen und sich in den polytheistischen und dämonologischen Ursprungszustand auflösen. Religionen mit plastischen Gottheiten und verbindlichen Dogmen sterben viel konkreter als das Heidentum, dem wir hier nachschauen und das in seinen Todeskonzeptionen nicht widerlegbar erscheint.

Die Kirchenväter hatten bei ihrer Auseinandersetzung mit der antiken Philosophie die Formel vom *λόγος σπερματικός* (*logos spermatikos* oder **verstreute Vernunft**) entwickelt: Die Wahrheit finde sich in Spurenelementen auch bei den Heiden. Wir können dasselbe Sinnbild für die archaische Todeslehre oder *Thanatologie* gebrauchen: Die verstreuten Geister sind der Normalzustand im Chaos; Leben bedeutet zusammenrufen und für eine begrenzte Dauer zusammenbinden in einen Zustand des Logos[70]. Mit dem Tod reißt das Band, und die befreiten Geister stieben in alle Richtungen auseinander. Wohl um diese explosive

Befreiung zu veranschaulichen, zerschlagen viele heidnische Trauergemeinden – so z. B. auch die in Kapitel XVI vorgestellten Wodu-Anhänger – Töpfe und Kalebassen als Seelenträger an der Totenlade; die Scherben verkörpern dann gleichsam die Vervielfältigung des Verstorbenen in seinen Fragmenten[71]. Er ist wie sein Hausrat unbrauchbar geworden für die irdische Praxis; diese Verwandlung ins Unbrauchbare ist seit David Hume[72] als letzter Sinn des Opfers bekannt.

Das Chaos entlastet vom Logos und umgekehrt. Mit der Erfindung der Schrift konnten manche Geister am Entweichen verhindert werden. Sie wurden in Bücher und Bibliotheken eingesperrt. Dies ist auch die vornehmste Art, wie der Schriftgelehrte mit dem Totenreich kommuniziert. Er ruft nicht mehr ins All bzw. ins Nichts hinein, sondern nimmt sich ein Buch aus dem Regal, in dem ein einmal gefundenes Sinnbündnis weit über den Tod des Autors hinaus festgeschrieben ist. Doch widerspricht dasselbe den Aussagen anderer Bücher, so dass eine gut bestückte Bibliothek doch kaum mehr als eine Variante der in alle Winde verstreuten Vernunft im pulverisierten Ruhezustand bedeutet. Vielleicht musste deswegen die erste Universalbibliothek, die des hellenistischen Alexandria, angezündet werden. Sie stand mit ihrer verwirrenden Vielfalt der neuen Geistesbündelung im Wege, die eine endgültige sein wollte.[73]

### *Vom Sinn des Todes*

Wir haben oben festgestellt, dass die Toten die Lebenden nicht in Ruhe lassen. Sie beunruhigen ihre Nachfahren aber nicht wie zu Lebzeiten, als konkrete Kraftbündel mit wahrnehmbaren Konturen, sondern in logischer Diaspora, Zerstreuung und Auflösung. Das ist die unheimliche Kraft, die von Totenfeldern ausgeht und der auch die Neuinterpretation der Monotheisten mit ihren Posaunen, die einst zur Wiederauferstehung im Fleische blasen würden, nicht ganz Herr geworden ist. Der französische Kulturhistoriker Philippe Ariès (1914–1986)[74] hat nachgezeichnet, wie die buchreligiöse Hoffnung auf jenen Posaunenschall die mittelalterlichen Friedhöfe als „Promiskuität der Lebenden und Toten" sortierte: Die Vornehmen drängten sich in der Kirche, die Gewöhnlichen um die Kirche herum, die Geächteten außerhalb der Friedhofsmauern. Das Ritual der Messe galt hauptsächlich der Verkürzung des allen Toten zugedachten Fegefeuers. Damit hob sich die vielleicht angedachte soziale Nivellierung im Tod durch die ungleiche Höhe der die Kleriker alimentierenden Messegelder und Kirchenstiftungen von selbst auf, und die dieseitige Rangordnung verfestigte sich über die konzentrischen Kreise der Gräberordnung in ungleiche Chancen für Auferstehung und Jenseits.

Im slawischen Christentum konnten die Knochen der verwesten Vorfahren noch lange wieder ausgegraben werden und im Haus, im „Hergottswinkel", unter Ikonen deponiert werden[75]. In Nord- und Mitteleuropa verordnete dann Luther mit genannter These die absolute Funkstille zwischen Lebenden und Toten, so dass die Zwiesprache fortan heimlich und individuell erfolgen musste; in Osteuropa besorgte erst der marxistische Säkularismus eine vergleichbare Wende, die zur Zeit aber wieder rückgängig gemacht wird[76]. Wie Bachofen voraussah, erwies sich der Gräberkult auch in der Moderne als äußerst zählebig. Wo der Monotheismus einen viel durchschlagenderen Erfolg hatte, war im Ahnendienst, den er aber nicht abschaffte, sondern nur umlenkte. Die irischen, schottischen und englischen Missionare nötigten die heidnischen Germanen Mitteleuropas nicht, Ahnenverehrung prinzipiell aufzugeben. Sie sollten nur die eigenen, weil falschen, mit den richtigen, nämlich den hebräischen „Erzvätern" vertauschen. So wurden Abraham, Isaak und Jakob mit ihren Tugendgeschichten an die Stelle der bisher verehrten Schlagetods gesetzt. Die Abstammungsgruppen wurden weniger entwurzelt als umgewurzelt, auch wenn dabei wohl Schäden entstanden, die bis heute schaurige Rätsel aufgeben, und die abgesetzten Ahnen sich vielleicht besonders in den Deutschen auf unvorhergesehene Weise gerächt haben[77].

Um die thanatologische Revolution, die der Monotheismus in die Welt gebracht hat, noch von einer anderen Seite zu beleuchten, wollen wir uns zum Schluß des Kapitels dem Gerichtsgedanken zuwenden, der zwar im altägyptischen **Totengericht** schon einmal ausformuliert war, dort aber in so absurder Weise, wie die gesamte Religion des alten Nil dem modernen Verstand erscheinen muss[78]. Es bedurfte des schulmeisterlichen Eros, der die Bibelbücher und den Koran zusammenstellte, damit aus dem heidnischen Streugut eine universale Verhaltensregel verdichtet werden konnte, die in der Vision eines „letzten Gerichts" ihre disziplinierende Verbindlichkeit erhielt. Wir schauen uns die etwas volkstümlichere Version der muslimischen Schia an, wie sie der persische Religionswissenschaftler Khosrow Behrouz für die Ausstellung des Frankfurter Völkerkundemuseums „Langsamer Abschied"[79] Ende der 1980er Jahre zusammengefasst hat:

Ein gläubiger Shiit hat nach dem Tod zwei Gerichtsverfahren zu durchstehen. Der erste wird unmittelbar nach dem Ableben von zwei Engeln durchgeführt, die den Toten nach seinem Gott, seinem Propheten, seiner Religion und seiner Gebetsrichtung fragen. Fallen ihm die richtigen Antworten, also Allah, Muhammad, Islam und Ka'aba ein, darf er eine Art Vorparadies betreten. Damit er nichts Falsches sagt, geben die Angehörigen der Leiche einen Merkzettel mit. Sollte er diese Prüfung trotzdem nicht bestehen, wird er mit eisernen Keulen ins Gesicht und auf den Rücken geschlagen.
Das zweite und letzte Gericht erwartet den Toten nach der Zeit in dem Zwischenreich (*barsah*), das eben entweder aus einem Vorparadies oder einer Vorhölle besteht. Das Endgericht wird mit Posaunen eingeleitet, die die ganze Welt zum Einsturz bringen. Jeder Mensch bekommt ein Buch, die Gerechten eines in die rechte Hand, die Sünder eines in die linke Hand. Dann werden die Taten mittels einer Waage gewogen. Das Schlußwort aber liegt bei Allah, dessen Barmherzigkeit im Zentrum des islamischen Glaubens steht. Die Gerechten werden dann ins ewige Paradies geleitet, wo sie von jungen Knaben bzw. von „Frauen mit schwellenden Brüsten" empfangen werden und man bevorzugt grüne Kleider trägt[80]. Die Sünder und Verurteilten – das sind Übeltäter, Wucherer, Polytheisten, Prophetenmörder, Teufelsbündler etc. – aber stürzen in die Hölle, wo sie mittels Ketten zusammengebunden und mit ewigem Feuer zugedeckt werden.

Die Secoya-Indianer im Osten Ecuadors und Perus, denen die Buchreligion noch nicht gebracht wurde, wissen von einer weiblichen Gottheit, die die Toten im Jenseits empfängt und sie mit Maisbier bewirtet. Eine Frau, die – wegen ihrer Menstruation – von dort zu den Lebenden zurückgekehrt ist, erzählte, man lebe dort ganz normal, doch sei alles „blau"[81]. Diese Zauberwelt der Toten hat wenig gemein mit dem, was Juden, Christen und Muslime erwarten dürfen. Deswegen weigert sich die phänomenologische Religionsethnologie, von einem Fortschritt oder einer Aufwärtsentwicklung des religiösen Denkens zu sprechen. Nichts macht das so deutlich wie die verschiedenen Gedanken über den Sinn des Lebens, der sich im Tod erfüllt.

1 *„... der Tod ist so ein gespenstisches Wesen, dass er nur ist, wenn er nicht ist, und nicht ist, wenn er ist."* In „Todesgedanken" (1830), zit nach Theunissen 1991:198.

2 Feuerbach 1848/49/1985.

3 *„Erst wenn die spezifische Sinnesauffassung klar aus dem Allgemeingefühl hervortritt, und als solche in die Außenwelt projiciert wird, schließt sich das schwankende Gespenst zu den deutlichen Umrissen einer Göttergestalt ab"* (Bastian 1868a:27). Auch Tylor sah in den das Leben aushauchenden Sterbenden die Quelle der Allbeseeltheit (*Animismus*), der ersten Religion (1873, I:419, 493, II:110, 185).

4 Frobenius 1894:5.

5 Artaud 1964/75:80.

6 Bachofen 1859/1954:485. Wie um Bachofen zu bestätigen, weist der afrikanische Religionswissenschaftler John Mbiti auf den lebendigen Ahnendienst des christlichen Europa hin mit seinen *„(oft teuren) Huldigungen, die* [...] *den Verstorbenen dargebracht werden. Dort werden die Gräber mit Blumen oder auch mit Kerzen und Photographien der Verstorbenen geschmückt, die Wiederkehr der Todestage wird feierlich begangen, und (vorwiegend ältere) Menschen besuchen die Gräber ihrer verstorbenen Verwandten und geben sich viel Mühe, sie zu pflegen"* (1991/93:252).

7 *„Für die Toten hat man eher gebaut als für die Lebenden, und wenn für die Spanne Zeit, die diesen gegeben ist, vergängliches Holzwerk genügt, so verlangt die Ewigkeit jener Behausung den festen Stein der Erde"* (Bachofen nach Bäumler 1926/65:326).

8 Vgl. Duran 1967, Poirier 1968, Bloch, M. 1971.

9 *„Die Menschen schlafen, und wenn sie sterben, erwachen sie"*, sagt der Prophet Mohammed nach Schimmel 1997:39.

10 Homer Ilias lib. XIV lig. 267 (nach Hume 1755/1911:70); Bach 1731 (nach Schmieder, W. 1950:74, der auch für den Text der Kantate „Ich will den Kreuzstab gerne tragen", BWV 56, eine Autorenschaft Bachs für möglich hält).

11 Fechner 1836/1922:31.

12 Aus „Lebensrückschau", in Bachofen 1861/1984:12.

13 Schuler 1940:113 f., 178 f.

14 Vgl. dazu Faber 1994.

15 *„Wie dürstende Wanderer lechzen die Gewesenen nach einer umblühten und für heilig bewahrten Stätte, und jene* [die Lebenden, BS] *hinwieder, entfacht vom Eros der Ferne, bereiten ihnen und siegeln mit rückbeschwörenden Zeichen Grab und Tempel, Hain oder Säule, Baum oder Steinpyramide, Urne oder Höhle, Standbild oder Larenfigur"* (Klages 1922/51:158).

16 Siehe Pfälzner 2004:12.

17 Siehe König 1973/96:40, Wahl 2011:47.

[18] Frobenius 1913:54.

[19] Klages 1929–32/81:1381. Der französische Ägyptologe Gregoire Kolpaktchy (1926–2004) schreibt in seiner Einleitung zum ägyptischen Totenbuch: *„Die Götter sterben; sie sind schon tot. Und die Göttinnen – sie leben, um zu weinen und zu klagen. Eine phantastische, schauerliche, unwirkliche und dunkle Stimmung breitet sich über das ganze ägyptische Leben aus"* (1954/70:14).

[20] Bachofen 1861/1993:124. Bei dem Leipziger Philosophen Ernst Bergmann (1881–1945) klingt dieser religionsgeschichtliche Befund des „Ur-Dualtheismus" wie folgt: *„Geschlechtersoziosophisch betrachtet* [...] *haben wir also zwei Urgottheiten, eine männliche und eine weibliche, wie es auch natürlich ist und der Naturbeobachtung des Steinzeitmenschen entspricht, der das helle, tätige und bewegte Leben vermännlichte, seinen dunklen, schicksalshaften und unbeweglich verharrenden Herkunftsgrund aber als Schoß erkannte, also verweiblichte, besser vermütterlichte"* (1934:254).

[21] *„Die Aschentöpfe stehen in den Knochenurnen, ich halte sie für Abbilder vom Gapginnunga, von Ballders Schiff, worauf er verbrannt wurde, und von Vidars Schuh, aus dem die Welt wieder geboren wird. Der Tod ist der Rückgang in einen dem vor der Schöpfung ähnlichen Zustand, ist die Welt aus dem Becher der Täuschungen hervor gegangen, worin alle ihre Grundstoffe gesammelt und gemischt wurden, so kommen auch die Überreste des Todten in einen Becher der Täuschungen (Urne), worin sie durch den Thor wiederbelebt werden"* (Mone 1823:158) – zum heutigen Stand der Urnenforschung s. Bergmann, J. 1973.

[22] Auch der dänische Religionsgeschichtler Wilhelm Grönbech (1873–1948) sieht im altgermanischen Opfer (*blót*) einen schöpferischen Akt (1954 II:210), und der Schweizer Theologe Alfred Bertholet (1868–1951) betont die Priorität des Opfers vor der Gottheit: Im Hinduismus hätten sich aus dem Opferspruch (*brahman*), aus dem Opfertrank (*soma*) und aus dem Opferfeuer (*agni*) große Götter entwickelt (1942:15).

[23] Siehe Stöhr 1992. Von den Salomonen wurde 1878 berichtet: *„Nachdem die Leiche ungefähr ein halbes Jahr in der Erde geruht, wird die Grube geöffnet und der Schädel aus derselben entnommen. Eine Reihe verschiedener Proceduren werden dann mit demselben vorgenommen, besonders ein lang andauerndes Räuchern, und nachdem dies für genügend gehalten, wird der so präparierte Schädel zum Zweck des Kultus in den öffentlichen Tempeln aufgestellt"* (Schmeltz 1882b:40) – zum weltweit verbreiteten Schädelkult s. den Katalog zur gleichnamigen Ausstellung in Mannheim von Wieczorek/Rosendahl 2011.

[24] Dazu beobachtete der Anthropologe Reche 1908 am Sepik auf Neuguinea: *„Offenbar damit die Seele (oder eine Teilseele?) nach Verlassen des Körpers nicht ruhelos umherschweife und in ihrer Unzufriedenheit Unheil stifte, bietet man ihr einen ihrem früheren Körper, in dem sie sich so lange wohlgefühlt, ähnlichen Aufenthaltsort an* [...]. *Das Ursprüngliche scheint zu sein, dass man dem Toten seinen eigenen Schädel, nachdem die Weichteile zerstört, zum Wohnsitz anbietet, also den Zustand vor dem Tode nach Möglichkeit wiederherstellt; den Schädel hebt man nach einigen Zeremonien im Geisterhaus auf"* (1913:356). Otto Reche (1879–1966) hatte in den 30er Jahren im Institut für Ethnologie (damals für „Rassen- und Völ-

kerkunde") der Universität Leipzig eine eigene Schädelsammlung angelegt, für die er in der Schillerstraße 6, Parterre, ein *Anthropologisches Museum* plante (für den Zusammenhang zwischen anthropologischer Forschung und der im Zweiten Weltkrieg kulminierenden Vernichtung wehrlosen Lebens, s. Schafft 2004 oder Markl 2005, zum Leben von Otto Reche, s. Geisenhainer 2002).

[25] Hämmerle 1999:350.

[26] Jensen 1948:163–178, Zitelmann 2005:145 f.

[27] Staden 1557/1978; sekundär Münzel 2006.

[28] Siehe Rind 1996, Wieczorek/Rosendahl 2011.

[29] *Les Rites de Passage* (Van Gennep 1909/1999).

[30] Siehe Prins 1953, Elwert/Kohli/Müller 1990.

[31] *„Jeder katholische Altar enthält Überreste eines Toten, ist ein Grab, auch wenn das vielen Gottesdienstbesuchern gar nicht mehr bewusst ist"* (Hauschild 2002:182 f.). Einen bewussten Totenkult in katholischem Rahmen findet man hingegen in Lateinamerika, z. B. in der oben schon erwähnten Verehrung der *Santa Muerte* in Mexiko (Finkelde 2004, Umstätter 2011).

[32] *„Die Sterbenden bezahlen durch ihren Tod alles und sind den Gesetzen der kirchlichen Bestimmungen schon abgestorben und von Rechts wegen von ihnen entbunden"* (Luther: *Die 95 Thesen. Disputatio pro declaratione virtutis indulgentiarum* [1517], Spröda: Akanthus 2005:10).

[33] Ritz-Müller 1990:62.

[34] Mbiti 1991/93:259.

[35] Siehe Geider 1990.

[36] Ritz-Müller 1990:58.

[37] *„Wenn sich bei einer Pygmäen-Frau Zwillinge einstellen, wird ein Kind gleich bei der Geburt getötet, weil bei dem harten, unsteten Leben eine Mutter mit Zwillingen überfordert und ihr Leben gefährdet wäre. Eine ‚Wehfrau' hält ihm gleich bei der Geburt Mund und Nase zu, damit es erst gar nicht zum Atmen komme"* (Thiel 2003:61).

[38] Winkler 2007.

[39] Eliade 1983/93 III,1:39.

[40] Nilsson 1908.

[41] Spencer/Gillen 1899, Strehlow 1907–20, erstere sprechen von „spirit children", letzterer von „Kinderkeimen", vgl. Herrmann 1967:165.

[42] Ritz-Müller 1990:58.

[43] Auf diese nicht seltene Anschauung hat Alfred Schuler sein Konzept des *telesma* gegründet, als einer Tod-Lebenskraft, die dem Kind noch reichlich zuteil ist, beim reifen Menschen kaum noch zu spüren ist, aber im Alter wieder zunimmt (1940:180–90, 230).

44 Siehe Eliade 1949/98:427.

45 Siehe Thiel 2003.

46 Siehe Otto, W. F. 1923.

47 Siehe Rottenburg 1992.

48 Siehe Frobenius 1894, 1898; bei den von Schweeger-Hefel untersuchten westafrikanischen Kurumba heißt die Maske „Ahne, der sich hinter etwas versteckt" und der Maskentanz „Ahnen wiedergeben durch den Tanz" (Schweeger-Hefel 1980:185, 308) - zum westafrikanischen Schädelkult allgemein s. Schlothauer 2011.

49 Vgl. Metcalf 1991:99, 156, 243.

50 Siehe Grüb 1992.

51 Fansa 2001:27. Noch zur frühneuzeitlichen Gelehrtenstube gehörte der Totenschädel im Bücherregal, wie er damals selbst in die Geburtskammer des bibelgläubigen Abendlandes projiziert wurde, z. B. „Hieronymus schreibend" (G.D.) von 1520, gemeint ist Hieronymus von Stridon (347–419), der Schöpfer der lateinischen Bibel (Reicke 1901/71:7).

52 Siehe Fortes 1945, 1959.

53 Evans-Pritchard 1937, 1956.

54 *„Wo ein bestimmter Ausdruck für die Seele gebraucht wird, wird er deshalb häufig von dem Worte für ‚Schatten' genommen, weil dem Toten in der Tat ein schattenartiges Wesen zuerkannt wird, der das sinnlich Körperhafte am besten wiedergibt und andererseits die Anpassung an jeden Raum der Erfahrungswelt zum Ausdruck bringt"* (Preuß 1926:17). Ein schönes Beispiel für die Schatten-Metaphorik aus der neueren Ethnographie bietet Okazaki 1986.

55 Siehe Bascom 1944, 1969; nach Gleason (1992) leitet sich der Bundname Egungun von dem Yoruba-Wort *egungun gun* mit der Bedeutung *„seht wie gut die Knochen der Toten wieder zusammengesetzt sind"*.

56 Zit. nach Hunke 1981:318; auch Leenhardt sagt von den Kanaken: *„Die Idee des Todes existiert also nicht"*, er sei schlicht *„eine andere Form der Existenz"* (1947/84:69/70).

57 Kolpaktchy 1954/70, dazu Robinson 1996:41.

58 Metcalf 1991:252.

59 *„Die beleidigte Ehefrau vernichtet sich, um in das unkörperliche Leben einzugehen, wo sie die Gabe der Allgegenwart besitzt* [...]. *Die betrogene Ehefrau stürzt sich zuversichtlich ins Jenseits, um von den irdischen Begrenzungen frei zu werden, um ihren Ehemann mit ihrer Verfolgung quälen, ihn in Schrecken halten zu können. Sie tötet sich, um eine Erinnye zu werden. Und das ermangelt nicht einer herben Verschmitztheit"* (1947/84:72).

[60] Der Bayreuther Afrikanist Dierk Lange (1999:135 f.) hat den *Bori*(= Geister)-Namen der Hausa mit dem hebräischen *bôr* (Grube) in Verbindung gebracht und davon die Wörter für Totengeister (wörtlich die in die Grube Hinabsteigenden), im Yoruba *ebora*, im Hausa *bòorii*, im Somali *boorane* abgeleitet.

[61] In einem Preislied (*oríki*) für den Schöpfergott Obatalá der Yoruba heißt es: *„Er ist verspielt wie der Tod, er trägt das Kind davon"* (Eulenberger 2004:118).

[62] Nach Bäumler 1926/65:365.

[63] Becker 1967.

[64] Zotter 2004:69.

[65] Siehe Kretschmar 1938, Schlerath 1954.

[66] Schlerath 1954:35 f.; auf die Schlange als möglichen Seelengeleiter könnten die in Seitingen-Oberflacht gefundenen alemannischen Baumsärge hinweisen; vielleicht verkörpern die markanten Tiere auf dem Sargdeckel auch einfach das Zusammenfallen von Anfang und Ende (s. Kapitel I), an das auch die alten Germanen geglaubt haben (Stork 1997:418).

[67] Nach der Rekonstruktion im 16. Jahrhundert durch Llewllyn Sion (Clarus 1991:44). Die Metaphern Chaos und Ordnung können auch ausgetauscht werden. Huntington und Metcalf fanden bei den Bara auf Madagaskar die Vorstellung, dass die chaotische Lebenskraft aus der Totenordnung aufsteige und wieder dorthin zurückkehre (Huntington/Metcalf 1979:114). – Die Orang Suku Laut, indonesische Seezigeuner, glauben, die Bestandteile, die bei der Geburt gebündelt werden, benennen zu können: Seelenstoff (*mare*) von der Mutter, vom Vater, ein Totengeist (*roh*), eine Atemseele (*jiwa*) und ein Stück Lebenskraft (*nyawa*). Dass alles zusammenbleibt, ist Sorge der Hebamme. Beim Tod verlieren sich die Bestandteile wieder und bevölkern einzeln den Lebensraum (Lenhart 2002).

[68] Siehe Schoch-Bodmer 1945, Biedermann 1977. Das Bild vom im Winde verwehten Lebens ist schon von Platon (-427–347) im Simias gebraucht worde, wo Sokrates sagt: *„Als ob ihr auch wie die Kinder fürchtet, dass nicht in Wahrheit doch der Wind die Seele, wenn sie aus dem Leibe fährt, auseinanderwehe und zerstreue – vor allem wenn einer nicht bei Windstille, sondern bei gewaltigem Sturmwind stirbt"* (nach Hämmerle 1999:281).

[69] *„Gott ist lauter Nichts, ihn rührt kein Nun noch Hier: Je mehr du nach ihm greifst, je mehr entwird er dir"* (Angelus Silesius, zit. nach Wehr 1977:44).

[70] Das kann gleichzeitig ein Zustand des Lachens sein, wie Mannhardt seiner Analyse der römischen Lupercalien entnimmt. Gemeint ist das laute Lachen des Lebens, das dem Schweigen des Todes gegenübersteht (Mannhardt 1884/1998:99/100). Zur neueren Ethnologie des Lachens s. Reichenbach 2006.

71 Für die archäologischen Belege s. Hodder 1982 oder Steffensen 2007.

72 *„Ein Geschenk wird aber der Gottheit dargereicht, indem man es zerstört und für die Menschen unbrauchbar macht. So wird, was fest ist, verbrannt; was flüssig ist, ausgegossen, und was lebend ist, getötet"* (Hume 1755/1911:88).

73 Indizien, dass der Brand der Bibliothek von Alexandria den Bibelautoren angelastet werden müsse, wurden vor allem von der Ludendorff-Bewegung gesammelt: *„Da verbrannte dieser einzige Zeuge der damaligen Geisteswelt, die einzigartigste und größte Sammlung der literarischen Schätze jener Zeit, im rechten Augenblick, nämlich 2 Jahre vor der Synode zu Hippo, auf der im Jahre 393 die Frage der Apokryphen verhandelt und in der Hauptsache entschieden wurde. Die Verbrennung wurde mit folgenden Worten begründet: ‚Sind diese Schriften der Griechen mit Gottes Wort übereinstimmend, so sind sie unnütz und durchaus nicht aufzubewahren; wo aber nicht, so sind sie verderblich und müssen vertilgt werden'"* (Schulz 1932:83).

74 Ariès 1978/95:93.

75 Eliade 1983/92 III/1:43. Knochen und Totenschädel symbolisieren in vielen Kulturen eine unheimliche Macht, auch in modernen Kontexten, wie der „Orden unter dem Totenkopf" (Höhne 1979), aber auch der amerikanische Geheimbund „Skull and Bones" zeigt, dem selbst christliche Fundamentalisten wie der ehemalige Präsident G.W. Bush angehören (Robbins 2004). Zur Schädel- und Knochensymbolik allgemein s. Wieczorek/Rosendahl 2011.

76 Siehe Schorkowitz 2004.

77 Noch bevor die NS-Greuel bekannt waren, ahnte C.G. Jung in seinem 1935 geschriebenen Aufsatz „Wotan" die Richtung, aus der das Unheil nahte (Alt 1983:205–220), auch wenn er sich 1945 mit einer wohl von Karl Barth (1945) inspirierten international akzeptablen Krankheitsdiagnose „der Deutschen" erschrocken entschuldigte (Alt 1983:221-250). Siehe auch FN XI 33.

78 Vgl. Kolpaktchy 1954/70:26 f.

79 Behrouz 1990 in Thiel 1990:47–55. Dass die hier zusammengefaßte Todeskonzeption auch bei sunnitischen Muslimen verbreitet ist, läßt sich mit dem „islamischen Totenbuch" belegen (Werner 2002).

80 *„Und bei ihnen werden (Keusche) sein, züchtig blickend aus großen Augen, als ob sie verborgene Eier wären"* (Koran 37:49,50). – *„Und es werden ihnen dort Jünglinge aufwarten, die kein Alter berührt. Wenn du sie siehst, du hältst sie für Perlen, verstreute"* (Koran 76:20).

81 Cipoletti 1990.

# X. Traum

*Im Traum glaubte der Mensch in den Zeitaltern roher uranfänglicher Kultur eine zweite reale Welt kennenzulernen; hier ist der Ursprung aller Metaphysik. Ohne den Traum hätte man keinen Anlaß zu einer Scheidung der Welt gefunden.*

Friedrich Nietzsche

Seit der Mensch träumt, lebt er in zwei Welten[1]. Dieses Wunder prägt alle Kulturen bis zur Moderne, die die Träume zu Schäumen degradiert oder als „asoziales Ereignis“ (Freud) der Individualtherapie überlässt. Heidnische Kulturen hingegen verehren Träume als ständig sprudelnde Quellen der Inspiration und jedermann offenstehendes Fenster in die Anderswelt. Diese aber gilt – gerade wegen ihrer Wunderlichkeit – als älter und bleibender als das Tageslicht. Die südkolumbischen Uitoto überliefern[2], dass die ganze Welt zunächst nur ein Traum war. Ihre Bilder trieben zusammenhanglos umher, bis der Mond diese Wolken anhielt, verklebte und feststampfte. So wurde aus der Flüchtigkeit der Traumerlebnisse eine stabile Welt der Erscheinungen – ganz wie uns im letzten Kapitel das Leben als (vorübergehend) zusammengebundene Todessubstanz erschienen ist.

Die uranfängliche und immer wiederkehrende Bilderwelt der Träume umschließt im archaischen Bewusstsein wie das Urwasser die Erdscheibe; die praktische und reale Welt taucht wie zur Zeit der Schöpfung aus dem Meer der Träume auf, um regelhaft wieder in ihm zu versinken. Wegen dieser überragenden Bedeutung der Traumwelt, die vor und nach den Zeiten gilt und dazwischen in rhythmischem Takt die Wirklichkeit unterbricht, steht das Heidentum in schärfstem Kontrast zu allen systematischen Weltauslegungen, die das einstmals überall gültige Primat des Traumerlebens abzuschaffen sich mühten. Diese überdeutliche Priorität der Traumlogik vor jeder Vernunftleistung generierte in allen archaischen Kulturen Formen des Kunsttraums, dem rituell und technisch herbeigeführten Austritt (*Ekstase*) aus den Alltagszwängen, was Ludwig Klages Befreiung der Seele vom Geist nannte[3]. Wenn die Bilder ohne Verstandeslenkung wirken, in Visionen, im Rausch oder im Schlaf, behalten sie ihre Urkraft und ihre „Wucht der Anschauung“ (Hauer) – die „geologische“ Voraussetzung der eingangs zitierten Vulkanreligionen.

### *Die Traumkoordinaten*

Anstelle der Koordinaten von Raum und Zeit, die Kant *Apriori* nannte, also Voraussetzungen des Wachbewusstseins[4], gelten im Traum oft andere Dimensionen, bzw. Zeit und Raum scheinen anderen Konditionen unterworfen zu sein. In den weit über das Fach hinaus gehörten Übersetzungen von **Traumzeit**[5], Traumort[6] und Traumselbst[7] hat die Ethnologie als Wissenschaft von der Differenz ihren Königsweg gefunden, ohne dass er schon auch nur irgendwie bewältigt wäre. Fremde Gesellschaften als Ensembles von Traumtänzern und Traumwandlern hinzustellen – die Debatte um die „Prälogik" (Lévy-Bruhl) der Primitiven in den 1920er Jahren zeigte bisweilen in diese Richtung (s. u.) – kommt in der modernen Arbeits- und Leistungsgesellschaft falsch an, auch wenn die Forschungen über Arbeitsethik, Arbeitskultur und koloniale Arbeitsgesellschaft[8] immer wieder auf diese Differenz in den Prioritäten gestoßen sind. Zweifelsohne kennen alle Menschen dieser Erde das wache Bewusstsein und verdanken der Bewachung des Bewusstseins die meisten ihrer sichtbaren Kulturleistungen. Trotzdem ist die Leidenschaft für Rationalismus in archaischen Kulturen begrenzt, eben weil den Träumen mehr Beachtung geschenkt wird und aus ihnen das Heilige in ganz direkter Weise in das alltägliche Leben hereinscheint.

Berühmt für diese Wachheit in Richtung Traumwirklichkeit sind verschiedene Gruppen von Altaustraliern geworden, denen es infolge ihrer geistesgeschichtlichen Gunstlage gelungen ist, ihren Glauben an die Regenbogenschlange bis ins Atomzeitalter hinein zu bewahren. Auch hundert Jahre nach Landraub, Dezimierung, Reservatierung und Missionierung scheint ihre Traumreligion heute eine neue Kraft gewonnen zu haben, die von Zivilisations- und Fortschrittsflüchtlingen gesucht wird und die heutige Altaustralier vor allem in ihrer Kunst weiterentwickeln[9]. Wie andere archaische Gesellschaften lieben die nichtmodernen Australier die Vorstellung, die Aneinanderreihung von Vergangenheit, Gegenwart und Zukunft sei ein Trugbild, in Wirklichkeit fließe alles ineinander, wie es der Mythos lehrt. Als Beweis für dessen Lebendigkeit und Wahrheit gelten aber die Träume, in denen die Raum-Zeit-Koordinaten verschwimmen, mögen diese auch sonst, insbesondere im Alltagshandeln von Sammeln, Jagen und Sich-Organisieren, auch für Wildbeuter verbindlich und verläßlich sein.

Im Traum nehmen die Wesen der Urzeit ihre Wanderungen wieder auf und schaffen Berge, Bäume, Wasserlöcher, Leid und Freude. Zwar verschwindet oder erstarrt das alles im harten Tageslicht, doch im nächsten Schlaf kommt wieder Bewegung in die Dinge und die Schöpfung kann weitergehen. Ihren Respekt für die nicht enden wollende Urzeit bringen die Altaustralier an Felsen, Teichen oder anderen markanten Punkten zum Ausdruck, wo die Qualität der Kreatur noch das Wachbewusstsein beeindruckt. Die von den oben erwähnten Ethnographen Spencer und Gillen[10] oder von dem Missionar Carl Strehlow[11] aufgezeichneten Zeremonien sind nachgestellte Träume. Das Nachtgeschehen liefert die Vorlage für das Tagesgeschehen, zumindest für seinen relevanten, weil kultischen Teil. Entsprechend bizarr oder abstrus mutet das heidnische Ritualleben den aufgeklärten Wissenschaftler an.

Der australische *korrobori* genannte Kulttanz mit seinen Pantomimen und Ritualhandlungen folgt ebenso einem Traummuster wie die darstellende Kunst, die an Felswänden über Wasserstellen die Urzeitwesen, *wondjina* genannt, nachzeichnet. Selbst die Neugeborenen sind Traumgeburten; denn die Geister erscheinen dem Vater im Traum, wenn sie in der Mutter geboren werden wollen[12]. Lässt die Kraft zu träumen nach, werden keine Kinder mehr geboren und die Menschen vergessen, die *wondjina* nachzuzeichnen, so dass auch das Wasser ausbleibt. Der Münchener Ethnologe Andreas Lommel (1912–2005) hat 1938 und 1955 aussterbende Stämme in Australien besucht. Die neuaustralische Zivilisation hatte den Traumkulturen die Motivation genommen; Lommel stellte einen „Fortschritt ins Nichts" fest[13].

Hans Peter Duerr hat in seinem Buch „Traumzeit"[14] Belege versammelt, dass nicht nur die Altaustralier den Traum als eigentliche Wirklichkeit verehren, sondern dass überall im Heidentum eine der gemessenen und ablaufenden Zeit parallele Zeitwelt bekannt ist, die Vergangenheit, Gegenwart und Zukunft zusammen ist und deswegen auch ewig währt. Eine solche Vorstellung verlangt die Reduzierung der fünf Sinne, weil das Wachbewusstsein sich ein solches vorgestriges Übermorgen oder eine permanente Gegenwart schwer vorstellen kann. Heidnische Religionsausübung ist daher immer mit Sinnestrübungen verbunden. Dazu gehören bewusst herbeigeführte Rauschzustände, extreme Lust- und Schmerzerfahrungen, Durchstehen von Grenzsituationen, motorisch oder toxisch herbeigeführte Wahn- und Dämmerzustände etc. – die Ethnographie der Indianer belegt geradezu eine Sucht nach derart künstlich ausgelösten „Visionen", eine permanente Sehn-Sucht nach einer „höheren Wirklichkeit"[15]. Die aber wird vor allem vom Traum frei Haus geliefert, der Ekstase für Jedermann, in der allnächtlich die Begrenztheit der tagsüber gültigen Raum-Zeit-Koordination vorgeführt wird.

Im Traum erlebt der Mensch Dinge, die es sonst nicht gibt, und er erlebt sie auf eine Weise, die für das wache Bewusstsein unglaubwürdig ist. Manchmal ist die Bilderfolge des Traumes derart rasend, dass noch die Erinnerung daran Schwindel verursacht. Diese „Schnelllebigkeit" des Traumes wird auch in den Schriftreligionen behandelt. Vom Propheten Mohammed (570–632) wird erzählt, dass er eine nächtliche Reise zu Allah unternommen und mit ihm 70 000 Gespräche geführt habe. Als er zurückkehrte, fand er sein Bett noch warm und einen umgeworfenen Wasserkrug noch nicht ganz ausgelaufen[16]. Traumzeit ist noch den Monotheisten „Gottes Zeit“, ist Tod und Ewigkeit in einem, auch wenn diese Gewissheit von eschatologischen Ängsten und dem Gerichtsdenken überschattet ist und die Verbreitung des Christentums vor allem Kampf gegen die Traumreligionen bedeutete. Der Jesuit Claude Jean Allouez (1622–1689) bilanzierte 1670 seine Indianermission mit den Worten:

*„Ich habe ihren Aberglauben bekämpft und vor allem ihre Meinung über die Göttlichkeit der Träume, die die Quelle aller ihrer Irrtümer und den innersten Gehalt ihrer Religion bildet.“*[17]

Die Einstellung zum Traum scheidet Heiden von Nichtheiden, Archaiker von Modernen, offene Irrationalisten von geschlossenen Rationalisten. Im Jahre 1642 konstatierte ein anderer Missionar, nämlich Barthélémy Vimont (1594–1667), am St. Lawrence-Strom im heutigen Quebec:

*„In Frankreich ist ein Traum nur ein Traum; hier jedoch ist er ein theologischer Grundsatz oder ein Glaubensbekenntnis.“*[18]

Von heutigen Ethnographen wird oft bemängelt, dass ihre Informanten nur ungenaue Angaben zur Zeit machen und die Gabe der Zeitmessung, der Terminierung und der Pünktlichkeit bei „Naturvölkern“ recht unterentwickelt sei. Ein solcher Befund klingt eurozentristisch und passt zu den vielen Mängelrügen, mit denen Zivilisationsvertreter und Fortschrittsgläubige in aller Welt die lokalen Zustände außerhalb der westlichen Prägung kommentieren. Im Lichte der Traumzeit reflektiert die Unsicherheit im Gebrauch der Uhrzeit die absolute Priorität der älteren Urzeit – anders ausgedrückt: Die Priorität der Traumzeit vor der Raumzeit. Das Geschehen der Ewigkeit ist heidnischen und mündlichen Kulturen viel wichtiger als eine Chronologie, wie sie der Hofannalist oder der Historiker erwartet und für unverzichtbar hält. Erfährt nun der Feldforscher von seinem Gewährsmann, dass schon dessen Großvater an der Erschaffung der Welt beteiligt gewesen wäre, prallen die beiden Zeitauffassungen in ihrer ganzen Unvereinbarkeit zusammen.

Die Erschaffung der Welt ist für einen traumzeitlichen Heiden etwas ganz anderes als für einen zeitgenössischen Ethnohistoriker, der sich ungefähr ausrechnen kann, wann der Beginn der studierten Lokalkultur anzusetzen ist, und der von den Naturwissenschaftlern gelernt hat, vor wieviel Millionen Jahren der Urknall oder die erste Photosynthese auf unserem Planeten erfolgt sein muss. Für den nicht wissenschaftsgläubigen Primitiven, Archaiker oder Heiden ist die Entstehung der Welt aber keine Angelegenheit der Vergangenheit, sondern gehört in den unendlichen Bereich der Traumzeit, die wir auch *Para-Zeit* nennen können, weil sie der sichtbar ablaufenden Zeit vor-, bei- und nachgelagert ist bzw. zu ihr parallel verläuft. Auch die Toten sind in sie zurückgekehrt und haben damit selbstverständlich Anteil an der immer aufs Neue einsetzenden Erschaffung des Kosmos.

So wie Traumzeit das absolute Gegenteil der Raumzeit, der weiter unten (Kapitel XI) noch näher zu betrachtenden linearen, gerichteten und befristeten Zeit darstellt, so darf der **Traumort** nicht mit einer geographischen oder topographischen Angabe verwechselt werden. Im Traum spielen Entfernungen keine Rolle – oder sie bleiben unüberwindlich. Dasselbe gilt für die Schwerkraft; Träumer können abheben – oder sie bleiben an ihrem Ort wider alle Anstrengungen kleben, womöglich von einem „Alp“ (d.h. Elf) niedergedrückt. Traumorte sind U-Topien im ursprünglichen Wortsinne von Nichtorte[19], von Raumabwesenheit, wie sie sich der Verstand nicht vorstellen kann, wohl aber der Traum kennt.

So sind also die Alternativen zum „apriorischen“ Raum-Zeit-System des Denkens ebenso universal wie dieses selbst. Durch die allen Menschen eigene Traumfähigkeit kennen jedermann und jedefrau die Erfahrung von Zeit- und Ortlosigkeit. Es liegt an der jeweiligen Kultur, ihren Denkvorschriften, ethischen Prinzipien und konzeptionellen Prioritäten, welche Bedeutung dieser Parallelwelt beigemessen wird, die den Menschen überall hin begleitet. In den Gesellschaften, mit denen sich die Religionsethnologie beschäftigt, werden die Alternativkoordinaten höher eingestuft als die des Alltagshandelns. Insbesondere kosmologische Fragen, Probleme des Schicksals und der „letzten Dinge“ werden gerne nach der Traumlogik begriffen, die dem wachen Verstand absurd und grotesk erscheinen muss.

Heidnische Kosmologien, Mythologien und „Anthropologien“, also Menschenbilder, hängen im Nirgendwo und Nirgendwann. Deswegen ließ sich der hier abzuarbeitende Katalog von Hierophanien auch so wenig systematisieren. Die Übermächte wirken aus einer Überrealität auf die Menschen mit ihren Alltagssorgen, und die Betroffenen oder Ergriffenen können nicht anders, als mit „surrealistischen", d. h. überrealistischen Vorstellungen darauf zu antworten. Jeder Versuch, heidnische Glaubensvorstellungen zu „Systemen" zu erheben, entfernt sich von der Wirklichkeit, die eben nicht von Theologen, sondern von Träumen diktiert wird[20].

Auch in den Schriftreligionen hat sich ein Wissen von der Wahrheit der Traumkoordinaten erhalten, nämlich in den schon mehrfach angesprochenen mystischen Traditionen. Das *„lûter niht"* (*„alles und nichts"*) des Meister Eckhart (1255–1327) war *„sunder warumbe"*, d. h. gehorchte keinen bekannten Kausalgesetzen. Wie kam der Dominikaner aus Erfurt auf derart unscholastische Gedanken? *„Ich habe der geschrift viel gelesen von heidnischen meistern"*, und das gab er weiter – meist in der ungelehrten Sprache Deutsch[21]. Es war die Lehre des Traumes, die dann von seinen Geistesverwandten und Nachfolgern wie Mechthild von Magdeburg (1212–1280), Johannes Tauler (1300–1361), Heinrich Seuse (1295–1366) oder auch Nikolaus Krebs von Cues an der Mosel (1401–1464) weiter bearbeitet wurde, bis der gewaltige Sturm der reformatorischen Rationalität die spätheidnischen Lichter fast wieder ausblies.

Traumkoordinaten sind vor allem beweglich. Im Kapitel III wurde die australische Achilpa-Gruppe erwähnt, die ihren Weltenpfahl stets bei sich trägt, um immer in der Mitte der Welt zu sein. Für den Aufgeklärten ist das Selbstbetrug, für den Heiden Traumlogik. Denn der Nabel der Welt ist überall und nirgends und deswegen der wichtigste und heiligste Ort überhaupt. Mit einem solchen Denken kann die moderne Welt nichts anfangen. Dafür hat sie die Umzäunungen Kinderkultur, Psychiatrie und Karneval geschaffen, um die normale Welt frei von unsinnigen Einsprüchen zu halten. Eine Leistungsgesellschaft braucht feste Zeit- und Ortsangaben ebenso wie die Wissenschaft auf exakte Messungen angewiesen ist. Das hat jener Australier mit seiner Pidgin-Erklärung genau getroffen, die mittlerweile zu einem geflügelten Wort in der Ethnologie geworden ist: *„White man got no dreaming / Him go 'nother way / White man him go different / Him got road bilong himself."*[22]

### *Die Rationalitätsdebatte in der Ethnologie*

Dass der Traum den Schlüssel für das Verständnis heidnischer Religionen enthält, hatten schon die englischen Kultur- und Gesellschaftstheoretiker Edward

B. Tylor[23] und Herbert Spencer (1820–1903)[24] vermutet. Wo die Disziplinierungsinstrumente Rationalität und Wissenschaft fehlen, münden Traumerlebnisse ungehemmt in Realitätserlebnisse und bleiben subjektive Wirklichkeiten unkorrigiert. Auch wenn kontrovers über Traumdeutungen gesprochen wird, bleibt der Respekt vor dem „Einbruch des Absurden" (Lévy-Bruhl) mit seinem höheren Wahrheitsgehalt. In dieser anderen Gewichtung sahen Lévy-Bruhl (1910) und Theodor Danzel (1928) den Hauptunterschied zwischen logischem und prälogischem Denken bzw. zwischen den oben schon genannten Kontrasttypen *homo faber* und *homo divinans*. Beide nehmen beide Wirklichkeiten wahr; der rationale Problemlöser sortiert aber Irritationen seines Verstandes aus, während der Wundergläubige sich ihnen öffnet und offen hält, weil die Traumwirklichkeit als die relevantere gilt.

Lange wurde dieser Gegensatz in der Ethnologie als Unvermögen gedeutet, zwischen Traum und Wirklichkeit zu trennen. Der britische Kolonialethnologe Captain Robert S. Rattray (1881–1938) erfuhr bei den westafrikanischen Ashanti, dass ein Mann, der geträumt habe, seine Frau liege bei einem anderen, diesen wegen Ehebruchs verfolge[25]. Solche Beispiele setzten die sogenannte Rationalitätsdebatte in der Ethnologie in Gang, die bis heute andauert[26]. Der Streit um die Grenze zwischen Wahn und Wirklichkeit nimmt kein Ende, obwohl in der „Kognitiven Anthropologie" zur vergleichenden Erforschung menschlicher Wahrnehmung eine eigene Subdisziplin[27] erwachsen ist. Ein gewisser Fortschritt zeichnete sich ab, als die schlichte Gleichsetzung „Weiße Menschen denken rational, farbige irrational", überwunden war. Wie der Traum allen Menschen geschenkt ist, so auch das träumerische Denken. Allein das kulturspezifische System von Belohnung und Bestrafung sortiert aus und bestimmt über die Tauglichkeit. Leistungsgesellschaften sondern Tagträumer aus, archaische Gesellschaften lassen sich auf sie ein[28].

In jeder Gesellschaft gibt es Skeptiker und Leichtgläubige, Nüchterne und Schwärmer, Vorsorgende und Verschwender[29]. Aber die Leitideen können sich stark unterscheiden. Deswegen lesen monotheistische Gesellschaften mit einem göttlichen Heilsplan und rigider Ethik die Begabungen in ihren Reihen anders aus als polytheistische und dämonistische Gesellschaften, durch deren Träume Götter und Geister ins Leben hereinsehen. Am stärksten aber unterscheidet sich diesbezüglich eine wissenschaftlich angeleitete Gesellschaft, die das nicht Überprüfbare wie z. B. ein Traumgebilde nicht ernst nehmen kann. Mit solchen

Nebeltatsachen lässt sich kein planerisches Denken aufbauen. Folglich hat der Traum in der Moderne kein Gewicht.

### *Traumforschung*

Dieses Brachfeld im ansonsten intensiv genutzten Industriepark Moderne hatte der Wiener Nervenarzt Sigmund Freud (1856–1939) erblickt und sich mit seiner wissenschaftlichen Besetzung durch die **Psychoanalyse** einen so großen Namen gemacht, dass er sich mit dem alttestamentarischen Traumdeuter Joseph vergleichen durfte[30]. Während dieser Sohn Jakobs, Enkel Isaaks und Urenkel Abrahams aber noch in altorientalischer Manier dem Pharao die wechselhafte Zukunft auslegte, stellte Freud den Traum in den Dienst des bürgerlichen Individuums und dessen seelischer Heilung. Damit war dem Traumgeschehen jeder metaphysische Aspekt ausgelöscht und es wurde zum Müllplatz der modernen Individuation erklärt. Was die „Kulturvorschriften" dem Einzelnen abverlangen, findet sich in bizarrer und verschlüsselter Weise im Abfallschacht des Unbewussten, woraus es im Schlaf emporsteigt und sein vom Wachbewusstsein abgestrittenes Recht geltend macht. An erster Stelle steht hier der Geschlechtstrieb, der im bürgerlichen Wien mit dicken Steinen eingefasst wurde. Freud ließ sich über diese Probleme von seinen horizontal liegenden Patientinnen erzählen und kompilierte daraus „Die Traumdeutung"[31].

In allen Gesellschaften werden Tabubrecher entweder vernichtet oder gefeiert. Freud erfuhr beides, das eine im nationalsozialistischen Deutschland, das andere in der übrigen Welt. Da deren Weltbild sich schon in der ersten Hälfte des 20. Jahrhunderts durchsetzte, wurde Freuds Lehre auch zu einem Teil der *World Anthropology* mit ihrer mit Seligman[32] und Lincoln[33] nur zögerlich, aber entschieden freudianisch einsetzenden **Traumforschung**[34]. Unter Missachtung aller mühsam erworbenen Grundsätze des Kulturrelativismus begannen die ethnologischen Traumforscher, Freuds Wiener Traumassoziationen zu universalisieren. Selbst der Vater der modernen Ethnologie, Bronislaw Malinowski (s. o.) erlag dieser Verführung und untersuchte bei seinen Trobriandern den „Ödipus-Komplex"[35]. Danach schien es klar, dass auf der ganzen Welt die Träume von der Triebunterdrückung diktiert werden, auch wenn der versteckte Hass auf die Lust verbietende Respektsperson in *matrilinearen* Gesellschaften, wo die Väter einheiraten und ohne Stimmrecht bleiben, sich eher auf den Mutterbruder als auf den Vater richte.

Die Irrtumsentwicklung und Denkblockaden in der ethnologischen Traumforschung waren damit vergleichbar mit der oben mehrfach angesprochenen Schlagseite der Religionsethnologie, die viele Jahrzehnte Pater Wilhelm Schmidts „Höchstem Wesen" auf der Spur war. In der Tat stellte die sich mundan ausbreitende Psychoanalyse Freuds eher eine Säkularkirche als eine Wissenschaft dar[36], aber sie trat im Zeichen der Vernunft auf, versprach derselben zum Durchbruch zu verhelfen („Was Es ist, soll Ich werden") und bot mit der „Redekur" eine sanft erscheinende Therapie an. Außerdem ließ sie sich mit der bei Intellektuellen des 20. Jahrhunderts beliebten Klassenkampfidee zusammenkoppeln, so dass die Doppelpackung des „Freudomarxismus" in den Sozialwissenschaften eine ganz einmalige Überzeugungskraft entwickeln konnte. Opfer dieses Siegeszugs waren unter anderem die träumenden Gesellschaften, die ihre eigenen, hochentwickelten Traumtheorien nicht einmal mehr dem Ethnographen anbieten konnten, weil der schon mit Wiener Informationen gesättigt war.

Die wirklich vergleichende Traumforschung konnte in der Ethnologie also nur sehr spät einsetzen; eigentlich steckt sie heute noch in den Anfängen. Die Frage, wie ein Tagesablauf bei der vorgegebenen Nachtpriorität aussehen muss, ist noch ungeklärt. Wie kann das Tagwerk gelingen, wenn absurde Muster aus dem Traumgeschehen als gültig erachtet werden? Andrerseits berichtet aber der Mythos, dass alle wesentlichen Kulturschritte erst einmal ein Traum waren. In dieser Tradition befinden sich die genannten Indianer auf Traumsuche in einem immerwährenden Schöpfungsprozess - sie sind ebenso ihrer Tradition verpflichtet wie auf Neuerungen aus; sie müssen auf Visionen warten, um zu erfahren, wie es weiter gehen soll. Wie sieht nun genau das Verhältnis zwischen der undeutlichen Vorlage der Nacht und dem klaren Handlungsentwurf des Tages aus? Wenn durch das Traumfenster tatsächlich Götter und Geister hereinschauen, bleiben diese infolge der Verworrenheit der Erscheinungen doch recht widersprüchlich. Aber haben wir nicht die Paradoxie bisher bei allen Hierophanien als Gütekriterium festgestellt? Das Chaos des Traums beweist auch hier die Heiligkeit seiner Erscheinungen.

Wichtig in der heutigen Traumethnologie ist die Erkenntnis, dass man überall zwischen bedeutenden und unbedeutenden Träumen unterscheidet. Dann gibt es überall **Traumarbeit**, zwar nicht, wie Freud dozierte, vor dem Erwachen, bei der unbewussten Zusammenstellung des „Bilderrätsels"[37], sondern nach dem

Erwachen, wenn die Träume beim Frühstück erzählt werden. Hierbei wird ein Stück wilder Kraft zum sozialen Ereignis, es wird „domestiziert“[38] oder, wie die Traumdeuter im alten Babylon sagten, aus Korn wird Brot[39]. Hier muss die strukturalistische Falle beachtet werden, die gerne alle Erscheinungen in fremden Kulturen dualistisch zerlegt und dabei den monotheistischen Gedanken bedient, die Kultur stehe im Krieg gegen die Natur. Für Heiden bedeutet die Wildnis das Kraftreservoir schlechthin, das vor der Zeit und nach der Zeit besteht und aus dem die Menschen so oft wie möglich schöpfen. Noch der „wilde“ Geschlechtsverkehr „im Busch“ kann befriedigender verlaufen als der akzeptierte in der überfüllten Jurte[40]. Richtige Heilpflanzen finden sich nur im Dschungel, nicht im Garten, und für wirklich heilkräftiges Wasser steigt der Andenbewohner ganz weit hinauf. Somit ist auch die Frage nach den tatsächlich bedeutenden Träumen anzugehen: Es sind die, die alles auf den Kopf stellen.

Die kollektive Traumarbeit ist also der gemeinschaftliche Umgang mit dem Ungeheuerlichen, was einem Mitglied des Nachts im Schlaf begegnet ist. Hier redet jeder mit, weil jeder kraft seiner Traumerfahrung Experte ist. Und doch gibt es auch in kleinen, „herrschaftslosen“ Gemeinschaften diesbezügliche Unterschiede, große und kleine Träumer, große und kleine Erinnerer, große und kleine Rhetoren. Die Wortführer in den mitunter den ganzen Tag dauernden Debatten um das Rohmaterial der Vornacht sind trotzdem nicht vergleichbar mit den Richtern in Judentum, Christentum und Islam, die wissen, welche Träume von Gott und welche vom Satan geschickt wurden. Die letzteren zeichnen sich verständlicherweise durch ihre sexuellen Inhalte aus. In der folgenschweren biblischen Leibfeindlichkeit ist auch die Traumarbeit festgefahren. Die Schriftgelehrten verwenden die archaische Metapher auch nur noch, um den Weg göttlicher Botschaften anzugeben. Zweck und Ziel sind längst festgeschrieben. Die Träume sind schon im Alten Testament entzaubert – der erste entscheidende Schritt auf dem von Max Weber rekonstruierten Gang einer allgemeinen Weltentzauberung, den er auch Rationalisierung nannte[41] und der in der Regel vom „Eros“ zur „Agapé“, also Caritas führt.

### *Traumgesellschaften*

In heidnischen Gesellschaften haben die Träume als Schatztruhen für allerlei Wunder ihre usprüngliche Zauberkraft behalten. Davon zeugen in Ostafrika z. B. die herrlich geschnitzten Nackenstützen, auf denen das Haupt großer Träumer nachts ruht[42]. Es ist in schriftlich nicht festgelegten Gesellschaften eine Frage der Begabung, des Charismas, ob bedeutsame Träume einen erreichen, ob man sie erinnert, ob man sie überzeugend vorträgt und ob man mit ihnen auf die Umgebung einwirkt. Wie in Kapitel VII beim Thema Hexerei und Besessenheit sichtbar wurde, ist Begabung in nichtwissenschaftlichen Kontexten keine Frage der Gene, sondern der Geister. Große Träumer erfahren sich im Traum als *heteronome*, also fremdbestimmte „Individuen" oder besser „Personen", durch die die Stimme der Geister „hindurchtönen"[43]. Wie die Koordinaten von Raum und Zeit so ist auch die Subjekt-Objekt-Verteilung im Traum oft durcheinandergeworfen. Es sind soviele Verwandlungen möglich, dass zwar am nächsten Morgen klar ist, wer den Traum hatte, nicht aber, wer alles mitgespielt hat.

Die obigen Andeutungen über den heidnischen „Polypsychismus"[44] im Sinne eines Seelen- oder Geisterkonzertes in jedem einzelnen Kopf haben ihren empirischen Grund in Schatten und Spiegelbild, besonders aber im Traumgesicht. Hier ist für jedermann nachvollziehbar, dass die menschliche Person aus mehreren Personen zusammengesetzt ist und diese wiederum recht wandelbar sein können. Große Träumer wissen aber manchmal, welcher Geist gerade in ihnen wirkt oder zu welchem Geist sie eine so besondere Beziehung haben, dass dieser entweder häufig in ihnen wohnt oder eben immer mal wieder durchs Traumfenster hereinsieht. Der Traum ist der Kommunikationskanal zwischen Menschen und Geistern *par excellence*. Im sogenannten Initiationstraum erfahren Schamanen, Zauberer, sakrale Herrscher und andere Exzentriker, welcher Geist sie fortan lenken möchte. Im Konversionstraum, wenn etwa ein Saulus zum Paulus wird, haben die Monotheisten davon etwas gerettet, auch wenn hier nicht *ein*, sondern *der* Geist das Ruder zu übernehmen scheint.

Neben den Altaustraliern, deren „Traumzeit" schon zu einer Art Gattungsbegriff für Anderswelten geworden ist, spielten lange die Senoi, Ureinwohner der malayischen Halbinsel, die Rolle einer alternativen Traumgesellschaft, vermittelt durch die Forschungen des ethnologischen Außenseiters Herbert Dean („Pat") Noone[45] in den 1930er Jahren und die Versuche des amerikanischen Psychoanalytikers und Hypnotiseurs Kilton Stewart (1902–1965), aus einem lokalen Respekt vor der Traumwirklichkeit eine Therapie für die westliche Gesellschaft zu machen[46]. Wie wir gesehen haben, sind in der Industriewelt aber alle Voraussetzungen für die heidnische Traumverehrung zerstört; es waren zu Beginn der Moderne die alttestamentlichen Propheten, die die altorientalische Traumkultur mit Erfolg abgetragen haben, und am Ende der Moderne trat ein *Josephus redivivus* auf, der den Traum zum Mantel des Geschlechtstriebes erklärte und damit weltweiten Beifall ernten konnte.

Ein drittes Beispiel, in dem die Traumreligion einer heidnischen Gesellschaft entdeckt und diskutiert wurde, sind die Bewohner der Ingessana-Berge am Blauen Nil. Sie wurden unabhängig voneinander von zwei gänzlich verschiedenen Ethnographen untersucht und beschrieben, dem polenstämmigen Engländer M.C. Jędrej und dem Japaner Akira Okazaki. Beide stießen recht bald auf die immense Bedeutung, die die Bergbewohner (*gamk*) ihren Träumen beimessen, auch wenn sie diese lokale Traumkultur sehr unterschiedlich interpretierten. Während für den Strukturalisten Jędrej die Traumlogik schlicht eine andere Variante der Wachlogik darstellt, also ebenso mit Oppositionen und Verbindungen arbeitet wie die Mythologie, die Verwandtschaftsordnung oder die Küchenregeln, versuchte Okazaki eine phänomenologische Annäherung über den Surrealismus. Ideengeschichtlich wurde dieser auch schon als „Überrealismus" interpretiert[47], als groteske Ordnung, die der Normalität übergeordnet oder überlegen ist. Dies trifft sich mit der Priorität, die heidnische Gesellschaften dem Traum vor der alltäglichen Wirklichkeit einräumen.

### *Heidnischer Surrealismus*

Heidentum erscheint unter diesem Licht wie **Surrealismus**; davon zeugen die Riten, denen nur schwer ein vernünftiger Sinn untergeschoben werden kann, und davon zeugen die Mystiker, die von den Monotheismen zwar beiseite geschoben wurden, die ihre „geträumten" Botschaften aber der offiziellen Dogmatik für überlegen halten. Okazaki fand in den Gamk im Sudan praktizierende, um nicht zu sagen bekennende Surrealisten, die die Traumwirklichkeit für so bedeutend halten, dass sie sie darstellen. Dazu unterhalten sie einen Verein, der mit demselben Wort wie für Traum bezeichnet wird: *caalk*. Er tritt bei allen großen Festen auf und vergegenwärtigt mit seinem absonderlichen Tun eine Parallelwelt. Was früher schon von den rituellen Clowns der indianischen Zuni berichtet wurde, nämlich dass sie die Kehrseite der Gesellschaft verkörpern[48] und in Erinnerung rufen, gilt auch für die *caalk:* Sie zeigen das soziale Leben in seiner Nacktheit, ohne Anstand, ohne Kulturvorschriften, ohne Etikette.

Die Auftritte der *caalk* sind beliebt; es wirkt erheiternd, lockernd und lösend, wenn sie stundenlang herumhüpfen und dabei ungeniert urinieren, defäkieren, masturbieren und kopulieren. Dabei befolgen sie nichts anderes als die Traumregeln, die eben alles ermöglichen und deren Gesetz die Absurdität zu sein scheint. Die *caalk* gebärden sich wie eine Gruppe von „Trickstern" (siehe Kapitel IV), denen nichts heilig ist, weil sie selbst heilig sind. Sie führen die „folie des dieux" (De Heusch), also den göttlichen Wahnsinn vor, angesichts dessen die Verstandesbegabten den Kopf schütteln müssen. Wie die nächtlichen Träume inszenieren sie bizarre wie angsteinflößende Stücke, aber ohne Zusammenhang und ohne Lehrprogramm. Man tritt auch nicht aus volkspädagogischem Engagement den *caalk* bei, sondern man wird dazu geboren - in erster Linie als Zwillingsgeburt. Verdoppeltes Leben verpflichtet zur Darstellung der Anderswelt, der Geisterwelt, der Traumwirklichkeit.

Okazaki hat in seinen Aufsätzen zur Gamk-Ethnographie[49] darauf hingewiesen, dass die heidnische Traumkonzeption ein Menschenbild impliziert, das dem cartesianischen der modernen Gesellschaft entgegengesetzt ist. In letzterem, dem auch die Freudsche Instanzenlehre verpflichtet ist, handelt das Ich als mehr oder weniger autonomer Agent, und so werden auch die Träume gelesen - als, wenn auch verdrängende, Projektionen eines denkenden und handelnden Subjekts. In den Ingessana-Bergen sind aber die Träume die Subjekte und die Schläfer ihre Objekte. Träume „essen" den Träumer. Träume „tragen" ihn irgendwohin. Durch geduldiges Nachfragen stieß Okazaki auf die zugrundeliegende Vorstellung, dass sich der Schläfer teile und sein Schatten (*kuuth*) sich auf den Weg mache, um andere Schatten oder Totengeister zu treffen. Wie oben im Kapitel Erde angedeutet, liegt bei Heiden die Wohnung der Toten oft im Bergesinnern. Gesehen und gesprochen werden sie von den Geisterdoppelgängern der Lebenden im Traum.

### *Traum und Dividuum*

Die Vorstellung, dass das „Individuum" im Heidentum ein „Dividuum" ist, ein Bündel aus mehr oder weniger eigenständigen Kräften, ist oben mehrfach angesprochen worden[50]. Die Traumkonzeption der Gamk zeigt uns einen durchaus aktiven Aspekt einer solchen **Anthropologie der Synthesis**: Die Schatten verlassen den Körper des Schläfers, erleben unglaubliche Dinge und beschäftigen mit diesen Geschichten nach ihrer Rückkehr den Erwachenden. Die nachts Ausgesandten haben ein weitaus größeres Handlungs- und Erlebnisspektrum als die zurückbleibenden Teile. Deswegen messen die Gamk der Traumwirklichkeit eine größere Bedeutung bei als der Alltagswirklichkeit. Hier, im Tageslicht, läuft alles in geordneten Bahnen und man trifft immer die gleichen Leute. Nachts dagegen erlebt man noch echte Überraschungen. Man trifft Unbekannte, die sich mitteilen und einen fordern.

Solche Geschichten beschäftigen dann die Ingessana-Bergbewohner vom Zeitpunkt des Aufwachens an. Man erzählt sich gegenseitig die Nachterlebnisse und hakt sich in der Frage der Identifizierung von Unbekannten fest. Wie sah er aus, wie sprach er, was wollte er? Alle reden mit, weil alle interessiert sind an der Aufklärung des Falles. Da solche Träume von allgemeinem Belang sind, kann man es sich nicht leisten, sie einfach schnell wieder zu vergessen. In Traumgesellschaften wie der der Gamk verfügt man über ein trainiertes Gedächtnis. Die allgemeine wie die individuelle Aufmerksamkeit auf das Traumgeschehen zwingen zur Übung im Erinnern und Festhalten. Und doch scheint das unaufhaltsame Zerrinnen der Nachtbilder im Tageslicht das Geheimnis ihrer Kraft zu sein – wie jede bisher behandelte Hierophanie in der Metamorphose und so auch im Erscheinen und Verschwinden sich heiligt.

Die Gamk glauben, es sich nicht leisten zu können, solche Kraftbilder, die aus eigenem Antrieb kommen und gehen, einfach beiseite zu schieben. Außerdem wollen die Schatten, also die Toten, wenn sie sich melden, ernst genommen werden. Andernfalls rächen sie sich und verursachen Unglück. Der Tag ist dazu da, die Gebote der Nacht zu befolgen. Das ist die Konsequenz aus der heidnischen Priorität der Nacht und der Traumwirklichkeit. Auch wenn die Gamk im Laufe des Tages nicht genau herausgefunden haben, welcher Tote welche Forderung erhoben hat, greifen sie zum Allzweckmittel heidnischer Religion, dem in diesem Buch immer wieder behandelten blutigen Opfer als der segenbringenden Verwandlung schlechthin. Es geht in den aufgeregten Debatten um die Trauminhalte oft nur noch darum, wer das Opfertier bezahlt.

Wie der Besessene schließlich den Willen des Geistes befolgt, der in ihm Platz ergriffen hat – um endlich wieder gesund zu werden – so befolgt der Träumer am Ende der kollektiven Traumauslegung das Gebot, das ihm in der Nacht auferlegt worden ist. Niemand möchte es sich mit den Geistern und Toten verderben. Das ist der Sinn des nachtgeleiteten Taghandelns. Deswegen gleichen die Taten und Rituale der Gamk und anderer Heidenvölker so oft einem absurden Drama. Sie führen aus, was Tote von ihnen verlangen, vermittelt durch das eigene Double. Die Gamk bekommen diesen Doppelgänger und heimlichen Herr im Hause am Tag nach der Geburt, wenn die Nachgeburt in den großen Feigenbaum gehängt wird.

Aus der Sicht der aufgeklärten Gesellschaft gibt ein Mensch, der sich von nicht nachweisbaren Doppelgängern, von erfahrungsgemäß mit dem Tod in ihrer Wirkung erloschenen Mitmenschen oder von Geistern, die es empirisch nicht gibt, leiten lässt, ein lächerliches Bild ab. Auch die Moderne kennt „Traumtänzer" und „Tagträumer"; allein sie gelten nicht viel und ihre Ansichten werden nicht ernst genommen. Gesellschaften, die dem Traum eine so hohe Achtung und Priorität einräumen wie die Arrernte, die Senoi, die Gamk oder viele Indianer haben deswegen mit der Modernisierung größte Probleme, es sei denn, die monotheistische Mission[51] greift ihnen unter die Arme und erlöst sie von der Obsession, sich im Traum offenbarenden Dämonen aufs Wort zu gehorchen.

Den Gesellschaften mit Traumpriorität genügen, wie gesagt, die nächtlichen Visionen selten; sie versuchen, die Erfahrungswege aus der Anderswelt künstlich zu erweitern. Kunstträume werden herbeigeführt durch ekstatische Übungen, und viele Rituale im Heidentum dienen fast ausschließlich dazu, die Bindungen an die Raum-Zeit-Koordinaten zu sprengen oder wenigstens zu lockern. Im Rauschkult findet die heidnische Religion ihre Erfüllung. Die in der Ethnologie studierten **Rauschreligionen** kennen keine von vorneherein festgelegte Offenbarung. Sie zeichnen sich durch eine diesbezügliche Offenheit aus und durch eine permanente Suche nach weiteren Visionen. Traum, Trance, Rausch und Ekstase liefern solche Grenzerfahrungen, wie sie wahrhaft religiöses Leben braucht. Die religiös Begabten im frühen Christentum haben sich nach dem Vorbild der Buddhisten, letztlich aber wohl in der Nachfolge schamanistischer Ekstasen oder Austritte (s. u.) in die Einsamkeit der Wüsten, hauptsächlich in die Höhlen des Niltals zurückgezogen. Auch das bringt Visionen, solche, die das kanonisierte Evangelium bestätigten und solche, die es erschütterten. Visionen und Wunder wurden daher in der sich etablierenden Kirche streng unter Kontrolle genommen.

Vom Wunder, das ja im Traum geradezu allnächtlich ist, schreibt Kirchenrat Karl Rose, zu DDR-Zeiten Direktor des Instituts für ost- und südslawische Kirchen- und Religionskunde an der Humboldt-Universität Berlin:
*„Das Wunder ist die Seele der Religion. Das Grauenvoll-Furchtbare ist zugleich das Faszinierende und Sinnverwirrende, das zum religiösen Rausch führt."*[52]

Im Traumvermögen trägt der Heide sein Wunderpotential stets mit sich herum. Im Traum werden Verwandlungen vorgespielt, wie sie die Mythologie kennt und wie sie sich im archaischen Wissen um Leben und Tod niedergeschlagen haben. Ethnographen erfuhren, dass der Wahn des Traums das Tun von Göttern, Geistern und Toten ist und dass das Leben daran teilhat in der Nacht und bei Tag nur durch die *imitatio deorum* seinen dauerhaften Sinn erhält. In der griechischen Antike kannte man die „heilige Verrücktheit" bzw. den *„paroxysmos"*, der als „Enthousiasmus", wörtlich der Gottesvollheit, sich noch bis in die Moderne erhalten konnte. Hier aber hat längst die Domestizierung durch die Vernunft eingesetzt; enthusiastische Menschen gelten zwar als „begeistert", ihr „Geist" bleibt aber unter Kontrolle. Dagegen sind – wie Hauer im in der Vorrede wiedergegebenen Zitat schrieb – *„bei den Primitiven große Verbrecher ebenso wie Verrückte tabu, weil die Gottheit in ihnen tobt"*.[53]

1 *„Im Traum glaubte der Mensch in den Zeitaltern roher uranfänglicher Kultur eine zweite reale Welt kennenzulernen; hier ist der Ursprung aller Metaphysik. Ohne den Traum hätte man keinen Anlaß zu einer Scheidung der Welt gefunden"* (Nietzsche 1878/1972 I:450).

2 Nach Cipoletti 1993:268.

3 Klages 1922/51:94.

4 Kant 1787/o. J.:605.

5 Siehe Dürr 1978.

6 Siehe Foucault 1986.

7 Vgl. Kempf/Hermann 2000.

8 Siehe Bosse 1979, Gronemeyer 1991, Beck/Spittler 1996, Spittler 2008.

9 Siehe Krempel/Lüthi 1993, Brüll o. J, Scheps 2000.

10 Spencer/Gillen 1899.

11 Strehlow 1907–11.

12 Die Vorstellung von der Geistgeburt deutete die frühe Wissenschaft evolutionistisch, als (Noch-) Nicht-Wissen um die sexuelle Empfängnis. E. W. Müller (1981) hat darauf hingewiesen, dass der biologische Befruchtungsvorgang in keiner Gemeinde von Glaubenden als Ursache für eine Empfängnis ausreicht.

13 Lommel, A. 1969/81.

14 Duerr 1978.

15 Dazu Lips, E. 1954/55.

16 Nach Duerr 1978/79:145.

17 Allouez, Claude, *Relation de Ste. Marie du Sault*, Juin 1670. In: *Jesuit Relations*, vol. 54, Cleveland 1899, S. 65, zit. nach E. Lips 1954/55:293.

18 *Relation de ce qvi s'est passé en la Novvelle France en l'année 1642*. Paris (Sebastian Cramoisy) 1643, p. 227, zit. nach E. Lips 1954/55:291.

19 Wie der Traum von Freud (1900) wurde die Utopie von Ernst Bloch (1954–59) usurpiert und für die jeweilige Heilslehre dienstbar gemacht. Im progressistischen Diskurs wird dem „Utopischen" des menschlichen Denkens eine Motorrolle zugeschrieben, die mit der Ortlosigkeit der alten Utopia-Erzählungen nichts gemeinsam hat.

20 In FN II 60 wurde zu dieser Verkennung des Heidentums als eines Glaubenssystems der belgische Afrikanist Jan Vansina zitiert: *„La description d'une religion comme un système de croyance unifié, comme une philosophie des croyances ne correspond pas à la réalité traditionelle"* (Jan Vansina 1968:105, zit. nach Thiel 1974:641).

21 Siehe Bergmann 1926:24–41.

22 Zit. unter anderem bei Duerr 1978/79:151.

23 Tylor 1871.

24 Spencer 1882.

25 Nach Levy-Bruhl 1927:193.

26 Vgl. Wilson 1970, Sperber 1982/89, Kippenberg/Luchesi 1987, Tambiah 1990. Eine gelungene „Rückschau" mit begründeter Entscheidung für die Hermeneutik findet sich bei Verne 1999.

27 Siehe Renner 1980.

28 *„Viele Gründe fördern somit im primitiven Milieu ein Denken, das kontextgebunden, konkret, nicht-spezialisiert, affektiv, ethnozentrisch und dogmatisch und deshalb alles andere als verallgemeinerbar, spezialisiert, abstrakt, unpersönlich, objektiv und relativistisch ist"* (Hallpike 1990:155).

29 Der Traumforscher Shweder (1982) stellte z. B. bei den nigerianischen Hausa fest, dass die Jugendlichen eher die Subjektivität von Trauminhalten zugaben, die älteren Hausa dagegen an eine objektive Realität der wandernden Seelen glaubten.

30 Siehe Krüll 1979/92:232; zur neueren Freudkritik s. auch Israels 1993/99 oder Onfray 2010/11.

31 Freud 1900/1972. Dazu Karl Kraus: „Ihm gebührt das Verdienst, in die Anarchie des Traums eine Verfassung eingeführt zu haben. Aber es geht darin zu wie in Österreich" (nach Salamander 1998: 245). Gegen Freuds dem Projekt Moderne verpflichteten Reduktion entwickelte bekanntlich der dissidente Schüler und anfängliche Mitarbeiter C.G. Jung einen eigenen Zugang zur Traumpsychologie, die dem *consensus gentium* mit seinem *Polypsychismus* weit mehr Respekt entgegenbrachte und den Traum als „Theater" begriff, *„wo der Träumer Szene, Spieler, Souffleur, Regisseur, Autor, Publikum und Kritiker ist"* (Jung 1948:200).

32 Seligman 1924.

33 Lincoln 1935.

34 Dazu Probst 1993.

35 Malinowski 1924; über den Ödipus-Komplex als Kernstück der Psychoanalyse urteilt Onfray: „Durch die Zauberkünste des Meisters und seiner Schüler wurde aus diesem persönlichen Problem eine über alle Zeiten fortdauernde Geißel der Menschheit. Das Problem eines einzelnen Mannes brachte allen Menschen eine Neurose ein – nur weil dieser Mann glaubte, die eigene Neurose sei leichter erträglich, wenn sie von allen geteilt würde"(2010/11:123).

36 Siehe Medawar 1969.

37 Siehe Freud 1900/1961:235.

38 Den Begriff der Domestikation verwendet Hudson (1985) zum ersten Mal in diesem Zusammenhang, analog der Domestikation wilder Tiere oder Pflanzen – eine Zähmung zum häuslichen Gebrauch.

[39] Vgl. Zgoll 2006:243.

[40] Nach Oelschlägel: Wildnis und Sexualität, unveröffentlichte Feldnotizen 2004c.

[41] Weber, M. 1916/1973:415 ff.

[42] Felicitas Goodman zitiert dazu zweimal (1994:175) aus der Dodoth-Monographie von Elizabeth Marshall Thomas: *„Lomotin besaß einen Schemel, auf dem er tagsüber saß, um sich auszuruhen, und den er nachts als Kopfstütze benutzte. Der Schemel war herrlich geschnitzt und hatte die besondere Kraft, Träume herbeizuführen. Lomotin träumte davon, dass er einen Kranken heilen konnte. Seine Heilung war unheimlich wie ein Traum. Auf dem Hocker träumte er, was er voraussah. Seine Wahrsagungen waren wortwörtlich zu nehmen. Träumte er beispielsweise von Regen, dann wusste er, wenn er aufwachte, dass das Opfer eines roten Ochsen Regen bringen würde. Er hatte immer recht. Wenn eine Wahrsagung aus den Tiefen seines Herzens aufstieg und zum Traum wurde, erstaunte das Ergebnis des Traums alle Welt, und sein Ruhm wuchs immer mehr"* (1972:173). – *„Wie Kometen erscheinen von Zeit zu Zeit große* ngimurok. *Sie werden berühmt und bringen Veränderungen nach Dodoth, dann sterben sie. Man erinnert sich ihrer noch lange nach ihrem Tod* [...]. *Es ist ihre Aufgabe,* [...] *als Gottes Orakel zu dienen, und obgleich man sie bewundert, liegt das nicht in ihrer Absicht. Mit ihrer Voraussicht bewirken die* ngimurok *Regen oder Trockenheit, sie bringen Gesundheit, Krankheit oder Heuschrecken und sie wehren Übel vom Volke ab, feindliche Überfälle z. B."* (1972:162, 166).

[43] Zum Begriff der Person in der Ethnologie und seiner Ableitung aus der antiken Theatermaske, durch die der Schauspieler „personiert", also hindurchtönt, s. Mauss 1938/78.

[44] Bastian verglich den Glauben an viele Geister mit der modernen Vorstellung der *„Gedanken, die einem kommen"*, d. h. *„wie es denkt in uns, wie mit jedem lebendigen Pulsschlage neue Gedanken zünden und blitzen, wie sie treiben und emporstreben zum gigantischen Gedankenbaume"* (1860 I:27). Weitere Aspekte und Belege zum *Polypsychismus* werden im Kapitel XIV (*Schamanismus*) erörtert. Siehe auch FN XIV 7.

[45] Siehe Noone 1972, Bräunlein 2000.

[46] Stewart 1954.

[47] *„Unsere Überlegungen kreisen um die Vorsilbe* sur *im Titel ‚Surrealismus'. Die Vorsilbe* sur *in der Vokabel ‚Surrealismus' entspricht der griechischen Vorsilbe* metá, *die, wie Hans Jonas bemerkt, die fundamentale Bewegungskategorie gnostischer Sprache ist und das Spektrum gnostischer Erfahrung von der äußerlichsten magischen Kultpraxis bis zu den innerlichsten Formen mystischer Kontemplation bestimmt"* (Taubes 1996:141).

[48] Siehe Makarius 1969a und b und das Kapitel „Feuer" (IV).

[49] Okazaki 1984, 1986, 1992 b und c.

[50] Auch die Tiefenpsychologie C. G. Jungs geht von der Tatsache aus, *„dass die Psyche als Ganzes keine unteilbare Einheit ist, sondern ein teilbares und mehr oder weniger geteiltes Ganzes. Obschon die einzelnen*

*Teile miteinander zusammenhängen, so sind sie doch von relativer Selbständigkeit, welche soweit geht, dass gewisse Seelenteile entweder gar nicht oder nur selten mit dem Ich in Assoziation treten"* (Jung 1948:289). In der Ethnologie hat mit der „Teilbarkeit" (*dividuality*) z. B. Marilyn Strathern (1988) experimentiert, sie aber weniger auf die Vielheit von im Menschen wirkenden Kräften bezogen, als auf die verschiedenen gesellschaftlichen Verpflichtungen.

[51] Siehe Kapitel XV.

[52] Rose o. J.:13.

[53] Hauer 1923:64.

# XI. Zeit

*Ein Tag mehr*
*ist ein Tag weniger.*
Volksmund

Die kernhafte Widersprüchlichkeit oder essentielle Paradoxie[1] der Hierophanien springt uns auch aus der am wenigsten greifbaren Erscheinung ins Auge, dem unerbittlichen Fluss der Zeit, der in jeder Religion, auch in den heidnischen, zentrales Thema ist und in ihrer Ablösung dann von der Philosophie weiter reflektiert wurde[2]. Auch hierzu vermag die Ethnologie einen überaus widerborstigen Stoff beizusteuern, weil sie mit Denktraditionen in Kontakt kommt, die von der jahrhundertealten Klage des christlichen Abendlandes über die „Vergänglichkeit" freigeblieben sind. Heidnische Zeitauffassungen ähneln in manchen Aspekten der „göttlichen Ewigkeit", die die Bibelausleger der „wie ein Schatten dahinfahrenden Zeit"[3] als Kontrast entgegenhielten. Allein die Mystiker machten diese volkspädagogische Polarisierung nicht mit und hielten an der heidnischen Einheit von Wandel und Bestand fest. So reimte der „Angelus Silesius" (Schlesischer Engel) Johannes Scheffler (1624–1677) im Jahre 1657:

*„Zeit ist wie Ewigkeit und Ewigkeit wie Zeit,*
*So Du nur selbst machst keinen Unterscheid."*[4]

Es ist der Mensch, der die Zeit erfunden hat, sie aber nicht anders begreift denn als Bewegung im Raum – systematisiert und verabsolutiert in den messenden Spätformen der Kultur, auf die Spitze getrieben in der wissenschaftlichen Metrik. Die Verfeinerung im Quantifizieren von Zeit ging hier überdeutlich auf Kosten ihrer **qualitativen Wahrnehmung**, die den in der Zeit Seienden daraus zu entrücken vermag. Die oben mehrfach angesprochene Ekstasis als Austritt verlässt auch die verlässliche Zeitachse und vergöttlicht den Zeitvergessenden, etwa den Teilnehmer am rauschenden Trommelritual, den indianischen Visionär, den Fremdgeistbesessenen – oder in der verschriftlichen Religion den Anachoreten und Asketen. Allein diesen „Virtuosen" (Max Weber) bleibt erhalten, was im Heidentum Sache von Jedermann ist: die Zeitsouveränität. Zuerst wurde diese genommen in der abrahamitischen Eschatologie, die Zeit in **Frist**[5] umwandelte, und dann wurde ihr Rest von der Industriegesellschaft beseitigt, die die maschinenbedingte Hast und Gehetztheit in einer Verbindlichkeit einführte, die den von ihr erlösten, den „Arbeitslosen", zum Therapiefall erklären muss.

### *Die Zeit als Kreis*

Nichtmonotheistische und nichtindustrielle Kulturen bewahren ihre diesbezügliche Souveränität, indem sie verräumlichte Zeit bekämpfen, auf bestimmte „Sinnprovinzen" (Alfred Schütz) beschränken, den Ablauf immer wieder anhalten oder ihn in der Vorstellung von „ewiger Wiederkehr" leerlaufen lassen. Die Vorbilder dazu entnimmt man der Natur bzw. den oben beschriebenen Hierophanien, die alle keine endgültigen Fristen setzen, sondern immer wieder erscheinen. Die herrlich anzusehenden Baumblüten sind zwar kurz, aber nicht einmalig. Die rhythmische Wiederkehr aller unkontrollierbaren Erscheinungen hat sie geheiligt, und diese Art von „Ontologisierung" (Eliade) im Sinne einer vorbehaltlosen Zustimmung schließt auch die Zeit mit ein. Anstelle der dem modernen Menschen geläufigen Zeitachse oder der modischen Rede vom „Zeitfenster" dominieren in heidnischen Kosmologien Rhythmus und Pendel. Das Hin und Her der Zeit verbindet auch die Zeiten, etwa die Urzeit und die Gegenwart. Aus der Sicht der endzeitlich gepolten Monotheisten oder auf den Fortschritt verpflichteten Modernisten erscheinen archaische Gesellschaften „rückwärtsgewandt". Ihre Sorge gilt der Verbindung zur Urzeit, die nicht abreißen darf. Der oben schon einmal befragte Philosoph und Psychologe Jean Gebser hat in seinem Hauptwerk „Ursprung und Gegenwart"[6] versucht, diese im Wortsinne religiöse Zeitbindung zu rekonstruieren und kam dabei zu erstaunlichen Ähnlichkeiten zur in Kapitel X erklärten „Traumzeit". Beide scheinen im heidnischen Denken der Raumzeit als der gewiss notwendigen Eigenschaft von Arbeitsplatz und Arbeitszeit parallel zu laufen, ihr aber auch vor- und nachgeordnet, vor allem aber übergeordnet zu sein. Diese ihre Überlegenheit begründet sich aber in ihrer Beständigkeit, in ihrer unvergänglichen Qualität, in ihrer Kraft zur Wiederkehr (*Parusie*), die den allgemeinen Gesetzen der Abnutzung, des Verbrauchs und des Ablaufs enthoben ist. Ludwig Klages hat den fundamentalen Gegensatz zwischen Zeit und Frist wie folgt formuliert:

*„Christliche Ewigkeit ist Zeitlosigkeit und Wahngedanke endlosen Dauerns der Person; heidnische Ewigkeit ist Ewigkeit seinsloser Wandlung von Vergehendem in Entstehendes [...]. Jene flieht das Sterben und ächtet deshalb das Geborenwerden; diese entfacht am – deswegen zu bejahenden – Sterben den immer gleich ursprünglichen Neubeginn des Lebens [...]. Christlich angesehen, liegt auf der Welt der Fluch des Vergehenmüssens jeder ihrer Erscheinungen, von dem ‚erlöst' zu werden und sich hinauszuflüchten in das außerzeitliche Nichts ‚Unsterblichkeit' heißt; heidnisch angesehen, birgt die Vergänglichkeit jeder Lebenserscheinung die Bürgschaft der Ewigkeit, indem das Leben unablässiger Wandlung in sich selber zurückkreist."*[7]

Die erste der in diesem Buch behandelten Hierophanien war das Wasser, das seit Menschengedenken zwischen Erde und Himmel zirkuliert und das in der archaischen Symbolik als Schlange erscheint, die ihren Schwanz im Mund hält.

Sie drückt damit auch die unbefristete Zeit aus, deren Ende gleich Anfang ist und die sich - wie das seine Haut abstreifende Tier - immer wieder selbst erneuert. Deswegen wird die in heidnischen Religionen dominierende Zeitvorstellung auch **zyklisch** genannt; die Kreisbewegung der Zeit ist den Himmelkörpern abgeschaut - vom Großen Bären, der den Himmelspol immer neu umkreist, war in Kapitel III die Rede - und wird im Reigentanz dargestellt. Dass die Heiden „im Kreise gehen", war dem Apostel Paulus Zeichen ihrer Verworfenheit[8], ihnen selbst aber eine göttliche Kraft, eine Teilhabe an der ewigen Wiederkehr, die in allen möglichen kulturellen Gestaltungen zum Ausdruck gebracht wird, ganz besonders aber in den zyklischen Ordnungen der Alters- und Generationsklassen. Hier begrüßen die abtretenden Gesellschaftsmitglieder in den Neuzugängen sich selbst; der Tod macht Platz für das Leben, die auseinanderfallenden Knochen verbürgen für neue Zusammensetzungen, Asche gilt als Elexier des Neuanfangs.

Neben der Kreisbewegung dient das **Pendel** der Veranschaulichung archaischer Zeitkonzeption. Auch hierzu hat Klages das rhythmisch ablaufende Triebleben mit dem „Pulsen des universalen Geschehens"[9] verglichen und das *„unaufhörliche Wechselspiel von Aufsaugen und Verströmen, Nehmen und Geben, Bindung und Lösung, ‚Involution' und ‚Evolution', Empfangen und Ausführen, Ballung und Dehnung, Zusammenziehung und Ausbreitung, Sammlung und Entfaltung, Einkehr und Auskehr"*[10] als Grundprinzip des heidnisch aufgefassten Lebens beschrieben. Wenn Platon im „Staat"[11] die Zeit als den „Atem des Raumes" bezeichnet, bezieht er sich ebenfalls auf diesen universalen Elementarvorgang des Hin und Her, der das Einzelleben ebenso beherrscht wie das Firmament. Der dazwischen liegenden Gesellschaft blieb lange nichts anderes übrig, als sich hier einzufügen.

Heidnische Religion besteht aus Synchronisierung der Gesellschaft mit dem **Rhythmus** des Lebens. Das geschieht konzeptionell - in Mythos und Spruchweisheit - und rituell im Festkalender[12]. Aber auch das Arbeitsleben des Menschen ist rhythmisch organisiert, wie der Leipziger Ökonom Karl Bücher (1847–1930)[13] kulturgeschichtlich herausgearbeitet hat. Es geht aber nicht nur um den Wechsel zwischen Arbeit und Ruhe oder die musikalisch begleitete Vertaktung von Körperbewegungen, auch der jeweilige Lebensraum diktiert den Rhythmus der menschlichen Arbeit: Wildbeuter warten auf die jahreszeitlichen Wanderzüge des Wildes, um sich dann - in einer Zeit der Fülle - ausgiebig sattzuessen. Bauerngesellschaften arbeiten - auch noch nach der mechanischen und biochemischen Wende – vom Wechsel der Wetter- und Jahreszeiten abhängig. Viehnomaden müssen ihren Weidezyklus den Saisonschwankungen des Regens anpassen. Die archaischen Hochkulturen – Wittfogels „hydraulische Gesellschaften“[14] – leben von den alljährlichen Flussüberschwemmungen, den gesetzmäßig wiederkehrenden „Geschenken des Nils“, wie Herodot für Ägypten festgehalten hat. Heidnische Gesellschaften werden in regelmäßigen Abständen beschenkt; überschwemmt und beraubt – das hat auch ihren Zeitbegriff geprägt.

### *Darstellung im Kultspiel*

Dürre und Fülle, Ebbe und Flut, Licht und Finsternis, Krieg und Frieden – Klages spricht von „Wirklichkeitsrhythmus“ und „Wirklichkeitszeit“[15], um diese qualitative Zeitwahrnehmung von der quantitativen, der ablaufenden und auf ein Ziel hinlaufenden Zeit des modernen Denkens abzugrenzen. Die rhythmische oder pulsierende Zeit erneuert sich durch sich selbst oder durch ihre Atembewegung, an die sich die Menschen anhängen, um an ihr teilzuhaben. Sieht ein Kind eine Schaukel, dieses Gleichgewicht in Bewegung, muss es hingehen und das Spielgerät nutzen, ohne dass man es dazu auffordern müsste. Die zweckfreie und ziellose Bewegung des Schaukelns ist kosmisch begründet und verbindet die stellaren Erscheinungen mit den Wellen der Meeresbrandung, den Schwankungen der Baumwipfel, dem Wedeln des Tierschwanzes und den Bewegungen des Menschentanzes als der ältesten Kunst[16]. Erst in diesem Kontext der Entsprechungen von Mikrokosmen und Makrokosmen bekommen die „Belanglosigkeiten“ – zu denen nicht zuletzt auch der Wechsel von Essen und Koten oder Trinken und Urinieren sowie die Bewegungen des Geschlechtsaktes gehören – Bedeutung und werden zum verbindlichen Anschauungs- und Denkmuster rhythmischer Zeitkonzeptionen[17].

Die archaische Zeit der **ewigen Wiederkehr**, die der prophetischen Lehre von der Frist viele Jahrtausende vorausging und auch dann nicht vollständig weichen wollte, hat sich – wie alle Hierophanien – weniger in heiligen Schriften als in heiligen Handlungen ausgedrückt: im Ritual, im Tanz, im **Kultspiel** und im Spiel allgemein. Wieder war es Bachofen, der hierzu die ersten Untersuchungen durchgeführt hat. In der „Unsterblichkeitslehre der orphischen Theologie“ von 1867 versuchte er, die römischen Zirkusspiele als Darstellungen kosmischen Geschehens zu deuten: Die *Bigen* (Zweispänner) und *Quadrigen* (Vierspänner) unterhielten die Massen auf der Rennbahn, indem sie den Lauf der Wandelsterne nachfuhren[18]. Das All als Spielplatz der Götter war dann im erwähnten Münchener Kosmikerkreis eine beliebte Vorstellung, und Stefan Georges „Halbgott Maximin", für den der junge Maximilian Kronberger Modell stand, wurde als „Ballwerfer mit Sternen" besungen[19]. 1944 veröffentlichte der Berliner Altamerikanist Walter Krickeberg (1885–1962) eine Interpretation des kultischen Ballspiels, die auch ein kulturmorphologisches Verständnis des modernen Sportes einleiten könnte - jenseits der ihn zu beherrrschen scheinenden Mess- und Leistungsmanie.

Die den heutigen Sportarenen nicht unähnlichen Anlagen von San Francisco/Guatemala oder Chich'en Itza/Yucatan waren Teil großer Tempelbezirke, und die Ballspiele gehörten zum Festritual. Krickeberg glaubt, Indizien dafür gefunden zu haben, dass die Spieler Götter darstellten, die statt mit Himmelskörpern mit Bällen spielten. So wie im alltäglichen Drama des Kosmos abwechselnd eine Seite siegt und die andere vernichtet, führten auch die Kultspieler ihre *imitatio deorum* oder Nacheiferung der Götter bis zur bitteren Konsequenz des Tötens vor. Damit vergöttlichten sie sich selbst wie auch ihre toten Gegner, und die Zuschauer oder Pilger fühlten sich im Himmel, wo die Sterne sterben, wenn die Sonne siegt, und diese untergehen muss, damit jene leuchten können. *„Im Siegen und Unterliegen der Spieler drückt sich der ewige Kampf zwischen Licht und Dunkel aus, indem bald die Sonne, bald die Nachtgestirne überwunden werden."*[20] Auf den Abbildungen der Spielfelder erscheinen häufig Menschenköpfe; Krickeberg schließt hier auf eine kultische Schädelstätte, da auch abgeschnittene Köpfe als Bälle dienten, wenn die beiden Mannschaften, vermutlich „Adler" und „Jaguar" bzw. „Schlange" und „Jaguar"[21], die indianischen Symboltiere des Tag- und des Nachthimmels, sich begegneten.

Zum heidnischen Kult gehört das Kultspiel, weil der Mythos von seiner rituellen Darstellung lebt. Indianische Gesellschaften der Gegenwart[22] haben dafür ebenso Beispiele bewahrt wie andere zeitgenössische Ethnien in Afrika, Asien oder Ozeanien[23]. Alle nichtgeschichteten, staatsfreien und unmonotheisierten Gesellschaften haben spielende Kulturen entwickelt, in denen nur ein relativ bescheidener Teil der Zeit rational bewirtschaftet wird[24], während man die meiste Zeit damit „vertreibt", Hierophanien nachzuspielen. Der holländische Kulturhistoriker Jan Huizinga (1872–1945) hat sogar für die Kultur schlechthin das Spiel als Kern ausgemacht und während des Zweiten Weltkriegs mit Adolf E. Jensen darüber gestritten, ob diese Kulturgrundlage spielerisch oder religiös zu verstehen sei. Jensen hielt das „profane" Spiel für ein Verfallsstadium, dem die mythologische Vorlage abhanden gekommen sei, während Huizinga das kindliche Spielbedürfnis vor Augen hatte, dem erst später ein religiöser Sinn aufgesetzt würde. Beide beriefen sich aber in ihren Spieltheorien auf Frobenius, der die *imitatio naturae* oder Nacheiferung der Natur zum Motto seiner morphologischen d. h. gestalttheoretischen Kulturinterpretation erhoben hatte:

*„Die Menschheit spielt, wie es Leo Frobenius ausdrückt, die Ordnung der Natur so, wie sie sich ihrer bewußt geworden ist. In einer fernen Vorzeit, meint Frobenius, hat sie zuerst die Erscheinungen der Pflanzen- und Tierwelt in ihr Bewußtsein aufgenommen und dann auch den Sinn für die Ordnung von Zeit und Raum, für Monate und Jahreszeiten, für den Lauf der Sonne, erworben. Und nun spielt sie diese ganze Ordnung des Daseins in einem heiligen Spiel. In und durch dieses Spielen verwirklicht sie die dargestellten Ereignisse von neuem und hilft die Weltordnung instand halten."*[25]

Es sind aber nicht nur die besonders ausgewiesenen Spielplätze und Spielzeiten, die der Imitation des Kosmos und seiner wiederkehrenden Zeit vorbehalten sind, die gesamte Kultur einer heidnischen Gesellschaft kann in der morphologischen Perspektive als Bühne für kosmische Dramen gesehen werden. Der König ist die Sonne oder der Mond und stirbt, wie die Himmelskörper untergehen. Das Dorf bildet den Kosmos ab und teilt sich in eine Tag- und eine Nachthälfte, zwischen denen eine ewige Spannung herrscht. In den Rundhäusern steht der Weltenpfahl in der Mitte, und die Hausfrau hütet das vom *Demiurgen* (Kulturbringer) geschenkte Feuer. Alle Erscheinungen und Vorgänge einer eschatologisch oder gerichtszeitlich unbewachten Kultur können aus der Weltanschauung heraus erklärt werden. Heidnische Weltanschauung ist aber im wesentlichen Weltabbildung oder Naturnachahmung, vielleicht auch Natursteigerung.

### *Das agonale Prinzip*

„Spiel ist Kampf und Kampf ist Spiel", schrieb Huizinga[26] im 1938 in Holland erschienenen *Homo Ludens.* Dieses „agonale" Kulturmuster ist in einfachen Gesellschaften für jedermann verbindlich; in geschichteten Gemeinwesen beschränkt es sich auf Adel und Kriegerstand, der nicht nur mit sich selbst kämpft, sondern auch gegen Nützlichkeitserwägungen (*Utilitarismus*) und wirtschaftliche Arbeit in den eigenen Reihen. Erst in der Zivilgesellschaft hat sich der bürgerliche Sinn für Ordnung und Sparsamkeit auf der ganzen Linie durchgesetzt, die Zeit ist zum „knappen Gut" erklärt worden und das **agonale Prinzip** nach dem Muster des ökonomischen Wettkampfes um Rendite und Effizienz umgestaltet worden. Außerhalb dieser industriegesellschaftlichen Sonderentwicklung, deren geistesgeschichtliche Voraussetzungen bekanntlich Max Weber[27] untersucht hat, gilt weltweit eine Ordnung, die der schon mehrfach zitierte George Bataille „Sonnenökonomie" genannt hat[28], weil sie die unglaubliche Verschwendung der Sonne zum Vorbild hat. Man kann auch an andere „natürliche" Prinzipien denken – sowohl im Mikroorganismus wie im Weltall –, die allesamt maßlose Ressourcenvergeudung offenbaren, während das im Bürgertum heilig gehaltene „ökonomische Prinzip" eigentlich nirgendwo in der Natur vorkommt. Das „mit seinen Pfunden Wuchern" ist eine biblische Neuerfindung[29], die einen Gegensatz zur „Welt" mit ihren „sinnlosen" Vergeudungen schafft. Heidnische Gesellschaften wissen sich in einer Welt aufgehoben, die verschwenderisch[30] ist; dazu gehört die Zeit, die in subsistent, d. h. ohne Akkumulation wirtschaftenden Gesellschaften im Überfluss vorhanden ist.

Zeit im Überfluss ist freie Zeit, Spielzeit – auch Zeit, sich um die Welt zu kümmern, ihr beim Sich-um-sich-selbst-Drehen helfen, indem man sie abbildet, im Reigentanz, im Trommelwirbel, in der Hauttatauierung. Im nächsten Kapitel werden wir weitere Beispiele religiös begründeter Kunst kennenlernen. Archaische Kunst hat dieselbe Wurzel wie das archaische Spiel; beide bilden Hierophanien ab, z. B. die Hierophanie der qualitativen Zeit als Zweckfreiheit. Die Moderne hat sowohl dem Spiel als auch der Kunst die religiöse Verankerung entrissen. So wurde aus dem Spiel der Sport, der der Messtechnik, der humanbiologischen und biochemischen Raffinierung und dem Leistungsgedanken gehorcht. Und aus der Kunst haben Künstler wie Adolf Loos (1870–1933)[31] das Ornament entfernt, um sie „politisch" werden zu lassen. Damit sind Kunst und Spiel vom modernen Zweckgedanken verschlungen worden und stehen unter dem Innovationszwang. Der Künstler muss Originalität beweisen und der Sportler Rekorde. Trotzdem hat auch die Industriegesellschaft noch „Spielwiesen" übrig gelassen und mit der wuchernden Freizeitindustrie viele neue geschaffen. Schließlich bieten die heutigen Stadien mit ihren scheinbar belanglosen Ballspielen, die aber Millionen auf den Rängen und an den Bildschirmen besessen machen, neuen Anschauungsunterricht für eine Ethnologie des Heidentums. Auch wenn in diesen vom Hin und Her der Kugeln ergriffenen Massen kein Bewusstsein kosmischer Zusammenhänge zu finden ist, können Bachofen und Krickeberg den Weg angeben, wie auch dieser mit industriegesellschaftlichen Mitteln organisierte Massenwahn – wenigstens von außen – zu deuten ist.

Eliade hat in seinem, von ihm selbst als das wichtigste seiner Bücher bezeichneten „Kosmos und Geschichte“[32] die Unterscheidung zwischen **heiliger und profaner Zeit** getroffen. Sie entspricht dem oben nachgezeichneten Gegensatz zwischen wirklicher, bzw. rhythmischer Zeit und der linearen, messbaren, verplanbaren Zeit bei Klages. Die heilige Zeit wird nach Eliade im Fest gestaltet, wenn alle Notwendigkeiten suspendiert sind und nur religiöse, also unpraktische Absichten zugelassen werden. Dazu gehört auch die Idee der Zeitvernichtung, wie sie die großen Jahresfeste zum Ausdruck bringen. Wie im Initiationsritual der Knabe vernichtet wird, damit der Mann geboren werden kann, so wird am Neujahrsfest das alte Jahr beseitigt – oft auch verlacht und verspottet[33] –, um Platz für das neue zu schaffen. Beide Anlässe zeigen nach Eliade, dass das archaische Denken Zeitkontinuität und historisches Sich-Entwickeln schwer erträgt. Das in großer Zahl und Deutlichkeit von der Natur vorgemachte allmähliche Werden und Vergehen wird – wie oben beschrieben – durch die Kultur in ontologische Blöcke aufgeteilt, die in schärfstem Kontrast – nämlich wie Tod und Leben – aneinanderstoßen. Die Übergänge sind damit konzentriert auf festlich zu gestaltende Verwandlungen, die alle nach demselben, hier immer wieder angetroffenen Muster ablaufen, das Van Gennep 1909 als erster beschrieben hat: Abtrennung, Tod, Wiedereingliederung.

### *Nichts Neues unter der Sonne*

Im archaischen Denken und Handeln hat das Neue geringen Wert, da die Urzeit schon alles geregelt hat. Es steht damit in schärfstem Kontrast zum geschichtlichen Denken, das im Alten Testament vorgeschrieben wurde, in der bürgerlichen Gesellschaft sich durchgesetzt hat und das seither zur Richtschnur auch der Kulturwissenschaften geworden ist. Wie oben am Beispiel der Traumzeit angedeutet, kann eine archaische Gesellschaft mit dem historischen Denken nicht mithalten. Es kommt zwangsläufig zu Missverständnissen – oder zu gut gemeinten, aber nicht ganz überzeugenden Rehabilitierungsversuchen[34]. Denn im Heidentum ist man nicht an Geschichte interessiert. Auch einmalige historische Ereignisse werden so schnell als möglich in die um sich selbst drehende Mythologie eingegliedert. Das Auftauchen des Weißen Mannes wurde in Melanesien begrüßt, weil die Ahnen endlich wiederkehren, so wie sie es versprochen haben[35]. Als im 20. Jahrhundert am Himmel Flugzeuge erschienen, sah man die alten Geschichten vom Geisterflug bestätigt, und bestimmte Flugzeuge ähnelten in der Tat einem mythischen Vogel, der in den Erzählungen immer wieder hervorgehoben wurde. Die Konsequenz aus dieser Deutung waren bekanntlich die „Cargo-Kulte", in denen die Melanesier die Kolonialherren beschuldigten, ihnen die von den Ahnen für ihre Nachfahren bestimmten Schiffsladungen vorzuenthalten[36]. Archaisches und heidnisches Denken ist „ahistorisch", es ist nicht an der chronologischen Rekonstruktion von Prozessen interessiert, sondern an der Erhaltung der Welt, die eine rhythmische Vernichtung der Zeit ebenso wie ihre Wiederkehr in gewohnter Weise verlangt.

## *Zeitlosigkeit*

Die qualitative Zeit, die sich pulsierend bewegt[37] und aus Ein- und Ausatmen besteht, ist keine zwischen Vergangenheit und Zukunft eingeklemmte Gegenwart. Sie hat mit der dem logischen Verstand geläufigen Sequenz der linearen Zeitkonzeption wenig gemeinsam. Wir müssen in den Unzulänglichkeiten dieses uns selbstverständlichen Zeitdenkens nach Berührungspunkten mit der qualitativen Zeit suchen. Der Philosoph Martin Heidegger (1889–1976) hatte eine solche Nähe in der **Langeweile** gefunden, weil in ihr das Subjekt aus dem hektischen Geschiebe zwischen Vergangenheit und Zukunft herausgefallen und „zu sich selbst" zu kommen scheint. Es ist die Begegnung mit dem Nichts, das in der oben schon mehrfach angesprochenen Tradition der Mystik mit „dem Alles" zusammenfällt und ein Aha-Erlebnis in nichttheologischen Religionen vermittelt:

*„Die tiefe Langeweile, in den Abgründen des Daseins wie ein schweigender Nebel hin- und herziehend, rückt alle Dinge, Menschen und einen selbst mit ihnen in eine merkwürdige Gleichgültigkeit zusammen. Diese Langeweile offenbart das Seiende im Ganzen."*[38]

Wie in der Ekstase, die als Ziel heidnischer Religionsausübung schon mehrfach angesprochen worden ist, bricht auch in der Langeweile das geschäftig machende Koordinatenkreuz aus Zeit und Raum zusammen. Deswegen achtet modernes Massenmanagement peinlich darauf, dass keine Langeweile aufkommt; insbesondere Alleinherrscher müssen ihre Untertanen „in Atem" halten und schicken sie lieber in einen aussichtslosen Krieg, bevor sie zu sich selbst kommen könnten. Die gewaltige Unterhaltungselektronik der Industriegesellschaft bemüht sich vor allem um die – vielleicht sonst perspektivelose – Jugend und hält sie in sich stetig steigender Schwingung, in einem künstlichen Fieber der Bewusstlosigkeit als Schutz vor dem Zeitstillstand.

Wenn westliche Kolonialagenten, Händler und Abenteurer in jüngst pazifizierte Dörfer kamen, stellten sie bei den Bewohnern gerne einen „Dämmerzustand" fest. Die später kommenden Missionare begannen dann, mühsam die Verantwortung für eine optimal genutzte Zeit zu lehren, und die noch später eintreffenden Ethnographen probierten ihre Modelle von Prälogik (s.o.) und zirkulärem Denken aus, um der herrschenden Ruhe – bis zur nächsten Fleisch- und Tanzorgie – begrifflich näher zu kommen. Schon immer hat die Ethnologie dabei Kontakt mit der Psychopathologie gehabt. Manchmal wehrte sie sich gegen die Vereinnahmung ihrer Ergebnisse – z. B. in Freuds „Totem und Tabu. Einige Übereinstimmungen im Seelenleben der Wilden und der Neurotiker"[39] –, manchmal suchte sie aber selbst bei der sich anbietenden Seelenkunde Rat.

Der Berliner Philosoph Michael Theunissen[40] ist der Spur von Heideggers Langeweile nachgegangen und hat dazu in psychiatrischen Anstalten Befragungen durchgeführt. Es sind dort bekanntlich oft recht sensible Menschen einer organisatorisch begründeten Langeweile ausgesetzt, die nach ihrer direkten oder qualitativen Zeiterfahrung zu befragen waren. Anstaltsinsassen erleiden Sein ohne Zeitvertreib; weder Arbeit noch Vergnügen vertreiben die Zeit, so dass dieselbe mit ihrem ganzen Gewicht auf den Menschen lastet. Theunissen fand zwei unterschiedliche Weisen, mit dieser Last fertig zu werden. Die von den Fachleuten als „Depressive" Eingestuften hatten trotz der drückenden Langeweile das Gefühl, die Zeit laufe ihnen davon, verlasse sie oder lasse sie allein zurück. Andrerseits entwickelten die als „Schizophrene" Klassifizierten ein besonderes Sensorium für die stillgestandene Zeit. Sie klagten über eine nicht weichen wollende Zeit; alles schien geronnen oder gefroren. Schizophrene, so Theunissen, scheinen in einer Eiszeit zu leben, einer erfrorenen Zeit ohne Bewegungen.

Was „Normalen" in der modernen Gesellschaft nur unter Ausnahmebedingungen möglich ist, nämlich eine intensive und qualitative Zeiterfahrung, erleiden die rundum versorgten Patienten im Übermaß. Doch schärften ihre Aussagen Theunissen den Blick für Zeitqualitäten, z. B. auch für den Wunsch, die Zeit anzuhalten, wie es im griechischen Mythos Zeus in einer guten Liebensnacht fertigbrachte[41], oder für das religiös gebotene „Verweilen" in der Kontemplation von Anachoreten, Asketen, Yogi, Schamanen und Zauberern. Ein solches Verweilen ist nach Theunissen aber nur in der Gegenwart möglich, weil diese aus dem Strom der Zeit herauszufallen scheint. Deswegen kann sie als mit der Ewigkeit verwandt gelten, wie es der oben zitierte Vers des Angelus Silesius nahelegt. In der qualitativ erlebten Gegenwart scheint ein Stück Ewigkeit - in der Sprache der Archaiker ein Stück Urzeit - auf.

Eine so erlebte und erfahrene Gegenwart entzieht sich der Messung. Sie gehört nicht zur quantitativen, zur messbaren Zeit, sondern zur ontologischen Unermesslichkeit. Der gehetzte Industriemensch kommt ihr selten nahe; der im „Dämmerzustand" lebende Archaiker schätzt solche Momente. Theunissen meint, eine qualitativ erfahrene Gegenwart ist ein Zwischenraum, eine Nahtstelle, vergleichbar mit den Kalendernähten „zwischen den Jahren" oder in der „Geisterstunde" um Mitternacht, in der „fünften Jahreszeit" oder im „13. Monat". Wenn sich diese „Unzeiten" räumlich vergleichen lassen, dann sind es die Niemandsländer zwischen den Dorfgemeinden, die Wasserscheiden zwischen den Flusssystemen, die Meere zwischen den Kontinenten. An diesen Orten halten sich in der Vorstellung vieler „Ethnien" die Toten auf, die sich dort tanzend regenerieren. Qualitative Zeit- und Raumerfahrung bedeutet oft Zurücksinken ins Ungestaltete, zumindest ins Unermessliche, auch ins Unzählbare - kurz in die Dimensionslosigkeit[42].

### *Maßlosigkeit*

Wiederkehrende Feste werden im Heidentum nicht gezählt. Ebensowenig zählt der ostafrikanische Hirtennomade die Köpfe seiner Viehherde. Auch die Lebensjahre werden nur ungefähr gewusst. Das ist in nichtindustrialisierten Gesellschaften kein Defizit oder Rückstand, sondern „System". Qualität und Quantität verhalten sich umgekehrt proportional, und alles wirklich Relevante und Großartige, Schaurige und religiös Wuchtige gehört für Nichtcartesianer nicht zu den *res extensa*, den Dingen mit Ausdehnung und Meßbarkeit, sondern sind *res cogitans*, denkende Instanz, oder noch besser in Rudolf Ottos[43] Worten: Sie sind *tremendum* und *majestas*, Schauder und Herrlichkeit in Einem. Nur nichtgemessene Zeit kann qualitativ erlebt werden und zur Hierophanie werden. Es geht nicht um die Einmaligkeit des Augenblicks. Es sind oft Wiederholungen, und alle heidnischen Feste wiederholen sich. Aber es sind keine

Marken auf einer Messlatte, die von einigen Jahrtausenden vor der Zeitenwende bis zum heutigen Datum reicht.

Archaischen und heidnischen Gesellschaften ist die Zeit nicht gleich gültig. Sie stellt keine beliebig verschiebbare Substanz dar. Qualitative Zeit ist gebunden – z. B. an Götter. Ohne dass wir Heutigen uns darüber Rechenschaft ablegen würden, folgen unsere Wochentage in den europäischen Sprachen noch immer der vorchristlichen, bis auf Babylon zurückführbaren Götterfolge, die den mit bloßem Auge erkennbaren Himmelskörpern (Planetengöttern) entspricht:

| Planet | Wochentag | Götter (griech., lat., german.) | franz., engl. | Götter Babylon |
|---|---|---|---|---|
| **Mond** | Montag | Luna, Diana, Selene | *Lundi* | Sin |
| **Mars** | Dienstag | Ziu, Ares | *Tuesday, Mardi* | Marduk |
| **Merkur** | Mittwoch | Hermes, Wotan | *Wednesday, Mercredi* | Edris |
| **Jupiter** | Donnerstag | Zeus, Donar | *Thursday, Jeudi* | Anu |
| **Venus** | Freitag | Aphrodite, Freia | *Vendredi* | Ischtâr |
| **Saturn** | Samstag | Kronos | *Saturday* | Baal |
| **Sonne** | Sonntag | Sol, Helios | | Schamasch |

Diese Wochentage, die sich aus der Dreiheit Sonne, Mond, Venus und der Vierheit der Unglücksplaneten Mars/Saturn sowie Glücksplaneten Merkur/Jupiter zusammensetzen[44], sind noch im modernen Verständnis nicht einfach austauschbar. Auch der Industriearbeiter findet wie früher der Handwerksgeselle im „Blauen Montag" die Entschuldigung für seine Ausfälle; am „Rasenden Montag" oder Rosenmontag bekommt er sogar offiziell frei. Der Tag des irritierenden Mondes entlastet vom vorausgehenden Sonnentag, den die Christen als *dies domenica* (Herrentag, frz. *dimanche*, span. *domingo*) mit Vorschriften aufgefüllt haben, wie vor ihnen die Juden den Sabbat am Tag des dunklen Saturn oder nach ihnen die Muslime den Freitag, der eigentlich der freien Liebe vorbehalten war. In der katholischen Welt kann dem „Rosenmontag" der „fette Dienstag" (frz. *Mardi Gras*, ital. *Martedi Grasso*) entsprechen, an dem in New Orleans beispielsweise exzessive Umzüge stattfinden.

Qualitative, heilige oder göttliche Zeit fordert zum Ausschmücken heraus. Die eigentlichen Zeitornamente aber sind die Musik, die Melodien, ihre Ausgestaltung und ihr Vortrag. Musik kann deswegen nicht veralten, weil sie nicht der Laufzeit angehört, sondern die Erscheinung der Zeit selbst zum Ausdruck bringt. In den Melodien machen sich wie im Schwirrholz Geister hörbar und nisten sich im Kopf - z. B. als „Ohrwurm" - ein. Auch andere Sinne sind von der ungebundenen oder „ungenutzten" Zeit, für die es im Deutschen das schöne „Wurzelwort" (s. o.) „Muße"[45] gibt, ansprechbar. Der Neukatharer Alfred Schuler wusste sogar Bescheid um die **Farben der Zeit**, als Rot für die genutzte Frist, die eschatologische Betriebsamkeit und die Geschäftigkeit unter Zeitdruck stand und Blau für die zum Stehen gebrachte Zeit, die Zeit von Eichendorffs Taugenichts, von Rilkes Malte Lauriz Brigge, von Georges Maximin oder von Max Klingers „blauer Stunde":

*„... jenes ominöse Blau als die früheste Durchglühung der materiellen Finsternis mit essentiellem Licht, das als Märchenleuchte im Bewußtsein der Späten lebt: Conte bleu, bibliothèque bleue; von dort kommt das Tätowieren in Blau, ursprünglich im kosmischen Wirbelsymbol;* [...] *das Blau-Machen als feiern, der blaue Montag als Rivale des solar-männlich-christlich bedingten Sonntags – jenes Blauen, welches vom Geist der Evolution verhöhnt, vernichtigt, satanisiert wurde: ‚die Blauen' als die unnützen Gedanken, ‚ins Blaue hineinreden'. ‚jemandem blauen Dunst vormachen', ‚blaue Teufel'; von dorther dringt aber auch das Blau der Todesstunde, die in Rußland die blaue Stunde heißt* [...]."[46]

## *Zeitmarken*

Die Zeit hat in der qualitativen Betrachtung immer eine Bedeutung - jedes Jahr, jeder Monat, jede Woche, jeder Tag, jede Stunde. Als im Zweistromland die Schrift erfunden war, legte man in Orakelbüchern und *Omina*-Sammlungen zur Vorzeichendeutung diese Qualitäten fest. In heidnischen Schriftkulturen nimmt diese Art von heiligen Büchern einen großen Teil der Bibliotheken ein; in der astrologischen Literatur hat sich die qualitative Zeitwahrnehmung bis heute erhalten[47]. Die **Umwertung** von der qualitativen zur quantitativen Zeit begann mit den jüdischen Propheten der Exilzeit, die statt der Zeit der Geschichte Bedeutung beimaßen und sie als Jahwes Heilsplan ausgaben[48]. Damit schwand die Bedeutung der Kinderschaukel, des Sternentanzes oder des Ballspieles - der Wiederholung wurde die hierophanische Qualität abgesprochen zugunsten der Einmaligkeit der Ereignisse um das Bündnis zwischen Jahwe und seinem auserwählten Volk. Der evangelische Theologe Jürgen Ebach[49] hat herausgearbeitet, dass die Jahwe-Allein-Bewegung radikaler Exodus aus dem altorientalischen

Heidentum bedeutete. Er war, wie die Bibel lehrt, nur sehr schwer durchzusetzen, und gerade das Christentum ging nach Ebach wieder bedenkliche Kompromisse mit der heidnischen Ontologie ein. Damit sind besonders die Rückfälle in die qualitative Zeit gemeint, wie sie in den mittelalterlichen Namenstagen, der Renaissance der *Prodigien* (Wunderzeichen) im 15. und 16. Jahrhundert, aber ganz besonders in den auch die Moderne mitprägenden zyklisch wiederkehrenden Jahresfesten zum Ausdruck kommt.

Fritz W. Kramer und Gertraud Marx haben den heidnischen Zeitbegriff bei den *Kodonko* genannten sudanesischen Bergbauern untersucht. Schon der klimatische Wechsel eines Sonnenjahres zwingt hier zum zyklischen Denken und zur engen Verzahnung der Jahresfeste mit dem Agrarkalender. Trotzdem besitzen die Kodonko einen zweifachen Zeitbegriff: Einmal gibt es Zeit, über die man verfügen kann und die man in Arbeit und Muße einteilt. Ein anderes Wort aber bezeichnet Zeit, die von der Natur vorgegeben ist und über die man nicht verfügen kann. Die Vermittlung zwischen diesen beiden Zeitkategorien erfolgt über die **„Zeitmarken“**, die über alles bedeutsamen Jahresfeste, die den Jahreskreis in bestimmte Abschnitte einteilen, für die ein bestimmter Zustand der Natur und bestimmte Tätigkeiten der Menschen charakteristisch sind. Jede Zeitmarke sorgt für einen bedeutsamen Wandel für die gesamte Gesellschaft; denn auch Totenfeiern und Initiationsrituale liegen in feststehenden Jahresabschnitten, von denen jeder bestimmte Lieder, bestimmte Instrumente, bestimmte Tänze und bestimmte Vortragende kennt.

Eine solche Gesellschaft kann nicht zum Primat einer quantitativen und disponiblen Zeit finden, auch wenn es ein Wort für verfügbare Zeit gibt. Der Ägyptologe Jan Assmann[50] hat darauf hingewiesen, dass der Gegensatz zwischen zyklischer und linearer Zeit nicht exklusiv verstanden werden dürfe, da meist beide Konzeptionen – wenn auch in unterschiedlicher Gewichtung – nebeneinander existierten. In den schriftlich festgelegten Kulturen der Antike komme auch der Aufteilung zwischen profaner und heiliger Zeit eine große Bedeutung zu. Für das alte Ägypten aber steht fest, dass die zyklische Zeit, die Assmann „Erneuerungszeit“ nennt, die religiös dominante war, und die lineare Zeit – „Rechenschaftszeit“, weil sie mit Verfügung und Verantwortung verbunden ist – mehr der Wirtschaft zugeordnet galt. Mit der monotheistischen Wende wird dann letzteres Prinzip prioritär, aus der wiederkehrenden Zeit wird die einmalig gesetzte Frist, Weltgeschichte wird zum Gang vors Weltgericht.

Damit ist dann keine Zeit mehr für die Festorgien, an denen man der Überfülle gedenkt, die in der Urzeit herrschte. Der heidnische Blick nach rückwärts, auf die urzeitlichen Bindungen, von denen man sich nicht lösen darf, wurde ersetzt durch den Blick nach vorne, auf die verheißene Erlösung von der Zeit durch die Ewigkeit. Diese Umpolung zuerst Israels, dann der ganzen Welt, ist auf der deklamatorischen Ebene weitgehend gelungen. Das sterbende Heidentum erhebt keine Stimme mehr gegen die lautstark auftretenden Eschatologen und Progressisten. Auf der pragmatischen Ebene scheint sich aber das Fest als Erneuerung der Zeit vielerorts erhalten zu haben. Der Rhythmus der Ewigkeit mit seiner wechselseitigen Entlastung von Rausch und Realität, von Festtag und Alltag gestaltet sich auf der ganzen Welt immer noch als Atem des Lebens. Gerade die Milleniumsfeiern im Jahre 2000, das für Bibelexegeten so deutlich auf die eigentlich schon abgelaufene Frist und die unmittelbar bevorstehende Wiederkunft (*Parusie*) des Messias verweisen sollte, wurden wie in unbefristeten Kulturen eher als Regenerationsspektakel gefeiert, das sich noch viele Male wiederholen lässt.

1 *„Ein Tag mehr ist ein Tag weniger"* Sprichwort (zit. von Hanns D. Hüsch in DER SPIEGEL 12/1998).

2 Vgl. Heidegger 1927/86, Taubes 1947/91, Theunissen 1991.

3 Siehe Psalm 144,4, in Luthers Urübersetzung: *„Jst doch der Mensch gleich wie Nichts/Seine zeit feret da hin/wie eine Schatte"* (1545/1972:1088).

4 Zit. nach Wehr 1977:47; der Vers hat wie viele mystische Aussagen die Gestalt eines *Chiasmus*, eines Kreuzsatzes, über dessen ethnologische Relevanz zum ersten Mal der Mainzer Ethnologe Ivo Strecker (2005) im Rahmen seiner *Rhetoric Anthropology* nachgedacht hat.

5 Siehe Taubes 1947/91.

6 Gebser 1949/88.

7 Klages 1929–32/81:1412.

8 Siehe oben den zitierten Epheserbrief 4,17.

9 Klages 1929–32/81:598; zur oszillierenden Zeitmetapher, dem „Weberschiffchen", siehe Leach 1961/66.

10 Klages 1929–32/81:821.

11 Platon 1958/85.

12 Klages führt (ohne Quellenangabe, aber wohl nach der Lektüre des Führers durch das Hamburger Museum Godeffroy von J. E. D. Schmeltz 1882:31) die Bewohner der Tonga-, Samoa- und Viti-Inseln als Beispiel für die Synchronisierung von Bios, Gesellschaft und Kosmos an. Der Palolo-Wurm, der als Delikatesse geschätzt wird, taucht nur an zwei Tagen des Jahres zur Eiablage an die Meeresoberfläche auf, und diese Tage hängen mit den Mondphasen im Oktober und November zusammen. Nach entsprechender Berechnung schwimmen die Insulaner hinaus und ernten die Wurmgelege, was als festliches Ereignis gefeiert wird. *„Hier haben wir eine Rhythmik des Innern, die zum Erstaunen übereinstimmt mit der allerdings meßbaren, aber allein an den Mondphasen meßbaren Fristen der gegenständlichen Zeit"* (1929–32/81:827). An einer anderen Stelle meint Klages, *„planetarisches Geschehen sei mit organischem Geschehen in wesentlichen Zügen dasselbe, indem ein universaler Pulsschlag beide durchrolle"* (1929–32/81:830).

13 Bücher 1896/1909. Dazu sekundär Spittler 2008.

14 Wittfogel 1931.

15 Klages 1929–32/81:1079.

16 Siehe vorn Boehn 1925.

17 Der Rhythmus des Hin und Her wird von der christlichen Kirche – obwohl das Weihrauchfass wie die Turmglocke ihn vollzieht – als die eigentlich heidnische Bewegung fast instinktiv bekämpft. Als das evangelische Magazin „Chrismon" Uwe Haubold, Pfarrer von St. Afra in Meißen und auf der Suche nach alternativen Nutzungen des von Entleerung bedrohten Gotteshauses,

fragte: *„Ein anderer Vorschlag richtet sich darauf, eine Schaukel aufzuhängen, um das Gewölbe einmal auf andere Weise betrachten zu können"*, antwortete er: *„Eine solche Schaukel kommt wohl nicht in Frage. Aber die dahinter stehende Frage ist interessant: Wie kommen die Menschen dem Gewölbe näher? Oder: Wie bringen wir als Gemeinde den Menschen das Gewölbe näher? Mir liegen in dieser Hinsicht Lichtinstallationen näher"* (Chrismon 07/2005, S. 36).

18 Bachofen 1867/1958:62.

19 Nach Faber 1994:149; zur Person Kronbergers s. Karlauf 2007:342 ff.

20 Krickeberg 1944:139.

21 Vgl. Deimel/Ruhnau 2000.

22 Zum Beispiel die Timbira in Brasilien mit ihrem Klotzrennen (s. Stähle 1969).

23 Siehe Eichberg 1976, Ulf 1981, Jost 1990. Letzterer Autor kommt nach der Beobachtung des Spielverhaltens in Indonesien zu dem Schluß: *„Zeit ist grundsätzlich nicht bewertete Dauer, sondern Wechsel von Prozessen, Dynamiken, Spannung in kreisförmig angeordneten Verläufen"* (1990:238).

24 Siehe Sahlins 1972, Streck 1996a.

25 Huizinga 1938/58:22 f.

26 Huizinga 1938/58:46.

27 Weber, M. 1920/84. Interessanterweise wurde Webers These von den protestantisch-calvinistischen Wurzeln des Kapitalismus, die von einer geheimen Bewunderung für diesen Gipfel der Wirtschaftsrationalität getragen war, von Sombarts These über die jüdischen Wurzeln des Kapitalismus (1911) beantwortet, in der jene geheime Affinität eher fehlte. Auf jeden Fall eint die beiden potentiellen Urheber der „Entfesselung der Produktivkräfte" (Karl Marx), ob Jude oder Puritaner, die Totalbewirtschaftung der Zeit und „Perhorreszierung" jeglicher Verschwendung, insbesondere der Verschwendung von Zeit.

28 Bataille 1967/85.

29 Siehe das „Gleichnis von den anvertrauten Pfunden" im Lukas-Evangelium 19,11–28.

30 Dazu Streck 2002a.

31 Loos 1908/62.

32 1949 unter dem Titel „Le mythe de l'éternel retour" erschienen; deutsch 1953/1986.

33 Cacciari (1986:42 ff.) sieht in diesem Vernichtungslachen den tieferen Sinn der karnevalischen Verrücktheit (dazu Huber 1991:160 oder Reichenbach 2006, Teil I).

34 Vgl. Assmann/Müller 2005.

35 *„Aber noch heute antwortet ein Kaledonier, der in einen Laden der Stadt Nouméa eintritt, wenn man ihn in seiner Sprache fragt, was er kaufen wird, er werde ein* karo bao *kaufen, das heißt, er werde eine Götterhaut*

*kaufen. Denn die Götterhaut ist seit Cook und seinen Nachfolgern der Name der europäischen Bekleidung geworden"* (Leenhardt 1947/84:59f.).

36 Zum Cargo-Kult-Komplex s. Eckert 1937; Fischer, H. 1987; Jebens 1990; Streck 1999.

37 „... *die Zeit wird als etwas Diskontinuierliches empfunden, als ständige Wiederkehr der Umkehr, als Abfolge von Oszillationen zwischen polaren Gegensätzen: Tag und Nacht, Winter und Sommer, Trockenheit und Überschwemmung, Alter und Jugend, Leben und Tod"* (Leach 1961/66:395).

38 Heidegger 1929/86:31.

39 Freud 1912/61.

40 Theunissen 1991.

41 Wozu Nietzsche den bekannten Aphorismus „Alle Lust will Ewigkeit" prägte (1883/1972, II:473).

42 So hat Leenhardt qualitative Raum- und Zeitkonzeption definiert (1947/84:81, 117, 131).

43 Otto, R. 1917/87.

44 Vgl. Winkler, H. 1907.

45 Vgl. Pieper 1948.

46 Schuler 1940:178, 1997:235f. Man könnte Schulers Farb-Assoziationen gut mit dem Kampfruf linker Lehrerstudenten im westdeutschen 1968 illustrieren: *Schlagt die blaue Blume tot, macht die Germanistik rot!* Er sollte die mit Novalis (Friedrich von Hardenberg, 1772–1801) in seinem *Heinrich von Ofterdingen* begründete Sehnsucht nach der Blauen Blume als dem Unerreichbaren zu einem Ende bringen. Nach Hugo Winkler wurde im alten Babylon der Mondgott als „Blaubart" dargestellt, mit einem Bart aus *Lapis lazuli* (Lazurstein). Selbstverständlich lenkt die Frage nach den Farben der Zeit den Blick auch auf den Regenbogen, der im Altertum als farbiger Tierkreis galt (Winkler, H. 1907:84), bei den Altaustraliern des Kimberleygebiets aber die Schlange Unggud verkörpert, die mit den Geistern tanzt (Scheps 2011:137).

47 Vgl. Hogrebe 2005.

48 *„Die Propheten sind also die ersten, die die Geschichte bewerten"* (Eliade 1978/92:326).

49 Ebach 1986.

50 Assmann 2005.

# XII. Kunst

*Die Kunst erhebt ihr Haupt,*
*wo die Religionen nachlassen.*
Friedrich Nietzsche

Die letzte Hierophanie in unserem Zwölferkatalog gleicht einer „Quintessenz" aus allen vorangegangenen Erscheinungen. Denn wir haben in diesem Buch nicht die Götterlehre eines universalen Heidentums kennengelernt, sondern einen Reigen gewaltiger Wirkungen auf religiöse Menschen ohne biblische oder koranische Unterweisung. Die meint Nietzsche mit „Religionen" im Eingangszitat[1]. Nur wo ihre Schwäche oder Abwesenheit „unbewachte" Reaktionen auf Hierophanien erlauben, ist Kunst frei zu nennen, vorausgesetzt, dieser Begriff kann überhaupt in Kontexten verwendet werden, denen der für die Moderne selbstverständliche Kunstbetrieb fehlt. Den phantastischen Antworten, die die heidnisch empfindenden Menschen auf die Hierophanien gefunden haben, wohnt dann aber noch eine derart unheimliche Kraft inne, dass sie oft selbst zu Erscheinungen des Heiligen werden. Kulturgeschichte und Kulturentwicklung setzen sich häufig aus solchen Ketten zusammen, deren Glieder Frobenius Ergriffenheit und Ausdruck genannt hat. Die Werke, die heidnische Künstler geschaffen haben, gelten als belebt und mächtig, wie das, was sie darstellen sollen. Der unerklärliche Tod treibt den Schnitzer zum Anfertigen der Maske, danach packt diese selbst die Zuschauer und treibt sie zum Tanz. Die verwirrende Wirklichkeit asymmetrischer Verhältnisse verleitet Geistergläubige zu solchen Kompositionen, wie sie der von Heike Drotbohm in Montreal aufgenommenen Wodu-Altar auszeichnet. Von solchen Ensembles scheinbarer Ungereimtheiten kann selbst ein Zauber ausgehen, der ganze Gemeinden von Heilsuchenden in seinen Bann schlägt. Der Anblick „tobender Heiden" versetzt noch den nüchternsten Filmkonsumenten in Bewegung. Dann aber scheint die Energie verbraucht zu sein oder sie wird kommerziell relevant und messbar.

### *Die Macht der Werke*

Mary Wollstonecraft Shelley (1797–1851) hat in ihrem weltberühmten Roman Frankenstein[2] einen *homunculus* geschildert, der seinen *creator* verschlingt. Die Erzählung versetzt den Dichter wie den Hörer in einen Schrecken, mit dem sie fertig werden müssen – am besten wieder kreativ nachahmend oder re-kreativ. Kunst ist – nur so hat sie in der Ethnologie Sinn – Geburt lebendiger Werke und deswegen eigentlich nur im Rahmen animistischer Kosmologien verständlich. Wo alles beseelt erscheint, machen auch die menschlichen Produkte keine Ausnahme. Kaum der Schöpferhand entkommen entwickeln sie ein Eigenleben[3]; Götter, Menschen, Kunstwerke sind Glieder zusammenhängender Ketten, deren Enden sich berühren und zusammenschließen, wie zu einer Halskette, am heutigen Ende der Entwicklung aber oft zur Gebetskette. Wie im letzten Kapitel der Lauf der Zeit so schließt sich auch der Lauf der Dinge zum Kreis, weil jeder künstlerische Ausdruck von Ergriffenheit erneut zur Quelle von Ergriffenheit werden kann und damit zum Ausdruck drängt.

Im heidnischen Leben mit seiner undeutlichen Auftragslage und seinen nichtfestgelegten Qualitätskriterien lässt sich Kunst nicht von **Kultur** trennen, ebensowenig wie der Künstler vom Nichtkünstler oder Konsumenten, ganz zu schweigen vom Kritiker. Diese Rollen, die den modernen Kunstbetrieb gestalten, sind in der archaischen Gesellschaft nicht ausdifferenziert, auch wenn Begabungen erkannt und anerkannt werden. Hierophanien aber packen jedermann; jedermann setzt sich in Gangart und Tanz mit der schweren Macht der Erde auseinander, atmet regelmäßig die Luft des Himmels ein und wieder aus, erlebt das Feuer auch in sich selbst und spricht mit Pflanze und Tier. Alle diese Äußerungen und Darstellungen nennt die Ethnologie seit Theodor Waitz (1821–1864)[4] und Edward Burnett Tylor (1832–1917)[5] Kultur. Ihre Voraussetzungen liegen in der menschlichen Disposition, ihrer Unfertigkeit und Verletzlichkeit. Ihre Varianten sind lokal- und gruppenspezifisch und werden über die Generationen weitergegeben. Kultur wird erlernt, aber auch erlebt. Deswegen gibt es keine fertige Kultur oder „erkaltete", wie der französische Ethnologe Lévi-Strauss die scheinbar von Vorschriften überfrachteten Indianerkulturen bezeichnete[6]. Das Hineinwachsen, Anpassen und Tragen des Kulturkleids lässt niemanden kalt; es versetzt die Menschen überall in Erregung und sie finden eigene Antworten auf diese Verwandlung, auch wenn die meisten wie Imitation aussehen und an Innovationen kein Interesse zu haben scheinen.

Adolf E. Jensen bezeichnete den archaischen Menschen als einen **Darsteller**. Er stellt besonders am Festtag, wenn die Alltagssorgen ihn freigeben, öffentlich zur Schau, was ihn bewegt. Gewiss wird er von den Vorgängern und Älteren dazu angeleitet. Die Schau selbst aber besitzt eine solche Dramatik, dass sie weitere mimetische Akte auslöst. In der Durkheimschen Denktradition ist dafür allein das Gemeinschafts- und Massenerlebnis verantwortlich, denn für die Wahrheit der Hierophanien hat der Rationalismus keinen Platz. Eine phänomenologische und hermeneutische Ethnologie aber möchte den Glauben der Gläubigen mitberücksichtigen, ernstnehmen und verstehen. Deswegen wird hier die „primitive Kunst" als Antwort auf die Macht der Hierophanien begriffen, ja als Weitergabe dieser Macht an die eigenen Werke, so dass diese selbst wie Hierophanien wirken und wiederum abgebildet werden müssen.

Damit führt uns das Thema Kunst zum letzten Mal - und vielleicht am intensivsten - vor, wie unzulänglich das cartesianische Menschenbild für das Verständnis heidnischen Treibens ist. Alle Hierophanien offenbarten ein asymmetrisches Verhältnis zum Menschen, erschienen sie doch gerade deswegen, wegen ihrer Übermacht und Nichtkontrollierbarkeit, als heilig und der menschlichen, gesellschaftlichen, kulturellen Planung überlegen. Diese musste sich den Hierophanien anpassen, meist blieb ihr nichts anderes als Mimesis, als ergriffene Nachahmung der Übermacht. Wenn dann auch die *erga* (Werke) selbst, die Ergebnisse menschlichen Planens und Handelns, zu Subjektivität und Autorität finden, erscheint der Mensch erst recht im Passiv, zumindest unter multipler **Heteronomie** bzw. mehrfacher Fremdbestimmung.

### *Das Ornament des Lebens*

Dass etwas anderes als das cartesianische Ego in ihm wirke, ist wohl der allgemeinste und universellste Nenner künstlerischen Selbstverständnisses. Hier scheint die mysteriöse Verwandtschaft alles Kreativen auf, von dem die Mythen in ihren *Kosmogonien* (den Erzählungen über Weltentstehung), den *Anthropogonien* oder Erzählungen über Menschwerdung und schließlich den Erzählungen über die Kulturstiftungen berichten, und das eben nicht nur in Ober- und Unterwelt waltet, sondern auch in der Mittelwelt und in den Menschen selbst. Auf die Frage, wer der Auftraggeber solcher Kunst sein mag, bleibt nach all den Betrachtungen zu den einzelnen Hierophanien nur eine Antwort: Der Tod ist der Herr des archaischen Lebens und schwingt den Taktstock zum kulturellen Treiben. Es ist letztlich ein Totentanz[7], der das Leben zwischen der Geburts- und Sterbemarke abschreitet und ausgestaltet. Deswegen tanzten die römischen Marspriester ihren frühjährlichen Schwerttanz als Spiralenlabyrinth[8], ebenso wie die Wemale auf Ceram, bevor sie Hainuwele töteten[9] oder die kolumbianischen Naza beim Ernteritual[10] oder die westafrikanischen Dogon beim großen Sigi[11]. Nach Karl Kerenyi ist die **Spirale** weltweit der Weg, der kunstvoll in den Tod hinein führt[12]. Alle große Kunst versteht sich in diesem Sinne als Zeitvertreib, als Lückenfüllung oder als Todersatz, wie Sheherazade in „Tausend und einer Nacht“ eine Geschichte nach der anderen erfindet, um ihr drohendes Ende hinauszuschieben.

Heidnisches Leben heißt, gegen den Tod arbeiten, aber nicht um ihn zu überwinden, sondern um ihn vorzubereiten. Die höchste Kunst ist die *ars moriendi* (Sterbenskunst), die auch noch im mittelalterlichen Rückfall ins archaische Denken gepriesen werden konnte, bevor die Neuzeit den Menschen endgültig den Kopf verdrehte und die Technik den eschatologisch vorgedachten Tod des Todes in greifbare Nähe zu bringen versprach. Damit breitete sich die zweckrationale Arbeit auf Kosten der Mußezeit aus, und Kunst, die Angelegenheit aller in Gesellschaften vor der Maschine, wurde aus der Kultur herausgelöst, Spezialisten anvertraut und selbst der Zweckrationalität – z. B. dem Dienst an der Emanzipation – überantwortet.

Archaische Kunst hat nichts mit Neuerungssucht zu tun, schon gar nicht mit dem Schockauftrag, den die Moderne ihr im 20. Jahrhundert erteilt hat. Heidnische Künstler ahmen grundsätzlich und ausschließlich Vorbilder und Urbilder nach. Ihre Arbeit ist heilig, weil sie sich an heilige Traditionen gebunden weiß, die letztlich auf die ersten Ergriffenheiten in der Urzeit zurückgehen. Diese Kunsttraditionen sind vom kosmischen Rhythmus geprägt, den wir bei jeder Hierophanie angetroffen haben und in dem der eine Pol sich nach dem anderen sehnt. Archaische Kunst setzt diesen kosmogonischen Rhythmus fort, z. B. im wiegenden Tanzschritt, im metrischen Trommeln, im Anfertigen und Wegwerfen von Masken[13] oder im Aufrichten und Niederreißen von Tempeln[14]. Gestaltete Metamorphose wiederholt die großen Metamorphosen wie der Tag, der die vergangene Nacht vergessen macht, oder der Sommer, der den zurückliegenden Winter überwunden hat.

### *Abgebildete Hierophanien*

Die Bilder der archaischen Weltkunst sind immer Abbilder von Hierophanien. „Der frühe Mensch zeichnete, was er nicht verstand“, sagt der Buchillustrator Gerhard Gossmann (1912–1994)[15] über seine Vorfahren. Daraus lässt sich der Schluß ziehen, dass verstehende, erst recht aber reflektierende Kunst keine mehr ist. Die „Kunst“ rationaler Reflexion ist dem archaischen Menschen nicht fremd, wie immer wieder betont werden muss. Seine Technik[16], seine soziale Organisation, seine ökologische Anpassung und seine geplanten Wanderbewegungen zeichnen ihn als rationalen Problemlöser aus, der mit großen Schwierigkeiten fertig wurde und die gesamte Erde zu besiedeln vermochte. Nur über die letzten Dinge hat sich der Mensch im Heidentum nie erhoben. Hier blieb er Passivist, *puer pathicus*, ganz auf Empfang eingestellte „Ameise der Gottheit“, wie es bei den Niloten heißt[17]. Sie arbeiten emsig, bis sie zertreten werden. Hier einen höheren Sinn hineingelegt zu haben, blieb den alttestamentlichen Propheten vorbehalten, die das Absterben des Heidentums zu predigen begannen, weil seine Anschauungen überholt oder gotteslästerlich seien.

Wie die Hierophanien gehören auch ihre Abbildungen und Fortsetzungen nicht in den Bereich des pragmatisch Lösbaren, sie setzen das Unerklärliche, ja Unkontrollierbare ihrer Vorbilder fort. Allein diese Traditionsbindung und Werktreue eröffnen ein Verständnis für die elementare Wucht archaischer Kunst. Trommelwirbel, Hüpftanz, Klagelieder, Schnitzmasken, Körperbemalung, Holzarchitektur - vor allem aber auch die **Ornamentik**, die Wiederholung und Aneinanderreihung von Urformen, gestalterische Heiligung der Artefakte oder Umsetzung von Trancevisionen[18], sind der Wiederhall von Hierophanien bzw. der Weisen, wie sie verstanden werden. Wenn archaische Kunst wie etwa am Beispiel der Farben, die Frauen im ostindischen Hazaribagh auf ihre Hauswände auftragen, „gemalte Gebete“ genannt werden[19], darf der Unterschied zum monotheistischen Gebet nicht vergessen werden. Dieses bedeutet Kommunikation zwischen Vertragspartnern, deren Rationalitäten soweit angeglichen wurden, dass die Menschen den Heilsplan Gottes verstanden haben und Gott die Schwäche seiner Schafe kennt. Im Heidentum gibt es kein Hiobsches Räsonnieren mit Gott, weil weder Vertrag noch Tausch in der Vertikalen möglich scheinen. Die Hindufrauen haben auch viele Sorgen und Wünsche. In ihren Hausbemalungen ahmen sie aber die Farben des Kosmos nach, weil diese wiederhergestellte oder nachgemalte Übereinstimmung Voraussetzung allen Glücks ist.

Die früheste Kunst ist die der **Felsbilder** in Südwesteuropa; andere Felsbilder, die sich auf der ganzen Welt finden, lassen sich nur schwer datieren. Seit ihrer Wiederentdeckungen rätselt man über die Bedeutung, und plausibel erscheint vor allem die Interpretation, die dem modernen Denken entgegenkommt. Deswegen wurde die Lesart als Jagdmagie so populär[20]. Frazers Theorie des magischen Handelns als rationale Technik auf irrationaler oder nichtempirischer Grundlage hat viele Ethnologenschulen beeinflusst. Auch die Entdeckung zeitgenössischer Felskunst in Australien hat dieses Erklärungsmuster nicht erschüttert: Die *wondjina* (s.o.) müssen regelmäßig aufgefrischt werden, damit Regen, Fruchtbarkeit und Wachstum erhalten bleiben. Sicher ist dieser so gut nachvollziehbare Gedankengang nicht falsch. Welcher mit Techniken der Naturbeherrschung bescheiden ausgestatteter Archaiker täte nicht alles, um Wachstum und Leben zu vermehren. Aber es erklärt nicht die ganze Kunst. Der südafrikanische Felsbildforscher David Lewis-Williams gab angesichts der vielen Darstellungen, die überhaupt nichts mit Jagdwild zu tun haben, zu bedenken, es könnte sich um gemalte Visionen handeln[21]. Die zeitgenössischen Buschleute jedenfalls schätzen die künstlich herbeigeführten Träume (s. Kapitel X) über alles und und pflegen ihre einschlägigen Fähigkeiten in viele Nächte dauernden Trancetänzen[22].

## *Mimesis*

Der Romanist Erich Auerbach (1892–1957) hat die Kunst „Interpretation des Wirklichen durch Mimesis“ genannt[23]. Die Wirklichkeit muss allerdings auch so beschaffen sein, dass sie eher **Mimesis** (ergriffene Nachahmung) als Poiesis im Sinne von souveräner Schaffung erzwingt. Nach F. W. Kramer bringt vor allem das Fremdheitserlebnis[24] einen solchen Schock, der keinen Fluchtweg mehr läßt außer der nachahmenden Unterwerfung. Die oben behandelten Hierophanien erscheinen auf den ersten Blick alle sehr vertraut. Die Sonne scheint (selbst hinter Wolken) jeden Tag, und die Winde aus der einen Richtung sind trocken, die aus der anderen Richtung bringen Regenwolken. Landleute auf der ganzen Welt verlassen sich auf diese Qualitäten. Und trotzdem sind sie unkontrollierbar, überraschen durch Exzesse und bleiben deswegen letztlich fremd oder fremdgesteuert. Auch die Herden des Jagdwildes erscheinen saisonal, und doch erregt ihr Erscheinen Staunen. Die riesigen Tierherden kommen, ohne vom Menschen getrieben zu werden, und gehen auf dieselbe rätselhafte Weise wieder. Das ist der Auslöser der Mimesis, die Motivation, dieses Geheimnis abzubilden, vielleicht um damit Anteil an dem Mysterium zu haben, vielleicht um mit der Darstellung das Fremdartige und Rätselhafte zu mildern. Während moderne Kunst Vertrautes verfremden muss, um als solche anerkannt zu werden, macht archaische Kunst Fremdes und sich von selbst Verfremdendes vertraut – durch bloße Abbildung.

Nach dem Tier hat Kramer zufolge der fremde Mensch mimetische Reaktionen ausgelöst, ganz besonders der Europäer in Übersee. Erstkontakte führten sehr häufig zu derartigen Antworten als Besessenheitskulte. In Kapitel VII haben wir aber gesehen, dass es nicht nur Erscheinungen aus dem Meer sein müssen, die mimetische Kunst freisetzen. Auch Mitmenschen können sich derart verfremden – wir haben die Hexerei und die Geist-Einkörperung kennengelernt –, dass Mimesis und Mitmachen als einzige Reaktion bleiben. Hier liegt der Ursprung des Theaters als einer Kunstform, die alltägliche zwischenmenschliche Interaktionen samt Rollenwechsel wiederholt, indem sie gestalterisch zum Ausdruck gebracht werden. Einerseits verringern sich damit Fremdheit und Distanz, andrerseits schafft diese künstlerische Bewältigung neue Distanz und Verfremdung – so wie oben Götter als Offenbarungen und Verschleierungen zugleich erkannt wurden. Kunst als Antwort auf heilige, fremde, mysteriöse Erscheinungen ist keine definitive Lösung, sondern eine Zwischenlösung, die selbst immer neue Spannungen hervorbringt.

Der *homo archaicus* ist in seinen zweckfreien Gedanken und Handlungen von der Last der Hierophanien geprägt, was der britische Ethnologe Godfrey Lienhardt (1921–1993) mit dem Begriff der *passiones* zum Ausdruck bringen wollte. Am Beispiel der südsudanesischen Dinka[25] beschrieb er die Vielfalt von Ergriffenheiten, die polytheistische Heiden mit sich herumtragen und immer wieder aufs Neue beantworten. Es bleibt, modern gesprochen, dem archaischen Menschen keine Zeit, „zu sich selbst" zu kommen. Er ist nahezu immer Mime, Darsteller, Nachahmer, Maskenträger, Kostümtänzer. Es sind in den tropischen Breiten gerade die „Nacktgeher" gewesen, an denen die frühen Reisenden und Missionare Anstoß nahmen, die selten ihr kulturelles, künstlerisch gestaltetes Gewand der Selbstverfremdung im Schmuck ablegten. Im Gegensatz zum modernen Menschen handelt es sich bei ihrem sichtbaren Verhalten nicht um Selbstdarstellung (oder gar Selbstfindung), sondern immer um Fremddarstellung, um Imitation des Fremden, Unerklärlichen, Unkontrollierbaren. Ohne an verbale Botschaften zu denken, verwandeln die Heiden auf der kulturellen Bühne ihre *passiones* zu *confessiones,* ihr Leiden wird zum Bekenntnis. Was sie sich selbst und anderen zeigen, ist ihre Fremdbestimmtheit, nicht ihre Authentizität, auch wenn in der heutigen Zeit die einem Maskenauftritt zuschauenden Touristen gerade die Echtheit zu finden glauben[26].

*Imitatio dei*, die Nachahmung der Gottheit, ist Kern nicht nur heidnischer Religionen. Überall beinhaltet das Motto für Denken und Handeln des Gläubigen das Gebot des imitierenden Gottesdienstes. Dem Christen steht das Leiden gut zu Gesicht, weil Christi Vorleiden ebenso unerreichbar wie das Nacheifern verdienstvoll ist. Die christliche Kunst erfand immer neue Wege, um dieses gemeindestiftende Urleiden noch besser und drastischer darstellen zu können: den Schmerz des Schmerzensmannes und das tränenüberströmte Gesicht seiner Mutter - ein, wie oben gezeigt wurde, vorchristlicher Archetyp, der in den Mittelmeerländern seit der Zeitenwende und vor 500 Jahren auch in der Neuen Welt zu dominieren begann. Der gute Muslim spricht bzw. betet Arabisch, weil dies die Sprache Allahs ist, in der er sich dem Propheten Mohammed offenbart hat. Deswegen kann der Koran nicht gut in andere Sprachen übersetzt oder gar in ihnen vorgetragen werden. Türkische, iranische, pakistanische und indonesische Muslime müssen sich beim Ritual einer Fremdsprache bedienen, weil sie sich an das historische Vorbild gebunden fühlen. Schon unter den Juden gab es heftige Widerstände gegen die Übersetzung der Gesetzestexte in die griechisch geschriebene „Septuaginta", weil bei Abweichung von der Ursprache Entheiligung droht[27]. Im Christentum galten lange Hebräisch, Griechisch und Latein, später auch Kirchenslavisch als allein zugelassene, weil besonders geheiligte Formen für Gottes Wort.

Im Heidentum ist die Gottesnachahmung weniger ans Wort gebunden als an Tat und Anschauung. Die Maassai in Ostafrika beschneiden die männlichen Glieder ihrer Knaben auf eine ebenso kunstvolle wie schmerzhafte Weise, weil das Glied ihres Himmelsgottes Ngai eben derart beschaffen ist, dass die Eichel aus der halb abgetrennten und künstlich verlängertenVorhaut herausragt[28]. Die jungen Herero in Südwestafrika bekommen die zwei oberen Schneidezähne abgefeilt und die vier unteren ausgeschlagen, damit sie dem heiligen Werft-Stier, dem Obersten aller Totemtiere und „antipodischem" Vertreter des Apis-Stieres vom unteren Nil, ähnlicher werden[29]. Kultur ist auf der ganzen Welt künstliche und künstlerische Angleichung des Menschen an die Gottheit, eine Vergöttlichung im Scheine, kurz: eine heilige Blendung. Deswegen spielt im Heidentum Schönheit eine so überragende Rolle; im Gegensatz zur sittlichen Revolution im prophetischen Judentum rangiert in den schriftlosen Religionen Aesthetik vor Ethik[30]. Die Götter sind erst einmal schön, und dann vielleicht auch gut, aber oft nicht richtig konsequent in ihrer Willkür. Und umgekehrt findet sich in den Monotheismen die Aesthetik häufig als Rückfall oder in häretischen Unterströmungen: *„Tu Deinem Leib etwas Gutes, damit Deine Seele Lust hat, darin zu wohnen"*, soll die Mystikerin Theresia von Avila (1515–1582) in ketzerischer Auflehnung gegen die allgemein verbindliche Leibfeindlichkeit gesagt haben[31].

Wegen der Vielzahl der Götter und ihrem schillernden Charakter gleicht die Kultur bald einem Passionsspiel, wie A.E. Jensen es für die frühen Pflanzer herausgearbeitet hat, bald einem Triumphfest, wie die archaischen „Hochkulturen" mit ihren Heldengöttern sich selbst feierten, bald einem Tollhaus, wenn die Trickstergottheiten noch nicht ganz domestiziert oder in die Karnevalsvereine eingesperrt sind. Die tanzenden Götter haben tanzende Kulturen bekommen, die wütenden Götter wie Wotan oder Donner kriegslüsterne Kulturen mit Berserkerzügen als Gottesdienst[32], die sich - nach dem Urteil des romantischen Dichters Heinrich Heine (1797-1856) wie des britischen Kriegspolitikers Vansittart (1881-1957)[33] - auch nach zwölf Jahrhunderten Christentum nur schwer zivilisieren lassen. Planende Götter schließlich erzeugen intellektuelle Gläubige, die sich gegen die wahnsinnigen und die kriegerischen Zeitgenossen auf Dauer durchsetzen könnten. Das Sterben des Heidentums ist ihr und ihrem Gott wohlgefälliges Werk.

### *Der getanzte Schrecken*

Kunst im Heidentum ist freie Vervielfältigung der Hierophanien ohne Rücksicht auf deren sittlichen Gehalt. Am Anfang steht immer der Schrecken, am Ende die Musik, der Tanz, das Theater, die Malerei, die Erzählkunst. Alle Kunst ist religiösen Ursprungs, sagte der Basler Altphilologe Karl Schefold (1905-1990)[34]. Sie ist metaphysisch und übersteigt die Alltagslogik. Hierophanien als nicht begreifbare und nicht begriffene Mächte lösen derart irrational erscheinende Reaktionen fast zwangsläufig aus. F.W. Kramer hat aus der Fremdgeistbesessenheit geschlossen, dass sie den Ausschluß vom praktischen Umgang mit einer Sache voraussetzt[35]. Das gilt auch für das Verhältnis des Heiden zu den Hierophanien. Er kann sie nicht handhaben, deswegen bildet er sie ab. Erst wenn das moderne Denken sie entzaubert hat, beginnt die Instrumentalisierung. Dann wird die Sonne ausgemessen, die Erde durchbohrt und Wasser aufgespalten. Der praktische und instrumentelle Umgang mit den Übermächten beendet ihre religiöse Qualität.

An die Stelle der Besessenheit durch Elementarmächte tritt in der modernen Gesellschaft die Besessenheit durch die selbst geschaffenen Bedingungen wie Arbeit, Idealismus oder Fortschritt. Fanatiker und „Workoholics" vermitteln aber durchaus noch einen adäquaten Eindruck von der „Selbstvergessenheit", in die ergriffene Menschen geraten. Wer nach Vergleichbarem zur Begeisterung heidnischer Feste in der modernen Gesellschaft fragt, wird deswegen besser in den Fußballstadien als in den Kirchenbänken suchen. Wenn es „erkaltete" Kulturen im Sinne von Lévi-Strauss (s. o.) geben sollte, kommen daher eher Wortreligionen in Frage, wo dieselben Formeln über Jahrhunderte wiederholt werden als Bilderdienste, in denen das Wiedersehen von Himmel und Erde, die Metamorphose zur Asche oder die Wiederkehr der Toten mit dramatischen Mitteln in Szene gesetzt werden.

Das Wesen einer Hierophanie, ihr über alles strahlendes Gütesiegel, haben wir in dieser Betrachtung durchgängig in der Paradoxie gefunden, der brisanten Mischung aus Faszination und Gefährdung, aus Sehnsucht und Schrecken, die allem wirklich Fremden anhaftet und die allem Unkontrollierbaren die göttliche Qualität verleiht. Dieser rational nicht auflösbare Doppelcharakter der heiligen Erscheinungen ist es auch, der die Nachahmung erzwingt. Klages hat den von ihm „pelasgisch" genannten archaischen Kulturtypus tanzend genannt, weil alle wesentlichen Akte hüpfend und springend, im Reigen oder im Balettschritt vollzogen werden[36]. Der **Tanz** ist die Bewegungsart der Götter, der Geister, der Toten[37] – aller Wesen, die sich nicht um den Alltagserwerb scheren müssen. Wer dies aber tun muss, flieht, sooft er kann, von der gerichteten Bewegung in jene wirkliche Bewegung, die ihn mit dem Zittern der Blätter, dem Schwanken der Wipfel oder den anrollenden Meereswellen verbindet.

Die Tonga im heutigen Sambia kannten bei ihren „Masabe"-Zusammenkünften Tanzfiguren, die wilde Tiere, fremde Stämme oder neue Erscheinungen wie Eisenbahnzüge, Fahrräder, Pumpen, Maschinen, Flugzeuge, Traktoren und Motorboote nachahmen. Fritz W. Kramer fand, dass dies alles zunächst Angst auslösende Erscheinungen waren und spricht von „der Geburt des Tanzes im Schrecken".[38] Damit hat er die kulturmorphologische Einsicht reformuliert, dass Kultur und Kunst aus existentieller Betroffenheit und Ergriffenheit resultieren und der verstandesmäßigen Bewältigung der Fremdphänomene vorausgehen. Kunsttheoretisch folgt auf die kreative Phase archaischer Anfänge die Routine der klassischen Reifung und schließlich Manierismus und Zerfall. Dann spätestens haben die schrecklichen Erstkontakte ihre Kraft verloren und fallen dem spielerischen oder kalkulierenden Umgang anheim.

Kunst ist im Heidentum der Teil der Kultur, der vom Zweckdenken frei bleibt und zu Transzendenz oder Anderswelt hin offensteht. Die Beziehungen sind hier alle ebenso phantastisch wie mimetisch und sie bringen die Urdifferenz zum Ausdruck. *„Wer eine Figur tanzt, markiert einen Abstand, da er sie nicht zugleich leben kann“*, sagt Kramer[39]. Schon gar nicht kann er sie bewältigen. Es sind alles passivistische Reaktionen auf die hierophanischen Übermächte, die zur heidnischen Kunst führen. Es handelt sich um Differenzen ohne Objektivierung, um Überbrückungen von Abständen im Scheine, um Verdoppelungen des Unheimlichen mit „gewöhnlichen“ Mitteln wie Bast, Holz, Tüchern und Schleifen, die zu Trommelschlag und Flötenspiel hin- und hergeschwenkt werden. Archaische Menschen beherrschen die „Natur“, den „Ort der Geburt“ (Kramer) nur zu einem kleinen Teil, der größere Teil beherrscht ihrerseits sie selbst und lässt sie tanzen, malen, trommeln oder singen. Die Natur findet in der sie abbildenden Kunst ihre Vollendung, wie die Alchemisten, die Wissenschaft als Kunst betrieben, wussten: „*Quod natura reliquit imperfectum, ars perficit.* – Was die Natur nicht fertigstellt, vollendet die Kunst.“[40]

### *Kunst als Gestaltwandel*

Es ist von großem ethnologischem Interesse, welche der künstlerischen Ausdrucksformen in einer speziellen Zeit oder Lokalität favorisiert wird. Kramer fand in den afrikanischen Besessenheitskulten Frauen dominant, während die Maskenfeste in der Hand von Männern liegen[41]. Frauen neigen unter Ausnahmezuständen zur Enthüllung, wie die Mainzer Ethnologin Ute Röschenthaler bei den Ejagham zwischen Kamerun und Nigeria erfuhr[42], Männer vielleicht mehr zur Vermummung, obwohl auch der Hohepriester in Jerusalem aus Empörung sein Kleid zerriss[43] und der hinduistische Asket auf alles Verhüllende[44] verzichtet, weil er nur noch das Nichts als Resultat der Totalbefreiung darstellen möchte. Jede Antwort auf den Einbruch einer Hierophanie besteht aus einer Metamorphose und diese selbst ist Imitation der Verwandlungen in der Natur und im Kosmos. Maskenträger, Besessene, Kostümtänzer, Schauspieler – alle Künstler vollziehen an sich, was der Fluss mit seinen Überschwemmungen, die Erde mit ihrem jährlich verjüngten Kleid, der Himmel mit seinem Wolkenvorhang oder das Feuer in seiner Gier vormachen: die Verwandlung als Wechsel der **Hülle**, die im ethnologischen Expressionismus des Leipziger Völkerkundlers Fritz Krause (1881–1963)[45] immer auch an die Substanz geht[46]. Die archaische Fremdwahrnehmung legt keinen Wert auf die analytische Trennung von Außen und Innen, von Körper und Seele, von Maske und Gesicht. Krause, der zwischen den Kriegen an einer von den Psychologen Wilhelm

Wundt (1832–1920) und Felix Krueger (1874–1948) beeinflussten Kulturtheorie arbeitete, nannte diese ethnologisch bedeutsame Auffassung „ganzheitlich":
*„Die Hülle vermittelt die andere Wesenheit, gibt deren Kräfte, Eigenschaften und Fähigkeiten und läßt diese wirksam werden. Dadurch, dass ein Wesen die Hülle eines anderen anlegt, verliert es seine bisherige Wesenheit und wird tatsächlich das andere Wesen, lebt und handelt wie dieses. Träger der Wesenheit ist demnach die Hülle, die äußere Gestalt. Die Form ist also identisch dem Wesen."*[47]

Die schon erwähnte Kunsttheorie Karl Schefolds und die Kulturmorphologie von Frobenius sind sich mit Krause darin einig, dass die „Form die Sprache der Seele" ist und dass die **Gestalt** den modernen Gegensatz von Form und Inhalt aufhebt. Archaische Kunst arbeitet mit Gestaltwandel, Metamorphose, auch wo sie nur das Kostüm wechselt oder ein sogenanntes Symbol austauscht. *Pars pro toto* – das Haar kann den ganzen Gegner vertreten – lautete eines der Gesetze magischen Denkens bei Frazer[48]. Im Heidentum werden vor allem Gestalten gezeigt und in der Kunst umgestaltet. Für den modernen Blick ist es reine Hüllenkultur, Pflege der Form, Fassadenkunst – besonders die Toten wurden im alten Ägypten vielfach verhüllt, und auf die Mumiendeckel wurden weitere Verwandlungen aufgemalt. Der Tod selbst ist der Lehrmeister der archaischen Verwandlungskunst, und seine in allen nichtindustrialisierten Kulturen überwältigende Metamorphose ist das Urbild aller Wechselbilder, aus denen die Kunst besteht.

Im Gegensatz zur modernen Kunst hat die von der Ethnologie studierte Mimesis von Hierophanien nichts mit Freiheit der Entfaltung, schöpferischer Individualität oder gezielter Verfremdung zu tun. Auch im christlichen Abendland war bis zur Reformation, Aufklärung oder Moderne als Ideologie der Künstler Nachbildner und sein oberster Lehrmeister die Natur. Trotzdem waren die europäischen Naturimitationen weit entfernt von den asiatischen, den afrikanischen oder den indianischen. Auch in der Zeit wechselten die Gestalten, wie die steinernen Sakralhaine, sprich Tempel im alten Ägypten, in Griechenland, in der Romanik, der Gotik und dem Barock eklatante gestalterische Unterschiede aufweisen. Im je eigenen Bemühen, dem Urbild so gerecht wie möglich zu werden, entfaltet Kunst ihre eigentliche Freiheit; wird diese aber bewusst und zum Programm, erlahmt die Kraft der abgebildeten Hierophanie und droht, zu Beliebigkeit und Unverbindlichkeit wie im modernen, entsakralisierten Kunstbetrieb zu verkommen.

### *Die Kunst der Mami Wata*

Unsere erste Hierophanie war das Wasser als universale Kraft zum Leben wie Fließrichtung zum Tod. Hier, am Ende des Reigens kulturprägender Mächte, kehren wir wieder zum Wasser zurück, aber als Sekundärkraft, als Kunst und Religion gewordenes Wasser, wie es sich in dem transatlantischen Kult der **Mami Wata** darstellt. Die verführerisch schauende Dame mit dem Fischschwanz ist ein Fremdgeist, sie ist aber auch das Wasser, über das und aus dem die weißen Fremden einst kamen, und schließlich ist sie auch die Große Mutter, der ihre Anhänger verfallen, bis sie in sie zurücksterben. Der jetzt in Berlin lehrende Ethnologe Tobias Wendl[49] hat in Westafrika Praktiken dieser ebenso alten wie neuen Heidenreligion studiert und dabei dem künstlerischen Ausdruck ihrer hierophanischen Erfahrung besonderes Augenmerk geschenkt.

Die Mami Wata der Ewe in Ghana und Togo hat ihre Paläste auf dem Meeresgrund, wo sie ihre Auserwählten empfängt und mit Reichtum überhäuft. Wer in ihren Bann gerät, dem drohen Krankheit, Einsamkeit und Apathie. Weil es davon viele Betroffene gibt, haben sich Heilkulte und Kultgemeinden gebildet. Das sterbende Heidentum, das auf dem westafrikanischen Schlachtfeld der Weltreligionen immer weniger zu sagen hat, erfreut sich in anderer Hinsicht auch wachsender Verbreitung und mit ihm die oben abgebildete, von Heike Drotbohm im kanadischen Montreal fotographierte Kunstform der heiligen Installation. Im letzten Kapitel (XVI) werden wir uns diesen Geburten im Tod am Beispiel Haitis gesondert zuwenden. In Westafrika wie in anderen Weltteilen können Heidenreligionen deswegen nicht mitreden, weil sie das Böse nicht bekämpfen, sondern „hin und herschieben“ (Hauschild). Im Umgang mit den Geistern heißt das, diese werden nicht exorziert, sondern „adorziert“ (De Heusch, s.o.), d.h. man söhnt sich mit ihnen aus. So arrangieren sich die Anhänger von Mami Wata in Westafrika auch mit dieser befremdlichen Fischfrau und errichten ihr Altäre.

In den Schreinen der Mami Wata wird die Weiße Frau verehrt, die soviel Unglück über die jungen Männer bringt. Die Kultdiener stellen auf die Altäre alles, was mit der Weißen Frau zu tun hat: Lippenstift, Puderdose, Sektflasche[50]. In den Ritualen geben sich die Gläubigen wie Europäer, rauchen und trinken und gebrauchen fremdsprachige Wendungen. Dabei spielt aber auch die mythologische Vorstellung eine Rolle, dass in den aus dem Wasser gekommenen Europäern die Ahnen zurückkehrten. Und drittens findet sich im Mami-Wata-Kult die altafrikanische Vorstellung vom Bestimmungsahnen wieder, der schon vor der Geburt den Schicksalsweg des Einzelnen festgelegt hat. Kommt einer vom Weg ab, wird er durch Krankheit und Unglück an seine Bestimmung erinnert.

Die Geister des Mami-Wata-Kultes kommen von weit her und zeigen sich in fremden Gewändern. Wendl nennt die Kultur der Fremdgeister „Referenzkultur". Die Kranken und Heilungsuchenden müssen diese Fremdkultur erlernen, wenn sie mit den Kräften kommunizieren wollen, die sie heimsuchen. Es ist der Weg vom „Plaggeist" zum „Hilfsgeist", der in allen Fremdgeistkulten gesucht wird (s. Kapitel VII). Am Anfang steht das passive Leiden, am Ende das aktive Heilen mittels derselben Geister. Ihre Kraft kann böse wie gut sein – eine qualitative Unbestimmtheit, die charakteristisch für heidnische Religionen ist und die wir bei allen oben behandelten Hierophanien wiedergefunden haben. Um diese Metamorphose einer üblen Macht in eine hilfreiche zu bewirken, bedarf es beträchtlicher Anstrengungen, langandauernder Geduld und hoher Heil-Kunst. Der Weg in die Apotheke ist wesentlich kürzer und billiger – aber eben nicht immer richtiger. Vor allem kommt Heilung auf biochemischem Weg ohne Kunst aus, während der Eintritt in einen Heilkult mit der Beteiligung an archaischer Kunst einhergeht, die man – nach Frobenius und Jensen (s.o.) – Ausdruck von Ergriffenheit nennen kann.

Der Adept eines Mami-Wata-Kultes baut der Wassermutter einen Altar auf, den sie beziehen kann, wenn sie ihr Opfer losgelassen hat. Im Unterschied zu anderen Besessenheitskulten, von denen oben schon die Rede war, fließt auf den Altären von Mami Wata kein Blut. Es häufen sich dort nur Konsum- und Luxusgüter europäischen Ursprungs. Wendl vergleicht diese Präsentation einer fremden Kultur mit der Zurschaustellung außereuropäischer Kulturen in unseren Völkerkundemuseen. In den dortigen Vitrinen findet sich alles, was die Fachleute mit der betreffenden Fremdkultur verbinden: Gebrauchsgegenstände, Schmuck, Waffen, Musikinstrumente. Im Unterschied zu kommerziellen Schaukästen soll hier nichts verkauft werden; es sind zweckfreie Auslagen, in die man viel Geld hineinsteckt. Der gemeinsame Sinn einer Museumsvitrine und eines Mami-Wata-Altars ist die Darstellung von Differenz, die überwältigt und deswegen zum Ausdruck drängt.

Weder der Ausstellungsraum eines Museums noch der Schrein eines Besessenheitskultes bilden die jeweilige „Referenzkultur" in einem naiven Sinne ab. Es sind in beiden Fällen Lokalinterpretationen des Fremden, Aneignungen von Importen, subjektive Anordnungen fremder Gegenstände, die mehr den jeweils gültigen Ordnungsmustern gehorchen als den Kontexten, aus denen die Objekte stammen[51]. Wir dürfen von Kunst sprechen, weil die Präsentation Welt nachgestaltet und ohne ökonomische Zwecke erfolgt. Die Installation stellt einen kreativen Entwurf einer Fremdkultur dar. Es war der amerikanische Melanesienforscher Roy Wagner, der zum ersten Mal das Wort von der „Erfindung einer Kultur" in die Debatte brachte[52]. Die „Referenzkulturen" werden jeweils neu erfunden, im Schrein aus existentieller Not heraus, im Museum aus Besessenheit durch den Beruf.

Kunst ist Erfindung, aber auch Synthese oder Bastelei, wie Lévi-Strauss am Beispiel des Mythenerzählens verdeutlicht hat[53]. Archaische Künstler, Sänger, Maskenschnitzer, Haus- oder Körperbemaler wie eben auch Altar-Installateure nehmen vorhandene oder importierte Motive und setzen sie neu zusammen. Im Gegensatz zum modernen Künstler trachten sie dabei nicht auf Originalität, sondern auf Wirklichkeit und Wirksamkeit. Die überwältigenden Mächte müssen so genau wie möglich dargestellt werden, wobei Reinheit und Echtheit eher sekundäre Werte sind. Deswegen finden sich auf dem Mami Wata-Altar Geisterdarstellungen neben Heiligenbildern, europäische Nahrungs- und Genussmittel neben asiatischen Küchenutensilien, Musikinstrumente neben Spielzeugwaffen, Schulhefte neben Heilpflanzen. Da im Mami Wata-Kult europäische Geister „regieren", braucht es auch Christbäume, Kerzen, Weihrauch, Gesangbuch und Bibel. Was dem rationalen Verständnis wie ein heilloses Durcheinander unverstandener Zitate vorkommen muss, findet seine Rechtfertigung im Ziel, dem multiplen Geist der Weißen Frau Gestalt zu verleihen, ihn in Gegenstände zu bannen.

Wendl glaubt, dass die Urform der Mami-Wata-Altäre der Frisiertisch der Europäerin war, deren Ehemann in kolonialen Diensten stand. Afrikanische Zimmermädchen haben die Kunde von jener geheimnisvollen Welt der Spiegel, Kamm, Bürste, Parfums, Puder, Seifen, Schmuck, Nagellack und Lippenstift nach draußen getragen. Festtage im Mami-Wata-Kult sind Freitag und Samstag, die Tage, an denen auch die europäische Frau besonders lange an ihrem Frisiertisch verweilt und ihren Körperkult ausübt. Am Abend baden Priester und Adepten, man parfümiert sich, zündet Kerzen und Räucherstäbchen an, bereitet kleine

Speisen für die Geister zu und spricht mit ihnen. Dann schlafen die Gläubigen am Fuß des Altars; dabei kann es zur Erfahrung von Geisterverkehr kommen.

Das Ritual des Mami-Wata-Kultes nennt Wendl „ein Wechselspiel von Bannung und Verkörperung"[54]. Bald wird die Weiße Frau ferngehalten, bald vereinigt man sich mit ihr. Nach dem oben Gesagten über den archaischen Rhythmus erkennen wir auch hier jene elementaren Wechselzustände, die sowohl die Hierophanien selbst wie auch die kulturellen Antworten auf sie auszeichnen. Im Besessenheitsritual verkleiden sich die Kultmitglieder als Geister, indem sie sich mit den Paraphernalien der entsprechenden Referenzkultur behängen. Sie tanzen Bilder, um die Geister sichtbar zu machen und die Altäre mit Leben zu füllen. Die Ewe glauben, dass die Geister durch die Fontanellen in die Köpfe ihrer Anhänger eindringen, sich somit in ihnen verkörpern oder sie besessen machen. Die Außenstehenden sehen Zuckungen, Krämpfe, Augenverdrehungen, Schluchzen, Röcheln und hypermotorische Raserei. Dann müssen die besessenen Geisterdarsteller festgehalten werden. Erst wenn die Kultanhänger Routine im Umgang mit den Geistern gewonnen haben, werden die Aufführungen „theatralischer".

Nach dem Kostümtanz, der „synekdochisch" (ähnlich wie der schon erwähnte *pars pro toto* oder der das Ganze vertretende Teil) durch einzelne Symbole auf die ganze Referenzkultur verweist - ein Besen kann den Pockengeist, ein Holzgewehr den Jägergeist, ein Teekessel den Sklavengeist vertreten - erfolgt die Begrüßung jedes der anwesend gewordenen Geister. Dann tanzen die Geisterdarsteller weiter und bringen ihre spezifische Kultur zum Leben. Manche Besessene imitieren Schwimmbewegungen oder Paddelstöße, andere mimen die europäische Lady - in übertriebener Gestik ständig an ihrem Äußeren zupfend, Puder oder Parfum verstreuend oder Zigaretten paffend. Über mehrere Stunden erschließen auf diese Weise die Geisterdarsteller sich selbst und den Zuschauern das Wesen ihrer Übermacht. Wer genug hat, läßt sich vom Priester einen purgativen Trank verabreichen, der Menschen und Geister zu trennen vermag. Andere Besessene versinken in einen tiefen Erholungsschlaf, werden mit Tüchern bedeckt und weggetragen. Wenn sie später aufwachen, wollen sie sich an nichts mehr erinnern.

Wendl wendet sich gegen die konjunkturelle Deutung der Fremdgeistbesessenheit als koloniales Trauma, aber auch gegen die schon in den 1930er Jahren vermutete Verbindung zur Karikatur. Damals fand Julius Lips großen Beifall, indem er die „Kolonfiguren", die Darstellung von Europäern durch außereuropäische Künstler, im Sinne von „Aufbäumen" gegen und „Verspotten" der Übermacht deutete[55]. Schon 1943 kritisierte der Leipziger Museumsethnologe Paul Germann (1884-1966) diese Unterstellung[56], und F.W. Kramer wies in seinem Standardwerk zur Fremdgeistbesessenheit[57] mit guten Argumenten nach, dass Kunst der Anschauung dient und dies ganz besonders auch dem jeweils kultureigenen Gegensatz gilt. Es ist das Staunen über und die Ergriffenheit durch Andersartigkeit, die zur rituellen wie künstlerischen Bewältigung in der Darstellung zwingen.

In den Fremdgeistkulten wurden früher die Welt des Krokodils als des fremd gewordenen Urahnen, die Welt der Schlange als der wasserverkörperten Fremdmacht schlechthin oder die Welt überlegener bzw. gefährlicher Nachbargruppen dargestellt. Seit dem alles übertreffenden Einbruch der Weißen ist deren Welt zu den Hierophanien hinzugetreten, in Westafrika und in der Karibik manifestiert sie sich in der verführerischen Weißen. Die Verlockungen der weißen Welt sind gefährlich. Die Anhänger des Mami-Wata-Kultes bringen das zur Anschauung, indem sie sich das „weiße Kleid" überwerfen. Das ist mimetische Bewältigung der Übermacht. Europäische Kleidung hat überall in der kolonisierten Welt eine rasche Akzeptanz gefunden. Kunst und Kult haben diese materielle Unterwerfung noch gesteigert, weil sie den Kleiderwechsel religiös gestalteten. Die weiße Zivilisation ist in der langen und tubulenten Geschichte heidnischer Völker der jüngste Einbruch gewesen. Man begegnete ihm wie seinen Vorgängern, den kosmologischen und naturgewaltigen Hierophanien, durch Unterwerfung und ihrer Darstellung, durch mimetische Kunst, der ältesten menschlichen Ausdrucksform.

1 *„Die Kunst erhebt ihr Haupt, wo die Religionen nachlassen“* (Nietzsche 1878/1972 I:547).
2 Shelley 1818/2005.
3 Zur Eigenmacht der Dinge in aufklärerischer Absicht s. Kohl 2003.
4 Waitz 1859–72.
5 Tylor 1871.
6 Lévi-Strauss 1958/67.
7 Zu diesem Phänomen in Zentraleuropa s. Sörries 1998.
8 Krause 1893:47.
9 Jensen 1948:114.
10 Drexler 2004:158.
11 Rouch 1998, I. Teil.
12 Kerenyi, nach König 1973/96:250.
13 Zum berühmtesten aller Beispiele heidnischer „Wegwerfkunst“, den melanesischen Malanganen, s. Küchler 1987.
14 Ein schönes Beispiel für die Zerstörung und Erneuerung eines heidn. Tempels gibt Leverenz 1994.
15 Gossmann 1959.
16 Inwieweit die Gesetze der Mechanik schon bei Jäger- und Sammlervölkern beherrscht werden, konnte der Kölner Ethnologe Julius Lips (1895–1950) in seiner oben mehrfach angeführten Arbeit über Fallensysteme nachweisen (Lips 1927).
17 Vgl. Burton, J. W. 1981.
18 Gebhart-Sayer 1987.
19 Vgl. Imam 2005.
20 Vgl. Lorblanchet 1995/97.
21 Lewis-Williams 1988.
22 Siehe Guenther 1999.
23 Auerbach 1946/82.
24 Kramer 1987, 2005.
25 Lienhardt 1961/78.
26 Zur Problematik von Authentizität und Identität beim afrikanischen Maskenkult s. Schäfer 2005.
27 Siehe Streck 2004a.
28 Widenmann 1895, Bernardi 1955.
29 Baumann, H. 1940:103.
30 Vgl. Münzel/Streck 2008.
31 Siehe Wagner, W. 2004:246.

[32] Siehe Heizmann 2002.

[33] Heine 1834, Vansittart 1940. Heines Vision wird von dem indianischen Freiheitsdenker Vine Deloria Jr. in „Gott ist rot" zitiert: „Das Christentum – und das ist sein schönstes Verdienst – hat jene brutale germanische Kampflust einigermaßen besänftigt, konnte sie jedoch nicht zerstören, und wenn einst der zähmende Talisman, das Kreuz, zerbricht, dann rasselt wieder empor die Wildheit der alten Kämpfer, die unsinnige Berserkerwut, wovon die nordischen Dichter so viel singen und sagen. Jener Talisman ist morsch, und kommen wird der Tag, wo er kläglich zusammenbricht; die alten steinernen Götter erheben sich dann aus dem verschollenen Schutt, und reiben sich den tausendjährigen Staub aus den Augen, und Thor mit dem Riesenhammer springt endlich empor und zerschlägt die gotischen Dome" (1984:96). – Auch der Schweizer Theologe Karl Barth war der Meinung, das deutsche Volk leide *„an der Erbschaft eines besonders tiefsinnigen und gerade darum besonders wilden, unweisen, lebensunkundigen Heidentums"*, dann auch *„an der Erbschaft des größten christlichen Deutschen: an dem Irrtum Martin Luthers hinsichtlich des Verhältnisses von Gesetz und Evangelium, von weltlicher und geistlicher Ordnung und Macht, durch den sein natürliches Heidentum* […] *ideologisch verklärt, bestätigt und bestärkt worden"* sei (Karl Barth, Brief nach Frankreich, 1939, zit. nach Bräuer 1983:6) – siehe auch FN IX 77.

[34] Schefold 1964.

[35] Kramer 1987:103.

[36] Klages sah *„mehr oder minder das ganze Leben der Primitiven gewissermaßen in währendem Rhythmus schwingen. Man übertreibt nicht, wenn man sagt: sie tanzen ihre Götterdienste, tanzen ihre Feste, tragen Streitfälle tanzend aus in gegenseitigen Spottgesängen, ziehen tanzend in den Kampf und verrichten tanzend die bemühendste Arbeit im Takte gemeinsamer Lieder!"* (1934:49).

[37] Siehe Streck 2004b.

[38] Kramer 1987:123.

[39] Kramer 1987:133.

[40] Siehe Jung 1948:252 oder auch Schmieder 1832/2005.

[41] Kramer 1987:156.

[42] Röschenthaler 1992:189, 192.

[43] *„Da zureis der Hohepriester seine kleider/vnd sprach/Er hat Gott gelestert"* (Mt 26,65 nach Luther 1545:2024).

[44] Siehe Zotter 2004.

[45] Krause 1931/66; zu Krause sekundär Wolfradt 2011.

[46] *„Eine Maske wird getanzt. Ihr Träger oder ihre Trägerin verliert unter der Maske ihre Persönlichkeit. Sie sind die Maske selbst, der Gott, der Geist, der Ahne, den sie darstellt"* (Deimel 1993:28). Auch Schwee-

ger-Hefel folgert aus ihren sehr genauen Beobachtungen bei den Kurumba, Nyonyosi und Sikomse im heutigen Burkina Faso, dass ein <Bild> nicht bloß Zeichen für etwas ist, sondern die Sache selbst (1980:95). Deswegen nennt sie die Maske „Ur-Sache".

[47] Krause 1931/66:221.

[48] Frazer 1922/89:19.

[49] Wendl 1991.

[50] *„Auf unsere Altäre stellen wir alles, was für Mami Wata schön anzuschauen ist"*, erklärte ein Priester (Wendl 1990:66).

[51] Karl-Heinz Kohl hat diese fundamentale Rekontextualisierung der exotischen Ethnographica auf die einfache Formel gebracht: *„In ihren Museen betete sich die bürgerliche Gesellschaft selbst an"* (2003: 260).

[52] Wagner, R. 1976/81.

[53] Lévi-Strauss 1958/67.

[54] Wendl 1990:68.

[55] Lips 1937/83.

[56] *„So ist auch bei der Darstellung eines Europäers (Abb. 9) keine Karikatur in unserem Sinne beabsichtigt, sondern die dem Neger wichtig und hervorhebenswert erscheinenden Merkmale, wie die Achselstücke auf der Uniform, der Tropenhelm und die Kleidung sind betont, weil sie für den Neger den Europäer kenntlich machen"* (Germann 1943:74).

[57] *„Und so konnten die Bilder von Europäern auch keinen Angriff auf die Zivilisation darstellen, wie Lips glaubte, sondern umgekehrt: Bilder, in denen sich eine andere Zivilisation ihren ‚wilden' Gegensatz zur Anschauung brachte"* (Kramer 1987:10).

# C. Verfügungen über Geister und den Geist

# XIII. Magie

*Die Magie ist*
*im wahrsten Sinn des Wortes*
*primitiv,*
*ebenso wie sie kosmopolitisch ist.*
Ernesto de Martino

Die kosmopolitische Primitivität[1] bzw. die ursprüngliche Weltreligion haben wir in den Abschnitten A und B als Leiden unter Übermächten kennengelernt, die zu allen Zeiten und in allen Räumen auftreten. Gemeinsam ist ihnen die Unkontrollierbarkeit, aber auch die Unausweichlichkeit. Die Menschen sind dazu verdammt, sich mit ihnen auseinanderzusetzen und tun das mit großer Leidenschaft, ja auch Unbekümmertheit. Bevor sie durch die moderne Wissenschaft eines besseren belehrt werden, maßen sich die Menschen selbst hierophanische Kräfte an. Das oben erwähnte Einverständnis mit den kosmischen Gewalten, der im Ritual häufig zu beobachtende Aktivismus, sich ins kosmische Geschehen einzugliedern oder ihm nachzuhelfen, verführt den Heiden zur illusionär erscheinenden Vorstellung, von den „Gewalterscheinungen" (Kratophanien, s.o.) etwas abzubekommen und selbst mit Zauberkräften hantieren zu können. Diesen weitverbreiteten „Irrtum" nennt die Ethnologie spätestens seit Frazers „Goldenem Zweig" (*The Golden Bough*) von 1890 (s.o.) Magie. Religionswissenschaft, erst recht Theologie, bemühten sich um eine Trennung von Magie und Religion, diese als Hoch-, jene als Trivialform der menschlichen Bindung an die Transzendenz. Für die Religionsethnologie hingegen ist Magie das Fundament jeder Religion, die praktische Seite, die auch der religiös Unbegabte braucht und gebraucht. In der Unsterblichkeit der Magie, die sich eher selbst modernisiert, als dass sie der Moderne weicht[2], lebt das Heidentum gegen das eigene Sterben an.

### *Der bekennende Aberglaube*

Von den hier unter dem Buchstaben C zusammengefassten vier Schlußkapiteln gilt das erste dem „religiösen Schwindel" (Goldziher), der heidnische Religionen für Skeptiker und Rationalisten von vorneherein unglaubwürdig macht. Zauberkräfte im Naturreich mussten erst einmal naturwissenschaftlich widerlegt werden, solche im Menschen haben schon immer Zweifel genährt. Danzels ***homo divinans***[3], der wundergläubige Widerpart des skeptischen *homo faber* (s.o.), setzt sich aber über Zweifel und Selbstzweifel hinweg. Er steht und kann nicht anders als magisch denken und handeln. Wenn alle Welt um ihn herum von Geistern erfüllt ist, stecken sie auch in ihm selbst und geben ihm Anteil an ihren Zauberkräften. Er weiß sich als Mitspieler im großen Zaubertheater, als welches heidnische Welten mit ihrer gegenseitigen Durchdringung von göttlicher und menschlicher Sphäre begriffen werden. Wegen dieser unsauberen Scheidung, vor allem aber wegen ihrer ethischen Zwiespältigkeit[4] ist Magie in den abrahamitischen Religionen streng verboten[5]. Nicht sie selbst, aber ihre Verdammung scheidet jede Art von Heidentum vom ethischen Monotheismus, der sich über seinen eigenen Wunderglauben hinweglügt bzw. ihn eng an den Gottesstamm oder an lange verblichene Propheten und Heilige bindet. Nicht zuletzt sorgt die überall verbreitete Wortmagie, das Arsenal aus Fluch- und Segenssprüchen hier für Nivellierung, bis die hierarchische Befugnis dann doch wieder einen Trennstrich zieht. Zauberei für jedermann gibt es deswegen nur im Heidentum, der demokratischen, anarchischen, urkommunistischen Weltreligion, in der die Geister das Sagen haben und die Menschen – selbst zu den unmenschlichsten Taten – mitreißen.

Die unterste Stufe in der heute gültigen Prestigeskala besetzt das Heidentum nicht zuletzt wegen seiner magischen Konfession, dem positiven Bekenntnis zur irrealen Macht, die sowohl zum Nutzen wie zum Schaden des Mitmenschen zu gebrauchen sei. Wir haben oben das Heidentum als Religion ohne Ethik kennengelernt; die Macht der Hierophanien macht wundergläubig; im Kapitel über Hexerei stand der Schadenszauber im Zentrum als einem hervorragenden Mittel der zwischenmenschlichen Kommunikation. Magische Praktiken gehören wie Orgie und Exstase zur „Rauschreligion", der Max Weber[6] trotz aller Unausweichlichkeit des Rationalisierungsprozesses eine erstaunliche Widerstandskraft zusprach. Die Menschen lassen es sich nicht gerne ausreden, dass sie selbst wie Götter und Geister zaubern können und dass der „Teufelspakt", zu dem die monotheistische Tradition solche Aktionsbündnisse abstempelt, eine unheimliche Gewalt verleihen kann.[7]

Zauber und Wunder auf der einen Seite, Wort und Schrift seit dem babylonischen Exil (-597–537) auf der anderen, neuen Seite – diese Dynamik kennzeichnet nach Max Weber die schriftlich beglaubigte Religionsgeschichte[8]. Dabei war das Heidentum in seinem Pluralismus weit konsequenter als der Monotheismus mit seinem eifernden Magieverbot. Ritual und Praxis, ganz besonders Wallfahrt und Messbetrieb, nicht zuletzt das Gesundheitswesen bis ins 19. Jahrhundert, blieben auf magischer Grundlage[9]. Totenkult und Reliquienverehrung – s.o. das Armreliquiar mit Knochen der heiligen Elisabeth – sind in der römischen wie in der griechischen Kirche bis auf den heutigen Tag unverzichtbar, und die Kirchengeschichte beweist, dass die Implantation der neuen Rationalität zunächst auf die Fortsetzung heidnischer Ortsmagie baute. Papst Gregor II. (715–731) riet seinerzeit:

*„Reinigt die Tempel, aber zerstört sie nicht; denn solange das Volk seine alten Gebetsorte erhalten sieht, wird es aus Gewohnheit zu ihnen pilgern, und ihr gewinnt sie leichter dem Kult des wahren Gottes* [...] *laßt ihnen die Feste, unterdrückt ihre Opfer nicht; laßt ihnen die Freude an ihren Festen, aber macht sie nach und nach sorgsam aus heidnischen zu christlichen."*[10]

Inwieweit diese theologische Umpolung dann tatsächlich gelungen ist, braucht uns hier nicht weiter zu interessieren. Für die Ausbreitung von Christentum und Islam in die Fläche gilt, dass die örtlichen Heiligtümer in der Regel erhalten blieben einschließlich des Glaubens an ihre Kraft. Auch wo das Heidentum sichtbar gestorben ist und allsonntäglich begraben oder totgesagt wurde, wirkten seine Gebeine weiter, auch wenn sie jetzt in Brokat eingenäht wurden und später ganz aus dem Kirchenraum verbannt wurden[11]. Die Magie von Raum und Zeit überdauerte alle Rationalisierungen und verfestigte sich erneut im Kirchturmhorizont, dem sonntäglichen Arbeitsverbot, dem Friedhofsschauder und vielen anderen unverwüstlichen Zügen der Volksreligion, die in der deutschen Sprache **Aberglaube** genannt werden:

*„Aberglaube ist eine religiöse Form, die verlorene Ideen überlebt. Alles hat als Daseinsbedingungen eine nicht mehr gekannte oder verwandelte Wahrheit. Sein lateinischer Name ‚superstes' bedeutet das, was überlebt; er ist der materielle Rest alten Wissens oder Meinens."*[12]

Aberglaube ist Heidentum im Schatten, wenn das Licht der Prophetie, des Evangeliums, der Reformation oder der Aufklärung eingeschaltet ist. Deswegen benutzt die Magie auch gerne die Sprache von gestern, weil den verstorbenen Kräften und Formen eine besondere Kraft anhaftet[13]. Sensibilität dafür gilt als rückständig, seit der Fortschritt erfunden ist. Heimlich hängen aber auch Intellektuelle der Zahlen- und Buchstaben-Magie an wie dem sagenhaften *Sator-Arepo*-Spruch seit zwei Jahrtausenden[14]. Ähnliches gilt für einfache Palindrome, Sätze, die vorwärts wie rückwärts zu lesen sind, wie etwa „Nie solo sein" oder „Otto tenet mappam"; doch alle Zauberformeln stellt in den Schatten die Beliebtheit der Buchstabentrias C M B, die für den Schriftgelehrten den Herrensegen *Christus Mansionem Beneficat* (Möge Christus das Haus segnen) abkürzt, für den Volksfrömmigen die Heiligen Drei Könige Caspar, Melchior und Balthasar benennt, im neuheidnischen Feminismus aber – wie im Kapitel II schon erwähnt – die drei Erscheinungsformen der Magna Mater bedeutet, die in ihrer christlichen Verkleidung Catharina, Margaretha und Barbara heißen[15].

Magie ist für den aufgeklärten Verstand absurd und nicht nachvollziehbar. In der rationalistischen Durkheimschule wurde er als Massenwahn – freilich mit temporärer Funktionalität, insbesondere wegen seiner Vergemeinschaftungsleistung – gedeutet. Auf diese Weise lassen sich alle Züge des Heidentums, alle oben beschriebenen Hierophanien „erklären". Der Frankfurter Philosoph Theodor W. Adorno (1903–1969) ging noch weiter und nannte die gesamte Kultur und zwar jede Kultur einen „Verblendungszusammenhang"[16]. Religion, insbesondere wilde, theologisch und skripturalistisch nicht gezähmte Religion verzaubert die Menschen und ihren Verstand, so dass sie alles für möglich halten – das Kollektiv scheint hier anfälliger zu sein als das Individuum[17]. Es war für die funktionalistische Ethnologie sehr schwierig, im ebenso gewaltigen wie weltumfassenden Bereich magischen Denkens und Handelns die für notwendig erachtete rationale Spur zu finden.

### *Magie als Untersuchungsgegenstand*

Die beiden großen Untersuchungen zur Magie, die von Malinowski[18] über die melanesischen Trobriander und die von Evans-Pritchard[19] über die Azande im Südsudan halten sich an die Theorie von Frazer, nach der Magie ein rationales technisches Verfahren ist, das leider auf nichtempirischer Grundlage aufbaut. Diese sei vielmehr affektiv oder „mystisch", aber nicht mit der Wirklichkeit übereinstimmend. Die rationalistische Ethnologie der westeuropäischen Wissenschaftstraditionen musste daher von „Illusionen" sprechen, von denen die Heiden leben, die sie lieben und in die sie sich einhaken. Der italienische Ethnologe Ernesto de Martino (1908–1965)[20] kritisierte 1942 bei seinen Kollegen von der anderen Seite der Frontlinie die „Abwesenheit eines inneren Bezugs". In der Tat verspürten viele italienische und deutsche Kulturmorphologen, wie unsere obigen Ausführungen immer wieder zeigten, eher eine innere Affinität zum heidnischen Glauben – anders, als das die aufklärerische Tradition eines Durkheim erlauben konnte. Letztlich sind es Glaubensgegensätze, die hier die Welt und ihre Wissenschaft spalten. Der britische Funktionalist Raymond Firth (1901–2002)[21] schrieb 1959 in eher normativer Absicht, Ethnologen glaubten nicht an die Gültigkeit der Hexerei im Sinne einer autonomen Existenz unsichtbarer, persönlich kontrollierter böser Mächte, wie die Informanten sie beschreiben.

Wissenschaftlich gibt es keine Erklärung der Magie außerhalb der Feststellung von Irrtümern und Illusionen, in denen sich die Menschen eingerichtet haben, als seien sie Wahrheiten. Im Lichte des kritischen Verstandes verflüchtigt sich jede magische Substanz, und jede Art von Zauberhandeln erweist sich unter Laborbedingungen als wirkungslos. Nur wer dieses Licht rationaler Analyse ausschalten kann, wird einen Zugang zu den **Dingen der Nacht** finden, wo die Menschen sich gegenseitig nachstellen, wie wir das im Kapitel VII beim Thema Hexerei kennengelernt haben. Magie kann monorational nicht erfasst werden, oder der Versuch bleibt auf sozialtechnischem Niveau hängen, wo magische Praktiken der Kommunikation, der Unglückserklärung oder der Abfuhr von Rachegefühlen dienen. Mehr lässt der wissenschaftliche Empirismus nicht zu.

Bei der obigen Betrachtung der verschiedenen Hierophanien haben wir uns im Perspektivenwechsel geübt. Dazu gehört auch der Blick in die soziale und kulturelle Nachtseite. Alfred Schuler sprach direkt von einer „Allnacht", wo Wunder die Menschen lenken und die Zauberer das Regiment führen[22]. Möglicherweise von solchen neognostischen „Kosmikern" beeinflusst, rief Leo Frobenius 1923: *„Ich will euch vom Tag erlösen."*[23] Damit baute er seiner kulturmorphologischen Kamera ein zusätzliches Objektiv an, das Erscheinungen zu erkennen erlaubte, die dem rationalistischen Blick gänzlich dunkel blieben. Die Rekonstruktion des Heidentums hat von dieser phänomenologischen, empathischen und vernunftrelativistischen Zugangsweise in den vorangegangenen Kapiteln manches Mal profitieren können. Nun wollen wir uns **kulturmorphologisch** die Magie erklären lassen, weil uns die empirische, rationale Feststellung von der „großen Illusion" (Malinowski) nicht genügt.

Zum religionsethnologischen Verständnis der Magie bedarf es der Erinnerung an die tiefenpsychologische Erkenntnis von der Zusammengesetztheit des Menschen, von seiner inneren Aufschichtung, die ihn fast zum lebenden Dokument der Geistesgeschichte macht. C.G. Jung formulierte es so: *„Äußerlich ist man quasi ein Kulturmensch und innerlich ein Primitiver."*[24] Menschen, auch Intellektuelle, sind mit „Palimpsesten" zu vergleichen, also Schriftträgern, die mehrfach gebraucht wurden, oder Steinflächen, die mehrmals übermalt wurden[25]. Am verbrauchtesten in dieser Hinsicht aber erscheint der moderne Mensch, weil die cartesianische Rationalität ihm alle älteren Einschreibungen disqualifiziert hat. Deswegen sind wir besonders beim Thema Magie dazu gezwungen, auf Ethnologen zu hören, die im Lichte der Aufklärung gerne als Dunkelmänner oder Irrationalisten bezeichnet werden.

In seinem Hauptwerk „Mythos und Kult bei Naturvölkern“[26] kritisiert Jensen die evolutionistische Grundannahme, die „Primitiven“ näherten sich der Welt der Erscheinungen wie Kinder und verfielen daher wie diese dem Glauben, überall den eigenen Willen durchsetzen zu können. Dieser für wissenschaftlich gehaltene Befund werde tatsächlich durch die Aussagen der Informanten gestützt, die ein magisches Ritual damit begründen, etwa die Fruchtbarkeit der Felder zu erhalten. Jensen sieht hier nicht den Kern heidnischer Anschauung getroffen, schon gar nicht ihren Ursprung gedeutet. Er vergleicht den weitverbreiteten Trugschluß mit einem Religionsforscher, der im Heruntersagen einer vorgeschriebenen Anzahl von Vaterunsern das Wesen des Christentums erblickt zu haben glaubt. Gerade im protestantischen Licht (dem Jensen sich verpflichtet fühlte) erscheinen solche „Äußerlichkeiten“ als Degeneration oder Verfälschung des evangelischen Glaubens.

Dieselbe Rettung des wahren Kerns vor seiner ritualistischen und instrumentalistischen Verflachung, die im Falle der großen Weltreligionen von jedermann nachzuvollziehen ist, möchte Jensen nun auch für das Heidentum geltend machen. Gleiches Recht für alle - ein echt ethnologisches und kulturrelativistisches Anliegen - wird endlich für das Gebiet der Religion eingefordert, auf dem die von Konrad Theodor Preuß (1869-1938)[27], Carl-Heinz Ratschow(1911-1999)[28] und anderen geltend gemachte Annahme von der „Urdummheit“ der Menschheitsentwicklung dominiert. Diese wissenschaftlich untermauerte Diskriminierung fremder Glaubensformen speist sich motivisch eindeutig aus der biblischen Tradition des abendländischen Geistes, wie wir oben immer wieder feststellen mussten. Dieser Tradition fühlt sich auch Jensen verpflichtet; trotzdem ruft er zur Radikalkorrektur jenes Axioms von der **Urdummheit** auf, weil auch der Heide nicht nach seinen gedankenlosen Gewohnheiten, sondern nach seinem inneren Glaubensfundament beurteilt werden müsse.

Diese von Jensen entwickelte Rehabilitation des Heidentums setzt nun die Magie, die für alle Religionsevolutionisten am Anfang der Entwicklung steht, an ihr Ende, so wie das erwähnte Rosenkranzbeten den Gegenpol zur Stiftung des Christentums durch den Tod am Kreuz darstelle. Zweckdenken, Instrumentalisierung ritueller Handlungen und das magische Zwingenwollen übernatürlicher Kräfte sind für Jensen Symptome religiöser **Degeneration**, die sich weltweit auch bei „Naturvölkern“ - aber nicht nur bei diesen - feststellen lasse. Sinn ist für Jensen immer älter als Unsinn. Am Anfang stehe in jeder religiösen Tradition die Ergriffenheit durch kosmische Urakte, darauf folge das feierliche Erinnern an und Wiederholen dieser Ereignisse, schließlich verflache die heilige Handlung zum sinnentleerten Ritualismus oder zur mechanischen, instrumentell verstandenen und intellektuell begründeten Pflichtübung. Hier stellt sich nach Jensen dann auch die weit verbreitete Heilserwartung ein, während die noch glaubenssatte Wiederholung des Urzeitgeschehens das Heil in sich selbst getragen habe.

Die vorherrschenden Theorien über Magie und Opferhandlungen unterstellen den Heiden eine Zweckrationalität, die einerseits den Informanten abgefragt sein konnte, andrerseits aber vor allem dem westlichen Verstand einleuchtet. Ist eine Frau unfruchtbar, bleibt der Regen aus, muss ein Totengeist versöhnt werden, wird ein Haus neu gebaut[29] - in all diesen Nöten wird ein Opfer gebracht, um den Notstand zu wenden. Warum taugt aber stets das gleiche Ritual für so unterschiedliche Probleme, fragt Jensen. Warum fällt dem in Not geratenen Heiden immer nur das **blutige Opfer** ein? Hier hilft nach Jensen die gängige Zaubertheorie nicht mehr weiter. Dem blutigen Opfer muss ursprünglich ein anderer Sinn zugrundegelegen haben als die bloße magische Absicht der Schadensbehebung. Wir haben oben beim Thema Pflanze Jensens eigene Erklärung für die weltweite Verbreitung des blutigen Opfers kennengelernt: Es geht um die Wiederholung der Urtötung als Einverständniserklärung mit dem So-Sein der Welt.

Magische Rituale, an erster Stelle das Töten eines Tieres, sind ontologische Bekenntnisse, auch wenn der Ritualist sie nicht angemessen kommentieren kann, ihren Sinn vielleicht vergessen hat und zu einer momentan einleuchtenderen Begründung wie z. B. einer Wunscherfüllung oder einer Unglücksvermeidung greift. Aber auch andere Zauberhandlungen vermag Jensen unter seiner Perspektive des Sicheinordnens in die Urzeitordnung zu deuten. Auf der ganzen Welt werden **Zaubersprüche** gebraucht, sie flattern von Gräbern, schlummern in Amuletten, zieren Hausfassaden oder kommen in Heilerpraxen zum Einsatz. Der Zweck des Wortrituals scheint leicht nachvollziehbar zu sein: Die Worte enthalten Segen für den Träger oder Fluch für den Gegner. Jensen empfielt, die Zaubersprüche genauer anzusehen; denn oft stellten sie schlicht Verkürzungen mythischer Erzählungen dar und deren Wirkkraft beruhe nicht auf fehlerhaften Kausalketten, sondern bestehe in der Erinnerung von Urzeitgeschehen.

Ob Abwehrzauber oder Schadenszauber – oft werden Passagen über eine in der Urzeit erfolgte Heilung (wie im Falle des berühmten Merseburger Zauberspruchs *„Phol endi Wuotan ...“*)[30] oder über eine andere relevante Setzung zitiert, weil die richtige Erinnerung daran ihre Wiederkehr bedeutet. Wie uns das Kapitel Zeit (XI) gelehrt hat, ist für Heiden Gegenwart Wiederholung der Vergangenheit. Jensen meint, die frommen Ritualisten hätten in erster Linie diesen Gedanken der Wiederkehr im Sinn – wenn sie Regen herbeizaubern, Sterilität verbannen, Geister besänftigen oder ein Haus bauen. Immer gehe es um Neuinszenierung der alten Ordnung, die in der Urzeit gesetzt wurde. Auch die Magie des christlichen Zeitalters kann in diesem Jensenschen Sinne gedeutet werden, wie ein Zauberspruch aus dem Fränkischen lehrt:
*„Blutstillung so allzeit hilft. Sobald du dich geschnitten oder gehauen, so sprich: Glückselige Wunde, glückselige Stunde, glückselig der Tag, da Christus geboren war. +++Amen.“*[31]

Das Erinnern an den Weltbeginn verströmt im Heidentum wie in seiner unvollkommenen Beseitigung in der Volksreligion die Zauberkraft, die die Menschen in ihren Ritualen brauchen und gebrauchen. Das Erinnern kann verbal geschehen wie im Zauberspruch, der ein Mythenfragment ist, oder im Zauberritual, indem entweder eine vollständige oder eine partielle Tötung vollzogen wird. Als letztere sieht Jensen das wiederum weltweit verbreitete **Auspeitschen**. In der gängigen Literatur wird die Handlung meistens als Fruchtbarkeitsritual erklärt, wenn nicht gar jüngere Muster wie Abhärtung und Mutprobe aus der Krieger- oder Sportkultur bemüht werden. Auf jeden Fall handelt es sich wiederum um „Urdummheit“; denn blutige Striemen am nackten Körper regen weder Ei- noch Samenzellen an. Außerdem muss das Auspeitschen für die unterschiedlichsten Anlässe herhalten: Tötung eines Tapirs, Beziehen eines neuen Hauses, Höhepunkt der Gartenarbeiten, Einbringen der ersten Früchte, Reifezeremonien der Mädchen oder Jünglinge, Totenfeste, Einsetzung eines Häuptlings, Abschluß eines Wettkampfes, vor dem ersten Beischlaf, Wiederverheiratung einer Witwe oder Umgänge zur Wintersonnenwende[32]. Sicher lassen sich für alle diese unterschiedlichen Ereignisse fehlerhafte Kausalketten konstruieren, u. U. auch erfragen. Jensen sieht aber das Gemeinsame dieser Peitschenrituale in ihrer Verbindung zur Urzeit mit dem frühpflanzerischen Mythologem, dass die Nutzpflanzen einst aus einer geschlagenen oder getöteten (Dema-)Gottheit herausfielen (s. o.).

Was sich im heidnischen Ritual also abspielt, ist eine Wiederinszenierung von Urzeitgeschehen, so wie der Zauberspruch mythische Wahrheiten wiederholt[33]. Die unter großem Gaudium vollführten Peitschenhiebe bringen das Quälen der Dema durch andere Dema in Erinnerung. Mit dem Urzeitgeschehen entstand die Welt, mit der Erinnerungshandlung erneuert sie sich. Diese Welterhaltung ist der Sinn und die Sorge des Ritualismus. Deswegen bekennen Heiden: *„Das Ritual erhält uns am Leben."*[34] Spezifische Wünsche und Handlungszwecke sind demgegenüber sekundär, nachgeschoben oder verdanken sich dem Respekt vor der Rationalität des Ethnographen, den der Informant nicht enttäuschen möchte.

### *Der Zauber von Bild und Zahl*

Ein weiteres Beweisfeld für die interdisziplinäre Zaubertheorie ist die darstellende **Kunst**, die wir im vorigen Kapitel schon in einem anderen Lichte zu sehen versucht haben: Nach der herrschenden Auffassung gab es vor der heutigen Emanzipation von der Gegenständlichkeit und der davor liegenden Auftragskunst nur magische Bilder, z. B. die Felsbilder. Jäger bereiten sich mit „Bildzauber" und „Analogiezauber" auf eine erfolgreiche Jagd vor. Jensen hält dieser allgemein einleuchtenden Erklärung die erwähnten Beobachtungen bei zeitgenössischen Felsmalern entgegen: Wie oben erwähnt, frischen die Altaustralier ihre „Wondjina", d. h. Urzeitwesen darstellenden Felsbilder, von Zeit zu Zeit auf, um ihre Gegenwart und Kraft zu erhalten. Die ganze archaische Kunst lässt sich dann weniger als magische Technik denn als Dienst an der Urzeit begreifen, als heilige Wiederholung von Urbildern, als Erinnerungsmale, als Gedenkorte für Urtötungen, vor allem aber als Erneuerung.

Undeutlicher wird freilich dieser Jensensche Erklärungsansatz auf dem weiten Feld der **Amulette**[35], der wohl universalsten Form von Magie, deren „Zauber" sich auch in der modernen Gesellschaft nur wenige zu entziehen vermögen – man denke allein an die große Bedeutung der persönlichen Schutzmittel auch im neuzeitlichen Krieg. Wo ist hier der Urzeitbezug bzw. die Wiederholung? Jensen hat dieses Thema ausgeklammert, soweit es nicht mit Zaubersprüchen zusammenhängt. Viele Amulette enthalten aber Bilder, deren Bedeutung etwa bei dem unter Soldaten des Ersten Weltkriegs beliebten „Görgentaler"[36] ohne Mühe mit dem im christlichen Georg weitergeführten Motiv des universal verbreiteten Chaoskampfes (s. o.) zu verbinden ist. Der Schlachtentod wird gleichsam zum Weltanfang überhöht, auch wenn der Landser den Heiligen als

Schutzpatron anrufen mag und seine Angst vor dem genannten Gleichklang übertönen möchte.

Wie aber steht es mit den ebenfalls als babylonisches Erbe der Welt mitgegebenen magischen Quadraten? Agrippa von Nettesheim (1486–1535), der Goethe als Vorbild für seine Faust-Gestalt gedient hat, behandelte in seiner „Occulta Philosophia" von 1533 auch die sogenannte Zahlenmagie – als heidnisches Reduit gegen den allerorts vordringenden Rationalismus[37]. Von den **magischen Quadraten**[38], die von unten nach oben, von rechts nach links und in den Diagonalen jeweils dieselbe Zahlensumme ergeben und damit in Ziffern durchspielen, was der oben erwähnte *Sator-Arepo*-Satz mit Worten tut, gibt es ganze sieben. Wie die Wochentage sind sie den Himmelsgöttern zugeordnet und begründen damit das nichtwissenschaftliche Weltbild in „objektiv" erscheinenden Zahlenreihen.

Der weiteste Planet des geozentrischen Weltbildes, Saturn, besitzt neun Felder mit der Zeilensumme 15; es folgt Jupiter mit vier Feldern Kantenlänge und der Summe 34, woraus sich 4, 16, 34 und 136 (Gesamtsumme) als „Jupiterzahlen" ergeben. Als nächster kommt Mars mit 5 mal 5 Feldern, der Zeilensumme 65 und der Gesamtsumme von 325. Das „Sonnenquadrat" besitzt dann 6 mal 6 Felder, was die „heiligen" Zahlen 6, 36, 111 und 666 ergibt, und das „Venusamulett" zeigt 7 mal 7 Felder mit den entsprechenden Zahlen 7, 49, 157 und 1225. Die größten Quadrate besitzen Merkur (8 mal 8) und Mond (9 mal 9).

| | | |
|---|---|---|
| 4 | 9 | 2 |
| 3 | 5 | 7 |
| 8 | 1 | 6 |

| | | | | | | |
|---|---|---|---|---|---|---|
| 3 | 42 | 38 | 4 | 43 | 40 | 5 |
| 44 | 13 | 30 | 33 | 34 | 15 | 6 |
| 1 | 32 | 26 | 21 | 28 | 18 | 49 |
| 39 | 31 | 27 | 25 | 23 | 19 | 11 |
| 2 | 14 | 22 | 29 | 24 | 36 | 48 |
| 41 | 35 | 20 | 17 | 16 | 37 | 9 |
| 45 | 8 | 12 | 46 | 7 | 10 | 47 |

Sigilla Planetarum (links Saturn, rechts Venus), nach Ahrens 1916:4,17.

Wer sich noch in der frühen Neuzeit mit solchem Zauberwerk beschäftigte, musste sich über die „Sigillen der Planeten" widersprüchlich äußern wie Paracelsus[39], musste von Geheimmitteln (*arcana*) zu ihrer Linderung oder Stärkung sprechen oder sich anders tarnen. Manche Magier begannen, Hebräisch zu lernen und verbanden ihre Schlüsse aus den Zahlenspielen mit erhabenen Formeln wie Elohim, Adonai oder Jehova[40]. Ein direkter Urzeitbezug lässt sich darüber aber schwerlich herstellen. Wer mit Jensen auch in der Zahlenmagie den Regenerationsgedanken erkennen möchte, muss eine ebenso mathematische wie qualitative **Kosmologie** bemühen, die zweifelsohne die heidnischen Jahrtausende beherrschten, aber eben doch von hochkulturlichem Spezialistentum abhing. Wie oben (Kapitel III) für die Ethnoastronomie und -astrologie festgestellt wurde, mangelt es hier schlicht an Beobachtungsmaterial. Ethnographen sind der eigenen magischen Tradition derart entfremdet, dass ihnen auch im fremden Feld viele Zauberkräfte entgehen.

Umso größer ist das Verdienst Jensens, mit seinem gänzlich anderen Blick auf das Wesen der heidnischen Religion eine entscheidende Korrektur an dem von Religionsevolutionisten und Theologen vertretenen Magieverständnis angebracht zu haben. Dieses Muster, das auch unter rationalistischen Ethnologen verbreitet ist, stammt aus der jüdisch-christlichen Polemik gegen die „Abgötterei" und fand in dem lange hochkonjunkturellen „Fetischismus"[41] ihren adäquaten Begriff. Mit der Unterscheidung zwischen ursprünglichem Sinn und instrumenteller Spätphase, die Jensen bei allen Glaubensrichtungen treffen möchte, fällt der lange dogmatisierte Gegensatz zwischen Magie und Religion in sich zusammen. Die Ethnologie hat mit Jensen, der hier Frobenius weitergeführt hat, die alte Religionsforschung überwunden, die auf der einen Seite „urdumme" Magisten und Fetischisten sah, auf der anderen Seite Glaube und Anbetung, wie in den anerkannten „Hochreligionen". Magisches Denken, die Abhängigkeit von Zwängen, die Furcht vor Übertretungen und die Heilserwartung als Honorierung guter Taten sind zentrale Eigenschaften jeder Religionsrichtung. In seinen mechanistischen und dogmatisierten Formen ruft dieses „Endstadium" eines Glaubens überall den Spott des Skeptikers und Intellektuellen hervor, auch wenn sich die Tiefe einer Frömmigkeit selten messen lässt. Diese aber den „Primitiven" schlicht abgesprochen zu haben, ist die „Urdummheit" der rationalistischen, evolutionistischen und funktionalistischen Ethnologie sowie den mit ihr verwandten Sozial- und Religionswissenschaften.

*Die Wahrnehmung von Qualitäten*

Die einmalige Leistung der Kulturmorphologie auf religionsethnologischem Gebiet war die Erinnerung an und Einlösung des Auftrags, den Adolf Bastian im 19. Jahrhundert der Ethnologie auf den Weg geben wollte und der sie von ihren rassenideologisch argmentierenden Nachbarwissenschaften befreien sollte: Gemeint ist die Grundannahme von der psychischen Einheit des Menschengeschlechts[42], aus der nach Jensen auch eine konstante religiöse Erlebnisfähigkeit resultiert. Dazu gehörten auch Gedanken, die an das obige Zitat Jungs erinnern: Der *homo religiosus*, der nach Jensen vor allem ein *homo mimus* ist, ein Darsteller der wirksamen Wahrheiten aller Zeiten, ist ein Universalphänomen; seine Normgröße aber ist nicht der Schriftgelehrte und Theologe, sondern der „innere Primitive", der von Hierophanien abhängig ist und das ohne intellektuelle Verschämtheit zum Ausdruck bringt. Wesentlich dabei ist nicht die Technik, wie man Götter und Geister übervorteilt – schließlich gibt es auch im Judentum „kreative" Formen der Sabbatheiligung –, sondern die existentielle Wahrnehmung dieser unkontrollierbaren Mächte. Da sie in ihrer Wirkkraft nicht messbar sind, wurde in diesem Buch der Begriff der *qualitativen*, anstatt der *quantitativen* Weltwahrnehmung eingeführt.

Jensen erblickte auch im Abendland Spuren des qualitativen Naturerlebnisses. Er verglich in seinem genannten Hauptwerk von 1951 den **Baumruf**, den ein Ibo in Nigeria vernimmt, mit der Stimme, die der Handwerksbursche in Wilhelm Müllers Gedichtszyklus „Die Winterreise" – durch die Vertonung Schuberts weltberühmt geworden – vernimmt:

*„Und seine Zweige rauschten, als riefen sie mir zu:*
*Komme her zu mir Geselle, hier findst du deine Ruh."*[43]

Während der heidnische Ibo einem Baumruf unmittelbar Folge leistet, entschuldigt sich der Wandergeselle mit seiner modern anmutenden Getriebenheit. Es gibt also schon deutliche Unterschiede in der Reaktion auf Hierophanien; gänzlich unmöglich wird der Baumruf aber erst im wissenschaftlichen Weltbild, das die Nachtseite des Lebens nicht mehr wahrnehmen kann und Bäume objektiviert (entsubjektiviert), materialisiert und kommerzialisiert (s. Kapitel V).

Magie als wissenschaftliches Konzept scheint auf einem Missverständnis zu beruhen. Frazer und die, die ihm folgten, projizierten die moderne Zweckrationalität in die Nichtmoderne, begrüßten sie dort im Sinne einer universalen Rationalität, bedauerten aber zugleich das Fehlen der empirischen Grundlage. Die Kulturmorphologie, die Magie als weltweit und jeweils sich durchsetzendes Zerfallsstadium begriff, suchte die gemeinsame Ebene in Frömmigkeit und Innerlichkeit, wie sie in der Moderne nur noch Romantikern und Fanatikern zu gelingen scheint. Für sie trennt Magie nicht die moderne von der archaischen Welt, sondern die Passions- von der Aktionsanthropologie. Heiden sind, wie oben immer wieder betont werden musste, aktive Problemlöser in ökonomischen und sozialen Fragen. Auf der religiösen Ebene sind sie Passivisten, für die das Wahrheitskriterium nicht technisch oder instrumental werden kann, weil der Ursprung anders war. An den aber fühlen sich Heiden, gerade bei ihren magisch erscheinenden Ritualen, gebunden. Wie die Griechen nennen sie Wahrheit *αλήθεια* (*alätheia*), d. h. Nichtvergessenheit[44], weil sie im Mythos aufbewahrt wird. Zum stetigen Erinnern des Urgeschehens gehört aber seine Darstellung, seine Wiederholung, seine Vergegenwärtigung.

Die oben beim Thema Traum (Kapitel X) behandelte Rationalitätsdebatte durchzieht die Geschichte der Ethnologie wie ihr Rückgrat[45]. Gäbe es das Problem mit dem magischen Denken nicht, gäbe es keine Ethnologie, deren Hauptaufgabe das Übersetzen zwischen den Rationalitäten ist[46]. Die Grenzen verlaufen weniger zwischen Europa und Übersee, wie der hiesige Bürgerstolz meint, oder zwischen weißen Menschen und farbigen, wie die Rassenideologie gelehrt hat, als vielmehr zwischen den Lebensbereichen oder Sinnprovinzen (Schütz) ein- und derselben Gesellschaft, desselben Ortes, desselben Menschen. Die Industriegesellschaft ist stolz auf ihre rational durchgestylten Büros, ihre Bankkontore und Wissenschaftslabors, ihre effiziente Produktion und wohlorganisierte Distribution. Im Konsumbereich aber beginnen die magischen Domänen; die Werbung arbeitet wie die politische Propaganda mit dem bewährten Mittel der Wahrheit generierenden Wiederholung und der Macht der Affekte; ebenso leben Verbände, Kirchen und andere Gruppierungen von spezifischen Mischungen aus Erinnern und Vergessen, die nach denselben Regeln verlaufen wie die Ideologie in geschlossenen Gesellschaften.

Die deutsche Kulturmorphologie und die französische *sociologie sacrée* haben im europäischen Interbellum (1919–1939) die Magie der Moderne entdeckt. Seither konnten Ethnologen die eingefahrene Scheidung zwischen „uns" und den „Fremden" überschreiten und ihre Kunst des Perspektivenwechsels in ein und derselben Gesellschaft weiterentwickeln. Das sterbende Heidentum hat die moderne Gesellschaft ziemlich, gründlich und nachhaltig infiziert. Der Blick dafür kann aber nur aus der Ethnologie kommen. Erst durch die Schulung unter anderskulturellen Bedingungen wird deutlich, dass archaische Totenbräuche nicht mit der klinischen Debatte um Herztod oder Hirntod zu vergleichen sind, sondern mit dem modernen Bestattungskult und seinen Varianten, die vom Diamanten aus Opas Asche bis zum anonymen Wald- oder Wiesengrab reichen. Religiöse Rauschorgien heidnischer Gesellschaften sind nicht mit dem spröden Predigtgottesdienst norddeutscher Gemeinden zu vergleichen, sondern mit hiesigen Orten der Massenekstase wie Fussballstadien oder Woodstock-Veranstaltungen. Heidnische Vergeudungsrituale kontrastieren zwar mit der Haushaltsführung einer schwäbischen Kleinfamilie, finden aber Entsprechungen, ja gigantische Steigerungen in den Material- und Menschenvernichtungen, die die moderne Gesellschaft fast periodisch vornimmt. Der „Aufstieg der Menschheit zwischen Vernunft und Wahn“ (Thurnwald) ist überall ein Taumeln zwischen Extremen, zwischen nüchterner Güterabwägung bei Tag und leidenschaftlicher Selbstüberschätzung bei Nacht.

1 *„Die Magie ist im wahrsten Sinn des Wortes primitiv, ebenso wie sie kosmopolitisch ist"* (De Martino 1982:132).

2 Siehe Hauschild 2003:202.

3 Danzel 1928.

4 Wundts Magiedefinition meint *„jede Wirkung* [...], *die auf eine völlig unbegreifliche Weise von Menschen oder Geistern ausgeübt werden kann, um Heil oder Unheil hervorzubringen oder auch um drohendes Unheil abzuwehren"* (1900–20, IV:262).

5 *„Niemand, heißt es im 5. Buch Mose (18:10), <darf ein Weissager oder ein Tagewähler oder der auf Vogelgeschrei achte> sein. Auch im 3. Buch Mose (19:26) heißt es:<Ihr sollt nicht auf Vogelgeschrei achten noch Tage wählen>, wie es die Magier und Astrologen tun. Wie die Geschichte von Bileam deutlich macht, verstößt Wahrsagerei gegen das Gebot. Deshalb <ist kein Zauberer in Jakob und kein Wahrsager in Israel.>"* (Steiner 1975/92:165).

6 Weber 1921/76:362.

7 Für Bachofen und Schuler war dieser magisch-religiöse Konservativismus auch mit dem Matriarchat verbunden: *„Denn es ist im ganzen und großen nur die Oberschicht, die in patriarchal-evolutiver Weise tätig ist, während das Volk, wie es sich bis in die heutigen Tage hinein beobachten läßt, dem Mutterkulte und der Vergangenheit dient"* (Schuler 1922/40:242).

8 Die jüdischen Religionslehrer *„wirkten durch Belehrung in Wort und Schrift, diese* [die heidnischen Priester, BS] *durch Zauber, und ihre Autorität ruhte auf Kenntnis und intellektueller Schulung, nicht auf magischem Charisma"* (Weber 1921/23:411).

9 Für das christliche Mittelalter s. Riha 2004, für die islamische Welt Pielow 1995.

10 Zit. nach Levi 1926:165.

11 Markgraf Philipp von Hessen, der in seinem Land die Reformation einführte, öffnete am 18. Mai 1539 den Schrein der heiligen Elisabeth, lange Zeit Ziel eines europaweit blühenden Pilgerwesens, und verkaufte die Knochen einzeln. Unfreiwillig förderte er damit die Verbreitung des Elisabethenkults, subjektiv aber folgte er Luthers Lehre: *„Alle walfarten seint abgottereien und werden billich abgetan"* (Heinemeyer 1983:75).

12 Levi 1926:165. Die andere Herleitung von *superstitio*, die wie *ekstasis* den Übertritt und Austritt aus dem kategorial verordneten Raum-Zeit-Koordinatenkreuz meint, wurde in der Vorrede mit Hilfe W. F. Ottos plausibel gemacht.

13 Marcel Mauss schrieb in seinem 1902/3 erarbeiteten „Entwurf einer allgemeinen Theorie der Magie": *„Im Indien des Pakrit hat die Magie Sanskrit gesprochen, in der griechischen Welt ägyptisch und hebräisch, griechisch in der römischen Welt, lateinisch bei uns. Überall sucht sie den Archaismus, die fremdartigen, unbegreiflichen Ausdrücke"* (1950/78:91).

14 *SATOR AREPO TENET OPERA ROTAS* - der wohl berühmteste Zauberspruch ist ein mehrdimensionaler Palindrom, er lässt sich vorwärts, rückwärts, aufwärts und abwärts gleichermassen lesen und behält doch seine Rätselhaftigkeit; im Mittelalter galt er als wirksam gegen Hausbrand, Tollwut, schwere Geburt und Gespenster. Der hessische Pfarrer Schenk übersetzte ihn im Sinne eines christlichen Gebets gegen Feuer: „Der Erlöser hält mit Mühe die Räder auf" (Hessler 1904: 323); in seiner keltischen Version *SAOTHAR ARABA TEN NEATH O BEAR A ROD DEAS* lautet er übersetzt: „Schmerzen wegen Brandwunde Speerwunde vom gewandten Wurf"; s. Peuckert 1936: 427, Gottschalk 1965:129.

15 Siehe Derungs 1999:288.

16 Adorno 1973.

17 Den Einspruch gegen Durkheims Glauben an die kollektive Vernunft hatte - *avant la lettre* - Nietzsche formuliert: *„Der Irrsinn ist bei einzelnen etwas Seltenes – aber bei Gruppen, Parteien, Völkern, Zeiten die Regel"* (Nietzsche 1886/1979 III:83).

18 Malinowski 1935/81.

19 Evans-Pritchard 1937/78.

20 De Martino 1942.

21 Firth 1959.

22 *„Seine gesamte Hinterlassenschaft"*, schreibt Klages im Kommentar zu Schulers Nachlass, *„stammt aus der Wirklichkeit der Allnacht, und nur der wird mit Gewinn zu ihr greifen, der über den Taten des Tages noch nicht ganz die Verbindung eingebüßt hat mit den Wundern der Nacht"* (1922/40:119).

23 Frobenius 1923:11.

24 Jung 1979:203.

25 Zur Metapher des Palimpsests s. Streck 2001c, Berndt 2005:71.

26 Jensen 1951.

27 Preuß 1904/05.

28 Ratschow 1947. Die in den Nachbarwissenschaften der Ethnologie ungebrochene Grundannahme über den geistigen Aufstieg der Menschheit vom unlogischen über das prälogische bis zum logischen Denken hat M. H. Baege in seiner „Soziologie des Denkens" (Jena 1929) in eine übersichtliche Form gebracht (dazu kritisch König, M. E. P. 1973/96:17).

29 Zum weltweit verbreiteten Bau- und Brückenopfer bemerkt der oben schon vorgestellte Theologe Bertholet, dass hierdurch einerseits das Bauwerk mit einem Schutzgeist beseelt werde, andrerseits der Schaden an der „Natur" wiedergutgemacht werde. So begruben die Batak auf Sumatra in jedem der Löcher, in die ein Hauspfosten eingesetzt wurde, einen lebenden Sklaven, „um die Erdgottheit zu besänftigen" (1942:21). Die britische Archäologin Miranda Green sieht den Sinn im

durch Ausgrabungen gut belegten „Grundsteinopfer" eher in *„der magischen Verleihung von Glück, Wohlergehen und Dauerhaftigkeit an das Gebäude und seine Erbauer"* (2002/03:174).

30 Der sogenannte Zweite Merseburger Zauberspruch wurde vor kurzem von der Leipziger Medizinhistorikerin Ortrun Riha zitiert und kommentiert (Riha 2007:146), ganz im Sinne Jensens als Heilung (hier einer Gliederverrenkung) durch das Wiederholen einer mythischen Geschichte. In Hesslers Hessischer Volkskunde findet sich eine christliche Parallele: *„Gegen Verrenkung der Gelenke: Unser Herr Jesus Christus und seine Jünger, die gingen über eine Brücke; da taten sich alle Adern und Gelenke verrücken. Sie gingen miteinander über einen Rain, da rückten sich alle Adern und Gelenke wieder ein. Im Namen Gottes usw."* (1904:102).

31 Flügel 1863:480.

32 Aus der Fülle der Literatur sei hier nur der Beleg für letzteres Ereignis genannt: Ries 2004.

33 Der Gedanke, dass das Ritual eher in der Wiederholung eines Uraktes als in der Antwort auf eine hierophanische Getroffenheit seinen Grund hat, leitete auch Eliade bei seinen Religions- und Kulturvergleichen (s. Eliade 1949:374, 378).

34 Siehe Rottenburg 1987.

35 Das Wort ist entweder vom lateinischen *amuletum* (Antigift, nach Preuß 1923:33) oder vom arabischen *hammâlat*, d.h. Tragband oder Umhänger abgeleitet und taucht im Deutschen zum ersten Mal 1596 auf (Osman 1982:27). Sein Synonym Talisman hingegen wird auf das griechische *τέλεσμα* (*telesma*) zurückgeführt (Wellhausen 1927:166), dem Alfred Schuler, wie oben angemerkt, die Bedeutung einer Todeskraft zumaß, die im Säugling ab, im Greise aber zunehme (Schuler 1940:230). Nach Wegener (2003:32) hat „der letzte deutsche Katharer" Alfred Schuler diesen Gedanken vom französischen Neugnostiker Gérard Anaclet-Vincent Encausse, alias Henri Papus (1865–1916) übernommen.

36 Ahrens 1916:3.

37 Dazu Ernst Bergmann: *„Eine paramirische Denkwelle geht über Deutschland hinweg. Es will nicht erwachen. Es will weiter träumen vom homo divinus, dem magischen, gottähnlichen Menschen. Aber unter Agrippa träumt es sozusagen bewußt, mit Intervallen kritischer Besinnung"* (1926:128). Von der Antike bis zur Renaissance zog sich eine Wissenschaftstradition hin, die dem Wunder vor dem Versuch Priorität einräumte. Diese *Alchemie*, die mit ihrem Motto *solve et coagula* – löse und verbinde – an die oben rekonstruierte heidnische Thanatologie von den bald gebündelten, bald zerstreuten Seelenteilen erinnert, war magische Wissenschaft, und ihre Konjunktur in der Spätantike (nach der Durchsetzung des kritischen Verstands in der Hochantike) könnte die Rede vom unaufhörlichen Rationalisierungsprozess in Frage stellen, auch wenn sie heute allgemein als gescheitert gilt (s. Schmieder 1832/2005 oder Gross/Levitt 1998).

[38] Siehe Ahrens 1916.

[39] Vgl. Aschner in Paracelsus 1926.

[40] Ahrens 1916:7.

[41] Eine ideologiekritische Abhandlung der Fetischismus-Problematik findet sich bei Kohl 2003: *„Fetischisten – das sind immer die anderen, gleichgültig ob Katholiken, Protestanten oder Afrikaner“* (2003:91).

[42] Dazu Koepping 1983.

[43] Wilhelm Müller (1823) in Feil 1975:165.

[44] Dazu Mühlmann 1981:13.

[45] Dazu Tambiah 1990, Rottenburg 2002.

[46] Siehe Streck 2004a.

# XIV. Schamanismus

*... der Kern des Schamanismus ist eben die Gabe, die eigene Seele fortschicken zu können.*
Laszlo Vajda

Wer das kann, was der ungarische Ethnologe Laszlo Vajda (1923–2010) in diesem schlichten Satz[1] zusammenfasst, erscheint verrückt wie ein Besessener. Während dieser aber, wie wir in Kapitel VII gesehen haben, zum willenlosen Tragtier seines reitenden Geistes oder zur sprechenden Hülle eines fremden Subjekts wird, vermag der Schamane nach seiner Metamorphose mit Geistern einen Dialog zu führen. Diese Differenz geht im Begriff des „Besessenheitspriesters" verloren, den der begnadete Schamanismusforscher Hans Findeisen (1903–1968)[2] vorgeschlagen hat. Er und sein Schüler Adolf Friedrich[3] haben den schamanistischen Komplex aus der „Tierschicht" abgeleitet, also jener im Altpaläolithikum fundierten Tierverehrung des jagenden Menschen, die wir in Kapitel VI als formative Phase der gesamten Menschheit ausführlicher kennengelernt haben. Vajda hingegen datiert die Entstehung der Schamanenreligion in die Bronzezeit, weil sich in ihr Eurasiens nördliche Jägerkulturen und südliche Bauernkulturen gemischt hätten[4]. Das sind nur zwei der vielen zerstrittenen Gelehrtenmeinungen zum Thema Schamanismus, das heute viel Platz in einschlägigen Bibliotheken füllt und dessen Aktualität seit dem Ende des religionsfeindlichen Staatskommunismus[5] wie auch durch die New-Age-Bewegung[6] stark zugenommen hat.

### *Zwischen Charisma und Betrug*

Was Vajda mit dem oben als Eingangsmotto zitierten Charakterisierung für den modernen Leser begreiflich zu machen versucht, sollte in Kenntnis der heidnischen Seelenvielfalt[7] eher mit „Auflösung" wiedergegeben werden. Schamanen lernen, sich selbst aufzulösen, und die Kraft, die aus einer solchen Radikalmetamorphose zu gewinnen ist, für andere nutzbar zu machen. Schamanismus ist wie die im vorangegangenen Kapitel behandelte Magie ein sehr praktischer Aspekt der heidnischen Religion. Während Zaubermittel prinzipiell jedermann zur Verfügung zu stehen scheinen, öffnet sich der Weg des Schamanen aber nur wenigen. Es ist entsetzlich schwer, den eigenen Tod und die eigene Auflösung vorwegzunehmen und das zu wiederholen, auch wenn man bei Erfolg „Herr der Geister" genannt wird und von den gewöhnlichen Mitmenschen wie ein Heiland verehrt wird.

Im Schamanentum, das in der einen oder anderen Form weltweit verbreitet ist und – trotz triftiger Einsprüche mancher Sibirienforscher oder Kulturhistoriker[8] – von Anbeginn zum Heidentum gehörte, zeigt sich die Identität von Religion und Heilung. Die Rückbindung an die Urzeit und die Öffnung zur Anderswelt dienen der Bekämpfung von Krankheit und Elend in physischem wie psychischem Sinne. Wenn neuere Religionen hier eine Arbeitsteilung praktizieren, obwohl vielerorts Priester und Arzt sich am Totenbett begegnen, zögern sie gegen ihren Willen das Sterben des Heidentums hinaus, weil die Rede über den Tod mit der *High-Tech*-Medizin nicht Schritt hält. Auch in der modernen Gesellschaft, die von der rationalen Funktionsteilung beherrscht zu sein scheint, leben viele Heiler von ihrer Gabe, Mächte der unsichtbaren Welt zu kontaktieren[9] und mit ihrer Hilfe Leiden zu kurieren. Da diese Geister sich nicht dogmatisieren lassen, gelten sie den Theologen und Schriftgelehrten als Teufel, und die, die mit ihnen sprechen, als Teufelsbündler. Dem Rationalisten erscheint der Heiler und Schamane aber als Betrüger[10]. Im Kapitel zuvor war vom „religiösen Schwindel" bzw. der Zauberei die Rede, hier geht es um den „religiösen Schwindler", den Schamanen.

Der russische Ethnologe Lev Jakovlevic Sternberg (1862–1927)[11] glaubte nachweisen zu können, dass die Religion der zeitgenössischen Sibirier auch die der historischen Inder, Perser, Semiten, Griechen, Römer und Germanen gewesen sei. Nicht so sehr das Jägersubstrat als vielmehr der Weltenbaum sei das gemeinsame Fundament, also eine Kosmologie, die auf Anschauung des pflanzlichen Wunders basiert, wie wir es in Kapitel V als Hierophanie kennengelernt haben. Dieser Gedanke birgt aber auch die Möglichkeit, Schamanismus weniger mit einer der für ihre Eifersucht bekannten „Weltreligionen" zu vergleichen, als vielmehr im Sinne einer offenen Weltanschauung und Daseinspraxis zu begreifen, die durchaus mit anderen, eher als Religion ausgewiesenen Glaubenswelten koexistieren kann. Schon die mitteleuropäische Bronzezeit kannte, wie die berühmten Goldhüte der Berliner Sammlung[12] belegen, prächtig gewandete Hierarchen, die für den Kreislauf von Sonne, Mond und Pflanzenwuchs zuständig waren, neben Heilern, die mit den Brüchen des Kosmos und Unabwägbarkeiten des Lebens zu tun hatten. Dazu qualifizierte weniger Rang und Ansehen als vielmehr Existenzkrisen, aus denen der Schamane gebeutelt oder verkrüppelt hervorgeht und die ihn ermutigen, sich eines vertrauten Umgangs mit der Geisterwelt zu rühmen.

Schamanen sind geschundene Kreaturen, die ebenso tot wie lebendig genannt werden können. Sie haben alles, was der Mensch ertragen kann, hinter sich und beziehen aus der ausgeleierten Bindung ihrer Lebenskräfte eine ungeheure Zauberkraft. Die Menschen erschaudern vor solchen Gestalten, auch wenn sie sie in tiefer Not aufsuchen. Die derart Ausgezeichneten wirken wie die oben beschriebenen Kunstwerke: Sie sind ihrerseits Ausdruck existentieller Ergriffenheit und ergreifen den Betrachter, hier den Ratsuchenden. Der Trance-Tanz des Schamanen[13] führt die genannte Auflösung vor, und die Trommel schlägt die Rhythmen der Geister, die damit anwesend werden. Der Ausnahmezustand des ekstatischen „Virtuosen" überträgt sich auf die Umstehenden, ganz besonders aber auf den Patienten, der damit an der Auflösung teilhaben kann und eine Metamorphose als Wende zur Besserung erhoffen darf. Das ganze Szenario ist ein religiöser Akt von elementarer Wucht, die geordnete Gottesdienste von hierarchisch verwalteten Religionsgemeinschaften nur schwer erreichen können[14].

Schamanen wirken durch ihr **Charisma**, und dieses ist eine Hierophanie. Es gleicht auch den oben behandelten Hierophanien, dem alles verwandelnden Feuer, der Hexenkraft im Mitmenschen, vor allem aber dem Baum als Mittelpunkt der Erde und Achse zwischen Unterwelt und Oberwelt. Der Schamane hat – nach den berühmten Erzählungen aus Sibirien[15] – seine Skelettierung überstanden, d. h. er war wie ein wintertoter Baum, der nun neues Leben zeigt. Er ist die Verkörperung der Metamorphose, weshalb er als idealer Seelengeleiter verehrt wird. Er klettert in seiner Ekstase den Weltenbaum nach oben, um zur Verkörperung anstehende Seelen zu holen, und er klettert nach unten, um die Seelen von Verstorbenen zu geleiten oder verirrte zurückzuholen[16]. Dabei ist er umgeben von sogenannten Hilfsgeistern, deren Entsprechungen wir bei der oben angesprochenen Geistbesessenheit kennengelernt haben. Doch, wie schon erwähnt, gelten sie nicht als „Herren", sondern als „Diener". Gelingt es dem Anhänger eines Besessenheitskultes, nach langjähriger Übung mit seinem „Plaggeist" auf vertrauteren Fuß zu kommen, wird dem Schamanen das gleich mehrfach nachgesagt. Alle Geister, die ihn einst umgeworfen und aufgefressen haben, stehen ihm nun zur Verfügung.

Manche Sibirier erzählten den staunenden Forschern, die Körperteile, die ein Geist dem Schamanen geraubt habe, könne derselbe Geist auch heilen. Die Täter geraten durch ihre Tat in die Pflicht des Opfers. Friedrich vermutete hier den Ursprung der Eucharistie, des Verzehrens der getöteten Gottheit als Unterwerfungshandlung. Das Messopfer führt die archaische Paradoxie weiter, die Frobenius einmal auf den schon mehrfach zitierten Satz gebracht hat: Es *„folgt jeder Besitzergreifung eine Ergriffenheit durch den Besitz"*.[17] Wie bei der im Kapitel Tier

(VI) angesprochenen Rachemacht schlägt das Opfer den Täter in seinen Bann; hier berühren sich der archaische und universelle Schamanismus mit dem neuen Religionsverständnis der Abendmahlsgemeinde, die nach außen hin Sündenschuld und Kreuzestod verkündet. Im substantiellen Kern aber unterwerfen sich die Töter dem Toten bzw. die Menschen der Gottheit, wie die Geister nach ihrer Fleischorgie dem Opfer zu Diensten werden und nicht nur die geraubten und verschlungenen Körperteile ersetzen, sondern – nach Bedarf – auch bei anderen dies tun müssen. Das ist das Heilmysterium des Schamanen; er wächst durch Zerstückelung und Skelettierung nach und über sich selbst hinaus.

Wenn er diese Auflösung durch Geisterhand als Selbstauflösung mit Geisterhilfe wiederholt, erscheint er verrückt. Schamanismus ist ein Kult, der aus der **Anschauung von Verrücktheit** lebt. Der unheimlichen Kraft einer Verwandlung vom normalen Bewusstsein in jenseitiges sind wir oben beim Besessenheitskult und beim antiken „Paroxysmos“, der heiligen Verrücktheit z. B. im Dionysos-Kult, schon einmal begegnet. Im „Zorn des Achill“ oder im „rasenden Roland“ bewahrt die Sage die Erinnerung an Helden auf, die dem göttlichen Wahn[18] gleichzukommen vermochten. Ihre Vorbilder sind oft Selbstopferer, die mit ihrer Schreckenstat große Anhängerschaften gewannen[19]. Sie werden durch Opferbereitschaft zusammengehalten, also durch ihren gemeinsamen Willen, dem Vorbild nachzueifern. Hier scheint der Grund aller religiösen Dynamik zu liegen, die im Schamanismus beginnt und in den Massenideologien des 20. Jahrhunderts[20] ihren vorläufigen Höhepunkt erreicht hat.

Schamanen sind Wiedergeborene – dies aber nicht im Sinne des christlichen Fundamentalismus, der die Verwandlung des „alten Adam“ in einen Nachfolger Christi als einmaligen Wendepunkt preist, sondern eher im naturhaften Sinne, als rhythmisch Gestorbener und Wiedererwachter, als saisonal Aufgelöster und Wiederversammelter. So begriff Hans Findeisen die gesamte Religion der Sibirier: *„Bei ihnen wird Religion immer wieder neugeboren, bei jeder schamanistischen Séance.“*[21] Jeder Trance-Tanz des Schamanen führt das religiöse Grundthema der Erlösung durch Vernichtung vor. Der Schöpfungsmord verbindet zwei Metamorphosen: die Selbstauflösung und die Selbstbindung. Verwandlung und Zurückverwandlung des Schamanen ist die doppelte Energiequelle seiner Gemeinde. Was der Mess-Priester am Altar nur als Erinnerungshandlung vornimmt, vollzieht der Schamane am eigenen Leibe. Er stirbt seinen Kreuzestod immer aufs Neue in eigener Person. Die Zuschauenden glauben, er tue es für sie.

### *Die doppelte Initiation*

Bis jemand zu einem solchen selbstmörderischen, aber gemeindienlichen Routinier wird, braucht es einen sehr langen und beschwerlichen Weg, den niemand freiwillig beschreitet. Alle Schamanen mussten zu ihrem Beruf geprügelt werden – von den Geistern, von den Lehrmeistern, von der Gemeinde. Eliade spricht von einer **doppelten Initiation** aus Ekstase und Geheimlehre: Erst wirft ihn die Natur (oder ihre Geister) aufs Krankenbett, dann peinigt ihn sein Lehrer. Beide Prüfungen haben dasselbe Ziel: die Anschauung des eigenen Skeletts zu ertragen[22]. Im Fieber und Delirium, unter entsetzlichen Schmerzen vernimmt der Auserwählte den Ruf. Kehrt er von der *Schamanenkrankheit* gezeichnet und verkrüppelt ins Leben zurück[23], beginnt die langjährige Schulung, die ihn zum Meister der Geister macht. Erst wenn er alle Proben und Prüfungen bestanden hat, kann er den Mitmenschen nützlich werden, als ihr Stellvertreter, der den Rhythmus von Tod und Leben beherrscht und die Krankheitsgeister zu Gesundheitsgeistern wenden kann.

Der Schamane ist eine auf Erden lebende Gottheit. Er löst auf und setzt wieder zusammen, wie ein *Demiurg*, eine Schöpfergottheit. Vor allem aber gebietet er den Geistern, denen die gewöhnlichen Menschen bloß ausgeliefert sind und deren Existenz Rationalisten gänzlich leugnen. Diese Sondergabe oder Charisma verschafft ihm das entscheidende Prestige als Heiler oder Heiland, der über unsichtbare Wirkkräfte verfügt, zwischen der unsichtbaren und der sichtbaren Welt hin- und hergeht und deswegen das Unkontrollierbare – z. B. das Wetter[24] – zu beeinflussen im Stande ist. In seiner Wandlungsfähigkeit ist er allen Menschen überlegen; er kann Tier sein, Toter, Geist, Gott und das andere Geschlecht. Sein vieldeutiges **Schamanengewand** (s. Abbildung oben) bringt diese schillernde Identität zum Ausdruck. An den berühmten und in europäischen Museen ausgestellten Stücken[25] fallen Knochen- und Eisenteile auf. Sie verweisen auf seine Qualifikation als bereits Gestorbener hin, während die Lederfransen, die sich beim Tanz wie Flügel wiegen, seinen Vogelcharakter zum Ausdruck bringen, der ihn befähigt, zwischen Erde und Himmel zu pendeln. Andere Applikationen wie Puppen oder Masken verweisen auf die Hilfsgeister, die ihn begleiten und die man sich oft tiergestaltig vorstellt. Sie sind auch auf Rahmen und Fell der Trommel abgebildet, zu deren Belebung der Schamane nicht nur den Schlägel schwingt, sondern das Instrument auch als Reittier besingt[26].

### *Schamaninnen*

In der klassischen Schamanenliteratur dominiert das männliche Geschlecht, auch wenn Hinweise auf kultischen Geschlechtswandel in diesem Zusammenhang nicht selten sind[27]. Nach Wilhelm Emil Mühlmann (1904–1988)[28] wurzelt der Schamanismus aber in der **weiblichen Sphäre**: Die Schutzgeister sind oft weiblich, die Herrin der Tiere ebenso. Hans Peter Duerr[29] hat betont, dass der Schamane insbesondere derjenige ist, der mit der Magna Mater bzw. ihren vielen Vertreterinnen geschlechtlich verkehrt. Statt in der Bronzezeit oder im Altpaläolithikum könnte der Schamanismus auch im Bachofenschen Matriarchat seinen Ausgang genommen haben, als Dienst an der Tierherrin[30], die in der Gestalt der Artemis oder Diana weit in die schriftlich beglaubigte Antike hineinreicht, oder als Frau Holle, die mit Geistern und Toten in den Zwischenzeiten durch die Lüfte braust, die europäische Volksüberlieferung begeistert[31]. Mit dem Patriarchat wurde dann auch der Schamanismus männlich, mit Judentum und Christentum entfloh er in den Untergrund. Dort hat sich sein ursprünglich weiblicher Charakter aber erhalten – in der Gestalt der Hexe. Das hat schon der große Mythologe und Märchenforscher Jakob Grimm (1785–1863) vermutet:
*„Die Hexen gehören zum Gefolge ehemaliger Göttinnen, die, von ihrem Stuhl gestürzt, aus gütigen, angebeteten Wesen in feindliche, gefürchtete verwandelt, unstet bei nächtlicher Weile umherirren, und statt der alten feierlichen Umzüge nur heimliche, verbotene Zusammenkünfte mit ihren Anhängern unterhalten."*[32]

Die oben erwähnte britische Historikerin Margaret A. Murray[33] hat das Thema vom Weiterleben des Schamanismus im Hexenwesen zu einem zivilisationskritischen Kolossalgemälde ausgearbeitet, und Mühlmann fasst die langgezogene Wende in die Worte:
*„Aus Holden können dann Unholde werden, die Messe wird schwarz, das Weib, nach christlicher Auffassung ohnehin sündhaft, verbündet sich mit dem Widersacher, und aus der alten Welt des genuinen Schamanismus wird eine schamanistische Halbwelt: das Hexenwesen."*[34]

Zur ursprünglichen Rolle der Schamanin gehört auch die Aufgabe der Initiatrix, die die heranwachsende Jugend in die Reife führt und ihr das Geschlechtsleben lehrt. Im Dionysos-Kult ist davon einiges sichtbar; auch die Kelten sollen Schamaninnen gekannt haben, die neben Jagd und Krieg, Zauberei und Heilkunde insbesondere Sexualität und Erotik betreut haben. Die Verbindung mächtiger

Frauen mit jugendlichen Helden hat uns oben schon mehrfach beschäftigt, im Madonnenkult und Minnedienst reicht sie weit ins Christentum hinein, und in der starken Mutterbindung bedeutender Geister[35] hat die Urdyade auch eine literarische Fortsetzung erfahren. Sexualität und Weisheit gehen hier oft ineinander; Wotan soll von der Vanen-Mutter Freyja die Zauberei gelernt haben und während eines fünfnächtigen Beilagers von der Riesin Gunnlöd die Dichtkunst.[36] Sogar für den als Sexual- und Frauenfeind bekannten Jahwe vermutete C.G. Jung eine später wegretuschierte „Sophia" als Ideenspenderin[37]. Bevor Weltablehnung und Weibablehnung die Religion okkupiert haben, galt überall die Lehre der weiblichen Dreifaltigkeit aus Muttertum, Sexualität und Tod[38], eine Verwandlungstriade, die im heidnischen Schamanismus kultisch ausgestaltet und gefestigt wird.

### *Meisterschaft der Ekstase*

Im vielen schamanistischen Gesellschaften gehört zum Repertoire des Rauschkultdieners auch der Umgang mit Psychopharmaka. Das Thema wurde oben im Kapitel Pflanze (V) gestreift. Schamanen wissen hier Bescheid und kennen Ort, Wirkkraft, Dosierung und „Gegengifte". Für die Entwicklung der modernen Drogenindustrie sind solche wissende Personen manchmal entscheidend gewesen. So soll der Hauptwirkstoff des LSD, die mittelamerikanische Pilzart *Psilocybe mexicana*, von der Mazateken-Schamanin Maria Sabina an den Schweizer Naturstoffchemiker Albert Hofmann (1906–2008), den „Erfinder" der Rauschdroge, weitergegeben worden sein[39]. Die naturwissenschaftliche Forschung erscheint hier wie im Sohnschaftsverhältnis zur schamanistischen Mutterweisheit, auch wenn diese ganz anders – jedenfalls nicht auf Fortschritt oder Profitmaximierung hin – orientiert ist.

Wie Eliade in seiner berühmten Abhandlung über Schamanismus als **Ekstasetechnik**[40] herausgearbeitet hat, spielen Bereitschaft und Fähigkeit zum Verlassen der Raum-Zeit-Koordinaten die entscheidende Rolle bei der sozialen Akzeptanz dieses Sonderamtes. Die Revue der Hierophanien hat uns gezeigt, dass dieser geistige Exodus den „roten Faden" durch das Heidentum darstellt, auch wenn das entsprechende Vermögen dazu ungleich verteilt ist. Im Traum erschien es noch am gerechtesten gestreut, im Schamanismus ist es elitär, aristokratisch, auf bestimmte Abstammungslinien beschränkt und ganz von besonderen Lehrer-Schüler-Verhältnissen abhängig. Das Kapitel VII über Besessenheitskulte verriet aber auch eine ungleiche Begabung der Geschlechter; auch sie spricht für einen weiblichen Ursprung des Schamanismus. Mühlmann führt die oben schon einmal erwähnte Mystikerin Theresa von Avila an, die von ihrer „glorreichen Verrücktheit" und „himmlischen Torheit" schwärmte[41]. Sobald diese Entrückungen, *Levitationen* (Leichtigkeitserfahrungen), *Elevationen* (Aufstiegserfahrungen) oder Wahnzustände aus der Privatsphäre ausbrechen und in einen kontrollierten sozialen Dienst genommen werden, haben wir es mit Schamanismus zu tun. Auf der ganzen Welt gibt es einschlägige Begabungen, die ihr Leiden zum Beruf gemacht haben und vom Schamanieren leben.

### *Schamanismus und Moderne*

Zur Veranschaulichung dieser auf den ersten Blick unmöglichen Verbindung begeben wir uns in die moderne Industriegesellschaft **Japan**, die auf religiösem Gebiet von jenen geistesgeschichtlichen Wenden verschont geblieben ist, die im Westen zum Absterben des Heidentums geführt haben. In Japan koexistieren Polytheismus (*Shintoismus*), Buddhismus, Konfuzianismus mit einigen christlichen Importversionen und einem weitverbreiteten Schamanismus, den 1956 der Missionar (SVD) Matthias Eder (1902–1980)[42] zu verstehen versuchte. Es handelt sich um einen weiblichen Beruf, der insbesondere für den Kontakt mit Verstorbenen in Anspruch genommen wird. Die hier tätigen Schamaninnen nennt man deswegen „Totenmund"; doch werden sie auch für Krankenheilung und zur Wahrsagerei gerufen. An den *Äquinoktien* im März und September, die in Japan als Seelengedenktage gelten, haben diese Frauen besonders viel zu tun. Sie gelten als vom Hundegott besessen und werden auch deswegen von Buddhisten verachtet.

Um ihre Ekstase, die ihnen den Kontakt mit Toten- oder Krankheitsgeistern ermöglicht, zu steigern, schlagen sich die Schamaninnen mit Bambusgras ins Gesicht oder auf den Körper. Im Kapitel XIII war vom Auspeitschen als fruchtbringender Ersatztötung die Rede; hier geht es um Selbstgeißelung als schamanistischen, d. h. nutzbringenden „Selbstmord". Während des Kontakts mit den Toten weint die zum Medium gewordene Frau, und ihre Äußerungen sind wirr. Die Angehörigen vermögen aber akzeptable Schlüsse daraus zu ziehen; sie wissen dann, wo sich die Seelen befinden, nehmen deren Dank für dargebrachte Opfer entgegen und bekommen Auskunft über kommende Ereignisse. Nach der Ekstase erinnern sich die Schamaninnen an nichts mehr.

Um den schamanistischen Beruf ausüben zu können, braucht es eine drei- bis siebenjährige Lehrzeit bei der eigenen Mutter oder einer fremden Meisterin. Entscheidend ist dabei die Wahl eines Schutzgeistes, auf die die Kandidatin keinen Einfluss hat. Das Ereignis wird als Hochzeit begangen, und der *hieros gamos* (s.o.) folgt einem rituellen Tod. Die Schamaninnen gelten als mit der entsprechenden Gottheit, einem Ahnengeist, einem Lokalgott oder einem buddhistischen Gott, verheiratet und werden auch „Gottesmutter" oder „Heilige Mutter" angesprochen. Früher, so erfuhr Eder, sollen Schamaninnen auch von wandernden Göttern für nur kurze Zeit heimgesucht worden sein. Auch gab es den Brauch, dass der Schreinminister der ausgewählten Gottheit als deren Stellvertreter der Initiandin oder Novizin beiwohnte.

Eder sah im weiblichen Schamanismus Japans ein *survival* (Kulturrest) einer ehemals mutterrechtlichen Zeit. Auch in Japan soll es einst weibliche Herrscherinnen, weibliche Familienhäupter, matrilokale Heiraten, mutterrechtliche Klane, Besuchsehen und weibliche Priester gegeben haben. Erst mit der Festigung des Einheitsstaates und dem Ausbau des Beamtenwesens sei die Vorrangstellung der Frau zurückgegangen zugunsten des Mönchsbuddhismus und der Titelhierarchie. Stellenweise - wie auf der Insel Ryukyu - hätten sich aber matriarchale Verhältnisse mit Wasser- und Erdgöttinnen halten können. Selbst die japanischen Kaiser leiten sich von der Sonnengöttin Amaterasu ab. Dann gibt es die These, dass die japanische Poesie aus den Trance-Gesängen der Schamaninnen hervorgegangen sei[43], was sich mit der engen Verbindung von Liebe, Tod und Besessenheit belegen lässt. Die japanische „Sappho" Ono no Komachi soll im 9. Jahrhundert am Kaiserhof auch als Regenmacherin aufgetreten sein und lebte später als Figur im berühmten No-Theater weiter.

### *Der erste Künstler*

Was Eder als schamanistische Wurzel der japanischen Kultur anspricht, lässt sich mit Traditionen aus vielen Teilen der Welt vergleichen. Eliade hat aus seinem reichhaltigen Material den Schluß gezogen, dass der Schamane überall der **erste Künstler** war. Mit seinen Vorführungen vor der Anhängerschaft begannen der Tanz, die Choreographie, die Maskerade, der Gesang, die Musik und die Bildnerei. Der heidnische Schamanismus ist damit nicht nur die älteste Religion, sondern auch die in Kapitel XII angesprochene Urverbindung zwischen Religion und Kunst[44]. Dazu gehört in nichtindustriellen Gesellschaften auch die Kunstfertigkeit. Schamanismus ist eine solche Kunstfertigkeit, ja eine Virtuosität für Ekstatik. Der Ethnologe und China-Missionar Dominik Schröder (1910–1974)[45] wollte dem Schamanismus die Qualität einer Religion absprechen, da es an spezifischen Gottheiten, Kultformen und Dogmen mangele. In der Tat fällt im Schamanismus die für das Heidentum typische, wenn auch nur vage begründbare Selbstvergottung des Menschen auf – freilich nicht des christlichen Sünders oder des aufgeklärten Subjekts, sondern des Gefäßes für allerhand Geistmächte, die sich in der Figur des Schamanen als besonders wirkkräftig erweisen.

Jensen[46] wollte den Schamanismus auf Krisenregionen – wie die subarktische Zonen mit ihren Extremtemperaturen und überlangen Winternächten – und **Krisenzeiten** – wie imperialistische und kolonialistische Bedrohungen – beschränkt wissen, weil in ihm Heilserwartung und magische Techniken dominierten. Zweifelsohne werden Schamanen aufgesucht in der Not, und als Nothelfer funktionalisieren sie ihre Hilfsgeister. Es ist aber bei allem Respekt vor Jensens Religionsethnologie eine Gesellschaft schwer vorstellbar, in der Krankheit und Elend keine bedrohliche Rolle spielen und deswegen Götter und Geister nicht um Hilfe gerufen werden müssen. Vor allem aber scheint in heidnischen Gesellschaften der Kontakt mit Jenseitsmächten so aufreibend zu sein, dass man ihn gerne einem Spezialisten anvertraut. Seine Verrücktheit entlastet die anderen zu intensiverem Vernunftgebrauch. Die *Hieromanie* oder heilige Verrücktheit des Menschen als adäquate Antwort auf seine Umzingelung durch Hierophanien verlangt geradezu nach Schamanen. Sie verstehen sich darauf, von Geistern entführt zu werden und wieder zurückzukehren. Eine Gesellschaft, die diese Differenz nicht aushält und sich ihrerseits vom Schamanen verführen lässt, ist aber verloren, wie nicht zuletzt die Beispiele von *Millenarismus* und politischer wie religiöser Heilserwartung im Diktatorentum des 20. Jahrhunderts belegen.

1 *„... der Kern des Schamanismus ist eben die Gabe, die eigene Seele fortschicken zu können"* (Vajda 1959: 459).

2 Findeisen 1957.

3 Friedrich 1943, 1955.

4 Vajda 1959:479.

5 Siehe Müller, K. E.1997/2001.

6 Zum Beispiel Harner 1980/96.

7 In der modernen Psychologie spricht man in diesem Zusammenhang von *Multiplem Persönlichkeitssyndrom* (MPS). Die Verbindung zwischen diesem pathologisierenden Konzept und der Geisterbesessenheit hat Felicitas Goodman (1991) aufgezeigt. - Bei den Burjaten unterscheidet man z. B. drei „Seelen", die sich eine Person teilen: die „Knochenseele", die als Skelett fortdauert, die „Fleischseele", die den Körper etwa im Schlaf verlassen kann, und die „Geistseele", die nach dem Tod von den oberen Geistern aufgenommen wird (Sandschejew 1928, Paulson 1962, Krader 1975). Zum Problem des „Polypsychismus" siehe oben FN X 44 sowie Heelas/Lock 1981 und Kosack 2009.

8 Vgl. dazu Hesse 2001.

9 Siehe z. B. Obrecht 1999 oder besser Voss 2011.

10 Wundt konnte - im Gegensatz zu anderen Evolutionisten - hier noch zwischen Zauberpriester und getriebenem Propheten unterscheiden: *„Der Visionär, der den Ansprüchen genügen soll, die an ihn als Zauberer gestellt werden, fälscht seine Visionen, nicht nur, indem er sie aus seinen Träumen ergänzt, sondern, indem er nach Bedürfnis zu ihnen hinzudichtet oder sie schließlich völlig erdichtet. So wird der berufsmäßige Visionär, in vollem Gegensatz zu dem rücksichtlos und mit Gefahr seinem inneren Trieb folgenden Propheten, naturnotwendig zum Betrüger"* (1900–10, IV:191).

11 Sternberg 1925.

12 Siehe DER SPIEGEL 11/2002.

13 Siehe dazu auch Rösing 2003.

14 In den zeitgenössischen Bestrebungen z. B. von Pfingstmissionen, charismatische Elemente in die christliche Liturgie einzubauen, ist dieses strukturelle Defizit einer „Religion aus zweiter Hand" (Duerr) erkannt worden (s. Hollenweger 1969).

15 Siehe Findeisen 1959, Friedrich 1955.

16 Dabei sind Aktivismus und Passivismus nicht immer leicht zu scheiden: *„Für die Matsigenka stellt sich die Frage ‚Himmelsreise' oder ‚Besessenheit' nicht, die seit Eliades ‚La chamanisme et les techniques archaiques de l'extase' (1951) die Religionswissenschaftler umtreibt"* (Quack 2004:144).

17 Frobenius 1931:113.

[18] *„Wodan id est furor"* („Wotan bedeutet Wut") schrieb kurz nach der ersten Jahrtausendwende der 1076 verstorbene Germanenethnograph Adam von Bremen (Bemmann 1990:61).

[19] Nach Ansicht des von der Kanalinsel Guernsey stammenden Ethnologen Arthur Maurice Hocart (1883–1939) beginnt jede heilige Herrschaft mit dem Tode des Herrschers: Buddha, Jesus oder Mohammed verschafften erst mit ihrem Tod ihrer Lehre den Durchbruch. Wenn die Gemeinde den Tod ihres Stifters im Gottesdienst erinnert, glaubt sie, sich mit ihm zu vereinigen (1954).

[20] Wie oben schon einmal angedeutet, glaubte C.G. Jung in den 1930er Jahren wirklich, in Deutschland sei Wotan als *furor teutonicus* wiedererwacht: *„Deutschland ist ein geistiges Katastrophenland, wo gewisse Naturtatsachen immer nur einen Scheinfrieden mit der Weltherrscherin Vernunft eingehen"* (1936/84:213).

[21] Findeisen 1983/9:13.

[22] Rasmussen schreibt über den Schamanen der Inuit/Eskimo: *„... er ist durch die Kraft, die seinem Denken aus dem Übernatürlichen kommt, imstande, seinen Körper von Fleisch und Blut zu entkleiden, so dass nichts übrig bleibt als die Knochen. Darauf muss er alle Teile seines Körpers nennen und einen jeden Knochen mit Namen aufführen. Und zwar darf er sich dazu nicht der gewöhnlichen menschlichen Sprache bedienen, sondern einzig der speziellen Heiligen Schamanensprache, die er von seinem Lehrer gelernt hat. Während er sich nun so nackt und von dem vergänglichen, ephemeren Fleisch und Blut völlig befreit erblickt, weiht er sich selbst – immer in der heiligen Sprache der Schamanen – durch diesen der Wirkung von Sonne, Wind und Zeit am längsten standhaltenden Teil seines Körpers seiner großen Aufgabe"* (zit. nach Eliade 1951/75:72).

[23] *„Menschenscheue und ein trauriges, ganz in die Problematik der eigenen Psyche versenktes Dasein ist* das *Los dieser jungen, von der Vorsehung Gezeichneten"* (Findeisen 1959:36) – zum Charisma des Krüppels s. Müller, K.E. 1996.

[24] Siehe Pühringer 2008.

[25] Ein schönes Beispiel ist das tungusische Schamanengewand aus der Sammlung des Barons von Asch, das Karl Heinrich Merck von der Billings-Expedition (1787–94) mitgebracht hat und das seither die Völkerkundliche Sammlung der Universität Göttingen ziert (Kamps/Giesel 1994/2001). Eine gründliche Analyse des materiellen Inventars im nördlichen Schamanismus liefert Stolz 1988.

[26] Siehe Friedrich/Buddruss 1955/87:303 ff.

[27] Dazu Bleibtreu-Ehrenberg 1984.

[28] Mühlmann 1981. Die These vom wesenhaft „weiblichen Schamanismus" ist auch von der „Anthropologin und Schamanin" Barbara Tedlock (2007) mit vornehmlich rezenten Beispielen belegt worden.

[29] Duerr 1984/90.

[30] Bei den sibirischen Evenken ist die Herrin der Erde zugleich Herrin der Tiere, und der Schamane muss sie um Jagdbeute bitten (Anisimov 1959/91:43).

[31] Siehe oben; den Bezug zwischen Geisterheer und Schamanismus prüfte u. a. Closs 1969:77.

[32] Grimm 1875 II:881.

[33] Murray 1921.

[34] Mühlmann 1981:40.

[35] Zum Beispiel Rousseau und die Frau von Warens, Goethe und Charlotte von Stein oder die jeweils leibliche Mutter für J. J. Bachofen, Marcel Proust, Alfred Schuler, Erich Kästner, Roland Barthes etc.

[36] Nach Mühlmann 1981:83, 157.

[37] Jung 1952.

[38] Siehe Göttner-Abendroth 1997 und FN I 22, II 42 und II 83.

[39] Hofmann 1964.

[40] Eliade 1951/75.

[41] Mühlmann 1981:109, Deschner 1974/92:116.

[42] Eder 1958 – auf die vielfachen Parallelen zu den Schamaninnen (*poringao*) auf Taiwan, die Dominik Schröder (1966) und Anton Quack (1985) untersucht haben oder die Yoo (2001) für koreanische Schamaninnen (*mudang* oder *manshin*) herausgearbeitet hat, kann hier nur hingewiesen werden (s. auch Quack 2004:70).

[43] Siehe Mühlmann 1981:178.

[44] Manche zeitgenössische Künstler können trotz der Zwänge, die ihnen die Moderne auferlegt, sich zu diesem Urbezug bekennen, z. B. Joseph Beuys, der im Zweiten Weltkrieg als Jagdflieger auf der Krim schwer verunglückte, wusste sich mit dem sibirischen Schamanismus verbunden; s. Lange, B. 2005.

[45] Schröder 1955.

[46] Jensen 1951.

# XV. Mission

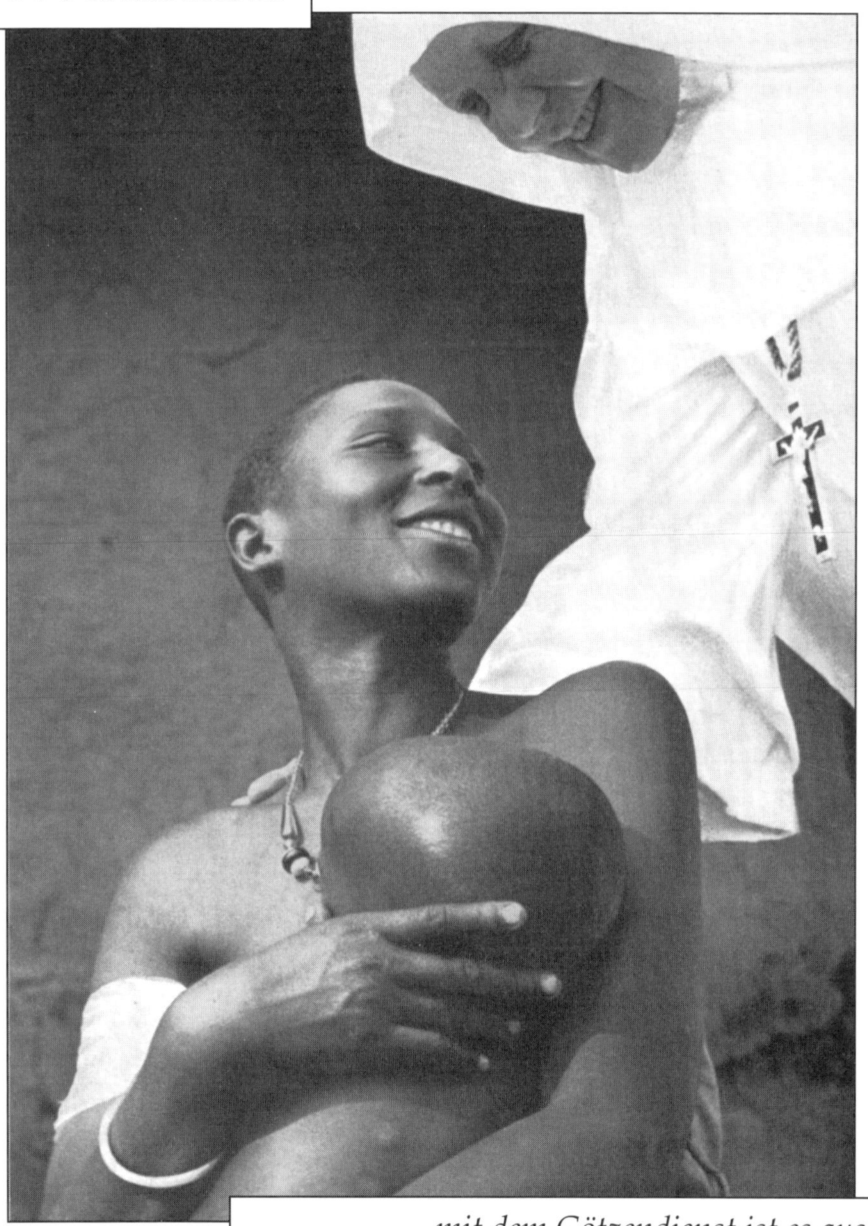

*... mit dem Götzendienst ist es aus,*
*Scherz und Spiel ist nicht mehr erlaubt,*
*denn die Religion ist jetzt Ernst geworden*
Wadd

Das Eingangszitat[1] aus der altarabischen Poesie markiert die Wende, an der der Gegenstand Religion von der Ethnologie als Heidenkunde an die Religionswissenschaft und Theologie übergeben werden muss. Der Glaube an die Macht der Hierophanien ist längst weltweit überblendet worden von „wahren" Religionen, die Reste des Heidentums allenfalls im Schatten, zur Nachtzeit oder in tieferen Bewusstseinsschichten dulden. Ob es sich dabei um einen Dornröschenschlaf handelt, den ein künftiges Wiedererwachen beenden könnte, entspräche dem heidnischen Denken über die ewige Wiederkehr. Diese althergebrachte Gewissheit ist aber mit dem Heidentum zusammen ins Grab gesunken, so dass sich darüber schwerlich eine Prognose anstellen lässt. Im nächsten und letzten Kapitel werden wir mit der gegenwärtigen Dynamik transatlantischer Besessenheitskulte eine zeitgenössische Wiederkehr der Geister und Götter kennenlernen. Sie ist *ontologisch* wie das alte Heidentum und hält die Welt für heilig, wie sie ist. Der zur Alleinherrschaft gelangte Zeitgeist ist aber *eschatologisch* ausgerichtet und glaubt an eine Welt, wie sie sein soll. Der Siegeszug dieser Vorstellung, die dem Heidentum weltweit den Garaus gemacht hat, muss hier in kurzen, aber dicken Strichen nachgezeichnet werden.

### *Die Revolution der Religion*

H.P. Duerr hat in seinem Buch „Sedna oder die Liebe zum Leben"[2], das zu den bislang gelungensten Darstellungen des universalen Heidentums gehört, den Ort seines Untergangs beim Namen genannt: *„Israel die Keimzelle einer Ideologie, die weder das Leben akzeptierte noch den Tod."* Nach dem Philosophen Hans Blumenberg (1920–1996) bestand die hier ihren Ausgang nehmende religiöse Revolution hauptsächlich aus Restriktionen:
*„Die Vielheit der Götter wird auf den einen bis dahin unbekannten reduziert, die Vielheit der Völker in ihren begrenzten Wohnräumen auf die eine Deszendenz, die Mannigfaltigkeit der Schicksale von Individuen und Völkern auf die eine Erwartung des Gerichts."*[3]

Der entscheidende Schritt von der unbekümmerten Vielfalt zur strengen Einfalt in Gottesbezug und Sittlichkeit gelang wahrscheinlich im **babylonischen Exil**, wo die deportierten Schriftgelehrten angesichts des überwältigenden Glanzes wie Elends im altorientalischen Heidentum die für das moderne Denken selbstverständlichen Dimensionen und Kategorien der „Zukunft", der „Hoffnung", der „Erlösung", der „Weltverbesserung", des „Fortschritts" und der „Entwicklung" erfanden. Während diese revolutionären Neuerungen die nächsten fünf Jahrhunderte auf den exklusiven Kreis des „auserwählten Volkes"[4] beschränkt blieben, gelang es dem Diasporajuden Paulus von Tarsos (10–60) – durch Rückgriff auf den archaischen Komplex Gottestod[5] – eine Form zu finden, die das neue Denken auch außerhalb der mosaischen Orthodoxie akzeptabel machte[6]. An die Stelle der „Beschneidung des Fleisches", dem unkorrigierbaren Symbol des Gottesbundes, setzte er die „Beschneidung des Herzens" oder „des Geistes", wie Julian Apostata, der letzte Heide auf dem Kaiserthron im 4. Jahrhundert[7] spottete. Dieser neue Bund sollte nun für alle Menschen des Erdballs verbindlich werden; der biblische Missionsbefehl[8] gehört zu den elementaren Dogmen aller christlichen Richtungen.

Damit sind wir beim höchst problematischen Verhältnis zwischen dem Ethnologen, der beim Heiden in die Lehre gehen muss, und dem Christen, der dem Heiden Lehren erteilen muss, angekommen. Wenn sich beide begegnen, etwa im außereuropäischen Feld, das der eine studiert und der andere missioniert, muss es zwangsläufig zum Konflikt kommen. Wohl nehmen viele Ethnographen in abgelegenen Gebieten die Gelegenheit dankbar an, auf einer gewöhnlich gut eingerichteten Missionsstation den dortigen Komfort zu genießen, weiße Gesichter zu sehen und in einer europäischen Sprache sich unterhalten zu können. Zudem ist der Anteil der Missionarsarbeiten an der Ethnographie und Sprachdokumentation aller Weltregionen überwältigend – aus vielen Gebieten, insbesondere aus früheren Zeiten, gibt es nichts anderes als Missionsquellen; auch die Rekonstruktion der Hierophanien in diesem Buch schöpfte ausgiebig aus diesem Fundus. Doch sollte die „Schere im Kopf" auch dieser Ethnographen nicht vergessen werden. Pater Leonhard Jungblut SVD bekannte in seiner Bhil-Ethnographie freimütig: „Alles, was indezent ist, habe ich natürlich in der Beschreibung dieses Festes weggelassen."[9]

In der Sprachwissenschaft sind weltweit operierende Unternehmen wie das von dem Maya-Missionar William Cameron Townsend 1934 gegründete und nach dem ersten englischen Bibelübersetzer Wycliffe (1324–1384) benannte „Summer Institute of Linguistics"[10] eine große Hilfe bei der Dokumentation und Verschriftlichung von tribalen und bedrohten Sprachen, sie sind aber auch führend bei den vor der letzten Jahrtausendwende besonders hektisch gewordenen Anstrengungen, bis zum erwarteten „Kommen des Herrn" die Bibel in möglichst viele Sprachen zu übersetzen. Auch der Wildbeuter im südostasiatischen Urwald, der Bergbauer im afrikanischen Sudangürtel oder der Schafzüchter im US-amerikanischen Navaho-Reservat soll die Lehren des babylonischen Exils und ihre paulinische Verallgemeinerung in seiner eigenen Muttersprache lesen können. Hier ist dann die Grenze des gegenseitigen Respekts, auf den sich die Teilnehmer interreligiöser Gespräche sonst gerne berufen, weit überschritten. „Denn die Unkultur der Völker hat ihren Ursprung im Heidentum", schrieb Pfarrer Emil Strümpfel 1901[11] unserem religionsimperialistischen Zeitalter aus der Seele.

Die christliche Missionstätigkeit ist auf die Vernichtung lokaler und authentischer Kulturen bzw ihrer Herzstücke aus. Sie tut das bewusst und ohne schlechtes Gewissen, da sie dem oben zitierten Missionsbefehl gehorcht. Aus ihrer Sicht erhalten die Heiden als Ersatz für ihre zertrümmerten „Fetische" und verbrannten Geisterhäuser die Frohbotschaft vom kommenden Herrn. Dazu bedarf es einer ehrlichen und gründlichen **Bekehrung**, die aus der Sicht der Ethnologie eine Gehirnwäsche darstellt. Doch ist die missionarisch betriebene Umwertung der überkommenen Werte keine neue Erscheinung, sondern war seit Paulus von Tarsos christliche Praxis. Zunächst waren es die *ἔθνη* (*ethnä*) oder *pagani* der Provinzen des Römerreichs, dann die Heiden aus den germanischen Wäldern, im Mittelalter die Slaven östlich der Elbe, ab 1500 die Bewohner des riesigen Doppelkontinents der Neuen Welt, im 19. Jahrhundert die Afrikaner und heute die Bergbauern in Westirian, sog. *isolados* im südamerikanischen Regenwald oder Wildbeuter und Rentierzüchter im neu zugänglichen Sibirien. An die Stelle der kulturellen Vielfalt, die Ethnologen schätzen und studieren, soll die Einheitlichkeit der Evangelisierten treten. Die Bekehrten von heute meinen oft, mit der Bibel auch den Anspruch auf Kühlschrank, Automobil und TV-Gerät zu empfangen. *„Trachtet am ersten nach dem Reich Gottes/und nach seiner Gerechtigkeit/so wird euch solches alles zufallen"*[12], lautet der Trost aus der Heiligen Schrift für zivilisatorische Rückständigkeit.

### *Sonderfall Islam*

In der globalen Kampagne des jüdisch-christlichen **Sauerteigs** – *„Ihr seid das Salz der Erde"*[13] – wird eine sehr ausgedehnte Region ausgespart, nämlich der islamische Gürtel von Marokko bis Timor. Warum werden muslimische Bevölkerungen nicht auch missioniert? Die Antwort muss vor dem Hintergrund religionsethnologischer Einsichten lauten: Weil sie es schon sind. Sie haben die entscheidende Kopfverdrehung von der heidnischen Orientierung auf die Urzeit zur monotheistischen Hoffnung in die Zukunft bereits hinter sich. Damit sind diese Regionen auch mit der spezifischen Unduldsamkeit des Abrahamismus gesegnet. Muslime dulden sowenig wie Juden christliche Missionare in ihrer eigenen Domäne. Islamischer Eifer braucht wie der ihm vorausgehende christliche und jüdische Eifer heidnische Toleranz, um sich ausbreiten zu können[14]. Wo immer heute alte Religion mit neuer zusammenkommt, handelt es sich nicht um einen Dialog, sondern um Asymmetrie, Missverständnis und Übervorteilung.

Geraten aber die abrahamitischen Religionen aufeinander, gibt es oft Mord und Totschlag. Als 1955 die britische Kolonialmacht aus dem Sudan sich zurückzog, wo sie einen kunstvollen *cordon sanitaire* zwischen dem muslimischen und dem christlichen Missionsgebiet installiert hatte, fielen Missionsschüler beider Lager übereinander her und plünderten das jeweilige „Feindesland" bis auf den heutigen Tag. Besonders betroffen waren die Heidenvölker, um deren Seelenheil das ganze Gemetzel im Grunde genommen stattfand. Sie verloren in dem jahrzehntelangen „Bürgerkrieg" ihre letzten Freiräume und häufig auch ihr Leben. Andere zeitgenössische Schlachtfelder der beiden spinnefeindlichen Tochterreligionen des Alten Testaments sind oder waren der Libanon, Bosnien, Äthiopien, Nigeria, Armenien, Tschetschenien, Kosovo, Ostindonesien ..., vielleicht auch bald die Zentren Europas, weil viele immigrierte Muslime meinen, sich gegen einen neuen, von den USA und Israel geführten „Kreuzzug" im Nahen Osten wehren zu müssen.

## *Ethnozid und Genozid*

Seit der alttestamentarische Monotheismus unter zwei konkurrierenden Masken hinter den Heiden her ist, hat sich das Sterben des Glaubens an die Hierophanien beschleunigt. Vielerorts in Afrika ist „der Kampf um die Seele des Afrikaners", wie es im Missionsschrifttum bisweilen entlarvend heißt, derart eskaliert, dass aus dem **Ethnozid**, der bewussten und gewollten Vernichtung des traditionellen Glaubens, ein Genozid geworden ist. Die Menschen, um deren Rettung es angeblich ging, leben dann nicht mehr. Eine solche Blutspur zieht sich wie ein breites Band des Grauens durch die neuere Geschichte der Menschheit. Der 500. Jahrestag der kolumbischen Entdeckung Amerikas hat das 1992 für den Fall der Indianer in Erinnerung gerufen. Andere Gebiete der Erde haben dieselben apokalyptischen Reiter erlebt: Eroberung, Christianisierung, Zivilisierung, Vernichtung. Die Liste der durch die Expansion von Eurozivilisation und Monotheismus ausgerotteten Heidenvölker ist lang und betrifft nicht nur die vielen Siedlerkolonien. Wenn in eingeübter Selbstanklage christliche Stimmen sich zu dieser Geschichte religiöser Vergewaltigung mit Schuldbewusstsein äußern, ändert das nichts an ihrem Gehorsam gegenüber dem biblischen Missionbefehl. Es können allenfalls die Methoden verfeinert werden: Anstatt mit Flinten, Feuerwasser und Epidemien flankiert wird seit geraumer Zeit dem Heidentum als zivilisatorischer Unwissenheit mit Hilfsaktionen, Bildungseinrichtungen und Demokratieexport der Garaus gemacht.

Auch die humanitäre Variante der christlichen Weltmission hat mittlerweile viele Regionen in die Katastrophe geführt. Die einstmals verehrte und beopferte Erde ist nicht mehr in der Lage, ihre zu viel gewordenen, aber getauften Kinder zu ernähren. Die schulmedizinisch zu verantwortende Überbevölkerung hat aus Gegenden des Überflusses **Mangelregionen** gemacht, die vom Tropf amerikanischer Weizenlieferungen abhängig geworden sind. In vielen Missionsfeldern stehen heute Hunger- und Flüchtlingslager, in denen sich die monotheistischen Agenturen um ihre Einflusszonen zanken. Die verelendeten Massen stellen sich dort an, wo die Bettlerschalen am besten gefüllt werden. Sie gelten dann als Anhänger der jeweiligen „Religion". Aus Lautsprechern tönen die entsprechenden Botschaften, in denen Allah oder Jahwe gepriesen werden, der die Menschen von den Tabus ihres früheren Aberglaubens erlöst hat. Entzauberung durch Überblendung mit dem Ergebnis der inneren und äußeren Verelendung – das ist der historische Gleichlauf der Verbannung des alten Glaubens in den Keller oder in den Busch.

### *Umwidmungen*

Dass die sogenannten Weltreligionen mit ihrer Hierarchie von Heiligtümern keineswegs so ortlos sind, wie ihre Missionsbotschaften glauben machen wollen, ist bei der obigen Betrachtung der Hierophanien immer wieder deutlich geworden. Dschingis Chan soll in seiner Unterredung mit dem muslimischen Imam von Buchara gesagt haben: *„Das ganze Universum ist das Haus Gottes, warum also einen einzelnen Ort, z. B. Mekka auswählen, um sich dorthin zu begeben?"*[15] Was richtiges Weltbürgertum heißt, haben die oben mehrfach angeführten australischen Achilpa besser begriffen, wenn sie die Weltachse auf ihren Streifzügen mit sich tragen, um sich stets im kosmischen Mittelpunkt zu befinden. Das Heidentum kennt viele heilige Orte, ohne dass jemand sie rangmäßig ordnen könnte. Im frühen Mittelalter sind in Zentraleuropa viele Sakralplätze, wo die nackte Erde beopfert wurde und ihre Kraft verströmte, mit einer viereckigen Kirche überbaut worden, damit hier fortan die Lehre des babylonischen Exils in ihrer paulinischen Auslegung verkündet werden konnte. Einer ihrer ersten Lehrsätze lautet: „Macht Euch die Erde untertan!“[16] – für jede heidnische Religion ein einziger **Frevel**.

Die Missionsgeschichte aller Zeiten und Räume berichtet, dass die Heiden weiter ihre alten Kraftorte aufsuchten. Papst Gregor der Große (590–604) riet seinen Aposteln und Missionaren daher zur Vorsicht und berief sich auf den Gott des Alten Testaments, der den Israeliten das heidnische Tieropfer auch nicht von heute auf morgen hätte verbieten können:

*„Saget dem Augustinus, zu welcher Ueberzeugung ich nach langer Betrachtung über die Bekehrung der Engländer gekommen bin, dass man nämlich die Götzenkirchen bei jenem Volke ja nicht zerstören, sondern nur die Götzenbilder darin vernichten, das Gebäude mit Weihwasser besprengen, Altäre bauen und Reliquien hinein legen soll. Denn sind jene Kirchen gut gebaut, so muß man sie vom Götzendienste zur wahren Gottesverehrung umschaffen, damit das Volk, wenn es seine Kirchen nicht verstören sieht, von Herzen seinen Irrglauben ablege, den wahren Gott erkenne und um so lieber an den Stätten, wo es gewöhnt war, sich versammle. Und weil die Leute bei ihren Götzenopfern viele Ochsen zu schlachten pflegen, so muß auch diese Sitte ihnen zu irgend einer christlichen Feierlichkeit umgewandelt werden. Sie sollen sich also am Tage der Kirchweihe oder am Gedächtnistage der heiligen Märtyrer, deren Reliquien in ihren Kirchen niedergelegt werden, aus Baumzweigen Hütten um die ehemaligen Götzenkirchen machen, den Festtag durch religiöse Gastmäler feiern, nicht mehr dem Teufel Thiere opfern, sondern sie zum Lobe Gottes zur Speise schlachten, dadurch dem Geber aller Dinge für ihre Sättigung zu danken, damit sie, indem ihnen einige äußerlichen Freuden bleiben, um so geneigter zu den innerlichen Freuden (der Bekehrung) werden. Denn rohen Gemütern auf einmal Alles abzuschneiden, ist ohne Zweifel unmöglich, und weil auch derjenige, so auf die höchste Stufe steigen will, durch Tritt und Schritt, nicht aber durch Sprünge in die Höhe kommt.“*[17]

Gregor II. (715–731), der den bekehrten Engländer Winfred dann auf die Zentraleuropäer ansetzte, wo er zum oben erinnerten Baumfrevler Bonifatius wurde, verglich die Heiden mit dem unvernünftigen Vieh[18], das der richtigen Lenkung bedürfe. Wie das lange Zitat belegt, ging es bei dieser religiösen Veredelung nicht um die Verabschiedung des Knochenkultes, sondern um die Verehrung der richtigen Knochen; es ging nicht um die Beendigung der Tierschlachtungen, sondern um das richtige Bewusstsein dabei; es ging auch nicht – im Kapitel Tod wurde schon daraufhingewiesen – um den Ersatz der Ahnenverehrung, sondern um die Unterwerfung unter die richtigen, weil jüdischen Ahnen, wie sie im Alten Testament genealogisch beglaubigt sind. Die „höheren" Glaubensinhalte wurden lange Zeit den bekehrten Heiden bewusst vorenthalten; das Christentum wurde überall ausgesprochen elitär verbreitet und seine Lehre von lange geschulten Spezialisten in einer der Allgemeinheit unverständlichen Sprache rekapituliert. Für die gewöhnlichen Gemeindemitglieder waren an den Kirchenwänden schreckliche Bilder vom Höllendrachen gemalt, in den die Heiden hineintrieben, während die Erwählten und Bekehrten ins „himmlische Jerusalem" einzogen. In der Reformation wurden viele dieser Bibelbilder übertüncht, weil jetzt das Volk für reif gehalten wurde, die Heilige Schrift selbst zu lesen, in seiner eigenen Sprache. In dieser Tradition stehen die Sprachforscher des erwähnten *Summer Instituts of Linguistics* und die Missionare der *New Tribes Mission* oder der anderen Missionsgesellschaften, die allein in Ecuador über 83 mit 1116 Missionaren (1994) zählen. Sie gehören zu einem Millionenheer aus Übersetzern und Predigern, die weltweit hauptberuflich daran arbeiten, dass die babylonischen Exilpropheten in ihrer paulinischen Verallgemeinerung endlich in allen Lokalsprachen gehört werden, auch auf Aché in Ostparaguay, auf Koma am Blauen Nil oder auf Eipomek im Hochland von Neuguinea.

### *Der Geist der Mission*

Die Ethnologie mit ihrem Anspruch auf Gegenwartsforschung ist infolge der Missionsarbeit als älteste Globalisierungserscheinung nicht mehr die Wissenschaft von den Heidenvölkern, sondern von ihrer Transformation. Bei diesem Drama der weltweiten Monotheisierung gelingen allerdings Einblicke, die auch auf frühere Missionsphasen ein Licht werfen können – Zeiten und Umbrüche, die ansonsten gänzlich von einer einseitigen Geschichtsschreibung (**Missionsapologetik)** okkupiert sind. Dazu gehört in erster Linie die Besessenheit durch den fremden Geist der Mission, bevor von einer Konversion im theologischen oder religionssoziologischen Sinne gesprochen werden kann. Was in Afrika, Südamerika und Südostasien sehr häufig beobachtet wurde, dass nämlich die Heiden die paulinische Figur des Gottessohnes Christus als neuen Geist im Sinne einer Hierophanie erlebten, könnte auch die erste Reaktion der mediterranen

Völker, oder der Kelten, Germanen und Slaven in Europa gewesen sein. Denn überall trat die neue Religion im Bunde mit militärischer, kommunikationstechnischer und staatsorganisatorischer Überlegenheit auf. Den Missionsopfern blieb nichts anderes übrig, als ein heiliges, d. h. ein nichtinstrumentales Verhältnis zu dieser überlegenen Macht zu entwickeln. *„Von etwas besessen sein, bedeutet, vom praktischen Umgang mit ihm ausgeschlossen sein."* lautet die oben schon einmal angeführte Erklärung von F. W. Kramer[19] für die weltweit irrationalen Antworten auf überlegene Import-Reize.

Als die ostafrikanischen Kamba Ende des 19. Jahrhunderts das Evangelium gebracht bekamen, entstand bei ihnen die Kiesu-Tanzbewegung[20], in der Jesus weniger der Auferstandene vom Hügel Golgatha war, als vielmehr der **Geist der Mission** und der Missionare. Er trug einen weißen Tropenhelm und hatte sich in der Konkurrenz mit anderen Fremdgeistern zu behaupten. Außerdem starben die meisten Missionare der 1886 gegründeten Lutheraner-Gesellschaft in *Ukambani* eines unnatürlichen Todes[21]. Erst nach mehreren gewaltsamen Disziplinierungsversuchen seitens der Kolonialmacht gelang den Missionaren der Aufbau von kontrollierten Gemeinden, die dann aber bald anderskonfessionelle Konkurrenz bekamen. Heute ist das Kambaland aufgeteilt in Kirchenprovinzen, in denen mehrheitlich die hier seit 1915 tätige amerikanisch-presbyterianische „Africa-Inland-Church" (als Nachfolger der Leipziger Lutheraner) herrscht, während sich Aufsteiger durch Zugehörigkeit zur irisch betriebenen römisch-katholischen Mission absetzen. In abgelegenen Gebieten gibt es aber noch Kamba, die an der heidnischen Mädchenbeschneidung und an der Ahnenverehrung rituell festhalten und deswegen in der Öffentlichkeit als zurückgebliebene „Hinterwäldler" diffamiert werden.

Unter den Buschleuten (San) am Rande der südwestafrikanischen Kalahari-Wüste führten die Anstrengungen der Missionare, die paulinische Auslegung der Exil-Theologie auch dort zu verbreiten, zur Schaffung einer Tricksterfigur namens Jessu Kriste, in der die alte Trickstergottheit //Gauwa[22] – von den Missionaren zum Satan erklärt – in veränderter Form weiterleben konnte. Nach dem kanadischen Ethnologen Matthias Guenther[23] besitzt diese neue Trickstergestalt drei Frauen und ein Heer von Hilfsgeistern. Jessu Kriste vermag, Pfeile abzuschießen, die Kranke heilen können. Auch der alte //Gauwa galt als Göttersohn, wirkte dann aber vor allem im Sinne des im Kapitel IV im Anschluss an Bianchi beschriebenen 2. Schöpfers, d. h. er schuf mindere Produkte oder Karikaturen mit hohem Unterhaltungswert. Er war dem Exzess ergeben, frönte Kannibalismus und Inzest, vergewaltigte seine Mutter und röstete seine Frau, um sie zu verspeisen. Aber er segnete die Menschheit auch mit dem Feuer, dem Wasser, den Heilmitteln und dem Trance-Tanz, ohne den sich Buschleute kein richtiges Leben vorstellen können. //Gauwa war schließlich auch „Herr der Tiere“, der Jagdwild bereitstellen oder verwehren konnte.

Die christliche Verkleidung von //Gauwa, der neue Trickster Jessu Kriste, liegt meist auf einem europäischen Bett und schläft. Manche Buschleute erzählen von seinem Tod und Wiederauferstehung - ein Muster, das auch schon zum Vorgänger-Trickster gehörte. Denn der zweite Schöpfer wird - fast wie eine oben beschriebene Dema-Gottheit - oft geschlagen und gequält - freilich nicht wegen der Sünden der Menschheit, sondern infolge seiner eigenen Ungeschicklichkeit oder seines eigenen Fehlverhaltens. Trotz aller Unbill steht er aber immer wieder auf und setzt sein Treiben fort. Guenther wurde durch die Neuinterpretation Christi durch die Ghanzi-Buschleute zu Überlegungen angeregt, ob nicht auch die evangelische Gestalt des Gottessohnes Trickster-Züge trage. Dazu passe seine Rolle als Heilsbringer und Kulturheros, aber auch die picaresquen Züge im christlichen Brauchtum, etwa dem *festus stultorum* oder Karneval. Vor allem aber trage Petrus, der Stellvertreter Christi auf Erden, deutliche Tricksterzüge. Missionierte Indianer kennen viele Geschichten von San Pedro, dem Pförtner am Perlentor, der von den Asylsuchenden „ausgetrickst“ wird. Noch in der orthodoxen Überlieferung sucht Petrus an seinem Ende die Umkehrung Gottes: Er möchte mit den Füßen nach oben gekreuzigt werden.

Als Matthias Guenther 1993 diese Lokalinterpretation der christlichen Zentralgestalt in Heidelberg vortrug und dazu auf die Popularität des Teufels in der europäischen Volksüberlieferung hinwies, wurde das von den anwesenden *main-stream*-Denkern nicht als ernsthafter Beitrag zum **interreligiösen Dialog** gewertet. Der Religionsethnologie wird in solchen Kontexten allenfalls der Rang ornamentaler Zusatzinformationen eingeräumt, die zwar einen hohen Unterhaltungswert besitzen, aber doch in der beschränkten Auffassungsgabe der Missionierten für die Heilsbotschaft ihren Grund haben. Auch der bei Theologen und Religionswissenschaftlern beliebte Terminus „Synkretismus“ als Gegensatz zur vermeintlich gelungenen Transformation auf den älteren Missionsfeldern verkennt völlig die Tatsache, dass alle Religionen Synthesen sind[24] und viele ihrer Bestandteile aus dem Wirkungsfeld der Hierophanien kommen. Doch ist in den

Stifter-, Erlösungs- und Schriftreligionen die „Lesart“ eine andere geworden. Trotz der zeitgenössischen Rhetorik über „Inkulturation“[25], d. h. der angeblich behutsamen Einpflanzung des Evangeliums in lokale Kontexte, war an eine substanzielle Revision der paulinischen Auslegung der Exilprophetie im Lichte „primitiver“ Religionen nie gedacht worden.

### *Islamische Mission*

Dasselbe Gefälle zwischen der Buchreligion in der Höhe und der Lokalreligion in den Niederungen des Alltags findet man auf dem ebenfalls äußerst dynamischen **Missionsfeld des Islam**. Die christliche Missionstheologie streicht gerne heraus, dass der Islam nicht von theologisch geschulten Aposteln verbreitet worden sei, sondern – wenn nicht ohnehin durch „Feuer und Schwert“[26] – von Händlern und Kaufleuten. Dieses weit verbreitete Klischee, das zum beliebten Waffenarsenal des seit vierzehn Jahrhunderten tobenden „heiligen“ Kriegs unter den beiden Tochterreligionen des hebräischen Monotheismus gehört, ist durch neuere Forschungen relativiert worden[27]. Der Islam breitete sich effektiv und nachhaltig im Wesentlichen über Schulgründungen aus. Er trat in den Macht- und Handelszentren hauptsächlich als Bildungsfaktor auf und wurde wegen dieser zivilisatorischen Kompetenz, zu der auch Handelsfrieden und Rechtsordnung gehörten, von den lokalen Herrschern meist begrüßt. Dazu kam zweifelsohne auch die Steigerung des Luxus, da der Fernhandel etwa in Afrika schon früh ausschließlich in den Händen muslimischer Kaufleute lag. Für die Untertanen aber war weniger der Bedarf an Luxus ausschlaggebend als der Bedarf an Wahrheit im Sinne von Friedensstiftung, und die zu besitzen gaben die Schriftgelehrten mit dem Zauberbuch Koran mit wachsendem Erfolg aus. Wenn die ungebildeten Beduinen und Bauern dann einen behinderten Sohn hatten, der für die Weide- oder Landwirtschaft nicht taugte, gaben sie ihn dem Koranlehrer. Auf diese Weise verbreitete sich islamisches Wissen und koranisches Recht in der Fläche. Die Begabtesten unter den Koranschülern zogen weiter und gründeten nach dem Vorbild ihres Lehrers neue Schulen.

Es war in diesem Buch schon mehrfach von der „Religion aus zweiter Hand“ (Duerr) die Rede. Sie erwies sich der Religion aus erster Hand seltsamerweise fast immer überlegen. Vielleicht wirken Hierophanien in ihrer Direktheit derart unheimlich, dass Religionsstifter als Puffer willkommen geheißen werden. Denn im Missionsfeld gilt nicht mehr die Wucht der Hierophanien auf Jedermann oder auf die religiös Empfindsamen der Gesellschaft, sondern auf Jesaja, Paulus oder Mohammed. Letzterer kam sich im weltläufigen Mekka unter lauter jüdischen, christlichen und zoroastrischen Kaufleuten und Gelehrten isoliert vor und flüchtete sich deswegen in eine Neuinterpretation, bzw. in eine vermeintliche Urform des prestigeträchtigen Monotheismus. Insofern kann man hier ebensowenig wie bei Paulus von einer Religion aus zweiter Hand sprechen, weil es die x-te Hand war, die sich an eine Sammlung von hierophanischen Geschichten machte. Vielleicht standen am Anfang Erzählungen über Abraham und seine Visionen in Mekka am heiligen, weil vom Himmel gefallenen Stein. Schon als sie niedergeschrieben und priestermäßig ausgelegt wurden, begann die zweite plus x-te Hand. Markante Stationen oder Umdeutungen waren das babylonische Exil und dann die paulinische, ethnisch nicht mehr gebundene Gemeindegründung. Hier gab es schon lange keine Offenheit für die Hierophanien mehr, sondern nur noch endlosen Streit um die richtige Auslegung geronnener Wirkungen in schriftlicher Form.

Mohammed wusste aber um den Zauber ursprünglicher Inspiration. Deswegen gab er vor, den Koran direkt von Allah diktiert bekommen zu haben[28]. Die heidnischen Beduinen, die im oströmischen Reich keinem Disput mit monotheistischen Schriftgelehrten gewachsen waren, sollten ihre eigene heilige Schrift bekommen, die sich ja dann von ihren Vorlagen auch nicht allzusehr unterschied. Interessanterweise gelang Mohammed mit seiner neuen Schrift aber erst der Durchbruch, als er sich des wahrscheinlich der altsemitischen Gottheit Hubal[29] geweihten Steinheiligtums der Ka'ba bemächtigen konnte. Auch hier schien die kosmische Substanz des Meteors die wesentliche Kraft zu sein, die lediglich einen neuen Überwurf bekam. Der aber war im Islam extrem wort-, bzw. schriftmagisch und bekämpfte das Reich der Bilder, mit dem Heidentum überall auf der Welt die Hierophanien zu beantworten pflegt, radikal.

Mit der Verschriftlichung der Religion wurde diese hierarchisch, weil lesen und schreiben mühsam erlernt werden müssen und das lange Zeit nur wenigen vorbehalten war. Die ungebildeten Massen mussten zusehen, dass sie eine Verbindung zu einem Schriftgelehrten aufbauen oder unterhalten konnten. Der christliche wie der islamische Monotheismus verbeitete sich über „Heilige“, die zu „Gottes eigenem Netzwerk“ (Gellner) gehörten und damit zwischen den Gewöhnlichen und dem Eingott vermitteln konnten. Wer mit dem Heiligen genealogisch verbunden war, genoss ein Erbcharisma; die anderen wurden durch Pilgerfahrten, Opfergaben und Gebete des Segens teilhaftig, der dem verfallenden Leichnam des Heiligen entströmte. Je tiefer wir in eine monotheistische Religionslandschaft hineinschauen, umso vertrauter werden die Vorstellungen für den ethnologischen Blick. In den unteren Etagen der islamischen Welt wimmelt es von Geistern (*jinn*), die sich aus der vorislamischen Zeit gerettet haben und ihren Anteil am religiösen Leben der Bekehrten einfordern[30]. Wegen dieser Toleranz in niederen Regionen konnten in Afrika oder Südostasien islamisch Missionierte auch wesentlich mehr Heidentum bewahren als christlich Missionierte[31]. In den oberen Etagen hingegen hält man sich an die Lehre des Koran und der *Hadithen* (Überlieferungen), die den Glauben an den einzigen und barmherzigen Gott vorschreiben, für den alles Heidentum Finsternis (*jahiliya*) bedeutet.

### *Mission im Dienste der Vernunft*

In einem gewissen Sinne war jede **Konversion** eines heidnischen Volkes zum Judentum, zum Christentum oder zum Islam ein Sieg der Vernunft über den Wahn, ein Stück Rationalisierung, von dem Max Weber als weltgeschichtlichem Trend ausging[32] oder den Norbert Elias als „Prozess der Zivilisation"[33] reformulierte. Am sinnfälligsten zeigt sich dieser Schub am Verbot des ökonomischen Irrsinns, den die heidnische Opferung von Gütern, Nahrungsmittel und Lebewesen dem aufgeklärten Denken bedeutet. Kolonialverwaltung und Missionskirchen waren sich bei allen Konflikten auf anderen Gebieten in dem Punkt einig, dass die Vergeudungsfeste unterbunden werden müssen, die überall auf der Welt zum Heidentum als seinem Kern dazugehören. Bekehrung hieß deswegen nicht nur Reduktion der Götter und Geister oder Judaisierung der Genealogie, sondern vor allem Abschied von der „Sonnenökonomie" (Bataille) und Unterwerfung der Konvertiten unter das „ökonomische Prinzip". Waldemar Stöhr[34] hat für das indonesische Missionsfeld herausgearbeitet, dass sich die Festverbote weit fataler für die unterworfenen Gesellschaften auswirkten als das ebenfalls kolonial und missionarisch durchgesetzte Verbot von Kopfjagd und Kannibalismus. Hierfür seien rasch Substitute gefunden worden – für die großen Verschwendungsrituale, diese Naturnacheiferungen (s. o.), in denen sich die Heiden weltweit mit ihrer verschwenderischen Mutter Erde oder der planlos vergeudenden Sonne in Einklang bringen, konnte es aber in der neuen Ordnung keinen Ersatz geben. Das Resultat waren oft innerlich wie äußerlich gebrochene

Gesellschaften, wie sie sich im ethnologischen Forschungsfeld unter dem internationalen Hospitalismus häufen.

Als die christlichen Deutschordensritter 1249 die heidnischen Pruzzen besiegt hatten, wurde diesen ein schriftlicher Vertrag aufgezwungen, der sie zum Verzicht auf ihre alte Religion verpflichtete. Sie durften hinfort ihren Toten keine Beigaben mehr ins Grab legen, nach der Ernte durften sie nicht mehr ihrem Fruchtbarkeitsgott Cruche opfern, und es wurde ihnen verboten, den Schamanen zuzuhören, die bei den Totenfeiern behaupteten, sie sähen die Seelen zu Pferde ins Jenseits reiten[35]. Dafür bekamen die Pruzzen den Segen der **Schrift** in zweierlei Gestalt: als Heilige Schrift, die die letzten Dinge festlegt, und als Gesetz, an das man sich per Unterschrift bindet. Die Geschichte der Skriptualisierung kennt einige Beispiele, wie Heidenpriester die Religion vor diesem Fortschritt retten wollten. So besaßen nach Assmann[36] z. B. die Griechen, die mit ihrer Buchstabenschrift als erstes Volk eine volle Literarisierung erreicht hatten, keine „heiligen Schriften". Das revolutionäre Medium diente der Alltagsbewältigung (vor allem dem Wirtschaftsverkehr und der Politik) und der Kunst wie Poesie und Theater, aber nicht der Religion. Die griechischen Götter konnten keine Feder halten wie der mosaische Gott, der Autor und Schreiber der am Sinai überreichten Gesetzestafeln und Weltenrichter, der „Buch führt" über die Taten der Menschen. Nach dem Zeugnis von Caesar weigerten sich auch die Kelten, ihr Wissen von den letzten Dingen schriftlich niederzulegen, wiewohl sie die (griechische) Schrift im Wirtschaftsverkehr kannten. Haben die Druiden geahnt, dass mit der Verschriftlichung die Religion eine andere werden muß und in den Sog der Rationalisierung hineingerät?

Wir haben in diesem Buch immer wieder in der Paradoxie das Gütesiegel des Heidentums erkannt. Mit der Verschriftlichung bricht die Orthodoxie in die Religion herein. Der Orthodoxe ereifert sich über den Heterodoxen, für den Paradoxen aber hat er nur Spott übrig. Als erster hat das der alttestamentliche Prophet Jeremia vorgemacht, als er über die höhnte, *„Die zum Holtz sagen/Du bist mein Vater/vnd zum Stein/Du hast mich gezeuget."*[37] Es gibt in der Geschichte des monotheisierten Abendlandes nur wenige Stimmen, die für Fremdgläubige Verständnis signalisierten. Zu ihnen darf der oben bereits vorgestellte Religionswissenschaftler Friedrich Max Müller (1823–1900) gezählt werden, der 1869 einem englischen Missionsapologetiker vorwarf, er vergesse, *„dass es nun einmal Gott gefallen hat, diese Menschen und Millionen menschlicher Wesen auf Erden geboren*

*werden zu lassen, ohne dass sie jemals Gelegenheit hatten, von dem Dasein des Evangeliums zu hören."*[38] Auf der nächsten Seite fährt der Essay weiter:
*„Es verräth einen Mangel an Glauben an Gott und seine unerforschliche Weisheit in der Regierung der Welt, wenn wir denken, wir müssten alle andern Glaubensformen, mit Ausnahme der Religion der Juden, verdammen."*[39]

### *Theologie der Befreiung*

Viel häufiger, auch besser belegt und aus dem Wesen des Monotheismus begründbar ist die Rücksichtlosigkeit, mit der Missionare gegen Manifestationen des Hierophanieglaubens vorgingen und vorgehen. Der Missionskritiker Peter Stüben spricht hier vom „Bonifazius-Syndrom"[40], wenn aus heiligem Zorn wie weiland unter dem eifernden Winfred (s. o.) Bäume, die nach heidnischer Auffassung aus Erde und Stein geboren werden und Himmel und Erde zusammenhalten müssen, in aufklärerischer Absicht umgehauen werden. Gewiss bedeutet es eine Befreiung, wenn die Tabus, von denen eine qualitative Welt- und Umweltsicht ziemlich voll ist, fallen. Das Resultat sind die oben schon angesprochenen abgeholzten Bergkuppen und die verschwundenen heiligen Haine der Wasserscheiden, die in Afrika vielerorts zur Bodenerosion im großen Umfang geführt haben.

Im Austausch gegen die alten Tabus, in denen sich die heidnische Ohnmacht gegenüber den Hierophanien manifestiert hatte, bekommen die Missionierten aber nicht nur die Freiheit, mit der zur toten Materie erklärten Natur nach Gutdünken zu verfahren, sie lernen auch neue Tabus zu beachten, die sich auf die Kernstücke der paulinischen Christologie beziehen. So bringt die schon erwähnte *New Tribes Mission* z. B. den Panare-Indianern in Venezuela bei, dass sie selbst Jesus Christus auf „das Holz mit Nägeln" geschlagen hätten und sich deswegen in alle Ewigkeit schuldig fühlen müssten[41].

Es sind einfache Wahrheiten, mit denen die fundamentalistischen Missionare heute den Resten des einst weltumspannenden Heidentums zu Leibe rücken. Bibelgläubige sind „Grapholatristen", d. h. Verehrer des geschriebenen Wortes, die an die „Verbalinspiration" glauben, die jedes Wort der Heiligen Schrift für göttlichen Ursprungs hält und deswegen über die unzähligen Ungereimtheiten, von denen nach dem heutigen Stand der Bibelkritik die beiden Testamente strotzen, hinwegsehen. Die von Mobil Oil, Mende Oil, Creole Petroleum, Westinghouse und General Dynamics gesponserte *New Tribes Mission* in Ecuador zeigte den heidnischen Huarani (Auca) zunächst die Wunder der westlichen Zivilisation: Gummibänder, Ballonreifen und Jo-jo-Spiele. Man gab ihnen Limonade und Hamburger. Zum Ziel kamen die Missionare aber erst durch In-Gewahrsam-Nehmen eines Huarani-Mädchens, das christianisiert und zur Sprachinformantin ausgebildet wurde. Seither gilt die Wycliffe-Missionarin Raquel Saint als „Befriederin der wilden Auca". Durch sie habe Jesus den Teufeln befohlen, aus den Körpern der Auca auszufahren. Gleichzeitig konnten die Erdölprospektoren ihre Arbeit aufnehmen, und der Prozess der Zivilisation nahm seinen Gang[42].

Die heutigen Missionare sind auf der Höhe ihrer Zeit. Sie vermeiden, den Juden den Gottesmord anzulasten, weil das in der Vergangenheit immer wieder zu Missverständnissen und Pogromen gegen die Erfinder des Fortschritts selbst geführt hat. Nun sind die Heidenvölker ihrerseits die Schuldigen am Tod des Herrn. Die moderne Mission spricht auch längst nicht mehr von geistiger Minderbegabung der Stammesvölker. Es ist einzig das Heidentum, das sie von der Westintegration abhält: In der Geschichte der Neuendettelsauer Mission in Neuguinea schreibt Missionar Pilhofer:
*„Es ist also nicht so, wie viele Europäer meinen, dass die Papua infolge geistiger Beschränktheit auf ihrer niederen Kulturstufe stehengeblieben sind. Die eigentliche Ursache liegt vielmehr in ihrer Religion begründet. Ein Volk, das sich in solchen religiösen Irrgängen befindet, kann nicht hochkommen. Der Animismus ist ja nicht die Summe verschiedener religiöser Gedanken, von denen man nach Belieben einzelne ausklammern kann, sondern ein in sich festgefügtes System, das die Menschen gefangen hält. Die Forderung, man solle jedem Volk die Religion lassen, die es hat, beruht auf einer völligen Unkenntnis der wirklichen Lage, in der sich heidnische Völker befinden."*[43]

Für die verbliebenen Heiden gibt es gegen die **Vernunft des Monotheismus** kein Argument als das widersprüchliche Verhältnis von Leben und Tod selbst. Daraus speist sich der Glaube an hierophanische Mächte. Verspricht nun der Missionar ein Ende dieses ewigen Rhythmus aus Leben und Tod, mag die Botschaft verlockend klingen. Zur Durchsetzung kommt sie erst mit materiellen Verbesserungen und zivilisatorischen Versprechungen. In diese Falle sind Heidenvölker immer und in großer Zahl getappt. Der Zeitpunkt ist abzusehen, wo die Monotheismen sich die Weltkarte untereinander aufgeteilt haben – bis auf die beiden Riesenblöcke Indien und China. Ob diese beiden volkreichsten Länder ihren Varianten des Heidentums eine Zukunftschance geben, muss abgewartet werden – die Aussichten stehen im hinduistischen Indien, wo Götter noch wie im alten Babylon am Straßenrand beopfert werden und heilige Tiere der industriellen Hektik buchstäblich im Wege stehen dürfen, besser als im kommunistischen China, wo der westliche Materialismus samt Arbeitsdisziplin offiziell durchgesetzt werden konnte. Für die Stammesvölker aber scheint die Zeit des Heidentums vorbei zu sein. Die Hierophanien spielen in der Ausbildung der heutigen Jugend keine Rolle mehr; der Glaube an sie, erst recht die rituelle Befolgung der mit ihnen verbundenen Tabus besitzt längst kein Prestige mehr. Die Missionen haben ganze Arbeit geleistet; unter den elementaren Kulturmustern, die auch unter moderneren Überformungen weiterleben können, hat das Heidentum als Religion vielleicht die geringsten Chancen.

Marktwirtschaft und Weltökonomie, die seit Ausgang des Mittelalters sich entwickelt und im 19. und 20. Jahrhundert sich rasend schnell den Globus unterworfen haben, konnten die subsistenten Wirtschaftsformen nicht gänzlich ausrotten; an der äußeren und inneren Peripherie gibt es auch heute viele Menschen, die von der Hand in den Mund leben und die vom allgemeinen Imperativ zur Akkumulation nicht erreicht wurden. Die elementaren Vergesellungsprinzipien nach Verwandtschaft, Nachbarschaft oder Gleichaltrigkeit konnten auch durch modernes Sozialmanagement, bürokratisches Verwaltungshandeln und Reproduktionsmedizin nicht gänzlich außer Kraft gesetzt werden. Freizeit und Krisen sind die Momente, wo auch moderne und scheinbar individualisierte Menschen gezwungen oder freiwillig zu den urtümlichen Bindungen und althergebrachten Methoden zurückkehren. Dass diese Überlegung auch für die Urformen der Religion zutrifft, kann man – zumindest für die sichtbare Kultur – schwer behaupten. Zwar wurden oben immer wieder Verweise möglich auf das Weiterexistieren hierophanischer Glaubensvorstellungen, etwa in der Mystik, in den säkularen Formen der Ekstatik im Freizeitsektor und Sportbetrieb, in Teilen der *New-Age*-Bewegung oder unter mehrfacher Vermummung[44]. Der Wächterchor aus Säkularisten, Theologen und Sektenbeauftragten lässt auf diesem so hochsensiblen Gebiet der Religion aber keine Rückfälle zu. Jedes Aufflackern des Heidentums, jede Regung seines seit 2500 Jahren im Sterben liegenden Körpers wird schnell mit Etiketten des absolut Bösen wie „Satanismus"[45] oder „Antisemitismus"[46] versehen und aufs Schärfste verfolgt.

1 *„... mit dem Götzendienst ist es aus, Scherz und Spiel ist nicht mehr erlaubt, denn die Religion ist jetzt Ernst geworden"* - aus dem Abschiedslied an Wadd (zit. nach Wellhausen 1927:220).

2 Duerr 1984/90:235.

3 Blumenberg 1979/96:282.

4 Thomas Mann hat die weltgeschichtlich bedeutsame Sonderbegabung der Juden darauf zurückgeführt, dass *„ihr Hirn unverkleistert vom Mythos sei"* und dadurch mit einem höheren Wahrheitssinne ausgestattet (Eintrag vom 5. August 1934 in: Tagebücher 1933–34, ed. P. de Mendelssohn, Frankfurt 1977:497, zit. nach Blumenberg 1979/96:255).

5 Der Preis für diesen verwegenen Griff ins Archaikum war der Vorwurf des *Deizids* (Gottesmords), die Grundlage des religiösen Antijudaismus (s. Ley 1993/95:61).

6 Dass Paulus damit nur die Juden eifersüchtig machen wollte, damit sie zur Bundestreue zurückkehrten, war die Interpretation des Römerbriefes 11,11 durch den *Paulus redivivus* Jakob Taubes (1923–87), der sich - wie alle gläubigen Juden - nicht vorstellen konnte, dass Gott sein Volk verstoßen habe, wie es die Christen über viele Jahrhunderte hindurch behauptet haben (s. Taubes 1993/95:71).

7 Siehe Eggers 1941:9; zu Julian Apostata s. Bidez 1956.

8 Die im Matthäus-Evangelium dem auferstandenen Jesus in den Mund gelegten Worte lauten in der hier immer wieder herangezogenen Ur-Übersetzung: *„Darumb gehet hin/und leret alle Völcker/ und teufet sie/im Namen des Vaters/ und des Sons/und des heiligen Geistes/ und leret sie halten alles was ich euch befohlen habe"* (Luther 1544/1972:2029). Im griechischen Urtext, der *Koinä*, steht für „lehret" *μαθητεύσατε* (*mathäteusate*), wörtlich: „macht zu Schülern" (Nestle 1898/1960:83). Der Theologe Theo Sundermeier erläutert den Imperativ der christlichen Expansion am Beispiel der Ravensberger Erweckungsbewegung im 19. Jh. wie folgt: *„Du ‚hast' und ‚besitzt' Christus nur, solange du ihn ‚weitergibst' - Christwerden heißt immer, dass du für andere ‚zum Christus', zum Retter wirst, heißt, dass du ‚Missionar' wirst"* (zit. nach Altena 2003:229).

9 Jungblut 1945:308.

10 Admissions Office, 7500 W. Camp Wisdom Rd., Dallas, TX 75236, USA. In Deutschland gehört zu diesem internationalen Netzwerk z.B. das „Seminar für Sprachmethodik" (Postfach 603, 57295 Burbach), in Österreich die „Wycliffe-Bibelübersetzer" (F.-X.-Gruber-Str. 140, 5112 Lamprechtshausen), in der Schweiz das „Institut für Sprachmethodik" (Am Bach 17, 8252 Paradies/Schlatt TG). Zur Kritik an diesem Globalisierungsunternehmen s. Hvalkof/Aaby 1981.

11 In: „Was jedermann heute von der Mission wissen muß", Berlin 1901, zit. nach Altena 2003:102.

12 Mt 6,33; vgl. Lk 12,31, nach Luther 1544/1972:1977.

13 Mt 5,13.

[14] Qualitativ verschieden von der inhärenten Unduldsamkeit der abrahamitischen Missionen könnte die buddhistische eingeschätzt werden, obwohl sie gewaltige Gebiete des einst schamanistischen Asiens überlagert hat. Zumindest sieht Hauer das so: „*Wo sie* [die Buddhistische Mission, BS] *hinkam, stiftete sie Frieden. Den Missionaren des Buddhismus gab Buddha die Weisung absoluter Duldsamkeit bis zum Tod gegenüber allen Schmähungen und Verfolgungen mit auf den Weg. Eine Gegenüberstellung der buddhistischen und der christlichen oder islamischen Mission zeigt einen Unterschied, der erschütternd ist*" (1961:56).

[15] Zit. nach Eliade 1983/92 III/I:17.

[16] „*Seid fruchtbar und mehret euch und füllet die Erden/und macht sie euch unterthan. Und herrschet vber Fisch im Meer/ und vber Vogel vnter dem Himmel/vnd vber alles Thier das auff Erden kreucht*" (Luther 1545/1972:26).

[17] Zit. nach Mone 1823:105 f.

[18] Siehe Mone 1823:207.

[19] Kramer 1987:103.

[20] Zu den „nativistischen" Unruhen im kolonialen Ukamba s. Hofmann 1903, Murphy 1926.

[21] Das große Sterben in der frühen Ukamba-Mission, das heute noch auf den Grabsteinen des Friedhofs von Ikutha/Kenia nachzulesen ist, wird in der örtlichen Überlieferung den heidnischen Widerstandskräften zugeschrieben, die lange sich mit Erfolg gegen die Transformation zur Wehr setzten. 1902 schrieb der Leipziger Missionar Brutzer in die Heimat: „*Vierzehn Jahre lang wird bereits unter dem Volk der WaKamba das Wort verkündigt. Besonders durch die Predigt, aber auch durch Hungersnöte und andere Heimsuchungen hat Gott der Herr sie zu sich geladen, und doch besteht die christliche Gemeinde unter den WaKamba bis jetzt nur aus 4 Seelen, und die übrigen WaKamba, soweit ich ihnen begegnet bin, machen nicht den Eindruck, als ob sie sich nach Erlösung aus den Fesseln teuflischen Geisterglaubens sehnen*" (1902:24).

[22] Die beiden Schrägstriche vor dem Anfangs-G stehen für einen der „Schnalzlaute", wie sie für die südafrikanischen Khoisansprachen typisch sind. Die bei allen Ureinwohnern Südafrikas bekannte Trickstergottheit trägt viele Namen, bei Hei//om, Nama und Damara heißt sie Heitsi-Eibib und ist heute noch in manchen Steinhaufen Namibias präsent (Vedder 1934:58, Guenther 1999:97 ff.).

[23] Guenther 1993, 1999.

[24] „*Dieser ‚Synkretismus', der völlig ohne Werturteil betrachtet werden muss (ist doch jede Religion streggenommen ein synkretistisches Gebilde; ‚reine Religionen' finden sich nur in Schreibtischtheorien) ...*" (Rudolph 1977:304). Zur Begriffsgeschichte des griechischen Wortes *συνκρετισμός* (*synkretismos*), mit dem Plutarch einen Kultbund auf Kreta bezeichnet, s. Budick/Iser 1996:34.

[25] Siehe z. B. die Theorie der inkulturierten Evangelisierung Juan Luis Segundos nach Silber 2005; ein gut analysiertes Beispiel von „Inkulturation" bietet Harries 2007.

[26] So der Titel des populären Berichts von Rudolf Slatin (1896) über den islamistischen Sudan während der Mahdi-Zeit Ende des 19. Jahrhunderts.
[27] Siehe Loimeier/Reichmuth 1993; Reichmuth 1998, 2000.
[28] Dazu Ali Dashti 1997.
[29] Siehe Wellhausen 1927:220.
[30] Siehe dazu das syrische Beisp. bei Fartacek 2004 oder das sudanesische bei Hayder Ibrahim 1979.
[31] Dazu z. B. Rodemeier 2008.
[32] Weber, M. 1921/76:196.
[33] Elias 1939/76.
[34] Stöhr 1991/93:122.
[35] Nach Eliade 1983/92 III/I:38.
[36] Assmann 1992:266 f.
[37] Jeremia 2,27, nach Luther 1545/1972:1275.
[38] Müller, M. 1869:52.
[39] Müller, M. 1869:53.
[40] Stüben 1994:188.
[41] Kuppe 1994:115.
[42] Schulze 1994:134.
[43] Pilhofer 1961:38 (nach Stüben 1994:200).
[44] Dazu mag auch das „grundsätzliche Ketzertum von 95 Prozent der heutigen Europäer" zählen, von dem die Unitarierin Sigrid Hunke (1913–1999) in „Europas eigene Religion" (1981:379) ausgeht, oder das „Glaubenspatchwork", das das Meinungsforschungsinstitut TNS Infratest anlässlich des Besuchs von Papst Benedikt XVI. auf dem „Weltjugendtag" in Köln im August 2005 im Auftrag von DER SPIEGEL ermittelte. Danach lebt die Mehrheit der Deutschen heute mit religiösen Widersprüchen und befindet sich mit ihren Ansichten außerhalb der dogmatischen bzw. „reinen" Lösungen beider Kirchen (DER SPIEGEL 33, 2005:138); mit anderen Worten ist sie heute „religiös selbständig" (Bochinger) geworden.
[45] Dazu Zacharias 1964/70.
[46] Zum Antisemitismus als „Erbkrankheit" des Nichtjuden s. Broder 1986.

# XVI. Rückkehr der Götter und Geister?

*Die christlichen Kirchen tolerieren viele heidnischen Bräuche,*
*sei es, weil sie den Ursprung nicht kennen*
*oder weil sie es nicht wagen,*
*sich den stark im Volk verwurzelten Traditionen*
*zu widersetzen.*
Alfred Métraux

Im vorigen Kapitel war von der totalitären Zensur die Rede, die keine Regungen des sterbenden Heidentums mehr zulassen darf und mit den Mitteln der heutigen Meinungskontrolle die relevanten Foren freihält von jeder bewussten oder bekannten Form heidnischer „Wiederbetätigung“[1]. In diesem, letzten Abschnitt soll auf die überraschende Dynamik aufmerksam gemacht werden, die die sogenannten afroamerikanischen Kulte in die moderne Welt gebracht haben. Lange wurden diese Tendenzen, etwa der Wodu-Kult, die „nationale“ Religion Haitis mit mittlerweile über 60 Millionen Anhängern weltweit als Blut- und Sexkult oder als Kannibalenreligion diffamiert[2]. Auch als Ethnologen darangingen, diese Erscheinungen aus der Verurteilung als kreolische Verkommenheit zu lösen und in ihrer kulturellen Wirkkraft ernstzunehmen, verstanden sie sich wieder als Rettungsforscher, die eine zum Untergang verurteilte Religion schriftlich festhielten[3]. So glaubte auch der französische Ethnologe Alfred Métraux (1902-1963), dem wir hier in seiner Interpretation des heidnischen Revivalismus folgen wollen, *„dass der Voodoo früher oder später nicht mehr existieren wird.“*[4]

### *Götterfahrt über den Atlantik*

Die **Geschichte** des karibischen Geisterkultes lässt sich bis ins 17. Jahrhundert zurückverfolgen, als im karibischen Hafen Santo Domingo die ersten Sklavenschiffe einliefen, voll mit schwarzen Menschen aus Dahomey und Nigeria, die ihre *vodûn* oder *loa* genannten heimischen Götter und Geister auf die erst kürzlich von den Ureinwohnern, den indianischen Taino weitgehend entvölkerten und dafür christlich gewordene Insel Klein-Spanien (*Hispaniola*) schmuggelten. Damit bekam der afrikanische Polytheismus der Fon und Yoruba, dessen Verwandtschaft mit den antiken Pantheonen der Griechen und Römer Frobenius so sehr beschäftigt hat[5], eine neue Heimat und Pflegestätte. Auch als 1664 die Sklavenbesitzer gesetzlich verpflichtet wurden, ihre Sklaven zu taufen, lebten Schlangenkulte und Trance-Tänze weiter. Nach der großen Revolte 1791 und der Unabhängigkeit 1804, dem viele Weiße zum Opfer fielen, wurde in einer Art „Los-von- Rom“-Aktion das öffentliche Leben paganisiert, bis 1915 die US-amerikanische Besatzung nach dem Rechten sah, 1939 eine ikonoklastische oder bilderstürmerische Ausrottungskampagne unter dem Apostaten Ti-Jules entstand und 1941/42 die katholische Kirche ihre große „Anti-superstieuse“-Aktion startete – ohne Erfolg. Von 1946 bis 1952 war Wodu unter dem Präsidenten Estimé fast Staatsreligion. 1987 wurde der Wodu-Glaube den herrschenden Konfessionen rechtlich gleichgestellt, was nichts am offiziellen Prestigegefälle änderte: Wodu gilt als primitiv. Allerdings zeigt sich die römisch-katholische Organisation heute wesentlich toleranter als die neoprotestantischen, von den USA aus agierenden Sektenkirchen wie Baptisten, Methodisten, Adventisten, Pfingstler etc.

Die haitianische Wodu-Religion ist **Heilsreligion** im oben beschriebenen praktischen Sinne, sie soll den Kleinbauern und Slumbewohnern vor dem vielfach drohenden Unglück bewahren. Die Priesterin (*hunsi*, d.h. Gottesgemahlin, oder *mambo*) bzw. der Priester (*hungan*, d.h. Geisterherr, oder *boko*) stehen einem Tempel (*humfò* oder *caye-mystère,* auch *péristyle)* vor, in dem die Seelentöpfe der Initiierten (den *hunsi*) stehen und in dem die Besessenheitszeremonien durchgeführt werden. Der Tempel lebt von Spenden, den Einnahmen durch Geistheilung, Divination (Wahrsagerei) und dem Verkauf von Zaubermitteln. Die Geister (*loa*), deren Zahl der *hungan* Max Beauvoir mit 401 angibt[6], leben in oder unter Altären, wie wir sie im Kapitel XII schon am Beispiel der *Mami Wata* kennengelernt haben, Wassergeister oft in Bassins, außerdem laufen Opfertiere wie Hühner, Tauben oder Ziegen herum. Damit das heidnische Treiben, also der Verkehr der Menschen mit Göttern und Geistern einigermaßen ungestört ablaufen kann, behängt sich die Wodu-Religion gerne mit christlichen Symbolen. Deswegen sprechen Religionswissenschaftler hier von „Synkretismus", einer nichtintegriert erscheinenden Mélange aus polytheistischen und monotheistischen Elementen. Da dieses Patchwork dann aber auch überraschend bunt, ja grotesk auf den fremden Besucher wirkt, kommt der Wodu-Kult auch dem Surrealismus entgegen: *„Das Surreale ist hier ganz normal"*[7].

Trotz der religionswissenschaftlichen Einstufung als „unreine" oder gemischte Religion und trotz der intellektualistischen Assoziation mit dem Surrealismus wollen wir uns im Folgenden vergegenwärtigen, wie ein von Zeitgenossen praktizierter Polytheismus aussieht. Denn heidnische Religion ist immer zusammengesetzt, wie wir aus der Betrachtung unterschiedlicher Hierophanien gelernt haben; und ihre innere Logik mutet immer surreal an, weil die Paradoxie gerade als Gütesiegel „unbewachter" Religiosität angesehen werden muss. Das einzig Besondere an der haitianischen Version des heutigen Heidentums ist seine Maskierung. Die Götter laufen oft im Gewande der katholischen „Götter" herum, sehen also aus wie Gottvater, Jesus, Maria, der Teufel oder einer der unzähligen Heiligen, mit denen die römische Kirche wie auch andere nichtprotestantische Christenlehren das polytheistische Erbe unfreiwillig weitertragen. Diese „bekannten“ religiösen Vermummungen teilen sich nun die Verehrung der Gläubigen mit den vielen Geistern (*loa*), für die zum Teil ihre Herkunft aus Guinea sehr wichtig ist, oder die sehr alltäglich aussehen wie das Fünf-Tage-Pech (*cinq-jours-malheureux*). Die afrikanischen Geister werden *rada* (nach der Stadt Arada in Dahomey)[8] genannt und gelten als eher sanft, während die neueren Geister *petro* (auch *petwo*) heißen und wegen ihrer Gewalttätigkeit gefürchtet werden. Insbesondere sind die *loa petro jé-ruj* (mit den roten Augen) gefährliche kannibalistische Dämonen.

Aufenthaltsort der großen *loa* ist „Guinea“ (also die Westküste Afrikas) als gelobtes Land, aber auch Berge, Flüsse, Seen oder Höhlen. Diesen Gottheiten sind bestimmte Tage geweiht und bestimmte Farben bzw. Farbkombinationen zugeordnet. Das hat nicht nur mythologische, sondern auch praktische Bedeutung, d. h. solche Zuordnungen erleichtern den Heilkult und helfen, Fehler zu vermeiden. Einer der wichtigsten *loa* ist **Legba**, der in den Anrufungen immer zuerst gegrüßt wird. Im alten Dahomey war Legba der Göttersprecher und Herr der Schwellen und Türen; in Haiti gilt er als Türöffner und hat – wie Petrus – den Himmelsschlüssel in der Hand. Dargestellt wird er als Greis mit Krücke, auch wenn er stark tricksterähnliche Züge besitzt[9], über Tod, Sexualität und Magie zugleich gebieten kann und manchmal wie eine Frau daherkommt. Auch **Agwé**, die stärkste aller Naturgewalten, wird als Meeresgott – dargestellt oft in Marineuniform – gefürchtet und verehrt, während **Damballah**-wédo, die Schlangengottheit, die für Blitz, Regenbogen und Reichtum (an Silber) verantwortlich ist, als das populärste Höhere Wesen gilt. Daneben gibt es dann noch die Blitzgottheit **Agawu**, die auch Wind, Sturm und Donner bringt, und einen zusätzlichen Blitzgott namens **Badagri**. Eindeutig der Vegetation zugehörig ist **Loco**, eine Baumgottheit mit heilenden Kräften, während die Felder und die Landarbeit **Zaka** gehören, einem typischen Bauerngott, der misstrauisch, habgierig und streitsüchtig sein soll. Der Kriegsgott heißt **Ogu**[10]; auch wenn er in Haiti nicht mehr den Schmieden beisteht, hantieren die von ihm Besessenen immer noch mit glühenden Eisen, betrinken sich und tragen eine knallrote Generalsuniform.

Für das Alltagsthema Liebe steht **Ezili-fréda-Dahomey** (Erzulie Fréda Dahomey[11]), eine verführerische Mulattin, die mit allen Göttern Affären hat außer mit dem schwarzen **Guédé-nibo** – aus rassistischen Vorbehalten. Die Guédé sind aber auch Totengeister mit obszönen Redensarten und unzüchtigen Tänzen. Sie werden angeführt von **Baron Samedi**, dem karibischen Saturn und König der

Toten[12], dann von **Baron Cimetière**, dem Totengräber, und anderen skurrilen Gestalten[13]. Als ausgesprochen böse gelten schließlich die Teufel (*diab*), die zu den *petro* gehören und unter denen es viele Huren, Oger-Wesen (s. Kapitel II) und Eulen gibt. Daneben existieren „Kongo-Geister", die lebende Hunde essen oder wie **Mondonge-mussai** den Hunden aus den abgebissenen Ohren das Blut aussaugen. Besonders gewalttätig sind auch die Stier-*loa,* z. B. der **Taureau-trois-graines** (Stier mit drei Hoden).

Alle diese guten, ambivalenten oder bösen Gottgeister können die Menschen packen und in Besitz nehmen. Dabei vertreiben sie den „großen guten Engel"[14], also die zweite Seele des Menschen, und der *loa* kann sein *chual* (Pferd) besteigen. Der Besessene fällt in Trance, ein „Hurrikan" schüttelt seinen Körper, ihm muss „der Kopf gewaschen werden", bzw. „der wilde Geist (*loa bossal*) wird getauft", indem der Besessene mit einer Zauberpaste eingerieben wird. Die Verrückung kann Minuten oder Tage dauern. Der Besessene ist dann erschöpft von seiner Raserei, auch wenn der *hungan* oder die *mambo* ihn immer wieder besänftigen. Selbst wenn die Trance wie ein Theaterspiel aussieht, sagt Métraux, handelt es sich nicht um ein Spiel, sondern um Identifizierung mit der Gottheit[15]. Die Wodu-Anhänger meinen, die Geister suchten sich mit Vorliebe solche Leute, die ihnen ähnlich sind. Doch lassen sich nach Métraux keine Bezüge zur europäischen Hysterie herstellen[16], da auf Haiti der Verkehr mit unsichtbaren Mächten nicht für krankhaft, sondern für normal gehalten wird[17].

Ein sehr deutlich an die guineische Herkunft erinnernder Zug der Wodu-Religion ist der **Zwillingskult**, den wir oben schon in seiner „Urfassung" bei den Yoruba bzw. im allgemeinen Dualismus der heidnischen Mythologie kennengelernt haben. Auf Haiti tragen die Zwillinge (*marassa*) verständlicherweise christliche Gewänder: Kosmas und Damian gelten als Kinder der Heiligen Nikolaus und Clara. Darunter aber verkörpern sie unchristliche Leidenschaften, vor allem den Hass aufeinander oder die Eifersucht wie die zwischen den Göttinnen Erzulie Freda und Erzulie Danto. Eltern müssen darauf achten, dass ihre Zwillinge sich nicht gegenseitig umbringen. Sie steuern dieser Eskalation durch absolute Gleichbehandlung entgegen. Es gibt Zwillingsgeister in jeder Siedlung (*laku*, ein Taino-Wort für Opferplatz); in manchen Gegenden bedeuten sie soviel, dass sie noch vor Legba begrüßt werden.

### *Der Glaube an Kräfte*

Für Wodu-Gläubige ist überall „Kraft" (*nanm* oder *point*) zu spüren, die man – wie andere **Mana**-Konzeptionen (s.o.) – auch mit „Seele" übersetzen kann. So wirkt die *nanm* des Regens auf die *nanm* der Erde und bringt die *nanm* der Pflanzen hervor. Die *nanm* des Wassers stellt man sich als hellhäutige, langhaarige Frauen vor, die stark an die in Kapitel XII beschriebene *Mami Wata* erinnern. Aber nicht nur für das moderne Denken leblose Dinge sind beseelt, auch die Zeiten werden qualitativ wahrgenommen. Es gibt günstige Tage wie Montag, Dienstag und Donnerstag, die man sich weiblich vorstellt, und ungünstige wie Mittwoch, Freitag und Samstag, die männlich sind. Der Freitag ist der Tag der Zauberer und der bösen Geister, während der Sonntag interessanterweise keine Seele besitzt – vermutlich weil er vom Christentum in Beschlag genommen ist. Als gute Monate gelten Januar, März, Mai, Juli, August und Oktober; besonders gefährlich ist der Dezember, der Monat der Zauberer.

Im **Ritual** der Wodu-Religion mischt sich das Heidentum nicht nur mit dem Katholizismus; auch die Armee, selbst die in der Neuen Welt rasch eingebürgerte Freimaurerei stehen Pate. Es gibt zeremonielle Begrüßungen, Fahnenparaden, Anrufungsformeln (in kreolischer Sprache oder in einem verstümmelten Fon) und Opferungen. Mit letzteren werden die *loa* gespeist: Sie essen Geflügel, Ziege, Rind und Schwein. Jede Geistergruppe hat ihre Opfervorlieben, auch bezüglich der Farbe des Opfertieres. Wassergeister bevorzugen weiße Tiere, Totengeister schwarze und Ogu möchte rote Tiere. Das Opfertier wird zunächst geschmückt, dann gefüttert und getränkt. In diesem „halbgöttlichen" Zustand gehört es schon dem *loa*, der nun den Opferpriester besessen macht. Er und seine Anhänger suchen den Körperkontakt mit dem geweihten Tier, es wird an die Altäre herangeführt und dann umgebracht. Der Priester saugt an der blutenden Todeswunde; bei Böcken saugt er die Hoden aus, denn er ist der Geist selbst, der seine Nahrung zu sich nimmt. Auch die Umstehenden bekommen vom Blut zu trinken. Schließlich wird das Tier ausgenommen, das Fleisch wird gekocht und die Knochen werden an Opferbäumen aufgehängt.

### *Tanz in den Tod und zurück*

Kein Wodu-Ritual kommt ohne Trommeln aus: Sie rufen die *loa* herbei, sie bekommen selbst Opfergaben und sie unterstützen die Tänze. Den Mittelpunkt der Trommlergruppe (*batterie*) bildet die *assoto*, die große Trommel – in der *rada*-

Batterie *manman* genannt –, die von einem speziellen *loa*, dem *hunto* bewohnt wird. Wodu ist eine **getanzte Religion**, und die Tanzformen werden nach Herkunft der Geister in Dahome-, Kongo-, Petro-, Nagô (Yoruba)- und Ibo-Tänze unterschieden. Im Zentrum des Rituals steht aber zumeist die Heilung, die zur Initiation (*kanzo*) in den Kult führen kann. Nach dem in Kapitel VII bereits beschriebenen Muster muss der Kranke den Geist, der seine Krankheit verursacht hat, kontaktieren. Dazu geht er sieben Tage in Seklusion, bekommt „den Kopf gewaschen" und füllt sich mit *nanm*. Der Höhepunkt wird mit der „Heiligen Hochzeit" erreicht, die dem bürgerlich-kirchlichem Muster folgt und deren Feier ähnlich kostspielig ausfällt. In ihr wird ein Ehekontrakt zwischen Mensch und Geist geschlossen; ersterer wird damit zum *hunsi*, zur Geisterbraut.

Andere Rituale werden bei besonderen Problemen abgehalten, die die Anwesenheit bestimmter Totengeister erforderlich machen oder die im Zusammenhang mit dem Agrarkalender stehen. Auch christliche Feiertage haben im Wodu Bedeutung. An Weihnachten gedenkt man besonders Legba, der Gottheit der Wegkreuzungen, an heiligen Quellen, in denen man badet, oder in Höhlen, die kraftgeladen sind. Eine überragende Bedeutung besitzen die **Totenrituale**, in denen das Band zwischen Mensch und Geist getrennt werden muss. Bei der *déssunin* (von frz. *sonner* = ausläuten) genannten Totenfeier wird der große Seelenkrug (*canari*) zerschlagen. Dann schlüpft der Hungan unter das Leichentuch und flüstert dem Toten ins Ohr. Dieser bäumt sich auf, um dann wieder kraftlos niederzufallen, sobald der *loa* ihn verlassen hat. Der Geist aber sucht sich sofort einen neuen Ort in einem der Umstehenden, der dann in Trance verfällt. Er gilt als ritueller Nachfolger des Verstorbenen. Auf den Friedhöfen der Wodu-Anhänger stehen große Kreuze, die aber *Baron Samedi* repräsentieren, den Totengott. Nach einem schlimmen Tod irren die Seelen als *zombi* herum, als lebende Tote, während ordentlich Bestattete in ein Gewässer eingehen, aus dem sie nach einem Jahr von den Hinterbliebenen rituell herausgeholt und in ein *loa*-Sanktuarium geleitet werden. Von dort wachen sie über die Lebenden.

Das Stadium zwischen Leben und Tod spielt in der Wodu-Religion eine ebenso bedeutende Rolle wie der Verkehr zwischen Lebenden und Toten. Aus diesem thanatologischen Grenzbereich stammt auch die Macht der Zauberer, der *boko* (vom Fon-Wort *bokono* für Priester), die von *Baron Samedi* besessen sind und gegen die man Hilfe bei mächtigen *hungan* erbittet. Die *boko* gebieten über schlimm Gestorbene, die *zombi*, die – selbst ohne eigenen Willen – instrumentalisiert werden können. „Zombification" ist Wiedererweckung eines jüngst Verstorbenen auf halbem Weg; doch der *boko* muss aufpassen, dass die Zwischenwesen nicht ihm selbst gefährlich werden – etwa wenn sie durch Salz das Bewusstsein wiedererlangen, sich furchtbar rächen und dann ihr Grab definitiv aufsuchen. Die Schadenszauberer sind einsame Figuren wie auch die Werwölfe (*loup-garoux* oder *mazanga*), die mit Vorliebe Kleinkindern das Blut aussaugen; es gibt aber auch Bünde von Übeltätern (*vlanbindingue* oder *zobop*), die sich nächtens zu Hexensabatten treffen. Andere Geheimbünde wie die *Bizango* (vom Namen der westafrikanischen Bissau-Inseln), deren Götterfiguren durch die Sammlung der Schweizerin Marianne Lehmann[18] in Europa bekannt wurden, leben vom Ruhm des antikolonialen Widerstands.

Die *hungan* und *mambo* kennen alle auch verderbliche Praktiken, sie wenden sie aber nach eigenem Bekunden nicht selbst an, sondern versprechen Schutz dagegen. Die Mitgliedschaft in einem ordentlich geführten Schrein kann gegen Schadenszauber immunisieren. Sie lehrt das gedeihliche Auskommen mit dem persönlichen Dämon und sie eröffnet einen privilegierten Zugang zur Divination. Dabei werden bestimmte Geister veranlasst, in einen Krug (*govi*) zu steigen und Fragen zu beantworten. Die Priester kennen aber auch das Muschelorakel, das Kartenlesen, das Blätterbefragen, das Kaffeesatzlesen oder das Buchstechen, z. B. in die Bibel. Denn Wodu-Priester verstehen sich oft nicht als Heiden, sondern als gute Katholiken. Sie betonen die Verwandtschaft zwischen den *loa* und den Heiligen, benutzen Teile der Kirchenliturgie und halten sich an den Kirchenkalender. Sie praktizieren Taufen, Firmung und Eucharistie, vor allem schlagen sie das Kreuz (*croisignin*). Wenn ein *hungan* mit seiner Therapie keinen Erfolg hatte, kann er dem Patienten sogar raten, zum Protestantismus überzutreten, der als radikalster Schutz vor den Geistern gilt. Der Konvertit rächt sich dann dafür, dass die Dämonen ihn im Stich gelassen haben.

Es versteht sich, dass ein solch schillernder Gegner, wie es die Wodu-Religion für die Öffentlichkeit, den Staat, die anerkannten Kirchen und die moderne Zivilgesellschaft allgemein darstellt, schwer zu bekämpfen ist. Das heutige Heidentum bewegt sich auf einer anderen Ebene der sozialen Wirklichkeit, und diese ist geprägt durch praktische Nothilfe, elementare Erfahrung und – wie oben immer wieder im Anschluß an Leo Frobenius betont wurde – durch Ausdruck von Ergriffenheit. Was in der modernen Gesellschaft vielleicht nur als „Privatmagie" und „Privatmeinung" gelten darf, hat im Wodu-Glauben auf

Haiti, in der *Santéria* auf Kuba[19], im brasilianischen *Candomblé*[20] und *Umbanda*[21] soziale Formen erhalten oder neu bekommen.

Auch in Afrika und Asien greifen heute Besessenheitskulte um sich, weil der Glaube an die Macht der Toten, der Verwandlungen und der unkontrollierbaren Kräfte durch Urbanisierung, Säkularisierung und Schulbildung nicht so einfach verschwindet, überflüssig wird oder wegrationalisiert werden kann. Afroamerikanische Kulte aber als Armutsphänomen abzutun, widerspricht den Tatsachen. Ein Wodu-Ritual kostet den Patienten ein Vielfaches von dem, was etwa die Pfingstgemeinde von ihm verlangt. Und dort werden die Geister ebenfalls ernst genommen, auch wenn sie als satanisch entschieden bekämpft und vertrieben werden, um dem einzigen Geist, den wir im vorigen Kapitel kennengelernt haben, Platz zu machen.

[1] *„Die christlichen Kirchen tolerieren viele heidnischen Bräuche, sei es weil sie den Ursprung nicht kennen oder weil sie es nicht wagen, sich den stark im Volk verwurzelten Traditionen zu widersetzen"* (Métraux 1954/96:282).

[2] Zum Beispiel wird das Seabrook 1929 vorgeworfen, der andrerseits auch ein besonderes Gespür für die Macht der Geister auf Erden dank seines Alkoholismus zu entwickeln schien. Surrealisten wie Leiris und Bataille rezipierten ihn mit Respekt und Bewunderung (Leiris 1929).

[3] Die ethnologische Erforschung des Wodu begann nach Métraux (1959/96) mit Moreau de Saint-Méry Ende des 18. Jahrhunderts und gipfelte zunächst in Herskovits' Studie von 1937. Seit 1945 (z. B. Maximilien 1945, Marcelin 1949 f.) liegen auch haitianische Untersuchungen vor. Die folgende Darstellung lehnt sich eng an Métraux (1959/96) an, der in den 40er Jahren auf Haiti geforscht hat. Für die kritische Durchsicht dieses Kapitels danke ich Immo Eulenberger, einem Leipziger Fachmann für Santeria auf Kuba (s. Eulenberger 2004, 2008).

[4] Métraux 1959/96:20.

[5] Siehe Frobenius 1926.

[6] In Hainard/Mathez 2010:25.

[7] Obert 2003:60.

[8] Es gibt auch andere *nanchon* (Nationen) von Götter/Geistern wie Ibo, Nago (der Fon-Name für Yoruba) oder Kongo (Völker 1992).

[9] Zur Nähe zwischen Petrus und der heidnischen Trickstergestalt s. Kapitel XV.

[10] Die Dahomey-Gottheit Ogu entspricht dem Ogún der Yoruba, dem Gott des Eisens, der Schmiede, des Krieges und der Gewalttätigkeit (s. Beier 1980).

[11] Siehe Maximilien 1945:195 ff., der auch Lieder der „Hersulie"-Verehrung wiedergibt.

[12] Zur schillernden Bedeutung des Samstagsgottes Saturn, der im Goldenen Zeitalter Hesiods noch unter den Menschen weilte, seit dem Sieg seines Sohnes Zeus aber das Totenreich regiert, s. Cancik-Lindemeier 1993/2007. (Ihn scheint die Jugend weltweit zu feiern im die ganze Woche über herbeigesehnten „Saturday-night-fever", dem, in ländlichen Gebieten, immer auch Verkehrsopfer dargebracht werden.)

[13] Zu ihnen kann auch *Erzulie Dantor* von den Petro-Göttern gehören, eine schwer arbeitende Bäurin, die als Maria mit dem Dolch im Herzen dargestellt wird (Völker 1992).

[14] In der *polypsychistischen* Seelenkonzeption des Wodu-Glaubens unterscheidet man den „kleinen guten Engel" (*Ti Bon Ange*), der in Trance und Besessenheit das Regiment übernimmt und nach dem Tod nach Afrika zurückgeht, vom „großen guten Engel" (*Gros Bon Ange*), der im Kopf sitzt, Energie und Vitalkraft besitzt, im Traum auf Wanderschaft geht und im Tod stirbt (Völker 1992).

[15] Métraux 1959/96:144.

[16] Wie das Roger Bastide (1945) oder andere psychoanalytisch gebundene Ethnologen taten.

[17] *„Wenn man gewisse Besessene beobachtet, so ist man geneigt, sie mit einem Kind zu vergleichen, das sich zum Beispiel vorstellt, ein Indianer oder ein Tier zu sein, und das mittels eines Kleidungsstücks oder eines Gegenstandes seine Phantasie beflügelt"* (Métraux 1959/96:159).

[18] Siehe Hainard/Mathez 2010:18 ff.

[19] Vgl. Brown 2003.

[20] Vgl. Sjorslev 1999.

[21] Vgl. Pollak-Eltz 1995.

# Epilog

*Die Blindheit ist mir lieber*
*als die schönste Aufklärung*
*der sogenannten* beauxesprits *und* esprits forts*,*
*die bei aller moralischen Engelsgestalt*
*in meinen Augen Lügenapostel sind.*
Johann Georg Hamann

„Die Sicht der Blinden" könnten wir im Anschluß an den Aufklärungskritiker Johann Georg Hamann (1730–1788)[1] und seine Philosophie der „Stillen im Lande"[2] die alte Religion nennen, die wir in diesem Buch aus dem uferlosen Repertoire von Religionsethnologie und Altertumskunde zusammengestellt haben. Manchmal war ein Seitenblick auf die mystischen Nebengleise der Schriftreligionen erhellend, weil auch dort, wo man die Augen mit Absicht schloß[3], Heidnisches weiterleben konnte. Die den einzelnen Kapiteln zugeordneten Mythos- und Ritusfragmente ergaben, wie zu vermuten war, kein geordnetes Ganzes und fügten sich wohl zu keiner Zeit zu einem „System des Glaubens". Denn der Macht des Heiligen ausgesetzt sein, ergibt noch keinen Sinn. Er wird dem unverständlichen Verhältnis zwischen *Numen* und *Nomen*, zwischen göttlicher Gewalt und menschlichem Ausdruck erst später unterlegt, wenn Religion Chefsache geworden ist, Theologen für das Enträtseln bezahlt werden und Wissenschaftler systematische Fragen stellen. Das ist der Weg der Rationalisierung, die mit dem fraglosen Dienst auch die Frau erst zurücksetzte, um dann ihre Gleichstellung fordern zu können. Vor allem hat sie die Götter reduziert, zunächst auf einen, bis von ihm bloße Vernunft oder Auftrag zur Emanzipation übrig blieb. Insofern gehört das Heidentum der religiösen Vorgeschichte an, die in ihrem Schwinden und Zurückweichen weiterwirken mag, aber der Schärfe des analytischen Verstandes letztlich nichts entgegenzusetzen hat. 1755 schrieb rückblickend auf die erfolgreiche Aufklärungsarbeit David Hume:

*„Die heidnische Religion schien daher auch gleich einer Wolke zu vergehen, sobald man sich ihr näherte und ins einzelne prüfte. Sie konnte nie durch einige festgelegte Dogmen und Prinzipien gekennzeichnet werden."*[4]

### *Religiöses Urgestein*

Die Schwäbische Alb entstand vor 150 Millionen Jahren als Korallenriff des Urmittelmeeres „Tethys". Das Plateau aus Kalkablagerungen reichte lange bis in die Gegend des heutigen Stuttgart; dann begannen Neckar und Donau, seine Ränder abzutragen. Seither stirbt die Alb. Das Heidentum blickt auf keine erdgeschichtliche Dauer zurück, es handelt sich um Menschenwerk, um Kunst im originären Sinne, ein gewaltiges **Erbe der Steinzeit**. Aber sein Sterben lässt sich mit geologischen Nivellierungen vergleichen. Alle Fakten belegen den Prozess, doch niemand weiß, wann er zu Ende ist. Hamanns Lügenapostel haben schon enorme Stücke aus ihm herausgebrochen, und auf den Religionskarten der Schulatlanten gibt es für Heidentum schon keine eigene Farbe mehr. Doch es ist noch nicht verschwunden. Auf der Schwäbischen Alb wachsen heute forstwirtschaftlich genutzte Fichtenwälder und biochemisch gedüngte Getreidefelder. Der Boden besteht aber immer noch aus Muschelkalk, in den sich die Formen früheren Lebens – etwa die Ammoniten als Spiralen, die den Widderhörnern des geradezu neuzeitlich anmutenden Gottes Ammon ähneln – für alle Zeiten eingedrückt haben.

In „Das Lachen der Thrakerin" setzt sich Hans Blumenberg[5] mit jener Erzählung des griechischen Meisterphilosophen Platon auseinander, in der der vorsokratische Philosoph Thales (-624–546) beim Studieren des Himmels in einen Brunnen fiel. Eine dabeistehende thrakische Dienstmagd musste darüber lachen. Kontemplative oder investigatorische Reflexion über den Kosmos wird mit lächerlicher Weltfremdheit erkauft. Vielleicht ist deswegen das Heidentum noch nicht verschwunden, weil es sich von den gelehrten Irrtümern nährt und im Lachen darüber sich erneuern kann. Dann wäre Heidentum **Religion in Entspannung**, der Zwischenraum zwischen den „Anstrengungen für die Sache Gottes", wie fromme Muslime *jihâd* definieren[6]. *„Es irrt der Mensch, solang' er strebt"*, meint Goethe im „Faust"[7]. Wenn er müde wird, fällt er ins Heidentum zurück, ins „magische Denken" und hört auf seine Träume, wie wir oben schon von Ludwig Feuerbach gehört haben.

Das Heidentum kennt auch Anstrengungen, wie die vorangegangenen Kapitel immer wieder belegten. Sie weisen aber in die andere Richtung. Ekstasen sind Fluchtbewegungen aus dem Raum-Zeit-System, dessen Koordinatenkreuz alle Vernunftgebilde zusammenhält. Es bricht zusammen im Schlaf, im Traum, im Tod oder im Tanz. Diese Austritte, auf die heidnische Kulte ausgerichtet sind, enthalten keine Rezepte für die richtige Lebensführung oder gar Moralpredigten. Heiden scheren sich wenig um Wahrheit und Substanz, weil sie sich an machtvollen Erscheinungen berauschen[8] und ihre Imitation für den Sinn des Lebens halten. Vor der intellektuellen Trennung zwischen Form und Inhalt besitzen schon die Hüllen ausreichend Fülle. Die Tempel der Ingessana am Blauen Nil[9] stehen ebenso leer wie die Kulthäuser der Abelam[10], und die Seelentöpfe der Lobi in Burkina Faso[11] enthalten nichts anderes als nichts. Dessen Verpackungen und Verzierungen aber bedeuten Kraft, die in der Ver-Nichtung als der Umwandlung ins Nichts frei wird; Heidentum ist eine Art **Ontologie des Nihilismus**[12], die den Irrtum verehrt, ohne ihm inhaltlich aufzusitzen. Der Sinn der Sinnentleerung hat keinen Namen, er ist unaussprechlich[13]. Der Grund des

Heidentums wird nicht erlernt, sondern erlitten. Deswegen ist ihm jede religiöse Botschaft überlegen, so wie es selbst diese zu überdauern vermag. Das Wort triumphiert immer über das Zeichen, weil es mehr zu verheißen scheint. Erst Ent-täuschung und Gewöhnung führen zur entspannten Religion zurück und lassen die Schrift wieder zur Ornamentik erkalten. Das Buch wird dann wieder als Ding heilig, und in den Gesängen dominieren die Melodien. Heidentum erneuert sich im Vergessen von Sinn, weil es an „Liedern ohne Worte" genug hat.

### *Die Macht der Wiederholung*

*„Das Ritual erhält uns am Leben"*, hörten wir die Lemwareng in den sudanesischen Nuba-Bergen sagen[14]. Es sind, wie alle Hierophanien uns gelehrt haben, die Kräfte der **Wiederholung** und der **Verwandlung**, die heidnisches Leben – und vielleicht auch das rituelle Leben der anerkannten Religionen – ausmachen. In anschaulichen Religionen – und Heidentum ist **sinnliche Religion** *par excellence* – muss diese Verwandlung drastisch dargestellt werden, in der Regel als blutiges Tieropfer, wenn möglich auch ein Menschenopfer, das dem alles entscheidenden Gottesopfer noch näher kommt. Erst in der Anschauung dieser Verwandlung von Leben in Tod als fließendes Blut wird „das irgendwann zum jetzt"[15], wird die mythische Wahrheit aktuelle Wirklichkeit. Wenn dieses Tötungsopfer infolge angestrengter Sinnsuche als sinnlos erkannt wird, ist das Ende des Heidentums gekommen. Auch die alten Hebräer waren Jahrhunderte über Opferer, ganz besonders uns Heutigen unverständlich war ihr Erstlingsopfer[16]. Erst im babylonischen Exil kam der Gedanke auf, sich von diesem universalen Muster zu lösen[17]. Als Beglaubigung wurde die Abraham-Geschichte erfunden: Tier- statt Menschenopfer. Deswegen töten gläubige Juden bis auf den heutigen Tag ihre Schlachttiere rituell ebenso wie Muslime, die das am großen Opferfest (*'îd al-aḍḥâ*) fast orgiastisch tun, und Ostchristen wie die Kopten, die sich damit in schärfsten Gegensatz zu den rationalisierten Glaubensbrüdern im Westen bringen. Sieht man von dieser evangelischen Avantgarde der Entritualisierung (oder Umritualisierung?) ab – die sich dazu noch auf dem Vormarsch, bisweilen auch kurz vor dem endgültigen Durchbruch wähnt –, könnte man festhalten, das **Opferritual** hält die Menschheit zusammen.

Ein anderes heidnisches Erbe, das aber auch die Westchristenheit mit ihrer vielleicht sogar berechtigten Überheblichkeit miteinschließt, ist die Macht der Wiederholung. Noch Napoleon, das „Schwert der Aufklärung", fühlte sich, wie

Blumenberg erinnert, in der Nachfolge des Herkules und Alexanders[18]. Kinder ahmen die Eltern nach, Erwachsene eifern den Vorfahren nach, Große der Geschichte vergleichen sich mit mythischen Figuren. Die mexikanischen Cora feiern ihre Feste, indem sie mythische Naturwesen spielen; auch anderswo erfuhren Ethnographen, dass im Ritual Dämonen dargestellt werden[19]. Oft sind es in erster Linie die Toten, die im Fest wiederkehren und das offensichtlich immer wieder tun wollen. Daran halten Gesellschaften auch nach der Monotheisierung, Aufklärung und Säkularisierung fest. Deswegen ist es auch der **Totenkult**, der die Menschheit vereint; noch die sich revolutionär gebärdenden Massenideologien des 20. Jahrhunderts pflegten einen ausgeprägten Totenkult, in dem die Märtyrer und Blutopfer im Zentrum standen und darüber wachten, dass ihre Ehre bewahrt blieb. Die Toten, ganz besonders die „schlimmen" Toten, leiten die Lebenden. Auch nach den dreißigtausend Jahren seit dem Aussterben des Neandertalers, der mit den Totenfeierm anfing, hält diese Abgängigkeit an und verleiht dem ewigen Rätsel des Todes eine dauerhafte, weil rituelle Form[20].

Das Ritual hat nicht den Sinn einer Wortpredigt. Der pastorale oder auch säkulare Leichenredner redet um die verborgene Sache herum. Eher den Kern treffen unverständliche Ansprachen, wie sie viele heidnische Rituale erfordern, oder der weltweit bekannte Trommelwirbel oder das berühmte, ebenso universal verbreitete Trillern der Trauerfrauen, das – wie in Vorrede und Einleitung schon erwähnt – im Griechischen *ὀλολῦγη* (*hololygä*) heißt und die Vorlage für das biblische Halleluja war[21]. Es sind Wortornamente und Zeitornamente, die dem Ritual angemessen sind, da dasselbe von der Form und der Gestalt, nicht aber vom Sinn oder dem Grund lebt. Wenn letztere von Theologen und Rationalisten später eingefordert und aufgeprägt wurden – oft unter direkter Kritik an der **Macht der Gewohnheit** –, ändert das nichts am bleibenden Substrat des Rituals, das die Wiederholung der Metamorphose meint und letztlich – wie der oben mehrfach zitierte Van Gennep es verstand – der Einübung des Todes dient. In der thanatologischen Praxis, nicht in der Theorie, wie es Religionsgeschichte und Religionswissenschaft oft glauben machen möchten, liegt die Einheit des Menschengeschlechtes, das die weitaus längste Zeit seines Bestehens heidnisch war.

Allein die Religionsethnologie vermag durch die Breite ihrer Materialsammlung, die in diesem Buch ja nur bruchstückhaft ausgewertet werden konnte, den wirklichen *consensus gentium*, den gemeinsamen Nenner der Völker zu finden.

Er liegt unterhalb der jeweiligen Sinnstiftung oder Brauchbenennung[22] und zeichnet sich durch eine erstaunliche **Kontinuität von Tat und Tod** aus. Dieser ist die universal wirksame hierophanische Macht, jene die jeweilige Antwort als kulturelle Verhüllung des „Gottesschreckens" (R. Otto). Gottes Worte und ihre Auslegungen können wechseln, das unbeirrbare, weil nicht diskursive Festhalten am Ritual als Dienst und Pflicht, mag es mit Heil oder mit Unheil verbunden sein, bleibt bestehen. Insofern kann das Sterben des Heidentums eine Ewigkeit dauern.

1 *„Die Blindheit ist mir lieber als die schönste Aufklärung der sogenannten beauxesprits und esprits forts, die bei aller moralischen Engelsgestalt in meinen Augen Lügenapostel sind"* (zit. nach Nebel 1973:242).

2 Vgl. Seils 1963/87:8.

3 Mystik läßt sich vom griechischen Verbum *μύω* (*müô*) – *„ich schließe die Augen"* – ableiten.

4 Hume 1755/1911:103.

5 Blumenberg 1987, Wetz 1993.

6 Dazu Colpe 1994:60.

7 Faust I, 317.

8 Dazu Bäumler: *„Nur langsam lernte man, dass es die längste Zeit hindurch gar keine Vorstellung von ‚Seelen' und ‚Geistern' gab, dass es immer nur Körper waren (‚lebendige Leichname'), was man verehrte"* (1926/65:325).

9 Jędrej 1995:105.

10 Hauser-Schäublin 2003:47, 52.

11 Schneider 1986.

12 Siehe Schäfers Deutung der Initiationslehren in Ostafrika 2004. Zum Nichts als Urgrund des wahren Denkens, der Angst und damit auch der Religion, besser der „Verwunderung" unter den „menschlichen Platzhaltern des Nichts", s. Martin Heidegger (vgl. FN I 59) in seiner Antrittvorlesung von 1929 „Was ist Metaphysik". Der „Fundamentalontologe" wiederholt dort mit seiner Apotheose des Nichts Angelus Silesius (s. FN I 37) und Friedrich Nietzsche (s. FN I 57). Von katholischer Seite aus hat das ein anderer Meßkirchner, nämlich Bernhard Welte (1906–1983) versucht (Welte 1980).

13 Deswegen setzt die Übersetzbarkeit der Religion ihre Verbalisierung, Nominalisierung, am besten Verschriftlichung voraus, wie Robinson (1996) nachweisen konnte. Unkodifizierte Religionen sind aber untereinander ebenfalls übertragbar (s. dazu Assmann 1996 und Maranhao/Streck 2003); nur das Verständnis zwischen den beiden Religionskategorien, den undogmatischen und den kodifizierten, muss wegen Unübertragbarkeit scheitern.

14 Rottenburg 1987.

15 Bellah 1973:278, Fansa 2000:26.

16 2. Moses 22,28: *„τά πρωτότοκα τών υιών σου δώσεις εμοί (ta prôtotoka tôn hyiôn sou dôseis emoi)"* (Septuaginta, Rahlfs o. J. I:124) – *„Deinen ersten Sohn soltu mir geben"* (Luther 1545/1972:164).

17 Siehe Levy-Bruhl 1993/95:51.

18 Blumenberg 1979/96:54 f.

19 Dazu Preuß 1923:81.

20 Burkert 1997:347, Husemann 2005:172.

[21] Burkert 1997:20.

[22] *„Als aufschlußreiches Beispiel darf hier nur an die Wallfahrt zur Madonna von Monte Vergine erinnert werden. Zu dem Berge pilgerten schon im Altertum die Bewohner der Umgebung, insbesondere die Neapolitaner; er galt schon damals als heiliger Berg. Und auch im Altertum erhob sich hier bereits ein Tempel, ein Kybele-Tempel, der noch im Ausgange der Kaiserzeit eine große Anziehungskraft ausübte und immer wieder Wallfahrer anlockte. An Stelle der Kybele trat dann unter kirchlichem Einfluße Maria und, genau wie ehedem, ziehen heute die Neapolitaner auf den Berg, um das Heiligtum zu besuchen"* (Herrmann 1939: 124).

# Literatur


ABEL, Carl: *Über den Gegensinn der Urworte*. Leipzig 1884.

ABRAHAMIAN, Levon: *Hero Chained in a Mountain: On the Semantic and Landscape Transformations of a Proto-Caucasian Myth*. Aramazd: Armenian Journal of Near-Eastern Studies 1/2006:1–14.

ADORNO, Theodor W.: *Vorlesung zur Einleitung in die Soziologie*. Frankfurt am Main 1973.

AFFELDT, Rolf/HEINRICH, Frank: *Tempelritter an der Saale. Die Templerkapelle von Mücheln*. Leipzig 2000.

ÅRHEM, Kaj: *Ecosofia macuna*. In: Francois Correal (Hg.), La Selva humanizada: Ecologia alternativa en el trópico húmedo colombiano. Bogotá 1990, S. 105–122.

AHLWART, Peter: *Bronto-Theologie. Oder: Vernünftige und Theologische Betrachtungen über den Blitz und Donner, wodurch der Mensch zur wahren Erkenntnis Gottes und seiner Vollkommenheit, wie auch zu einem tugendhaften Leben und Wandel geführet werden kan.* Greifswald/Leipzig 1747.

AHRENS, W.: *Hebräische Amulette mit magischen Zahlenquadraten*. Berlin 1916.

ALBRECHT, Klaus: *Morgenstund hat Gold im Mund. Der Riesenstein bei Altendorf ist eine heidnische Kultstätte*. Naumburg 1998.

DERS.: *Maltas Tempel zur Wintersonnenwende. Astronomische Ausrichtungen megalithischer Tempel auf Malta und Gozo und ihre religiösen Bezüge*. Naumburg 2000.

DERS.: *Wage es den Frosch zu küssen. Interpretation des Märchens vom Froschkönig*. Naumburg 2002.

ALI DASHTI: *23 Jahre. Die Karriere des Propheten Muhammad*. Übers., überarb. und hrsg. von Bahram Choubine und Judith West. Aschaffenburg 1997.

AL IMFELD: *Brotlos. Die schöne neue Nahrung*. Zürich 1998.

ALLEGRO, J. M.: *The Sacred Mushroom and the Cross*. London 1970.

ALT, Franz (Hg.): *Das C. G. Jung Lesebuch*. Frankfurt am Main 1990.

ALTENA, Thorsten: *„Ein Häuflein Christen mitten in der Heidenwelt des dunklen Erdteils". Zum Selbst- und Fremdverständnis protestantischer Missionare im kolonialen Afrika 1994–1918*. Münster etc. 2003.

ALTHEIM, Franz: *Terra Mater*. Gießen 1931.

AMSCHLER, W.: *Über die Tieropfer (besonders Pferdeopfer) der Telingiten im Sibirischen Altai*. Anthropos 28/1933, 305 ff.

ANDREE, Richard: *Die Flutsagen. Ethnographisch betrachtet*. Braunschweig 1891.

ANISIMOV, Arkadij F.: *Kosmologische Vorstellungen der Völker Nordasiens*. Übers. v. K. E. Müller (russ. Orig. 1959), Hamburg 1991.

ANTZE, G.: *Ahnenfiguren aus Kreide von Neu-Mecklenburg (Neu-Irland)*. Jahrbuch des Städtischen Museums für Völkerkunde Leipzig 4/1910:37–42.

ARENS, William: *The Man-eating Myth-Anthropology and Anthropophagy*. New York 1980.

ARIÈS, Philippe: *Geschichte des Todes*. Übers. v. Hans-Horst Henschen u. Una Pfau (frz. Orig. 1978), München 1982.

ARMANSKI, Gerhard: *Die großen Göttinnen. Von Isis über Aphrodite und Venus bis Maria*. Würzburg 2011.

ARNDT, P. Paul: *Die Megalithenkultur der Nad'a (Flores).* Anthropos XXVII/1932:11 ff.

ARTAUD, Antonin: *Die Tarahumaras. Revolutionäre Botschaften.* Übers. v. Brigitte Weidmann (frz. Orig. 1964), München 1975.

ASMUSSEN, P.: *Dahomeh und seine Menschenopfer.* Globus 57/1890:369 ff.

ASSMANN, Jan: *Das kulturelle Gedächtnis. Schrift, Erinnerung und politische Identität in frühen Hochkulturen.* München 1992.

DERS.: *Lesende und nichtlesende Gesellschaften. Zur Entwicklung der Notation von Gedächtnisinhalten.* Forschung & Lehre 1/2 (1994):28–31.

DERS.: *Das verschleierte Bild zu Sais. Schillers Ballade und ihre ägyptischen und griechischen Hintergründe.* München 1999.

DERS.: *Die monotheistische Wende.* In: Klaus E. Müller (Hg.), Historische Wendeprozesse. Ideen, die Geschichte machten. Freiburg 2003, S. 44–71.

DERS.: *Ägyptische Geheimnisse.* München 2004.

DERS.: *Einführung: Zeit und Geschichte.* In: Ders./Klaus E. Müller (Hgg.), Der Ursprung der Geschichte. Archaische Kulturen, das Alte Ägypten und das Frühe Griechenland. Stuttgart 2005, S. 7–14.

ASSMANN, Jan et al. (Hgg.): *Neue Erkenntnisse über das Menschenopfer.* Archiv für Religionsgeschichte 1, 1 (1999).

ASSMANN, Jan/MÜLLER, Klaus E. (Hgg.): *Der Ursprung der Geschichte. Archaische Kulturen, das Alte Ägypten und das Frühe Griechenland.* Stuttgart 2005.

AUERBACH, Erich: *Mimesis. Dargestellte Wirklichkeit in der abendländischen Literatur.* [1946] Bern/München 1982.

AUFFAHRT, Christoph: *Kontrollverlust – Antike Bewegungskultur und antike Religion: Euripides beobachtet ein Dionysos-Ritual.* In: Monika Fikus/Volker Schürmann (Hgg.), Die Sprache der Bewegung. Sportwissenschaft als Kulturwissenschaft. Bielefeld 2004, S. 123–138.

AUNG, M. H.: *Burmese rain-making customs.* Man XXXIII/135 (1933):133 ff.

BACHOFEN, Johann Jakob: *Versuch über die Gräbersymbolik der Alten.* [1859] Basel 1954.

DERS.: *Die Unsterblichkeitslehre der Orphischen Theologie auf den Grabdenkmälern des Altertums.* [1867] (J. J. Bachofens Ges. Werke VII) Basel/Stuttgart 1958.

DERS.: *Mutterrecht und Urreligion.* [1861] Hg. v. Hans G. Kippenberg. Stuttgart 1984.

BAEGE, Max Hermann: *Soziologie des Denkens. Das vorwissenschaftliche Denken.* Jena 1929.

BAER, Gerhard: *Die Religion der Matsigenka, Ost-Peru. Monographie zu Kultur und Religion eines Indianervolkes des Oberen Amazonas.* Basel 1984.

DERS.: *„Der vom Tabak Berauschte" – Zum Verhältnis von Rausch, Ekstase und Wildheit.* Verhandl. Naturforschende Gesell. Basel, Bd. 96. Basel 1986, S. 41–84.

BAINES, John: *Egyptian twins.* Orientalia 30/1985:461–482.

BALDAUF, Ingeborg: *Die Knabenliebe in Mittelasien: Bačabozlik.* (Occasional Papers Nr. 17 der Forschungsgebietsschwerpunktes „Ethnizität und Gesellschaft" der FU Berlin). Berlin 1988.

BARB, A. A.: *Noreia und Rehtia.* (Beiträge zur älteren europäischen Kulturgeschichte, Bd. I. Festschrift für E. Egger). Klagenfurt 1952.

BARGATZKY, Thomas: *Mythos, Weg und Welthaus. Erfahrungen als Kultus und Alltag.* Münster 2007.

BARLEY, N.: *Traurige Insulaner. Als Ethnologe bei den Engländern.* Stuttgart 1993 (engl. Orig. 1989).

BARTH, Frederik: *Economic Spheres in Darfur.* In: Raymund Firth (Hg.), Themes in Economic Anthropology. London 1967, S. 149–174.

DERS.: *Cosmologies in the Making: A generative approach to cultural variation in inner New Guinea.* Cambridge/New York 1987.

BARTH, Karl: *Zur Genesung des deutschen Wesens. Ein Freundeswort von draußen.* Stuttgart 1945.

BARTHEL, Thomas S.: *Spiele der Osterinsulaner.* In: Dietrich Drost/Wolfgang König (Hgg.), Beiträge zur Völkerforschung. Hans Damm zum 65. Geburtstag. Berlin 1961, S. 27–42.

BASCOM, William R.: *The sociological role of the Yoruba Cult Group.* (American Anthropological Association Memoir Series 63), Washington 1944.

DERS.: *The Yoruba of Southwestern Nigeria.* New York etc. 1969.

BASILOW, Wladimir N.: *Das Schamanentum bei den Völkern Mittelasiens und Kasachstans.* Berlin 1996.

BASTIAN, Adolf: *Ein Besuch in Salvador, der Hauptstadt des Königreichs Congo.* Bremen 1859 (Neudr. Münster 1988).

DERS.: *Der Mensch in der Geschichte,* 2 Bde. Leipzig 1860.

DERS.: *Beiträge zur Vergleichenden Psychologie. Die Seele und ihre Erscheinungsweisen in der Ethnographie.* Berlin 1868a.

DERS.: *Der Baum in vergleichender Ethnologie.* Zeitschrift für Völkerpsychologie und Sprachwissenschaft 5/1868b.

DERS.: *Die heilige Sage der Polynesier. Kosmognonie und Theogonie.* Leipzig 1881.

BASTIDE, Roger: *Structures sociales et religions afro-brésiliennes.* Renaissance 2/3 (1945): 13–29.

BATAILLE, Georges: *Die psychologische Struktur des Faschismus.* Übers. v. Rita Bischof, Elisabeth Lenk und Xenia Rajewsky (frz. Orig. 1933), München 1978.

DERS.: *Die Souveränität.* Übers. v. Rita Bischof, Elisabeth Lenk und Xenia Rajewsky (frz. Orig. 1956), München 1978.

DERS.: *Die Erotik.* Neu übers. v. Gerd Bergfleth (frz. Orig. 1957), München 1994.

DERS.: *Die Aufhebung der Ökonomie.* Übers. v. Traugott König, Heinz Abosch und Gerd Bergfleth (frz. Orig. 1967), München 1985.

BATESON, Gregory: *Culture Contact and Schismogenesis.* Man XXV/1935:178–183.

BÄUMLER, Alfred: *Das Mythische Weltalter. Bachofens romantische Deutung des Altertums.* [1926] München 1965.

BAUER, Wolfgang/KLAPP, Edzard/ROSENBOHM, Alexandra: *Der Fliegenpilz. Ein kulturhistorisches Museum.* Köln 1991.

BAUMANN, Hermann: *Schöpfung und Urzeit des Menschen im Mythus der afrikanischen Völker.* Berlin 1936.

DERS. (zus. m. Dietrich WESTERMANN und Richard THURNWALD): *Völkerkunde von Afrika.* Essen 1940.

DERS.: *Nyama, die Rachemacht. Über einige mana-artige Vorstellungen in Afrika.* Paideuma IV/1950:191–230.

DERS.: *Das Tier als Alter Ego in Afrika. Zur Frage des afrikanischen Individualtotemismus.* Paideuma V, 4 (1952):167–188.

DERS.: *Das doppelte Geschlecht. Ethnologische Studien zur Bisexualität in Ritus und Mythos.* Berlin 1955/80.

DERS.: *Die Geiermutter und Verwandtes.* In: Festschrift Paul J. Schebesta (Studia Instituti Anthropos, vol. 18). Wien-Mödling 1963, S. 317–347.

BAUMBACH, Gerda: *Seiltänzer und Betrüger? Parodie und kein Ende. Ein Beitrag zu Geschichte und Theorie von Theater.* Tübingen 1995.

BECK, Charlotte et al.: *Pfefferland. Geschichten aus der Welt der Gewürze.* Wuppertal 2002.

BECK, Kurt/SPITTLER, Gerd (Hgg.): *Arbeit in Afrika.* Hamburg 1996.

BECKER, Hans: *Die endokannibalistischen Riten als früheste Erscheinungsform der Anthropophagie.* Zeitschrift für Ethnologie 91/1967:248–253.

BECKER, Ralph M.: *Besessenheit und Wissenschaft. Der Fall des Candomblé von Bahia (Brasilien).* In: Wulf Köpke/Bernd Schmelz (Hgg.), Schamanismus, Voodoo, Besessenheit. Bonn 2001, S. 129–158.

BECKER, Siegfried/BIMMER, Andreas C. (Hgg.): *Mensch und Tier. Kulturwissenschaftliche Aspekte einer Sozialbeziehung.* (Hessische Blätter für Volks- und Kulturforschung, Bd. 27), Marburg 1991.

BECKER-DONNER, Etta: *Hinterland Liberia.* London/Glasgow 1939.

BEHM-BLANCKE, Günter: *Höhlen, Heiligtümer, Kannibalen. Archäologische Forschungen im Kyffhäuser.* Leipzig 1958.

BEHRMANN, Almuth: *Das Nilpferd in der Vorstellungswelt der Alten Ägypter,* 2 Bde. Frankfurt am Main etc. 1989/96.

BEHROUZ, Khosrow: *Den Frommen holt Allah ins Paradies. Tod und Jenseitsvorstellungen im Islam.* In: Josef Franz Thiel (Hg.), Der Tod – Ende oder Tor zum Leben? Tod und Jenseitsvorstellungen der Völker. (Interim 9, Vortragszyklus 1988/89 zur Ausstellung: „Langsamer Abschied"), Frankfurt am Main 1990, S. 47–55.

BEIDELMAN, T. O.: *Witchcraft in Ukaguru.* In: John Middleton/Edward H. Winter (Hgg.), Witchcraft and Sorcery. London 1963.

BEIER, Ulli: *Yoruba Myths.* Cambridge 1980.

BELLAH, Robert N.: *Religiöse Evolution.* In: Constans Seyfarth/Walter M. Sprondel (Hgg.), Seminar: Religion und gesellschaftliche Entwicklung. Frankfurt am Main 1973, S. 267–302.

BELLWINKEL-SCHEMPP, Maren: *Globaler Handel und lokaler Vertrieb: Zum Borsten- und Bürstenhandel in Indien und Europa.* In: Segmentation und Komplementarität. Mitteilungen des SFB „Differenz und Integration", Nr. 6. Halle/S. 2004, S. 123–156.

BEMMANN, Klaus: *Der Glaube der Ahnen. Die Religion der Deutschen bevor sie Christen wurden.* Essen 1990.

BENJAMIN, Alexander (Hg.): *Das große Buch vom Vollmond. Geschichten, Gedichte, Mythen.* München 1990.

BERDYCZEWSKI, Micha Josef (Micha Josef BIN GORION): *Die Sagen der Juden.* Übers. v. Rahel Romberg, 5 Bde. Frankfurt am Main 1913–27.

BERGER, Rupert: *Kleines liturgisches Lexikon.* Freiburg/Basel/Wien 1987.

BERGMAN, J.: *Ich bin Isis. Studien zum memphitischen Hintergrund der griechischen Isisaretalogien.* Acta Universitatis Upsaliensis, Historia Religionum 3, 1968.

BERGMANN, Ernst: *Geschichte der deutschen Philosophie. Bd. I, Deutsche Mystik.* Breslau 1926.

DERS.: *Die deutsche Nationalkirche.* [1932] Breslau 1934.

BERGMANN, Joseph: *Jungbronzezeitlicher Totenkult und die Entstehung und Bedeutung der europäischen Hausurnensitte.* Germania 51, 1 (1973):54–72.

BERKUSKY, H.: *Regenzauber.* Mitteilungen der Anthropologischen Gesellschaft in Wien, Bd. XLIII/1913:273–310.

BERNARDI, Bernardo: *The Age-System of the Masai.* Annali Lateranensi 18/1955:257–318.

BERNDT, Katrin: *Female Identity in Contemporary Zimbabwean Fiction.* (Bayreuth African Studies 73), Bayreuth 2005.

BERNSDORF, Wilhelm: *Reaktiv-affektives Verhalten einiger Primitivvölker gegenüber Träumen.* In: Gegenwartsprobleme der Soziologie. Alfred Vierkandt zum 80. Geburtstag. Potsdam 1949, S. 254–276.

BERTHOLET, Alfred: *Der Sinn des kultischen Opfers.* (Aus den Abhandlungen der Preußischen Akademie der Wissenschaften, Jg. 1942, Phil.-hist. Klasse, Nr. 2) Berlin 1942.

BEST, Elsdon: *Astronomical Knowledge of the Maori.* Wellington 1922.

BESMER, Fremont E.: *Horses, musicians & gods. The Hausa cult of possession-trance.* South Hadley, Mass. 1983.

BETT, H.: *The Games of Children, their Origin and History.* London 1929.

BETHE, E.: *Die Dorische Knabenliebe. Ihre Ethik und ihre Idee.* (Rheinisches Museum für klassische Philologie, N.F., 62, 3), Frankfurt am Main 1907.

BEYER, Rolf : *Göttinnen. Wer sie sind und was sie uns bedeuten könnten.* (Audioakademie Mythologie – Südwestrundfunk) 1998/2007.

BIANCHI, Ugo: *Der demiurgische Trickster und die Religionsethnologie.* Paideuma VII/1961: 335–344 (1961a).

DERS.: *Prometheus, der titanische Trickster.* Paideuma VII/1961:414–437 (1961b).

DERS.: *Edschou, le Trickster divin Yorouba.* Paideuma 24/1978:121–129.

BIDEZ, Joseph: *Kaiser Julian. Der Untergang der heidnischen Welt.* Hamburg 1956.

BIEDERMANN, Hans: *Wellenkreise. Mysterien um Tod und Wiedergeburt in den Ritzbildern des Megalithikums.* Hallein 1977.

BIMMER, Andreas (Hg.): *Grünzeug. Pflanzen im ethnographischen Blick.* Berlin 1998.

VAN BINSBERGEN, Wim: *The historical interpretation of myth in the context of popular Islam.* In: Ders./Matthew Schoffeleers (Hgg.), Theoretical Explorations in African Religion. London 1985, S. 189–224.

BISCHOF, Rainer: *Heilige Hochzeit. Kulturgeschichte der Fiesta de Toros.* Wien 2005.

BITTNER, M.: *Die beiden heiligen Bücher der Jeziden im Lichte der Textkritik.* Anthropos 6/ 1911.

VON BLANKENBURG, W.: *Heilige und Dämonische Tiere. Die Symbolsprache der deutschen Ornamentik im frühen Mittelalter.* Leipzig 1943.

BLAVATSKY, Helena P.: *Rätselhafte Volksstämme.* Dt. Ausg. v. Arthur Weber, Leipzig 1908.

DIES.: *The Secret Doctrine,* 2 vols. London 1888.

DIES.: *Theosophie und Geheimwissenschaft.* Ausgew. Werke. München 1995.

BLEIBTREU-EHRENBERG, Gisela: *Mannbarkeitsriten. Zur institutionellen Päderastie bei Papuas und Melanesiern.* Frankfurt am Main 1980.

DIES.: *Der Weibmann. Kultischer Geschlechtswechsel im Schamanismus. Eine Studie zur Transvestition und Transsexualität bei Naturvölkern.* Frankfurt am Main 1984.

BLOCH, Ernst: *Das Prinzip Hoffnung.* Berlin 1954–59.

BLOCH, Maurice: *Placing the Dead. Tombs, Ancestral Villages, and Kinship Organization in Madagaskar.* [1971] Prospect Hights Waveland Press 1994.

BLUMENBERG, Hans: *Arbeit am Mythos.* Frankfurt am Main 1979/96.

BLUMENTHAL, Elke (Hg.): *Spitzmausmumie mit Sarg. Eine Neuerwerbung des Ägyptischen Museums.* Universität Leipzig 1998.

BOCHINGER, Christoph: *Die unsichtbare Religion in der sichtbaren Religion.* Stuttgart 2006.

BODDY, Janice: *Wombs and alien spirits. Women, men and the Zar cult in Northern Sudan.* Madison 1989.

BÖHME, H. H.: *Das Problem des Totemismus in Mikronesien.* In: Michael Hesch/Günther Spannaus (Hgg.), Kultur und Rasse. Festschrift für Otto Reche. München 1939, S. 265–273.

BÖHMER-BAUER, Kunigunde: *Nahrung, Weltbild und Gesellschaft.* Saarbrücken/Fort Lauderdale 1990.

VON BOEHN, Max: *Der Tanz.* Berlin 1925.

BÖHRINGER-THÄRIGEN, Gabriele: *Besessene Frauen. Der Zâr-Kult von Omdurman.* Wuppertal 1996.

BOISSEVAIN, Jeremy: *Saints and Fireworks: Religion and Politics in Rural Malta.* London 1965.

BONIN, Werner F.: *Die Götter Schwarzafrikas.* Graz 1979.

BONNET, Hans: *Reallexikon der ägyptischen Religionsgeschichte.* Berlin 1952.

BOSSE, Hans: *Diebe, Lügner, Faulenzer. Zur Ethno-Hermeneutik von Abhängigkeit und Verweigerung in der Dritten Welt.* Frankfurt am Main 1979.

DERS.: *Der fremde Mann. Jugend, Männlichkeit, Macht. Eine Ethnoanalyse.* Unter Mitarbeit v. W. Knauss. Frankfurt am Main 1994.

BOURGUIGNON, Erika E.: *Dreams and dream interpretation in Haiti.* American Anthropologist 56 (1954):262–268.

DIES.: *Religion, Altered States of Consciousness, and Social Change.* Columbus, Ohio 1973.

DIES.: *Possession.* San Francisco 1976.

BRANDT, Wilhelm: *Die Mandäer, ihre Religion und ihre Geschichte.* Wiesbaden [1915] 1967.

BRÄUER, Siegfried: *Martin Luther in marxistischer Sicht von 1945 bis zum Beginn der achtziger Jahre.* Berlin 1983.

BRAUER, Erich: *Züge aus der Religion der Herero.* Leipzig 1925.

BRAUKÄMPER, Ulrich: *The cow emerges from the water. Myths relating to the origin of cattle in the Chad Basin.* In: Herrmann Jungraithmayr/Daniel Barreteau/Uwe Seibert (Hgg.), L'Homme et L'Eau dans le bassin du Lac Tchad. Paris 1997, S. 191–205.

BRAUN, Otto Rudolf: *Kleine Geschichte unserer Feiertage und Jahresfeste.* Pähl 1979.

BRAUNHOLTZ, H. J./COOMBE, F. E.: *Magical Stones from Mota, Banks Islands, Melanesia.* Man XXXIV/1934:34 ff.

BRÄUNLEIN, Peter J.: *Auf der Suche nach den träumenden Senoi.* In: Ders. (Hg.), Träume/n (Kea. Zeitschrift für Kulturwissenschaften 13/2000:45–90).

BREITKOPF, P. E.: *Die Verehrung des Ahnenstuhles in Togo.* Anthropos XVI/XVII (1921/22): 526ff.

BRINCKER, P. H.: *Pyrolatrie in Südafrika.* Globus 67/1894:96ff.

BRODER, Henryk M.: *Der ewige Antisemit. Über Sinn und Funktion eines beständigen Gefühls.* Frankfurt am Main 1986.

BROWN, David H.: *Santería Enthroned: Art, Ritual, and Innovatio in an Afro-Cuban Religion.* Chicago/London 2003.

BROWN, Paula/TUZIN, Donald (Hgg.): *The Ethnography of Cannibalism.* Washington 1983.

BRÜLL, M. et al.: *Die Kultur der Traumzeit.* Museum für Völkerkunde Freiburg o.J.

BRUTZER, Emil: *Begegnungen mit Wakamba.* Leipzig 1902.

BUDICK, Sanford/ISER, Wolfgang (Hgg.): *The Translatability of Cultures. Figurations of the Space Between.* Stanford 1996.

BÜCHER, Karl: *Arbeit und Rhythmus.* [1896] Leipzig/Berlin 1909.

BÜHLER, Alfred: *Kopfjäger und Kannibalen.* Basel 1961.

VON BÜLOW, W.: *Die Eidechse im Volksglauben der Samoaner.* Globus 74/1898:256ff.

DERS.: *Samoanische Schöpfungssage und Urgeschichte.* Globus 71/1897:375ff.

BULTMANN, R.: *Die Erforschung der Synoptischen Evangelien.* Berlin [3]1960.

BURKERT, Walter: *Homo Necans. Interpretationen altgriechischer Opferriten und Mythen.* [1971] Berlin/New York [2]1997.

BURKERT, Walter/GIRARD, Rene/SMITH, J. Z.: *Violent Origins. Ritual Killing and Cultural Formation.* Stanford 1987.

BURKOLTER-TRACHSEL, Max: *Der Drache. Das Symbol und der Mensch.* Bern 1981.

BURTON, John W.: *God's Ants. A Study of Atuot Religion.* (Studia Instituti Anthropos 37), St. Augustin 1981.

BUSCHAN, Georg (Hg.): *Illustrierte Völkerkunde.* Stuttgart 1910.

BUXTON, Jean: *Religion and healing in Mandari.* Oxford 1973.

CAILLOIS, R.: *Die Spiele und die Menschen. Maske und Rausch.* Stuttgart 1960 (frz. Orig. 1958).

CAIN, Hans-Ulrich/RIECKHOFF, Sabine (Hgg.): *Fromm – fremd – barbarisch. Die Religion der Kelten.* Mainz 2002.

CALDECOTT, Moyra: *Mythen vom heiligen Baum.* Saarbrücken 2001 (engl. Orig. 1993).

CAMMIADE, L. A.: *Man-eaters and Were-Tigers.* Man XXXI/1931:212.

CAMPBELL, Joseph: *Die Masken Gottes*, 4 Bde. Übers. v. Hans-Ulrich Möhring (engl. Orig. 1959), München 1991.

CANCIK-LINDEMAIER, Hildegard: *Die Götter der Antike. Ihre Verwandlung und Rückkehr* (Audioakademie Mythologie - Südwestrundfunk) 1993/2007.

DIES.: *Opfer – Lohn der Gewalt.* In: E. Orywal et al. (Hgg.), Krieg und Kampf. Die Gewalt in unseren Köpfen. Berlin 1996, S. 183–193.

CAPLAN, Patricia: *Spirit possession – a means of curing on Mafia Island, Tanzania.* Kenya Past and Present 10/1979:41–44.

CARRASCO, David: *Städte und Symbole – Die alten mittelamerikanischen Religionen.* In: Mircea Eliade, Geschichte der religiösen Ideen, Bd. III/2. Freiburg 1993, S. 13–54.

DERS.: *Quetzalcoatl and the Irony of Empire.* Chicago 1983.

CASANOVICZ, I. M.: *Schamanism of the natives of Siberia.* In: Annual Report of the Board of Regents and of the Smithsonian Institution, Washinton 1925, S. 415.

CASIMIR, Michael J.: *In Search of Guilt: Legends on the Origin of the Peripatetic Niche.* In: Aparna Rao (Hg.), The Other Nomads. Peripatetic Minorities in Cross-cultural Perspective. Köln/Wien 1987, S. 373–390.

CASSIRER, Ernst: *Versuch über den Menschen. Einführung in eine Philosophie der Kultur.* Hamburg 1990 (engl. Orig. 1944).

CERVICEK, Pavel: *Zur religiösen Bedeutung der Giraffengazelle.* In: Piotr O. Scholz/Reinhard Stempel (Hgg.), Nubia et Oriens Christianus. Festschrift für C. Detlef G. Müller, o. O. 1988, S. 271–280.

CHARSLEY, S. R.: *Dreams in an Independent African Church.* Africa 43:244–257.

CHESI, Gert: *Susanne Wenger. Ein Leben mit den Göttern.* Wörgl 1980.

CHRISTOPH, M./OBERLÄNDER, H.: *Voodoo. Secret Power in Africa.* 1996.

CINQUINI, Fulvio: *Mensch, Pferd und Pferdemenschen.* Gerstenberg 2003.

CIPOLLETTI, Maria A.: *Als Gast im Jenseits. Beschreibungen des Totenreichs bei Indianern Südamerikas.* In: Josef Franz Thiel (Hg.), Der Tod – Ende oder Tor zum Leben? Tod und Jenseitsvorstellungen der Völker (Interim 9, Vortragszyklus 1988/89 zur Ausstellung „Langsamer Abschied"), Frankfurt am Main 1990, S. 71–82.

CIPOLLETTI, Maria S.: *Schamanismus und die Reise ins Totenreich – Religiöse Vorstellungen der Indianer des südamerikanischen Tieflands.* In: M. Eliade, Geschichte der religiösen Ideen, Bd. III/2. Freiburg 1993, S. 265–290.

CLASSEN, K.: *Der Dienst der Nerthus, die älteste geschichtliche Kunde aus Holstein.* Korrespondenzblatt der deutschen Gesellschaft für Anthropologie, Ethnologie und Urgeschichte, Jg. 1914, S. 80–85.

CLARUS, Ingeborg: *Keltische Mythen. Der Mensch und seine Anderswelt.* Olten/Freiburg i. Br. 1991.

CLEMEN, Carl: *Die neuesten Arbeiten über Animismus und Totemismus.* Internationale Wochenschrift für Wissenschaft, Kunst und Technik. Berlin, 5. August 1911.

CLOSS, Alois: *Das Heilige und die Frage nach einem germanischen Totemismus.* In: Festschrift Walter Baetke. Weimar 1966, S. 79–84.

DERS.: *Die Ekstase des Schamanen.* Ethnos 1–4/1969:70–89.

CODRINGTON, R. H.: *The Religious Beliefs and Practices in Melanesia.* Journal of the Royal Anthropological Institute of Great Britain and Ireland, X/1880.

COHEN, Hermann: *Religion der Vernunft aus den Quellen des Judentums.* [1919] Wiesbaden 1988.

COLPE, Carsten: *Der „Heilige Krieg". Benennung und Wirklichkeit. Begründung und Widerstreit.* Bodenheim 1994.

DERS.: *Die Ausbildung des Heidenbegriffs von Israel zur Apologetik und das Zweideutigwerden des Christentums.* In: Richard Faber/Renate Schlesier (Hgg.), Restauration der Götter. Antike Religion und Neo-Paganismus. Würzburg 1986, S. 61–87.

COLSON, E.: *Ancestral spirits and social structure among the Plateau Tonga.* Internationales Archiv für Ethnographie 47, 1 (1954):21–68.

CONSTANTINIDES, Paula: *Sickness and the Spirits: A Study of the ‚Zaar' Spirit Possession Cult in the Northern Sudan.* London 1972.

CONWAY, R. S.: *The Sanctuary of Artemis Orthia at Sparta*. Hg. v. R. M. Dawkins, London 1929.

CORDELL, John: *Grüne Finger und schwarzes Land. Aborigines und Australiens Schutzgebiete.* In: Elisabeth Kemf (Hg.), Das Erbe der Ahnen. Modelle zum Schutz natürlicher Lebensräume. Übers. v. Monika Nieham-Osterloh und Hans-Peter Krull. Basel etc. 1993, S. 127–136.

CORNELL, Henrik: *Biblia Pauperum*. Stockholm 1925.

COSENTINO, D. J.: *Sacred Arts of Haitian Vodou*. 1996.

CRAPANZANO, Vinzenz: *Tuhami: Portrait eines Marokkaners*. Stuttgart 1983 (engl. Orig. 1980).

CRAZZOLARA, P.: *Die Gar-Zeremonie bei den Nuer*. Africa V, 1 (1932):28 ff.

CREMER, J.: *Les Bobo*. 2 vols. (Vie sociale, Mentalité mystique). Paris 1924.

CUNNISON, Ian: *Baggara Arabs. Power and the Lineage in a Sudanese Nomad Tribe*. Oxford 1966.

CZAPLICKA, M. A.: *Aboriginal Siberia. A Study in Social Anthropology*. Oxford 1914.

DAĞYELI, Jeanine: *„Der Handwerker ist ein Freund Gottes." Zu Inhalt und Rezeption der mittelasiatischen Handwerker-risâla*. Berlin 2009.

DAFTARY, Farhad: *A Short History oft the Ismailis. Traditions of a Muslim Community*. Edinburgh 1998.

DAMM, Hans: *Die gymnastischen Spiele der Indonesier und Südseevölker, 1. Teil: Die Zweikampfspiele*. Leipzig 1922.

DAMMANN, Ernst: *Die Religionen Afrikas*. Stuttgart 1963.

DANZEL, Theodor W.: *Homo divinans. Der magische Mensch. Vom Wesen der Primitiven Kultur*. Potsdam/Zürich 1928.

DÄSTER, Uli: *Johann Peter Hebel in Selbstzeugnissen und Bilddokumenten*. Reinbek 1973.

DAVID-NEEL, Alexandra: *Meister und Schüler. Die Geheimnisse der lamaistischen Weihen.* Leipzig 1934.

DE BROSSES, Charles: *Du Culte des Dieux Fétiches ou Parallèle de l'ancienne Religion de l'Egypte avec la Religion actuelle de la Nigritie*. Genève 1760.

DE BRY, Theodor: *America oder die Neue Welt (1590–1634)*. Hg. v. Gereon Sievernich, Berlin/New York 1990.

DE CLEENE, Marcel/LEJEUNE, Marie Claire: *Compendium of Symbolic and Ritual Plants in Europe*. 2 vols. Ghent 2004.

*Der heilige Qur-ân. Arabisch und Deutsch.* Rabwah, Pakistan 1954/1980.

DE HEUSCH, Luc: *Cultes de possession et religions initiatiques de salut en Afrique*. In: Annales du Centre d'Etudes des Religions. Brüssel 1962.

DERS.: *La folie des dieux et la raison des hommes*. Paris 1971.

DEIMEL, Claus: *Götter aus Afrika*. 2 Bde. Hannover 1993.

DEIMEL, Claus/RUHNAU, Elke: *Jaguar und Schlange. Der Kosmos der Indianer in Mittel- und Südamerika*. Hannover 2000.

DEKKERS, Midas: *Geliebtes Tier*. Übers. v. Stefanie Peter und Dirk Schümer (ndl. Orig. 1992), München 1994.

DELORIA, Vine Jr.: *Gott ist rot. Eine indianische Provokation*. Übers. v. Anneliese Rudwaleit (engl. Orig. 1973), München 1984.

DEMANDT, Alexander: *Über allen Wipfeln. Der Baum in der Kulturgeschichte.* Köln/Weimar 2002.

DE MARTINO, Ernesto: *Religionsethnologie und Historismus.* Paideuma 2, 4–5 (1942):178–196.

DERS.: *Katholizismus, Magie, Aufklärung. Religionswissenschaftliche Studie am Beispiel Süd-Italiens.* Übers. v. Barbara Kleiner, München 1982.

DEMIDOW, S. M.: *Sufismus in Turkmenien. Evolution und Relikte.* (Turkmenenforschung, Bd. 11) Hamburg 1988.

DERUNGS, Kurt: *Mythologische Landschaft Bodensee.* In: Heide Göttner-Abendroth/Kurt Derungs (Hgg.), Mythologische Landschaft Deutschland, Bern 1999, S. 276–294.

DESCARTES, René: *Von der Methode.* Übers. v. Lüder Gäbe (frz. Orig. 1637), Hamburg 1960.

DESCHNER, Karlheinz. *Das Kreuz mit der Kirche. Eine Sexualgeschichte des Christentums.* Düsseldorf etc. 1974/1992.

DERS.: *Opus Diaboli. Fünfzehn unversöhnliche Essays über die Arbeit im Weinberg des Herrn.* Reinbek 1987.

DETIENNE, Marcel: *L'invention de la mythologie.* Paris 1981.

DERS.: *Dionysos. Göttliche Wildheit.* Übers. v. Gabriele und Walter Eder (frz. Orig. 1985), Frankfurt am Main/New York 1992.

DIAS, Jorge: *Ntela, der Begriff für unpersönliche Wirkungskräfte und die allgemeine Magie-Vorstellung der Makonde.* Paideuma 13/1967:23–25.

DIAWARA, Fodé: *Manifest des Primitiven Menschen.* Übers. v. Anne Balogun (frz. Orig. 1972), München 1979.

*Die Schöpfungsmythen.* Mit einem Vorwort v. Mircea Eliade. Übers. v. Elisabeth Klein, Wolfgang Schenkel und Otto Roessler (frz. Orig. 1959), Zürich 1964/1991.

DIEDERICHS, Ulf/HINZE, Christa: *Hessische Sagen.* Frankfurt am Main 1985.

DIEFENBACH, Johann: *Der Hexenwahn vor und nach der Glaubensspaltung in Deutschland.* Mainz 1886; Augsburg 1998.

DIETERICH, Albrecht: *Mutter Erde.* Archiv für Religionswissenschaft 8/1905:1–50.

DERS.: *Mutter Erde. Ein Versuch über Volksreligion.* Leipzig/Berlin 1913.

DIMDE, Manfred: *Die Heilkraft der Kirchen.* Landsberg am Lech 1998.

DIOSZEGI, V.: *Bericht über eine Forschungsreise nach Sibirien.* Sociologus 9/1 (1959):60–66.

DONIGER O'FLAHERTY, Wendy: *Women, Androgynes, and Other Mythical Beasts.* Chicago/London 1980.

DIES.: *Der Hinduismus.* In: Richard Cavendish/Trevor O. Ling (Hgg.), Mythologie, Frechen o.J., S. 14–33.

DONNER, Etta: *Überlieferungen aus Nordostliberia. Stammesgeschichte, Totemismus und Tabu.* Zeitschrift für Ethnologie 71/1939:174–200.

DONNER, Herbert: *Isis in Petra.* Leipzig 1995.

DORNAN, S. S.: *Moon Lore amongst the Bantu.* Nada 5/1927:29ff.

DOSTAL, Walter (Hg.): *Tribale Gesellschaften der südwestlichen Regionen des Königreiches Saudi-Arabien. Sozialanthropologische Untersuchungen.* Mit Beiträgen von André Gingrich, Johann Heiss und Josef Zötl. Wien 2006.

DOUGLAS, Mary: *The cloud god and the shadow self.* In: Social Anthropology 3/1995:83–94.

DREWAL, M. Thompson: *Gelede. Art and female power among the Yoruba.* Bloomington 1983.

DREXLER, Josef: *Die Illusion des Opfers. Ein wissenschaftlicher Überblick über die wichtigsten Opfertheorien, ausgehend vom deleuzianischen Polyperspektivismusmodell.* (Münchener Ethnologische Abhandlungen 12), München 1993.

DERS.: *Die Heilung des Territoriums. Das Saakhelu-Ritual der Naza (Páez) von Tierradentro (Cauca, Kolumbien).* Indiana 21/2004:141–173.

DRÖSSLER, Rudolf: *Astronomie in Stein.* Leipzig 1990.

DROTBOHM, Heike: *Von abstoßender Eleganz und begehrter Derbheit. Wandlungen der Schönheiten weiblicher Vodougeister in einer nordamerikanischen Großstadt.* In: Mark Münzel/ Bernhard Streck (Hgg.), Ethnologische Religionsästhetik. Marburg 2008, S. 19–45.

DROWER, Ethel S.: *Peacock Angel.* Oxford 1914.

DIES.: *The Mandeans of Iraq and Iran. Their Cults, Customs, Magic, Legends and Folklore.* Oxford 1937.

DUBOIS, Cora G.: *Mythology of the Mission Indians.* Journal of American Folklore XVII (1904), XIX (1906).

DIES.: *The Religion of the Duiseno Indians and Diegueno Indians of Southern California.* In: Univiversity of California Publ. of American Archeology and Ethnology XIII, 3 (1908).

DUCHAUSSOY, Jacques: *Le Bestiaire Divin ou la symbolique des animaux.* Paris: La Colombe 1958.

DUERR, Hans Peter: *Traumzeit. Über die Grenze zwischen Wildnis und Zivilisation.* Frankfurt am Main 1978.

DERS.: *Sedna – Oder die Liebe zum Leben.* Frankfurt am Main 1984/1990.

DERS. (Hg.): *Der Wissenschaftler und das Irrationale. Beiträge aus Ethnologie und Anthropologie,* 4 Bde. Frankfurt am Main 1985.

DERS.: *Nacktheit und Scham. Der Mythos vom Zivilisationsprozeß,* Bd. I. Frankfurt am Main 1988/94. – *Intimität. Der Mythos vom Zivilisationsprozeß,* Bd. II. Frankfurt am Main 1990/94. – *Obszönität und Gewalt. Der Mythos vom Zivilisationsprozeß,* Bd. III. Frankfurt am Main 1993/95. – *Der erotische Leib. Der Mythos vom Zivilisationsprozeß,* Bd. IV. Frankfurt am Main 1997.

DÜWEL, Klaus: *Frühe Schriftkultur bei den Barbaren. Germanische Runen, lateinische Inschriften.* In: Archäolog. Landesmuseum Baden-Württemberg (Hg.), Die Alamannen. Stuttgart 1997, S. 491–498.

DUMÈZIL, Georges: *Loki.* Übers. v. Inge Köck (frz. Orig. 1948), Darmstadt 1959.

DURAN, Pierre: *La consommation ostentatoire en milieu rural à Madagascar.* L'Homme 7, 2 (1967):30–47.

DURKHEIM, Emile: *Les formes élémentaires de la vie religieuse. Le système totémique en Australie.* Paris 1912 (Übers. v. Ludwig Schmidts, Frankfurt am Main 1981).

DUX, Günther: *Die Logik der Weltbilder.* Frankfurt am Main 1982/90.

EBACH, Jürgen: *Babel und Bibel oder: Das „Heidnische" im Alten Testament.* In: Richard Faber/Renate Schlesier (Hgg.): Die Restauration der Götter. Antike Religion und Neo-Paganismus. Würzburg 1986, S. 26–44.

EBERSBACH, Volker: *Lilith – oder: Wie kam die Untreue in die Welt?* Leipzig 2000a.

DERS.: *Zwei blutige Erlöser – Dionysos und Christus.* Leipzig 2000b.

ECKERT, Georg: *Prophetentum in Melanesien.* Zeitschrift für Ethnologie 69/1944:135–140.

DERS.: *Das Regenmädchen. Eine mazedonisch-kaukasische Parallele.* Jahrbuch des Linden-Museums, N.F., 1/1951:98–101.

EDER, Matthias: *Schamanismus in Japan.* Paideuma 7/1958:367–380.

EDGE-PARTINGTON, James/JOYCE, T. A.: *Die Leichenbestattungen auf den Salomoinseln.* Globus 86/1904:368 ff.

EGGAN, D.: *The significance of dreams for the anthropological research.* American Anthropologist 51/1949:171–198.

EGGERS, Kurt: *Der Kaiser der Römer gegen den König der Juden. Aus den Schriften Julians, des „Abtrünnigen".* Berlin 1941.

EGGLI, Hans: *Das Schlangensymbol. Geschichte, Märchen, Mythos.* Solothurn/Düsseldorf/Olten 1982.

VON EHRENFELS, U. R.: *Doppelgeschlecht und Götterpaar in der Religion der Khasi.* Paideuma 6, 5 (1957):285–296.

EHRENREICH, Paul: *Die Mythen und Legenden der südamerikanischen Urvölker und ihre Beziehungen zu denen Nordamerikas und der alten Welt.* Berlin 1905.

EHRHARDT, B.: *Das Göttliche im Menschen. Zum Tode des Ethnologen, Photographen und Priesters Pierre Fatumbi Verger.* Süddeutsche Zeitung, 23. Februar 1996.

EICHBERG, Henning: *Zur historisch-kulturellen Relativität des Leistens in Spiel und Sport.* Sportwissenschaft 6, 1 (1976):9–34.

EL-RADHI, Falah: *Babel und die Bibel. Mesopotamische Mythen und biblische Märchen.* Frankfurt am Main 1999.

ELIADE, Mircea: *Kosmos und Geschichte. Der Mythos der ewigen Wiederkehr.* Übers. v. Günther Spaltmann (frz. Orig. 1949), Frankfurt 1985.

DERS.: *Die Religionen und das Heilige.* Übers. v. M. Rassem und Inge Köck (frz. Orig. 1949), Frankfurt am Main/Leipzig 1998.

DERS.: *Schamanismus und archaische Ekstasetechnik.* Übers. v. Inge Köck (frz. Orig. 1951), Frankfurt am Main 1975.

DERS.: *Das Heilige und das Profane.* Übers. v. Eva Moldenhauer (frz. Orig. 1965), Frankfurt am Main 1987.

DERS.: *Geschichte der religiösen Ideen*, 4 Bde. Übers.v. Elisabeth Darlap (frz. Orig. 1976/77), Freiburg 1993.

ELIAS, Norbert: *Über den Prozeß der Zivilisation.* [Basel 1939; Bern 1969] Frankfurt am Main 1976.

ELLER, Cynthia: *The Myth of Matriarchal Prehistory. Why an Invented Past won't give Women a Future.* Boston 2000.

ELLINGER, J.: *HexenCoppel.* Frankfurt am Main 1629 (Nachdruck Ober-Ramstadt 1986).

ELLMERS, Detlev: *Schiffe der Jäger und Bauern. Vorgeschichtliche Felsbilder aus Skandinavien.* Bremerhaven 1981.

ELORRIETA SALAZAR, Fernando E. und Edgar: *Cusco und das Heilige Tal der Inkas.* Übers. v. Alexandra Prinz, Cusco 2004.

ELWERT, Georg/KOHLI, Martin/MÜLLER, Harald K. (Hgg.): *Im Lauf der Zeit. Ethnographische Studien zur gesellschaftlichen Konstruktion von Lebensaltern.* Saarbrücken/Fort Lauderdale 1990.

ENGEBRIGSTEN, Eda: *Exploring gyspsiness: power, exchange and interdependence in a Transsylvanian village.* Oslo: Univ. Ph.D., November 2000.

ERDELYI, Zsuzsanna: *Worüber berichtet die archaische Dichtung der Völker des Karpatenbeckens?* In: Andrós Krupa et al., Treffen von Kulturen – Konflikte von Kulturen. Vorträge der V. Internationalen Ethnographischen Konferenz für Nationalitätenforschung Békéscaba, 7.–9. Oktober 1993. Budapest 1995, S. 102–106.

ERICSON, Ingolf/ATZBACH, Rainer: *Depotfunde aus Gebäuden in Zentraleuropa.* (Bamberger Kolloquien zur Archäologie des Mittelalters und der Neuzeit 1), Berlin 2005.

ERKENS, Franz-Reiner (Hg.): *Die Sakralität von Herrschaft – Herrschaftslegitimierung im Wechsel der Zeiten und Räume.* Berlin 2002.

ERLER, Adalbert: *Friedlosigkeit und Werwolfglaube.* Paideuma I, 7 (1940):303–317.

ESCHMANN, Anncharlott: *Das religiöse Geschichtsbild der Azteken.* Berlin 1976.

EULENBERGER, Immo: *Orisha-Religion.* Unveröff. Manuskript, Institut für Ethnologie der Univ. Leipzig 2004.

DERS.: *Die Macht der Schönheit – Mythische Ästhetik und Moderne.* In: Mark Münzel/Bernhard Streck (Hgg.), Ethnologische Religionsästhetik. Marburg 2008, S. 145–180.

EVANS-PRITCHARD, Edward E.: *A preliminary account of the Ingessana tribe in Fung Province.* In: Sudan Notes and Records 10/1927:69–83.

DERS.: *Sorcery and native opinion.* Africa IV/1931:22ff.

DERS.: *Witchcraft, Oracles and Magic among the Azande.* London: Oxford UP 1937 (dt. gekürzt v. Eva Gillies, übers. v. Brigitte Luchesi, Frankfurt am Main 1978).

DERS.: *Nuer Religion.* Oxford 1956.

DERS.: *The Zande Trickster.* Oxford 1967.

DERS.: *The Azande. History and Political Institutions.* Oxford 1971.

FABER, Richard: *Archaisch/Archaismus.* In: Handbuch der religionswissenschaftlichen Grundbegriffe II, hrsg. v. Matthias S. Laubscher et al. Stuttgart 1990, S. 51–56.

DERS.: *Männerrunde mit Gräfin. Die „Kosmiker" Derleth, George, Klages, Schuler, Wolfskehl und Franziska zu Reventlow.* Frankfurt am Main 1994.

DERS.: *Sagen lassen sich die Menschen nichts, aber erzählen lassen sie sich alles. Über Grimm-Hebelsche Erzählung, Moral und Utopie in Benjaminscher Perspektive.* Würzburg 2002.

FABIAN, Johannes: *Dream and Charisma, „Theories of Dreams" in the Jamaa-Movement (Congo).* Anthropos 61/1966:544–560.

FAHD, T.: *Shaytân.* In: C. E. Bosworth et al. (Hgg.), The Encyclopaedia of Islam, new ed., vol. 9. Leiden 1997, S. 406–408.

FANSA, Mamoun (Hg.): *Wohin die Toten gehen. Kult und Religion der Steinzeit.* Oldenburg 2000.

FARIS, James: *Nuba Personal Art.* London 1972.

FARTACEK, Gebhard: *Begegnungen mit Ginn. Lokale Konzeptionen über Geister und Dämonen in der syrischen Peripherie.* Anthropos 97/2002:469–486.

DERS.: *Feinde des Fortschritts und Hüter der Moral? Lokalkulturelle Konzeptionen über das Wirken der Ginn in Zeiten der Globalisierung.* Unveröff. Manuskr., Wien 2004.

FAUST, Franz Xaver: *Totgeschwiegene indianische Welten.* Gehren 1998.

DERS.: *Eva und ihre Kinder.* Gehren 2002.

FAVRET-SAADA, Jeanne: *Die Wörter, der Zauber, der Tod. Hexenglaube im Hainland von Westfrankreich.* Frankfurt am Main 1979.

FECHNER, Gustav Theodor: *Das Büchlein vom Leben nach dem Tode.* [1832] Leipzig 1922.

FEIL, Arnold: *Franz Schubert. Die schöne Müllerin. Winterreise.* Stuttgart 1975.

FEUERBACH, Ludwig: *Aus den Heidelberger Vorlesungen über das „Wesen der Religion" (1848/49).* In: Ders., Anthropologischer Materialismus. Ausgewählte Schriften. Hg. u. eingel. v. Alfred Schmidt, Frankfurt am Main etc. 1985.

FEWKES, W.: *Sun Worship of the Hopi Indians.* Smithsonian Report for 1918, Publ. 2571, Washington 1920.

FICHTE, Hubert: *Psyche. Annäherungen an die Geisteskranken Afrikas.* Fotos von Leonore Mau. Frankfurt am Main 2005.

FINDEISEN, Hans: *Das Tier als Gott, Dämon und Ahne.* Stuttgart 1956.

DERS.: *Schamanentum, dargestellt am Beispiel der Besessenheitspriester nordeurasiatischer Völker.* Stuttgart 1957.

DERS.: *Dokumente urtümlicher Weltanschauung der Völker Nordeurasiens.* (Studien und Materialien aus dem Institut für Menschen- und Menscheitskunde, Rengsdorf über Neuwied/Rhein), Oosterhout, NL 1970.

FINDEISEN, Hans/GEHRTS, H.: *Die Schamanen. Jagdhelfer und Ratgeber, Seelenfahrer, Künder und Heiler.* Düsseldorf 1983/89.

FINGERLIN, Gerhard: *Vom Schatzgräber zum Archäologen. Die Geburt einer Wissenschaft.* In: Archäolog. Landesmuseum Baden-Württemberg (Hg.), Die Alamannen. Stuttgart 1997, S. 45–53.

FINKELDE, Dominik: *Man muß etwas geben, um etwas zu bekommen. Der heilige Tod: Die unheimliche Schutzpatronin der Ärmsten von Mexiko-Stadt.* Frankfurter Allgemeine Zeitung, 29. November 2004.

FIRTH, Raymond: *Social Change in Tikopia. Re-study of a Polynesian community after a generation.* London/Boston 1959

FISCHER, Hans: *Heilserwartung. Geister, Medien und Träumer in Neuguinea.* Frankfurt am Main 1987.

FISCHER, H. Th.: *Indonesische Paradiesmythen.* Zeitschrift für Ethnologie 64/1933:204 ff.

FISCHER, Herbert: *Funktionstypen des europäischen Rechtspfahls.* In: Nikolaus Grass/Werner Ogris (Hgg.), Festschrift Hans Lentze (Forschungen zur Rechts- und Kulturgeschichte, Bd. 4). Innsbruck/München 1969, S. 169–195.

FISCHER, Wilhelm: *Die Geschichte des Teufels.* Stuttgart o. J.

FÖRSTER, Larissa/HENRICHSEN, Dag/BOLLIG, Michael (Hgg.): *Namibia – Deutschland, eine geteilte Geschichte* (Ethnologica, N.F., Bd. 24). Köln 2004.

FÖRSTER, Til: *Kunst in Afrika.* Köln 1988.

FOL, Alexander: *Die thrakische Orphik oder Zwei Wege zur Unsterblichkeit.* In: Kunst- und Ausstellungshalle der Bundesrepublik Deutschland (Hg.), Die Thraker. Das goldene Reich des Orpheus. Mainz 2004, S. 177–186.

FORTES, Meyer: *The Dynamics of Clanship among the Tallensi.* Oosterhut 1945/69.

DERS.: *Oedipus and Job in West African Religion.* (Cambridge Studies in Social Anthropology 48), London 1959/83.

DERS.: *Pietas in Ancestor Worship.* Journal of the Royal Anthropological Institute. London 1961.
DERS.: *On the concept of the person among the Tallensi.* In: Germaine Dieterlen (Hg.), La notion de personne en Afrique noire. Paris 1973.
FORSTER, George M.: *Peasant Society and the Image of Limited Goods.* American Anthropologist 67/1965:293–315.
FOUCAULT, Michel: *Die Ordnung der Dinge.* Frankfurt am Main 1971/74 (frz. Orig. 1966).
DERS.: *Of Other Spaces.* Diacritics 16/1986:22–27.
FOY, Wilhelm: *Südafrikanische Zauberpuppen.* In: Ethnologica I/1909:231–233.
FRANZ, Roger: *Totemismus oder die Dekadenz eines Begriffs.* Hohenschäftlarn 1980.
FRAZER, James George: *Totemism and Exogamy*, 4 vols. London 1910.
DERS.: *The Dying God.* London 1911.
DERS.: *Folklore in the Old Testament*, 3 Bde. London 1918 (dt: Die Arche. Biblische Geschichten im Lichte der Völkerkunde. Übers. u. hg. v. Gerhard Lisowsky, Stuttgart 1960).
DERS.: *The Golden Bough. A Study in Magic and Religion.* London 1922 (dt. v. Helen von Bauer, Reinbek 1989).
FREMBGEN, Jürgen W.: *Derwische, gelebter Sufismus, wandernde Mystiker und Asketen im islamischen Orient.* Köln 1993.
FREUD, Sigmund: *Die Traumdeutung.* [1900] Frankfurt am Main 1961.
DERS.: *Totem und Tabu. Einige Übereinstimmungen im Seelenleben der Wilden und der Neurotiker.* [1913] Ges. Werke, Bd. IX, 1944/61.
FREUDENTHAL, H.: *Das Feuer im deutschen Glauben und Brau*ch. Leipzig 1931
FREY, Anne: *Pflanzen, Wiege der Medikamente.* Basel 1989.
FRIEDMANN, Dr.: *Der Anthropophagismus der Battaer auf Sumatras Westküste.* Zeitschrift für Ethnologie 3/1871:313–325.
FRIEDRICH, Adolf: *Das Bewußtsein eines Naturvolkes von Haushalt und Ursprung des Lebens.* Paideuma 6/1955:47–54.
FRIEDRICH, Adolf: *Afrikanische Priestertümer.* Stuttgart 1939.
DERS.: *Die Forschung über das frühzeitliche Jägertum.* Paideuma 2/1941:20–43.
DERS.: *Erkenntnis und Religion.* Paideuma 5/1951:103–114.
DERS.: *Knochen und Skelett in der Vorstellungswelt Nordasiens.* Wiener Beiträge zur Kulturgeschichte und Linguistik 5/1943:189–247.
DERS.: *Schamanengeschichten aus Sibirien.* Übers. u. eingel. v. G. Buddruss, Berlin 1987.
FROBENIUS, Leo: *Die Geheimbünde Afrikas. Ethnologische Studie.* Hamburg 1894.
DERS.: *Der Ursprung der afrikanischen Kulturen.* Berlin 1898a.
DERS.: *Die Masken und Geheimbünde Afrikas.* Halle 1898b.
DERS.: *Unter den unsträflichen Äthiopen. (Und Afrika sprach III).* Berlin-Charlottenburg 1913.
DERS.: *Paideuma. Umrisse einer Kultur- und Seelenlehre.* [1921] Düsseldorf 1953.
DERS.: *Vom Kulturreich des Festlandes, Dokumente zur Kulturphysiognomik.* Berlin 1923.
DERS.: *Die Atlantische Götterlehre. Atlantis – Volksmärchen und Volksdichtungen Afrikas,* Bd. X. Jena 1926.
DERS.: *Erythräa. Länder und Zeiten des heiligen Königsmordes.* Berlin/Zürich 1931a.
DERS.: *Standpunkt. Der Erdball im Wandel der Weltanschauung.* Der Erdball. Illustrierte Zeitschrift für Länder- und Völkerkunde 3/1931:81–85 (1931b).

DERS.: *Die Kunst Afrikas.* Der Erdball. Illustrierte Zeitschrift für Länder und Völkerkunde 3/1931:85–119 (1931c).

DERS.: *Kulturgeschichte Afrikas.* [1933] Zürich 1954.

FUCHS, Hans: *Die Religions- und Kulturtheorie Ad. E. Jensens und ihre geistesgeschichtlichen Wurzeln unter besonderer Berücksichtigung des Opferrituals.* Aachen1999.

FUHRMANN, Ernst: *Das Tier in der Religion.* München 1922.

DERS.: *Die Pflanze als Lebewesen: Eine Biographie in 200 Aufnahmen.* Frankfurt am Main 1930.

VON FÜRER-HAIMENDORF, Christoph: *Die nackten Nagas. Dreizehn Monate unter Kopfjägern Indiens.* Leipzig 1939.

GAHS, Alexander: *Kopf-, Schädel- und Landknochenopfer bei Renntiervölkern.* In: Festschrift P. W. Schmidt, Wien 1928, S. 231–68.

GASS, C. M.: *Der Kult des Urmondmenschen bei den östlichen Paläosibiriern und seine kulturhistorische Bedeutung für Nordasien.* Jahrbuch der Universität Zagreb I (1928/29):56ff.

GASTER, Theodor H.: *Die ältesten Geschichten der Welt.* Übers. v. Walle Bengs (engl. Orig. 1952), Berlin 1983.

GEBHART-SAYER, Angelika: *Die Spitze des Bewußtseins. Untersuchungen zu Weltbild und Kunst der Shipibo-Conibo.* (Münchner Beiträge zur Amerikanistik 21), Hohenschäftlarn 1987.

GEBSER, Jean: *Ursprung und Gegenwart,* 2 Bde. Stuttgart 1949/53.

GEERTZ, Clifford: *Religiöse Entwicklungen im Islam. Beobachtet in Marokko und Indonesien.* Übers. v. Brigitte Luchesi, Frankfurt 1988.

DERS.: *Negasa. The theater state in nineteenth-century Bali.* Princeton 1980.

GEIDER, Thomas: *Die Figur des Oger in der traditionellen Literatur und Lebenswelt der Pokomo in Ost-Kenya,* 2 Bde. Köln 1990.

GEISENHAINER, Katja: *„Rasse ist Schicksal". Otto Reche (1879–1966) – ein Leben als Anthropologe und Völkerkundler.* Leipzig 2002.

GELLNER, Ernest: *The Psychoanalytic Movement or the Coming of Unreason.* London 1985.

DERS.: *Muslim Society.* Cambridge 1981.

VAN GENNEP, Arnold: *Les rites de passage.* Paris 1909 (dt. Übers. v. Klaus Schomburg und Sylvia Schomburg-Scherff, Frankfurt am Main/New York 1999).

DERS.: *L'état actuel du problème totémique.* Paris 1920.

GERLAND, Georg: *Der Mythos von der Sintflut.* Bonn 1912.

GERLITZ, Peter: *Mein Totem ist zornig. Mensch und Natur in archaischen Kulturen.* Olten/Freiburg i. Br. 1992.

GERMANN, Paul: *Zauberglaube und Mannbarkeitsfeiern bei den Wapare, Deutsch-Ostafrika.* Jahrbuch des Städtischen Museums für Völkerkunde Leipzig 5/1911:64–88.

DERS.: *Afrikanische Kunst.* In: Günter Wolff (Hg.), Beiträge zur Kolonialforschung, Tagungsband I (Berichte über die Arbeitstagung im Januar 1943 in Leipzig). Berlin 1943, S. 71–79.

GESELLSCHAFT FÜR BEDROHTE VÖLKER: *Die frohe Botschaft unserer Zivilisation. Evangelikale Indianermission in Lateinamerika.* Göttingen: Reihe Pogrom 1979.

GIBRAN, Khalil: *Der Prophet.* Übers. v. Giovanni und Ditte Bandini (engl. Orig. 1923), München 2005.

GILLISON, Gillian: *Cannibalism among women in the Eastern Highlands of Papua New Guinea.* In: Paula Brown/Donald Tuzin (Hgg.), The Ethnography of Cannibalism. Washington 1983, S. 33–50.

GIMBUTAS, Marija: *Die Sprache der Göttin. Das verschüttete Symbolsystem der westlichen Zivilisation.* Mit einem Vorwort v. Joseph Campbell. Übers. v. Udo Rennert und Andrea von Struve (engl. Orig. 1989), Frankfurt am Main 1995.

GIRARD, René: *La violence et le sacré.* Paris 1972.

GLEASON, Judith: *Oya – in Praise of an African Goddess.* San Francisco 1992.

GÖTTNER-ABENDROTH, Heide: *Die Göttin und ihr Heros.* München [11]1997.

DIES.: *Frau Holle und Frau Venus in Thüringen. Große Göttinnen des Matriarchats in Mitteldeutschland.* In: Diess./Kurt Derungs (Hgg.), Mythologische Landschaft Deutschland. Bern 1999, S. 236–254.

GÖTTNER-ABENDROTH, Heide/DERUNGS, Kurt (Hgg.) : *Mythologische Landschaft Deutschland.* Bern 1999.

GOTHEIN, Marie: *Der Gottheit lebendiges Kleid.* Archiv für Religionswissenschaft 9/1906: 337–364.

GOLDINGER, Heiner: *Rituale und Symbole der Börse. Eine Ethnographie.* Hamburg/Münster 2002.

GOLOWIN, Sergius (Hg.): *Kult und Brauch der Kräuterpfeife in Europa.* Allmendingen 1982.

DERS.: *Psychedelische Volkskunde.* In: Wolfgang Bauer et al., Der Fliegenpilz. Köln 1991, S. 43–65.

GOODMAN, Felicitas D.: *Ekstase, Besessenheit, Dämonen. Die geheimnisvolle Seite der Religion.* Gütersloh 1991.

DIES.: *Anneliese Michel und ihre Dämonen. Der Fall Klingenberg in wissenschaftlicher Sicht.* Stein am Rhein [3]1993.

DIES.: *Die andere Wirklichkeit. Über das Religiöse in den Kulturen der Welt.* München 1994.

GOODY, Jack (Hg.): *Literacy in Traditional Societies.* Cambridge 1968 (dt. Frankfurt am Main 1981).

DERS.: *The culture of flowers.* Cambridge 1993/94.

GOSSMANN, Gerhard: *Kunst der demokratischen Volksrepublik Korea.* (Ausstellungskatalog Pergamon Museum Berlin), Berlin 1959.

GRAEBNER, Fritz: *Thor und Maui.* Anthropos XIV/XV (1919/29):1099 ff.

GRAF, Friedrich W.: *Die Wiederkehr der Götter. Religion in der Modernen Kultur.* München 2004.

GRASSI, Ernesto. *Das Drama als Sinnbild der menschlichen Existenz.* Paideuma 5, 1/2 (1950): 1–11.

GRAU, Rudolf: *Geschlechtsorientierte Polaritäten in Negerafrika.* In: Werner Lang/Walter Nippold/Günther Spannaus (Hgg.), Von fremden Völkern und Kulturen. Beiträge zur Völkerkunde. Hans Plischke zum 65. Geburtstag. Düsseldorf 1955, S. 161–174.

GRATZL, Karl (Hg.): *Die heiligsten Berge der Welt.* Graz 1990.

GREEN, Miranda Aldhouse: *Menschenopfer. Ritualmord von der Eisenzeit bis zum Ende der Antike.* Übers. v. Markus Rüttermann (engl. Orig. 2002), Düsseldorf 2003.

GREENBERG, Joseph H.: *Some Aspects of Negro-Mohammedan Culture-Contact among the Hausa.* American Anthropologist 43/1941:51–61.

GRIAULE, Marcel: *Dieu d'Eau*. Paris 1948/66.

GRIBE, W.: *Das Schamanentum bei den Golden*. Globus 71/1897:89ff.

GRIMM, Jakob: *Deutsche Mythologie*, 3 Bde. [1875–78] Wiesbaden 1992.

GRÖNBECH, Wilhelm: *Kultur und Religion der Germanen*. Übers. v. Ellen Hoffmayer (dän. Orig. 1909–12), mit einem Vorw. v. Otto Höfler, 2 Bde. Darmstadt [5]1954.

GROESCHKE, H. F.: *Baum des Lebens. Alles über die Kokosnuß*. Wuppertal 1990.

GRONEMEYER, Reimer (Hg.): *Der faule Neger. Vom weißen Kreuzzug gegen den schwarzen Müßiggang*. Reinbek 1991.

DERS.: *Ohne Seele, ohne Liebe, ohne Haß. Vom Ende des Individuums und vom Anfang des Retortenmenschen*. Düsseldorf etc. 1992.

GROSS, Paul/LEVITT, Norman: *Higher Superstition*. Baltimore 1998.

GROTANELLI, Vinigi L.: *I Pre-Niloti, Un' arcaica provincia culturale in Africa*. In: Annali Lateranensi 12/1948:281–326.

GRÜB, Andreas: *The Lotuho of the Southern Sudan*. (Studien zur Kulturkunde, Nr. 102), Stuttgart 1992.

GUENTHER, Matthias: *Jesus Christ as Trickster in the Religion of Contemporary Bushmen*. Paper presented at Symposium on "The Ludic – Forces of Generation and Fracture". International Science Forum, Heidelberg, Oct. 25–31, 1993.

DERS.: *Tricksters and Trancers. Bushman Religion and Society*. Bloomington, Indianapolis 1999.

GUMILJOW, Lew: *Von der Rus zu Russland. Ethnische Geschichte der Russen, spannend erzählt*. Übers. v. Olga Großmann, Berlin 2005.

GUTMANN, Bruno: *Denkfehlersünden an unseren Eingeborenen*. Evangelisches Missionsmagazin. Basel 1924.

DERS.: *Trauer und Begräbnissitten der Wadschagga*. Globus 89/1906:197ff.

DERS.: *Wahrsagen und Traumdeuten bei den Wadschagga*. Globus 92/1902:165ff.

GYPKENS, Pater: *Fremde Menschen*. Frankfurt am Main 1955.

HAAS, Volkert: *Hethitische Berggötter und Hurritische Steindämonen. Riten, Kulte und Mythen. Eine Einführung in die altkleinaisatischen religiösen Vorstellungen*. Mainz 1982.

HABERLAND, Eike: *Mensch-Tier-Beziehungen: das Beispiel der nordostafrikanischen Hirten*. In: Hermann Müller-Karpe (Hg.), Zur frühen Mensch-Tier-Symbiose. (Kolloquien zur Allgemeinen und Vergleichenden Archäologie, Bd. 4), München 1983, S. 175–190.

HABERMAS, Jürgen: *Karl Löwiths stoischer Rückzug vom historischen Bewußtsein*. In: Ders., Philosophisch-politische Profile. Frankfurt am Main 1971, S. 116–140.

DERS.: *Theorie des kommunikativen Handelns*, 2 Bde. Frankfurt am Main 1981.

HAECKEL, Ernst: *Gott-Natur (Theophisis). Studien über monistische Religion*. Leipzig [3]1922.

HAEKEL, Josef: *Kosmischer Baum und Pfahl in Mythus und Kult der Stämme Nordwestamerikas*. Wiener völkerkundliche Mitteilungen VI, N.F., I, 1–4 (1958/59):33–81.

HÄMMERLE, Johannes Maria: *Nias – eine eigene Welt. Sagen, Mythen, Überlieferungen*. Sankt Augustin 1999.

HAFNER, German: *Prominente der Antike*. Düsseldorf/Wien 1981.

HAHN, Eduard: *Die Haustiere und ihre Beziehungen zur Wirtschaft des Menschen. Eine geographische Studie*. Leipzig 1896.

DERS.: *Die Entstehung der wirtschaftlichen Arbeit*. Heidelberg 1908.

HAINARD, Jacques/MATHEZ, Philippe (Hgg.): *Vodou. Kunst und Kult aus Haiti.* (dt. Ausg. der frz. Erstausg. *Le vodou, un art de vivre*, Genf 2007), Berlin 2010.

HALLE, J. S.: *Die deutschen Giftpflanzen.* Berlin 1784.

HALLOWELL, A. I.: *Bear ceremonialism in the Northern Hemisphere.* American Anthropologist 28/1926:1–175.

HALLPIKE, Christopher Robert: *Die Grundlagen primitiven Denkens.* Übers. v. Luc Bernard (engl. Orig. 1979), Stuttgart 1990.

HAMBLEY, W. D.: *Serpent Worship in Africa. Field Museum of Natural History.* Anthropological Series XXI, 1, Chicago 1931.

HAMMES, Manfred: *Hexenwahn und Hexenprozesse.* Frankfurt am Main 1977; Bindlach: Gondrom 1995.

HANN, Christopher: *Problems with the (de)privatization of religion.* Anthropology Today 16 (6)/2000:14–20.

HARMENING, D.: *Zauberei im Abendland.* Würzburg 1991.

HARMS, Volker: *Der Terminus „Spiel" in der Ethnologie. Eine begriffskritische Untersuchung, dargestellt anhand von Berichten über die Kultur der Samoaner.* Hamburg 1969.

HARNECKER, Günther: *Besessenheitsphänomene als ethnologisches Problem am Beispiel des bori-Kultes bei den Hausa.* Mag.-arbeit FB Sozialwissenschaften der J. Gutenberg-Universität, Mainz 1993.

HARNER, Michael: *Der Weg des Schamanen. Ein praktischer Führer zu innerer Heilkraft.* Übers. von Agnes Klein (engl. Orig. 1992), Reinbek 1986/1996.

HARRIES, Patrick: *Butterflies and Barbarians. Swiss Missionaries and Systems of Knowledge in South-East Africa.* Oxford 2007.

HARTMANN, Horst: *Heilung durch Opfer und Mana bei den Kelten.* Jahrbuch des Lindenmuseums, N.F., 2/3 (1952/53):140–148.

HARVA, Uno: *Die religiösen Vorstellungen der Altaischen Völker.* Helsinki 1938.

HASE, Thomas: *Zivilreligion. Religionswissenschaftliche Überlegungen zu einem theoretischen Konzept am Beispiel der USA.* Diss. Universität Leipzig 1999.

HAUER, Jakob W.: *Die Religionen. Ihr Werden, ihr Sinn, ihre Wahrheit. 1. Buch: Das religiöse Erlebnis auf den unteren Stufen.* Berlin 1923.

DERS.: *Der Yoga als Heilweg. Nach den indischen Quellen dargestellt.* Stuttgart 1932.

DERS.: *Toleranz und Intoleranz in den nichtchristlichen Religionen. Beitrag zu einer weltgeschichtlichen Betrachtung der Religion.* Stuttgart 1961.

HAUPTMANN, Susanne: *Matronen und Matronenkult.* In: Schuppener/Tetzner (Hgg.), Frauen im Mythos. Leipzig 1999, S. 81–104.

HAUSCHILD, Thomas: *Der Böse Blick. Ideengeschichtliche und Sozialpsychologische Untersuchungen.* Hamburg 1979.

DERS.: *Magie und Macht in Italien. Über Frauenzauber, Kirche und Politik.* Gifkendorf 2002.

HAUSER-SCHÄUBLIN, Brigitta: *Kulthäuser in Nordneuguinea.* (Abhandlungen und Berichte des Staatlichen Museums für Völkerkunde Dresden, Bd. 43), Berlin 1989.

DIES.: *Raum, Ritual und Gesellschaft. Religiöse Zentren und sozio-religiöse Verdichtungen im Ritual.* In: Brigitta Hauser-Schäublin/Michael Dickhardt (Hgg.), Kulturelle Räume – räumliche Kultur. Zur Neubestimmung des Verhältnisses zweier fundamentaler Kategorien menschlicher Praxis. Münster 2003, S. 43–87.

HAYDER IBRAHIM ALI: *The Shaiqiya. The Cultural and Social Change of a Northern Sudanese Riverain People.* (Studien zur Kulturkunde 49), Wiesbaden 1979.

HAYWOOD, John: *Die Zeit der Kelten. Ein Atlas.* Übers. v. Manfred Mothes, Petra Post und Andrea von Struve (engl. Orig. 2001), Frankfurt am Main 2005.

HECKL, Julia: *Hexen und Propheten. Sechs Fallbeispiele aus Süd- und Zentralafrika.* Unveröff. Mag.-arbeit, Inst. f. Ethnologie der Universität Leipzig 2001.

HEEG, Günther: *Die Geste der Scham als Grundgeste des Theaters.* In: Bernhard Streck (Hg.), Die gezeigte und die verborgene Kultur. Wiesbaden 2007, S. 69–80.

HEELAS, Paul/LOCK, Andrew (Hgg.): *Indigenous Psychologies. The anthropology of self.* London 1981.

HEFTER, J.: *Über das Regenbittopfer.* Zeitschrift für Ethnologie 62/1931:337.

HEGEL, Georg Wilhelm Friedrich: *Phänomenologie des Geistes (System der Wissenschaft, I. Teil).* (1807) Frankfurt am Main 1980.

HEIDEGGER, Martin: *Sein und Zeit.* (1926) Tübingen 1986.

DERS.: *Was ist Metaphysik.* (1929) Frankfurt am Main 1969/86.

DERS.: *Die Zeit des Weltbildes.* (1938) In: Ders., Holzwege. Frankfurt am Main 1972, S. 69–104.

HEILER, Friedrich: *Die Religionen der Menschheit in Vergangenheit und Gegenwart.* Stuttgart 1959.

HEINE, Heinrich: *Zur Geschichte der Religion und Philosophie in Deutschland.* (Der Salon, 2. Bd.), Hamburg 1834.

HEINEMEYER, Walter (Hg.): *Die heilige Elisabeth in Hessen.* Ausstellungskatalog. Philipps-Universität Marburg 1983.

HEINRICHS, Hans-Jürgen: *Die fremde Welt, das bin ich. Leo Frobenius: Ethnologe, Forschungsreisender, Abenteurer.* Wuppertal 1998.

HEIZMANN, Wilhelm: *Germanische Männerbünde.* In: Rahul Peter Das/Gerhard Meiser (Hgg.), Geregeltes Ungestüm. Bruderschaften und Jugendbünde bei indogermanischen Völkern. Bremen 2002, S. 117–138.

HENKHAUS, Uwe: *Das Treibhaus der Unsittlichkeit. Lieder, Bilder und Geschichten aus der hessischen Spinnstube.* Marburg 1991.

HENRY, Avril: *Biblia Pauperum.* Ithaca 1987.

HENRY, P. J. M.: *Le Culte des Esprits chez les Bambara.* Anthropos III/1908:702 ff.

HENTZE, Carl: *Die Tierverkleidung in Erneuerungs- und Initiationsmysterien (Ältestes China, zirkumpazifische Kulturen und Groß-Asien).* Symbolon I/1960:39–86.

HERDER, Johann Gottfried: *Über Bild, Dichtung und Fabel.* [1787] Sämtliche Werke, hrsg v. Bernhard Suphan, Bd. XV. Hildesheim/New York o. J., S. 520–568.

HERRMANN, Ferdinand: *Beiträge zur italienischen Volkskunde.* Heidelberg 1938.

DERS.: *Zu Grundfragen der italienischen Volkskunde.* Oberdeutsche Zeitschrift für Volkskunde 2/3 (1939):121–129.

DERS.: *Zur Beurteilung der Sexualsymbolik bei Naturvölkern.* Studium Generale 6, 6 (1953): 303–322.

DERS.: *Die Beschneidung.* In: Beiträge zur Völkerforschung. Hans Damm zum 65. Geburtstag. Berlin 1961, S. 243–253.

DERS.: *Fruchtbarkeitssymbole.* Die Kapsel (Zeitschrift der R. P. Scherer GmbH Eberbach/Baden) 11/1962:293–300.

DERS.: *Völkerkunde Australiens.* Mannheim 1967.

HERRMANN, Horst: *Kirchenfürsten. Zwischen Hirtenwort und Schäferstündchen.* Hamburg 1992.

HERSKOVITS, Melville J.: *Life in a Haitian valley.* New York 1937.

HESSE, Klaus: *Schamanismus.* In: Handbuch religionswissenschaftlicher Grundbegriffe. Hg. v. Hubert Cancik, Burhard Gladigow, Karl-Heinz Kohl, Bd. V. Stuttgart 2001, S. 30–42.

HESSLER, Carl: *Hessische Landes- und Volkskunde. Das ehemalige Kurhessen und das Hinterland am Ausgang des 19. Jahrhunderts.* Marburg 1904.

HEWITT, J. N. B.: *Orenda and a Definition of Religion.* American Anthropologist, N.S., IV/1902.

HEYCK, E.: *Deutsche Vorzeit in heutigen Kinder-Spielen.* Deutsche Tageszeitung, „Zeitfragen", vom 25. März 1906.

HILGENDORF: *Bärenfesten auf Yezo.* Mitteilungen der Deutschen Gesellschaft für Natur- und Völkerkunde Ostasiens 9/1876:6ff.

HINNELS, J. R.: *Der Zoroastrismus.* In: Richard Cavendish/Trevor O. Ling: Mythologie. Frechen o.J., S. 40–47.

HINZ, Michael: *Der Zivilisationsprozess: Mythos oder Realität? Wissenschaftssoziologische Untersuchungen zur Elias-Duerr-Kontroverse.* Opladen 2002.

HISSINK, Karin: *Beobachtungen und Aussagen über den Hund bei Chimanen-, Chama- und Tacana-Indianern.* Paideuma VIII, 1 (1962):37–44.

HOCART, Arthur M.: *Pierres magiques au Lau, Fiji.* Anthropos VI/1911:724ff.

DERS.: *Notes on Fijian Totemism.* Anthropos IX/1914:737.

DERS.: *Polynesian tombs.* American Anthropologist, N.S., 20/1918:456–461.

DERS.: *Kingship.* Oxford 1927/69.

DERS.: *Kinship Systems.* Mödling 1937.

DERS.: *Social Origins.* London 1954.

HODDER, Ian: *Symbols in Action. Ethno-Archeological Studies of Material Culture.* Cambridge/London 1982.

DERS. (Hg.): *On the Surface: Catalhöyük 1993–95. Catalhöyük Project,* vol. I. (British Institute of Archeology at Ankara, Monograph 22), Cambridge 1996.

HÖHNE, Heinz: *Der Orden unter dem Totenkopf. Die Geschichte der SS.* München 1979.

HÖLTKER, Georg: *Abermals: Mutter-Kind-Motiv und verwandte Vorstellungen in der Holzplastik Neuguineas.* Jahrbuch des Museums für Völkerkunde zu Leipzig XXVII/1970:134–159.

HOGREBE, Wolfram (Hg.): *Mantik. Profile prognostischen Wissens in Wissenschaft und Kultur.* Würzburg 2005.

HOFFMANN, Carl: *Medimo le Balo'i – Gottheit und Götter in Transvaal und Maschonaland.* Berlin 1927.

HOFMANN, Johannes: *Aus der Missionsarbeit unter den Wakamba.* (Lichtstrahlen im dunklen Erdteile, Nr. 7), Leipzig 1903.

HOFFMANN, Helmut: *Die Religionen Tibets.* Freiburg/München 1956.

HOFMANN, Albert: *Die Mutterkorn-Alkaloide.* Stuttgart 1964.

VON HOFMANN, Knut: *Der Drache in Ostasien: China – Korea – Japan.* In: Bernd Schmelz/ Rüdiger Vossen (Hgg.), Auf Drachenspuren. Bonn 1995, S. 32–47.

HOLLENWEGER, Walter J.: *Enthusiastisches Christentum. Die Pfingstbewegung in Geschichte und Gegenwart.* Wuppertal 1969.

HOPF, Ludwig: *Thierorakel und Orakelthiere in alter und neuer Zeit. Eine ethnologisch-zoologische Studie.* Stuttgart 1888.

HORNUNG, Erik: *Der Eine und die Vielen. Ägyptische Gottesvorstellungen.* Darmstadt 1971.

DERS.: *Die Nachtfahrt der Sonne. Eine altägyptische Beschreibung des Jenseits.* Zürich/München 1991.

HOSKINS, Janet (Hg.): *Headhunting and the Social Imagination in Southeast Asia.* Stanford 1996.

HOWELL, W.: *The Heathens. Primitive Man and His Religion.* London 1949.

HUBER, Hugo: *Tod und Trauer im Westsudan.* Anthropos 46, 3/4 (1951):453 ff.

DERS.: *Das Tier als Metapher: Zur Frage der semiotischen Logik westafrikanischer Sprichwörter.* In: J. Hofmann (Hg.), Festschrift für P. A. Vorbichler. (Veröff. d. Inst. f. Afrikanistik u. Ägyptologie, Nr. 19), Wien 1981, S. 85–126.

DERS. (Hg.): *Der Narr. Beiträge zu einem interdisziplinären Gespräch.* (Studia Ethnographica Friburgensia, Bd. 17), Freiburg, Schweiz 1991.

HUDSON, L.: *Nightlife: The interpretation of dreams.* London 1985.

HUIZINGA, Jan: *Homo Ludens. Vom Ursprung der Kultur im Spiel.* Übers. v. H. Nachod (ndl. Orig. 1938), Reinbek 1956/58.

HULD-ZETSCHE, Ingeborg: *Mithras in Nida-Heddernheim.* (Archäologische Reihe 6), Frankfurt am Main 1986.

HUME, David: *Die Naturgeschichte der Religion.* [1779] Übers. u. mit einem Abriß über die Geschichte des Deismus in England eingel. v. Alphons J. Sußnitzki. Frankfurt am Main 1911.

HUMPHREY, Caroline/LAIDLAW, James: *The archetypical actions of ritual. A theory of ritual.* Oxford 1994.

HUNKE, Sigrid: *Am Anfang waren Mann und Frau. Vorbilder und Wandlungen der Geschlechterbeziehungen.* Hamm, Westf.: Grote'sche Verlagsbuchhandlung 1955.

DIES.: *Europas eigene Religion. Der Glaube der Ketzer.* Bergisch Gladbach 1981.

HUNTINGTON, Richard/METCALF, Peter: *Celebrations of death: The Anthropology of Mortuary Ritual.* New York 1979.

HUNTINGTON, Samuel P.: *Kampf der Kulturen.* München 1997 (engl. Orig. 1996).

HURWITZ, Siegmund: *Lilith – die erste Eva: Eine historische und psychologische Studie über dunkle Aspekte des Weiblichen.* Einsiedeln 1998.

HUSEMANN, Dirk: *Die Neandertaler. Genies der Eiszeit.* Frankfurt am Main/New York 2005.

HUTTON, J. H.: *The Angami Nagas.* London 1921/69.

DERS.: *Leopard-men in the Naga Hills.* Annual Report of the Board of Regents and of the Smithsonian Institution (1921). Washington 1922, S. 529 ff.

HVALKOF, Sören/AABY, Peter (Hgg.): *Is god an American? An Anthropological Perspective on the Missionary Work of the Summer Institute of Linguistics.* Copenhagen 1981.

IMAM, Bulu: *The painted houses of Hazaribagh, Iharkhand/India.* Abhandl. und Berichte der Staatl. Ethnograph. Samml. Sachsen 52/2005:173–188.

ISRAELS, Han: *Der Fall Freud. Die Geburt der Psychoanalyse aus der Lüge.* Übers. v. Gerd Busse (ndl. Orig. 1993), Hamburg 1999.

ITTMANN, J.: *Mond und Monate im vorderen Kamerun.* Anthropos 48, 3/4 (1953):389 ff.

JACOBS, A. H.: *The Traditional Political Organization of the Pastoral Masai.* Diss. Oxford 1965.

JAHN, Samia Al Azharia: *Zwillinge und ihr tiergestaltiges Alter Ego im Volksglauben der Sudanaraber und Nubier.* Paideuma 25/1979:159–172.

JAMES, Wendy: *Kwanim Pa – The Making of the Uduk People. An ethnographic study of survival in the Sudan-Ethiopian Borderland.* Oxford 1979.

JANDA, Michael: *Der Kampf um den Himmel: Titanen und Olympier.* In: Rahul Peter Das (Hg.), Die Widergötter. Rivalisierende „Götter"-Geschlechter in der Mythologie indogermanischer Völker. (Veröffentlichungen zur Indogermanistik und Anthropologie, Bd. 2), Bremen 2011, S. 79–112.

JEBENS, Holger: *Eine Bewältigung der Kolonialerfahrung. Zur Interpretation von Cargo-Kulten im Nordosten von Neuguinea.* Bonn 1990.

JĘDREJ, M. Charles: *Some structural features of Ingessana marriage and affinity.* Africa 49/1979:377–387 (1979a).

DERS.: *Cults of the dead among the Ingessana (Sudan).* Anthropos 74/1979:40–46 (1979b).

DERS.: *Twins, Dreams, and Testicles: An Ingessana Ritual Institution for the Promotion of Life.* Sociologus 38, 1 (1988):19–33.

DERS.: *A note on ash symbolism in Africa.* In: Zeitschrift für Ethnologie 114/1989:111–123.

DERS.: *Ingessana. The Religious Institutions of a People of the Sudan-Ethiopia Borderland.* (Studies of Religion in Africa, XIII), Leiden etc. 1995.

DERS.: *Ingessana Dreaming.* In: M. Ch. Jędrej/R. Shaw (Hgg.), Dreaming, Religion and Society in Africa. Leiden 1992, S. 111–125.

JĘDREJ, M. Charles./SHAW, Rosalinde (Hgg.): *Dreaming, Religion and Society in Africa.* Leiden 1992.

JENSEN, Adolf E.: *Beschneidung und Reifezeremonien bei Naturvölkern.* Stuttgart 1933.

DERS.: *Eine ost-indonesische Mythe als Ausdruck einer Weltanschauung.* Paideuma I, 5 (1939): 199–216.

DERS.: *Hainuwele. Volkserzählungen von der Molukken-Insel Ceram.* Frankfurt am Main 1939.

DERS.: *Spiel und Ergriffenheit.* Paideuma II, 3 (1942):124–139.

DERS.: *Wettkampf-Parteien, Zweiklassensysteme und geographische Orientierung.* Studium Generale 1/1947:38–48.

DERS.: *Die drei Ströme. Züge aus dem geistigen und religiösen Leben der Wemale, einem Primitiv-Volk in den Molukken.* Leipzig 1948a.

DERS.: *Ewald Volhard†.* Paideuma III, 5 (1948):191–193 (1948b).

DERS.: *Magie.* Studium Generale 1, 4 (1948):226–236 (1948c).

DERS.: *Das religiöse Weltbild einer frühen Kultur.* Stuttgart 1948.

DERS.: *Über das Töten als kulturgeschichtliche Erscheinung.* Paideuma IV/1950:23–38.

DERS.: *Die mythische Vorstellung vom halben Menschen.* Paideuma V, 1/2 (1950):23–43.

DERS.: *Mythos und Kult bei Naturvölkern. Religionswissenschaftliche Betrachtungen.* Wiesbaden 1951.

DERS.: *Dual-Systeme in Nordost-Afrika.* Anthropos 48/1953:737–759.

DERS.: *Kopfjagd, Blitz und Himmels-Vorstellungen.* Paideuma X, 1 (1964):22–38.

DERS.: *Die getötete Gottheit. Weltbild einer frühen Kultur.* Stuttgart 1966.

JENSEN, Jürgen: *Mythen und historische Legenden – an ostafrikanischen Beispielen.* Paideuma 22/1976:179–188.

JETTMAR, Karl: *Altentötung in Dardistan.* Paideuma 15/1969:162–166.

JEWETT, Robert/LAWRENCE, John Shelton: *Captain America and the Crusade against Evil.* Cambridge 2003.

JOHNS, Andreas: *Baba Yaga. The Ambiguous Mother and Witch of the Russian Folktale.* (International Folkloristics, vol. 3), New York etc. 2004.

JONAS, Hans: *Gnosis und spätantiker Geist,* Teil 1. Göttingen 1934/64.

JORGENSEN, Joseph G.: *The Sun Dance Religion.* Chicago 1972.

JOST, Eike: *Kulturelles Spiel und gespielte Kultur. Bewegungsspiel als Dramatisierung des Lebens.* Frankfurt am Main 1990.

JUNG, Carl G.: *Der archaische Mensch.* (1931) In: Ders., Seelenprobleme der Gegenwart. Zürich 1959, S. 153–176.

DERS.: *Wotan – Sein Wiedererwachen im Dritten Reich.* (1935) In: Das C. G. Jung Lesebuch, ausgew. v. Franz Alt. Frankfurt am Main/Berlin 1990, S. 205–220.

DERS.: *Nach der Katastrophe.* (1945) In: Das C. G. Jung Lesebuch, ausgew. v. Franz Alt. Frankfurt am Main/Berlin 1990, S. 221–250.

DERS.: *Über psychische Energetik und das Wesen der Träume.* Zürich 1948.

DERS.: *Antwort auf Hiob.* Zürich 1952.

DERS.: *Zur Psychologie der Schelmenfigur.* In: Paul Radin/Karl Kerenyi/Carl G. Jung, Der göttliche Schelm. Ein indianischer Mythen-Zyklus. Hildesheim 1979, S. 183–207.

JUNG, Carl G./KERENYI, Karl: *Das göttliche Mädchen.* Albae Vigiliae, H. VIII/IX (1941).

DIESS.: *Einführung in das Wesen der Mythologie. Gottkindmythos. Eleusinische Mysterien.* Zürich 1941.

JUNGBLUT, P. Leonhard: *Die Missetäterstämme. Ein Buch von Indiens ältestem Volk.* (1945) Mödling bei Wien 1947.

JUNOD, Henry A.: *Sexual rites of purification amongst the Tonga of Lourenco Marques.* Anthropos VII/1912:499ff.

DERS.: *Moeurs et Coutumes des Bantous,* 2 vols. Paris 1936.

*Kalevala. Das finnische Epos des Elias Lönnrot.* [1835] Stuttgart 1989.

KAMINSKI, Heinz: *Von Stonehenge nach Atlantis.* [1995] Augsburg 1997.

KAMPLING, Rainer (Hg.): *Eine seltsame Gefährtin. Katzen, Religion, Theologie und Theologen.* Frankfurt am Main etc. 2007.

KAMPS, Claudius/GIESEL, Michael: *Das tungusische Schamanengewand.* Göttingen 1994/2001.

KAMPER, Dietmar (Hg.): *Macht und Ohnmacht der Phantasie.* Darmstadt/Neuwied 1986.

KANDLER, Hermann: *Die Bedeutung der Siebenschläfer (Ashâb al kahf) im Islam.* (Abhandlungen zur Geschichte der Geowissenschaften und Religion/Umwelt-Forschung, Beiheft 7), Bochum 1994.

KANT, Immanuel: *Kritik der reinen Vernunft.* Hg. u. eingel. v. August Messer, Berlin o.J.

DERS.: *Die Religion innerhalb der Grenzen der bloßen Vernunft.* [1793] hg. v. Karl Vorländer, Hamburg 1956.

KAPFHAMMER, Wolfgang: *Große Schlange und Fliegender Jaguar. Zur mythologischen Grundlage des Konsums halluzinogener Schnupfdrogen in Südamerika.* Bonn 1997.

KARLAUF, Thomas: *Stefan George. Die Entdeckung des Charisma. Biographie.* München 2007.

KARUTZ, Richard: *Zur westafrikanischen Maskenkunde.* Globus 79/1901:361 ff.

DERS.: *Der Emanismus.* Zeitschrift für Ethnologie 45/1913:545–611.

DERS.: *Das Rätsel des Janus. Von Wirklichkeit in Kunst und Mythos.* Basel 1927.

VON KASCHNITZ-WEINBERG, Guido: *Die mittelmeerischen Grundlagen der antiken Kunst.* Frankfurt am Main 1944.

KASTEN, Erich: *Maskentänze der Kwakiutl – Traditionen und Wandel in einem indianischen Dorf.* Berlin 1990.

KATIČIĆ, Radoslav: *Die Hauswirtin am Tor. Auf den Spuren der Großen Göttin in Fragmenten slawischer und baltischer sakraler Dichtung.* Frankfurt am Main etc. 2003.

KAUFFMANN, Hans E.: *Die Samang der Lawa und ihre Menhire (Nordwest-Thailand).* Ethnologische Zeitschrift Zürich I/1972:223–228.

KAYSER, Hans: *Göttliche Tiere. Ein Bilderbuch aus dem Pelizaeus-Museum zu Hildesheim.* Hildesheim 1951.

KELSO, James A.: *Riddle.* In: James Hastings (Hg.), Encyclopaedia of Religion and Ethics, vol. X. London 1918, S. 769.

KEHLMANN, Daniel: *Die Vermessung der Welt.* Reinbek 2005.

KEMPF, Wolfgang/HERMANN, Elfriede: *T/Räume. Überschreitungen des Lokalen in Initiationsriten bei den Ngaing in Papua New Guinea.* Kea. Zeitschrift für Kulturwissenschaften 13/2000:91–118.

KENNEDY, John G.: *Nubian Zâr Ceremonies as Psychotherapy.* In: Ders. (Hg.), Nubian Ceremonial Life. Studies in Islamic Syncretism and Cultural Change. Berkely/Cairo 1978, S. 203–223.

KENYATTA, Jomo: *Kikuyu Religion, Ancestor-Worship, and Sacrificial Practices.* Africa 10/1937:308 f.

KERENYI, Karl: *Zum Mythologem vom göttlichen Mädchen.* Paideuma I, 8 (1940):341–380.

DERS.: *Über Ursprung und Gründung in der Mythologie.* In: Carl G. Jung/Karl Kerenyi, Einführung in das Wesen der Mythologie. Gottkindmythos. Eleusinische Mysterien. Zürich 1941, S. 9–37.

DERS.: *Die Mythologie der Griechen. Die Götter- und Menschheitsgeschichten.* Zürich 1951.

DERS.: *Über das Geheimnis der eleusinischen Mysterien. Walter Friedrich Otto bei der Gedächtnisfeier an seinem 85. Geburtstag am 22. Juni 1959 dargebracht.* Paideuma 7, 2 (1959): 69–82.

DERS.: *Mythologische Epilegomena.* In: Paul Radin/Karl Kerenyi/Carl G. Jung, Der göttliche Schelm. Ein indianischer Mythen-Zyklus. Hildesheim 1979, S. 155–181.

KIERKEGAARD, Sören: *Die Wiederholung.* Übers. v. Liselotte Richter (dän. Orig. 1843), Frankfurt am Main 1984.

KIPPENBERG, Hans G./LUCHESI, Brigitte (Hgg.): *Magie. Die sozialwissenschaftliche Kontroverse über das Verstehen fremden Denkens.* Frankfurt am Main 1987.

KIRCHNER, Horst: *Ein archäologischer Beitrag zur Urgeschichte des Schamanismus.* Anthropos 47, 1/2 (1952):244 ff.

DERS.: *Die Menhire in Mitteleuropa und der Menhirgedanke.* Abhandl. d. Akad. in Mainz, Geistes- und Sozialwiss. Kl., Nr. 9/1955:615–688.

DERS.: *Menhire in Mitteleuropa.* In: Heide Göttner-Abendroth/Kurt Derungs (Hgg.), Mythologische Landschaft Deutschland. Bern 1999, S. 101–135.

KIRFEL, Willibald: *Die dreiköpfige Gottheit.* Bonn 1948.

KITAGAWA, J. M.: *Ainu Bear festival.* History of Religions 1/1961:95–151.

KLAGES, Ludwig: *Vom kosmogonischen Eros.* [1922] Stuttgart 1951.

DERS.: *Der Geist als Widersacher der Seele.* [1929–32] Bonn 1981.

DERS.: *Vom Wesen des Rhythmus.* Kampen 1934.

DERS.: *Rhythmen und Runen. Aus dem Nachlass.* Leipzig 1944.

KLENGEL, Horst: *Zwischen Zelt und Palast. Die Begegnung von Nomaden und Seßhaften im alten Vorderasien.* Wien 1972.

KLENGEL-BRANDT, Evelyn: *Der Turm von Babylon. Legende und Geschichte eines Bauwerkes.* Leipzig 1982.

KLIPPEL, Ernst: *Als Beduine zu den Teufelsanbetern.* Berlin-Schöneberg 1932.

KLOFT, Hans: *Mysterienkulte der Antike. Götter, Menschen, Rituale.* München 1999/2003.

KNAPPERT, Jan: *Lexikon der afrikanischen Mythologie.* Weyarn 1997.

KNAUSS, Jürgen: *Rauchen – Schnupfen – Kauen. Zur Geschichte und Kultur des Tabaks.* In: Ders. (Hg.), Nahrung und Genuß. Kultur und Geschichte von Nahrungs- und Genußmitteln. Blankenhainer Blätter, Schloß Blankenhain 1999, S. 88–95.

KNAUST, Manfred: *Das rituelle Ballspiel der präkolumbischen Völker.* Vorzeit – Frühzeit – Gegenwart 2/94, München 1994.

KNECHT, Sigrid: *Kult und Geheimnis der mexikanischen Götterpilze.* Stuttgarter Zeitung, 15. April 1964.

KÖLVER, Bernhard: *Der König: Herr von allem.* In: Franz-Reiner Erkens (Hg.), Die Sakralität von Herrschaft. Herrschaftslegitimierung im Wechsel der Zeiten und Räume. Berlin 2002, S. 181–186.

DERS.: *Das Weltbild der Hindus.* Hg. v. Adalbert J. Gail. Berlin 2003.

KÖNIG, Marie E. P.: *Am Anfang der Kultur. Die Zeichensprache des frühen Menschen.* Berlin 1973/96.

KOENIG, Oscar.: *The Masai Story.* London 1956.

KÖHLE-HEZINGER, Christel: *Der Weihnachtsbär.* In: Inst. f. Europäische Ethnologie der Universität Wien (Hg.), Volkskultur und Moderne. Europäische Ethnologie zur Jahrtausendwende. Festschrift für Konrad Köstlin zum 60. Geburtstag am 8. Mai 2000. Wien 2000, S. 379–397.

KÖHLER, Ulrich: *Vasallen des linkshändigen Kriegers im Kolibrigewand. Über Weltbild, Religion und Staat der Azteken.* (Ethnologische Studien, 39), Münster 2009.

KOLPAKTCHY, Gregoire (Hg.): *Das ägyptische Totenbuch.* Übers. v. G. Kolpaktchy (frz. Orig. 1954), Bern/München 1970.

KÖPKE, Wulf/SCHMELZ, Bernd (Hgg.): *Schamanismus, Voodoo, Besessenheit.* (Mitteilungen aus dem Museum für Völkerkunde Hamburg, N.F., Bd. 28), Bonn 2001a.

DIESS. (Hgg.): *Hexenwelten.* (Mitteilungen aus dem Museum für Völkerkunde Hamburg, N.F., Bd. 31), Bonn 2001b.

DIESS. (Hgg.): *Hexen im Museum. Hexen heute. Hexen weltweit.* (Mitteilungen aus dem Museum für Völkerkunde Hamburg, N.F., Bd. 34), Hamburg 2004.

KOEPPING, Klaus-Peter: *Adolf Bastian and the psychic unity of mankind. The foundations of Anthropology in nineteenth century Germany.* St. Lucia/London/New York 1983.

DERS.: *Trickster, Schelm, Pikaro: Sozialanthropologische Ansätze zur Problematik der Zweideutigkeit von Symbolsystemen.* In: Ernst W. Müller et al. (Hg.), Ethnologie als Sozialwissenschaft. (Kölner Zeitschrift für Soziologie und Sozialpsychologie, Sonderheft 26), Opladen 1984, S. 195–215.

KOHL, Karl-Heinz: *Abwehr und Verlangen. Zur Geschichte der Ethnologie.* Frankfurt am Main 1987.

DERS.: *Der Tod der Reisjungfrau. Mythen, Kulte und Allianzen in einer ostindonesischen Lokalkultur.* Stuttgart 1998.

DERS.: *Die Macht der Dinge. Geschichte und Theorie sakraler Objekte.* München 2003.

KOKOTT, Jeanette/SCHMELZ, Bernd: *Hexen. Das Hexenarchiv im Museum für Völkerkunde Hamburg.* Hamburg 2003.

KOSACK, Godula: *„Hexerei ist eine Kraft, die ihr Europäer nicht entwickelt habt." Ein Beitrag zur Hexereidiskussion am Beispiel der Mafa (Nordkamerun).* Vortrag auf der DGV-Tagung 1993 in Leipzig.

DIES.: *Die Mafa im Spiegel ihrer oralen Literatur.* Köln 2001.

DIES.: *Hexen weltweit.* In: Jeanette Kokott/Bernd Schmelz (Hgg.), Hexen. Das Hexenarchiv im Museum für Völkerkunde Hamburg. Hamburg 2003, S. 85–89.

DIES.: *Wer verhext wen und warum? Erfahrungen mit Kraftbegabten bei den Mafa in Nordkamerun.* In: Wulf Köpke/Bernd Schmelz (Hgg.), Hexen im Museum. Hexen heute. Hexen weltweit. Hamburg 2004, S. 264–275.

DIES.: *Seelenkonzepte in anderen Kulturen.* In: Ulrike Krasberg/Godula Kosack (Hgg.), „… und was ist mit der Seele?" Seelenvorstellungen im Kulturvergleich. Frankfurt am Main 2009, S. 17–32.

KOTZ, Ernst: *Im Banne der Furcht. Sitten und Gebräuche der Wapare in Ostafrika.* Hamburg etc. 1922.

KRAATZ, Martin: *Die Inari-Füchse (Japan).* In: Wulf Köpke/Bernd Schmelz (Hgg.), Tiere zwischen Gottheit und Kitsch. Die Tiersammlung Maud Pholmeyer. (Mitteilungen aus dem Museum für Völkerkunde Hamburg, N.F., Bd. 39), Hamburg 2008, S. 53–61.

KRADER, Lawrence: *Shamanist Tradition of the Buryats (Siberia).* Anthropos 70/1975: 105–144.

KRÄMER, Augustin: *Der Phallusberg von Molokai (Hawai-Inseln).* Globus 73/1897:8 ff.

KRAMER, Fritz W.: *Verkehrte Welten. Zur imaginären Ethnographie des 19. Jahrhunderts.* Frankfurt am Main 1977.

DERS.: *Nachwort.* In: B. Malinowski, Argonauten des westlichen Pazifik. Frankfurt am Main 1979, S. 558–570 (engl. Orig. 1922).

DERS.: *Notizen zur Ethnologie der Passiones.* In: Ernst. W. Müller et al. (Hgg.), Ethnologie als Sozialwissenschaft. (Kölner Zeitschrift für Soziologie und Sozialpsychologie, Sonderheft 26), Opladen 1984, S. 297–313.

DERS.: *Der rote Fes. Über Besessenheit und Kunst in Afrika.* Frankfurt am Main 1987.

DERS.: *Ethnographie als Literatur. Zu James Clifford.* Merkur 45, 2 (1991):147–150 (1991a).

DERS.: *Masala – Vom Genus Gottes.* In: Ethnologie im Widerstreit. Festschrift für Lorenz G. Löffler. Hg. v. E. Berg et al., München 1991, S. 63–74 (1991b).

DERS.: *Masala. Die Große Göttin der südlichen Nuba.* In: Richard Faber/Susanne Lanwerd (Hgg.), Kybele-Prophetin-Hexe. Religiöse Frauenbilder und Weiblichkeitskonzeptionen. Würzburg 1997, S. 95–108.

DERS.: *Praktiken der Imagination.* In: Gerhart von Graevenitz/Stefan Rieger/Felix Thürlemann (Hgg.), Die Unvermeidlichkeit der Bilder. Tübingen 2001, S. 17–29.

DERS.: *Schriften zur Ethnologie.* Hg u. mit einem Nachwort von Tobias Rees. Frankfurt am Main 2005.

KRAMER, Fritz W./MARX, Gertraud: *Zeitmarken. Die Feste von Dimodonko.* München 1993.

KRASBERG, Ulrike/KOSACK, Godula (Hg.): *„… und was ist mit der Seele?“ Seelenvorstellungen im Kulturvergleich.* Frankfurt am Main 2009.

KRAUSE, Ernst: *Die Trojaburgen Nordeuropas, ihr Zusammenhang mit der indogermanischen Trojasage von der entführten und gefangenen Sonnenfrau, den Trojaspielen, Schwert- und Labyrinthtänzen zur Feier ihrer Lenzbefreiung.* Glogau 1893.

KRAUSE, Fritz: *Zur Frage der nichtanimistischen Weltanschauung.* In: Otto Reche, In memoriam Karl Weule. Beiträge zur Völkerkunde und Vorgeschichte. Leipzig 1929, S. 377–387.

DERS.: *Maske und Ahnenfigur: Das Motiv der Hülle und das Prinzip der Form* (Ethnologische Studien I/1931:344–364). In: W. E. Mühlmann/E. W. Müller (Hgg.), Kulturanthropologie. Köln/Berlin 1966, S. 218–237.

KREIS, Karl Markus: *Ein deutscher Missionar bei den Sioux-Indianern. Der Sprachforscher, Ethnologe und Sammler Eugen Büchel/Eugene Buechel (1874–1954). Materialien zu Leben und Werk.* (Ergebnisse aus Forschung und Entwicklung, Nr. 19), Fachhochschule Dortmund 2004.

KREMPEL, Ulrich/LÜTHIE, Bernhard: *Aratjara – Kunst der ersten Australier.* Köln 1993.

KRETZENBACHER, L.: *Teufelsbündner und Faustgestalten im Abendlande.* Klagenfurt 1968.

KRICKEBERG, Walter: *Das mittelamerikanische Ballspiel und seine religiöse Symbolik.* Paideuma III, 3/5 (1944):118–190.

KRINGS, Matthias: *Geister des Feuers. Zur Imagination des Fremden im Bori-Kult der Hausa.* Münster 1997.

KROEBER, Alfred L.: *Two Myths of the Mission Indians of California.* Journal of the American Folklore XIX/1906.

KRÖGER, Franz: *Übergangsriten im Wandel. Kindheit, Reife und Heirat bei den Bulsa in Nord-Ghana.* Hohenschäftlarn 1978.

KRUEGER, Felix : *Über Komplexqualitäten.* Berichte über die Verhandlungen der Sächs. Akad. der Wiss., Phil.-hist. Klasse, 77/1925:1–3.

KRÜLL, Marianne: *Freud und sein Vater. Die Entstehung der Psychoanalyse und Freuds ungelöste Vaterbindung.* München 1979 ; Frankfurt am Main [2]1992.

KRUSCHE, Rolf: *Zur Genese des Maskenwesens im östlichen Waldland Nordamerikas.* Jahrbuch des Museums für Völkerkunde in Leipzig XXX/1975:137–190.

KUBIK, Gerhard: *Makisi nyau mapiko. Maskentraditionen im bantu-sprachigen Afrika.* München 1993.

KÜCHLER, Suzanne: *Malangan. Art and memory in the Melanesian society.* Man 22, 2 (1987): 238–255.

KUEGLER, Sabine: *Dschungelkind.* Augsburg 2005.

KUNTZ, M.: *Les Rites occultes et la Sorcellerie sur le Haut-Zambise.* Journal de la Société des Africanistes II/1932:123 ff.

KUPER, Adam: *The structure of dreams.* Man 14/1979:645–722.

KUPER, Michael (Hg.): *Hungrige Geister und rastlose Seelen. Texte zur Schamanismusforschung.* Berlin 1991.

DERS. (Hg.): *Wie der Widerspruch in die Welt kam ... Von der Spinne und anderen Trickstern in Afrika.* Berlin 1999.

KUPPE, René: *„Gott will sie töten, denn sie sind böse." Fundamentalistische Indianermission in Venezuela.* In: Peter E. Stüben, Mission, Stammesvölker und Ökologie. Gießen: Focus 1994, S. 110–129.

KUSSMAUL, Friedrich (Hg.): *Ferne Völker – Frühe Zeiten. Kunstwerke aus dem Linden-Museum Stuttgart, Staatliches Museum für Völkerkunde,* 2 Bde. Recklinghausen 1982.

LAGERCRANTZ, Sture: *Über willkommene und unwillkommene Zwillinge in Afrika.* Ethnologiska Studier 12–3/1941:5–295.

DERS.: *The Petrified Ones.* (Occ. Papers I, Institutionen för allmän och jämförande ethnografie vid Uppsala universitet), Uppsala 1973.

DERS.: *The Dead Man in the Tree.* (Förutvarande Institutionen för Allmän och Jämförande Etnografi vid Uppsala Universitet), Uppsala 1991.

LAGERCRANTZ, Sture/ANELL, Bengt: *Geophagical Customs.* (Studia Ethnographica. Upsaliensia 17), Uppsala 1958.

LANDTMAN, Gunnar: *The Folk-Tales of the Kiwai-Papuans.* Helsingfors 1917.

DERS.: *The Kiwai-Papuans of British-New Guinea.* London 1927.

LANG, Andrew: *The making of religion.* London 1898.

LANG, Bernhard: *Die Fremden in der Sicht des Alten Testaments.* In: R. Kampling/B. Schlegelberger, Wahrnehmung des Fremden. Christentum und andere Religionen. Berlin 1996, S. 9–38.

LANGE, Barbara: *Der imaginierte Handlungsraum. Trauerarbeit in der „Sibirischen Symphonie" von Joseph Beuys.* In: Inge Baxmann/Franz Anton Cramer (Hgg.), Deutungsräume. Bewegungswissen als kulturelles Archiv der Moderne. München 2005, S. 39–56.

LANGE, Dierk: *Das hebräische Erbe der Yoruba: I. Ursprungssagen, Schöpfungsmythen und Festrituale.* Zeitschrift der Deutschen Morgenländischen Gesellschaft 147, 1 (1997):77–136.

DERS.: *Der Ursprung des Bösen: Neue Evidenzen aus Afrika, Kanaan und Israel.* In: Werner H. Ritter/Jörg A. Schlumberger (Hgg.), Das Böse in der Geschichte. Stuttgart 1998, 1–27.

DERS.: *Das hebräische Erbe der Yoruba: II. Israelitische Geschichte und kanaanäischer Kult.* Zeitschrift der Deutschen Morgenländischen Gesellschaft 149/1999:79–144.

DERS.: *Das kanaanäisch-israelitische Neujahrsfest bei den Hausa.* In: Manfred Kropp/Andreas Wagner (Hgg.), „Schnittpunkt" Ugarit. Frankfurt/M. etc. 1999a, S. 109–162.

DERS.: *Ancient Kingdoms of West Africa. Africa-Centred and Canaanite-Israelite Perspectives.* Dettelbach 2004.

LANGE, Katharina: *„Zurückholen, was uns gehört". Indigenisierungstendenzen in der arabischen Ethnologie.* Bielefeld 2005.

LANGDON, Jean/BAER, Gerhard (Hgg.): *Portals of Power. Shamanism in South America.* Albuquerque 1992.

LANGLEY, S. P.: *The fire walk ceremony in Tahiti.* Annual Report of the Board of Regents and of the Smithsonian Institution (1901), II/1902:539 ff.

LEACH, Edmund: *Anthropological aspects of language: animal categories and verbal abuse.* In: E. H. Lenneberg (Hg.), New directions in the study of language. Cambridge 1964, 23–63.

DERS.: *Kultur und Kommunikation. Zur Logik symbolischer Zusammenhänge.* Übers. v. Eberhard Bubser (engl. Orig. 1976), Frankfurt am Main 1978.

DERS.: *Zwei Aufsätze über die symbolische Darstellung der Zeit.* In: Wilhelm E. Mühlmann/Ernst W. Müller (Hgg.), Kulturanthropologie. Köln/Berlin 1966, S. 392–408.

LEDER, Stefan (Hg.): *Feinde-Fremde-Freunde. Die Kreuzfahrer aus orientalischer Sicht.* Halle an der Saale 2005.

LEENHARDT, Maurice: *Do Kamo. Die Person und der Mythos in der melanesischen Welt.* Übers. v. Eva Brückner-Pfaffenberger (frz. Orig. 1947), Frankfurt am Main etc. 1984.

VAN DER LEEUW, Gerhardus: *Der Mensch und die Religion. Anthropologischer Versuch.* 1941.

DERS.: *Phänomenologie der Religion.* [1933] Tübingen 1956.

LEHMACHER, G. *Die Göttin Brigit.* Anthropos 46, 1/2 (1951):268 ff.

LEHMANN, Edvard: *Teufels Großmutter.* Archiv für Religionswissenschaft 8/1905:411–430.

LEHMANN, Friedrich R.: *Prophetentum bei den Eingeborenen von Vuatom, Neu-Pommern, Südsee.* Anthropos III/1908:700 ff.

DERS.: *Mana. Der Begriff des „außerordentlich Wirkungsvollen" bei Südseevölkern.* Leipzig 1922.

DERS.: *Io, die höchste Gottheit der Maori (Neuseeland).* Ethnologische Studien 1/1931:271 ff.

DERS.: *Die gegenwärtige Lage der Mana-Forschung.* In: Michael Hesch/Günther Spannaus (Hgg.), Kultur und Rasse. Festschrift Otto Reche. München 1939, S. 265–273.

DERS.: *Der Begriff „Urdummheit" in den ethnologischen und religionswissenschaftlichen Anschauungen von K. Th. Preuß, Ad. E. Jensen und G. Murray.* Sociologus, N.F., 2, 2 (1952): 131–145.

DERS.: *Grundzüge einer systematischen Beurteilung der mit der Baumverehrung verbundenen Glaubensvorstellungen.* In: Hans Plischke (Hg.), Göttinger Völkerkundliche Studien II/1957:27–42.

LEITNER, Wilhelm: *Der Sintflut-Mythos im Spannungsfeld von Wissenschaft, Kultur und Glauben.* (Abhandlungen zur Geschichte der Geowissenschaften und Religion/Umwelt-Forschung, Beiheft 4), Bochum 1994/95.

LEIRIS, Michel: *W. B. Seabrook: L'île magique. (Rez.)* Documents 6/1929:334 f.

DERS.: *Le culte de zars à Gondar.* Aethiopica 2, 4 (1934):125–136.

DERS.: *Miroir de la tauromachie.* Paris 1938.

LENGYEL, Lancelot: *Das geheime Wissen der Kelten, enträtselt aus druidisch-keltischer Mythik und Symbolik.* Übers. v. Modeste zur Nedden (frz. Orig. 1969), Freiburg i. Br. 1994.

LENHART, Lioba: *Fließende Grenzen. Konstruktion, Oszillation und Wandel ethnischer Identität der Orang Suku Laut im Riau-Archipel, Indonesien.* Aachen: Shaker 2002.

LEUZINGER, Elsy: *Wesen und Form des Schmuckes afrikanischer Völker.* Zürich 1950.

LEVERENZ, Irene: *Der Kuhstall Gottes. Ein Ritual der Agar-Dinka.* München 1994.

LEVI, Eliphas (Abbé Alphons Louis CONSTANT): *Geschichte der Magie*, 2 Bde. Wien etc. 1926.

LEVINE, Sarah: *The dreams of young Gusii women: a content analysis.* Ethnology 21/1982: 55–77.

LEVI-STRAUSS, Claude: *Strukturale Anthropologie.* Übers. v. Hans Naumann (frz. Orig. 1958), Frankfurt am Main 1967.

DERS.: *Le totémisme aujourd'hui.* Paris 1962 (dt.: *Das Ende des Totemismus.* Frankfurt am Main 1965).

DERS.: *Das wilde Denken.* Übers v. Hans Naumann (frz. Orig. 1962), Frankfurt a. Main 1968.

LEVY-BRUHL, Lucien: *Les fonctions mentales dans les sociétés inférieures.* Paris: Les Presses universitaires de France 1910 (dt.: *Das Denken der Naturvölker.* Wien/Leipzig 1926).

DERS.: *La mentalité primitive.* Paris 1922.

DERS.: *La mythologie primitive.* Paris 1935.

LEWIS, Ian M.: *Spirit Possession and Deprivation Cults.* Man 1(3)/1966:307–329.

DERS.: *Exstatic religion: an anthropological study of spirit possession and shamanism.* Harmondsworth: Penguin 1971a.

DERS.: *Spirit Possession in North-East Africa.* In: Yussuf Fadl Hassan (Hg.), Sudan in Africa. Khartoum 1971b, S. 212–227.

LEWIS, Norman: *Die Missionare. Über die Vernichtung anderer Kulturen. Ein Augenzeugenbericht.* Übers. v. Malte Heim (engl. Orig. 1988), Stuttgart 1991.

LEWIS-WILLIANS, J. David: *Reality and Non-Reality in San Rock Art.* (Twenty-fifth Raymond Dart Lecture), Johannesburg 1988.

LEY, Michael: *Genozid und Heilserwartung. Zum nationalsozialistischen Mord am europäischen Judentum.* Wien 1993/95.

LIDZBARSKI, Mark: *Mandäische Fragen.* Zeitschrift für die neutestamentliche Wissenschaft 26/1927:70–75.

LIENHARDT, Godfrey: *Divinity and Experience. The Religion of the Dinka.* Oxford 1961/78.

LIESEGANG, Gerhard/SEITZ, Stefan/WINTER, Christoph C.: *Das Äquatoriale Ostafrika.* In: Hermann Baumann (Hg.), Die Völker Afrikas und ihre traditionellen Kulturen, Teil II. Wiesbaden 1979, S. 1–68.

LINCOLN, Jackson Steward: *The Dream in Primitive Cultures.* London 1935.

LINSE, Ulrich: *Barfüßige Propheten. Erlöser der zwanziger Jahre.* Berlin 1983.

LINTON, Ralf: *Totemism and the A. E. F.* American Anthropologist 26/1924:296–300.

LIPS, Eva: *Vom Traumrealismus der Indianer.* Wissenschaftliche Zeitschrift der Karl-Marx-Universität Leipzig 4, 3/4 (1954/55):291–302.

DIES.: *Die Figur des Spaßmachers bei den Naturvölkern.* Wissenschaftliche Zeitschrift der Karl-Marx-Universität Leipzig 8, 3 (1959):465–482.

DIES.: *Formen der religiösen Verehrung des Maises bei indianischen Bodenbauern.* Wissenschaftliche Zeitschrift der Karl-Marx-Universität Leipzig 9, 2 (1959/69):271–285.

DIES.: *Zum geistigen Inhalt einiger Masken aus Melanesien und Westafrika.* In: Opuscula Ethnologica Memoriae Ludovici Biro Sacra. Budapest 1959, S. 225–264.

LIPS, Julius: *Fallensysteme der Naturvölker.* Leipzig 1927.

DERS.: *Die Anfänge des Theaters bei den Naturvölkern.* Tagungsberichte der Deutschen Anthropologischen Gesell., Bericht ü. die 49. Versamml. in Köln. Leipzig 1928, S. 44–52.

DERS.: *The Savage hits back*. London/New Haven 1937.

DERS.: *Der Weisse im Spiegel der Farbigen*. Leipzig 1983.

LOEB, Edwin M.: *Staatsfeuer und Vestalinnen*. Paideuma VIII, 1 (1962):1–24.

LÖFFLER, Lorenz G.: *Das zeremonielle Ballspiel im Raum Hinterindiens*. Paideuma VI, 2 (1955):86–91.

VON LÖWIS OF MENAR, A.: *Nordkaukasische Steingeburtsagen*. Archiv für Religionswissenschaft 13/1910:509–524.

LOIMEIER, Roman (Hg.): *Die islamische Welt als Netzwerk. Möglichkeiten und Grenzen des Netzwerkansatzes im islamischen Kontext*. Würzburg 2000.

LOIMEIER, Roman/REICHMUTH, Stefan: *Bemühungen der Muslime um Einheit und politische Geltung*. In: Jamil M. Abun-Nasr (Hg.), Muslime in Nigeria. Religion und Gesellschaft im politischen Wandel seit den 50er Jahren. Münster 1993, S. 41–81.

LOMMEL, Andreas: *Schlange und Drache in Hinterindien und Indonesien*. Diss. Frankfurt am Main 1939.

DERS.: *Fortschritt ins Nichts. Die Modernisierung der Primitiven*. [1969] Frankfurt a. M. 1981.

DERS.: *Schamanen und Medizinmänner. Magie und Mythik früher Kulturen*. München 1965/80.

LOMMEL, Hermann: *Mithra und das Stieropfer*. Paideuma 3/1944:207–218.

DERS.: *Baumsymbolik beim altindischen Opfer*. Paideuma VI, 8 (1958):490–499.

LOOS, Adolf: *Ornament und Verbrechen*. [1908] In: Ders., Schriften I. Wien/München 1962, S. 276–288.

LORBLANCHET, Michel: *Höhlenmalerei. Ein Handbuch*. Übers. v. Peter Nittmann (frz. Orig. 1995), Sigmaringen 1997.

LORENZ, Günther: *Tiere im Leben der alten Kulturen*. (Alltag und Kultur im Altertum, Bd. 5), Wien 2000.

LOTH, Heinrich: *Altafrikanische Heilkunst*. Leipzig 1984.

LOWIE, Robert: *Zur Verbeitung der Flutsagen*. Anthropos XXI/1926:615 ff.

LUBLINSKI, I.: *Der Medizinmann bei den Naturvölkern Südamerikas*. Zeitschrift für Ethnologie 52, II/III (1920/21):234 ff.

LUCAS, Heinz: *Der Tanz der Kraniche und die Hochzeit auf dem Meeresgrund. Ein Beitrag zur vergleichenden Maskenforschung*. Emsdetten 1971.

LUDENDORFF, Mathilde: *Das Gottlied der Völker. Eine Philosophie der Kulturen*. München 1936.

LUIG, Ute: *Besessenheit als Ausdruck von Frauenkultur in Zambia*. Peripherie 47/48 (1992): 111–128.

DIES.: *Besessenheitsrituale als historische Charta: Die Verarbeitung europäischer Einflüsse in sambianischen Besessenheitskulten*. Paideuma 39/1993:343–355.

LUTHER, Martin: *Die 95 Thesen*. [1517] Spröda 2005.

DERS.: *Die gantze Heilige Schrifft Deudsch 1545/Auffs new zugericht*. Hg. v. Hans Volz, Heinz Blanke und Friedrich Kur, 2 Bde. München 1972.

LUVEN, Yvonne: *Der Kult der Hausschlange. Eine Studie zur Religionsgeschichte der Letten und Litauer*. Köln/Wien 2001.

LYOTARD, Jean-Francois: *Das postmoderne Wissen*. Übers. v. Otto Pfersmann (frz. Orig. 1979), Graz/Wien 1986.

DERS.: *Streifzüge*. Übers. v. Hans-Walter Schmidt (engl. Orig. 1988), Wien 1989.

MAASS, A.: *Die Sterne im Glauben der Indonesier.* Zeitschrift für Ethnologie 65/1934:264 ff.

MACKENSEN, L.: *Die Entstehung des Leichenbrandes.* Zeitschrift für Ethnologie 55/1923:47 ff.

MAILAHN, Klaus: *Der Fuchs in Glaube und Mythos.* Münster 2006.

MAJER, Olaf: *Die Rückkehr des Teufels.* Leipziger Volkszeitung, 14. März 2008.

MAKARIUS, Laura Levi: *Le mythe du Trickster.* Revue de l'Histoire des Religions CLXXV, 1, 1969a.

DIES.: *Le jumeaux, de l'ambivalence au dualisme.* L'Année Sociologique 3, 18 (1967), 1969b.

MALINOWSKI, Bronislaw: *Mutterrechtliche Familie und Ödipus-Komplex: Eine psychoanalytische Studie.* Imago X, 2/3 (1924).

DERS.: *Die Rolle des Mythos im Leben.* In: Ders., Schriften zur Anthropologie. Frankfurt am Main 1986, S. 139–144 (engl. Orig. 1926).

DERS.: *Geschlecht und Verdrängung in primitiven Gesellschaften.* Übers. v. Hugo Seinfeld (engl. Orig. 1927), Reinbek 1962.

DERS.: *Das Geschlechtsleben der Wilden in Nordwest-Melanesien.* Frankfurt am Main 1979/83 (engl. Orig. 1929).

DERS.: *Coral Gardens and their Magic: A Study of the Methods of Tilling the Soil and of Agricultural Rites in the Trobriand Island,* 2 vols. London 1935 (dt. Frankfurt am Main 1981).

DERS.: *A Diary in the Strict Sense oft the Term.* London 1967.

MANNHARDT, Wilhelm: *Über Menschen- und Tieropfer bei Neubauten.* Correspondenzblatt d. deutschen Gesell. für Anthropologie, Ethnologie und Urgeschichte, Jg. 1874, S. 35 f.

DERS.: *Wald- und Feldkulte,* 2 Bde. [1875/78] Hildesheim etc. 2002.

DERS.: *Mythologische Forschungen.* Aus dem Nachlaß hg.v. Hermann Patzig (Strassburg/London 1884) Hildesheim etc. 1998.

MARANHAO, Tullio/STRECK, Bernhard (Hgg.): *Translation and Ethnography. The Anthropological Challenge of Intercultural Understanding.* Tucson 2003.

MARCELIN, Milo: *Mythologie Vodou (Rite Arada),* 4 vols. Port-au-Prince 1949/50.

MARETT, Robert Ranulph: *The Treshold of Religion.* London 1909/14.

DERS.: *Glaube, Hoffnung und Liebe in der primitiven Religion. Eine Urgeschichte der Moral.* Übers. v. Erna Schüler (engl. Orig. 1932), Stuttgart 1936.

MARKL, Hubert: *Die Max-Planck-Gesellschaft und das Forschungsprogramm „Die Geschichte der Kaiser-Wilhelm-Gesellschaft im Nationalsozialismus". Ein sehr persönlicher Rückblick.* Max-Planck-Gesellschaft, Jb. 2005, S. 53–66.

MARUSHIAKOWA, Elena/MISCHEK, Udo/POPOV, Vesselin/STRECK, Bernhard: *Zigeuner am Schwarzen Meer.* Leipzig 2008.

MASUZAWA, Tomoko: *In Search of Dreamtime, The Quest for the Origin of Religion.* Chicago/London 1993.

MATTHÄUS, Hartmut: *Beobachtungen zu Motivwanderungen und Motivwandlungen in der phönikischen, zyprischen und archaisch griechischen Glyptik: Paradigmata religiöser Ikonographie.* In: Paul Aström/Dietrich Sürenhagen (Hgg.), Periplus. Festschrift für Hans-Günter Buchholz zu seinem achtzigsten Geburtstag am 24. Dezember 1999. Jonsered 1999, S. 87–105.

MAUSS, Marcel: *Entwurf einer allgemeinen Theorie der Magie.* In: Ders., Soziologie und Anthropologie, Bd. I. Übers. v. Henning Ritter (frz. Orig. 1902/03), Frankfurt am Main 1978, S. 43–179.

DERS.: *Eine Kategorie des menschlichen Geistes: Der Begriff der Person und des „Ich".* In: Ders., Soziologie und Anthropologie, Bd. II. Übers. v. Henning Ritter (engl. Orig. 1938), Frankfurt am Main 1978, S. 221–254.

MAXIMILIEN, Louis: *Le Vodou Haitien. Rite Radas – Canzo.* Port-au-Prince 1945.

MAXIMOFF, Matéo: *Die Ursitory. Zigeunerroman.* Übers. v. Walter Fabian (frz. Orig.), Zürich 1954.

MAYER, Anton: *Erdmutter und Hexe. Eine Untersuchung zur Geschichte des Hexenglaubens und zur Vorgeschichte der Hexenprozesse.* München/Freising 1936.

MAYER, P. Otto: *Ein Sonnenfest bei den Eingeborenen von Vuatom, Neu-Pommern, Südsee.* Anthropos III/1908:700 ff.

MAYER, Philipp: *Witches. Inaugural Lecture.* Grahamstown 1954.

MBITI, John: *Im Kreis der Lebend-Toten. Religiöse Grundideen im östlichen Zentralafrika.* In: Mircea Eliade, Geschichte der religiösen Ideen, Bd.III/2. Freiburg 1991/93, S. 245–265.

MCCORMACK, R. W. B.: *Tief in Bayern. Eine Ethnographie.* Frankfurt am Main 1991.

DERS.: *Unter Deutschen. Portrait eines rätselhaften Volkes.* Frankfurt am Main 1994.

MEAD, Margarete/BALDWIN, James: *Rassenkampf – Klassenkampf. Ein Streitgespräch.* Reinbek 1973 (engl. Orig. 1971).

MEDAWAR, Peter Brian: *Induction and intuition in scientific thought.* Philadelphia 1969.

MEIER, John: *Ahnengrab und Rechtsstein. Untersuchungen zur deutschen Volkskunde und Rechtsgeschichte.* Berlin 1950.

MEIER, P. Joseph: *Die Feuer der Sonnenwende auf der Insel Vuatam. Bismarckarchipel, Südsee.* Anthropos VII/1912:706 ff.

DERS.: *Die Zauberei bei den Küstenbewohnern der Gazelle-Halbinsel. Neupommern Südsee.* Anthropos VIII/1913:1 ff., 283 ff., 688 ff.

DERS.: *Der Totemismus im Bismarck-Archipel, Melanesien, Südsee.* Anthropos 14/5 (1919/20): 532 ff.

DERS.: *Kritische Bemerkungen zu J. Winthuis' Buch „Das Zweigeschlechterwesen".* Anthropos XXV/1930:73–135.

MEISSNER, Bruno: *Babylonien und Assyrien,* 2 Bde. Heidelberg 1920, 1925.

MELLAART, James: *Catal Hüyük: A Neolithic town in Anatolia.* New York 1967.

MELK-KOCH, Marion: *Kava und Noni – Lifestyle-Heilmittel aus dem Pazifik.* Mitteilungen der Berliner Gesell. für Anthropologie, Ethnologie und Urgeschichte, Bd. 24/2003: 55–68.

MELNIKOW, Nikolaus: *Die ehemaligen Menschenopfer und der Schamanismus bei den Burjaten des Irkutskischen Gouvernements.* Globus 75/1899:132 ff.

MERKELBACH, Reinhold: *Mithras. Ein persisch-römischer Mysterienkult.* Wiesbaden 1998.

MESSING, S. D.: *Group Therapy and Social Status in the Zar Cult of Ethiopia.* American Anthropologist 60/6 (1958):1120–1126.

METCALF, Peter: *A Borneo Journey into Death. Berawan Eschatology from its Rituals.* Kuala Lumpur 1991.

MÉTRAUX, Alfred: *Voodoo in Haiti.* Übers. v. Isotta Meyer (frz. Orig. 1958), Gifkendorf 1994.

MEULI, Karl: *Griechische Opferbräuche.* In: Phyllobolia für Peter von der Mühl zum 60. Geburtstag. Basel 1945, S. 185–288.

MEYER, P. Heinrich: *Wunekau, oder Sonnenverehrung in Neuguinea.* Anthropos XXVII/1932: 423 ff., 819 ff.

MEYER-SICKENDIEK, Ingeborg: *Gottes gelehrte Vaganten. Die Iren im frühen Europa.* Wiesbaden 2000.

MICHEL, Wilhelm: *Das Teuflische und Groteske in der Kunst.* München 1911.

MICHELET, Jules: *Die Hexe.* Übers. v. G. Klose, T. König und G. Bergfleht, mit einem Vorw. v. Roland Barthes u. einem Essay v. George Bataille, hg. v. Traugott König (frz. Orig. 1862), München 1974.

MICHELSON, T.: *Observations on the thunderdance of the Bear gens of the Fox indians.* Bureau of American Ethnology, Bulletin 89, Washington 1929.

DERS.: *The mythical origin of the white buffalo dance of the Fox Indians.* 40th Annual Report of the Bureau of American Ethnology to the Secretary of the Smithsonian Institution 1918–19, Washington 1925, S. 23 ff.

MINER, Horace: *The Body Ritual Among the Nacirema.* In: A. C. Lehmann/J. E. Myers (Hgg.), Magic, Witchcraft, and Religion. Mountain View, Californien 1989, S. 78–81.

MISCHUNG, Roland: *Meo und Karen: Die Umwelt-Anpassung zweier hinterindischer Bergvölker.* Paideuma 26/1980:141–156.

MJÖBERG, Eric: *Phalluskult unter den Ureinwohnern Australiens.* Anthropos VIII/1913:555–556.

MODE, Heinz: *Das frühe Indien.* [1959] Berlin/Darmstadt/Wien 1965.

MÖLLER, Michael: *Drogen. Rausch und Ritus in den Kulturen.* Essen o. J.

MOHLER, Armin: *Die konservative Revolution in Deutschland 1918–1932. Ein Handbuch.* [1949] Darmstadt 1994.

MOHR, Richard: *Wertungen und Normen im Bereich des Geschlechtlichen.* In: Die Wiener Schule der Völkerkunde. Festschrift zum 25jährigen Bestand 1929–1954. Wien 1954, S. 160–181.

MOHRMANN, Ruth-E.: *„Blutig wol ist Dein Amt, o Schlachter ..." Zur Errichtung öffentlicher Schlachthäuser im 19. Jahrhundert.* In: Siegfried Becker/Andreas C. Bimmer (Hgg.), Mensch und Tier. Marburg 1991, S. 101–118.

MONAGHAN, Patricia: *Lexikon der Göttinnen.* Übers. v. Gisela Merz-Busch (engl. Orig. 1991), Bern etc. 1997.

MONE, Franz Joseph: *Symbolik und Mythologie der Alten Völker.* Von Dr. Friedrich Creuzer, fortges. v. Dr. Franz Joseph Mone. 6. Theil: Geschichte des nordischen Heidenthums. Leipzig/Darmstadt 1823.

MOREAU DE SAINT-MERY, Louis-Elie: *Description topographique, physique, civile, politique et historique de la partie francaise de l'île de Saint-Domingue*, 2 vols. Philadelphia 1797.

MOUNTFORD, Charles P.: *Braune Menschen, Roter Sand.* Zürich 1951 (engl. Orig. 1948).

MÜHLICH, Michael: *Traditionelle Opposition. Individualität und Weltbild der Sherpa.* Pfaffenweiler 1996.

DERS.: *Buddhist Initiation of the Newars in Nepal.* Bhairahawa 2004.

MÜHLMANN, Wilhelm E.: *Methodik der Völkerkunde.* Stuttgart 1938.

DERS.: *Homo Creator.* Wiesbaden 1962.

DERS.: *Rassen, Ethnien, Kulturen. Moderne Ethnologie.* Neuwied/Berlin 1964.

MÜHLMANN, Wilhelm E.: *Die Metamorphose der Frau. Weiblicher Schamanismus und Dichtung.* Berlin 1981.
DERS.: *Pfade in die Weltliteratur.* Frankfurt am Main 1984.
MÜLLER, Ernst W.: *Der Begriff ‚Verwandtschaft' in der modernen Ethnosoziologie.* (Mainzer Ethnologica 2), Berlin 1981.
DERS.: *Naturvölker? Nein.* In: Völkerkundemuseum 1990, Festschrift für Helga Rammow. Hg. v. Volker Harms et al., Lübeck 1990, S. 43–52.
MÜLLER, Heiner: *Die Gedichte.* Hg. von Frank Hörnigk. Frankfurt am Main 1998.
MÜLLER, Johannes: *Das Bild vom Menschen bei Carl Gustav Carus.* (Inaugural-Diss. Universität Köln), Köln 1938.
MÜLLER, Klaus E.: *Zur Problematik der kaukasischen Steingeburt-Mythen.* Anthropos 61/1966:481–515.
DERS.: *Kulturhistoriusche Studien zur Genese pseudo-islamischer Sektengebilde in Vorderasien.* Wiesbaden 1967.
DERS.: *Zur Frage der Altentötung im westeurasiatischen Raum.* Paideuma 14/1968:17–44.
DERS.: *Ursprung, Sein und Ewigkeit: der Dualismus als zentrales Problem der menschlichen Existentialität.* Curare-Sonderband (George Devreux zum 75. Geburtstag) 2/1984:275–288.
DERS.: *Der Krüppel.* München 1996.
DERS.: *Schamanismus. Heiler, Geister, Rituale.* München 1997/2001.
DERS.: *Die fünfte Dimension. Soziale Raumzeit und Geschichtsverständnis in primordialen Kulturen.* Göttingen 1999.
MÜLLER, Klaus E./RITZ-MÜLLER, Ute: *Des Widerspenstigen Zähmung. Sinnwelten prämoderner Gesellschaften.* Bielefeld 2004.
MÜLLER, Max: *Essays. Beiträge zur vergleichenden Religionswissenschaft,* 2 Bde. Leipzig 1869.
MÜLLER, Werner: *Kreis und Kreuz. Untersuchungen zur sakralen Siedlung bei Italikern und Germanen.* Berlin-Lichterfelde 1938.
MÜLLER, Werner: *Ethnologie und Soziologie. Grundsätzliches zu drei Veröffentlichungen W. E. Mühlmanns.* Anthropos 59/1964:1–19.
DERS.: *Erlebnis und Ergebnis: Zur Selbstbesinnung der Ethnologie.* Anthropos 63/1968:83–96.
DERS.: *Glauben und Denken der Sioux.* Berlin 1970.
DERS.: *Indianische Welterfahrung.* Stuttgart 1991.
MÜNZEL, Mark (Hg.): *Die indianische Verweigerung.* Reinbek 1978.
DERS.: *Der Medizinmann bei den Kamayura in Zentralbrasilien.* Würzburger medizinhistorische Mitteilungen, Bd. 3/1985:11–27.
DERS.: *Die Bedrohung außereuropäischer Kulturen durch unsere Wissenschaft.* In: F. Krafft et al., Wissenschaft im Spannungsfeld zwischen den Kulturen. Bayreuth 1987.
DERS.: *Zu den Grenzen ethnologischer Kunstbetrachtung.* In: Museum f. Völkerkunde Frankfurt (Hg.), Die Mythen sehen. Bilder und Zeichen vom Amazonas. Frankfurt am Main 1988.
DERS.: *Mikrokosmos – Makrokosmos.* Vortrag gehalten auf der Tagung der Deutschen Gesell. für Völkerkunde in München, 14.–18. Oktober 1991.
DERS.: *Gibt es eine postmoderne Feldforschung? Skizze einiger möglicher Fragen zum ethnologischen Umgang mit Altmodischem.* In: W. Schmied-Kowarzik/J. Stagl (Hgg.), Grundfragen der Ethnologie. Berlin [2]1993.

MÜNZEL, Mark: *Traditionsbruch als Tradition. Indianisches in der indianischen ethnischen Bewegung Brasiliens.* Ibero-Amerikanisches Archiv. Zeitschrift für Sozialwissenschaften und Geschichte, N.F., 19, 3–4 (1993):243–270.

DERS.: *Die schöne Ordnung und die schöne Unordnung der Welt.* In: Sylvia Schomburg-Scherff/Beatrix Heintze (Hgg.), Die offenen Grenzen der Ethnologie - Schlaglichter auf ein sich wandelndes Fach. Festschr. Klaus Müller. Frankfurt a. M. 2000a, 204–215.

DERS.: *Die Schönheit des Arara-Papageien im vollen Federschmuck: Von der Befreiung eines Vogels.* In: Bettina Schmidt/Heike Thote (Hgg.), Zwischen Poesie und Wissenschaft: Essays in und neben der Ethnologie (Curupira 9). Marburg 2000b, S. 33–52.

DERS.: *Vier Lesarten eines Buches: Zur Rezeption von Hans Stadens Warhaftige Historia.* In: Martius-Staden-Jahrbuch 53 (hg. v. Domschke et al.), Sao Paulo 2006, S. 9–22.

MÜNZEL, Mark/STRECK, Bernhard (Hgg.): *Ethnologische Religionsästhetik.* Marburg 2008.

MURPHY, J. H. B.: *The Kitui Kamba: Further investigations on certain matters.* Journal of the Royal Anthropological Institute LVI/1926:195–206.

MURRAY, Margaret A.: *The God of the Witches.* London 1931.

DIES.: *The Witch-Cult in Western Europe. A study in anthropology.* [1921] Oxford 1962.

MUSEUM FÜR VÖLKERKUNDE WIEN: *Yazidi. Gottes auserwähltes Volk oder die ‚Teufelsanbeter' vom Jebel Sinjar, Irak.* Katalog der Ausstellung vom 30. April bis 27. September 1998.

NACHTIGALL, Horst: *Die erhöhte Bestattung in Nord- und Hochasien.* Anthropos 48, 1/2 (1953):44 ff.

NADEL, Siegfried F.: *Musikalische Astrologie.* Der Erdball 5/1931:441 ff.

NAIRN, Charlie: *Onka's Big Moka. The Kawelka of Papua, New Guinea.* (Disapearing World Series), Granada Television International 1974, Shanachie Entertainment Corp. 1994.

NARBY, Jeremy: *The cosmic serpent. DNA and the origins of knowledge.* London 1997; New York 1998.

NAUMANN, Hans: *Tiergestaltige Götter in Germanien?* Rhein. Museum für Philologie, N.F., 89, 1940.

NDENKO, Flavier: *Deutsche Hunde. Ein Beitrag zum Verstehen deutscher Menschen.* In: Thomas Hauschild/B. J. Warnekeul, Inspecting Germany. Internationale Deutschland-Ethnographie der Gegenwart. Münster etc. 2002.

NEBEL, Gerhard: *Hamann.* Stuttgart 1973.

NEEDHAM, Rodney: *Skulls and Causality.* Man 11, 1 (1976).

VON NEGELEIN, J.: *Seele als Vogel.* Globus 79/1901:357 ff., 381 ff.

NEHRING, Alfred: *Die Anbetung der Ringelnatter bei den alten Litauern, Samogiten und Preußen.* Globus 73/1898:65 ff.

NESTLE, Eberhard (Hg.): *Novum Testamentum Graece et Germanice.* Stuttgart 1898/1960.

NEUMANN, Erich: *Ursprungsgeschichte des Bewußtseins.* [1949] München 1974.

NEUMANN, Wolfgang: *Der Mensch und sein Doppelgänger. Alter Ego-Vorstellungen in Mesoamerika und im Sufismus des Ibn 'Arabi.* Wiesbaden 1981.

NIETZSCHE, Friedrich: *Aus dem Nachlass der Achtzigerjahre.* In: Ges. Werke in 5 Bänden. Hg. v. Karl Schlechta, Bd. IV, Frankfurt am Main etc. 1972, S. 1–517.

NIETZSCHE, Friedrich: *Menschliches, Allzumenschliches. Ein Buch für freie Geister.* [1878] In: Ges. Werke in 5 Bänden. Hg. v. Karl Schlechta, Bd. I, Frankfurt am Main etc. 1972, S. 447–1008.

DERS.: *Jenseits von Gut und Böse.* [1886] In: Ges. Werke in 5 Bänden. Hg. v. Karl Schlechta, Bd. III, Frankfurt am Main etc. 1972, S. 1–206.

DERS.: *Sprüche und Pfeile (1).* In: Ges. Werke in 5 Bänden. Hg. v. Karl Schlechta, Bd. II, Frankfurt am Main etc. 1972, S. 944; Bd. III, Frankfurt am Main etc. 1972, S. 390.

NIGGEMEYER, Hermann: *Totemismus in Vorderasien.* Anthropos 28/1933:407 ff., 579 ff.

NIJHUIS, Truus: *Afrikanische Kinderspiele.* Wuppertal 1981 (ndl. Orig. 1979).

NILSSON, Martin P.: *Das Ei im Totenkult der Alten.* Archiv für Religionswissenschaft 11/1908:530–546.

NIMUENDAJÚ-UNCKEL, Curt: *Die Sagen von der Erschaffung und Vernichtung der Welt als Grundlagen der Religion der Apapocúva-Guaraní.* Zeitschrift für Ethnologie 46/1914: 285–403.

NIPPA, Annegret: *Haus und Familie in arabischen Ländern. Vom Mittelalter bis zur Gegenwart.* München 1991.

NÖLDEKE, Theodor: *Mandäische Grammatik.* [1875] Darmstadt 1964.

NOONE, Richard: *In Search of the Dream People.* New York 1972.

NOUGIER, Louis-René: *Die Welt der Höhlenmenschen.* Übers. v. Verena E. Müller (frz. Orig. 1984), Reinbek 1992.

OBAYASHI, Taryo/PAPPROTH, Hans-J.: *Das Bärenfest der Oroken auf Sachalin.* Zeitschrift für Ethnologie 91, 2 (1966):211–236.

OBERT, Michael: *Der Puppenmeister. Eine Spurensuche im Land des Voodoo.* Die Zeit, 22. Mai 2003.

OBRECHT, Andreas J.: *Die Welt der Geistheiler. Die Renaissance magischer Weltbilder.* Wien 1999.

OELSCHLÄGEL, Anett C.: *Der weisse Weg. Naturreligion und Divination bei den West-Tyva im Süden Sibiriens.* Leipzig 2004a.

DIES.: *Religion des Alltags. Zur Naturreligion der Tyva im Süden Sibiriens.* Tribus 53/2004: 69–98 (2004b).

DIES.: *Wildnis und Sexualität.* Unveröff. Feldnotizen. Inst. f. Ethnologie d. Universität Leipzig 2004c.

DIES.: *Plurale Weltinterpretationen und Transdifferenz: Dominanz- und Interaktionsmodell in der alltäglichen Praxis der West-Tyva in Südsibirien.* Zeitschrift für Ethnologie 135/2 (2010): 305–336.

OKAZAKI, Akira: *Living Together with 'Bad Things', The Persistence of Gâmk Notions of Mystical Agents.* Sudan Sahel Studies I/1984:95–138.

DERS.: *Man's Shadow and Man of Shadow, Gamk Experiences of the Self and the Dead.* Sudan Sahel Studies II/1986:139–206.

DERS.: *A Gâmk anti-'Dingi' ritual: The imagination of power among a 'pre-Nilotic' people.* Journal of Religion in Africa 22, 1 (1992):66–77 (1992a).

DERS.: *Standing Up To Dreams: An aspect of healing rituals among the Gâmk of Sudan.* (Unpubl. Paper read at "Eighth Satterthwaite Colloquium on African Religion and Ritual") 11.–14. April 1992b.

DERS.: *"Dreams that eat": anthropology, discipline, and study of "alien" forms of experience among the Gamk of Sudan.* A paper read at London Intercollegiate Anthropology Seminar 1992c.

DERS.: *Open Shadow. Dreams, Histories and Selves in a borderland Village in Sudan.* (Unpubl. PhD-thesis, School of Oriental and African Studies), London 1997.

OLSON, C.: *Clan and moiety in native America.* Berkeley 1933.

ONFRAY, Michel: *Antifreud. Die Psychoanalyse wird entzaubert.* [2010] Aus dem Frz. v. Stephanie Singh. München 2011.

ONWUEJEOGWU, Michael: *The cult of the Bori-spirits among the Hausa.* In: Mary Douglas/ Phyllis M. Kaberry (Hgg.), Man in Africa. London etc. 1969, S. 279–305.

ONYENEKE, A. O.: *The dead among the Living: Masquerades in Igbo Society.* Nimo 1987.

OPPITZ, Michael: *Schamanen im Blinden Land. Ein Bilderbuch aus dem Himalaya.* Frankfurt am Main 1981.

OSMAN, Nabil: *Kleines Lexikon deutscher Wörter arabischer Herkunft.* München 1982.

OTTO, Rudolf: *Das Heilige. Über das Irrationale in der Idee des Göttlichen und sein Verhältnis zum Rationalen.* [1917] München 1987.

OTTO, Walter F.: *Religio und Superstitio.* Archiv für Religionswissenschaft XII/1909: 533–554.

DERS.: *Die Manen oder von den Urformen des Totenglaubens. Eine Untersuchung zur Religion der Griechen, Römer und Semiten und zum Volksglauben überhaupt.* Berlin 1923.

DERS.: *Dionysos, Mythos und Kultus.* Frankfurt am Main 1933.

OUAKNIN, Marc-Alain et al.: *Symbole des Judentums.* Übers. v. Daniel Krochmalnik (frz. Orig. 1995), Augsburg 1999.

PALMISANO, Antonio: *Mito e Societa. Analisi della Mitologia dei Lotuho del Sudan.* Milano 1989.

DERS.: *On the Theory of Trance: the zar cult in Ethiopia.* Kea, Zeitschrift für Kulturwissenschaften 13/2000:119–136.

PAPROTH, Hans-J.: *Studien über Bärenzeremoniell. 1. Tungusen.* Uppsala 1976.

PARACELSUS, Theophrastus: *Sämtliche Werke.* Hg. v. Bernhard Aschner, 2 Bde. Jena 1926.

PARRINDER, Geoffrey: *West African Religion – A Study of the Beliefs and Practices of Akan, Ewe, Yoruba, Ibo, and Kindred Peoples.* London [2]1961.

PARSONS, Elsie Clews: *A few Zuni death beliefs and practices.* American Anthropologist, N.S., 18/1916:245–256.

DIES.: *The scalp ceremonial of Zuni.* Memoirs of the American Anthropological Association 31/1924.

PARZINGER, Hermann: *Die Skythen.* München 2004.

PAUL, Jean: *Ideengewimmel.* Texte und Aufzeichnungen aus dem unveröffentlichen Nachlaß. Hg. v. Thomas Wirtz und Kurt Wölfel, Frankfurt am Main 1996.

PAULSON, Ivar: *Die primitiven Seelenvorstellungen der nordeurasischen Völker.* The Ethnographic Museum of Sweden, Monograph Series No. 5, Stockholm 1958.

DERS.: *Zur Phänomenologie des Schamanismus.* Zeitschrift für Religionswissenschaft XVI/2 (1964):121–141.

DERS.: *Der Schamanismus in Nordasien (Sibirien).* Paideuma XI/1965:91–104 (1965a).

DERS.: *Die rituelle Erhebung des Bärenschädels bei arktischen und subarktischen Völkern.* Temenos 1/1965:150–173 (1965b).

PEEKEL, P. Gerhard: *Das Zweigeschlechterwesen.* Anthropos XXIV/1929:1005ff.

PEISER, Benny: *Der Kampf der Götter in den mesoamerikanischen Ballspiellegenden.* Zeitsprünge 7, 4 (1995).

PENNICK, Nigel: *Die Alte Wissenschaft der Geomantie. Der Mensch im Einklang mit der Erde.* Übers. v. Andreas Lentz (engl. Orig. 1979), München 1982.

PENKOVA, Elka: *Das mythische und das legendäre Thrakien.* In: Kunst- und Ausstellungshalle der Bundesrepublik Deutschland (Hg.), Die Thraker. Das goldene Reich des Orpheus. Mainz 2004, S. 203–212.

PERNER, Conradin: *Living on Earth in the Sky: The Anyuak. Vol. I.: The Sphere of Spirituality.* Basel 1994.

PERRIG, P. Aemilius SJ: *Aus den Erkenntnissen eines Dakota-Medizinmannes.* Globus 80/1901: 128ff.

PERRIN, Franck: *Die Mistel.* In: Hans-Ulrich Cain/Sabine Rieckhoff (Hgg.), Fromm – fremd – barbarisch. Die Religion der Kelten. Mainz 2002, S. 15f.

PESCHUEL-LOESCHE, Eduard: *Volkskunde von Loango.* Stuttgart 1907.

PETRI, Helmut: *Europäische und außereuropäische Völker in ethnologischer Sicht.* Studium Generale 7/1954:211–218.

DERS.: *Seelenvorstellungen und Totemismus im nördlichen Dampirland NW-Australien.* Studium Generale 1, 4/1948:237–248 (Rel 156).

PETRI-ODERMANN, Gisela: *Das Meer im Leben einer nordwestaustralischen Küstenbevölkerung.* Paideuma IX, 1 (1963):1–17.

PETROS, G.: *Symbolic Representation of Objects in Rituals on Mount Zequala: Religious Syncretism?* Sociology-Ethnology-Bulletin I, 3 (1994):37–41.

PETTAZZONI, Raffaele: *Die Wahrheit des Mythos.* Paideuma 4 (1950):1–10.

PETZHOLD, Alexander: *Ein Besuch im Feuertempel bei Baku am Kaspischen Meere.* Globus 9/1866:367.

PEUCKERT, Will-Erich: *Pansophie. Ein Versuch zur Geschichte der weissen und schwarzen Magie.* Stuttgart 1936.

PFÄLZNER, Peter: *Die Welt der Lebenden und die Welt der Toten. Das erste ungeplünderte Königsgrab Syriens entdeckten Archäologen bei Ausgrabungen der Palastanlage von Qatna.* forschung (DFG) 1/2004:8–12.

PIELOW, Dorothee Anna Maria: *Die Quellen der Weisheit. Die arabische Magie im Spiegel der Usûl al Hikma von Ahmad Ibn 'Ali al-Bûnî.* Hildesheim etc. 1995.

PIEPER, Josef: *Muße und Kult.* München 1948.

PILSUDKI, Bronislav: *Das Bärenfest der Ajnen auf Sachalin.* Globus 96/1909:37ff., 53ff.

PLATON: *Politeia.* In: Sämtliche Werke, Bd. III. Hamburg 1958/85, S. 68–310.

PLEYTE, Cornelis Marinus: *Die Schlange im Volksglauben der Indonesier.* Globus 65/1894: 95ff., 169ff.

Pogrom. Bedrohte Völker, 39. Jg., 3/2008.

PÖGE-ALDER, Kathrin: *Mythologische Schule. Enzyklopädie des Märchens.* Handwörterbuch zur historischen u. vergleichenden Erzählforschung, Bd. 9, 3. Berlin/New York 1999.

POIRIER, Jean: *L'économie ostentatoire. Etudes sur l'économie du prestige et du don.* Revue Tiers-Monde 9, 33 (1968):3–160.

POKORNY, J.: *The origin of Druidism.* Annual Report of the Board of Regents and of the Smithsonian Institution (1910), Washington 1911, S. 583ff.

POLLAK-ELTZ, Angelina: *Die Turafeste und die Llora.* Zeitschrift für Ethnologie 92/1967: 254–263.

DIES.: *Trommel und Trance: Die afroamerikanischen Religionen.* Freiburg/Basel/Wien 1995.

POPOV, Račko: *Gemeinsame Kalenderbräuche bei Christen und Muslimen in Bulgarien.* Jahrbuch Staatl. Ethnographische Sammlungen Sachsen XLIII:155–160.

POPP, Volker (Hg.): *Initiation.* Frankfurt am Main 1969.

PREUSS, Konrad Th.: *Die Zauberbilderschriften der Negrito in Malaka.* Globus 75/1899:345 ff., 364 ff.

DERS.: *Der Ursprung des Menschenopfers in Mexiko.* Globus 86/1904:108–119.

DERS.: *Wachstumszeremonien der Naturvölker und die Entstehung des Dramas.* Globus 86/1904:137 ff.

DERS.: *Der Kampf der Sonne mit den Sternen in Mexiko.* Globus 87/1905:136–140.

DERS.: *Weiteres über die religiösen Gebräuche der Coraindianer, insbesondere über die Phallophoren des Osterfestes.* Globus 90/1906:165 ff.

DERS.: *Die Hochzeit des Maises und andere Geschichten der Huichol-Indianer.* Globus 91/1907: 185 ff.

DERS.: *Die oberste Gottheit bei den Naturvölkern.* Zeitschrift für Ethnologie 54/1922:123 ff.

DERS.: *Flutmythen der Uitoto und ihre Erklärung.* Festschrift Seler 1922, S. 385–400.

DERS.: *Religion und Mythologie der Uitototo,* 2 Bde. Göttingen 1923.

DERS.: *Glauben und Mystik im Schatten des höchsten Wesens.* Leipzig 1926.

DERS.: *Der Ursprung der Gottesidee.* Anthropos XXIII/1928:464 ff.

DERS.: *Die Hochgottidee bei den Naturvölkern.* Africa IV/1931:287 ff.

PRINS, A. H. J.: *East Africa Age-Class Systems.* Groningen 1953.

PROBST, Peter: *Über das ethnologische Interesse am Traum.* Anthropos 88/1993:153–162.

PROBST-BIRABEN, J. H.: *Le Serpent. Persistance de son culte dans l'Afrique du Nord.* Journal de la Société des Africanistes, Tome III/1933:289 ff.

PÜHRINGER, Marianne: *Wetterzauberei und Schamanismus.* Frankfurt am Main etc. 2008.

QUACK, Anton: *Priesterinnen, Heilerinnen, Schamaninnen? Die poringao der Puyuma von Katipo (Taiwan),* dargestellt und analysiert nach Aufzeichnungen aus dem Nachlaß von D. Schröder. Berlin 1985.

DERS.: *Heiler, Hexer und Schamanen. Die Religion der Stammeskulturen.* Darmstadt 2004.

QUAST, Dieter: *Opferplätze und heidnische Götter. Vorchristlicher Kult.* In: Archäolog. Landesmuseum Baden-Württemberg (Hg.), Die Alamannen. Stuttgart 1997, S. 433–440.

QUR-AN, *der heilige.* Arabisch und Deutsch. Hg. v. d. Ahmadiyya-Bewegung, Rabwah, Pakistan 1954/80.

RADIN, Paul/KERENYI, Karl/JUNG, Carl G.: *Der göttliche Schelm. Ein indianischer Mythen-Zyklus.* Hildesheim 1979.

RADLOFF, Wilhelm: *Aus Sibirien,* 2 Bde. Leipzig 1884.

RÄTSCH, Christian: *Pflanzen der Liebe.* Aarau 1990/95.

DERS.: *Enzyklopädie der psychoaktiven Pflanzen. Botanik, Ethnopharmakologie und Anwendungen.* Aarau 1999.

RAHLFS, Alfred (Hg.): *Septuaginta, id est vetus testamentum graece iuxta LXX interpretes,* 2 Bde. Stuttgart o.J.

RANTASALO, Aukusti Vilho: *Der Ackerbau im Volksaberglauben der Finnen und Esten, mit entsprechenden Gebräuchen der Germanen verglichen,* 5 Bde. Sortavala-Helsinki 1919–25.

RANK, Otto: *Psychoanalytische Beiträge zur Mythenforschung.* Leipzig/Wien/Zürich ²1922.

RATSCHOW, Carl-Heinz: *Magie und Religion.* Gütersloh: Bertelsmann 1947.

RATTRAY, Robert Sutherland: *Anthropology and Christian mission.* Africa I/1928:98 ff.

DERS.: *Religion and Art in Ashanti.* Oxford 1927.

RAWSON, Philipp: *Tantra. Der indische Kult der Ekstase.* Übers. v. Dieter Harnack (engl. Orig. 1973), München/Zürich 1974.

RAY, Keith/SHAW, Rosalinde: *The structure of spirit embodiment in Nsukka Igbo masquerading traditions.* Anthropos 82/1987:655–660.

RAY, Benjamin C.: *Myth, Ritual, and Kingship in Buganda.* New York etc. 1991.

RECHE, Otto: *Der Kaiserin-Augusta-Fluß. Bd. I. der Ergebnisse der Südseeexpedition der Hamburgischen Wissenschaftlichen Stiftung, 1908–1910.* Hamburg 1913.

DERS.: *Das abia-Glücksspiel der Jaunde und die Darstellungen auf den Spielmarken.* Mitteilungen des Museums für Völkerkunde Hamburg 1924.

DERS. (Hg.): *In memoriam Karl Weule. Beiträge zur Völkerkunde und Vorgeschichte.* Leipzig 1929.

REED, Alexander Wycliff: *Reed Book of Maori Mythology,* revised by Ross Calman. Wellington 1963/2004.

REICHENBACH, Anke: *Goldenes Lächeln und mächtiges Gelächter. Die Lachkultur arabisch-muslimischer Frauen am persischen Golf.* Unveröff. Habil.-schrift, Fakultät für Geschichte, Kunst- u. Orientwiss. der Universität Leipzig 2006.

REICHMUTH, Stefan: *The Interplay of Local Developments and Transnational Relations in the Islamic World: Perceptions and Perspectives.* In: Anke von Kügelgen/Michael Kemper/Allen J. Frank (Hgg.), Muslim Culture in Russia and Central Asia from the 18th to the early 20th Centuries, vol. 2: Inter-Regional and Inter-Ethnic Relations. Berlin 1998, S. 5–38.

REICKE, Emil: *Magister und Scholaren. Illustrierte Geschichte des Unterrichtswesens.* Leipzig/Düsseldorf 1901/1971.

REIK, Theodor: *Das Ritual.* Leipzig/Wien 1919.

REINER, Julius: *Buddha (Die Unsterblichen. Die geistigen Heroen der Menschheit in ihrem Leben und Wirken, Bd. 2).* Berlin o.J.

RENNER, Egon: *Die Kognitive Anthropologie. Aufbau und Grundlagen eines ethnolinguistischen Paradigmas.* Berlin 1980.

REUKE, Ludger: *Die Maguzawa in Nordnigeria.* Bielefeld 1969.

RHOTERT, Hans: *Libysche Felsbilder.* Ergebnisse der XI. und XII. Deutschen Inner-Afrikanischen Forschungs-Expedition (DIAFE) 1933/1934/1935. Darmstadt 1952.

RICE, Michael: *Egypt's Making – The Origin of Ancient Egypt 5000–2000 BC.* London/New York 1991.

RICHTSFELD, Bruno: *Der Schamanismus der Tungusen und Daghuren in China.* Bonn 1996.

RIEM, Johannes: *Die Sintflut in Sage und Wissenschaft.* Hamburg 1925.

RIEMSCHNEIDER, Margarete: *Augengott und Heilige Hochzeit.* Leipzig 1953.

DIES.: *Der Wettergott.* Leipzig 1956.

RIES, Johannes: *Masken Gewalten. Das Klausentreiben – ein Winterbrauch im Allgäu.* Leipzig 2004.

DERS.: *Welten Wanderer. Über die kulturelle Souveränität siebenbürgischer Zigeuner und den Einfluß des Pfingstchristentums.* Würzburg 2007.

RIESE, Berthold: *Aztekische Schöpfungs- und Stammesgeschichte.* (Ethnologische Studien, Bd. 38), Berlin 2007.

DERS.: *Bespr. v. Köhler, Ulrich: Vasallen des linkshändigen Kriegers im Kolobrigewand. Über Weltbild, Religion und Staat der Azteken (2009).* Zeitschrift für Ethnologie 135, 2 (2010): 340–344.

RIGAUD, Milo: *La Tradition Voudou et Le Voudou Haitien (Son Temple, ses Mystères, sa Magie).* Paris 1953.

RIHA, Ortrun: *Aussatz. Geschichte und Gegenwart einer sozialen Krankheit.* Stuttgart 2004.

DIES.: *„Die Zauberer sollst du nicht am Leben lassen." Magie in der mittelalterlichen Medizin.* In: Bernhard Streck (Hg.), Die gezeigte und die verborgene Kultur. Wiesbaden 2007, S. 145–163.

RIGOPOULOS, Antonio: *Dattâtreya. The immortal guru, yogin, and avatâra. A study of the transformative and inclusive character of a multi-faceted Hindu deity.* Delhi 2000.

RINGEL, Erwin/KIRCHMAYR, Alfred: *Religionsverlust durch religiöse Erziehung. Tiefenpsychologische Ursachen und Folgerungen.* Wien/Freiburg/Basel 1985/86.

RIND, Michael M.: *Menschenopfer. Vom Kult der Grausamkeit.* Regensburg 1996.

RITTER, Hans: *Die Schlange in der Religion der Melanesier.* (Acta Tropica, Supplementband 3), Basel 1945.

RITTER, Hellmut: *Das Meer der Seele. Gott, Welt und Mensch in den Geschichten Farîduddîn 'Attârs.* Leiden 1955/1978.

RITTER, Werner H./SCHLUMBERGER, Jörg A. (Hgg.): *Das Böse in der Geschichte.* Stuttgart 1998.

RITZ-MÜLLER, Ute: *Würde Gott sterblich sein, wären es auch die Menschen.* In: Josef F. Thiel (Hg.), Der Tod – Ende oder Tor zum Leben? Tod und Jenseitsvorstellungen der Völker. Frankfurt am Main 1990, S. 57–70.

DIES.: *Bäume des Lebens. Zum Naturverständnis in der westafrikanischen Savanne (Burkina Faso).* Paideuma 39/1993:163–176.

DIES.: *Im Passgang über die Grenze: Eine ethnologische Eselei.* In: Katja Geisenhainer/Katharina Lange (Hgg.), Bewegliche Horizonte. Festschrift für Bernhard Streck. Leipzig 2005, S. 33–50.

RIVAL, Laura: *The social life of trees. Anthropological perspectives on tree symbolism.* Oxford 1998.

ROBBINS, Alexandra: *Bruderschaft des Todes.* Düsseldorf 2004.

ROBERTSON SMITH, William: *Die Religion der Semiten.* Übers. v. R. Stübe (engl. Orig. 1899), Freiburg 1899.

ROBINSON, Douglas: *Translation and Taboo.* DeKalb 1995.

RODEMEIER, Susanne: *Von Schlangendrachen und Rankennagas.* Journal-Ethnologie.de, 15.01.2008, S. 1–5.

RODEWYK, Adolf SJ: *Der Exorzismus der katholischen Kirche.* Fulda 1954.

DERS.: *Die dämonische Besessenheit in der Sicht des Rituale Romanum.* Aschaffenburg [2]1975.

RÖDER, Joseph: *Bilder zum Megalithentransport.* Paideuma 3, 1/2 (1944):84–87.

DERS.: *Pfahl und Menhir. Eine vergleichende vorgeschichtliche, volks- und völkerkundliche Studie.* Neuwied 1949.

RÖHR, J.: *Das Wesen des Mana.* Anthropos XIV/XV (1919/20):97–124.

RÖSING, Ina: *Die Verbannung der Trauer (Llaki Wij'chuna). Nächtliche Heilungsrituale in den Hochanden Boliviens.* (Mundo Ankari 1), Frankfurt am Main [1987] 1992.

DIES.: *Dreifaltigkeit und Orte der Kraft: Die weiße Heilung. Nächtliche Heilungsrituale in den Hochanden Boliviens.* (Mundo Akari 2, Buch I), Frankfurt am Main [1988] 1995.

DIES.: *Abwehr und Verderben: Die schwarze Heilung. Nächtliche Heilungsrituale in den Hochanden Boliviens.* (Mundo Ankari 3), Frankfurt am Main [1990] 1993.

DIES.: *Die Schließung des Kreises: Von der schwarzen Heilung über Grau zum Weiß. Nächtliche Heilungsrituale in den Hochanden Boliviens.* (Mundo Ankari 4), Frankfurt am Main 1991.

DIES.: *Rituale zur Rufung des Regens. Zweiter Ankari-Zyklus: Kollektivrituale der Kallawaya-Region in den Anden Boliviens.* (Mundo Ankari 5), Frankfurt am Main 1993.

DIES.: *Trance, Besessenheit und Amnesie. Bei den Schamanen der Chang pa – Nomaden im ladakhischen Changthang.* Gnas 2003.

RÖSING, Ina/APAZA Marcos et al.: *Zwiesprachen mit Gottheiten von Bergen, Blitzen, Quellen und Seen: Weiße Kallawaya-Gebete.* (UKAS: Ulmer Kulturanthropologische Schriften 1) 1994.

RÖTTGER-RÖSSLER, Birgitt: *Die kulturelle Modellierung des Gefühls. Ein Beitrag zur Theorie und Methodik ethnologischer Emotionsforschung anhand indonesischer Fallstudien.* (Göttinger Studien zur Ethnologie, Bd. 13), Münster 2004.

ROSCOE, John: *Schlangenkult in Uganda.* Globus 96/1909:33ff.

ROSNY, Eric de: *Die Augen meiner* Ziege. Auf den Spuren afrikanischer Hexer und Heiler. Übers. v. Jochen Collin (frz. Orig. 1996), Wuppertal 1999.

ROSS, Sonja B.: *Die Vagina dentata in Mythos und Erzählung.* Bonn 1994.

ROTH, Kingsley: *The Fire Walk in Fiji.* Man XXXIII, 49 (1933):44ff.

ROTTENBURG, Richard: *Ritual und Wildnis. Zur Inkorporation der modernen Außenwelt in den Kosmos der Lemwareng in Südkordofan/Sudan.* Unveröff. Diss. Inst. f. Ethnologie der FU Berlin 1987.

DERS.: *Die Lemwareng-Nuba. Ein Beispiel kultureller Akkreszenz im heutigen Nil-Sudan.* Berlin 1988.

DERS.: *Zum Begriff der Akkreszenz am Beispiel der Lemwareng-Nuba.* In: Bernhard Streck (Hg.), Tradition, Migration, Notstand. Themen heutiger Sudanethnographie. Göttingen 1990, S. 85–96.

DERS.: *Ndemwareng. Wirtschaft und Gesellschaft in den Morobergen.* München 1991.

DERS.: *Weit hergeholte Fakten. Eine Parabel der Entwicklungshilfe.* Stuttgart 2002.

ROUCH, Jean: *Les Maîtres fous.* Paris: Films de la Pléiade 1953/54 (Protokoll des Films über das Ritual der Hauka, in: Jens Jahn (Hg.), Colon. Das Bild vom weißen Mann. München 1983, S. 217–232).

DERS.: *Rituale der Dogon.* [1964] Dt. Fass. v. Martina Müller, 4 Teile, WDR Oktober 1998.

RUDOLPH, Kurt: *Die Mandäer,* 2 Bde. Göttingen 1960/61.

DERS.: *Die Religion der Mandäer.* In: Hartmut Gese/Maria Höfner/Kurt Rudolph, Die Religionen Altsyriens, Altarabiens und der Mandäer. Stuttgart etc. 1970, S. 406–458.

DERS.: *Die Gnosis. Wesen und Geschichte einer spätantiken Religion.* Leipzig 1977.

RUETE, Said: *Der Totenkultus der Barabra.* Globus 76/1899:338 f.

RÜTIMEYER, Leopold: *Über westafrikanische Steinidole.* Globus 80/1901:14 ff.

RÜTTNER-COVA, Sonja: *Frau Holle. Die gestürzte Göttin.* Basel 1988.

SAHLINS, Marshall: *Stone Age Economics.* Chicago: Aldine-Atherton 1972; London 1974.

SALAMANDER, Rachel (Hg.): *Die jüdische Welt von gestern. Text- und Bildzeugnisse aus Mitteleuropa 1860–1938.* München 1998.

SANDSCHEJEW, Garma: *Weltanschauung und Schamanismus der Alaren-Burjaten.* Anthropos XXII/3 (1927/28).

DIES.: *Weltanschauung und Schamanismus der Alaren-Burjaten.* Anthropos XXIII/1928: 538–560, 967–986.

SARTORI, Paul: *Die Sitte der Alten- und Krankentötung.* Globus 67/1895:107–111, 125 ff.

SAUER, C. O.: *Fire and Early Man.* Paideuma VII, 8 (1961):399–408.

SAUNDERS, L. W.: *Variants in Zar Experience in an Egytian Village.* In: Vincenz Crapanzano/V. Garrison (Hgg.), Case Studies in Spirit Possessions. New York 1977, S. 177–191.

SCHÄFER, Alfred: *Unsagbare Identität. Das Andere als Grenze in der Selbstthematisierung der Batemi (Sonjo).* Berlin 1999.

SCHÄFER, Alfred: *Das Unsichtbare sehen. Zur Initiation in einen Voodoo-Maskenbund.* Münster 2004.

SCHÄFER, Alfred/WIMMER, Michael (Hg.): *Tradition und Kontingenz.* Münster 2004.

SCHÄFFLER, Hilde: *Begehrte Köpfe. Kritische Analysen zu Christoph Fürer-Haimendorfs Feldforschung im Nagaland (Nordostindien) der 30er Jahre.* Unveröff. Diss. am Inst. f. Ethnologie der Universität Wien 2004.

SCHÄR, Hans: *Religion und Seele in der Psychologie C. G. Jungs.* Zürich 1946.

SCHAFFT, Gretchen E.: *From Racism to Genocide. Anthropology in the Third Reich.* Urbana/Chicago 2004.

SCHEBESTA, Paul: *Jenseitsglaube der Semang auf Malakka. Festschrift P. W. Schmidt.* Hg. v. Willhelm Koppers, Wien 1928, S. 635–644.

DERS.: *Die Bambuti-Pygmäen vom Ituri, Bd 2: Ethnographie der Ituri-Bambuti, 3. Teil: Die Religion.* Brüssel 1950.

DERS.: *Ursprung der Religion.* Berlin 1960.

SCHEFFLER, Thomas: *Ethnisch-religiöse Konflikte und gesellschaftliche Integration im Vorderen und Mittleren Orient. Literaturstudie.* (Occ. Pap. Nr. 1 des Forschungsgebietsschwerpunktes Ethnizität und Migration der FU Berlin), Berlin 1985.

SCHEFOLD, Karl: *Römische Kunst als religiöses Phänomen.* Reinbek 1964.

SCHENK, Amelie/RÄTSCH, Christian (Hgg.): *Was ist ein Schamane? Theorien des Schamanentums im Spiegel westlichen Denkens.* Curare, Sonderband 13, Berlin 1997.

SCHENKEL, Elmar/LEMBERT, Alexandra (Hgg.): *Alles fließt. Dimensionen des Wassers in Natur und Kultur.* Frankfurt am Main etc. 2008.

SCHEPS, Birgit: *Der Traum von der Raupe: Essbare Raupen bei den Arrernte in Zentralaustralien.* In: Anke Reichenbach et al. (Hgg.), Wirtschaften. Festschrift zum 65. Geburtstag von Wolfgang Liedtke. Gehren 2002, S. 185–198.

DIES.: *Von Menschen, Geistern und Wasser in der Mythologie der Ureinwohner Australiens.* In: Claudia Roch et al. (Hgg.), wunders vil. Zur Aktualität des Mythos. Leipzig 2011, S. 129–140.

SCHILDE, Willy: *Der Durchzug durchs Schilfmeer, die Symblegaden und die Ali-Baba-Höhle.* Mitteilungsblatt der Gesellschaft für Völkerkunde, o. O. o. J.

DERS.: *Die afrikanischen Hoheitszeichen.* Zeitschrift für Ethnologie 61, 1/3 (1929).

SCHILDE, Willy: *Orakel und Gottesurteile in Afrika. Ein Beitrag zur Völkerkunde und Kulturgeschichte.* Leipzig 1940.

SCHILLER, Friedrich: *Gedichte*, Stuttgart 1884.

SCHIMMEL, Annemarie: *Mystische Dimensionen des Islam. Die Geschichte des Sufismus.* München 1985 (engl. Orig. 1975).

SCHLEE, Günther: *Das Glaubens- und Sozialsystem der Rendille Kamelnomaden Nord-Kenias.* Berlin 1979.

SCHLEHE, Judith: *Nach dem Erdbeben auf Java: Kulturelle Polarisierungen, soziale Solidarität und Abgrenzung.* Internationales Asienforum 37, 3–4 (2006):213–237.

SCHLEHE, Judith/REHBEIN, Boike (Hgg.): *Religion und die Modernität von Traditionen in Asien. Neukonfigurationen von Götter-, Geister- und Menschenwelten.* Hamburg 2008.

SCHLERATH, Bernfried: *Der Hund bei den Indogermanen.* Paideuma VI (1954/58):25–40.

SCHLOTHAUER, Andreas: *Kopfjagd und Schädelkult in West-Afrika.* In: Wieczorek/Rosendahl (Hgg.), Schädelkult. Mannheim 2011, S. 117–124.

SCHMELTZ, Johannes E. Dietrich: *Führer durch das Museum Godeffroy.* Hamburg 1882a.

DERS.: *Über einige religiöse Gebräuche der Melanesier. Mittheilung aus dem Museum Godeffroy in Hamburg.* Globus 41/1882:7–10, 24–28, 39–41 (1882b).

SCHMELZ, Bernd: *Der Drache in verschiedenen Kulturen der Welt. Imagination oder Wirklichkeit? Indianer der Plains und Prärien.* Hamburgisches Museum f. Völkerkunde, Bd.25/26 (1996/97):263–279.

SCHMELZ, Bernd/VOSSEN, Rüdiger (Hgg.): *Auf Drachenspuren.* Bonn 1995.

SCHMIDT, Antje: *Hexerei in Südafrika – Kontinuität und Wandel. Fallbeispiele und ihre Interpretation.* Unveröff. Mag.-arbeit am Inst. f. Ethnologie der Universität Leipzig 2001.

SCHMIDT, Heinrich: *Philosophisches Wörterbuch.* Leipzig 1934.

SCHMIDT, Klaus: *Sie bauten die ersten Tempel. Das rätselhafte Heiligtum der Steinzeitjäger.* München 2006.

DERS.: *Als die Menschen sesshaft wurden.* Forschung – Das Magazin der Deutschen Forschungsgemeinschaft. 2/2007:12–15.

SCHMIDT, Max: *Grundriss der ethnologischen Volkswirtschaftslehre,* 2 Bde. Stuttgart 1920/21.

SCHMIDT, Peter/DE LA GARZA, Mercedes/NALDA, Enrique (Hgg.): *Maya.* Venice 1998.

SCHMIDT, P. Wilhelm: *Die Stellung der Pygmäenvölker in der Entwicklungsgeschichte des Menschen.* Stuttgart 1910.

DERS.: *Der Ursprung der Gottesidee,* 12 Bde. Münster 1912–55.

DERS.: *Der Ursprung der Gottesidee.* Anthropos XVI/XVII (1921/22):1006 ff.

DERS.: *Der Monotheismus der Primitiven.* Anthropos XXV/1930:703 ff.

DERS.: *Der heilige Mittelpfahl des Hauses.* Anthropos 35/36 (1940/41):966 ff.

DERS.: *Weitere Mitteilungen über den heiligen Mittelpfahl des Hauses.* Anthropos 37/40 (1942/45):309 ff.

SCHMIEDER, Karl Christoph: *Geschichte der Alchemie.* [1832] hg. v. Marco Frenschkowski, Berlin 2005.

SCHMIEDER, Wolfgang: *Thematisch-systematisches Verzeichnis der Werke Joh. Seb. Bachs.* Leipzig 1950.

SCHMITZ, Carl A.: *Todeszauber in Nordost-Neuguinea.* Paideuma VII, 1 (1959):35–67.

DERS.: *Die Problematik der Mythologeme <Hainuwele> und <Prometheus>.* Anthropos 55/1960:215–238.

DERS.: *Die Bedeutung der Schlange im Tami-Stil von Nordost-Neuguinea.* Paideuma VII, 8 (1961):442–456.

SCHNEIDER, Harold K.: *The subsistence role of cattle among the Pakot and in East Africa.* American Anthropologist 59/2 (1957):278–300.

SCHNEIDER, Klaus: *Sakrale Töpferei der Lobi in Burkina Faso.* Paideuma 32/1986:207–238.

SCHNEPEL, Burkhard: *Twinned Beings. Kings and Effigies in Southern Sudan, East India and Renaissance Trance.* Göteborg 1995.

DERS. (Hg.): *Hundert Jahre „Die Traumdeutung".* (Studien zur Kulturkunde 119), Köln 2001.

SCHOCH, Alfred: *Rituelle Menschentötungen in Polynesien.* Ulm 1953.

SCHOCH-BODMER, Helen: *Die Spirale als Symbol und als Strukturelement des Lebendigen.* Schweizerische Zeitschrift für Psychologie und ihre Anwendungen 3/4, IV (1945): 324–332.

SCHORKOWITZ, Dittmar: *Ethnohistorische Wege und Lehrjahre eines Philosophen. Festschrift für Lawrence Krader zum 75. Geburtstag.* Frankfurt am Main etc. 1995.

DERS.: *Clio und Natio im östlichen Europa.* Hist. Zeitschrift 279/1 (2004):1–33.

SCHOTT, Rüdiger: *Aus Leben und Dichtung eines westafrikanischen Bauernvolkes. Ergebnisse völkerkundlicher Forschungen bei den Bulsa in Nord-Ghana 1966/67.* Köln/Opladen 1970.

DERS.: *Haus- und Wildtiere in der Religion der Bulsa (Nord-Ghana).* Paideuma 19/20 (1973/74):280–306.

DERS.: *Die Verfügung über Leben und Tod in traditionellen afrikanischen Gesellschaften.* In: Bernhard Mensen (Hg.), Recht auf Leben - Recht auf Töten - Ein Kulturvergleich. St. Augustin 1992, S. 9–58.

SCHRÖDER, Dominik: *Zur Struktur des Schamanismus.* Anthropos 50/1955:848–881.

SCHÜTZ, Alfred: *Der sinnhafte Aufbau der sozialen Welt. Eine Einleitung in die verstehende Soziologie.* [1932] Frankfurt am Main 1974.

SCHUKIES, Renate: *Der Morgenstern.* Indianer der Plains und Prärien 26/27 (1996/97):9–44.

SCHULER, Alfred: *Fragmente und Vorträge.* [1922] Aus dem Nachlaß. Mit Einführ. v. Ludwig Klages. Leipzig 1940.

DERS.: *Cosmogonische Augen.* Gesammelte Schriften. Hg., komm. u. eingel. v. Baal Müller. Paderborn 1997.

VON SCHULER, I.: *Die Teotihuacan-Kultur.* Staatl. Museen Preußischer Kulturbesitz, Museum f. Völkerkunde, Abt. Alt-Amerika 1971.

SCHULTES, Richard E.: *Einführung in die Botanik der wichtigsten psychotropen Pflanzen.* In: Gisela Völger et al. (Hgg.), Rausch und Realität. Drogen im Kulturvergleich, Bd. I. Köln 1981, S. 28–41.

SCHULTES, Richard E./HOFMANN, Albert: *Pflanzen der Götter. Die magischen Kräfte der bewusstseinserweiternden Gewächse.* Übers. v. Marianne Cohen und Dora Gerhard (engl. Orig. 1979), Aarau 1998.

SCHULTZE-JENA, Leonhard: *Wahrsagerei und Kalender der alten Azteken.* Stuttgart 1950.

SCHULZ, Ernst: *Der Trug vom Sinai.* München 1932.

SCHULZ, Hermann: *Stammesreligionen. Zur Kreativität des kulturellen Bewußtseins.* Stuttgart 1993.

SCHULZE, Heinz: *Menschenfischer und Seelenkäufer. Evangelikale Mission in Lateinamerika – oder der Ausverkauf indianischen Landes.* In: Peter E. Stüben, Seelenfischer. Mission, Stammesvölker und Ökologie. Gießen 1994, S. 130–151.

SCHULZE, Ingrid: *Stadtkirche zu Wittenberg.* Regensburg [3]1995.

SCHUPPENER, Georg: *Germanische Zahlwörter. Sprach- und kulturgeschichtliche Untersuchungen insbesondere zur Zahl 12.* Leipzig 1996.

DERS.: *Schöpfung und Geburt bei den Germanen. Mythen, Volksglauben und Alltagspraxis.* In: Ders./Reiner Tetzner (Hgg.), Frauen im Mythos. (Schriftenreihe des Arbeitskreises für Vergleichende Mythologie, Bd. 3), Leipzig, S. 105–126.

SCHWABE, J.: *Lebenswasser und Pfau – zwei Symbole der Wiedergeburt.* In: Ders. (Hg.), Symbolon. Jahrbuch für Symbolforschung 1. Stuttgart 1960.

SCHWANER, Wilhelm: *Germanen-Bibel. Aus heiligen Schriften germanischer Völker.* [1904] Schlachtensee [4]1918.

SCHWEEGER-HEFEL, Annemarie: *Erdherrin und Masken in Sarma.* Paideuma 16/1970:96–130.

DIES.: *Masken und Mythen. Sozialstrukturen der Nyonyosi und Sikomse in Obervolta,* 2 Bde. Wien 1980.

DIES.: *Kinkirsi – Boghoba – Saba. Das Weltbild der Nyonyosi in Burkina Faso (ehemals Obervolta, Westafrika).* Wien 1986.

SEABROOK, William Buehler: *The magic island.* New York 1929.

VON SEE, Klaus: *Barbar, Germane, Arier. Die Suche nach der Identität der Deutschen.* Heidelberg 1994.

SEGY, Ladislas: *African Snake Symbolism.* Archiv f. Völkerkunde 1954.

VON SEIDLITZ, N.: *Notfeuer gegen Rinderpest im Kaukasus.* Globus 81/1902:285ff.

SELER, Eduard: *Zauberei im alten Mexiko.* Globus 78/1900:89ff.

SELIGMAN, Charles G.: *Anthropology and Psychology.* Journal of the Royal Anthropological Institute 54/1924:13–46.

SELIGMAN, Charles G./SELIGMAN, Brenda Z.: *Pagan Tribes of the Nilotic Sudan.* London 1932/65.

SELIGMANN, Siegfried: *Der böse Blick und Verwandtes,* 2 Bde. Berlin 1910.

SEIFFERT, Beate: *Die Herkunft des Feuers in den Mythen der nordamerikanischen Indianer.* Bonn 1992.

SEILS, Martin (Hg.): *Johann Georg Hamann. Eine Auswahl aus seinen Schriften. Entkleidung und Verklärung.* Wuppertal 1963/87.

SEYFARTH, Carl: *Aberglaube und Zauberei in der Volksmedizin der weiteren Umgebung Leipzigs.* Jb. des Städt. Museums f. Völkerk. Leipzig 6 (1913/14):58–60.

SEYFARTH, Carl: *Aberglaube und Zauberei in der Volksmedizin Sachsens. Ein Beitrag zur Volkskunde des Königreichs Sachsen.* Leipzig 1913.

SEYFARTH, Constans/SPRONDEL, Walter M. (Hgg.): *Seminar: Religion und gesellschaftliche Entwicklung.* Frankfurt am Main 1973.

SHELLEY, Mary Wollstonecraft: *Frankenstein or the modern Prometheus.* Übers. v. Ralph Tegtmeier (engl. Orig. 1818), Augsburg 2005.

SHOSTAK, Marjorie. *Nisa erzählt: Das Leben einer Nomadenfrau in Afrika.* Übers. v. Manfred Ohl und Hans Sartorius (engl. Orig. 1981), Reinbek 1982.

SHWEDER, R./LE VINE, R.: *Dream concepts of Hausa children.* Ethnos 3/1975:209–230.

VON SICARD, Harald: *Der wunderbare Hirsch.* Acta Ethnographica Academiae Scientiarum Hungaricae, Tomus 20, 3–4 (1971):231–286.

SIGNER, David: *Die Ökonomie der Hexerei oder Warum es in Afrika keine Wolkenkratzer gibt.* Wuppertal 2004.

SIGRIST, Christian: *Regulierte Anarchie. Untersuchungen zum Fehlen und zur Entstehung politischer Herrschaft in segmentären Gesellschaften Afrikas.* Olten/Freiburg 1967.

SILBER, Stefan: *Die Befreiung der Kulturen. Der Beitrag Juan Luis Segundos zur Theologie der inkulturierten Evangelisierung.* Frankfurt am Main/Berlin etc. 2002.

SIMON, Michael: *‚Alltag' als Perspektive kulturwissenschaftlicher Forschung. Mit einem Beispiel zur kontrastiven ‚Ursologie'.* In: Andreas Gipper/Susanne Klengel (Hgg.), Kultur, Übersetzung, Lebenswelten. Würzburg 2008, S. 259–278.

SIMOONS, Frederick J.: *Eat not this flesh. Food Avoidances from Prehistory to the Present.* Madison 1961/94.

SIR GALAHAD (Berta Eckstein-Diener): *Mütter und Amazonen. Ein Umriß weiblicher Reiche.* [1932] München/Berlin 1975.

SJORSLEV, Inger: *Glaube und Besessenheit: ein Bericht über die Candomblé-Religion in Brasilien.* Gifkendorf 1999.

SLATIN-PASCHA, Rudolph: *Feuer und Schwert im Sudan. Meine Kämpfe mit den Derwischen, meine Gefangenschaft und Flucht 1879–1895.* Leipzig 1896.

SMITH, E. W./DALE, A. M.: *The Ila-speaking People of Northern Rhodesia,* 2 vols. London 1920.

SÖRRIES, Reiner: *Tanz der Toten – Todestanz. Der monumentale Totentanz im deutschsprachigen Raum.* Hg. vom Zentralinst. u. Museum für Sepulkralkultur Kassel, Dettelbach 1998.

SOMBART, Werner: *Die Juden und das Wirtschaftsleben.* [1911] München/Leipzig 1928.

SPEISER, Felix: *Über Initiationen in Australien und Neuguinea.* Basel 1929.

SPENCER, Herbert: *The principles of sociology,* 3 vols. New York 1880, 1882, 1896.

SPENCER, Walter Baldwin/GILLEN, Francis J.: *The Native Tribes of Central Australia.* London 1899 (Reprint New York 1968).

SPERBER, Dan: *Rethinking Symbolism.* Cambridge 1975.

DERS.: *Das Wissen des Ethnologen.* Übers. v. U. Bokelmann (frz. Orig. 1982), Frankfurt am Main/New York 1989.

SPIES, Johann: *Historia von D.Johann Fausten, dem weitbeschreyten Zauberer unnd Schwartzkünstler.* Frankfurt am Main 1587.

SPIESS, C.: *Die Joholu-Gottheit und ihr Schlangenkult.* Globus 98/1910:837.

DERS.: *Verborgener Fetischdienst unter den Evheern.* Globus 98/1910:10–13.

SPIETH, Jakob: *Die Eweer. Schilderung von Land und Leuten in Deutsch-Togo.* Bremen 1906.

SPITTLER, Gerd: *Founder oft the Anthropology of Work. German Social Scientists of the 19th and Early 20th Centuries and the First Ethnographers.* Berlin 2008.

SPÖTTEL, Michael: *Die ungeliebte „Zivilisation". Zivilisationskritik und Ethnologie in Deutschland im 20. Jahrhundert.* Frankfurt am Main etc. 1995.

STAAL, Father J.: *Crocodile (Grandfather-)Culture in Borneo.* Anthropos XXIII/1928:320 ff.

STANEK, Milan: *Geschichten der Kopfjäger. Mythos und Kultur der Iatmul auf Papua-Neuguinea.* Köln 1982.

STADEN, Hans: *Wahrhaftige Historia und Beschreibung einer Landschaft der wilden, nackten, grimmigen Menschenfresser, in der Neuen Welt Amerika gelegen.* [1557] Kassel-Wilhelmshöhe 1978.

STÄHLE, Vera-Dagny: *Klotzrennen brasilianischer Indianer.* Frankfurt am Main 1969.

STAUDACHER, Willibald: *Die Trennung von Himmel und Erde.* Tübingen 1942.

STAUTH, Georg: *Ägyptische heilige Orte II. Zwischen den Steinen des Pharao und islamischer Moderne.* Bielefeld 2008.

STEFFEN, Uwe: *Drachenkampf. Der Mythos des Bösen.* Stuttgart 1989.

STEFFENSEN, Uffe: *The Ritual Use of Mortuary Pottery in Ancient Nubia. Some interpretational thoughts on the rituals and symbolism behind the mortuary ceramics of the Ancient Nubian C-Group.* Archéonil 17/2007:133–152.

STEIMER, Bruno (Hg.): *Lexikon der Heiligen und der Heiligenverehrung,* 3 Bde. Freiburg/Basel/Wien 2003.

STEINMANN, A.: *Das kultische Schiff in Indonesien.* IPEK, Jahrbuch für prähistorische und ethnographische Kunst, Bd. 1374 (1939/40):149.

STEINMETZ, Sebald Rudolf: *Suicide among primitive peoples.* In: Ders., Gesammelte kleinere Schriften. Groningen 1928.

STEPHEN, M.: *"Dreaming is another power!": the social significance of dreams among the Mekeo of Papua New Guinea.* Oceania 53/1982:106–122.

STERLY, Joachim: *Kumo. Hexer und Hexen in Neu-Guinea.* München 1987.

STERNBERG, Leo: *Der antike Zwillingskult im Lichte der Ethnologie.* Zeitschrift für Ethnologie 61/1912:152–200.

STERNBERG, Lev J.: *Divine Election in Primitive Religion.* In: Proceedings of the 21st International Congress of Americanists. Göteborg 1925, S. 472–512.

STEWART, Kilton R.: *Pygmies and Dream Giants.* New York 1954.

STÖHR, Waldemar: *Die altindonesischen Religionen.* (Handbuch der Orientalistik, 3. Abt., 2. Bd., Abschn. 2), Leiden/Köln 1976.

STÖHR, Waldemar: *Der „Bonito-Kult" in der Kunst San Christobals (Salomon Islands, Melanesien).* In: Bulletin der Kölner Museen, Heft 2, Köln 1983.

DERS.: *Vielfalt und Totalität – Die Religionen in Indonesien.* In: Mircea Eliade: Geschichte der religiösen Ideen, Bd. III, 2. Freiburg 1991/93, S. 89–142.

DERS.: *Mana und Tabu – Die ozeanischen Religionen.* In: Mircea Eliade: Geschichte der religiösen Ideen, Bd. III, 2. Freiburg 1991/93, S. 143–183.

DERS.: *Leben und Töten in der Vorstellung altindonesischer Völker.* In: Bernhard Mensen (Hg.), Recht auf Leben – Recht auf Töten. Ein Kulturvergleich. St. Augustin 1992, S. 59–78.

STÖSSEL, Arnulf: *Urnenbestattung und Weltei-Mythologem im West- und Zentralsudan.* Paideuma 29/1983:45–65.

STOLZ, Alfred: *Schamanen. Ekstase und Jenseitssymbolik.* Köln 1988.

STORK, Ingo: *Als Persönlichkeit ins Jenseits. Bestattungssitte und Grabraub als Kontrast.* In: Archäol. Landesmuseum Baden-Württemberg (Hg.), Die Alamannen. Stuttgart 1997, S. 418–432.

STORL, Wolf-Dieter: *Der Bär. Krafttier der Schamanen und Heiler.* Baden/München 2005.

STRASSER, Sabine: *Die Unreinheit ist fruchtbar! Geschlechterbeziehungen in einem türkischen Dorf.* Reinbek 1995.

STRATHERN, Andrew: *The Rope of Moka. Big-Men and Ceremonial Exchange in Mount Hagen New Guinea.* Cambridge 1971.

STRATHERN, Marilyn: *The Gender of the Gift: Problems with Women and Problems with Society in Melanesia.* Berkeley 1988.

STRAUBE, Helmut: *Die Tierverkleidungen der afrikanischen Naturvölker.* Wiesbaden 1955.

STRECK, Bernhard (Hg.): *Wörterbuch der Ethnologie.* Köln 1987; Wuppertal [2]2000.

DERS.: *Kultur als Mysterium. Zum Trauma der deutschen Völkerkunde.* In: Helmut Berking/ Richard Faber (Hgg.), Kultursoziologie – Symptom des Zeitgeistes? Würzburg 1989, S. 89–115.

DERS.: *Die Stiftung von Gruppenidentität als ethnologisches Problem.* Sociologus 42/2 (1993): 97–112.

DERS.: *Grenzgang Ethnologie.* In: Richard Faber/Barbara Naumann (Hgg.), Literatur der Grenze – Theorie der Grenze. Würzburg 1995, S. 185–196.

DERS.: *Äthiopen und Pelasger. Zu den Quellen der imaginären Ethnographie.* Paideuma 42/ 1996:169–182.

DERS.: *Messungen der Zeitrelation von Arbeit und Nichtarbeit außerhalb der Industriegesellschaft.* In: Georg Elwert et al. (Hgg.), Kulturen und Innovationen. Festschrift für Wolfgang Rudolph. Berlin 1996a, S. 245–260.

DERS.: *Fröhliche Wissenschaft Ethnologie. Eine Führung.* Wuppertal 1997.

DERS.: *Gefüllter Hund. Oder die Grenzen des Geschmacks.* Kursbuch 129/1997:67–78 (1997a).

DERS.: *‚Die getötete Gottheit' von Ad. E. Jensen.* In: Reinhard Kapfer et al. (Hgg.), Wegmarken – Eine Bibliothek der ethnologischen Imagination. (Trickster-Jahrbuch, Bd. 2), Wuppertal 1998, S. 131–134.

DERS.: *Eschatologie als Ausnahmezustand. Vorstellungen von einem Ende ohne Neuanfang in Brasilien und Melanesien.* In: Adam Jones (Hg.), Weltende. Beiträge zur Kultur- und Religionswissenschaft. Wiesbaden 1999, S. 37–62.

DERS.: *Schatten und Traum bei den Ingessana im Sudan.* In: Karl-Heinz Kohl/Burkhard Schnepel (Hgg.), Hundert Jahre „Die Traumdeutung". Köln 2001, S. 168–177.

DERS.: *Wirtschaft. Handbuch religionswissenschaftlicher Grundbegriffe.* Hg. v. Hubert Cancik, Burkhard Gladigow, Karl-Heinz Kohl, Bd. V. Stuttgart 2001a, S. 374–386.

DERS.: *Vom Rhythmus der Ewigkeit. Zeitvorstellungen ‚archaischer' Kulturen.* In: Kulturreferat d. Landeshauptst. München (Hg.), Jede Kultur hat ihre Zeit. München 2001b, 108–124.

DERS.: *Versuch über Palimpsest.* In: Heike Behrend (Hg.), Geist, Bild und Narr. Zu einer Ethnologie kultureller Konversionen. Festschrift für F. W. Kramer. Berlin/Wien 2001c, S. 224–242.

DERS.: *Das Sakralkönigtum als archaistisches Modell.* In: Franz-Reiner Erkens (Hg.), Die Sakralität von Herrschaft. Herrschaftslegitimierung im Wechsel der Zeiten und Räume. Berlin 2002, S. 33–52.

DERS.: *Versuch über Verschwendung.* In: Anke Reichenbach et al. (Hgg.), Wirtschaften. Festschrift zum 65. Geburtstag von Wolfgang Liedtke. Gehren 2002a, S. 287–300.

DERS.: *Leo Frobenius und die Mündlichkeit Afrikas.* In: Flora Veit-Wild (Hg.), Nicht nur Mythen und Märchen. Afrika-Literaturwissenschaft als Herausforderung. Trier 2003a, S. 114–131.

DERS.: *Does Nature Strike Back? Reflections on a Passion Anthropology.* In: Brigitta Benzing/ Bernd Hermann (Hgg.), Exploitation and Overexploitation in Societies Past and Present. (IUAES-Intercongress 2001 Göttingen), Münster 2003b, S. 311–326.

DERS.: *Träumereien. Vom Ursprung des Tages in der Nacht.* In: Bettina Schmidt (Hg.), Wilde Denker. Unordnung und Erkenntnis auf dem Tellerrand der Ethnologie. Festschrift für Mark Münzel zum 60. Geburtstag. Marburg 2003c, S. 49–66.

DERS.: *Vom Grund der Ethnologie als Übersetzungswissenschaft.* Paideuma 50/2004:39–58 (2004a).

DERS.: *Die göttliche Bewegung. Zur Interpretation von Sprung und Tanz im archaischen Ritual.* In: Monika Fikus/Volker Schürmann (Hgg.), Die Sprache der Bewegung. Sportwissenschaft als Kulturwissenschaft. Bielefeld 2004b, S. 11–28.

DERS.: *Sudan. Ansichten eines zerrissenen Landes.* Wuppertal 2007a.

DERS. (Hg.): *Die gezeigte und die verborgene Kultur.* Wiesbaden 2007b.

DERS.: *Die Theomachie als mythologisches Grundmuster.* In: Rahul Peter Das (Hg.), Die Widergötter. Rivalisierende „Götter"-Geschlechter in der Mythologie indogermanischer Völker. Bremen 2011, S. 8–28.

STRECK, Bernhard/WILZ, Walter: *Beim Stamm der Ingessana im Ost-Sudan.* Bayrischer Rundfunk. Länder-Grenzen-Abenteuer. Dok-Film 1981.

STRECKER, Ivo: *Der ethnographische Chiasmus.* In: Katja Geisenhainer/Katharina Lange (Hgg.), Bewegliche Horizonte. Festschr. für Bernhard Streck. Leipzig 2005, S. 225–234.

STREHLOW, Carl: *Die Aranda- und Loritja-Stämme in Zentralaustralien.* (Veröff. des Städt. Völkermuseums, 5 Bde.) Frankfurt am Main 1907–20.

STREHLOW, Theodor George Henry: *Central Australian Religion.* Adelaide/Bedford Park 1978.

STREHLOW, Wighard: *Wüstentanz. Australien spirituell erleben durch Mythen, Sagen, Märchen und Gesänge.* Allensbach, Bodensee 1996.

STRIEDTER, Karl Heinz: *Felsbilder der Sahara.* München 1984.

STRUCK, Bernhard: *Das Chamäleon in der afrikanischen Mythologie.* Globus 96/1909:174 ff.

STÜBEN, Peter E.: *Tabu und Biodiversität II. Pioniermission und die Zerstörung indigener Tabus: Folgen für die Umwelt?* In: Ders. (Hg.), Seelenfischer. Mission, Stammesvölker und Ökologie (focus: ökozid ectra 4), Gießen 1994, S. 186–203.

SYDOW, Ingeborg: *Steinkult in Westafrika und Parallelen in anderen Gebieten.* Diss. Berlin 1941.

TACITUS, Publius Cornelius: *Germania.* [98] übers. v. Curt Woyte. Stuttgart 1959.

TAMBIAH, Stanley J.: *Magic, science, religion, and the scope of rationality.* Cambridge 1990.

TAUBE, Karl: *Aztekische und Maya-Mythen.* Stuttgart 1993/94 (engl. Orig. 1993).

TAUBES, Jakob: *Abendländische Eschatologie.* [1947] München 1991.

DERS.: *Zur Konjunktur des Polytheismus.* In: Karl-Heinz Bohrer: Mythos und Moderne. Frankfurt 1983, S. 457–470.

DERS.: *Vom Kult zur Kultur. Bausteine zu einer Kritik der historischen Vernunft. Gesammelte Aufsätze zur Religions- und Geistesgeschichte.* Hg. v. Aleida und Jan Assmann, Wolf-Daniel Hartwich und Winfried Menninghaus, München 1996.

TEDLOCK, Barbara: *Die Kunst der Schamanin. Heilen und Wissen als weibliche Tradition.* Übers. v. Jutta Himmelreich, Wuppertal 2007.

TEDLOCK, Dennis u. Barbara (Hg.): *Über den Rand des tiefen Canyon. Lehren indianischer Schamanen.* Köln 1975.

TEICHMANN, Frank: *Der Mensch und sein Tempel. Megalithkultur in Irland, England und der Bretagne.* Stuttgart 1983.

TEMPELS, Placide: *La philosophie bantou.* Paris 1935/59.

TENIGL, Franz: *Ludwig Klages. Vorträge und Aufsätze zu seiner Philosophie und Seelenkunde.* Bonn 1997.

TETZNER, Reiner: *Walter Baetke und seine Auffassungen zur germanischen Mythologie in heutiger Sicht.* In: Georg Schuppener (Hg.), Walter Baetke und die Germanenrezeption heute. (Schriftenreihe Arbeitskreis f. Vergleichende Mythologie 6), Leipzig 2011, S. 71–94.

TETZNER, Reiner/SCHENKEL, Elmar (Hg.): *Im Zeichen der Feuerberge. Vulkane in Mythos und Literatur.* (Schriftenreihe Arbeitskreis für Vergleichende Mythologie 5), Leipzig 2011.

THEIS, Joachim: *Nach der Razzia. Ethnographie und Geschichte der Koma.* München 1994.

THEUNISSEN, Martin: *Negative Theologie der Zeit.* Frankfurt am Main 1991.

THIEL, Josef Franz: *Sind die Nkisi der Völker des Kwango-Kasai-Zwischengebietes Ahnengeister?* Zeitschrift der Deutschen Morgenländischen Gesellschaft, Supplement II (XVIII. Deutscher Orientalistentag, 1.–5. Oktober 1972 in Lübeck, Vorträge), Wiesbaden 1974, S. 637–643.

THIEL, Josef Franz: *Die Bedeutung von Raum und Zeit als religiöse Dimension.* Verbum svd 1/ 1981:19–38.

DERS. (Hg.): *Der Tod – Ende oder Tor zum Leben? Tod und Jenseitsvorstellungen der Völker.* Frankfurt am Main 1990.

DERS.: *Religionsethnologie.* In: TRE – Theologische Realenzyklopädie, Bd. XXVIII. Berlin/ New York 1997, S. 560–565.

DERS.: *Riten um den Schädelkult bei den sogenannten Naturvölkern.* In: Bernhard Mayer, Jericho und Qumran. (Eichstätter Studien, N.F., XLV) 2000, S. 23–39.

DERS.: *Die „jungfräuliche" Kriegerin.* In: Hairesis. Festschrift für Karl Hoheisel. (Jahrbuch für Antike und Christentum, Erg.-bd. 34), Münster 2002a, S. 381–389.

DERS.: *Dualistische Gottesideen der Bantu Zentralafrikas.* Anthropos 97/2002:355–366 (2002b).

DERS.: *Traditionelle Totenfürsorge in Afrika und Modernisierung.* In: Markwart Herzog/Norbert Fischer (Hgg.), Totenfürsorge – Berufsgruppen zwischen Tabu und Faszination. Stuttgart 2003, S. 55–66.

THIELE, Maria Elisabeth: *Trickster, Transvestiten und Ciganas – Pompagira und die Erotik in den Afrobrasilianischen Religionen.* Leipzig 2006.

THOMAS, Elisabeth Marshall: *Warrior Herdsmen.* New York 1972.

THURNWALD, Richard: *Das Problem des Totemismus.* Anthropos XII/XIII (1917):1094ff.; XIV/XV (1918):496ff.

DERS.: *Psychologie der Akkulturation.* [1932] In: MÜHLMANN, Wilhelm E. Mühlmann/ Ernst W. Müller (Hgg.), Kulturanthropologie. Köln/Berlin 1966, S. 312–326.

TIEVANT, Claire/DESIDERI, Lucie: *Almanach de la mémoire et des coutumes corses*. Paris 1986.

TODD, D. M.: *Herbalists, Diviners and Shamans in Dimam /SW-Äthiopien/*. Paideuma 23/ 1977:189–204.

TRAXLER, Hans: *Die Wiederkehr der Gummibärchen*. Zürich 1994.

TURNER, Victor: *Colour Classification in Ndembu Ritual*. In: Anthropological Approaches in the Study of Religion. ASA Monograph, No. 3. London 1966.

DERS.: *The Drums of Affliction. A Study of Religious Processes Among the Ndembu of Zambia*. Oxford 1968.

DERS.: *The Ritual Process. Structure and Anti-Structure*. Chicago: Aldine Publ. 1969.

TYLER, Stephan A.: *Das Unaussprechliche. Ethnographie, Diskurs und Rhetorik in der Postmodernen Welt*. Übers. v. Thomas Seibert (engl. Orig. 1987), München 1991.

TYLOR, Edward B.: *Primitive Culture: Researches into the Development of Mythology, Philosophy, Religion, Language, Art and Custom*. London 1871 (dt.: *Die Anfänge der Kultur. Untersuchungen über die Entwicklung der Mythologie, Philosophie, Religion, Kunst und Sitte*. Übers. v. Spengel u. Poske, 2 Bde. Braunschweig 1973).

DERS.: *The history of games*. Forthnightly Review, N. S., 25/1879:735.

UEHLINGER, Christoph: *Drachen und Drachenkämpfe im alten Vorderen Orient*. In: Bernd Schmelz/Rüdiger Vossen (Hgg.), Auf Drachenspuren. Bonn 1995, S. 55–101.

UHLIG, Helmut: *Die Große Göttin lebt. Eine Weltreligion des Weiblichen*. Bergisch Gladbach 1992.

UITEBSKY, Piers: *Schamanismus*. Köln 2001.

ULF, Christoph: *Sport bei den Naturvölkern*. In: Ingomar Weiler, Der Sport bei den Völkern der Alten Welt. Eine Einführung. Darmstadt 1981, S. 14–52.

UMSTÄTTER, Ulrike: *Zuckerschädel in Mexiko. Totengedenken an Allerheiligen und Allerseelen*. In: Wieczorek/Rosendahl (Hgg.), Schädelkult. Mannheim 2011, S. 333–338.

VON UNWERTH, Wolf: *Untersuchungen über Totenkult und Odinnverehrung bei Nordgermanen und Lappen*. [1911] Reprint Hildesheim/New York 1977.

URMES, Dietmar: *Handbuch der geographischen Namen. Ihre Herkunft, Entwicklung und Bedeutung*. Wiesbaden 2003.

VAJDA, Lázlo: *Zur phaseologischen Stellung des Schamanismus*. Ural-Altaische Jahrbücher XXXI/1959:456–485.

DERS.: *Weisheitskampf und Lebenswette*. In: Wolfgang Wagner (Hg.), „Siegfried". Programmhefte der Bayreuther Festspiele, 1988, S. 16–36.

DERS.: *Der Monosandalos-Formenkreis*. Baessler-Archiv XXXVII/1989:131–170.

DERS.: *Metamorphose als heilige Handlung*. In: Werner Engelmann/Bruno J. Richtsfeld (Hgg.), Metamorphosen. Arbeiten von Werner Engelmann und ethnographische Objekte im Vergleich. München 1989, S. 9–17.

VANBAAREN, Th. P.: *Menschen wie wir. Religion und Kultur schriftloser Völker*. Gütersloh 1964.

VANSINA, Jan: *Religions et sociétés en Afrique Centrale*. Cahiers des religions africaines 2/ 1968:95–107.

VANSITTART, Robert: *Black Record. Germans Past and Present*. London 1940.

VANTINI, Giovanni: *Christianity in the Sudan*. Bologna 1981.

VATTER, Ernst: *Der Schlangendrache auf Alor und verwandte Darstellungen in Indonesien, Asien und Europa.* Jahrbuch für Prähistorische und Ethnographische Kunst (IPEK) 9/ 1934:119–148.

VEDDER, Heinrich: *Die Bergdama.* Hamburg 1923.

DERS.: *The Native Tribes of South West Africa.* Kapstadt 1928.

DERS.: *Das alte Südwestafrika.* Berlin 1934.

VELIKOVSKY, Immanuel: *Welten im Zusammenstoß.* Frankfurt am Main 1950/1978.

VERHAGEN, Britta: *Die uralten Götter Europas und ihr Fortleben bis heute.* Tübingen 1999.

VERGER, Pierre: *Dieux d'Afrique. Culte des Orishas et Vodouns à l'ancien Côte des Esclaves en Afrique et à Bahia, la Baie de tous les Saints au Brasil.* Paris 1954.

VERMEULEN, Han F.: *Frühe Geschichte der Völkerkunde oder Ethnographie in Deutschland 1771–1791.* In: Samuel M. Laubscher/Bertram Turner (Hgg.), Systematische Völkerkunde. München 1994, S. 329–346.

DERS.: *Early History of Ethnography and Ethnology in the German Enlightenment. Anthropological Discourse in Europe and Asia 1710–1808.* Leiden 2008.

VERNE, Markus: *Alltägliche Zauberei. Über Sinn und Symbolik magischen Handelns bei den Hausa in Niger.* Köln 1999.

VICEDOM, G. F.: *Ein neuentdecktes Volk in Neuguinea.* Archiv für Anthropologie und Völkerforschung, N.F., XXIV/1938:11–44, 190–213.

VÖLGER, Gisela et al. (Hgg.): *Rausch und Realität. Drogen im Kulturvergleich,* 2 Bde. Köln 1981.

VÖLKER, Christian: *Scheinheilige. Die Vodou-Religion in Haiti.* In: Corinna Raddatz (Hg.), Afrika in Amerika. Hamburg 1992, S. 127–141.

VÖLLNAGEL, Jörg: *Splendor Solis oder Sonnenglanz.* München 2004.

VOGEL, Martin: *Onos Lyras – der Esel mit der Leier.* Düsseldorf o. J.

VOGT, Alfred: *Theophrastus Paracelsus als Arzt und Philosoph.* Stuttgart 1956.

VOIGT, Rainer (Hg.): *„Und das Leben ist siegreich!"/"And Life is Victorious." Mandäische und samaritanische Literatur. Im Gedenken an Rudolf Macuch/In Memory of Rudolf Macuch (1919–1993).* Wiesbaden 2006.

VOLHARD, Ewald: *Zur afrikanischen Mythen- und Märchenforschung.* In: Leo Frobenius – Ein Lebenswerk aus der Zeit der Kulturwende. Dargestellt von seinen Freunden und Schülern. Leipzig 1933, S. 136–152.

DERS.: *Kannibalismus.* Stuttgart 1939.

VOLLMERS *Wörterbuch der Mythologie aller Völker.* Neu bearb. v. W. Binder, mit einer Einleitung in die mythologische Wiss. v. Johannes Minckwitz. Stuttgart [3]1874; Reprint Wiesbaden 1985.

VOSS, Ehler: *Mediales Heilen in Deutschland. Eine Ethnographie.* Berlin 2011.

WACHTER, W.: *Das Feuer in der Natur, in Kultus und Mythus im Völkerleben.* Wien/Leipzig 1904.

WAGNER, Günther: *Der Logi- und Vila-Zauber bei den Logoli (Kavirondo-Bantu).* Paideuma IV/1950:265–277.

WAGNER, Johanna: *Die, die so aussehen wie jemand, aber möglicherweise etwas ganz anderes sind. Aus der Praxis afrikanischer Medizinmänner.* Berlin 1985/96.

WAGNER, Roy: *The Invention of Culture.* [1976] Chicago 1981.

WAGNER, Wilfried: *Körperdekoration zwischen Lebensentwurf und Fremdwahrnehmung.* In: Streifzug durch die Sportgeschichte. Festschrift zur Verabschiedung von Prof. Dr. Harald Braun. Bremen 2004, S. 223–252.

WAHL, Joachim: *„... um Kopf und Kragen". Schädelkult, Kannibalismus und Totenbehandlung in der Alt- und Mittelsteinzeit.* In: Wieczorek/Risendahl (Hgg.), Schädelkult. Mannheim 2011, S. 45–52.

WALLACE, Anthony F. C.: *Dreams and the wishes of the soul: a type of psychoanalytic theory among the seventeenth century Iroquois.* American Anthropologist 60/1958:234–248.

WALTER, Babett: *Die traditionelle Ziegennutzung in der Balagne auf Korsika.* Unveröff. Mag.-arbeit am Inst. f. Ethnologie der Universität Leipzig 2003.

WALTHER, Elisabeth: *Kulturhistorisch-ethnologischer Abriß über den Gebrauch von Tabak.* In: Gisela Völger et al. (Hgg.), Rausch und Realität, Bd. I. Köln 1981, S. 208–215.

WANNINGER, Joseph: *Das Heilige in der Religion der Australier. Eine Untersuchung über den Begriff „Tjurunga" bei den Aranda.* Diss. Würzburg 1927.

WARBURG, Aby: *Le rituel du serpent: récit d'un voyage en pays pueblo.* Paris 2003.

WASSNER, R.: *Magie und Psychotherapie.* Berlin 1984.

WASSON, R. Gordon: *Soma – Divine Mushroom of Immortality.* New York 1968.

WEBER, Max: *Einleitung in die Wirtschaftsethik der Weltreligionen.* [1916] In: Ders., Soziologie. Universalgeschichtliche Analysen. Politik. Stuttgart 1973, S. 398–440.

DERS.: *Richtungen und Stufen religiöser Weltablehnung.* [1916] In: Ders., Soziologie, Universalgeschichtliche Analysen, Politik. Stuttgart 1973, S. 441–483.

DERS.: *Die protestantische Ethik I.* [1920] Eine Aufsatzsammlung, hg. v. Johannes Winckelmann, Gütersloh 1984.

DERS.: *Wirtschaft und Gesellschaft. Grundriß der verstehenden Soziologie.* [1921] Tübingen $^{5}$1976.

DERS.: *Das antike Judentum.* [1921] Gesammelte Aufsätze zur Religionssoziologie III. Tübingen 1923.

WEBER-KELLERMANN, Ingeborg: *Der Geist des Flachses. Versuch einer strukturalistischen Analyse aus dem Mannhardtmaterial von 1865.* In: Instituto de Investigacoes cientifices do ultramar (Hg.), In Memoriam António Jorge Dias, 3 vols. Lisboa 1974, Bd. II, 423–441.

WEGENER, Franz: *Alfred Schuler, der letzte deutsche Katharer. Gnosis, Nationalsozialismus und mystische Blutleuchte.* Gladbeck 2003.

WEHR, Gerhard: *Angelus Silesius – Der Cherubinische Wandersmann.* Schaffhausen 1977.

WEISS, Gabriele: *Elementarreligionen. Eine Einführung in die Religionsethnologie.* Wien/New York 1987.

WEISSMANN, Karlheinz: *Die Wiederkehr der Großen Mutter. Ein Kapitel feministischer Religion.* In: Ders., Mythen und Symbole. Dresden 2002, S. 55–69.

WEISWEILER, Josef: *Keltische Frauentypen.* Paideuma II, 1/2 (1941):1–19.

WELLHAUSEN, Julius: *Reste Arabischen Heidentums.* Berlin/Leipzig 1927 (2. Ausg.).

WELTE, Bernhard: *Vom Licht des Nichts. Von der Möglichkeit neuer religiöser Erfahrung.* Düsseldorf 1980.

WENDL, Tobias: *Kamm und Spiegel. Notizen zum Europäerbild in einem westafrikanischen Besessenheitskult.* Kea. Zeitschrift für Kulturwissenschaften. 1/1990:57–76.

DERS.: *Mami Wata, oder ein Kult zwischen den Kulturen.* Münster/Hamburg 1991.

DERS.: *Slavery, Spirit Possession, and Ritual Consciousness. A Case Study of the Tchamba Cult among the Mina in Togo.* In: Heike Behrend/Ute Luig (Hgg.), Spirit Possession, Power and Modernity. Chicago 1996.

WENGER, Susanne: *Ein Leben mit den Göttern.* In: Gert Chesi (Hg.), Susanne Wenger. Ein Leben mit den Göttern. Wörgl 1980, S. 61–226.

WERNER, Helmut (Hg.): *Das islamische Totenbuch. Jenseitsvorstellungen des Islam.* Bergisch Gladbach 2002.

WERNHARDT, Karl R.: *Ethnische Religionen. Universale Elemente des Religiösen. Grundwissen Religionen.* (Topos plus Taschenbücher, Bd. 545), Kevelaer 2004.

WESTERMARCK, Eduard: *Reinlichkeit, Unreinlichkeit und Askese.* Globus 93/1908:109ff.

WETZ, Franz Josef: *Hans Blumenberg zur Einführung.* Hamburg 1993.

WEULE, Karl: *Volksmedizin und Aberglaube bei der Küstenbevölkerung in der Umgebung von Daressalam.* Jb. d. Städt. Museums f. Völkerk. 5 (1911/12):149–160.

DERS.: *Der Kopf als Trophäe und Kultgegenstand.* Jahrbuch des Städtischen Museums f. Völkerkunde 7 (1915/17):68–70.

WEYERSBERG, Maria: *Das Motiv der „Himmelsstütze" in der altägyptischen Kosmologie.* Zeitschrift für Ethnologie 86, 1 (1961):113–140.

WHATMOUGH, J.: *Rehtia, the Venetic Goddess of Healing.* Journal of the Royal Anthropological Institute LII/1922:212ff.

WIDENGREN, Geo: *Mesopotamian Elements in Manichaeism.* Uppsala/Leipzig 1946.

WIDENMANN, Dr.: *Beschneidung bei den Masai.* Zeitschrift für Ethnologie XXVII/1895:302f.

WIECZOREK, Alfried/ROSENDAHL, Wilfried (Hgg.): *Schädelkult. Kopf und Schädel in der Kulturgeschichte des Menschen.* (Publikation der Reiss-Engelhorn-Museen, Bd. 41), Mannheim 2011.

WIESCHHOFF, H.: *Zur Geschichte des Karnevals.* Der Erdball 6, 2 (1932):51ff.

WILCKE, Claus: *Der Tod im Leben der Babylonier.* In: Jan Assmann/Rolf Trauzettel (Hgg.), Tod, Jenseits und Identität. Perspektiven einer kulturwissenschaftlichen Thanatologie. Freiburg/München 2003, S. 252–266.

WILLIAMS, B. B.: *Excavations between Abu Simbel and the Sudan Frontier: C-Group, Pan Grave and Kerma Remains at Adindan Cemeteries T, K, U, and J.* (The University of Chicago Oriental Institute Nubian Expeditions 5), Chicago 1983.

WILPERT, Clara B.: *Figur des Drachen Basukih.* In: Verborgene Schätze, hg. vom Hamburgischen Museum f. Völkerkunde, Hamburg 1995, S. 16.

WILSON, Bryan R. (Hg.): *Rationality.* Oxford 1970.

WINKLER, Hugo: *Die babylonische Geisteskultur in ihren Beziehungen zur Kulturentwicklung der Menschheit.* Leipzig 1907.

WINKLER, Simone: *„Kindserdrücken". Vom Kirchenrecht zum Landesrecht des Herzogtums Preußen.* Köln/Weimar 2007.

WINTER, A.: *Die Mondmythe der Jakuten.* Globus 84/1903:383ff.

WINTER, Edward.: *Bwamba – A structural-functional analysis of a patrilinear society.* Cambridge 1956.

WINTER, Heinrich: *Alte Pflugumzüge.* Oberdeutsche Zeitschrift für Volkskunde 2/3 (1939): 93–99.

WINTHUIS, Josef: *Das Zweigeschlechterwesen.* Leipzig 1928.

DERS.: *Die Wahrheit über das Zweigeschlechterwesen*. 1930.

DERS.: *Einführung in die Vorstellungswelt primitiver Völker*. Leipzig 1931.

DERS.: *Mythos und Kult der Steinzeit*. Stuttgart 1935.

WIRZ, Paul: *Die Marind-anim von Holländisch-Süd-Neu-Guinea*, 4 Bde. Hamburg 1922–25.

DERS.: *Nias. Die Insel der Götzen*. Zürich/Leipzig 1929.

DERS.: *Ein neuer Fetischkult im Gebiet der Elfenbeinküste*. Ethnologischer Anzeiger III/1934: 280ff.

DERS.: *Kopfjagd und Trophäenkult im Gebiet des Papuagolfes*. Ethnologischer Anzeiger III/ 1933:201ff.

DERS.: *Der Bataksche Zauberstab*. Atlantis 1/1929:20–24.

WITTE, P. A.: *Der Zwillingskult bei den Ewe-Negern in Westafrika*. Anthropos XXIV/1929: 943–951.

WITTEYER, Marion: *Das Heiligtum für Isis und Magna Mater*. Mainz 2004.

WITTFOGEL, Karl August: *Wirtschaft und Gesellschaft Chinas*, I. Teil. Leipzig 1931.

WITTMEYER, Uwe: *Dionysos – ein Mittler im Geschlechterkampf*. In: Schuppener/Tetzner (Hgg.), Frauen im Mythos, Leipzig 1999, S. 59–80.

VON WLISLOCKI, Heinrich: *Amulette und Zauberapparate der ungarischen Zeltzigeuner*. Globus 59/1891:257ff.

DERS.: *Aus dem inneren Leben der Zigeuner*. Berlin 1892.

WOLFRADT, Uwe: *Ethnologie und Psychologie. Die Leipziger Schule der Völkerpsychologie*. Berlin 2011.

WÜST, Walther: *Die paläolithisch-ethnographischen Bären-Riten und das Alt-Indogermanische*. Quartär 7/8 (1956):154–165.

WUNDT, Wilhelm: *Völkerpsychologie. Eine Untersuchung der Entwicklungsgesetze von Sprache, Mythos und Sitte*, 10 Bde. Stuttgart 1900–20.

WUTTKE, Adolf: *Geschichte des Heidentums*, 2 Bde. Breslau 1852/53.

WYATT, Gill William: *Unterwelt und Elysium der Hervey-Insulaner*. Globus 30/1876:234f.

WYSS, Stephan: *Der gekreuzigte Esel. Aufsätze zu einer christlichen Archäologie der Sinnlichkeit*. Freiburg/Schweiz 1986.

YAMBASU, Sahr J.: *Order and Disorder: The Mende and Missionary Case*. Paideuma 39/1993: 111–134.

YOO, Jung-Sook: *Frauen und Schamanismus in Korea*. In: Wulf Jöpke/Bernd Schmelz (Hgg.), Schamanismus, Voodoo, Besessenheit. Bonn 2001, S. 47–70.

YOUNG, Andrew: *Why Amhara Get Kureynya: Sickness and Possession in an Ethiopian Zar Cult*. American Ethnologist 2(3)/1975:567–584.

YOUNG, D. E./GOULET, J.-G. (Hgg.): *Being changed by cross-cultural encounters: The Anthropology of Extraordinary Experience*. Peterborough, Ontario 1994.

ZACHARIAS, Gerhard: *Satanskult und Schwarze Messe. Ein Beitrag zur Phänomenologie der Religion*. Wiesbaden 1964/70.

ZENKOVSKY, S.: *Zar and Tambura as Practised by the Women of Omdurman*. Sudan Notes and Records 31(1)/1922:65–81.

ZERRIES, Otto: *Wildgeistvorstellungen in Südamerika*. Anthropos 46, 1–2 (1951):140ff.

DERS.: *Die Vorstellung vom Zweiten Ich und die Rolle der Harpye in der Kultur der Naturvölker Südamerikas*. Anthropos 57/1962:889–914.

DERS.: *Holzgeschnitzte Menschen leben. Ein Mythologem und seine kultischen Entsprechungen. Ein Beitrag zum Phänomen der anthropomorphen Holzschnitzerei im naturvölkischen Südamerika.* Paideuma 19/20 (1973/74):365–443.

ZGOLL, Annette: *Sumerische Religion.* In: TRE – Theologische Realenzyklopädie, Bd. XXXII. Berlin/New York 2000, S. 457–462.

ZGOLL, Annette: *Traum und Welterleben im antiken Mesopotamien. Traumtheorie und Traumpraxis im 3.–1. Jahrtausend v. Chr. als Horizont einer Kulturgeschichte des Träumens.* Münster 2006.

ZHAO, Qiguang: *A Study of Dragons, East and West.* (Asian Thought and Culture, 11), New York.

ZIER, Ursula: *Die Gewalt der Magie. Krankheit und Heilung in der kolumbianischen Volksmedizin.* Berlin 1987.

ZIMMER, Heinrich: *Die indische Weltmutter.* Zürich 1939.

DERS.: *Indische Mythen und Symbole. Vishnu, Shiva und das Rad der Wiedergeburt.* Düsseldorf 1993.

ZINGSEM, Vera: *Mein Himmel ist mein, die Erde ist mein.* Tübingen 1995.

ZITELMANN, Thomas: *Blühende Landschaften in Äthiopien: Entwicklung als Versprechen, Macht und Mythus.* In: Katja Geisenhainer/Katharina Lange (Hgg.), Bewegliche Horizonte. Festschrift für Bernhard Streck. Leipzig 2005, S. 139–152.

ZOTTER, Christof: *Die Domestizierung der Aghorîs: Kînârâm und Gîtâvalî.* Unveröff. Mag.-arbeit Universität Leipzig 2004.

ZWERNEMANN, Jürgen: *Die Erde in Vorstellungswelt und Kultpraktiken der sudanischen Völker.* Berlin 1968.

ZWERNEMANN, Jürgen: *Präexistenz und Prädestination im Volta-Gebiet und Oberguinea.* Zeitschrift für Ethnologie 85, 2 (1960):187–196.

ZWERNEMANN, Jürgen: *Studien zur Kultur der Moba (Nord-Togo).* Köln 1998.

# Glossare und Register

## *I. Religionsethnologische Fachausdrücke*

| | |
|---|---|
| Adorzismus | Aussöhnung mit Geistern |
| Äquinoktien | Tag-und-Nachtgleichen (21. März; 21. September) |
| Ahura Mazda | „Hoher Gott", Gott des Himmels und der Erde in der altiran. Religion, auch: *Auramazdâ, Ahura Mazdâh* |
| Alter Ego | Zweites Ich, Doppelgänger, tierlich im Wer-Glaube |
| Amok | malaiisch: mörderische Tobsucht |
| Androgynie | Mannweiblichkeit, Doppelgeschlechtlichkeit |
| Animismus | Glaube an Allbeseeltheit im Sinne einer qualitativen Wahrnehmung (auch *Animatismus*) |
| Anthropophagie | Verzehr von Menschenfleisch (auch *Kannibalismus*) |
| Apostat | vom Glauben Abgefallener (*Apostasie*) |
| Archaisch | auf den Ursprung (griech. *αρχη/archä*) bezogen, Gegensatz zu modern (Fortschrittsglaube) |
| Asen | jüngeres Göttergeschlecht der germanischen Mythologie |
| Berdache | (von span. *bardaxa*, ital. *bardascia* = passiver Homosexueller) Transvestit bei Indianern |
| Böser Blick | Verletzung oder Verhexung durch den Blick, weitverbreiteter Schadenszauber (ital. *jettatura*) |
| Bori-Kult | Besessenheitskult in Westafrika (Hausa) |
| Cargo-Kult | Glaube, dass die Verstorbenen materiellen Reichtum schicken |
| Chiliasmus | Glaube an tausendjähriges Reich der Endzeit (auch *Millenarismus*) |
| Chthonismus | (von altgriech. *χθών/chthôn* = Erde) Erdverehrung, Erdkult, Erdreligion |
| Deifizierung | Vergöttlichung |
| Demiurg | Kulturbringer in der Mythologie |
| Dendrolatrie | Baumverehrung, Baumkult |
| Dolme | keltisch: steinernes Großgrab oder Grabhaus/-tempel (*Megalithgrab*) |
| Dyade | Zweiheit |
| Dynamismus | Glaube an göttliche Kraft in den Erscheinungen |
| Eleusis | in Attika zentraler Kultort der *eleusinischen Mysterien*, dem mit Erde, Saat und Ernte verbundenen bedeutendsten Geheimkult der griech. Antike |

| | |
|---|---|
| Endogamie | Regel, Heiratspartner nur innerhalb der eigenen Gruppe zu suchen |
| Endorzismus | Rückführung eines verirrten Geistes |
| Erdherr(in) | Nachkomme der Erstsiedler, daher Autorität bei der Landverteilung; Priester(in) der Erdgottheit |
| Eschatologie | (von altgriech. *ἐσχατόων/eschatóôn* = das letzte) Endzeitlehre |
| Exorzismus | Austreibung von Geistern |
| | |
| Geistertanz-Bewegung | (engl.: *Ghost Dance*) im Westen der USA entstandene indianistische Bewegung ab 1870 (s. *Nativismus*) |
| Gerontokratie | Altenherrschaft |
| Gottesfriede | begrenzte Waffenruhe in einem Kultbund (*Amphiktyonie*) während der Festperiode (z. B. Olympiade) |
| | |
| Herbalismus | Pflanzenheilkunde |
| heterodox | andersgläubig, häretisch, abweichend |
| Hieromanie | heilige Verrücktheit (s. *Paroxysmos*) |
| Hierophanie | Erscheinung des Heiligen (Unkontrollierbaren) |
| *hieros gamos* | grch.: Heilige Hochzeit, stellvertretende Vermählung v. Himmel u. Erde |
| | |
| Inkarnation | Verkörperung, oft Wiederverkörperung von Geistern, Verstorbenen und Göttern |
| | |
| Kataklysmus | immer wiederkehrende Überflutung, rhythm. auftretende Katastrophe |
| Klan | unilinearer Abstammungsverband, in den die Frauen (bei *Patrilinearität*) oder Männer (bei *Matrilinearität*) als Fremde einheiraten |
| Kopfjagd | Sammeln von Relikten getöteter Menschen (Schädel, Schrumpfkopf, Skalp, Genitalien) |
| Korrobori | Kulttanz (auch Pantomime) der Altausstralier (engl.: *corroboree*) |
| Korybanten | orgiastisches Gefolge der kleinasiatischen Muttergottheit Kybele (auch *Kureten* genannt) |
| Kratophanie | Erscheinung höherer Gewalt |
| Kynanthropie | Gestaltwechsel zwischen Mensch und Hund |
| | |
| Lykanthropie | Gestaltwechsel zwischen Mensch und Wolf |
| | |
| Mami Wata | transatlantischer Besessenheitskult („Wassermutter“) |
| Mana | melanesisch: unkontrollierbare Kraft |
| Manismus | Toten- und Ahnenkult |

| | |
|---|---|
| Megalithikum | Zeitalter und (Welt-)Kultur der Großsteinbauten (Dolmen, Menhire, Steinkreise etc.) |
| Menhir | bretonisch: langer Stein |
| Messianismus | Glaube an einen endzeitlichen Erlöser |
| Millenarismus | Glaube an tausendjähriges Reich der Endzeit (auch *Chiliasmus*) |
| Mystik | unmittelbare Transzendenzerfahrung |
| Nativismus | Glaube an die eigene Überlegenheit bei Unterlegenen |
| Numen | lat.: Gottheit (Adjektiv: *numinos*) |
| | |
| Omphalos | griech.: Nabel, Mittelpunkt |
| Ordal | Gottesurteil |
| orthodox | rechtgläubig, linientreu |
| otioser Himmelsgott (*deus otiosus*) | im Kult wenig beachtete Schöpfergottheit (Höchstes Wesen) |
| | |
| pansakral | alles ist heilig, keine Trennung zw. sakral (heilig) und profan (weltlich) |
| paradox | widersinnig, an Widersprüche (z. B. Hierophanien) glaubend |
| Paroxysmos | heilige Verrücktheit (s. *Hieromanie*) |
| Partheno-genese | Jungfrauengeburt, Empfängnis ohne heterosexuellen Akt |
| *pars pro toto* | lat.: Ein Teil steht für das Ganze |
| Pepo-Kult | Besessenheitskult in Ostafrika |
| Petro-Ritus | Kategorie von („europäischen") Geistern in der Wodu-Religion |
| Potlatch | Nutka-Sprache: provokative Gabe; Vergeudungs- und Verteilungsritual |
| Poly-psychismus | Vorstellung v. mehreren Seelen „in einer Brust" mit je eigenem Schicksal |
| Ptah | altägypt. Gott der Weltarchitektur und der Handwerke, Herr des Stierorakels, Stadtgott von Memphis |
| | |
| Rada-Ritus | Kategorie von („afrikanischen") Geistern (benannt nach Arada/Dahomey) in der Wodu-Religion |
| Regizid | Königsmord; Bestandteil des *sakralen Königtums* |
| Religions-topologie | Ordnung der heiligen Plätze (auch *Religionstopographie*) |
| Religionsvolk | endogame Gruppe, die sich vornehmlich über religiöse Symbole von ihrer Umgebung abgrenzt |
| Revivalismus | Wiederaufleben eines Kultes oder religiösen Vorstellung (auch *Revitalisation*) |
| reziprok | ausgeglichen („wie Du mir, so ich Dir"); Subst.: Reziprozität |
| *rites de passage* | franz.: Übergangsriten wie Geburt, Reife, Heirat, Berufung, Beförderung, Tod |

Sati — (sansk.: treue Frau) Witwe, die sich mit dem verstorbenem Mann verbrennen läßt

Schächten — Schlachten mit Ausbluten

Schaman — tungusisch: Besessenheitspriester (davon *Schamanismus*)

Schwirrholz — an einem Ende durchbohrtes Holzstück, das beim Kreisen durch die Luft brummendes Geräusch (Geisterstimme) erzeugt

Shi'a — islamische Heterodoxie, die sich besonders auf 'Alī, den Schwiegersohn des Propheten, beruft; die Schiiten teilen sich in Zaiditen (Yemen), Imamiten (Iran) und Isma'iliten.

Subinzision — Öffnen der Harnröhre im männlichen Glied bei bestimmten altaustralischen Gruppen

Submersion — Untertauchen (bei der Volltaufe); Überschwemmung oder Ertränken (als Opfer)

Subsistenzwirtschaft — Selbstversorgung, Überschüsse werden verschwendet (statt reinvestiert)

*tabu* — polynesisch: außerordentlich, krafterfüllt, gefährlich, gefährdet, verboten; Zustand des Übergangs

Tauroktonie — Stiertötung

Tauromachie — Stierkampf

Tellus Mater — lat.: Mutter Erde (auch *Magna Mater*, Große Mutter)

Thanatologie — Auffassung (Lehre) vom Tod

Theomachie — Kampf zwischen Göttern

Thesmophorien — athenisches Fest zu Ehren der *Ceres/Demeter Thesmophoros*, der gesetzgebenden Vegetationsgöttin

Tierherr(in) — göttlicher Beschützer und Spender des Jagdwildes

Tjurunga — heilige Gegenstände aus Holz oder Stein der altaustralischen Arrernte (Aranda), die mit Ocker und Fett gepflegt werden müssen; gelten als Leiber der Vorfahren

Triade — Dreiheit

Totemismus — gemeinsamer Ursprung oder Bündnis zwischen einer Abstammungsgruppe (*Totemgruppe*) und einer Tier- oder Pflanzenart, die damit *tabu*, d. h. nicht gegessen wird.

Trance — (von lat. *transitus* = Übergang) psychischer Ausnahmezustand (Entrückung) im Besessenheitskult und im *Schamanismus*

Trickster — engl.: göttlicher Schelm oder Narr

Vanen — älteres Göttergeschlecht der germanischen Mythologie

| | |
|---|---|
| Wildbeuter | aneignende (statt produzierende) Wirtschaftsform der Jäger u. Sammler |
| Wodu (engl. *voodoo*, frz. *vaudou*) | aus der Ewe-Sprache: Geist, mit dem transatlantischen Sklavenhandel nach Amerika gebracht (Wodu-Religionen außerhalb Haiti: *Santeria*, *Umbanda*, *Candomblé*) |
| Zâr-Kult | Besessenheitskult in Nordostafrika |

## II. Im Text erwähnte Stammesgesellschaften/Ethnien oder Gruppen

| | |
|---|---|
| Abelam | Knollenpflanzer im Maprik/Papua-Neuguinea |
| Aché | tupí-sprachige Wildbeuter in Ost-Paraguay |
| Achilpa | Kultgruppe mit mobilem Weltenbaum in Zentralaustralien |
| Agar-Dinka | Nordnilotisch sprechende Bauern und Hirten um Rumbek/Süd-Sudan |
| Aghori | Berufsgruppe an den Krematorien von Varanasi (Benares)/Indien |
| Ahiolo | Ort der Wemale auf West-Ceram/Indonesien |
| Ainu | Ureinwohner von Hokkaido und Sachalin in Ost-Asien |
| Algonkin | indianische Sprachgruppe in der nordöstlichen Subarktis (Kanada) |
| Amba | bantu-sprachige Bergbauern im Ruwenzori-Gebiet (Grenze zw. Uganda und Kongo) |
| Anangu | altaustralische Gruppe am Ayers Rock |
| Anuak | Nordnilotisch sprechende Bauern und Hirten im Grenzgebiet Sudan-Äthiopien |
| Apapocúva-Guaraní | tupí-sprachige Gruppe, zuletzt an der brasilian. Küste ansässig gemacht |
| Aranda (Arrernte) | Altaustralier in östl. Mac-Donnel Ranges und bei Alice Springs |
| Ashanti (Asante) | akan-sprachiges Volk in Westafrika mit Königtum |
| Auca | (im Quechua „Wilde“), s. *Huarani* |
| Azande | Ubangi sprechende Völkerfamilie auf der Nil-Kongo-Wasserscheide |
| Azteken | nahuatl-sprachige Nachfahren der letzten vorspan. Hochkultur Mexicos |
| | |
| Bara | Bauern und Hirten im südlichen Zentral-Madagaskar |
| Batak | Bewohner des Toba-Sees in Nord-Sumatra (Indonesien) |
| Berber | in verschiedene Stämme gegliederte Urbevölkerung Nordafrikas |
| Bergdama | ethnische Splitter in den Gebirgsregionen des nordwestlichen Namibia |
| Bobo | gur-sprachiges Bauernvolk in Burkina Faso |
| Bulsa | grusi-sprachige Bauerngruppe in Nordghana |
| Buschleute (San) | Sammelname für wildbeuterische Ureinwohner Namibias |
| | |
| Cora | nordwestmexikanische Indianergruppe |
| | |
| Dahomey (Dahome) | westafrikanisches Königreich (s. *Fon*) im heutigen Bénin |
| Dinka | größtes Nilotenvolk im Süd-Sudan (s. *Agar-Dinka*) |
| Dogon | gur-sprachige Bergbauern im Nigerbogen (Mali) |

| | |
|---|---|
| Dodoth (Dodos) | Ostnilotisch sprechende Bauern und Hirten in Nordostuganda |
| Dschagga (Djagga) | bantu-sprachiges Bauernvolk an den Südhängen des Kilimandjaro/Tansania |
| Eipomek | Bewohner des Berglandes von Ost-Irian Jaya/Neuguinea |
| Ejagham (Ekoi) | „Semibantu" sprechende Waldbauern am Cross-Fluss (Nigeria/Kamerun) |
| Ewe | kwa-sprachiges Bauernvolk an der Guinea-Küste (Ghana, Togo, Benin) |
| Ewenken | Sibirische Jäger, Fischer und Rentierzüchter zwischen Ob, Baikalsee und Polarmeer |
| Fayu | kleine Wildbeutergruppe im Hochland von Irian Jaya/Neu-Guinea |
| Fon | kwa-sprachiges Staatsvolk des Königreichs Dahomey |
| Gamk (Ingessana) | Pränilotisch sprechende Bergbauern in Süd-Funj (Grenzgebiet Sudan-Äthiopien) |
| Ghanzi | Gruppe von Buschleuten (San) im afrikanischen Südwesten |
| Gimi | Bergbauern im Hochland von Papua-Neu-Guinea |
| Gunantuna | melanesische Knollenpflanzer auf Neu-Britannien |
| Hausa | mit zehn Millionen Sprechern bedeutendstes Volk Nordnigerias |
| Hauka | Anhänger eines (Fremdgeist-)Besessenheitskultes in Ghana |
| Herero | bantu-sprachiges Viehzüchtervolk im heutigen Namibia |
| Huichol | Bergbauern in Nordwest-Mexiko |
| Huarani (Auca) | záparo-sprachige Restgruppe im tiefgelegenen Grenzgebiet Kolumbien-Ecuador |
| Huronen | Waldlandindianer in Südostkanada |
| Iatmul | Knollenpflanzer am Sepik im Norden Papua-Neuguineas |
| Iban | Gruppe der „See-Dayak" auf Kalimantan (Borneo) |
| Ibo (Igbo) | über fünf Millionen zählende Ethnie am Nigerunterlauf |
| Ila (Tonga) | bantu-sprachige Bauern und Hirten in Süd-Sambia |
| Inuit | Ureinwohner der arktischen Zone („Eskimo") |
| Irokesen | Waldlandindianer im Nordosten der USA |
| Isanzu | kleine Gruppe von Bauern und Hirten im abflusslosen Gebiet Tansanias |

| | |
|---|---|
| Kágaba | Indianer der Sierra Nevada de Santa Marta (Nord-Kolumbien) |
| Kallawaya | Hochlandregion in Bolivien mit quechua-sprachiger Indianerbevölk. |
| Kamba (WaKamba) | bantu-sprachige Bauern am Osthang d. kenian. Hochlandes (Ukambani) |
| Kanaken | melanesische Bewohner Neukaledoniens |
| Kariben | überlebende Indianer der zirkumkaribischen Inseln |
| Khasi | Mon-Khmer sprechende Bergbauern im indischen Orissa |
| Kikuyu | bantu-sprachiges Bauernvolk im Hochland von Kenia |
| Kiwai | Knollenpflanzer im Süden Papua-Neuguineas |
| Koma | Pränilotisch sprechende Bergbauerngruppe in Südfunj (Grenze Sudan-Äthiopien) |
| Kongo (BaKongo) | Bewohner des afrikanischen Königreichs Kongo am Unterlauf des Kongo |
| Kopten | christliche Bevölkerung Ägyptens |
| Krongo/ Kodonko | matrilineare Bauerngruppe der südlichen Nuba in Kordofan/Sudan |
| Kuku | nilotisch-sprachige Bauern in Norduganda |
| !Kung | Gruppe der Buschleute (San) in Nordost-Namibia |
| | |
| Kurumba | 1. Grusi sprechende Bewohner von Lurum in Burkina Faso<br>2. Reisbauern in den Nilgiri-Bergen/Südindien (bekannter als Badaga) |
| | |
| Lemwareng | patrilineare Bauerngruppe der südlichen Nuba in Kordofan/Sudan |
| Lobi | gur-sprachiges Bauernvolk im Volta-Becken (Burkina Faso) |
| Lotuho | Ostnilotisch sprechende Bauern und Hirten im Süd-Sudan |
| | |
| Maassai | Ostnilotisch sprechendes Hirtenvolk in Kenia und Tansania |
| Mafa (Matakam) | tschadisch-sprachige Bergbauern in Nordkamerun |
| Makassar | Küstenbevölkerung von Süd-Sulawesi (Celebes) |
| Mandäer | südirakisches Religionsvolk |
| Mande | westafrikanische Familie der Niger-Congo-Sprachen |
| Maori | Polynesisch sprechende Erstbesiedler Neuseelands, geschichtete Gesell. |
| Marind-Anim | Knollenpflanzer im Süden Irian Jayas/West-Neuguinea |
| Massim | Bewohner der Trobriand-Inseln im Osten Neuguineas |
| Matsigenka | aruak-sprachige Indianergruppe am östl. Andenrand (Südost-Peru) |
| Maya | Nachkommen der bedeutendsten altindian. Hochkultur in Mesoamerika |
| Mazateken | Indianer im Norden von Oaxaca/Mexico |
| Mina | kwa-sprachige Gruppe in der Küstenregion Benins |
| Minahasa | Stammesbund in Nord-Sulawesi (Celebes) |

| | |
|---|---|
| Moba | gur-sprachiges Bauernvolk im Nigerbogen (Burkina Faso) |
| Mongolen | in mehrere Stämme gegliedertes Volk des nördlichen Zentralasien |
| Mosi | fast zwei Millionen zählendes Volk in Burkina Faso (Gur-Sprache, sakrales Königtum) |
| Murik | Knollenpflanzer im Norden Papua-Neuguineas |
| | |
| Naga | Sammelbezeichnung für nichthinduistische Bergbauern Nordostindiens und Westbirmas |
| Naza (Páez) | indianische Bauern im nordandinen Cauca-Tal (Kolumbien) |
| Nentzen (Samojeden) | Wildbeuter und Rentierhalter im Mündungsgebiet des Ob/Westsibirien |
| Niasser | Bewohner der Sumatra vorgelagerten Insel Nias mit Megalithkultur |
| Niloten | Sprachfamilie im Nilbecken und den anschließ. Hochländern Ostafrikas |
| Nuba | Sammelname für die Bergbauern Süd-Kordofans/Sudan |
| Nuer | Nordnilotisch sprechende Bauern und Hirten im Süd-Sudan |
| Nyonyosi | kleine Bauerngruppe in Yatenga/Burkina Faso (Altbevölkerung) |
| | |
| Osseten | iranisch-sprachige Kaukasier, im postsowj. Spannungsfeld Moskau-Tiflis |
| Orang Suku Laut | Seezigeuner im Riau-Archipel/Indonesien |
| | |
| Pakidái | Gruppe der Yanomami-Indianer (Waika) im Regenwald Nordbrasiliens |
| Panare | Karibisch sprechende Indianer im westlichen Venezuela |
| Polynesier | Erstbesiedler der pazif. Inselwelt zw. Hawai, Osterinseln u. Neuseeland |
| | |
| Samen (Sami, Lappen) | Finno-ugrisch sprechende Rentierzüchter im Norden Norwegens, Finnlands, Schwedens und Russlands |
| Schona | bantu-sprachige Völkerfamilie von Bauern und Hirten in Simbabwe und Mosambik |
| Secoya | tukano-sprachige Wildbeuter im Tiefland von Ecuador und Peru |
| Semang | Ureinwohner (*Orang Asli*) der Malaiischen Halbinsel, Wildbeuter |
| Senoi | Ureinwohner (*Orang Asli*) der Malaiischen Halbinsel, Bauern |
| Sherpa | tibetisch-sprachige Gruppe in Nordost-Nepal |
| Sikomse | kleine Bauern- und Schmiedegruppe in Burkina Faso („Altbevölkerung") |
| Simbu | Bergbauern im Hochland von Papua-Neuguinea |
| Surára | Gruppe der Yanomami-Indianer (Waika) im Regenwald Nordbrasiliens |
| | |
| Tarahumara (Raramuri) | Uto-aztekisch sprechende Bergbauern in Nordmexiko |
| Thompson | indianische Wildbeuter in Nordkalifornien |

Timbira gê-sprachige Indianergruppe im ostbrasilianischen Bergland
Tonga (Ila) bantu-sprachige Bauern und Hirten in Süd-Sambia
Tschetschenen zentralkaukasisches Volk, islamisiert, von Stalin deportiert, gespannte Beziehungen zur russischen Zentralmacht
Tungusen Sammelbezeichung ostsibirischer Jäger und Hirten (s. *Ewenken*)
Tigre semitisch-sprachige Hirtengruppe im westlichen Eritrea
Tyva (Tuwinen) turk-sprachige Hirten und Jäger/Sammler in Südsibirien

Uitoto (Witoto) Regenwaldbauern zwischen Kolumbien und Peru

Venda bantu-sprachige Bauern und Hirten (mit Königtum) in Nord-Transvaal

Wemale Altpflanzer auf Ceram/Indonesien
Winnebago Sioux sprechende Feldbeuter und Jäger westl. Michigan-See/USA

Yeziden kurdisch-sprachiges Religionsvolk im Nordirak
Yoruba kwa-sprachiges, über zehn Millionen zählendes Volk in Südwest-Nigeria

Zaramo bantu-sprachige Bauern im südlichen Küstenhinterland Tansanias
Zuni Gruppe der Pueblo-Indianer in Arizona/USA

## *III. Gottheiten, Geister und Dämonen*


Abel 84
Adam 61, 70, 77, 92, 108, 187, 204, 217, 225, 358
Adonis 83, 93, 241
Agawu 395
Agwé 395
Ahura (Mazda) 133
Ainbetta (Einbett) 68, 97
Akawuruk 84
Ala 84
Alitat 84
Allah 28, 133, 204, 255, 268, 316, 375, 381
Amadi-Oha 84
Amagdala 84
Amaru 57
Amaterasu 363
Ameta 154f.
Amma 68, 84
Ammon 406
Amor 84
Ankari 60, 107
'Anat 80
Anu 108, 298
Anubis 251
Aphrodite, Venus 83f., 87, 93, 113, 144, 164, 225, 241, 298, 344
Apollo 84
Armillus 77
Artemis 89, 113, 360
Aschera 84
Ask 78
Astarte 83, 85
Astonoé 241
Athena 80, 225
Atropos 68
Attis 83, 93, 134, 241
Atum 133
Audumbla 78
Axieros 83
Axiokersa 83

Baal 67, 76, 80, 84, 298
Badagri 395
Baldr 112, 153f., 243
Barbara 60, 94, 108, 337
Baron Cimetière 396
Baron Samedi 395, 398
Bendis 83
Berta, Berchta 68, 85, 94, 110
Brahma 27
Buruku 84

Ceres 81, 105
Clara 396
Cruche 383

Damballah 395
Damian 396
Dema 18, 78, 157f., 164, 183, 193, 243, 342f., 379
Demeter 81ff., 155, 163, 177, 241
Deukalion 76
Diabolos 129, 135ff., 189, 396
Diana 298, 360
Dionysos 18, 22, 83f., 95f., 112f., 119, 130, 133, 141, 149, 157, 161, 164, 178, 181, 184, 191, 193, 203, 241, 358, 360
Dumuzi, Tammuz 56, 112f., 123, 241
Durga 80

Ea, Enki 55f., 62, 120
Elias 108, 122
Embla 78
Endymion 241
Epimetheus 131

Eros 83, 102, 257, 274
Erzulie, Ezili 395 f., 401
Eschu 135 f.
Eshmun 241
Eva 204, 225

Freya, Freyja, Frija, Freia 93, 298, 361
Freyr 93, 96, 177

Gabriel 187
//Gauwa 378 f.
Georg 58, 62, 96, 108, 122, 343
Gilgamesch 56
Guédé-nibo 395
Gullinborsti 96, 177
Gunnlöd 361

Hainuwele 154–158, 180, 252, 311
Heimdall 188
Hel 88, 96, 246
Hermes, Merkur 132, 298, 344
Holle, Holde, Hulda 79, 85, 88, 93 f., 96, 189, 251, 360
Hönir 93
Hubal 381
Hubertus 185, 193
Hunahpu 105, 121
Hussein 96, 157

Iakchos 83
Ilia 84
Inana 80, 83
Indra 108, 120, 122, 181
Ipalnemoa 101
Ischtar 83, 241, 298
Isis 33, 45, 53, 83, 85, 93, 95, 106, 241
Îyánlá 78

Jahwe 67, 106, 108, 204, 299, 361, 375
Janus 211
Jasion 241
Jesus 15, 83 f., 112, 157, 184, 241, 351, 366, 378 f., 384 f., 394
Johannes Baptista (d. Täufer) 61, 154
Juno 133

Kain 84
Kali 80
Keltna 68
Kematef 57
Khiḍr 108, 122
Klotho 68
Kosmas 396
Kronos 120, 298
Kumarbi 92, 108
Kwetwe'sx 76
Kybele 83, 88, 91, 93, 134, 241, 412

Lachesis 68
Legba 395 f., 398
Leza 108
Lilith 77, 92, 216
Liltu 77
Loco 395
Lodur 93
Lot 79

Malkander, Melkart 85
Mania 85
Marduk 83, 298
Masala 80 f.
Maui 130
Mithras 27, 77, 113, 144, 161, 180 f., 190
Mohammed, Muhammad 255, 257, 268, 316, 366, 381
Mondonge-mussai 396
Mot 84
Mukuru 139

Naiterukop 76

Ndjambi 106
Nerthus 78, 93, 188, 236
Ngai 76, 108 f., 316
Nikolaus 396
Nut 177

Obatálá 136, 212, 261
Ogu, Ogun 395, 397, 401
Orion 113
Orotalt 84
Orthia 89
Oshún 67
Osiris 83 f., 96, 112 f., 124, 133, 181, 183, 228, 241
Ostara 182
Oya 19, 67, 212, 217

Pandora 131
Papa 77, 84, 103, 120
Peleus 241
Persephone 83, 85, 155
Petra genetrix 77
Priapus, Priapos 164, 182, 235
Prometheus 95, 131
Ptah 62, 75
Ptahil 62
Pyrrha 76 f., 131
Pythia 57

Rabie 156
Raluvhimb 109a
Rangi 77, 103, 120
Rauroha 113
Re 111
Rehtia 89
Remus 84
Romulus 76, 84
Rucka 68

Sabazios 83
Santiago, Jakob, Jakobus 60, 108
Satene 155, 246
Sati 138
Saule 110
Shiva 19, 27, 91, 138
Schu 107
Selene 241, 298
Seth 84, 105, 183
Skuld 68
Sophia 361
Surtr 130
Swetice 68

Ṭâ'ûs 133 f.
Tane 84, 103, 113, 120, 130
Tangaroa 77
Taranis 108
Taureau-trois-graines 396
Tautoru 113
Tengri 109
Teufel, Satan 13, 57, 62, 77, 94, 108, 121, 129, 134 ff., 142 f., 203, 208, 216, 274, 299, 376, 378 f., 385, 394, 396, 400
Thamuz 83
Thetis 241
Ti-Jules 393
Tumatauenga 103

Utanapischti 56

Vishnu 27

Walbetta, Warbett 68, 97
We 78
Werdandi 68
Wejxa 107
Wilbetta, Wilbett 68, 97
Wile 78

Wotan, Odin 78, 93, 149, 161, 298, 317, 361, 366
Wurd 68

Xango, Shango 19, 108, 212
Xbalanque 105, 121

Yasigine 84
Ymir 78, 83, 225, 235
Yongo Seru 57

Zaka 395
Zeus, Jupiter 27, 46, 92, 96, 131 ff., 144, 225, 241, 296, 298, 344, 401

## IV. Personen-Index

Abel, Carl 46
Adam von Bremen 366
Adorno, Theodor Wiesengrund 338
Ahlwardt, Peter 108
Al Imfeld 178
Allouez, Claude Jean 268
Andree, Richard 56
Angelus Silesius (Johannes Scheffler) 27, 252, 261, 287, 297
Ariès, Philippe 233, 253
Artaud, Antonin 104, 239
Assmann, Jan 300, 383
Assurbanipal von Ninive 56
Attar, Fariduddin 137
Auerbach, Erich 314

Bach, Johann Sebastian 160, 165, 240, 257
Bachofen, Johann Jakob 13, 21, 29, 53, 76, 78, 85, 143, 182, 221, 239f., 242, 245, 254, 290, 293, 349, 360, 367
Bargatzky, Thomas 116
Barth, Karl 262, 328
Bastian, Adolf 14, 120, 161, 219, 233, 257, 283, 346
Bataille, George 55, 110, 143, 231, 234, 293, 382, 401
Baumann, Hermann 78, 102, 104, 172f., 184, 188, 227, 229
Behm-Blancke, Günter 89, 111
Behrouz, Khosrow 254
Besmer, Fremont 209
Bianchi, Ugo 131ff., 137, 378
Bleibtreu-Ehrenberg, Gisela 227, 229ff., 236
Blumenberg, Hans 15, 22f., 93, 371, 406, 408
Böhme, Jakob 228
Bonifatius (Winfried, Winfred) 150f., 376, 384
Bourguignon, Erika 229, 236
Bowen, Elisabeth (Bohannan, Laura) 200f., 217
Brandt, Wilhelm 62
Bücher, Karl 289
Burton, Richard 80

Calvin, Johannes 19
Campbell, Joseph 15, 153
Chrysostomos, Johannes 70, 235
Cicero, Marcus Tullius 17
Cohen, Hermann 17
Creuzer, Carl Friedrich 29, 163, 221
Cusanus (Nikolaus Krebs v. Cues) 19, 270

Danzel, Theodor 271, 335
De Heusch, Luc 203, 277, 321
De Martino, Ernesto 333, 338, 349
Descartes, René 42, 47, 202
Dieterich, Albrecht 79, 82
Domaszewski, Alfred von 18
Doniger O'Flaherty, Wendy 229
Drotbohm, Heike 309, 321
Dschingis Chan 375
Dubois, Cora 156
Duerr, Hans Peter 16, 25, 86, 170, 227, 231, 267, 360, 365, 371, 380
Dumézil, George 138
Durkheim, Emile 17, 22, 34, 86, 197, 200, 223, 310, 338

Ebach, Jürgen 299f.
Eder, Matthias 362f., 367
Ehrenreich, Paul 96, 110
Eichendorff, Josef Frh. v. 299

Elgabal (Elagabalus, Heliogabalus) 76, 92, 222
Eliade Mircea 15, 20, 27f., 30, 36, 63, 70f., 75, 115, 164, 290, 211, 213, 221, 229, 233, 243, 246, 288, 294, 305, 351, 359, 361, 363, 365f., 375
Elias, Norbert 22, 86, 223, 234, 382
Evans-Pritchard, Edward Evan 198, 201, 212, 215, 249, 338, 350

Faber, Richard 14
Faust, Franz Xaver 58
Faust, Johann (Georg) 135, 344, 406
Favret-Saada, Jeanne 215
Fechner, Gustav Theodor 240, 252
Feuerbach, Ludwig 20f., 73, 91, 237, 239, 406
Findeisen, Hans 192f., 355, 358, 366
Firth, Raymond 338
Fortes, Meyer 249
Frazer, James George 138, 152f., 169, 184, 192, 244, 313, 320, 335, 338, 346
Freud, Sigmund 34, 36, 223f., 231, 234f., 265, 272f., 277, 282, 296
Friedrich, Adolf 169, 171, 193, 355, 357
Frobenius, Leo 11, 13–17, 25, 40, 43, 47f., 75, 112f., 131, 135f., 156, 169, 172, 179, 191, 233, 239, 241, 292, 309, 320, 322, 339, 345, 357, 393, 399

Gebser, Jean 18, 37, 46, 288
Geertz, Clifford 213
Gellner, Ernest 381
Gennep, Arnold van 47, 61, 244, 250, 294, 408
George, Stefan 291, 299
Gerland, Georg 56
Germann, Paul 325, 329
Gillen, Frank J. 76, 266
Gimbutas, Marija 84, 89, 98
Glucksmann, André 34
Goethe, Johann Wolfgang 29, 33, 132, 135, 344, 367, 406
Goldziher, Ignaz 335
Goodman, Felicitas 159, 217, 365
Gossmann, Gerhard 312
Gregor der Große, Papst 376
Gregor II., Papst 336, 376
Grimm, Jakob 360
Guenther, Matthias 378f.
Gutmann, Bruno 64

Hahn, Eduard 176
Hamann, Johann Georg 403, 405
Hauer, Jakob Wilhelm 17, 31, 34, 45, 229, 265, 280, 388
Hauschild, Thomas 23, 81, 259, 321
Heeg, Günther 223
Hegel, Georg Wilhelm Friedrich 137
Heidegger, Martin 28, 47, 295f., 411
Heine, Heinrich 317, 328
Heraklit 27, 139
Herder, Johann Gottfried 15, 93, 250
Herrmann, Ferdinand 91, 223, 234f., 412
Herodot 96, 133, 241, 290
Herskovits, Melville 180, 401
Hiob 313
Hofmann, Albert 361
Huizinga, Jan 291f.
Hume, David 26f., 93, 162, 253, 262, 405
Humphrey, Caroline 33

Jaspers, Karl 13
Jędrej, M. Charles 276
Jensen, Adolf Ellegard 17, 40, 47, 112, 115, 154–158, 163, 171, 177, 179, 183, 193, 243, 291f., 310, 317, 322, 340–343, 345f., 351, 364
Jeremia (Jeremias) 77, 109, 149, 383
Jesaja 67, 77, 109, 141, 381

Julian Apostata 372
Jung, Carl Gustav 18, 36, 46, 54, 136, 262, 282 ff., 339, 346, 361, 366
Jungblut, P. Leonhard 94, 372
Junod, Henri 173, 188

Kant, Immanuel 119, 265
Karl der Große 138, 191
Kenyatta, Jomo 108
Kerenyi, Karl 15, 18, 20, 25, 68, 136, 155, 311
Keyserling, Hermann Graf 14
Klages, Ludwig 13, 16, 85, 102, 122 f., 139, 144, 240 f., 257, 265, 288 ff., 294, 303, 318, 328, 350
Klinger, Max 299
Kohl, Karl-Heinz 46, 329, 352
Kolpaktchy, Gregoire 258
Kosack, Godula 194, 199
Krader, Lawrence 201
Kramer, Fritz W. 80 f., 142, 300, 314, 317 ff., 325, 329, 378
Kraus, Karl 282
Krause, Ernst 122
Krause, Fritz 319 f.
Krickeberg, Walter 291, 293
Kroeber, Alfred Louis 156
Kronberger, Maximilian 291
Krueger, Felix 22, 320

Lagercrantz, Sture 86, 162
Laidlaw, James 33
Landtmann, Gunnar 156
Leenhardt, Maurice 96, 250, 260, 304 f.
Lehmann, Friedrich Rudolf 17, 161
Lepsius, Richard 250
Leverenz, Irene 181, 327
Levinas, Emmanuel 23, 30
Lévi-Strauss, Claude 234, 310, 318, 323
Lévy-Bruhl, Lucien 266, 271
Lewis-Williams, David 314
Lienhardt, Godfrey 315
Lincoln, Jackson Steward 272
Lips, Julius 171, 325, 327, 329
Littmann, Enno 114, 123
Lommel, Andreas 267
Lommel, Hermann 190
Loos, Adolf 293
Luther, Martin 25, 93 f., 122, 136, 141, 149, 162, 226, 245, 254, 259, 328, 349

Malinowski, Bronislaw 223 f., 272, 338 f.
Mannhardt, Wilhelm 93, 138, 153, 161 f., 182 f., 233, 261
Marx, Gertraud 300
Marx, Karl 34, 304
Mayer, Anton 93
Mayer, Philipp 197 f., 212, 215
Mbiti, John 246, 257
Mead, Margaret 223, 234
Mechthild von Magdeburg 270
Meier, P. Josef 226
Meister Eckart (Johann) 270
Merck, Karl Heinrich 366
Métraux, Alfred 391, 393, 396, 401 f.
Michel, Anneliese 203, 217
Michel, Thomas 104
Michelet, Jules 93
Mone, Franz Joseph 29, 54, 67, 143, 162 f., 216, 243, 258
Mühlmann, Wilhelm Emil 360, 362
Müller, Ernst W. 281
Müller, Friedrich Max 45 f., 48, 105, 383
Müller, Gerhard Friedrich 14
Müller, Heiner 28
Müller, Wilhelm 346
Münzel, Mark 188
Murray, Margarete Alice 79, 93, 360

Nettesheim, Agrippa von 142, 344
Neumann, Erich 54
Nietzsche, Friedrich 20, 28, 36, 136, 222, 263, 281, 305, 307, 309, 327, 350, 411
Nimuendajú-Unckel, Curt 103
Noone, Herbert Dean („Pat“) 275

Okazaki, Akira 142, 216, 260, 276 f.
Otto, Rudolf 35, 38, 40, 47, 297, 409
Otto, Walter F. 17 f., 119, 161, 189, 349

Palmisano, Antonio 211
Paracelsus (Theophrast von Hohenheim) 158, 345
Paul, Jean 99, 101, 119
Paulus von Tarsos 20, 61, 109, 226, 235, 275, 289, 372 f., 381, 387
Perner, Conradin 101, 115, 161
Pedro, Petrus 60, 167, 169, 187, 379, 395 f., 398, 401
Pettazzoni, Raffaele 132
Platon 261, 289, 406
Plinius der Ältere 154
Plutarch 33, 82, 388
Preuß, Konrad Theodor 92, 95, 156, 234, 260, 340

Quack, Anton 97, 365, 367

Radin, Paul 136
Ratschow, Carl-Heinz 340
Rattray, Robert S. 271
Reche, Otto 258 f.
Riemschneider, Margarete 18
Rilke, Rainer Maria 299
Ritter, Hellmut 64
Ritz-Müller, Ute 69, 192, 245 ff.
Robertson-Smith, William 54
Röschenthaler, Ute 319
Rose, Karl 280
Rosenzweig, Franz 107, 121
Rösing, Ina 59 f., 67, 69
Rottenburg, Richard 83
Rouch, Jean 34, 95

Sacharow, Andrej 53
Schefold, Karl 317, 320
Schiller, Friedrich 147, 149, 160 f., 206
Schleiermacher, Friedrich Ernst Daniel 16, 25
Schmidt, P. Wilhelm 223, 226, 273
Schröder, Dominik 364, 367
Schubert, Franz 346
Schütz, Alfred 82, 287, 347
Schukies, Renate 114
Schuler, Alfred 48, 86, 93, 110, 222, 234, 240, 259, 299, 305, 339, 349 ff., 367
Schweeger-Hefel, Annemarie 82, 121, 141, 260
Seligman, Charles Gabriel 190, 272
Seuse, Heinrich 270
Shelley, Mary W. 309
Spencer, Herbert 271
Spencer, Walter Baldwin 76, 266
Spieth, Jakob 77
Spittler, Gerd 151, 172
Staden, Hans 244
Stanek, Milan 177
Staudacher, Willibald 102
Steller, Georg Wilhelm 14
Sterly, Joachim 23, 184, 202, 215
Sternberg, Leo Jakovlevic 356
Stewart, Kilton 275
Stöhr, Waldemar 97, 115, 243, 382
Strasser, Sabine 117
Strathern, Andrew 177, 189
Strathern, Marilyn 284
Straube, Helmut 171

Strehlow, Carl 76, 266
Strümpfel, Emil 373
Stüben, Peter 384
Sundermeier, Theo 387

Taubes, Jakob 15, 283, 387
Tauler, Johannes 270
Tedlock, Barbara 366
Teller, Edward 53
Thales von Milet 406
Thamrin, Juni 178
Theresa von Avila 362
Theunissen, Michael 296 f.
Thiel, Josef Franz 47, 80, 91, 93, 106
Thurnwald, Richard 66, 348
Townsend, William Cameron 372
Tylor, Edward Burnett 79, 107, 257, 270 f., 310, 259

Vajda, Laszlo 143, 353, 355, 365
Vansittart, Robert 317
Vedder, Heinrich 68, 106
Vimont, Bartélémy 268
Volhard, Ewald 42, 153, 163

Wagner, Roy 323
Waitz, Theodor 310
Weber, Max 30, 115, 160, 274, 287, 293, 304, 336, 349, 382
Weinhold, Karl 69
Wellhausen, Julius 20, 67, 351
Wendl, Tobias 321–324, 329
Widengren, Geo 62
Winter, Edward 201
Winthuis, Josef 113, 141, 224–227, 229, 235, 247
Wirz, Paul 17, 112, 138, 141, 156 f., 225, 243
Wittfogel, Karl August 290
Wundt, Wilhelm 320, 349, 365
Wycliff (Wycliffe), John 372, 385, 387

Xenophanes 19

Zerries, Otto 161, 193
Zwernemann, Jürgen 82, 92

*Bildnachweise:*

| | |
|---|---|
| Einband | Tribute to the Dead, Blackfoot, Aufnahme Roland Reed 1915, Azusa-Postcard 2000. |
| Vorrede | Broma auf Java (iwrm-karlsruhe.com). |
| Einleitung | Maskenträger (Sisu) der Sulka auf Neupommern (nach Parkinson), Buschan 1910:Tafel IX. |
| Wasser | Cascada San Rafael, Ecuador, Aufnahme Sophie Streck (4/2008). |
| Erde | Steinhaufen auf Sardinien, Aufnahme Vera Kaltwasser (5/1982). |
| Himmel | Wolken über dem Mittelrhein, Aufnahme Walter Streck (8/1978). |
| Feuer | Maifeuer in Niederofleiden/Oberhessen, Aufn. Philipp Streck (5/1995). |
| Pflanze | Baumstamm auf Java, Aufnahme Martina Streck (12/2009). |
| Tier | Grabmahl eines Herero-Häuptlings aus dem 19. Jh., Völkerkundemuseum der Archiv-und Museumsstiftung Wuppertal, Aufnahme aus L. Förster et al. 2004:24. |
| Mensch | Holzmaske aus dem mittleren Sepik-Gebiet, Neu-Guinea, Museum Rietberg Zürich, Geschenk Eduard von der Heydt. |
| Sexualität | Ahnenfigur (B 62) mit lang herabgezogener Nase (Schnabelstil), Sepik-Region, Papua Neu-Guinea, aus Kussmaul 1982:197. |
| Tod | tatanua- Maske (B 34) mit Trauerfrisur, Nördliches Neuirland, Papua Neuguinea, aus Kussmaul 1982:169. |
| Traum | Traumfänger, Aufnahme Martina Streck (12/2011). |
| Zeit | Glücksrad, Basel, Münster, eigene Aufnahme (9/1975). |
| Kunst | Arrangement der heiligen Paraphernalien bei einem Wodu-Ritual, Montreal, Aufnahme Heike Drotbohm (2003). |
| Magie | Armreliquiar der Hl. Elisabeth, Schlosskapelle Sayn bei Koblenz, Bildarchiv Foto Marburg. |
| Schamanismus | Schamanenkostüm der Ewenken, Anfang 19. Jh. (Slg Klemm), Bestand Leipzig Staatl. Ethnographische Sammlungen Sachsen (NAS 1947), Aufnahme Karin Wieckhorst, Neujahrsgruß 2006. |
| Mission | katholische Mutter-Kind-Betreuung Ruanda, Aufnahme Africa Films Boechout, aus Gypkens 1955:108. |
| Rückkehr | Zeichen (*veve*) für Erzulie, „Reine du Ciel et de la Terre", Haiti, aus Rigaud 1953:399. |
| Epilog | Glykon-Schlange, Tomis, 2. Jh., Museum für Nationalgeschichte und Archäologie, Constanza, Rumänien, Faltblatt. |

Der Verfasser dankt für alle gewährten Abdruckrechte.